上海社会科学院法学研究所所庆60周年丛书

法学经纬

上海社会科学院法学研究所 编

上海社会科学院出版社
SHANGHAI ACADEMY OF SOCIAL SCIENCES PRESS

目　录

法学基础理论、法史

宪法、行政法

经济法、市场管理法

民法、商法

刑　法

诉讼法、司法制度、犯罪学

国　际　法

法学基础理论、法史

中国特色社会主义法治体系再探讨

殷啸虎　何家华*

摘　要： 党的十八届四中全会作出的建设中国特色社会主义法治体系的决定，是我国法治理论的重大创新，把法治提升到了治国理政的新高度，形成了全面依法治国的双系统：依法治国、依规治党。目前，学者们分别从"法"的维度、"法治"的维度、"治理"的维度对法治体系提出了不少有思考、有深度的观点和看法，但就体系的完整性、内容的确切性、论证的深刻性等方面，仍有不少值得进一步研究和探讨的空间。基于此，本文对法治体系做了再商榷，认为法治体系实际上包含了两大体系：国家法体系和党内法规体系。

关键词： 全面依法治国；法治体系；国家法体系；党内法规体系

一、问题的提出

党的十八届四中全会《关于中共中央关于全面推进依法治国若干重大问题的决定》（简称《决定》）明确提出了建设中国特色社会主义法治体系（简称"法治体系"）的战略目标。从全面推进依法治国的地位和作用上看：法治体系具有纲领性，指明了我国法治发展的方向、路径；从实践发展上看：法治体系内容具有核心性，提供了我国法治建设的总抓手；从法学理论的发展上看：法治体系具有创造性，续写了我国法治理论的新篇章。基于这些方面的因素，我们应当认真对待法治体系的问题。目前在理论上对法治体系的解读很多，提出了不少有思考、有深度的观点和看法，但就体系的完整性、内容的确切性、

---

* 殷啸虎，上海社会科学院法学研究所研究员；何家华，中国社会科学院研究生院法学博士研究生。原刊于《上海政法学院学报》（法治论丛）2018 年第 2 期。

论证的深刻性等方面，仍有值得进一步研究和探讨的空间。基于此，本文对法治体系提出了一些思考，认为准确的、全面的理解法治体系，应当准确理解并把握法治体系的科学内涵及逻辑构造。

法治体系是基于特定的背景提出的。从理论而言，党的十一届三中全会以来，中国恢复了法制建设，我国法治发展也进入了新的时期，并逐步实现了从“法制”到“法治”的转变。党的十五大明确提出：“我国经济体制改革的深入和社会主义现代化建设跨越世纪的发展，要求我们在坚持四项基本原则的前提下，继续推进政治体制改革，进一步扩大社会主义民主，健全社会主义法制，依法治国，建设社会主义法治国家。依法治国，是党领导人民治理国家的基本方略，是发展社会主义市场经济的客观需要，是社会文明进步的重要标志，是国家长治久安的重要保障。”明确了依法治国作为党领导人民治理国家的基本方略，明确了依法治国对社会主义民主、对社会主义市场经济建设、对社会主义精神文明建设、对国家的长治久安重要保障作用。依法治国的前提首先是要有一套健全的法律体系，党的十六大、十七大报告相继提出了要形成和完善“中国特色社会主义法律体系”。

在解决有法可依之后，如何建设法治国家？[①] 党的十八大以来，针对国家改革发展的新形势、法治建设存在的诸多问题，作出了全面推进依法治国的决定，提出法治是党治国理政的基本方式，提出建设中国特色社会主义法治体系，建设社会主义法治国家的总目标，实现从“法律体系”到“法治体系”的转变。

从实践而言，党的十八届三中全会确定了全面深化改革的总目标：“完善和发展中国特色社会主义制度、推进国家治理体系和治理能力现代化。”党的十八届四中全会确定全面推进依法治国的总目标和全面推进依法治国的总抓手：“社会主义法治国家和中国特色社会主义法治体系”。“两个总目标，一个总抓手”的战略说明法治体系构建攸关国家治理体系和治理能力现代化建设与法治国家建设全局。《决定》作出的建设法治体系涉及国家治理体系与法治的关系、涉及党的领导和依法治国的关系、涉及改革与法治的关系、涉及法治与发展的关系等各方面内容。这也就是说，法治体系是能正面回答党的领导

① 学者们曾在理论层面提出了形成法治体系的建议。参见徐显明：《走向大国的中国法治》，《法制日报》2012 年 3 月 7 日第 009 版；魏治勋：《从法律体系到法治体系——论党的十八大对中国特色的社会主义法治体系的基本建构》，《北京行政学院学报》2013 年第 1 期，第 7—12 页。

和依法治国的重大理论和实践问题、是能处理好改革与发展的关系、是能提供全面深化改革所需的制度和规范体系的。因此，法治体系建设是社会实践发展的必然要求，是实现国家治理体系和治理能力现代化的必然要求，是全面推进依法治国的必然要求。

二、学界对法治体系的解读

《决定》提出："全面推进依法治国，总目标是建设中国特色社会主义法治体系，建设社会主义法治国家。这就是，在中国共产党领导下，坚持中国特色社会主义制度，贯彻中国特色社会主义法治理论，形成完备的法律规范体系、高效的法治实施体系、严密的法治监督体系、有力的法治保障体系，形成完善的党内法规体系。"这指明了走什么样的法治道路，怎样建设社会主义法治国家，明确了法治体系是全面推进依法治国的总抓手。因此，加快建设法治体系，首先需要正确认识法治体系。目前学界对法治体系的解读，可以归纳为三个不同的维度，即"规范"的维度、"法治"的维度、"治理"的维度。

（一）"规范"的维度

法治体系必然包涵"法规范"的因素，因此，很多学者从"法规范"的维度来解读法治体系，包括从对法规范的定义、分类出发形成了软法和硬法视角来认识法治体系；从法规范的体系化视角出发形成了对法治体系体系化的解读。

1. 软法和硬法的视角

罗豪才基于平衡论的公法理论，汲取公共治理的理论，认为法治体系是要实现规则之治，这种规则之治不仅包括硬法[①]之治，还包括软法[②]之治，以及软法和硬法相结合的混合之治，并建议基于软法和硬法不同的特点，区别设置不同的审查机制，确保无论是硬法还是软法，都统一纳入备案审查范围，最后都

① 硬法就是通常说的法律，即由社会认可国家确认立法机关制定规范的行为规则，并由国家强制力（主要是司法机关）保证实施的，以规定当事人权利和义务为内容的，对全体社会成员具有普遍约束力的一种特殊行为规范（社会规范）。

② 软法则是指由多元主体非经正式的国家立法程序而制定或形成并由各制定主体自身所隐含的约束力予以保障实施的一般性行为规范。在实践中，大致来说，软法规范主要有四类形态：一是国家立法中的指导性、号召性、激励性、宣示性等非强制性规范；二是国家机关制定的规范性文件中的法规范，它们通常属于不能运用国家强制力保证实施的非强制性规范；三是政治组织创制的各种自律、互律规范；四是社会共同体创制的各类自治规范。

统一在宪法“一元”之下，切实维护宪法尊严、保证宪法实施，维护法治统一。[①]可以说这种基于规则的视角分析，有很深的洞见性。但是，这会带来以下问题：首先，软法能否作为规则的扩展？依据何在？其次，软法和硬法的提出毕竟是基于公法的视角，而法治体系需要的是一般的法律概念，软法和硬法能否胜任？再次，按照这种宽泛的规则定义，正式的法律中包含软法和硬法，党内法规中也有软法和硬法，那么这种区分的意义何在？最后，如果软法和硬法相冲突，如何协调彼此关系？

2. 五大法治体系

法治体系的解读最耳熟能详的就是“五大法治体系”，即完备的法律规范体系、高效的法治实施体系、严密的法治监督体系、有力的法治保障体系和完善的党内法规体系。有学者认为这是法治中国大厦的“五大支柱”，[②]有的认为这是法治中国大厦的“五大基石”，[③]还有的认为这是构成法治体系的“五个子体系”。[④] 张文显认为：“在全面推进依法治国的历史新阶段，建设中国特色社会主义法治体系，就是要形成‘五个体系’，促成‘五种局面’。所谓‘五个体系’，就是完备的法律规范体系、高效的法治实施体系、严密的法治监督体系、有力的法治保障体系和完善的党内法规体系。”[⑤]莫纪宏用了“五个分体系”表述，认为：“中国特色社会主义法治体系主要包括了五个分体系，即完备的法律规范体系、高效的法治实施体系、严密的法治监督体系、有力的法治保障体系及完善的党内法规体系。”[⑥]凌斌教授用了“五个具体体系”表述，即“完备的法律规范体系”“高效的法治实施体系”“严密的法治监督体系”“有力的法治保障体系”和“完善的党内法规体系”。[⑦] 袁曙宏用了“五大体系”表述，即形成完备的法律规范体系、高效的法治实施体系、严密的法治监督体系、有力的法治保

---

① 关于政党的法治化分析可参见罗豪才、胡旭晟：《对我国多党合作与人民政协的法学考察》，《湖南社会主义学院学报》，2008年第9卷第6期，第23—32页。对于党的十八届四中全会的软法和硬法解读可参见罗豪才：《贯彻四中全会精神，推进软法之治》，《行政管理改革》2014年第12期。

②《法治中国的新航标——怎样理解全面推进依法治国总目标》，《人民日报》2015年2月2日，第009版。

③《五大基石构筑国家法治体系》《人民日报》2014年10月24日第002版

④ 徐显明：《推动我国进入法治强国之列》，《人民日报》2016年2月4日第007版。

⑤ 张文显：《建设中国特色社会主义法治体系》，《法学研究》2014年第6期，第14页。

⑥ 莫纪宏：《从法律体系到法治体系》，《河南工业大学学报（社会科学版）》2015年第11卷第2期，第53—58页。

⑦ 凌斌：《从法律体系到法治体系：治国理政思路的重要转变》，《中国社会科学报》2014年11月5日第A07版。

障体系和形成完善的党内法规体系。[①] 李龙也对“五大体系”的分类表示认同，即完备的法律规范体系、高效(应改为公正)的法治实施体系、严密的法治监督体系、有力的法治保障体系、完善的党内法规体系。[②] 张峰认为，中国特色社会主义法治体系由“五个方面体系”构成，即完备的法律规范体系、高效的法治实施体系、严密的法治监督体系、有力的法治保障体系及完善的党内法规体系。[③] 但是，《决定》指出：“全面推进依法治国，总目标是建设中国特色社会主义法治体系，建设社会主义法治国家。这就是，在中国共产党领导下，坚持中国特色社会主义制度，贯彻中国特色社会主义法治理论，形成完备的法律规范体系、高效的法治实施体系、严密的法治监督体系、有力的法治保障体系，形成完善的党内法规体系……促进国家治理体系和治理能力现代化。”这段关于法治体系的表述用的是两个“形成”，在有力的法治保障体系之后，用的是逗号而不是顿号，说明党内法规体系与前面四大体系之间并不是并列关系。也即是说，党内法规体系是在另一个语境和逻辑支配下的展开。前“四大体系”是在同一个语境和逻辑下的展开。这说明“五大法治体系”的解读，明显存在逻辑解释不通的地方。关于这个问题，将在下文详细探讨。

(二)“法治”的维度

很多学者对法治体系的解读是从法治的视角出发：第一，从法治的理论生成视角出发，提出了法治体系是党的重大理论创新，提出了理论和实践相互作用理论模型，提出了构建理性与进化理性递进发展的理论模型。第二，法治体系更注重追求法治的价值层面、法治的制度层面、法治的实施层面，[④]意味着正当性基础的转变、治理体系的法治化和法治的体系化。[⑤] 第三，法治是一种秩序，总结法治发展的历史阶段，不同法治历史阶段以不同的法治秩序为依归，法治体系是在吸收古今中外的法治发展的经验基础上的一种法治秩序追求的表达。第四，法治不仅是一种理论、一种制度、一种秩序，也是一种话语体

---

① 袁曙宏：《全面推进依法治国，加快建设社会主义法治国家的纲领性文献——〈中共中央关于全面推进依法治国重大问题的决定〉解读》，《时事报告》2014 年第 12 期，总第 290 期。

② 李龙：《中国特色社会主义法治体系的理论基础、指导思想和基本构成》，《中国法学》2015 年第 5 期，第 24 页。

③ 张峰：《中国特色社会主义法治道路释义》，《江西社会科学》2015 年第 7 期，第 233 页。

④ 张淑芳：《法律体系和法治体系之比较》，《探索与争鸣》2011 年第 9 期，第 12—13 页。

⑤ 李桂林：《从法制体系到法治体系：以宪法法律权威为中心的体系转型》，《人大法律评论》2015 年卷第 1 辑。

系，一种国家实力的象征。学者基于此，从法治话语权的视角对法治体系做出解读。

1. 法治理论生成的视角

（1）理论创新

张文显认为，党的十八届四中全会推出了一系列法治新概念、新命题、新论断、新观点、新思想。例如，社会主义法治体系、法治实施体系、法治监督体系、法治保障体系、党内法规制度体等，社会主义法治体系是法学理论的新概念，建设中国特色社会主义法治体系是法治建设的新思维、新纲领，是党的重大理论创新。[①] 李林认为，把党内法规体系纳入法治体系，使其成为治国理政法治体系的重要组成部分，既是全面从严治党内涵的丰富发展，也是全面依法治国的理论与制度创新。[②] 但此种解读却产生这样一个问题：是法治体系是党的重大理论创新，还是把党内法规体系纳入中国特色社会主义法治体系是党的重大理论创新？从依法治国的进程来看，党的十一届三中全会后我国一直在加强法制建设，到依法治国的提出，到法治的提出，都是从国家层面进行法治建设，但《决定》提出法治体系建设，把党内法规纳入法治体系，使我国进入国家法体系和党内法规体系的双轨建设阶段，才是真正的法治理论创新。

（2）理论和实践的视角

莫纪宏认为，改革开放以来我国社会主义法制建设的每一项成就与科学有效的法制理论的指导密不可分，社会主义法制建设是法制理论与法制实践相互作用的产物。在社会主义法制建设不断系统化、体系化的过程中，法制理论的体系化和法制实践的体系化是相辅相成、不可分割的两个有机组成部分，脱离任何一个方面，单方面强调哪个领域的体系化都是不全面、不科学的。所以，在当今时代，执政党在总结我国既往法制建设的经验基础上正式提出"社会主义法治体系"，我们应当从理论和实践两个层次来科学认识社会主义法治体系的性质，准确地界定社会主义法治体系的结构与内涵。也就是说，首先，社会主义法治体系从结构上来看，既包括了社会主义法治理论体系，又包括了社会主义法治实践体系。[③] 从理论与实践的两方面来解读法治体系能够说明

---

① 张文显：《全面推进依法治国的伟大纲领——对十八届四中全会的认知与解读》，《法制与社会发展》2015年第1期，第9页；张文显：《建设中国特色社会主义法治体系》，《法学研究》2014年第6期，第13页。

② 李林：《论习近平全面依法治国新思想新战略》，《法学杂志》2016年第5期，第8页。

③ 莫纪宏：《明确社会主义法治体系的结构和内涵》，《学习时报》2014年10月27日第004版。

法治理论和法治实践的正互动关系。但是，事实上，法治理论和法治实践之间到底是怎样的关系，是正互动关系，还是负互动关系，还是两者都有，这是很难区分清楚的。其次，就法治体系的内容来看，似乎很难简单归纳出哪些是法治理论的体系，哪些是法治实践的体系。此外，按照《决定》精神要求，法治道路、法治制度、法治理论一体建设，这说明法治体系中蕴含着理论因素和实践因素，似乎也很难在一体建设中抽出来，进行孤立的解读。

(3) 构建理性与进化理性递进发展的理论视角

李亮认为从法律体系到法治体系，在法律体系阶段偏重构建理性主义，在法治体系阶段偏重进化理性主义。[①] 作为考察人类行为的两种重要哲学观，哈耶克在《法律、立法与自由》一书中区分了建构理性和进化理性：认为存在着两种观察人类行为模式的方式，一种认为人的理性具有无限的力量，通过理性设计可以改造出完美的制度，称之为建构理性主义，以笛卡尔、霍布斯、卢梭和边沁等人为代表；另一种承认人的理性是有限的，认为理性在人类事务中起着相当小的作用，各种实在的制度，如道德、语言、法律等并不是人类智慧预先设计的产物，而是以一种累积的方式进化而来的，称之为进化理性主义，以亚当·斯密、大卫·休谟、埃德蒙·柏克和托克维尔等人为代表。反观中国立法的实践，秉承立法宜粗不宜细、秉承条件成熟一部立一部，这是进化的视角，同时，有时立法又要求适度地超前，这是构建的视角。我国立法是构建和进化并举的视角，立法秉承立、改、废、释并举最能够充分说明这一立法特点。中国特色社会主义法治理论的提出，有构建主义的色彩，但同时要求坚持党的领导、坚持人民民主、坚持法律面前人人平等、坚持依法治国与以德治国相结合、坚持从中国实际出发五大原则，秉承的是构建和进化并举的路径，因此，很难用一套学者的抽象理想模型来印证我国复杂的法治建设实践。

2. 法治发展的视角

对法治体系的另一个常见的解读是："从法律体系到法治体系"。[②] 首先，这种解读认为法治体系是法律体系的承继和发展，法治体系是法律体系发展

---

① 李亮：《从法律体系到法治体系：从"建构理性主义"到"进化理性主义"——以中共十五大到十八届四中全会政治报告为分析基点》，《甘肃政法学院学报》2014 年第 6 期，第 2—14 页。

② 徐汉明：《由法律体系向法治体系迈进，中国共产党治国理政理念的一次重大飞跃》，《中国社会科学报》2014 年 10 月 31 日第 A05 版；凌斌：《从法律体系到法治体系：治国理政思路的重要转变》，《中国社会科学报》2014 年 11 月 5 日第 A07 版；黄文艺：《从法律体系到法治体系：中国法治建设战略的转型》，《新长征》，2015 年第 1 期；王建国：《法治体系是法律体系的承继和发展》，《法学》2015 年第 9 期；王利明：《迈向法治——从法律体系到法治体系》，中国人民大学出版社 2015 年版。

的更高阶段，是法律体系质变的结果，认为静态的法律体系需要一个动态的法治实施体系，需要法治监督体系和法治运行保障体系，法律体系和法治体系是静态和动态、外在和内在以及形式和实质的关系。这种解读认为"从法律体系到法治体系"的变化是在法治范围内的变化，是一种法治内部的发展演变的过程，但是，党内法规体系明显超出了正式国家法体系的范畴，说明法治体系不是法律体系质变的结果，而是裂变的结果，是包含国家法体系和党内法规体系一种双重法治体系。其次，这是一种建构主义的解读，认为可以像构建法律体系一样构建一个法治体系，里面暗含的似乎是一种终极的稳定、持久的法治理想状态。有这么一终点，因此可以欣喜若狂地最终抵达，而此刻就只是为了抵达的过渡。[①] 其实，我们知道法治是没有前景和需要长途跋涉的事业，没有普世的法治之路，只有美国的法治之路、英国的法治之路，等等。这种解读恰好削弱我们坚持要走自己法治道路的原则。最后，从法律体系到法治体系被认为是法治的战略转型或者从良法到善治的根本转变，但是，法治体系不仅覆盖的是国家法体系领域，还覆盖了党内法规体系领域，这就不仅仅是法治战略和善治的追求，而是国家治理体系的构建和治理能力的提升。从这种视角的解读是这种逻辑的支配：法治是终极的目标，由法治来支撑国家治理的正当性；但是，现实刚好相反，我国是以我国的具体国情、具体实际状况，治国理政的需求、国家治理的需求，来思考法治的正当性，建构我国法治理论、法治制度和法治道路的。

3. 法治秩序的视角

强世功从人类法治发展中归纳了三种法治秩序："神圣法之治"的古典法治阶段；"国家法之治"阶段，包括大陆法传统的"制定法之制"(the rule of statute law)和普通法传统的"判例法之治"(the rule of case law)两种模式；"公共政策之治"的后现代实质法治。认为中国应在同时吸收立法法治国、司法法治国和行政法治国的理念和制度的基础上，构建多元一体的政党法治国，一种基于党国互动体制的混合法治模式，以此解决"党的领导"与"依法治国"的关系。[②] 这种基于法治秩序的视角，鲜明指出法治体系建设中"党规"和"国

---

① 关于法治远景的假设，可参见苏力：《"法治中国"何以可能》，《探索与争鸣》2016 年第 10 期。

② 强世功：《从行政法治国到政党法治国——党法和国法关系的法理学思考》，《中国法律评论》2016 年第 3 期，第 35—41 页。关于强世功"党法"和"国法"关系的文章还可以参见强世功：《中国宪法的不成文宪法——理解中国宪法的新视角》，《开放时代》2012 年第 12 期；强世功：《党章与宪法：多元一体法治共和国的建构》，《文化纵横》2015 年 8 月号。

法”，并提出要依靠“党规”打通传统古典礼法之治、西方现代形式法治和后现代的实质法治，以此重建政法传统中的政治与法律、政党与国家，实现党规与国法的内在有机互动，从而在历史断裂之中重新建构起中华法治秩序的内在连续性。但是，这种把“党规”置于高于“国法”的位阶的政党法治国路径，明显与《决定》的精神不符，即要坚持党的领导、人民民主和依法治国三者相统一的法治理念。

4. 法治话语权视角

程金华基于构建中国法治话语体系的视角出发，认为法治体系不仅要有特色，更要出色，认为我国法治体系一方面应该区别他国，即“存异”，另一方面又要积极参与国际规则制定，推动依法处理涉外经济、社会事务，增强我国在国际法律事务中的话语权与影响力，即“求同”。[①] 也就是说，我国法治体系既应有特色又出色，既具有独特性又具有普世性。但从法治体系的内容来看，我国法治体系本身就是在吸收域外法治发展经验和我国国情基础上构建的，因此，自然兼顾特色和出色，有自己的法治话语权。

（三）“治理”的维度

1. 国家治理体系的视角

喻中基于国家治理体系的视角，认为传统的“礼治中国”演进到当前的“法治中国”，国家治理体系也发生了根本性的变革：以礼治为核心的国家治理体系转变为以法治为核心的国家治理体系。因此，以法治为中心的国家治理体系可以对应于法治体系。由于法治满足了国家治理对于合法性与有效性的需要，国家治理体系与法治体系具有一体两面的同构关系，法治的事业与国家治理的事业在相当程度上是重叠的，法治能力就是国家治理能力。[②] 从历史演进的视角，陈述国家正当性和有效性的变革，富有创造性；但是传统社会是靠“礼治”提供正当性的，现代社会并不仅仅靠“法治”来提供正当性，“法治”在我国作为核心价值是最近的事。同时，国家治理体系和法治体系也不具有同构性，国家治理体系包括社会主义市场经济、民主政治、文化、社会、生态文明方面的体系，法治体系只是国家治理体系的一部分。

---

① 程金华：《中国法治话语权的重要基础：出色的法治体系》，《人民法治》2015 年第 1 期，第 35—36 页。

② 喻中：《作为国家治理体系的法治体系》，《法学论坛》2014 年第 2 期，第 5 页。

2. 治国理政的视角

李林基于治国理政的视角，认为法治体系是党领导人民治国理政的重大理论和实践创新，是坚持党的领导、提高党治国理政能力和水平的重要保障，并提出："推进法治体系建设，不仅包括国家法律体系，而且把党内法规纳入其中，要形成完善的党内法规体系，这就在法治体系的整体框架中，使党内法规体系与国家法律体系紧密结合起来，形成党规与国法相统一的国家治理体系，从而极大地增强了两者的内在合力。"[①]李林基于"治"的层面，发现了法治体系由国家法律体系和党内法规体系构成，并从治国理政的视角论证了中国特色社会主义法治体系的正当性和合理性。从"治"的层面思考比较贴近我国国情，比较贴近我国国家治理体系的需求，但是缺少了"法"层面的追求。法治是制约公权力，保障公民权利。也即是说，从"治"的层面会形成"国法"和"党规"两种并重秩序，无法提供两种秩序冲突的处理机制；但是，由于法治价值的一元化，形成的必然是一元的法治秩序，因此，必然是把党法党规纳入宪法法律的国法秩序中去，实现党法党规与宪法法律的协调。

除此之外，还有学者主张扩大法治体系内容。比如，陈金钊、宋保振就提出社会主义法治理论体系应作为法治体系内容，认为法治体系必须具有六个方面：一是作为意识形态的社会主义法治理论体系；二是完备的法律规范体系；三是高效的法治实施体系；四是严密的法律监督体系；五是有力的法治保障体系；六是完善的党内法规体系。[②] 李龙认为，法治体系应在原有五大体系的内容的基础上增加四个重大体系，即严整的党的领导、人民当家做主和依法治国的有机统一原则体系，科学的依法执政体系，严谨的法治社会体系和完善的法律执行体系。[③]

以上这些学者都犯了一个错误：孤立看待法治体系。法治体系是要坚持党的领导、坚持人民民主、坚持法律面前人人平等、坚持依法治国与以德治国相结合，坚持从中国实际出发五大原则，是坚持法治道路、法治制度、法治理论的一体建设，因此，法治体系内容已经充分表达法治建设的政治立场、法治建设的理论来源、法治建设出发点和落脚点，内容已经非常科学完备。

---

① 李林：《从治国理政战略高度把握和推进中国特色社会主义法治体系》，《求是》2016 年第 15 期。

② 陈金钊、宋保振：《法治体系及其意义阐释》，《山东社会科学》2015 年第 1 期，第 26 页。

③ 李龙：《中国特色社会主义法治体系的理论基础、指导思想和基本构成》，《中国法学》2015 年第 5 期，第 24 页。

三、法治体系的科学内涵

《决定》提出:“全面推进依法治国,总目标是建设中国特色社会主义法治体系,建设社会主义法治国家。这就是,在中国共产党领导下,坚持中国特色社会主义制度,贯彻中国特色社会主义法治理论,形成完备的法律规范体系、高效的法治实施体系、严密的法治监督体系、有力的法治保障体系,形成完善的党内法规体系。”由此,明确了法治体系的科学内涵。法治体系实际上包含了两大体系,即两个“形成”:一是“形成”国家法体系,包括完备的法律规范体系、高效的法治实施体系、严密的法治监督体系、有力的法治保障体系;二是“形成完善的党内法规体系”。[①] 因此,党内法规体系和国家法体系构成了法治体系的基本内涵。

(一) 国家法体系

国家法体系是法治体系的一个子系统,是全面推进依法治国的理论和实践新水平的具体表现,它包含以下具体内容:完备的法律规范体系、高效的法治实施体系、严密的法治监督体系、有力的法治保障体系。“四个体系”涉及国家法治建设的全过程,环环相扣,密不可分,是一个有机的整体,每个体系之间既相互独立又紧密结合、相辅相成,共同构成了具有鲜明特点的国家法体系。一是问题导向,国家法体系重点解决立法、执法、司法、守法中存在的集中问题,以“目标+举措”的方式构建国家法体系;二是系统设计,国家法体系是法治体系的一个子系统,国家法体系又分为 4 个子系统,每个子系统又分为许多子系统,形成了顶层设计的系统性;三是突出宪法的核心地位,在构建国家法体系的 4 个子系统内,都突出加强宪法实施和监督。

1. 完备的法律规范体系

完备的法律规范体系是法治国家的基本标志,是全面推进依法治国的重要基础。《决定》以“目标+举措”的方式来构建完备的法律规范体系,提出了立法的目标和实现立法目标的举措。《决定》立足于国情和实际出发,立足于立法工作面临的实际问题,提出了新的立法目标:(1)立法价值更优。《决定》明确提出以人为本、核心价值观、宪法精神一体化的立法价值理念,立法要恪

---

① 殷啸虎主编:《中国共产党党内法规通论》,北京大学出版社 2016 年版,“前言”第 2 页。

守以民为本、立法为民的理念，要贯彻社会主义核心价值观，要使每项立法符合宪法精神，要反映人民的意志，得到人民拥护，要把公正、公平、公开原则贯穿立法全过程。(2)立法质量更高。例如，注重立法的及时性、系统性、针对性、有效性。(3)立法实践性更强。例如，坚持立法先行，发挥立法的引领和推动作用，要实现立法和改革相衔接。《决定》立足于国情和实际出发，立足于立法工作面临的实际问题，提出了完善立法的新的举措：(1)坚持宪法的核心地位，加强宪法监督。宪法是我国的根本大法，具有最高的法律效力，因此，每项立法都应符合宪法规范和宪法精神。《决定》从健全宪法解释程序机制，加强宪法的备案审查制度和能力建设，设立宪法日，开展宪法教育，建立宪法宣誓制度方面来维护宪法的权威性。(2)完善立法体制。经过改革开放 30 多年来的实践，已经形成了许多行之有效的立法制度，包括立法规划、立法计划、立法前论证、法律草案的起草、审议和公布、立法后评估等，这些制度和经验应该继续坚持和完善。除此之外，《决定》提出了以下完善立法体制的新举措：第一，加强党对立法工作的领导，完善党对立法工作中重大问题决策的程序；第二，健全有立法权的人大主导立法工作的体制机制，发挥人大及其常委会在立法工作中的主导作用；第三，加强和改进政府立法制度建设，完善行政法规、规章制定程序，完善公众参与政府立法机制；第四，明确立法权力边界，从体制机制和工作程序上有效防止部门利益和地方保护主义法律化。(3)深入推进科学立法、民主立法。习近平总书记指出："推进科学立法、民主立法，是提高立法质量的根本途径。科学立法的核心在于尊重和体现客观规律，民主立法的核心在于为了人民、依靠人民。"①因此，科学立法、民主立法是我国立法工作的基本要求，回答了在全面推进依法治国的新的历史起点上"立什么样的法、怎样立法"这一历史命题。在新的历史形势下，《决定》对如何深入推进科学立法、民主立法提出了以下新举措：第一，加强人大对立法工作的组织协调；第二，健全立法机关和社会公众沟通机制；第三，完善法律草案表决程序。(4)加强重点领域立法。紧紧围绕党的十八大以来的改革目标和改革任务，《决定》确定了以下重点领域的立法：第一，关于完善社会主义市场经济方面的立法；第二，关于完善社会主义民主政治方面的立法；第三，关于完善社会主义先进文化方面的立法；第三，关于改善民生和加强社会建设方面的立法；第四，关于完

① 《关于〈中共中央关于全面推进依法治国若干重大问题的决定〉的说明》，《中共中央关于全面推进依法治国若干重大问题的决定》(辅导读本)，人民出版社 2014 年版，第 54 页。

善生态文明方面的立法。

2. 高效的法律实施体系

使每项法律得到实施是全面推进的依法治国的题中应有之义，法律实施的根本在于如何使“书本中的法”转变为“行动中的法”，使法律成为人们行为的准则。《决定》立足于法律的生命力在于实施，法律的权威也在于实施这一科学认识，从宪法实施、执法、司法、守法各个领域来构建高效的法律实施体系，提出了宪法实施、执法、司法、守法的具体目标和具体举措。(1)宪法实施。《决定》确定了维护宪法尊严、树立宪法权威的目标，提出了从宪法解释、宪法审查、宪法宣誓、宪法教育等宪法实施举措来维护宪法权威。(2)依法行政。行政组织体系的不完善，行政执法的点多面广，行政救济存在立案难、判决难、终了难、执行难的困顿，使依法行政成为法律的实施的难点和重点。针对目前的依法行政现状，《决定》提出了建设职能科学、权责法定、执法严明、公开公正、廉洁高效、守法诚信的法治政府的目标，把依法行政的基础和目标落在建设法治政府上。通过推行政府机构、职能、权限、程序、责任法定化，健全依法决策机制、深化行政执法体制改革、严格规范公正文明执法、强化对行政权力的制约和监督、全面推进政务公开的举措来推进依法行政。(3)公正司法。司法体制的行政化、司法不公和司法腐败等现实问题严重阻碍了法律的有效实施，损害了法律权威，削弱了人民对法律的信仰，因此，公正司法是法律高效实施的核心保障。《决定》提出了公正司法的目标，通过完善司法内部和外部运行体制、司法公开、加强人权司法保障、加强对司法活动的监督、完善法律准入制度、推进司法的职业化一系列举措来推进司法高效实施。(4)全民守法。全民守法是法律实施的基础。如何贯彻落实全民守法？其基础在于推进法治社会建设。全民守法是法律实施领域的一项系统工程，是将遵守宪法和法律动机与效果紧密结合的最佳制度形式。[①] 因此，《决定》提出了增强全民法治观念，推进法治社会建设的目标。通过开展法治教育、普法宣传、社会诚信建设、道德教育来推动全社会树立法治意识，通过建立深化基层组织和部门、行业治理等措施来推进多层次多领域依法治理，通过建设完备的法律服务体系，通过健全依法维权和化解纠纷机制来建设法治社会，促进全民守法。

---

① 莫纪宏：《推进全民守法，建设法治社会》，载李林主编《中国：在新的起点上全面推进依法治国》，中国社会科学出版社 2015 年版，第 316 页。

3. 严密的法治监督体系

法治的有效实施不仅依赖高效的法治实施体系，更依赖严密的法治监督体系，真正做到将权力关进制度的笼子里，做到有权必有责，用权受监督，失职要问责，违法要追究，保证人民赋予的权力始终用来为人民谋利益。针对目前普遍存在监督缺失、监督不力的现象，《决定》提出构建严密的监督体系的目标。严密的监督体系，一是要注重“严”，在关键领域严厉执纪问责。《决定》就宪法监督、行政权力监督、司法监督重点领域如何构建监督制度提出了明确的举措。二是要注重“密”，注重监督的系统性，通过加强党内监督、人大监督、民主监督、行政监督、司法监督、审计监督、社会监督、舆论监督制度建设，来形成科学有效的权力运行制约和监督体系，增强监督合力和实效，从监督制度层面来构建系统的监督体系。

4. 有力的法治保障体系

法治体系的良好运行是有条件的。有力的法治保障体系是法治体系建设的重要依托，因此，有没有有力的法治保障体系是建设法治体系必不可少的条件之一。《决定》就构建有力的法治保障体系提出以下举措：一是加强和改进党对法治工作的领导，为法治体系建设提供政治和组织保障；二是加强法治工作队伍建设，为法治体系建设提供人才保障；三是提高干部的法治思维和法治能力，增强全民的法治观念，为法治体系建设提供坚实基础。

(二) 党内法规体系

随着中国社会改革开放的不断深入，中国共产党的党内法规建设面临着体系化的任务。如何发挥党内法规的体系化作用，提高党内法规在当前“党要管党、从严治党”中的效能，构建党内法规体系是一个不容回避的问题。2009年9月，党的十七届四中全会通过了《中共中央关于加强和改进新形势下党的建设若干重大问题的决定》，提出：“建立健全以党章为根本、以民主集中制为核心的制度体系，推进党的建设科学化、制度化、规范化。”2014年10月党的十八届四中全会通过了《中共中央关于全面推进依法治国若干重大问题决定》，提出：“形成完善的党内法规体系。”

1. 党内法规体系的构成

党内法规体系是指党的中央组织以及中央纪律检查委员会、中央各部门及省级党委颁布的全部现行的党内法规规范，是由党章作主导，包括党章在内的各个不同的法规部门分类组合而形成的具有内在一致性的统一体。党内法规规范是党内法规的最基本的构成细胞,但党内法规并不是党内法规规范的简单相加。党内法规体系是中国共产党在结构和功能上不断走向规范化的客观结果和进一步规范化的必然要求,不断完善党内法规体系是中国共产党依规治党、依法执政和全面实施依法治国以及建设社会主义法治国家的内在需要。但规范党组织的工作、活动和党员行为的党内法规数量众多,并不是以单一文本的形式出现的。这就要求在不同的党内法规之间有所区分,使之以体系化的形式出现。以下对党内法规体系的类型探析,主要从横向和纵向两个维度加以考察。

(1) 横向维度

横向维度的党内法规,主要反映了党内法规在规范内容上的差异性。党的十八大报告指出,要“全面加强党的思想建设、组织建设、作风建设、反腐倡廉建设、制度建设”。这为我们在横向维度上分析党内法规的规范内容提供了重要参考。以上“五大建设”为党内法规在横向范畴上的划分奠定了基础。据此,党内法规可以细分为以下 7 个部分:

第一,综合性党内法规。例如,2012 年 11 月 14 日党的全国代表大会修改通过的《中国共产党章程》等。

第二,党的思想建设方面的党内法规。例如,2013 年 2 月 19 日中组部印发的《关于在干部教育培训中进一步加强学员管理的规定》等。

第三,党的组织人事建设方面的党内法规。一是组织建设方面的党内法规,例如 2008 年 10 月 29 日中共中央印发的《中国共产党党校工作条例》;二是干部人事方面的党内法规,例如 2014 年 1 月 15 日中共中央印发的《党政领导干部选拔任用工作条例》、2014 年 6 月 10 日中央办公厅印发的《中国共产党发展党员工作细则》等。

第四,党的作风建设方面的党内法规。例如,2012 年 12 月 4 日中共中央政治局通过的《中央政治局关于改进工作作风、密切联系群众的八项规定》、2013 年 11 月 18 日中共中央印发的《党政机关厉行节约反对浪费条例》等。

第五,党的反腐倡廉方面的党内法规。例如,2010 年 7 月 11 日中共中央办公厅、国务院办公厅印发的《关于领导干部报告个人有关事项的规定》、2013 年 12 月 8 日中共中央办公厅、国务院办公厅印发的《党政机关国内公务接待管理规定》等。

第六,党的民主集中制建设方面的党内法规。例如,1980 年 2 月 29 日中共中央通过的《关于党内政治生活的若干准则》、1990 年 5 月 25 日中共中央印发的《关于县以上党和国家机关党员领导干部民主生活会的若干规定》、2004

年 11 月 7 日中共中央印发的《中国共产党党员权利保障条例》等。

第七，党的军事方面的党内法规。例如，2003 年 12 月 5 日中共中央颁布的《中国人民解放军政治工作条例》等。

(2) 纵向维度

纵向维度的党内法规，主要反映了党内法规在效力位阶上的差异性。《中国共产党党内法规制定条例》第 21 条规定："审议批准机关收到党内法规草案后，交由所属负责法规工作的机构进行审核。主要审核以下内容：是否同党章和党的理论、路线、方针、政策相抵触；是否同宪法和法律不一致；是否同上位党内法规相抵触；是否与其他同位党内法规对同一事项的规定相冲突；是否就涉及的重大政策措施与相关部门和单位协商；是否符合制定权限和程序。"显然，此条规定之所以出现"上位党内法规"和"同位党内法规"的表述，就是因为党内法规在纵向维度上存在效力位阶上的差异。

在纵向的效力位阶上，可以对党内法规进行如下划分：

第一，党章。党章对党的性质和宗旨、路线和纲领、指导思想和奋斗目标、组织原则和组织机构、党员义务和权利以及党的纪律等作出根本性规定。《中国共产党党内法规制定条例》第 25 条规定："党章在党内法规中具有最高效力，其他任何党内法规都不得同党章相抵触。"党章修改工作由党的全国代表大会负责，其他党内法规的制定、修改以及废止都应该以党章为根本依据。

第二，准则。准则对全党政治生活、组织生活和全体党员行为作出基本规定，在党内法规体系中的效力仅次于党章。例如，2015 年 10 月中共中央印发的《中国共产党廉洁自律准则》。

第三，条例。条例对党的某一领域重要关系或者某一方面重要工作作出全面规定，在党内法规体系中的效力低于准则。例如，1997 年 2 月中共中央颁布的《中国共产党纪律处分条例(试行)》以及在此基础上修订而成并于 2003 年 12 月 31 日由中共中央正式颁布实行的《中国共产党纪律处分条例》等。

四，规则、规定、办法、细则。其对党的某一方面重要工作或者事项作出具体规定，制定主体包括但不限于党的中央纪律检查委员会、中央各部门和省、自治区、直辖市党委。规则、规定、办法、细则的效力在准则以下，比较党章、准则、条例，内容最具体、运用最普遍。

2. 完善党内法规体系

(1) 完善党内法规体系的标准

中央高度重视党内法规体系建设，制定颁发《中央党内法规制定工作五年规划纲要(2013—2017)》,提出到 2017 年要基本形成涵盖党的建设和党的工作主要领域、适应管党治党需要的党内法规制度体系框架。《决定》也提出了:“完善党内法规制定体制机制,加大党内法规备案审查和解释力度,形成配套完备的党内法规制度体系。”为了达到这种目标,党内法规体系应具备以下标准,即内容完备性、结构科学性、形式规范性和价值公正性。

第一,内容完备性。完备的党内法规体系,其内容须适应中国共产党在新的历史时期领导中国社会发展和进步的要求。随着改革开放的不断深入,中国社会呈现出了多元性和复杂性。而作为执政党的中国共产党在领导中国社会发展和进步时,就要根据时代的要求不断地进行调整和适应。这就要求中国共产党所制定的党内法规从内容上要不断地完备才可以适应时代的要求。比如,随着时代的发展,对于民主的要求越来越高,中国共产党制定的党内法规在党内民主的要求上就要适应时代的要求和变化,由此带来的党员权利的保障和发展就要在党内法规制定的内容上有比较充分的体现和表述。中国共产党对中国社会的领导是全方位的领导,这就要求党内法规从内容上要充分体现这种全方位的要求,才符合时代的发展需要。

第二,结构科学性。党内法规体系应具有科学的内在结构,成为一个有机协调的统一体。在实践中,党内法规体系科学的结构并不是天然的,它需要一个长期的建设过程。党内法规体系是由众多的法规部门构成的统一整体,科学的法规体系必然要求具有科学的内在结构。这种内在结构表现在以下几个方面。一是法规部门齐全。法规体系内的主要法规部门应该是齐全的,这样法规体系才是丰富和饱满的。二是法规部门划分合理。各个法规部门由于调整的党内关系的不同,因此各个法规部门应该有明确的划分和分工。这样使各个法规部门之间可以相互协调和补充,从而不至于相互矛盾和冲突。三是层次结构合理。党内法规由于制定主体的不同,因而不同的党内法规制定主体所制定的党内法规在调整党内关系时呈现出效力上的层次性。这些不同效力层次的党内法规在结构上应是合理的,从而更好地发挥党内法规体系的功效。

第三,形式规范性。形式上的规范是党内法规体系科学性与统一性的要求,也是党内法规体系易于为党内各个主体所掌握的需要。党内法规体系作为一个整体,必须具有规范的表现形式。主要体现为:一是名称上应当规范。党内法规是有序位的,规范性法规的不同名称表明了不同的地位、等级或者位阶。党章是党内的根本大法,准则和条例是党内仅次于党章的法规,规则、规定、办法和细则是再次级的党内法规规范。二是用语应当规范。法规规范的用语一定要准确和明确。法规规范制定的目的是得到执行和遵守，如果用语上存在着模糊和无法明确，就容易导致理解和认识上的不确定，从而导致有关的党内主体在适用党内法规的时候，无法固定自己的行为。第三，格式应当规范。规范性法规文件都有固定的表现形式。比如，公布日期、生效日期、制定主体的表达方式，法规符号的不同意义及其准确运用，都应当符合统一的形式规范要求。

第四，价值公正性。党内法规在价值上应当是公平正义的。党内法规是党内用制度和规则来进行党内行为调整的制度系统。这个制度系统是排除人为因素的。用制度的规范来表示整个体系的公平和正义。这就要求党内法规的制定、执行、实施、完善和救济都要体现出这种公平和正义的价值追求，也只有这样党内法规的规范体系才会具有生命力和凝聚力。公平和正义是当今社会的基本价值追求，也是国家要维护的基本要求。中国共产党是中国社会的核心力量，是中国的执政党，因此，党内法规体系中也应该反映出社会、国家所共同认同和遵循的价值要求。

(2) 完善党内法规体系的路径

目前党的思想建设、组织建设、作风建设、反腐倡廉建设、制度建设各领域的基础主干党内法规已基本制定，党的领导和党的工作方面的基础主干党内法规制定取得重要进展，党内法规制度体系框架基本确立。但又存在不足，其主要问题是新旧法规之间、不同类型法规之间、上下级法规之间系统性不足，相互协调不够，甚至还存在一些矛盾。为此，就要加强党内法规的系统化建设。

第一，加强党内法规的顶层设计和体系规划。把党内法规的体系规划放在首要位置，加强党内法规的规划和统筹，防止临时性、突击性的立法活动过多，避免出现党内法规制度的“碎片化”、随意性、应急化，造成散、乱、急现象。比如，对于党内法规的条例，我们要弄清楚各条例之间的关系是什么，如何建立起条例之间的科学结构，要回答应该制定多少个条例的问题。这个问题解决不好，条例之间的合理结构、关系就难以保证，条例之间的交叉、重叠也难以避免。当然，我们不仅要着眼于近期，还要立足长远，放眼今后，只有这样党内法规的规划才能更科学合理。

第二，做好党内法规的废改立工作。虽然党内法规已基本形成了体系，但是党内法规制定中的空白点还有很多，针对党的建设和党的工作中存在的突出问题，以保障党员权利、发展党内民主、改革用人制度、加强基层组织、推进作风转变、规范权力行使、严明党的纪律、强化党内监督为重点，及时废止法规与现行党章和党的理论路线方针政策相抵触或者同宪法和法律不一致等内容，废止明显不适应现实需要的法规，等等。通过及时开展党内法规的废改立工作，使党内法规的修订正常化、程序化、规范化，使党内法规能够与时俱进，更好地发挥作用。例如，《中央党内法规制定工作五年规划纲要（2013—2017）》以附件形式，提出了 45 件党内法规重点制定项目，其中新制定项目 20 件、修订项目 25 件。这些党内法规薄弱环节的改善会显著提高党内法规的科学化水平。

第三，及时开展党内法规的动态清理。党内法规清理工作是党的制度建设的一项基础工程。《中央党内法规制定工作五年规划纲要（2013—2017）》提出了建立党内法规动态清理机制的要求，强调在开展集中清理工作的同时，要建立健全定期清理及时清理机制，今后一般每 5 年对党内法规和规范性文件开展一次集中清理；同时，在制定或修改党内法规和规范性文件时，对与之不适应、不协调、不一致的相关党内法规和规范性文件同步进行清理，实现清理工作经常化、制度化、规范化。这里的不适应，是指党内法规与党建工作实际不相适应，表现为法规的实施主体或作用对象已不复存在或发生变动，法规的调整内容或任务目标已经完成，但是相关法规依然存在；不协调，是指因新法规已生效、旧法规未废止而带来的执行混乱；不一致的情形主要有两种，包括党内法规之间相互冲突、党内法规与行政法规相互冲突（还有党内法规与国家法律相互冲突的情形）。中共中央、中央纪委和中央主要部门、各省份党委都开展过党内法规和规范性清理工作，对中华人民共和国成立以来到 2012 年 6 月出台的党内法规和规范性文件做了系统清理。比如，中央纪委共对 626 件党内法规和规范性文件进行了清理，其中：建议废止或废止 108 件，失效或宣布失效 120 件，修改 31 件，继续有效 367 件。及时清理过时的党内法规，可以极大地提高党内法规的权威性和系统性，在党内法规建设中具有基础性地位。

第四，注重党规和国法的有机衔接。党必须在宪法和法律的范围内活动，因此党规党纪要实现与国家法律的有机衔接，不能以党纪代替国法，更不能以党的权力干预国家法律的实施。党内法规与国家法律是两个不同范畴的概念，各自有特定的调整对象、范围、行为准则和方式。党内法规的调整对象是党组织工作活动和党员行为，对全体党组织和党员具有约束力，其强制力来源于党组织和党员的自觉认同、党内的纪律、党组织和党员的权利利益。国家法律则是由国家制定或认可的、以国家强制力保证实施的、对全体社会成员具有普遍约束力的行为规则，其强制力和处罚措施比党内法规要强大得多。但由于党员领导干部既是党员又是公民，这就使得党内法规和国家法律在某些方面都要涉及同一个对象、同一种行为，如果不能衔接好党内法规和国家法律，就会造成矛盾和混乱。因此，必须处理好党内法规与国家法律的关系，使两者协同起来，为社会主义民主政治建设和其他建设提供有力的保障。

四、法治体系科学内涵的证立

法治体系的构成呈现出“双轨制”的特点，即依法治国和依规治党相结合。党的十八大以来，依法治国从“治理国家”的基本方略转变成为“治国理政”的基本方略，法治从国家法领域，扩展到了中国共产党党内领域，法治成为党治国理政的基本方式。党的十八届三中全会指出：国家治理体系是包含经济、政治、文化、社会、生态文明和党的建设等各领域体制机制、法律法规安排的制度体系；国家治理能力是包括改革发展稳定、内政外交国防、治党治国治军等各个方面的能力。这就把党的制度体系和国家制度体系放在同等重要的位置，使全面深化改革不仅仅包括国家制度的改革还包括党内制度的改革。党的十八届四中全会《决定》又形成了依法治国和依规治党的双轨的法治道路，把形成国家法体系和党内规范体系放在同等重要的位置，使“形成完备的法律规范体系、高效的法治实施体系、严密的法治监督体系、有力的法治保障体系”和“形成完善的党内法规体系”作为全面推进依法治国的战略任务。党的十八届五中全会审议通过了《中国共产党廉洁自律准则》和《中国共产党纪律处分条例》；十八届六中全会又审议通过了《关于新形势下党内政治生活的若干准则》和《中国共产党党内监督条例》，全面落实依法治党，实现国有国法，党有党规，以此建设法治国家。以上依法治国理念的转变、国家治理体系和治理能力的内涵、全面依法治国和全面从严治党的决定，把双轨制的国家法体系和党内法规体系法治道路清晰的展现出来了。

习近平总书记指出：“不管搞革命、搞建设还是改革，道路问题都是最根本性的问题。”中国特色社会主义法治体系的建设也一样，道路关乎命运，双轨制法治体系首先是党对治国理政规律性的认识和总结，这首先表现在全面依法治国的双系统性，即依法治国和依规治党；其次，回答了党的领导和依法治国关系等一系列重大理论和实践问题；再次，中国特色的社会主义法治道路必须要求双轨制的法治体系。

(一) 全面依法治国的双系统战略

全面依法治国是“四个全面”战略的子系统，同时，作为一个独立系统，党的十八届四中全会的《决定》，标志着作为现代政党的中国共产党领导的执政理念、治国理政韬略和执政治理方式，跃升到了依法治国和依规治党、依宪执政和依法执政的历史新高度，[①]形成了依法治国和依规治党的双系统法治战略。

从历史上看，党的十五大确立的依法治国的基本方略只涉及国家法领域，依法治国的含义就是广大人民群众在党的领导下，依照宪法和法律规定，通过各种途径和形式管理国家事务，管理经济文化事业，管理社会事务，保证国家各项工作都依法进行，逐步实现社会主义民主的制度化、法律化，使这种制度和法律不因领导人的改变而改变，不因领导人看法和注意力的改变而改变。[②]党的十五大确立的依法治国的基本方略，指出了依法治国的主体、客体、方式、途径、目的和法治内容的领域；而法律体系的构建、法治政府建设、普法活动等都围绕着国家法领域开展。党的十八届四中全会开创了依法治国和依规治党的双系统法治方略。正如李林阐述习近平全面依法治国思想时所说：“党的十八大和十八届四中全会都明确肯定：依法治国是党领导人民治国理政的基本方略，法治是治国理政的基本方式。把依法治国作为基本方略，就意味着依照宪法和法律管理国家、治理社会、管理经济和文化事业。依法治党治国治军，是我们党治国理政的战略性指导原则和整体性策略方针。把法治作为基本方式，就意味着我们党尽管采用行政手段、经济手段、道德手段、社会规约、技术方式、思想工作等方式综合治理，但法治是最基本、最主要、最常态的治国理政方式。”[③]说明依法治国思想的新升级，依法治国和依规治党的法治新思想新战略形成。

从理论上讲，治国必先治党，治党务必从严。中国共产党的领导地位是宪

---

① 李林：《全面推进依法治国的时代意义》，《法学研究》2014 年第 6 期，第 3 页。

② 由于 1996 年王家福为中央领导做了讲题为“关于依法治国，建设社会主义法治国家理论和实践问题”的法制课，提出依法治国，并且王家福参与了 1997 年党的十五大报告的起草。关于当时确立依法治国基本战略思想的背景材料可参见王家福、李步云、刘海年、刘瀚、梁慧星、肖贤富：《论依法治国》，《法学研究》1996 年第 2 期。

③ 李林：《论习近平全面依法治国的新思想新战略》，《法学杂志》2016 年第 5 期，第 3 页。

法确认的。中国共产党从革命党向执政党转变的一个重要举措，就是以依法治国作为党治国理政的基本方略。一方面，把执政党的方针政策通过法定程序，以法律的形式确立下来；另一方面，中国共产党要贯彻落实依法治国方略，必须率先垂范，带头遵守宪法和法律，这就要求依法从严治党、规范治党，把一些基本的党内规范以法规的形式确立下来，形成与国家法律法规相适应、相配套的党内规范，作为自我管理、提升执政能力的依据和准则。依法治国首先要求依法执政，而依法执政不仅要求执政党依照国家的宪法和法律来规范权力的运行，管理国家和社会事务；同时也要求执政党依规治党，通过党内法规来规范自身的活动和行为，从而形成依法治国、依法执政共同推进，依法治国、依规治党共同建设。

党的十八大以来形成了全面依法治国新思想新战略新路径，开创了中国特色社会主义法治新时代，确立了依法治国、依规管党治党的法治双系统战略。在当代中国，为了保持党员的先进性和纯洁性，为了提高提高党的领导能力和执政能力，需要党内法规、依规治党；为了构建和谐社会，建设社会主义法治国家，需要国家法律、依法治国。党内法规、依规治党和国家法律、依法治国，要“两手”抓，并且“两手”都要硬。① 因此，建设社会主义法治国家必然要求形成国家法体系和党内法规体系。

（二）党的领导和依法治国的关系

由于特定的历史和政制的选择，任何国家的法治进程中都会存在这个基本问题。在美国，是个人基本权利和民主多数决定如何协调的问题；在英国，是个人基本权利和议会主权如何协调的问题；在中国，是党的领导和依法治国如何协调的问题。② 西方的法治化是个人和国家关系不断演进的过程，但中国的法治化是政党和国家的关系不断演进的过程，必须在考虑我国的“本土资源”下和西方法治的经验下，走出一条合适的法治道路。这就需要汲取以前党的运动思维、政策思维，汲取以党代政、党政不分的管理方式的经验教训，这就需要大胆借鉴西方成熟的法治经验，使国家制度层面和党的制度实现法治化。

中华人民共和国成立以来的法治发展历程告诉我们，党与法治的关系始

① 许耀桐：《党内法规论》，《中国浦东干部学院学报》2016 年第 5 期，第 85 页。

② 关于党的领导和依法治国的关系是我国法治基本热点问题判断，可参见封丽霞主编：《中央党校学员关注的法治问题》，中共中央党校出版社 2014 年版，第 235—243 页。

终是我国法治建设的核心问题。这一问题处理得好，则法治兴；处理得不好，则法治衰。因此，党的十八届四中全会从关系党和国家前途命运、长治久安的战略全局高度重视党的领导和依法治国关系。从理论上明确了：第一，党的领导是社会主义法治的最根本保证；第二，把党的领导贯彻到依法治国全过程和各方面，是我国社会主义法治建设的一条基本经验；第三，我国宪法确立了中国共产党的领导地位；第四，坚持党的领导，是社会主义法治的根本要求，是党和国家的根本所在、命脉所在，是全国各族人民的利益所系、幸福所系，是全面推进依法治国的题中应有之义；第五，党的领导和社会主义法治是一致的，社会主义法治必须坚持党的领导，党的领导必须依靠社会主义法治；第六，只有在党的领导下依法治国、厉行法治，人民当家做主才能充分实现，国家和社会生活法治化才能有序推进；第七，依法执政，既要求党依据宪法法律治国理政，也要求党依据党内法规管党治党。

党的十八届四中全会不仅回答了如何从理论上认识“党的领导和依法治国”的关系，并且从实践上对“党的领导和依法治国”统一路径进行了设计。总结来说就是“三个统一”和“四个善于”。“三个统一”：须坚持党领导立法、保证执法、支持司法、带头守法，把依法治国基本方略同依法执政基本方式统一起来，把党总揽全局、协调各方同人大、政府、政协、审判机关、检察机关依法依章程履行职能、开展工作统一起来，把党领导人民制定和实施宪法法律同党坚持在宪法法律范围内活动统一起来。“四个善于”：善于使党的主张通过法定程序成为国家意志，善于使党组织推荐的人选通过法定程序成为国家政权机关的领导人员，善于通过国家政权机关实施党对国家和社会的领导，善于运用民主集中制原则维护中央权威、维护全党全国团结统一。[①]

党的领导是依法治国最根本保证，是依法治国的领导力量，是实现法治的核心之魂；依法治国能够加强和改进党的领导方式和执政方式，能够对党的领导实现保障、制约和引导的作用。因此，从解决中国特色社会主义法治的重大理论和实践问题的解读出发，法治体系必然包括国家法体系和党内法规体系。

（三）中国特色社会主义法治道路

道路关乎党的命脉，关乎国家前途、民族命运、人民幸福。在汲取域外经

---

① 关于党与法的高度统一关系可参见李林：《论党与法的高度统一》，《法制与社会发展》2015 年第 3 期。

验，注重继承传统法治的优良经验和联系目前法治的实际状况，党的十八届四中全会做出了走中国特色社会主义法治道路的决断。举什么旗，走什么路，关乎命运，关乎未来，不可不慎重。在与中国特色社会主义道路、中国特色社会主义制度和中国特色社会主义理论相衔接下，在法治领域要形成中国特色社会主义法治道路、中国特色社会主义法治制度和中国特色社会主义法治理论。

理论提供指导，道路决定制度，制度提供保障。中国特色社会主义道路、中国特色社会主义理论、中国特色社会主义制度决定了法治道路的选择。党的十八大提出："中国特色社会主义道路，就是在中国共产党领导下，立足基本国情，以经济建设为中心，坚持四项基本原则，坚持改革开放，解放和发展社会生产力，建设社会主义市场经济、社会主义民主政治、社会主义先进文化、社会主义和谐社会、社会主义生态文明，促进人的全面发展，逐步实现全体人民共同富裕，建设富强民主文明和谐的社会主义现代化国家。"党的十八届四中全会提出："全面推进依法治国，总目标是建设中国特色社会主义法治体系，建设社会主义法治国家。这就是，在中国共产党领导下，坚持中国特色社会主义制度，贯彻中国特色社会主义法治理论，形成完备的法律规范体系、高效的法治实施体系、严密的法治监督体系、有力的法治保障体系，形成完善的党内法规体系，坚持依法治国、依法执政、依法行政共同推进，坚持法治国家、法治政府、法治社会一体建设，实现科学立法、严格执法、公正司法、全民守法，促进国家治理体系和治理能力现代化。"很明显，中国特色社会主义道路和中国特色社会主义法治道路的内容包括党的领导和国家建设两个方面，因此，决定了法治体系包括国家法体系和党内法规体系。①

中国特色社会主义法治道路的核心包括：坚持党的领导、坚持中国特色的社会主义制度和坚持中国特色的社会主义理论。其实，分开来看就是包括两部分：第一，党的领导；第二，国家制度，理论贯彻在党的制度和国家制度之中。因此十八届四中全会决定认为，实现全面依法治国的总目标，需要坚持中国共产党领导、坚持人民主体地位、坚持法律面前人人平等、坚持依法治国和以德治国相结合、坚持从中国的实际出发，这是党的制度建设和国家制度建设都要坚持的原则。因此，中国特色社会主义法治道路的核心要义和党的制度建设和国家制度建设都要坚持的原则必然要求法治体系覆盖国家法体系和党

① 相关中国特色社会主义法治道路阐述可参见张峰：《中国特色社会主义法治道路释义》，《江西社会科学》2015年第7期。

内法规体系。[1]

五、结语

党的十八届四中全会，把法治上升到了治国理政的新高度，提出全面依法治国落实的目标。为实现全面依法治国，把建设法治体系作为全面依法治国的总抓手。因此，正确地理解和解读法治体系对推进依法治国尤为关键。本文论证和阐述了中国特色社会主义法治体系的科学内涵：国家法体系和党内法规体系。法治体系的提出标志我国把党的制度建设和国家制度建设放在同等重要的位置上，形成了全面依法治国的双系统：依法治国；依规治党。展望未来，这种法治体系的生成，会使我国出现二元的法治秩序，生成国家法律和党内法规双轨并存法治道路。可以这样说，党内法规体系建设和国家法体系建设的成功标志着全面依法治国总目标的实现。由于党处于总揽全局、协调各方的核心地位，因此，未来必须进一步加强党内法规体系建设；由于国家的法治建设应不断满足人民群众的需求，因此，未来必须进一步完善国家法体系建设。

① 相关中国特色社会主义法治道路原则的阐述可参见徐显明：《坚定不移走中国特色社会主义法治道路》，《法学研究》2014 年第 6 期。

未定型社会与探索型法制

——兼论社会主义初级阶段法制的成型

邓少岭*

摘　要：不定型社会具有这样的特征：形态模糊而具混合性、过渡性，变化又多又快，且常常出人意料，(失序和倒退的)风险多，确定性低。未定型社会是不定型社会的一类，但它具备了相对明确的发展方向和对这种走向的较为强大的支持力量，从而减轻了其形态的不确定性、模糊性和风险性。与未定型社会相适应的法制应该是探索型的。探索型法制不应该为了追求形式的完美和内容的完备而牺牲法律的灵活性和回应性，而应该尽力运用种种法律技术和工具去理解、回应社会的复杂性和历史进程的尝试性、偶然性。探索型法制在法律形式、法治理念、法律技术、法律发展诸方面都与定型社会的法治有所不同。中国正处于并将长期处于未定型社会之中。中国特色社会主义初级阶段法制的定型还需要几十年甚至100年。

关键词：未定型社会；不定型社会；探索型法制；尝试性；回应性

一、问题的提出

中华人民共和国第一代政法人的杰出代表董必武曾讲过这样两段发人深思的话：

……有的人认为我们总结的经验不完备，没有一套，但怎样才能完备呢？资产阶级的东西，当然抄不得；对兄弟国家的先进经验，我们应当认

* 邓少岭，法学博士，上海社会科学院法学研究所副研究员。原刊于《学术论坛》2011年第5期。

真学习，但是我们国家的具体历史条件同他们不一样，必须结合中国实际情况去学习，照抄也不好。从发展观点看，所谓完备是相对的，从不完备到比较完备是个发展的过程。我们在这个时期总结出一条经验，过一个时期又总结出一条经验，逐渐积累，不是就比较完备了吗？一开始就要求“完备”，是违背客观事物发展的规律的。那种貌似完备，实际是东抄西袭的东西，只能束缚我们的手脚，不利于革命的事业。

有的人还说我们总结的经验不像个样子。实际上，我们是革命的，许多东西都是在不断发展和变革中。怎样搞才像个样子呢？到底像个什么样子呢？资本主义的样子当然要不得。兄弟国家的样子虽然是好样子，但未必合我们的身材。我们不怕不像样子，不追求形式。只要是合乎马列主义原则，合乎实际需要的，就是像样子。我们这个样子草创伊始不那么美观，但天然质优，修饰工少，乱发粗服，洒脱大方，这有什么不好呢？①

董必武的言论，体现了不尚浮华、贬斥形式主义的鲜明态度和从实际出发、实事求是的理性精神，他主张中国的法制建设应该从中国实际出发，总结提炼中国的经验，满足中国革命和建设的需要；他也理所当然地指出了中国法制的社会主义性质和方向，从而也提出了中国人要有不模仿、不抄袭外国人的志气和豪气的要求。尤其难能可贵的是，他看到了：第一，当时的历史阶段是“在不断发展和变革中”，从而无法过于要求法制的完备。第二，他敏锐地意识到，当时的法律是处在“草创伊始阶段”，从而也不能要求它的“完备”和“样子”。不合实际需要的样子只能起到束缚手脚的作用。不唯如此，他还满怀审美情怀地称道法制草创伊始时的粗朴之美。第三，从不完备到完备，从没有样子到有样子，乃至样子漂亮精致，要经历一个发展过程。第四，实际上，他也提出了一些应对既要有法，否则无法可依，但法一时又不能骤得之难局的法制策略。这四个方面，也正是本文的关注点和兴趣点。

董必武的上述言论是在 1959 年 5 月 26 日作出的，至今已经 50 年了。半个世纪过去了，这些言论是否仍然正确从而具有启发甚至指导意义呢？将来又会如何呢？当时乃至此后的历史阶段是否仍然是变化多端的呢？我们当前（2009 年前后）的法制是否已经走出草创伊始的阶段？何时和如何走出这一草

① 董必武：《实事求是地总结经验，把政法工作做得更好》，载《董必武法学文集》，法律出版社 2001 年版，第 425—426 页。

创阶段？又在何时会比较有些“样子”？

回答这些问题并非轻而易举。本文将努力给出一个初步的回答。在中国近代史、百年史和中华人民共和国60年史的背景下，本文将首先尝试性地提出并说明“未定型社会”和“探索型法制”的概念；然后，将尝试判断中国特色社会主义初级阶段法制初步成型的时间；在此基础上，将对董必武的上述观点加以分析，并指出其合理性和启发意义；最后，将对“未定型社会”和“探索型法制”的理论涵义做出一定限制。

二　初级阶段中国特色社会主义社会是未定型社会

本文认为，中国处于并将长期处于未定型社会，与其相应的也只能是探索型法制。那么，什么是未定型社会和探索型法制呢？中国为什么又会处于这样一种社会呢？这首先要从不定型社会的概念说起。

（一）不定型社会、未定型社会、转型社会

1. 不定型社会

历史学家唐德刚先生提出的“历史三峡”概念对本文来讲是富有启迪意义的。他认为，近代以来的中国历史是千回百转、凶险满布的航程，恰如长江三峡那样，到处是急流、险滩、暗礁、峭壁、急转弯，千变万化，千曲百折，千难万险……行舟其间，令人胆寒，随时有船翻人亡之虞；但一旦走出三峡，却俨然是另一番开阔平坦的境界了。

处于这样一种充满了不可预料、变化多端和凶险满布的历史进程中的社会，笔者称之为不定型社会。不定型是从宏观上对一定历史阶段之社会的基本特征所作的概括，它指这个社会形态不定、变化多端、模棱两可，其基本特征难以提炼，其前景难以准确预见。这里所谓社会，是从更广泛意义上讲的，它包括了平常所谓之经济政治文化和社会等各个方面，涵盖了经济基础和上层建筑的所有内容。不定型社会意味着并不固定于既有的类型和形式，而是对任意一种可能性保持开放，所以这里既是希望所在，也是风险所在；希望在于可以开出独特的道路，风险在于可能会遭遇巨大挫折甚至灭顶之灾。不定型社会这一术语主要用来指称进入近代以来的中国社会。不定型社会的特征在近30年中较为明显，但中国不定型社会不仅仅指最近30年，其历史纵深其实可从1840年算起，自那时起，中国社会就处在不断的尝试中和巨大的变化中，

社会意识也越来越崇尚变化和新事物。不定型社会的下限较难确定，这其实也恰恰正是这一概念的题中应有之义。

不定型社会是相对于定型社会而言的。定型社会可指汉武帝中期至晚清以前的中国社会，也可指资本主义确立后的西方社会；也许还有其他社会，但尚待研究发现。中国封建社会之定型，经过了自春秋而战国而秦而汉，至汉武帝中期才框架初定，这期间有600年之久。西欧资本主义社会之基本定型也经历了好几百年时间。在定型社会中，国家的基本经济模式和体制、基本制度乃至意识形态都较为稳定，人们的共识较强，而且不易动摇。

2. 未定型社会

既然有了"不定型社会"概念，为什么还要再来一个"未定型社会"概念呢？我们知道，历史充满了偶然性，但偶然性中潜藏着必然性，是偶然性和必然性的对立统一；历史充满了不确定性，但在丰富的不确定性中，又有着一定的方向感可以寻觅，是不确定性和确定性的统一；历史进程难以预测，历史结局常常出人意料，但在正确历史观的帮助下，人类已经能够对历史结果做出一定程度的估计。相比较而言，未定型社会比不定型社会概念多了一丝乐观的色彩，多了一些确定性和方向感。对于中国而言，不定型社会加上了至少两个方向性指标，一为现代化，二为社会主义。未定型社会是不定型社会的一类，但它具备了相对明确的发展方向和对这种方向的较为强大的支持力量，从而减轻了其形态的不确定性、模糊性和风险性。我们说中国是未定型社会，那么其待定之型是什么呢？将完型之型会是什么呢？答曰：社会主义现代化社会。

3. 不定型社会、未定型社会、转型社会之间的关系

不定型社会概念无法也不追求替代广泛使用的转型社会概念；相反，它可以丰富对转型的理解。如果非要说两者有什么不同的话，那似乎可以这样说：后者似乎意味着历史有其明确起点、目标和路线图，前者则更加强调历史的不确定性和偶然性；后者似乎意味着有明确的历史主体，前者则意味着历史主体的模糊性和多元性；后者与历史进化论的乐观关联紧密，前者则以更加冷静的眼光将退步甚至灾难、毁灭包括在其理论视域中。

未定型社会可以看作不定型社会的一个类型，或者是其子概念。未定型社会因为有大体较为明确的框架预设，使得它比不定型社会的概念要明朗不少。但未定型社会的概念仍然应有着临深履薄的戒惧，它所包含的偶然性、不确定性仍然是很大的。在理论上，它和"不定型社会"概念一样并不当然排除社会的倒退、混乱失序甚至解体的命运。

(二) 中国特色社会主义初级阶段的中国是未定型社会

不定型社会概念与中国特色社会主义社会概念也不矛盾，相反它可以丰富对后者的理解。实际上，对于中国社会主义内在的不定型性和未定型性，毛泽东在中华人民共和国成立之初就有着惊人的判断，他在1956年就说："中国的前途，就是搞社会主义。要使中国变成富强的国家，需要五十到一百年的时光。现在已不存在障碍中国发展的力量。中国是一个大国，它的人口占全世界人口的四分之一，但是它对人类的贡献是不符合它的人口比重的。将来这种状况会改变的，可是这已不是我这一辈的事，也不是我儿子一辈的事。将来要变成什么样子，是要看发展的。中国也可能犯错误，也可能腐化，由现在较好的阶段发展到不好的阶段，然后又由不好的阶段发展到较好的阶段。当然即便不好总不会像蒋介石时代那样黑暗，是辩证的，即肯定、否定、否定之否定，这样曲折地发展下去。"[①]在社会主义运动伟大而又曲折的历史进程中，当代中国共产党更加深刻地认识到，社会主义社会的巩固和发展决不会是一个一蹴而就的事情，而将是一个漫长的历史过程，它在基础薄弱、经济和文化较为落后的中国成功建设更需要几代人、十几代人甚至几十代人的努力以赴、兢兢业业。中国处于并将长期处于社会主义初级阶段，这个初级阶段的历史实践必将是一个长期的过程。在这个过程中，必定会遭遇可以预料到和不可以预料到的各种风险。[②] 在中国，探索公有制和市场经济的结合是贯穿中华人民共和国60年历史的一条主线，两者结合的方式还将需要长期的探索。[③] 公有制和私有制的互相融合、渗透、竞争同时互相提高的实践也必将具有非常丰富的内容。我国"文化大革命"以来的政治，"也正是在针对具体问题的过程中尝试的具体办法的基础上在改革开放历史上逐渐成形的"[④]。完全可以预料，政治发展的艰巨任务的完成仍然需要经历种种的探索、尝试和适应。中国的文化、意识形态等也必然与其经济一样需要各种各样的长时期的实践和探索方可逐步有其"样子"。中国特色社会主义虽然已经取得初步的成功，但中国在长时期里必然仍会是一个特别需要探索和尝试的社会。

---

① 毛泽东：《吸取历史经验，反对大国沙文主义》，载《毛泽东文集》第7卷，人民出版社1999年版，第124页。

② 胡锦涛：《高举中国特色社会主义伟大旗帜为夺取全面建设小康社会新胜利而奋斗——在中国共产党第十七次全国代表大会上的报告》，人民出版社2007年版，第56.页。

③ 袁恩桢：《社会主义公有制与市场经济关系的艰难探索——中国经济发展60年的一条主线》，《毛泽东邓小平理论研究》，2009年第5期。

④ 萧功秦：《中国的大转型——从发展政治学看中国变革》，新星出版社2008年版，第101页。

在明确了不定型社会、未定型社会概念之后，这样的问题就会不由自主地提出：对待这样的未定型和不定型社会，历史主体又应该采取什么样的态度和策略，从而使人们的步伐走得更稳当一些、少跌一些跤、少付一些学费呢？在本文的下一部分，笔者将谈谈与未定型社会相适应的实践态度及与之对应的法律类型问题。

三　未定型社会的探索型法制

（一）未定型的社会与尝试性的实践

中国国情及相应问题的巨型性和独特性，现代化和社会主义建设的长期性、艰巨性和复杂性，中国社会的不定型性和未定型性是被认识得越来越清醒，越来越明确了。一方面，事业是伟大的和光荣的；另一方面，事业又是前无古人的，是没有公式可以依赖、没有完整的经验可以参照的，这就使得谦虚谨慎的态度和“摸着石头过河”的策略成为必需。“理想国”的完美图景是对理性的滥用，实际上常常导致很不美妙的后果。尊重实际、尊重经验、尊重社会本身的活力和潜力，尊重各类历史主体的首创精神，通过尝试积累经验，逐步形成方法和对策，而后化方法为智慧，这才是最好的选择。虽然有过诸多曲折，但中华人民共和国 60 年里大部分的实践都是上述态度和策略的展现；改革开放的 30 年就更是如此。所以我们也可以把时下的中国社会称为探索性社会、尝试性社会。

（二）未定型社会中法制的探索性

社会进程的尝试性反映到法制建设领域，突出的表现就是法制的探索性，这种探索性在最近 30 多年体现得尤为明显。试以民事立法为例加以说明。60 年来，制定民法的尝试共有 4 次，但迄今为止也并没有完全成功。不少著名法学家积极支持和大力推动民法典的制定，但他们却不得不一次又一次地、非常遗憾地推后对民法典完成时间的预测。他们这种寻梦式的激情一次次地变成无奈的叹息。这是何故？为什么穷 60 年之功而竟无法制定成功一部法典呢？是由于一些人的蓄意阻挠吗？是由于法学家和立法工作者不努力吗？远非其然。民法典的无法及早编订，主要只能从历史进程和社会方面去寻找原因。时代渴望一个民法典，但是这个时代的不定型特征恰恰非常不利于法典尤其是大型法典的制定和编纂。这也可以看作一个历史的悖论吧，然而却是一个可以得到合理解释的悖论。民事法律是商品经济和市场经济的表现和工具,民事法律必须以市场经济为其深层基础,但是商品经济和市场经济在中国的转型过程中只能是逐步获得共识,并慢慢建设成型的。相应地,民法典这样一种毕其功于一役的形式就无法与实践进程合拍,从而不能成为社会和法律建设的优选项。彭真曾经说过:"民法的确不好搞,我国民法要从我国实际出发,解决中国的实际问题。有些问题实践还没有提出来,或者提出来了,还看不清楚,如何解决,经验还不成熟,不可能一下子搞完备的民法,所以我们是一方面搞民法,一方面搞单行法,随着时代发展和经验的积累,法也随着发展,逐步完备。社会主义是一个很长的历史时期,在这个时期里,法要逐步完备,任务是繁重的,任重道远。"①事实上,中国民法走的是一条不断总结实际经验,然后逐步提炼出单行法的方法。我们先是制定了婚姻法,又制定了合同法,物权法、侵权行为法等尚在制定。"单行法比较容易搞些,比较灵活,错了也比较好改"。② 对于合同法而言,我们也不是一下子就制成法典的,而是先由经济合同法、技术合同法、涉外合同法,分步制定,最后才合三国为一统的,这期间经历了十几年的实践检验和积累准备。需要特别提出的是,中国民事立法还采取了通则这一形式。通则相对于单行法,当然是内容比较全面,但他相对于宏大的民法典,则不仅显得规模狭小,而且是比较粗线条的,但这却是一个实事求是的选择和设定。它既能从宏观上给民事实践以指导,又给将来的实践留下了足够的空间。假定说,当时确实制定了完备详细的法典,那就很可能要削足适履、"量衣裁体",束缚民事主体和司法人员的主动性了。而假如说当时不制定《民法通则》,则又会导致无法可依的局面,民事法律的发展也将失去较为可靠的依托。实际上,通则这样一种法律形式在立法史上是备受青睐的,比如,在中华人民共和国成立初期,就"先后制定了地方各级人民政府和司法机关的组织通则"。③ 通则最适合于有一定经验但经验尚不足的情况,适合于既要有法可依但法律还无法制定得详细具体的情况。值得注意的是,在我国,一些领域的经验已经较为丰富了,但另外一些领域则经验不是很充分,还有一些领域

---

① 彭真:《在全国民法通则(草案)座谈会上的讲话》,载彭真《论中华人民共和国的政法工作》,中央文献出版社 1992 年版,第 395—396 页。

② 彭真:《在民法座谈会上的讲话》,载彭真《论中华人民共和国的政法工作》,中央文献出版社 1992 年版,第 267 页。

③ 董必武:《进一步加强人民民主法制保障社会主义建设事业》,载董必武《董必武法学文集》,法律出版社 2001 年版,第 342 页。

还是待垦的处女地，在较长的时间内，“三方毕至”恐怕是立法领域的常态。对于中间的那种情况，最好就制定成通则，虽然名称可以不这么叫。

实际上，先有经验，从经验中加以提炼，而后用法律将经验加以定型化，这是中国共产党立法领导早已奉行的工作原则，这在解放区时期就已经明确提出了。谢觉哉、董必武、彭真等都对这样的原则和立法路径坚信不疑。比如彭真就说过，刑法制定中“先有反革命条例、惩治贪污条例等单行条例，然后才搞刑法典。惩治反革命条例、惩治贪污条例等单行条例，都是先有实践经验，才制定出法”①。这说的就是一条“经验—条例—法典”的路子。

法制的尝试性和探索性既是对不定型、未定型社会的反应和回应，也是它自身自我演化自我成长的一个鲜明特点；作为社会一部分的法制建设也有一个从经验不足到经验较多乃至经验比较丰富、智慧较为发达的过程。中国法制也需要在不断探索中形成自己的道路。对于中国法制的回应性（积极而又巧妙地回应社会的变化多端），我们可以再举出一些别的例证。比如，有很多法并不以“法”字简单命名，而是被叫作示范章程、条例、通则等。再如，一些法律的名称里包含“暂行”“试行”等字样，有的试行的时间还不是很短，比如民事诉讼法。当然也有一些在很大程度上试而未行，比如《全民所有制企业破产法（试行）》。又如，在司法适用上，除了依法判案外，还在实际上实行“案例指导制度”。在法律渊源上，除了制定法之外，政策、风俗习惯、民间公约也得到程度不等的重视。在解决纠纷方式上，调解总体上得到了极大的重视。这些都体现了法律工作者的谦虚、自我抑制的心态和智慧，也体现了法制的灵活性、开放性和回应性。

相对于旧社会，中华人民共和国是一个新社会；相对于传统社会主义模式，中华人民共和国走的是一条“新”社会主义道路。中国社会可谓是“新新社会”。它只能在尝试中不断开辟新路，只能在探索中寻求解决问题的办法，既无全知全能的导师和神灵提供进一步行动的指南辞典，也没有他国完全成功的系统经验可供抄袭。于是，在长久的历史时期里，中国就会处于未定型社会。与之相对应的法制的基本特征就是回应性和尝试性，就是既要划定人们行为的边界，又不能束缚历史主体的实践自由；既要坚持法制的严格性，又要注意法制所能提供的灵活性。这种尝试性和灵活性，除上述之外，可能还有如

---

① 彭真：《民事诉讼法起草中的几个问题》，载彭真《论中华人民共和国的政法工作》，中央文献出版社1992年版，第246页。

下一些达成工具：对法律序言和法律原则的重视，对法律理念的推崇，强调法律推理中辩证思维的重要，强调法与习惯等“活法”的连接，强调从潜规则中发现法律变迁和发展的积极因素，强调法律不可过密、法制不可过度而要科学发展法制，重视地方立法，等等。此种法制，名之为“探索型法制”。

与未定型社会相适应的法制应该是探索型的。探索型法制在法律形式、法治理念、法律技术、法律发展诸方面都与定型社会的法治有所不同。探索型法制应该尽力运用种种法律技术和工具去理解、回应社会的复杂性和历史进程的尝试性、偶然性，充分尊重社会内在活力，满足历史主体充分尝试和探索的需要；而不应该为了追求形式的完美和内容的完备而牺牲法律的灵活性和回应性。

（三）中国特色社会主义初级阶段法制的成型

中国人民民主法制萌芽于革命根据地时期，初创于 20 世纪 50 年代，[①]中间虽经曲折，但毕竟还是获得了巨大发展。不过我们还不能说社会主义法制已经初步定型，更不能说已经定型。社会主义社会既然是个长期的历史过程，那就意味着，法制虽然有相对独立性和超越性，但仍然无法超越历史阶段而走向完备和定型。中国法制的初步定型，既取决于法律建设自身经验积累、技术提高、智慧形成的时间，更取决于中国特色初级阶段社会主义何时得以完成。中国特色社会主义初级阶段法制的成型也只能取决于这一社会阶段的完成。

中国何时可以走出历史三峡，纵情欣赏一下“晴川历历汉阳树，芳草萋萋鹦鹉洲”的盛景呢？唐德刚先生认为是在 21 世纪中叶。但他心中之“型”与笔者是不大一样的。实际上，未定型社会的概念所揭示的结果并没有他那么乐观。从大局来看，中国仍将长期处于社会主义初级阶段。社会主义初级阶段何时可以完成呢？有人认为，在举措合宜的情况下，中国可以在“新世纪之末完成社会主义初级阶段”，建设成为富强、民主、文明的社会主义现代化国家。[②]如此则幸甚！实际上，不定型社会的理论是不愿意轻信什么预言的，但我们在这里姑妄听之吧。假如中国特色社会主义初级阶段在那时顺利完成，那么相应的法制就可以在 2100 年的或前或后一个时期得以定型，这还需要三四代人

---

① 董必武：《进一步加强人民民主法制保障社会主义建设事业》，载董必武《董必武法学文集》，法律出版社 2001 年版，第 340—342 页。

② 高放：《从全球化浪潮看社会主义前景》，载高放《高放自选集》，中国人民大学出版社 2007 年版，第 440 页。

的时间。在那时，初步地形成了社会主义、中国文化、依法治国的水乳交融，初步地形成了法治理念、法律文化、法律制度的协调一致，初步地形成了洋为中用、古为今用的法律文化格局，初步地为中国特色社会主义法制找到了民族的、科学的、系统的表达方式和实现技术……不定型和未定型社会理论警告我们，那样的一种结果是无法轻易取得的，必须在充满进取精神的同时，常怀临深履薄的戒惧。

不管怎么说，在我们积极投身法制、积极建设社会主义法治国家的同时，必须注意到社会主义法制的长期性和复杂性。在这个领域，特别需要的是谦虚的心态和对社会、历史的敬畏。须知：罗马法经历了至少千余年的历史磨砺，最后才结晶于法典的辉煌。资本主义法律脱胎于中古社会，得益于罗马法、欧洲教会法、封建法、城市法等的滋养，但仍然酝酿了数百年，(以大陆法系为例)才在法(国)德(国)法典中得以定型。中国古代的情形呢？秦汉时代，法律就已经较为完备，但单纯是法家精神，之后还需经历一番历史之力的鬼斧神工和法律儒家化的濡润，这一过程滥觞于汉儒引经决狱，始于魏晋，成于北魏北齐，历经三个半世纪，迨隋唐方为大盛。①

此时可以回过头来对董必武的两段言论做一些简单的分析和评价了。董必武认同社会主义是必然的，也是光明的，与此同时也认识到社会主义的长期性、曲折性和复杂性；他是乐观的，但又不是“浅薄的乐观主义者”。当然，在当时，实践经验还不那么丰富，历史的展开还不那么充分，所以他对历史和法制进程的偶然性、不定型性、未定型性的认识就显得更加宝贵。不仅如此，他还极为难能地触摸到了法制发展的复杂性和微妙性问题，提出法制应该回应社会需要，不束缚历史主体创造性的主张。同时，作为一个法律实践家和领导人，他的前述言论和主张也是对未定型社会、未定型法制概念和理论的一种印证。也许我们可以说，正由于身处“法律的田野”，一些法律实践家反倒比好多理论工作者更敏锐地触及了法律的回应性、社会的不定型性等问题。董必武如此，谢觉哉和彭真也是如此。

四、“未定型社会与探索型法制”的涵义限定

在历史观和社会观上，未定型社会特别是不定型社会的概念更加注重社

---

① 瞿同祖：《中国法律之儒家化》，载瞿同祖《瞿同祖法学论著集》，中国政法大学出版社 1998 年版，第 361—381 页。

会进程的偶然性、不可预料性、多变性和难以把握的一面，而这些方面，是过去注意不够、研究不足的。这表现在法制建设和法学上，就是对法律完备性的盲目向往和对法典的过度崇拜，是把法律视为简单的公式，而不是活生生的生活、经验和实践，等等。不定型、未定型的视角可以帮助我们更加深刻地认识法制的过程性和尝试性、探索性，法制发展的复杂性、曲折性乃至微妙性。

但是，对于偶然性、突变、模糊性、不确定性的强调绝不意味着不承认历史和社会有其确定性和必然性的一面，脱离了确定性和必然性，不确定性和偶然性就成了完全无法理解的东西，这对于理论和实践都是不可接受的。事实上，只有在确定性的地基上才能对不确定性有所把握；只有在必然性的前提下，才能较好地驾驭偶然性并使之为历史主体服务。在定和变的关系上，只有有所持守才能有所变革和进取，有所创新才能够更好地继承和持守。比如在法典（被认为是人类理性对社会确定性的系统认识的法律表达这一意义上的法典）问题上，本文虽然对大法典的笨重和机械心存怀疑，但并不一般地排斥法典。特别是，中外经济模式和社会生活样式有着不同程度的相似性，就更使得借鉴和吸取域外经验后制定法典变得较为容易一些了。与此相关，虽然不定型社会、未定型社会概念更加强调渐进的法律变迁方式，但也并不排斥在历史资源较为充分和条件比较有利的条件下做一些大胆性的突破，实现一定程度的质变和创造。

多年以来，人们多次困惑于合理与合法的矛盾，每每为一些不合法但却有益于社会的行动而惊诧。拙文的撰写，即是力图为这一现象进一解。同时，拙文还另有寄托——假如说中国在世界历史上的贡献将是：在兼容并蓄世界优秀文化基础上创建另一种包括法律文明在内的文明，那就必须首先在理论上承认，历史进程是充满了不确定性的，否则历史主体就可以只管沿着传统道路或别人已经走通的道路往前走就是了。但实际上历史女神并不如此简单和乏味，而是赐给人类社会无比丰富的可能性。本文其实就是以这一历史观为背景来初步探索中国法制的面貌和现代化进程的，同时也希望这种研究有助于中国创造出个性鲜明的法制文明；区区微衷，祈读者垂查。

参考文献：

[1] 董必武：《董必武法学文集》，法律出版社 2001 年版。
[2] 顾昂然：《中华人民共和国改革开放三十年的立法见证》，法律出版社 2008 年版。

[3] 胡鞍钢:《中国政治经济史论(1949—1976)》,清华大学出版社 2008 年版。
[4] [美]诺内特、塞尔兹尼克:《转变中的法律与社会》,张志铭译,中国政法大学出版社 1994 年版。
[5] 彭真:《论新时期的社会主义民主与法制建设》,中央文献出版社 1989 年版。
[6] 彭真:《论中华人民共和国的政法工作》,中央文献出版社 1992 年版。
[7] 萧功秦:《中国的大转型——从发展政治学看中国变革》,新星出版社 2008 年版。
[8] 谢觉哉:《谢觉哉论民主与法制》,法律出版社 1996 年版。

论党内法规的概念与属性

——兼论党内法规不宜上升为国家法

刘长秋*

摘　要：党内法规作为管党治党的规矩，是中国共产党制定和实施的有关党自身建设的规范，是应当能够调整且一般只能用以调整党内关系的规范，是对于党员及各级党组织而言具有法律性质但又不同于国家法的规范。党内法规既具有法律属性，又具有政治属性，基于管党治党的需要，其政治属性应当优先于其法律属性。党内法规的法律属性与政治属性之间的关系决定了党内法规不宜被上升为国家法，而更宜固守其与国家法的边界。

关键词：党内法规；法律属性；政治属性；国家法

自党的十八届四中全会通过的《中共中央关于全面推进依法治国若干重大问题的决定》(简称《决定》)将党内法规明确纳入我国社会主义法治体系以来，党内法规问题引发了国内学术界的热烈探讨，相关的研究进一步展开。这对于中国共产党借助党内法规进一步强化自身建设，实现全面从严治党，乃至全面推进依法治国，无疑具有重要的促进意义。但另一方面，就目前来看，国内学术界对于党内法规问题的研究仍需进一步深化，包括对党内法规内涵与属性的研究。

一、党内法规概念的演进及其意涵

从党内法规发展的历史来看，党内法规作为指代党内具有法律约束力的

---

* 刘长秋，上海社会科学院法学研究所研究员，党内法规研究中心主任。本文系中国行为法学会软法研究会与北京大学软法中心 2015 年联合招标课题“作为软法的党法研究”(立项编号：8)以及上海社会科学院 2016 年国家社科重大项目与国家高端智库项目预研究课题“党内法规建设的若干重大理论问题研究”(立项编号：2016－18)的阶段性研究成果。本文原刊于《马克思主义研究》2017 年第 10 期。

规章制度的总称,并不是最近几年才出现的一个概念,而是在经历了一个自身概念演进的过程之后,最终由党的文件确立下来的一个科学范畴,其自身有着特定的意涵。

(一) 党内法规概念的演进

党内法规的概念是由毛泽东最先提出来的。在 1938 年 10 月召开的中共六届六中全会(扩大)上,毛泽东在报告中指出:"鉴于张国焘严重地破坏纪律的行为,必须重申党的纪律:……还须制定一种较详细的党内法规,以统一各级领导机关的行动。"[①]然而,由于毛泽东本人以及党的权威文献并没有对党内法规的内涵和外延予以清晰地界定,所以在毛泽东提出党内法规概念之后的很长时间内,在党内法规意欲表达的核心意涵上,其他概念较之于党内法规,在使用上更成熟,在接受程度上更高,导致党内法规远未取得"定于一尊"的地位。[②] 在此次会议上,刘少奇专门作了关于党规党法的报告,但很显然,在报告中,刘少奇并没有使用党内法规概念,而是用了"党规和党法"的提法。而邓小平于 1962 年 2 月 6 日在扩大的中央工作会议以及 1978 年召开的党的十一届三中全会上的讲话中也都用了"党规党法"概念。2009 年 9 月,党的十七届四中全会通过的《中共中央关于加强和改进新形势下党的建设若干重大问题的决定》使用了"党的制度"概念。

1990 年 7 月 31 日,中共中央专门颁布了《中国共产党党内法规制定程序暂行条例》(简称《暂行条例》),就党内法规的概念、名称、适用范围、层次、原则以及制定修改的主体与程序等作了明确具体的规定,正式确立了党内法规的重要地位,使"党内法规"实现了从一个习惯性用语向规范性称谓的转变。[③] 作为中国共产党第一部党内法规的"立法法",《暂行条例》被认为是党自身制度化与建设党内法治制度进程中的里程碑。[④] 1992 年 10 月,党的十四大修改后的《中国共产党章程》,首次在党的根本大法中确认了"党内法规"这一概念,从而标志着"党内法规"得到党内根本大法党章的正式确认,在党的建设中因而

---

① 《毛泽东选集》第 2 卷,人民出版社 1991 年版,第 528 页。

② 蔡金荣:《依法治国方略中的中国共产党党内法规:正名与定位》,《求实》2016 年第 11 期。

③ 施新州:《中国共产党党内法规体系的内涵、特征与功能论析》,《中共中央党校学报》2015 年第 3 期。

④ Manuel E. Delmestro, The Communist Party and the Law: An Outline of Formal and Less Formal Linkages Between the Ruling Party and Other Legal Institutions in the People's Republic of China, *Suffolk University Law Review*, Vol. 43, 2010, pp. 681 - 705.

具有党内最高“法定依据”。[①] 2013 年 5 月 27 日,《中国共产党党内法规制定条例》发布施行,取代《暂行条例》,成为党内法规的“立法法”。在此基础上,2014 年党的十八届四中全会通过的《决定》,再次以党的重大决定的形式重申并强调了党内法规的概念,从而结束了以往党的文件或学术研究中对党内法规概念之使用相对较为混乱的状况,使“党内法规”的概念在名称上趋于一统。党的十八届四中全会之后,党的相关文件中基本上都使用了“党内法规”这一概念。

(二) 党内法规概念的意涵

应该说,从党内法规之名称的演进来看,党内法规经历了一个从最初使用“党内法规”到一度使用“党规党法”“党的制度”等类似概念,再到重新使用“党内法规”,并最终确立这一概念之正统性地位的发展过程。在这一过程中,之所以会选择“党内法规”这一概念并不是偶然的,而是在于“党内法规”有其特定的内涵,其中的每一个字都具有特定的意指。这一概念适应了中国共产党管党治党的需要,且很好地解决了党规与国家法之间的关系问题。

1. 党内法规的“党”

在党内法规中,“党”有三个方面的意涵:一是特指中国共产党。党内规章作为政党政治的组成部分,是任何政党都存在的制度现象,中国共产党有党内法规,民主党派也有其党内法规。但在我国,党一般特指中国共产党,基于此,党内法规一般也特指中国共产党的党内法规,其他民主党派的内部规章尽管对其党员而言也属于法规,但却不属于人们一般意义上所意指的中国共产党党内法规。二是与党的建设直接相关,以管党治党为目的。即这些法规必须是有关党的建设的法规,既是党用来管党的法规,也是党用来治党的法规,是事关党的建设、党的发展甚至是党的生死存亡的法规,无关乎党的建设的法规不在其列,如国务院出台的大量涉及行政管理的法规,尽管也称为法规,但都不是党内法规。三是由党制定和实施。党内法规是“由中国共产党制定的,反映党的意志,以党组织和党员的权利和义务为内容,以确认、保护和发展党内关系和党内秩序为目的,以党内约束力保证实施的行为规范体系或行为规

① 潘泽林:《中国共产党党内法规及其体系构建问题研究》,《南昌大学学报(人文社会科学版)》2007 年第 1 期。

范的总称”。[①] 党内法规的制定者和实施者是党以及党的特定机关，只有由党及其特定机关制定并实施的法规才是党内法规，那些并非由党制定和实施的法规，也不在党内法规之列。党内法规的“党”表明了党内法规的政治属性，表明党内法规是政治活动的产物，是党管党治党的制度保障。

2. 党内法规的“内”

党内法规的“内”意味着这些法规应当能够调整党内关系且一般只能用以调整党内关系，通常不涉足党外。作为中国共产党的“家法”，就一般意义上来说，党内法规是指由中国共产党各级各类组织制定或认可、反映党的意志和客观规律、规制和调整党内行为和党务关系的各类规范的总称。[②] 党内法规并不直接作用于社会事务和国家事务，而是以党内关系为主要规范对象。[③] 党内法规的“内”同时意味着其只在党内有法律约束效力，对于党外一般没有约束力[④]。在理论上，除了党内法规之外，还有党外的法或规，如国家法。国家法作为党需要遵行的法律或规矩，也是与党相关的法或规，但国家法并不是党内法规，因为它不止于在党内有约束力。例如，一些国家已经制定而我国将来很有可能也会制定的《政党法》。由于其立法主体是国家而非党，其所调整的对象也已经远远超出了党内关系的范围，所以应属于国家法，而不再属于党内法规。当然，《政党法》作为国家出台的专门规范政党活动的法，也是党必须严格遵守的规矩，但该规矩隶属于国家法的范畴，与党内法规并不在同一规范体系之中。党内法规的“内”决定了它所贯彻的，仍然是一套加强党的建设、巩固党的领导、维护党的团结、增强党的能力，促进党更好兑现其全心全意为人民服务的政治承诺，提升党更好团结人民共同进行中华民族伟大复兴事业力量的政治逻辑。[⑤]

3. 党内法规的“法”

党内法规的“法”是党内法规这一概念中最为关键和重要的一个字。在法理学上，法是指有约束效力，能够调整人们的行为，发挥约束效能的行为规范，是所有社会行为规范中最权威的规范。党内法规的“法”指明了党内法规的法

---

① 陈柳裕：《党内法规：内涵、外延及与法律之关系——学习贯彻党的十八届六中全会精神的思考》，《浙江学刊》2017 年第 1 期。

② 肖金明：《法学视野下的党规学学科建设》，《法学论坛》2017 年第 2 期。

③ 廉睿、卫跃宁：《党内法规的法学逻辑及其与国家法的契合路径》，《学习论坛》2017 年第 4 期。

④ 当然，这不排斥党内法规具有溢外调整效能，可能会产生党外适用的情况。

⑤ 支振锋：《党内法规的政治逻辑》，《中国法律评论》2016 年第 3 期。

律性、规范性、权威性与严肃性，即党内法规是党用来管党治党的、有着法律威严与效力的规矩。对于党的各级组织及其党员而言，党内法规就是必须严格遵守的法律，是一个合格党员与党组织应当达到的行为底线。国家法作为法律，是全体社会成员的行为底线，而党组织与党员作为有着先进性与代表性要求的组织与成员，其行为底线必须高于一般社会组织与成员，否则将无法体现其先进性与代表性。在行为要求上高于国家法的党内法规就是符合党对党员及各级党组织要求的行为底线。为此，党员及各级党组织必须像对待法律一样严肃认真地对待党内法规，并从思想上将其作为约束自己行为的法。党员如果违反了党内法规，就必须像违反法律而必须承担特定的法律后果一样，承担相应的党纪责任。这是党内法规作为法所必然具有的要求，也是维护其自身权威，使其在管党治党方面发挥作用的关键。党内法规的“法”宣示了党内法规的法律属性，是党运用法治思维在管党治党方面的制度成果，表明了其与一般性政党制度的不同。

4. 党内法规的“规”

党内法规的“规”表明了党内法规作为法在我国法治体系中的定位，即党内法规是具有法律性质的规矩，是我国社会主义法治体系的组成部分，是我国法治建设必须重视且加强的基本内容之一。正如党的十八届四中全会《决定》所指出的，党内法规既是管党治党的重要依据，也是建设社会主义法治国家的有力保障。依法执政，既要求党依据宪法、法律治国理政，也要求党依据党内法规管党治党。但另一方面，党内法规又不完全等同于国家法律，其在定位上要下位于国家法律，在效力上则要低于国家法律。因为“法律性质的规定（规矩）”只是表明这些规定具有法律性质，党员以及各级党组织应当将它们作为法律来遵守，但并不意味着这些法规已经达到可以被称为国家法律的程度，它们并不是完全意义上的法律，与国家法律存在着一定差别，属于非国家法的制度体系。就此而言，党内法规的“法规”既表明了其自身的法律属性，表明了其在我国法治体系中的法的定位，又暗示了其与国家法的不同。

综上所述，“党内法规”这一概念包含着如下意涵：党内法规作为一种管党治党的规矩，是中国共产党制定和实施的有关中国共产党自身建设的规范，是应当能够调整党内关系且一般只能用来调整党内关系的规范，是对于党员及各级党组织而言具有法律性质的约束力，但又不同于国家法的规范。党内法规姓“党”不姓“国”，党内法规是党规而非国法。党内法规的“党姓”，决定了其作为我国社会主义法治体系的重要组成部分，是管党治党的基本依据，是从严治党的制度保障。而党内法规是党规而非国法的意涵则表明,党内法规对于我国法治的保障是通过其发挥管党治党的作用来加以实现的,党内法规通过管党治党,能够使党的活动始终被控制在宪法和法律允许的范围之内,确保其依法执政,可以进一步提高党运用法治思维和法治方式的能力,增强党在处理各种事务中的效率和应变能力,提高其依法治理的能力。

二、党内法规的属性分析

作为"党要管党,从严治党"的制度保障,党内法规之所以能够适应管党治党的需要,其原因在于党内法规既具有法律属性,又具有政治属性,是集合了政治与法律双重属性的党内规矩。法律属性与政治属性共同构成党内法规的基本属性,使党内法规成为一种既具有法律性质而能够对党员及各级党组织发挥法律的作用,又不同于国家法律的规范;成为一种既能够适应我们党管党治党实际需要,又可以被纳入我国社会主义法治体系,从而能够与党领导制定的国家法律保持协调一致的重要规范。

(一) 党内法规具有法律属性

党内法规作为法规,首先具有法律属性,这是其作为一种党的规矩与党的一般性规矩相比所具有的最大不同。易言之,党内法规同国家法律一样,是法的一种。对于党内法规的法律属性,学界长期以来一直存在不同看法,不少人否认党内法规的法律属性,甚至认为党内法规在名称上不应包含"法"字,更不宜被称为党内法规。如曾市南就认为,党内法规的提法不妥,原因在于:(1)政党组织不拥有立法权限,不能成为立法的主体。(2)党内条例不具备法规特征,与法规是两种不同的属性。(3)"党内法规"的提法不能严谨、准确地反映党与法的关系,很容易产生歧义:一方面将法的适用对象区分为"党内"与"党外",被人误解为党内存在着法之外的一套"法规";另一方面认为党与法就是一回事。[①] 实际上,笔者以为,党内法规是具有无可辩驳之法律属性的,因为在法理上,"判断是否法律规范的一个很重要基准,就在于去判定规范是否

---

① 曾市南:《"党内法规"提法不妥》,《中国青年报》2004 年 1 月 2 日。

对人有约束力。"[①]这是我们在践行法治过程中所必须明确的一个重要事实与理念。在现实生活中,"不是由国家制定,但仍然具有约束力的规范是存在的"[②]。而这些规范尽管不具有国家强制力,不属于国家法的范畴,但也属于法。党内法规尽管不是出自国家立法机关的规范,也不以国家强制力为保障,但作为一种组织规矩,其对于作为其适用对象的党员及各级党组织而言,具有完全的约束效力。而且对于"党内法规"的提法不仅不会产生歧义,而且能够更加严谨、准确地反映党与法的关系。因为作为管党治党的重要规矩,党内法规在行为的要求上要高于国家法律对于一般公民的行为要求,它是以义务为本位的,需要党员首先主动积极地履行其作为党员的义务。这显然是党作为工人阶级的先锋队,同时也是中国人民和中华民族的先锋队之必然要求,否则,其将无以体现其先进性与代表性。而党内法规——如前所述——作为具有法律性质的规定,其在定位上是下位于国家法的,党依规治党显然意味着党必须在国家法的框架下开展活动,受国家法的制约,党不能违反国家法。而从逻辑上来说,党依规治党实际上是党依法治国在党的建设方面的必然要求与客观体现。这是因为,在党能够遵守要求上高于国家法且内容上严于国家法的党内法规的情况下,对于行为要求上相对更低且内容上相对更宽的国家法,它不可能去违反或践踏。以此为基点,"党内法规"这一提法不但不容易产生歧义,反而更加巧妙地表明了党作为领导者与国家法之间的关系。

作为一种法,党内法规与国家法一样,都需要具有规范性、指导性和约束力,违反了其规定需要承担相应的后果。与"党规""党的制度"等其他类似的意指党内法规的名称相比,"党内法规"这一提法显然更凸显了其规范的法律属性,是党运用法治思维在为自己及其成员立规建矩时必然选择和采用的一个更为科学准确的概念。基于党内法规的法律属性,党内法规需要具备并保持其作为法所必须具有的权威,必须在党内得到毫无保留地一致遵循。"党内法规既要坚持马克思主义政党的属性和要求,体现党建的实践经验,又要具有全局性和前瞻性,创立这样一些法规必须考虑很多因素。"[③]在适用性上,党内法规与国家法一样,具有平等适用性,任何党员及党组织都必须严格遵循,党内不允许存在可以不受党内法规约束的组织和个人。在内容上,党内法规也

---

① 宋华琳:《论技术标准的法律性质——从行政法规范体系角度的定位》,《行政法学研究》2008 年第 3 期。

② [德]伯恩·魏德士:《法理学》,丁晓春、吴越译,法律出版社 2013 年版,第 30 页。

③ 蔡文华:《论依规治党的内涵、目标及其实践路径》,《探索》2016 年第 4 期。

需要保持必要的稳定性,不能朝令夕改,任意变动,以免失去其作为法所应当具有的严肃性。同时,党内法规的制定和实施需要遵照相应的程序,需要增强规范性与程序性,需要尽可能多地征询党员和各级党组织的意见和建议,做到民主立法、科学立法。

(二) 党内法规具有政治属性

党内法规作为党内规矩,不仅具有法律属性,更具有鲜明的政治属性,即它是政治的产物,是党出于管党治党需要而制定和实施的具有法律性质的规定,是党保持其先进性和纯洁性的制度要求。党内法规不仅名“法”,更姓“党”,更具有党性。党内法规作为法,需要具有权威且需要被一体遵循,这是其法律属性的重要体现。而党内法规作为要求上更高且内容上更严的治党规范,则是其政治属性的集中体现,是党讲政治、讲党性的必然结果。党内法规具有法律属性,需要遵守法治建设的一般规律,如需要保持内容的适当稳定性、需要增强制度的必要权威性、需要尊重并保护党员的权利,但其政治属性则决定了它又必须遵循政治建设的一般规律,需要适应并服务于政治的需要,适应并服务于党的建设的需要。就其法律属性与政治属性的关系而言,党内法规的法律属性从属于政治属性,并以政治属性作为存在的前提。这是因为,党内法规本身是政党政治的产物,其存在和发展的前提是管党治党的需要。脱离了政党政治,脱离了管党治党的需要,党内法规便失去了其存在的必要性。以此为基点,党内法规更具有政治属性,且其政治属性优先于法律属性。①

基于党内法规的政治属性,党内法规需要契合党要管党治党的实际需要,必须能够体现党的先进性并有助于保持党的纯洁性,必须始终坚持“党姓”与党性,始终坚持以相比于一般群众更高的行为标准、更严的内容要求为党员及各级党组织建规立矩。作为具有政治属性且其政治属性要优先于法律属性的党内法规,其制度设计必须正确反映党的建设的规律,科学预测党的建设的未来发展趋势,不断增强制度规范的前瞻性。“坚持制度执行的实用高效性,要按照‘于法周延’‘于事简便’的原则,注重制度执行的效果。”②同时,基于党内法规的政治属性,其在适用的过程中,应当优先于国家法而对党员适用。因为只有其优先于国家法而得到适用,才能够避免出现以往党员违法犯罪时经常

---

① 屠凯:《党内法规与国家法律共处中的两个问题》,《中国法律评论》2016 年第 3 期。

② 周敬青等:《党的制度创新与执行成效研究》,人民出版社 2014 年版,第 15 页。

会出现的、以国家法中的惩罚替代党纪处罚的情况，从而可以很好地保障党用来管党治党的、相比于国家法要求更高且规定更严的制度切实得到实施，并以此充分体现中国共产党全面从严治党的决心，突出党的先进性。

三、党内法规不宜上升为国家法

作为我国社会主义法治体系的重要组成部分，党内法规既具有法律属性，又具有政治属性。这是党内法规作为法所特有的制度优势。党内法规的法律属性决定了其与一般政治规矩相比，更加规范，更具权威，更有约束力；而党内法规的政治属性则决定了其属于党规而非国法，更适合调整党内关系而非党外关系，更适合用来管党治党而不是用来治国。然而，在学术界，不少人却主张将党内法规上升为国家法。① 笔者以为，这一建议尽管具有好的初衷，却容易混淆党内法规与国家法的界限，使其调整领域趋向统一，从而改变党内法规的性质，使其丧失自身的制度优势。

现代政党制度是在产生宪法、实施宪政过程中形成的。实行政党政治，是民主与法治的要求。② 而政党是理性的产物。作为理性产物的政党为了实现自身的政治目的，必须加强自身建设，并为此而需要建立健全相应的内部制度。党内法规就是政党需要建立健全的基本制度，是管理政党、治理政党的首要规矩。党内法规在全面从严治党中居于核心、关键的地位。③ 为此，需要关注并有意识地强化党内法规在我国社会主义法治体系中的地位与作用。然而，关注并强化党内法规在我国社会主义法治体系中的地位与作用，并不意味着党内法规有上升为国家法的必要性，更不意味着党内法规有上升为国家法的可行性。从理论上来说，党内法规上升为国家法会削弱其作为制度所具有的政治属性，而相应地增强其作为制度所具有的规范性、权威性与强制性，也会带来一些不良效应。其原因在于，这种转变会使党内法规的调整领域由党内扩展至党外，使国家法直接介入其本不宜直接介入的党内关系领域，使两者的调整范围逐渐趋同。而这显然会改变党内法规姓“党”的事实。笔者以为，

---

① 谢宇：《论中国共产党党内法规的法治化》，《云南社会科学》2016 年第 3 期。而张文显、刘松山等也都表达过类似的观点，具体可参见张文显：《法治与国家治理现代化》，《中国法学》2014 年第 4 期；刘松山：《建议将党规党法上升为国家法律》，《理论与改革》2000 年第 6 期。

② 郭道晖、刘永艳：《政党与宪制》，法律出版社 2015 年版，第 1 页。

③ 许耀桐：《党内法规论》，《中国浦东干部学院学报》2016 年第 5 期。

党内法规之所以是党内法规，一方面在于其具有法律属性，在于其对于党员及各级党组织具有类似于国家法的权威与约束力；但另一方面则在于其具有政治属性，在于其姓“党”，在于其能够坚持党的宗旨，能够以其自身更高的行为标准与更严的内容要求帮助党保持工人阶级先锋队，并同时也是中国人民和中华民族先锋队的党性。而一旦上升为国家法，它就很容易失去其“党”姓，使党内法规开始姓“国”而不再姓“党”，使其在规矩的标准上等同于国家法的标准，在对党员及各级党组织的要求上降格至国家法对于一般公民与社会组织要求的层面上，从而最终失去其作为党内法规所应当具有的党性。显然，这不利于体现党的先进性和保持党的纯洁性，使其丧失自身在管党治党方面相较于国家法而言的制度优势。就此而言，党内法规不宜上升为国家法，而更宜作为一种不同于国家法的法治现象而存在。

值得指出的是，不少学者主张将党内法规上升为国家法，实际上是混同了党内法规与党的政策之间的关系。党的政策作为党治国理政的主张，无论在理论上，还是从国家管理与社会治理实际需要的角度看，都可以甚至应当上升为国家法，因为政策本身就是法律的前导；而党内法规则不同，党内法规作为党管党治党的规矩，其适用范围要狭窄很多，更适宜在调整党内关系上发挥作用。党内法规、党的政策与国家法律之间的关系及运作机理是不同的。对此，我们必须保持清醒的认识，切忌将党内法规混同于党的政策，并切忌基于党的政策可以上升为国家法的原理而做出党内法规也应当上升为国家法的推论。

四、结束语

全面从严治党永远在路上，而全面强化党自身的建设也只有进行时。这就决定了党内法规存在与完善的必要性与必然性。党内法规作为党加强自身建设的制度保障，是在“党要管党，从严治党”的现实需求中形成，并在依法治国的宏观背景下逐步发展和壮大起来的，也必将随着党管党治党的需要以及依法治国的更深层次需求而逐步得到健全和完善。党内法规作为管党治党的制度规范既具有法律属性又具有政治属性，且其政治属性优先于法律属性。这就决定了党内法规作为一种制度与党的其他制度以及与国家法的不同。这种不同是党内法规作为一种制度或法所特有的优势。党内法规与国家法的不同使得党内法规不宜被上升为国家法，而应当尽可能地固守自己的疆界，与国家法相互支持、相互配合，并共同作为我国社会主义法治体系的组成部分而在国家治理中发挥作用。这是全面推进依法治国战略的内在需要,也是贯彻落实全面从严治党战略,加强党的建设的必然选择。

参考文献:

[1] 李军:《中国共产党党内法规研究》,天津人民出版社,2016 年版。
[2] 李忠:《党内法规建设研究》,中国社会科学出版社,2015 年版。
[3] 刘红凛:《政党政治与政党规范》,上海人民出版社,2010 年版。
[4] 罗许生:《国家治理现代化视阈下党内法规与国家法律衔接机制建构》,《中共福建省委党校学报》2016 年第 6 期。
[5] 宋功德:《党规之治》,法律出版社 2015 年版。
[6] 王春业:《论将党内法规纳入国家法律体系》,《天津师范大学学报(社会科学版)》2016 年第 3 期。
[7] 王振民、施新州:《中国共产党党内法规研究》,人民出版社,2016 年版。
[8] 殷啸虎主编:《中国共产党党内法规通论》,北京大学出版社,2016 年版。

党内法规时效制度研究

段占朝*

摘　要: 时效制度是现代法治的应有之义,时效制度的理论基础在于追究法律责任的期限应有限制。党内法规的责任制度即纪律处分和问责制度,根据不同的标准可以作出不同的分类。根据责任主体或追责对象的不同,党内法规责任制度分为党员责任制度和党组织责任制度;根据违反党内法规依据的不同,党内法规责任制度可分为纪律处分制度和问责制度;根据责任对象及其行为危害性程度的不同,党内法规责任制度可分为对党员的纪律处分制度、对党组织的纪律处理制度、对失职失责党组织和党的领导干部的问责制度。根据与党内法规的责任制度的对应关系,党内法规追责时效分为三种,即对党员的纪律处分时效,对党组织的纪律处理时效,对党组织、党的领导干部的问责时效。党内法规仅规定了问责时效。鉴于时效制度对维护党内秩序稳定具有重要意义,建议对处分时效、处理时效和问责时效作出明确规定。

关键词: 党内法规;时效制度;处分时效;处理时效;问责时效

法律责任制度是现代法治必不可少的重要内容。法律的权威和尊严在于制定出来的法律能够得到实施,法律实施的重要保证就在于法律确立了法律责任制度。很难想象,缺乏法律责任制度的法律能够被实施,也很难想象,不被实施的法律还具有生命力、权威和尊严。如果把法律比喻成一个有机体的话,那么法律责任制度就是法律维护自身机体健康成长的自我免疫系统。

---

* 段占朝,上海社会科学院助理研究员。

一、时效制度的理论基础在于追究法律责任的期限应受限制

法律责任制度的直接目的在于,当法律义务主体不履行法律义务时,权利(权力)主体可依法请求义务主体承担法律责任,请求对义务主体予以法律制裁。但是,为了平衡各方利益,对于法律责任的追究,一般都规定有追究时效期限,追究时效期限完成后,责任人就不再被追究。无论是民法、刑罚还是行政法,都概莫能外。

以我国民法上的诉讼时效为例,民法上的诉讼时效制度也称“消灭时效”,是指民事权利受到侵害的权利人在法定的时效期间内不行使权利,当时效期间届满时,即丧失了请求人民法院依诉讼程序强制义务人履行义务的权利的制度。有学者认为:“我国民法上的诉讼时效制度存在多元的价值基础,且随着时代的变化,各种价值的重要性发生转移。观察其演变的趋势可见,原先被认为较重要的诉讼时效稳定社会经济秩序、使法院避免审理年代久远的纠纷的公共利益价值,逐渐让位于督促权利人行使权利和保护债务人或第三人的信赖利益等私人利益价值。发展至中国民法典《民法总则》制定过程中,立法机关突出“督促权利人行使权利”“维护交易秩序和安全”“稳定法律秩序”,作为诉讼时效最重要的立法目的。”①“我国诉讼时效制度须考虑的价值基础可概括为:①督促权利人行使权利;②保护债务人免于举证困难;③尽量避免无益的诉讼;④稳定法律和社会秩序,节约司法资源成本。诉讼时效制度设计和解释运用须在权衡上述价值的基础上,体现权利人与义务人之间、私人利益与公共利益之间的适度平衡。”②

笔者认为,无论如何平衡时效的各种价值,其遵循的一个理论基础问题始终未变,那就是追究法律责任的期限是否应受限制。时效制度是现代法制的一项基本制度,建立时效制度的理论基础在于追究法律责任的期限应受限制。时效制度的价值因素有三个,即公共利益价值、私人利益价值和各方利益均衡价值。不同国家的不同时期,时效的价值取向呈现出不同变化,没有固定不变的时效价值。

---

① 朱晓喆:《诉讼时效制度的价值基础与规范表达》,《中外法学》2017 年第 3 期。

② 朱晓喆:《诉讼时效制度的价值基础与规范表达》,《中外法学》2017 年第 3 期。

二、党内法规的责任制度分类

我国党内法规的责任制度，即党内法规的纪律处分（处理）制度和问责制度，是指党员和党组织违反党内法规所应承担的党纪后果。根据不同的分类方式，党内法规的责任制度可以分为不同的种类。

（一）党员责任制度和党组织责任制度

根据责任主体或追责对象的不同，党内法规责任制度分为党员责任制度和党组织责任制度。

党员责任制度，是指党员违反党的纪律应当受到的纪律处分或党的领导干部失职失责应当受到的问责。党员责任制度包含对普通党员的纪律处分和对党的领导干部的问责。前者包括五种处分方式，即警告、严重警告、撤销党内职务、留党察看和开除党籍；后者包括四种问责方式，即通报、诫勉、组织调整或者组织处理和纪律处分。

党组织责任制度，是指党组织违反党的纪律应当受到的纪律处理或失职失责应当受到的问责。党组织责任制度包含对严重违犯党纪的党组织的纪律处理措施和对党组织的问责方式。前者包括责令作出检查、通报批评、改组和解散四种处理方式；后者包括三种问责方式，即检查、通报和改组。

（二）纪律处分制度和问责制度

根据违反党内法规依据的不同，党内法规责任制度可分为纪律处分制度和问责制度。纪律处分制度的依据是《中国共产党纪律处分条例》，其第 6 条规定，纪律处分制度适用于违犯党纪应当受到党纪追究的党组织和党员。问责制度的依据是《中国共产党问责条例》，其第 4 条和第 6 条规定，问责制度适用于不履行或者不正确履行职责而失职失责的党组织和党的领导干部。

（三）纪律处分、纪律处理和问责

根据责任对象及其行为危害性程度的不同，党内法规责任制度可分为对党员的纪律处分制度，对党组织的纪律处理制度，对失职失责党组织和党的领导干部的问责制度。

《中国共产党章程》第 41 条对党员的纪律处分作出了原则性规定，第 44

条第 2 款对党组织的纪律处理作出了原则性规定。作为一部党内纪律处分的特别法,《中国共产党纪律处分条例》对党员的纪律处分和对党组织的纪律处理作了详细规定。

《中国共产党章程》第 44 条第 1 款规定了对党组织的失职问责;《中国共产党问责条例》对党内问责制度进行了专门而详细的规定。

虽然这三种对象的处分方式的名称不同,对党员的处罚叫作纪律处分,对违反党纪的党组织的处罚叫作纪律处理,对失职失责党组织和党的领导干部的处罚叫作问责,但其实质是相同的,都是对违反党内法规的主体的党内处罚。

三、党内法规时效的分类和现行规定性

党内法规追责时效,是指在法定的时效期间内,党的纪律处分机关如果不行使党纪处分权或问责权,时效期间届满,则党纪处分权和问责权消灭。追责时效是规定党纪处分权和问责权有效期限的制度,追责时效属于消灭时效。追责时效和责任制度具有一一对应关系,有什么样的责任制度就应该有什么样的追责时效。

(一) 党内法规时效的分类

如前所述,党内法规责任制度可分为对党员的纪律处分制度,对党组织的纪律处理制度、对失职失责党组织和党的领导干部的问责制度。根据与党内法规的责任制度的一一对应关系,党内法规追责时效也分为三种,即对党员的纪律处分时效,对党组织的纪律处理时效,对党组织、党的领导干部的问责时效。

(1) 对党员的纪律处分时效,简称“处分时效”,是指在法定的时效期间内,党的纪律处分机关如果不行使对党员的纪律处分权,时效期间届满,则纪律处分权消灭。

(2) 对党组织的纪律处理时效,简称“处理时效”,是指在法定的时效期间内,党的纪律处分机关如果不行使对党组织的纪律处理权,时效期间届满,则纪律处理权消灭。

(3) 对党组织、党的领导干部的问责时效,简称“问责时效”,是指在法定的时效期间内,党的纪律处分机关如果不行使对党组织、党的领导干部的问责

权,时效期间届满,则问责权消灭。

(二) 党内法规时效的现行规定

党内法规仅规定了问责时效,而且是时效的例外。《中国共产党问责条例》第 10 条规定:"实行终身问责,对失职失责性质恶劣、后果严重的,不论其责任人是否调离转岗、提拔或者退休,都应当严肃问责。"该条规定的问责时效,应当仅限于"失职失责性质恶劣、后果严重"的情形,而且,"对失职失责性质恶劣、后果严重的"问责时效,是不受时间限制的,即"终身问责"。然而,对于一般的失职失责的问责时效问题,党内法规尚未作出规定。同时,党内法规也缺乏对处分时效、处理时效的规定。

四、建立和完善党内法规时效制度的必要性

(一) 时效制度是全面提高党的建设科学化水平的内在要求

《党章》总纲规定:坚持党要管党、全面从严治党,加强党的长期执政能力建设、先进性和纯洁性建设,以改革创新精神全面推进党的建设新的伟大工程,以党的政治建设为统领,全面推进党的政治建设、思想建设、组织建设、作风建设、纪律建设,把制度建设贯穿其中,深入推进反腐败斗争,全面提高党的建设科学化水平。

为了全面提高党的建设科学化水平,坚持党要管党、全面从严治党,必须从制度上全方位地加强党的治理现代化,而建立和完善党内法规各项制度,是加强党的治理现代化的应有之义。作为党内法规的一项重要制度,时效制度不可偏废。具体来说,转变党的执政方式、党的先进性建设的外部特征和党内法规的法律属性决定了党内法规必须对时效作出规定。

1. 转变党的执政方式决定了党内法规需确立时效制度

党的建设是毛泽东总结的中国革命取得胜利的三大法宝之一,新《党章》进一步深化了党的建设理论,明确了党的长期执政能力建设、党的先进性和纯洁性建设为党的建设主线。[①] 党的长期执政能力建设包含党的执政方略更加

---

① 刘昀献:《以加强党的长期执政能力建设、先进性和纯洁性建设为主线——开辟党的建设新境界》,《北京日报》2017 年 10 月 30 日第 15 版。

完善、执政体制更加健全、执政方式更加科学、执政基础更加巩固。[①] 为了实现执政方式更加科学的目标，党的十六届四中全会提出了科学执政、民主执政、依法执政三种基本的执政方式。而科学执政、民主执政从根本上要靠依法执政来体现和保证。毋庸讳言，我们党在依法执政方面还有很多工作要做，依法执政永远在路上。转变党的执政方式与依法治国是高度契合的，[②]转变党的执政方式首要的是实现依法执政。建立和完善时效制度，从而建立完善的党内法规制度体系，为党的执政方式的转变奠定制度基础。

2. 党的先进性建设的外部特征决定了党内法规需确立时效制度

党的先进性建设的外部特征或重要体现是党的各项制度具有先进性，《党章》规定把制度建设贯穿于党的建设的始终。时效制度是现代法治的要求，没有时效制度的法治不能说是真正的现代法治。时效制度体现出一个国家法治的现代性和先进性。党内法规只有确立科学的时效制度，才能体现出中国共产党治国理政的方略、理念、制度、方式的现代性和先进性。

3. 党内法规的法律属性决定了党内法规必须对时效作出规定

现代法治体系中，时效与责任制度相伴而生。责任制度是法律的“牙齿”，是用以维护法律尊严和权威必不可少的重要制度保证。时效是对责任制度在时限上的约束。党内法规是一种特殊法律，党内法规在规定党内纪律处分（处理）和问责的同时，必须明确规定追责时效，这是由党内法规的法律属性所决定的。没有追责时效，党内法规就丧失了法律规范的完整性和责任制度安排的科学性；没有追责时效，党内法规就无法实现依规治党，反而落入人治的窠臼。正如有的学者认为，“时效规定不规范，党内法规建设的科学化就无从谈起”[③]。

(二) 时效制度是维护党内秩序稳定的内在要求

秩序是法律的重要价值追求，如果只有责任制度，而没有时效制度对责任制度予以平衡，没有时效制度对责任制度予以限制，那么法律所追求或维护的社会秩序则始终处于不稳定状态。例如，民法上的不当得利之债，权利主体对于义务主体享有返还不当利益的请求权，如果权利主体始终不向义务主体请

---

① 王雪婴：《论社会主义核心价值体系在党的执政能力建设中的地位和作用》，《西安社会科学（辑刊）》2009 年 9 月 15 日。

② 封丽霞：《法治与转变党的执政方式》，《法制与社会发展》2015 年第 5 期。

③ 韩强：《论党内法规的时效性问题》，《探索》2012 年第 2 期。

求承担返还责任，且法律不对其权利予以时效限制，那么既影响该利益标的的价值利用，又影响该利益标的的交易安全；又如行政法上的行政处罚，如果行政主体对行政相对人拥有不受时效限制的行政处罚权，行政法律秩序则无法稳定。

党内法规在规定党内纪律处分和问责的同时，必须明确规定追责时效，只有这样，党内秩序才能稳定。

（三）时效制度是督促党的有权机关及时履行职责的内在要求

责任制度是对违纪党员、党组织的纪律处分或处理方式，是对党组织、党的领导干部的问责方式，同时，对于纪律处分（处理）机关或问责机关来说，责任制度又是一种不可放弃的义务或职责。时效制度正是督促党的纪律处分（处理）机关和问责机关及时履行职责的行之有效的制度安排。

五、完善党内法规时效制度的建议

借鉴法律上的诉讼时效制度，笔者对党内法规的三种时效的制度安排作出以下建议。

（一）党内法规的时效价值取向

党内法规的时效价值有三个：党内秩序，党员权利，党内纪律。

党内法规的时效价值追求，应把维护党内秩序稳定放在第一位，在保护党员应有的权利和严格严肃执行党内纪律两方面取得适度平衡。为维护党内秩序稳定，首先，对违反党纪的行为及时依规进行处分、处理和问责，这样才能实现"惩前毖后、治病救人"的党内立法原则，维护党内法规的权威和尊严；其次，在进行纪律处分、纪律处理和问责的过程中，党组织或纪律检查部门必须依照党内法规规定的权限和程序，依法及时地对违反党纪和失职失责的党员、党员领导干部和党组织进行处理，要尊重被处理者个人和组织的应有权利不受侵犯。

（二）规定对党员的纪律处分时效

1. 根据纪律处分方式的不同而规定不同的处分时效

对党员的纪律处分方式有五种，即警告、严重警告、撤销党内职务、留党察看和开除党籍。这五种处分方式是按照处分方式的严厉性程度从轻到重依次排列的，警告处分最轻，开除党籍的处分最为严重。相应地，根据违反党纪行为的危害性程度和纪律处分方式的严厉性程度不同，纪律处分时效也应有所不同。

2. 对警告和严重警告的处分时效作出两年的规定

《中国共产党纪律处分条例》第十条规定了党员受到警告和严重警告的任职限制，即“党员受到警告处分一年内、受到严重警告处分一年半内，不得在党内提升职务和向党外组织推荐担任高于其原任职务的党外职务”。因为这两种处分方式对受处分党员的影响最长为一年半，笔者认为，其时效安排可以比照《行政处罚法》第 29 条的规定，在《中国共产党纪律处分条例》中对警告和严重警告的时效作出这样规定：“应当给予警告和严重警告处分的违纪行为在两年内未被发现的，不再给予党纪处分。党内法规另有规定的除外。前款规定的期限，从违纪行为发生之日起计算；违纪行为有连续或者继续状态的，从行为终了之日起计算。”

3. 对撤销党内职务、留党察看和开除党籍的处分时效作出 5 年的规定

《中国共产党纪律处分条例》第 11—14 条对撤销党内职务、留党察看和开除党籍等三种党纪处分方式予以了规定。根据这三种党纪处分方式对应的行为的危害性程度比较严重，笔者认为，其时效安排可以比照《行政处罚法》第 29 条的规定，在《中国共产党纪律处分条例》中对撤销党内职务、留党察看和开除党籍的时效作出如下规定：“应当给予撤销党内职务、留党察看和开除党籍处分的违纪行为在 5 年内未被发现的，不再给予党纪处分。党内法规另有规定的除外。前款规定的期限，从违纪行为发生之日起计算；违纪行为有连续或者继续状态的，从行为终了之日起计算。”

综上分析，对纪律处分时效可以在《中国共产党纪律处分条例》中分两款作出如下规定：

“应当给予警告和严重警告处分的违纪行为在两年内未被发现的，不再给予党纪处分；应当给予撤销党内职务、留党察看和开除党籍处分的违纪行为在 5 年内未被发现的，不再给予党纪处分。党内法规另有规定的除外。

前款规定的期限，从违纪行为发生之日起计算；违纪行为有连续或者继续状态的，从行为终了之日起计算。”

4. 关于腐败案件和违反中央八项规定精神的问题的处分（处理）时效

本次修订《中国共产党纪律处分条例》时，第 7 条增加了第 2 项规定：“重

点查处党的十八大以来不收敛、不收手,问题线索反映集中、群众反映强烈,政治问题和经济问题交织的腐败案件,违反中央八项规定精神的问题。"

该条的主要含义有两个:一是规定了两类违纪行为,即"党的十八大以来不收敛、不收手,问题线索反映集中、群众反映强烈,政治问题和经济问题交织的腐败案件"和"违反中央八项规定精神的问题"。二是采取的处分态度是要"重点查处",即对重点处分的违纪行为采取零容忍的态度,体现了党对这类违纪行为进行严肃处理的决心。

该条对纪律处分时效没有作出规定,但也没有否定时效问题。第一类违纪行为通常已触犯法律甚至刑罚,对该类违纪行为的处分时效,其起算时间可以做出如下安排:"对违法犯罪行为的纪律处分,根据《中国共产党纪律处分条例》第四章的规定,自违法犯罪行为受到政务处分、行政处罚或刑事处理之日起算。"第二类违纪行为即"违反中央八项规定精神的问题",对于此类问题,是否不存在时效问题呢? 笔者认为,新修订的《中国共产党纪律处分条例》也没有予以否定。其第 142 条规定,该条例自 2018 年 10 月 1 日起施行,第 2 项还规定了对本条例施行前的违纪行为的效力问题。八项规定是 2012 年 12 月 4 日由习近平总书记提出来的,其效力应当始于 2012 年 12 月 4 日,但就时效来说,如果违反八项规定的违纪行为没有连续行为的,超过一定期限的话,还是应当受时效限制的。当然,具体的时效长短可以探讨。

(二) 规定对党组织的纪律处理时效

对党组织的纪律处理措施包括责令作出检查、通报批评、改组和解散四种处理方式。责令作出检查和通报批评的纪律处理方式是针对违纪行为相对比较轻微的情形,因此,对该两种纪律处理措施的处理时效宜规定为两年。

《中国共产党纪律处分条例》第 15 条和第 16 条分别规定了改组和解散两种处理方式。第 15 条规定:"对于受到改组处理的党组织领导机构成员,除应当受到撤销党内职务以上(含撤销党内职务)处分的外,均自然免职。"《中国共产党纪律处分条例》本次修订时,删除了对党组织进行改组处理的条件,即"对于严重违犯党纪、本身又不能纠正的党组织领导机构,应当予以改组",仅保留了对受到改组处理的党组织领导机构成员的处分。第 16 条规定:"对于受到解散处理的党组织中的党员,应当逐个审查。其中,符合党员条件的,应当重新登记,并参加新的组织过党的生活;不符合党员条件的,应当对其进行教育、限期改正,经教育仍无转变的,予以劝退或者除名;有违纪行为的,依照规定予以追究。”该条也删除了解散处理的条件，即“对于全体或者多数党员严重违犯党纪的党组织，应当予以解散”，仅保留了对受到解散处理的党组织中的党员的三种处理方式。

从这两个条款的规定来看，给予改组和解散处分的违纪情形都是严重违纪。鉴于此，笔者认为，可以比照《行政处罚法》第 29 条的规定，在《中国共产党纪律处分条例》中对党组织的改组和解散的纪律处理时效作出如下规定：

“应当给予改组和解散处理的违纪行为在 5 年内未被发现的，不再给予党纪处理。党内法规另有规定的除外。

前款规定的期限，从违纪行为发生之日起计算；违纪行为有连续或者继续状态的，从行为终了之日起计算。”

(三) 规定对党组织、党的领导干部的问责时效

根据问责对象的不同，问责可分为对党组织的问责和对党的领导干部的问责两种。《中国共产党问责条例》第 7 条第 1 款规定了对党组织的三种问责方式，即检查、通报和改组；第 7 条第 2 款规定了对党的领导干部的四种问责方式，即通报、诫勉、组织调整或者组织处理和纪律处分。

1. 对党组织的问责

党组织失职失责对党内的危害性较大。鉴于此，笔者认为，可以比照《行政处罚法》第 29 条的规定，在《中国共产党问责条例》中对党组织的问责时效作出如下规定：

“对党组织应当给予问责的失职失责行为在 10 年内未被发现的，不再给予问责。党内法规另有规定的除外。

前款规定的期限，从失职失责行为发生之日起计算；失职失责行为有连续或者继续状态的，从行为终了之日起计算。”

2. 对党的领导干部的问责

对党的领导干部失职失责的问责方式中，通报和诫勉适用于失职失责的情节较轻的情形。鉴于此，对通报和诫勉的问责时效可以比照《行政处罚法》第 29 条的规定，在《中国共产党问责条例》中对党的领导干部的通报和诫勉的问责时效作出如下规定：

“对党的领导干部应当给予通报和诫勉问责的失职失责行为在 5 年内未被发现的，不再给予问责。党内法规另有规定的除外。

前款规定的期限，从失职失责行为发生之日起计算；失职失责行为有连续或者继续状态的，从行为终了之日起计算。”

组织调整或者组织处理和纪律处分的问责方式适用于失职失责的情节较重的情形。鉴于此，对组织调整或者组织处理和纪律处分的问责不受时效限制，适用《中国共产党问责条例》第 10 条的规定。

结语：关于党内法规的申诉时效问题

有责任制度或处罚规定则必须有救济措施。追责时效是对党内法规责任制度的消极制约，申诉是对责任制度的积极平衡。责任制度和追责时效制度解决的是“绝不放纵”的问题，申诉制度解决的是“绝不冤枉”的问题。党内法规规定了对党员和党组织的责任制度和处罚措施，同时也规定了党员和党组织不服处罚的申诉权利。《中国共产党章程》第 43 条规定，党员对处分决定不服的可以提出申诉。《中国共产党纪律检查机关控告申诉工作条例》第 1 条和第 3 条规定了党员和党组织的申诉权，包括对所受党纪处分或纪律检查机关所作的其他处理不服的申诉。

申诉是党员或党组织受到或认为受到错误或不当的党纪处分（处理）或问责时，向党组织或纪律检查部门提出不服意见，有关组织按照规定予以复议、复查的制度。申诉是党员和党组织的一项权利，该权利由《党章》予以了宣示，并由《中国共产党纪律检查机关控告申诉工作条例》作出了具体规定，从而将申诉作为一项制度予以了保障。申诉不仅是权利保障制度，还是权利救济制度。申诉是因党纪处分、党纪处理和党内问责制度而生，是党员和党组织不服党纪处分、党纪处理和问责的救济制度。党员和党组织进行申诉，并不以党纪处分、党纪处理和问责客观上存在错误或不当为前提，只要党员或党组织在主观上不服就可以提出申诉。换句话说，申诉的发生是一个主观问题，而不是客观问题。当然，经过复议、复查，最终是作出维持原结论或处理的决定，还是需要改变原结论或处理决定而应作出新的处理决定，其依据的标准应是客观的，那就是原结论或处理决定是否正确。

党员、党组织不服纪律处分和问责的申诉时效，简称“申诉时效”，是指在法定期限内，党员、党组织对其处分决定或问责决定不进行申诉，时效期间届满，则申诉权消灭的制度。2009 年 6 月 30 日发布实施的《关于实行党政领导干部问责的暂行规定》第 22 条规定：“被问责的党政领导干部对问责决定不服的，可以自接到《党政领导干部问责决定书》之日起 15 日内，向问责决定机关提出书面申诉。"根据该规定,对党政领导干部的问责申诉时效为15日。2016年7月8日施行的《中国共产党问责条例》对问责申诉时效没有规定,但根据第13条的规定,"此前发布的有关问责的规定,凡与本条例不一致的,按照本条例执行",那么也就意味着关于问责申诉时效的规定依然有效。

但是,与党内法规的处分时效、处理时效和问责时效的意义不同,这三种追责时效是为了从时限上限制对违反党纪的党员或党组织给予党纪处分或党纪处理的权力,或者为了从时限上限制对失职失责的党组织或党的领导干部给予问责的权力,因为有些违纪行为或失职失责行为发现时已过了数年,其社会危害性和对党内关系的影响已基本消失,如果再继续追究党纪责任,反而不利于党内秩序稳定。申诉时效则是受党纪处分或问责的党员或党组织不服处分或问责时提出复议、复查申请的时限,如果党内处分或问责决定是错误的,但因申诉时效的规定而使受处分、受问责的党员丧失了申诉的机会,则党内法规追责制度明显失去了严肃性、合理性和实事求是的原则性。

为了充分维护党员和党组织的申诉权利,维护追责制度的严肃性、合理性和实事求是的原则性,党内法规应规定两种申诉时效、一个是短期申诉时效,即不服决定的需在15日内提出书面申诉;一个是长期时效,即凡纪律处分、纪律处理和问责决定错误的,申诉不受时效限制。而且,不仅受处分、处理或问责的党员或党组织本人可以申诉,其他党员个人或组织也可以提出复议、复查的请求,作出决定的党组织或纪律检查部门或其上级党组织发现决定错误的,可以责令原决定主体复议、复查,也可以提审。

中共早期在沪红色遗存分布类型研究

张晓栋*

摘　要： 中共早期在沪红色遗存十分丰富，性质不尽相同，各自担负着自己的历史使命，但就红色基因来说具有一致性。随着研究的深入，对红色遗存的整合研究已显得十分必要。本文从红色遗存的分布出发，对这一时期红色遗存通过类型学的研究方法设定时段、地理位置等标准类型要素，用先分类、再归纳的方法，结合中共党史、上海近现代史背景，力图从客观的红色遗存中寻找到当初有规律性的主观分布的轨迹，为整体研究中共初创期的那段历史，开辟一条新的研究路径，从而丰富党史研究内容。

关键词： 上海；红色遗存；分布；类型

一、研究对象及方法

上海作为中国共产党的诞生地，红色遗存十分丰富，一直以来都为人们关注，是党史研究最重要的聚焦点，也是本文的研究对象。中国共产党的诞生前后的历史，经长期不懈的努力，已经有了巨大的研究成果。但是，由于现今知道的红色遗存，历史上绝大部分都曾处于秘密状态，当初的某些组织信息可能今后也根本无法再现。本文将在丰富的党史研究基础上借助考古学中经常使用的类型学研究方法，对红色遗存在时段、地理位置标准上归类比较，从中查找到一般规律，用客观存在的类型结果来解读。

---

* 张晓栋，上海社会科学院法学研究所副编审。原刊于冯小敏主编《守护中国共产党人精神家园》，上海人民出版社 2018 年 6 月版。

(一) 时段

中国共产党诞生的早期阶段,是指在中共开创的前后至1933年中共中央撤离上海的14年。作为本研究的前置时间,虽然中国共产党诞生于1921年7月,从现在公开的资料来看,建党有一个较长的准备期,在上海也留有充实的内容,党史研究历来将这一部分也归入早期的时间概念,所以本文的研究对象有部分是存在于中共诞生之前;中国共产党诞生在上海,而中共中央在其后数次迁出又数次返回,1933年中共中央撤离上海迁入苏区为其最后在沪时期,因此本研究将其作为中共早期概念后置时段。

(二) 地理位置

本研究中"在沪"两字,实际已经表明了地理位置。但这里的在沪并不完全涵盖今天的上海,而是指在上述时间内研究对象按当时行政划分的上海公共租界、法租界、华界市区范围。

(三) 研究对象

根据上述时段设定,按照红色遗存性质,本研究将其分为三大类。

(1) 机构类。以中共中央机关及直属机构为主,兼收如团中央机关等。

(2) 会址类。以中共中央全国代表大会为要。

(3) 个人住所类。以在中央层面工作的领导人员为要,早期共产国际的代表等而视之。

需要说明的是,由于建党初期因条件所限,上述个人住所经常与前两类重合,即工作的地方与个人住所合二为一。本研究将根据需要,作或分或合研究处理。

(四) 研究之现状及方法

在沪红色遗存研究业已近70年的时间,特别是近三四十年的研究,有了许多新的发现,充实了许多曾经遗失的内容。尤其令人惊喜的是,这一研究的形式逻辑不再是封闭的,而是发展到串联一个个看似孤立的点,从整体的角度来研究中共在沪红色遗存的分布,这为早期中共党史研究开辟了新路径。但是,这一研究的困难所在也毋庸置疑,几乎所有遗存当年都是秘密存在的,大量的遗存本身史实不明朗,需要充实研究内容,整体研究之路非常艰难。

整体研究中共初创期的那段历史有着十分重要的现实意义和深远的历史意义。红色遗存体现着前人为其存在的设立思想,而这些思想除了文本留存外，基本上无处可寻。一个红色遗存为什么建在这里而不建在那里，为什么这样分布，实际上蕴含着许多历史内容。本研究在前人对红色遗存个体研究的前提下，充分利用已知的史料，着重从红色遗存分布的变化角度，用类型学的研究方法来探究其规律性的内容，以期待对红色遗存的整体性的科学解读。这一研究方法，无论从广度和深度来看，尚留有巨大的空间。作为研究初步，对于上海所存的红色遗存，不得不在时间及研究标的都采用限定设置。

尚有需要说明之处，即红色遗存有部分因年代久远或有迁移现象，本研究一律按其原来地理位置进行分析，以保证研究的科学性。

二、红色遗存在沪分布的状况

中共早期在沪红色遗存十分丰富，性质各有不同。根据其基本情况，下文利用前人研究的成果，对被本研究所采纳的红色遗存按研究要求进行分类。

(一) 机构

《新青年》编辑部　老渔阳里 2 号，南昌路 100 弄 2 号，属法租界。1920 年春，上海共产党早期组织，中共一大的筹备处和会议期间的秘书处。

上海社会主义青年团中央机关　新渔阳里 6 号，淮海中路 567 弄，属法租界。1920 年 8 月 22 日成立。后为团中央机关。

新青年社总发行所　金陵东路 279 号，属法租界。中共第一个出版发行机构，1920 年 9 月，《新青年》第 8 卷第 1 号出版，1921 年 2 月，第 8 卷第 6 号排印时被查封。

中国劳动组合书记部　北成都路 19 号，今成都北路 899 号，现迁成都北路 893 号，属公共租界。1921 年 8 月，中国共产党领导工人运动第一个指挥机关。

青年团临时中央局机关　大沽路 356、357 号，现迁大沽路 400—402 号，公共租界。1921 年 11 月新渔阳里退租后迁入。1922 年 6 月 8 日被查封。

《向导》发行所　肇浜路兰发里 3 号，今复兴东路 1 047 弄，属华界近法租界。1922 年 9 月 13 日创刊。

中央办公处　闸北香山路公兴路口（现象山路公兴路），三曾里，属华界近公共租界。1923 年“三大”以后入驻。

《向导》发行所　宝山路宝山里，今宝山路 403 弄，属华界近公共租界。

1923 年 9 月使用,1926 年年底迁武汉。

上海书店 民国路振业里 11 号,人民路 1025 号,属华界近法租界。楼下书店,楼上宿舍,党内秘密活动场所。1923 年 11 月 1 日书店开业。

国华印刷所 香山路香兴里,今宝昌路临山路附近,属华界近公共租界。党的第一家印刷所。1925 年 6 月定址。

中共中央宣传部 四川北路 1 649 弄安慎坊 32 号,属华界近公共租界。1926 年 4 月—1927 年 4 月,中共中央宣传部办公室所在。

中共中央秘书处机关(阅文处) 戈登路 1141 号,今江宁路 673 弄 10 号,属公共租界。1927 年中共中央从武汉迁回上海后在周恩来建议下设立。

中央特科 修德坊 6 号,今武定路 930 弄 14 号,属公共租界。1927 年九十月间,中共中央从汉口迁回上海,11 月临时中央决定在上海成立情报保卫机构中央特科。1928 年 11 月至 1931 年 4 月,武定路修德坊 6 号成为中共中央特科的秘密工作地点。

中共中央秘书处机关 青海路善庆坊 21 号,今青海路 19 弄,属公共租界。1927 年八七会议后迁入,1933 年初退出此地。

中共中央秘书处机关 小沙渡路遵义里 11 号,今西康路 24 弄,属公共租界。1927 年八七会议后迁入,创办了《支部生活》。1933 年初退出此地。

中共中央政治局机关处 云南路 447 号(云南中路 171—173 号),属公共租界。一楼生黎医院,二楼三个房间出租,为熊瑾玎向二房东西医周生赉借用开"福兴"商号。1928 年春至 1931 年 4 月使用。

中共中央与中央军委联络点 浙江路清和坊,浙江中路 112 号,属公共租界。1928 年使用。

中共中央第一座秘密电台 延安西路 420 弄 9 号(福康里),属华界近公共租界。1928 年 10 月,周恩来在中共六大回来后要李强、张沈川学无线电技术,设中央特科四科管理,1929 年秋李强试制发报机成功。1930 年 2 月后离开。

中共中央秘密联络点 爱文义路望德里 1239 号半,今北京西路 1 060 弄内,属公共租界。1928 年罗亦农在此办公,时任中共临时政治局常委兼组织局主任。

中共中央组织部培训班 武定西路 1375 号,开纳公寓,属公共租界。1929 年 9 月在顶楼设干训班。

中共中央早期无线电训练班 四成里,巨籁达路(现巨鹿路)391 弄 12 号,属法租界近公共租界。1930 年 9 月开办。地处 1914 年法租界向西扩展后。

中共中央秘密印刷厂 梅白克路祥康里,新昌路 99 号,属公共租界。1931 年端午前后迁入使用。

以上统计共 22 处,其中处于法租界有 4 处,设置时间在建党前后;处于公共租界的有 12 处,除上海社会主义青年团临时中央局机关,其余都设置在 1927 年中共中央从武汉返回上海后;处于华界的有 6 处,设置时间在 1922 年 9 月至 1926 年。

(二) 会址

中共一大会址 望志路 76 号,今兴业路 106 号,属法租界。时间为 1921 年 7 月。

中共二大会址 南成都路辅德里 625 号,今成都北路 7 弄 30 号,属公共租界近法租界。时间为 1922 年 7 月。

中共四大会址 东宝兴路 254 弄 28 支弄 8 号,属华界近公共租界。时间为 1925 年 1 月。

以上共 3 处,前两次大会会址都在法租界或临近法租界。

(三) 个人住所(包含共产国际代表)

淮海中路 716 号 属法租界。1920 年四五月间维经斯基旧居。

哈同路民厚里 29 号 今安义路 63 号,属公共租界近法租界。1920 年 5 月 5 日至 7 月初,毛泽东旧居。

白尔路 389 号 今太仓路 127 号,属法租界。博文女校,1921 年中共一大时代表住所。

麦根路 32G 号 属公共租界。马林,1921 年中共一大时住所。

慕尔鸣路甲秀里 317—319 号 今茂名北路 120 弄 5—9 号,属公共租界。1924 年毛泽东与杨开慧住所。

北京东路 528 号楼上 惠民里,属公共租界。刘少奇 1931—1932 从莫斯科回沪住所。

以上共 6 处,其中法租界 2 处、公共租界 4 处。法租界 2 处设置时间在 1920—1921 年;公共租界 4 处中有 1 处在公共租界近法租界,时间在 1920 年;另 3 处时间分别在 1921 年、1924 年和 1931—1932 年。

从上述三个分类中,总计红色遗存为 31 处。类型研究将以此为标的展开。

三、类型研究

对31处红色遗存，将进行不同分类研究。通过研究，以寻找到规律，据此再得出研究的类型结果。

(一) 区划分类

以当年上海的三个不同性质的行政管理区为分类标准，即法租界、公共租界和华界。

1. 法租界

在入选研究对象中，红色遗存在法租界有7处，其中6处时间段在1920年春(老渔阳里)，到1921年7月(党的一大会址)。唯有巨籁达路(巨鹿路)391弄12号一处在法租界近公共租界的地方，但时间却在1930年9月。因此，法租界重大且重要的红色遗存，多存在于本研究设定的研究时间的前期阶段。

2. 公共租界

公共租界在入选研究对象中，红色遗存存在最多，共有17处。最早的是哈同路民厚里29号1920年5月5日(毛泽东旧居)，晚至青海路善庆坊和小沙渡路遵义里1933年初(中共中央秘书处机关)。值得关注的是，大量的在公共租界的红色遗存存在的时段是在1927年八七会议后。之前仅少量的红色遗存分布在公共租界的边缘。

因之，红色遗存在公共租界里大量的、主动有意识的分布行为，发生在1927年八七会议后。而在此前存在有故意回避的倾向。前4处在时段1920年至1922年的，靠近的是法租界；1923年至1925年则近华界。

3. 华界

在两大租界外的华界，有8处红色遗存。1922年9月肇浜路兰发里3号的《向导》发行所和1923年民国路振业里的上海书店，虽处华界，但离法租界非常近；1925年1月的中共四大会址和1926年4月四川北路安慎坊的中共中央宣传部，及闸北的3处则离公共租界很近。从时段来分析，处于1927年之后的仅福康里。

(二) 时段分类

以中共中央在沪期间为时段分类标准,即1920年至1922年10月设为时段I型;1923年9月至1926年年底设为时段II型;1927年9月至1933年初设为时段III型。

1. 时段I型

在1920年至1922年10月,红色遗存共12处:法租界有6处,公共租界有5处,华界1处;而公共租界的4处全部靠近的是法租界,华界1处也靠近法租界。

2. 时段II型

在1923年至1926年年底间,红色遗存共7处:法租界没有,公共租界有1处,华界有6处。

3. 时段III型

在1927年9月至1933年初,红色遗存共15处:法租界有1处,公共租界有13处,华界有一处;而法租界的1处靠近公共租界。

(三) 红色遗存分布标准类型

结合区划分类和时段分类的结果,依据其特征,得出红色遗存分布标准类型,归纳为三种。

1. 红色遗存第I类型

时间发生在1920年至1922年9月,以法租界区划为分布目标,总共12处。区域内6处;区域外公共租界3处和华界1处也靠近法租界,仅公共租界另2处即麦根路32G号和北成都路19号中国劳动组合书记部,则情况较特殊。

区域外的数量与区域内的数量相等,这样的数量对比足以令人怀疑红色遗存第I类型。考察区域外遗存显得十分重要。首先研究公共租界。哈同路民厚里29号1920年5月毛泽东旧居南向仅隔长浜就可入法租界,1920年正是长浜填埋之后,在两租界中穿梭非常方便;1921年11月上海社会主义青年团临时中央局机关的大沽路在公共租界,和前者情况相仿;南成都路辅德里625号的中共二大会址更面对长浜,填埋后的长浜筑成福熙路,也就是现在的延安中路。这几个红色遗存大都靠近法租界。另外,1922年9月13日在肇浜路兰发里3号的《向导》发行所,属华界也近法租界。从时间上来说,它是处在第I类型最后临界点,留有向第II类型过渡的痕迹。以上几处完全可以看作红色遗存第I类型向周围的放射状范围,支持着这一类型的设立。北成都路

19 号中国劳动组合书记部设在公共租界，当年应该有不同的考虑。唯独 1921 年 7 月麦根路 32G 号马林住所设在了公共租界的偏西处，成为例外。因此，从类型的地理和时段两大因素来考虑，在 12 处中有 10 处显示明显的第 I 类型特征，权重表明第 I 类型完全成立。

2. 红色遗存第 II 类型

时间发生在 1923 年至 1926 年年底，以华界区划为分布目标，总共 7 处。区域内 6 处；区域外公共租界 1 处。从形成的标的来看，占有 6/7，基本具有标准类型的权重。

区域外的唯一之处是慕尔鸣路甲秀里的毛泽东故居。从其性质来看，属于个人住所而不是机构。因此，第 II 类型的基础显得比较扎实。

3. 红色遗存第 III 类型

时间发生在 1927 年 9 月至 1933 年年初，以公共租界区划为分布目标，总数 12 处。区域内 10 处，区域外法租界 1 处也靠近公共租界，华界 1 处近公共租界。形成了最典型类型。

区域外即巨籁达路四成里 1930 年 9 月开办的中共中央早期无线电训练班，四成里弄口对马路是 1927 年建成的明德里南弄口，经明德里出其北弄口，越过福熙路就可进入公共租界。

根据以上事实，得出的红色遗存的分布规律类型研究结论为：

第 I 类型(1920 年至 1922 年 10 月)，重点分布在法租界；

第 II 类型(1923 年至 1926 年年底)，重点分布在华界；

第 III 类型(1927 年 9 月至 1933 年年初)，重点分布在公共租界。

四、类型下的历史解读

根据类型学的方法，推导出的三种类型，从中找到了中共早期在沪红色遗存分布所形成的规律。但这仅仅是推导的结果，就如同不能回答第 I 类型中马林住所和第 II 类型中慕尔鸣路甲秀里毛泽东故居的例外情况一样，仅类型学而言，只有形式上的趋同解释，是否为历史事实，必须经历史资料的佐证，需要对各个类型结合当时的历史背景来一一梳理解读。

(一) 第 I 类型解读

最早进入法租界的是老渔阳里 2 号的《新青年》编辑部，它原来是安徽都督柏文蔚的寓所。陈独秀与柏文蔚是安徽同乡，所以《新青年》的两大机构都开进法租界应该有这层关系。只是新青年社总发行所1920年9月设立于金陵东路279号大有疑问。金陵东路原称公馆马路，源于法国领事馆设在此街；又称法大马路，谓其繁华。新青年社总发行所设在最著名的骑楼建筑内，而马路对面，竟然就是法租界公董局和总警署。新青年社总发行所并不是秘密机构，显然，主事者也并不认为自己的行动会危及法租界。但是，从1920年9月《新青年》第8卷第1号出版，到1921年2月第8卷第6号排印时就被查封，这对主事人敲响了警钟。所以以后的各类活动都移向法租界于1914年扩展的重庆中路以西的新区或十分接近法租界这块区域的邻区，如：新渔阳里6号、中共一大、博文女校、中共二大、大沽路的青年团临时中央局机关等，包括淮海中路716号维经斯基旧居和毛泽东安义路住所，以及肇浜路兰发里3号《向导》发行所，也在情理之中。

另一方面，这一时期选择法租界，应该有政治上的考量。就相对而言从上海租界形成起，法租界与相邻租界比较而言，各个方面都较落后。早期小刀会事件期间，一度还向英租界借兵守护。1910年有一个统计，公共租界里住有4 465个英国人，法租界里所住的法国人只有436人。[①] 所以以租界为掩护的秘密活动，选择在警力相对薄弱的法租界是明智的。但是新青年社总发行所被查封后，中共一大会议时又被法租界巡捕闯扰。选择法租界难道错了？其实1914年法租界的最后一次向西扩展是有秘密条件的，即以驱逐、引渡革命党人为对价，虽然当时中国共产党还未成立，但到了20世纪20年代这些秘密专款并没有失效[②]。而1922年10月间，又发生了陈独秀在法租界被捕事件[③]，加之中央南下，在法租界继续分布的理由遂不存在。

这一时期例外的有两处：北成都路19号中国劳动组合书记部，但此处也不是秘密机构，因其机关刊物《劳动周刊》1922年6月被查封而外迁。因此，此处应不属于第Ⅰ类型。麦根路32G号马林1921年中共一大时住所也归纳不进第Ⅰ类型，也可能属秘密工作的特例。1922年10月，中共中央迁离上海，第Ⅰ类型也至此休止。

---

① 熊月之、马学强、晏可佳选编：《上海的外国人》，上海古籍出版社2003年版，第2页。

② 汤志钧主编：《近代上海大事记》，上海辞书出版社1989年版，第778页。

③ 吴成平主编：《上海名人辞典》，上海辞书出版社2001年版，第12页。

(二) 第 II 类型解读

第 II 类型所处时间段正是国共合作时期，而第一次直奉战争后，驻沪的淞沪护军使卢永祥因反对曹锟贿选总统而与孙中山先生合作；1924 年 9 月更与江苏督军齐燮元开战。军阀混战使华界一下子从险恶之境变成首选之地。三曾里、《向导》发行所、上海书店、国华印刷所、中共中央宣传部，都纷纷入驻，而中国共产党第四次全国代表大会 1925 年 1 月也选择在华界召开，更使这一趋势达到高潮。但在选择华界时也充分注重安全问题，一般都离租界不远，以作不时之需。

慕尔鸣路甲秀里 317—319 号，1924 年毛泽东与杨开慧住所。为什么选择此处？有些观点认为这里离南昌路的国民党上海执行部很近。而这一时期毛泽东确实投身于国共合作间国民党的党务工作，属于特例。再加上此处并不兼有机构办公职能，显然不属于第 II 类型。

(三) 第 III 类型解读

这是一个相对最纯粹的类型，总数 12 处中只有 2 处例外，而就是这 2 处也如前文所述的临近公共租界的位置。第 III 类型的上限时间为 1927 年 9 月，时值国共分裂后中共中央从武汉重返上海。其在上海分布选择范围已经非常有限。华界已有刚刚设立的上海特别市来管理，完全是国民党的天下。法租界也不能再去，第 I 类型时使用的地方国共两党都熟悉，国共合作时，大家也共同在那里办公，知己知彼。而更向西的法租界，为什么不去布局？俄国十月革命后，大批量白俄进入中国，上海更是他们的首选，法租界接收的白俄非常多，各个层次都有充实，所以法租界也今非昔比，巡捕房的警力空前充足。于是，只能选择过去认为最艰难的地方——公共租界，险中求生存。而又有许多资料证明，在公共租界的巡捕房中，党已经做了大量工作，所以第 III 类型也是唯一的不选之选。

五、结语

中国共产党早期在沪红色遗存分布是否是有规划的，还是随机的，根据类型研究已经得出了答案。但是否为历史的原来面貌，说到底需要当时的文献史料来说话。由于研究对象年代久远，当初工作性质又属秘密，而且大都是单线联系的特殊性，所以单从保留至今的星星点点红色遗存本身已经很难找到当初设点分布的线索。类型研究则通过对各红色遗存的现存信息入手，通过特征研究，在史料有限或阙如的情况下，提供了可能的线索，为各个红色遗存架起了贯通的研究桥梁。类型研究本身虽然不会发现新的史料，但它在对现存史料的使用或运用上，完成了史料再生的作用，即激活了史料隐性的功能，从而拓展了党史研究范围，使这一研究内容更加丰富。三个类型的设立使人们在时空上加深对这一时期党的历史有一个总观印象，使每一个红色遗存在自身经研究鲜活起来的情况下，通过互动，或能有新的发现，从而达到还原历史、扩大宣传教育的目的。

平政院评事、肃政史选任及履历考论

胡译之*

摘　要：平政院、肃政厅官员的选任问题，在现有研究中尚未进行详尽的探讨。在实践中，评事和肃政史的密荐，并非严格按照《平政院编制令》执行。早期评事的甄选主要考察其教育背景和司法职经历，以确保其专业性；对于肃政史，则看重其出身和声望。平政院后期地位下降，评事中人才流失，专业性大不如前，对案件的审理产生了消极的影响。密荐制度导致平政院官员中因人脉而形成地缘群体，评事、肃政史与保荐人之间的人际关系网络，既可能影响到肃政厅的公正严明，也可能影响到平政院在行政审判的中立性。而密荐制度的弊端，归根结底是因为制度设计者对平政院的性质和功能在认识上的偏差。

关键词：平政院；评事；肃政厅；肃政史；密荐制度

1914年3月31日，北洋政府颁布《平政院编制令》，从法律上宣告了大陆式行政审判制度在我国的确立。行政审判制度本为帝制中国所无，自丙午官制改革以来，经由对日本的学习，始为国人所知。然而未几清祚衰落，立宪筹备中的行政审判制度也未及设立。之后，历经民国初建时期对于该制度究竟应采大陆模式还是英美模式的大讨论，最终在袁世凯的力排众议之下，行政审判机构方得以最终确立。平政院是我国第一个近代意义上的行政审判机构，在我国行政法的发展史上具有承前启后的关键地位。

《平政院编制令》颁布的当日，袁世凯任命汪大燮为第一任平政院院长。在汪大燮之后，周树模、钱能训、熊希龄、夏寿康、张国淦、胡唯德等都曾担任院长一职，任期长者达数年，短者仅月余，未实际就任而由庭长暂代者亦有之。在历任平政院院长中，汪大燮总的任期最长，但其第一次作为平政院院长，在

* 胡译之，女，上海社会科学院法学研究所助理研究员。本文原刊于《青海社会科学》2016年第2期。

任仅不满两月，便被任命为新成立的参议院副议长。正是在这短短两月内，在汪大燮的主持之下，基本上奠定了平政院的职官格局。法律制度发展的良窳，往往有赖于实施者的贤愚。所谓“条教衷于至当，而奉行尤在得人”，[①]制度和法律固然重要，但其唯有通过人的活动，才能贯彻实施。因此，评事和肃政史作为构成平政院的最主要成员，他们的活动及其在制度中发挥的作用，无疑应该成为讨论平政院这一机构时关注的焦点。

黄源盛先生在《民初平政院裁决书整编初探》一文中，[②]就平政院之组成与成员素质，进行了详细的整编和探讨，该文是目前研究平政院评事和肃政史最为全面的论著。但这一研究成果，尚存在以下问题：首先，文中所载评事简历详略不一，不少重要的个人信息都付诸阙如，尚有待进一步补充完善。其次，在考察平政院的成员时，该文将历任院长和不同时期的评事一视同仁地进行了分析和统计。这种讨论方法不但失之疏简，而且忽视了平政院在不同时期，在人事上的潜在差异。最后，该文囿于篇幅和讨论的侧重点，将肃政厅排除在了讨论的范围之外，使平政院的人员选任失去了天然的参照系。民初的平政院和行政审判制度皆由西方学习借鉴而来，而肃政厅的设置则更多地来源于传统的监察制度。由是，两机构在人员配置上是否存在差异，人员的选拔各看重哪些因素，本身就是值得深入探究的问题。事实上，不唯评事和肃政史之间在选任标准上大相径庭，即便是同为评事，在平政院设立之初与20年代之后的选任情形，也是时移世易，故而有必要对平政院的官员进行分类别、分阶段的考察。众所周知，根据《平政院编制令》的规定，评事和肃政史由密荐而选拔。但这一选拔过程是否严格按照法律的规定来执行？密荐制度的具体过程如何？各机构的反响如何？对于被荐举人究竟以何种标准进行甄选？人员选拔的方式是否存在弊端？都有待进一步的细致探究。而官员的选任方式和选拔标准，恰恰可以间接反映出机构的定位，对于研究行政审判制度在中国的发生和成长，也可以提供一个微观的视角。

一、评事、肃政史的密荐和选拔

平政院建立伊始，当务之急自然是调配人员。因平政院属于新设机构，在

① 《四月二日大总统命令》，《申报》1914年4月6日第2版。

② 黄源盛纂辑：《民初平政院裁决书整编初探》，五南图书出版股份有限公司2007年版，第64—77页。

建制和人事上俱不存在新旧机构间“继承与裁汰”的问题，所以，除了平政院院长、肃政厅都肃政史由大总统任命外(《平政院编制令》第16条)，评事、肃政史的选拔成为平政院草创阶段面临的首要问题。对于评事和肃政史的选拔方法，在《平政院编制令》中已有规定。根据该法令第18条，平政院评事及肃政史，“由平政院院长、各部总长、大理院院长及高等咨询机关密荐具有第十四条资格之一者，呈由大总统选择任命之”，密荐规则由法制局另文详订。《平政院编制令》颁布后，袁世凯在1914年4月2日的大总统令中，重申了评事和肃政史的荐选规则，并告诫“凡有荐举之责者，务当旁求髦彦、彰选贤良，俾执法不稍旁挠、立言悉祛偏党，共扶国纪，用树风声”。

因在密荐规则尚未拟定的情况下，评事和肃政史的荐选工作已渐次开展，《平政院编制令》中的规定便显得简陋不敷使用：条文中只规定了具有密荐资格的主体，即“平政院院长、各部总长、大理院院长及高等咨询机关”，对“高等咨询机关”究竟所指为何，也未进一步说明。故而，当该规则甫一执行时，便出现了许多问题。按照《平政院编制令》第18条的本意，有资格荐举者，原系指中央各高级行政长官和政治会议，并不包括约法会议和外省长官。可实践中，不但约法会议议长曾亲自密荐肃政史，[①]“各省长官之来电密荐者亦不一其人”。[②] 虽然这些官员并无密荐资格，其密荐自然也不符合法律规定，但事实上，最终袁世凯并未将这些不符合程序的被荐举人一概置之不论，而是将所保人员发交各主管部中，命酌情荐举，以符编制令之规定。[③] 最终的结果亦表明，早先在密荐程序上不合规则的李棨、俞明震等人后来均在获任的平政院职官之列。[④] 因密荐规则迟迟未刊布，故而在实践中，对《平政院编制令》中的规定也进行了一些细化：如限制了各长官密荐的人数，规定“每人不得逾二员”，“应用何人，原保长官亦不能预知”；还规定，各处所保人员以“达五十员之数”作为上限，一俟满额，即由总统择尤圈出任用等。[⑤]

评事和肃政史两项，所需人数本极其有限，自密荐命令发布以来，平政院顿时成为炙手可热的部门。不但各部总长、各省都督均有保荐，且“京中一般有官

---

① 《约法议长密荐肃政史》，《大公报》1914年4月18日第6版。

② 《约法公布后之三院组织消息》，《申报》1914年5月10日第6版。

③ 《约法公布后之三院组织消息》，《申报》1914年5月10日第6版。

④ 李棨最初由约法会议议长孙毓筠密荐，俞明震则由时任浙江民政长的屈映光电荐，皆不合规则。参见《约法议长密荐肃政史》，《大公报》1914年4月18日第一张第6版；《专电》，《申报》1914年4月21日第2版。

⑤ 《平政院组织之近情》，《申报》1914年4月14日第3版。

吏思想者均纷纷向各方面运动，以冀取得一席”。① 仅仅半月时间，“于国务院保荐之评事等已倍”，②密荐之员仍然源源不断而来；肃政史较评事更甚，“定额十六缺，保荐竟逾原额三倍以上，即就现时保荐到京者，已达二十人之数”。③ 截至四月中旬时，评事、肃政史荐条已达“五六十人之多”。④ 因保荐之员已远超先预期，政府遂不得不一再抬高门槛，规定“凡有举荐者，须经二人联署方为合格”。⑤ 即便如此，合格之员仍远超额定之数。为解决保荐人员过多问题，都肃政史庄蕴宽曾谒见大总统请示办法。据报道，都肃政史一度拟照县知事之例，“俟各处所保荐之肃政史全数到京后，即试验一次，列为等第，以前列十六员提先任用，其余作为候补肃政史陆续调补”。⑥ 时论以肃政史职责特殊，对此举颇不以为然。⑦ 后又有消息称“试验评定”一说不确，肃政史的选定，将由“都肃政史于已密荐到京之肃政史中特加考语者，大总统即任为肃政史，其余作为候补”。⑧

而平政院院长汪大燮则于无可奈何之际，决定“以其人之经验学识为用舍之标准”，并按此标准严格筛选，力求对属员质量严格把关。而在选取评事和肃政史之时，标准又略有不同：“评事一席取精于法学之士，肃政史则取材于前清著名之御史，以期提倡直风，扫除官僚界之积秽。”⑨前者如由交通系巨头周自齐等举荐、时任天津审判厅厅长的蒋邦彦。曾任司法职的经历加上交通系的大力支持，连当时的报道亦称其为“确有希望者”。后者则如袁世凯、汪大燮拟延揽逊清给事中、御史中“有魄力者”20余人为肃政史，其中就包括晚清御史领军人物“三菱公司”在内。⑩ 可见，无论是袁世凯还是平政院院长汪大燮，对肃政厅的定位和创设，无疑是以清代都察院为模板的；而裁判行政讼案者，不

---

① 《政法机关之新旧观》，《申报》1914年4月16日第2版。
② 《专电》，《申报》1914年4月18日，第2版。
③ 《肃政史亦须候补》，《大公报》1914年4月16日第5版。
④ 《政法机关之新旧观》，《申报》1914年4月16日第2版。
⑤ 《北京政界新谈荟》，《申报》1914年5月1日第6版。
⑥ 《肃政史亦须候补》，《大公报》1914年4月16日第5版。
⑦ 《无妄.闲评一》，《大公报》1914年4月22日第4版。
⑧ 《肃政史任用办法与资格限制》，《大公报》1914年4月24日第4版。
⑨ 《政法机关之新旧观》，《申报》1914年4月16日第2版。
⑩ 《北京电》，《大公报》1914年4月25日，第一张第4版。“湘潭赵启霖、莆田江春霖、全州赵炳麟，同时为谏官，甚相得，号称敢言。京师人争目瞩之，因假上海洋商标记，共呼三御史为三菱公司。”参见胡思敬：《国闻备乘》，中华书局2007年版，第145页。赵炳麟接到邀请后致信婉辞，表示不愿复出。参见赵炳麟：《辞荐肃政史书》，载《赵柏岩集》（下），广西人民出版社2001年版，第45页。赵启霖、江春霖二人自清亡后亦不复入仕。

可能对法律一窍不通，因而要求评事曾任司法职，或是有良好的法学素养。机构的不同定位和需求决定了评事和肃政史的不同特征。

1914 年 5 月，历经一月的甄选，平政院和肃政厅的人员基本配置到位。按照计划，共录用评事 15 人，分别为：董鸿祎（庭长）、杨彦洁、邵章、曾鉴（庭长）、陈兆奎、蒋邦彦、卢弼、范熙壬、延鸿、郑言、张一鹏（庭长）、贺俞、马德润、李榘、吴煦；肃政史 16 人，分别为：曾述棨、王瑚、蹇念益、夏寿康、蔡宝善、俞明震、周登皞、徐承锦、夏寅官、张超南、恽毓龄、江绍杰、李映庚、云书、方贞、程崇信。[①] 此外，任命姚大荣、汪馨、许宝芬 3 人为书记官。[②] 这些早期录用人员，构成了日后平政院官员和职员的基干和主体。后来虽间或有离任或调补者，但仍有将近 2/3 的评事在平政院任职超过 10 年，且后期调补者因专业水平良莠不齐，有的实际上并未参与审案。因而，平政院的基本架构已在此时奠定，并对其日后的审判活动产生了深远的影响。

二、评事、肃政史的出身及履历

根据《平政院编制令》可知，平政院共置三庭（第 4 条），平政院审理权，以评事 5 人组织之庭行之（第 2 条）。在正常情况下，平政院评事 15 人恰能维持三个庭的正常运转。而肃政史定额 16 人，不分庭。在平政院存续的 14 年和肃政厅存续的两年间，因人事变动，先后在平政院任评事者计 30 人，肃政史计 23 人。

《平政院编制令》第 14 条规定了平政院评事及肃政史的任职资格。评事和肃政史须年满 30 岁，具有下列资格之一：(1)任荐任以上行政职 3 年以上，著有成绩者；(2)任司法职二年以上著有成绩者。该规定与明治二十三年（1890 年）日本《行政裁判法》的规定类似，皆要求组成人员具有若干年行政官或司法官从业经历，以满足行政审判对司法和行政两方面知识背景的需求。[③] 但平政院设立时民国仅建立不到三年，故"行政职三年以上"与"司法职二年以上"，理论上应包含在逊清的任职经历。单从编制令的规定看，评事和肃政史的选任标准中，似乎并不像民初大理院在刚刚建立的过渡时期，要求司法人员

---

① 《中华民国三年五月七日大总统令》，《政府公报》1914 年第 719 期；《中华民国三年五月十三日大总统令》，《政府公报》1914 年第 725 期。

② 《中华民国三年四月十七日大总统令》，《政府公报》1914 年第 699 期。

③ 日本明治二十三年《行政裁判法》第 3 条规定："长官及评定官，当由内阁总理大臣就三十岁以上，奉高等行政官之职五年以上者，或曾奉裁判官之职者中，上奏任命之。"

有“在国内外修习法律”的经历。[①] 但自清末以来,有志于仕进者,留洋求学蔚然成风;而留洋求学者,又往往以法政类专业为首选。据统计,在1904—1908年,已有1 000多名学生自法政大学法政速成科毕业,而至1909—1911年,毕业自法政学堂者累计达万人之多,其中不少人是“既拥有传统功名,又曾留洋镀金”的士大夫。[②] 这种现象在平政院职官,尤其是评事的履历中体现得淋漓尽致。

(一) 平政院首批职官的出身及履历

在平政院初建时期,平政院以及肃政厅任用人员的来源与工作性质之间的关系,显得相对清晰。故而,分析此时平政院人员的基本情况,可以较为真切地反映平政院的实相,以及袁世凯政府对于平政院的定位和期许。现将平政院首批评事及肃政史出身及履历开列如下(见表1),并对其逐一分析。

通过表1可知,在15名评事中,有留洋经历者多达11人,其中8人为法科出身,所受皆为欧陆式的法学教育。出身自传统科第者8人(进士4人、举人4人),而其中的7人兼有传统功名和留洋经历。这说明,在首批评事中,半数以上具备近代法律知识,2/3的人接受过新式教育。这充分体现出,虽然在法律中并未规定评事应具有的受教育背景,但在遴选被荐举人时,实际上存在一种重视才能学识之余,相对“趋新”的用人标准。

评事的选任除了注重教育背景外,对评事的任职经历也很重视。《平政院编制令》第2条中规定,平政院每庭须有由司法职出身者一人或二人。由表1中可见,在平政院初建时期,每庭评事中均有司法职出身者1—3人不等,完全符合编制令的要求。之后随着平政院的人事变动,这一比例有升有降,但每庭至少有司法职出身者一人,是从未打破的底线。评事中亦不乏曾在清末司法行政机构以及中央、地方两级法、检机构担任要职者。例如,汪大燮曾几番延揽逊清法部侍郎、司法副大臣曾鉴,并畀以庭长一职,大约就有借重其威望的考虑。当时《申报》对此报道云:“前清法部侍郎曾奂如(鉴)经大总统任命为平政院庭长,当即电请收回成命。昨闻平政院汪院长复致电曾君婉词慰劝,大意谓‘斯人不出,如苍生何,天下安危,匹夫有责’,并转请川省当道力为劝驾早日首途,谓政府中多一正人,即于筹划间多一臂助。”[③]曾鉴其人,时人目为遗老,

① 黄源盛:《民初大理院与裁判》,元照出版有限公司2011年版,第48页。
② 孙慧敏:《制度移植:民初上海的中国律师(1912—1937)》,“中央研究院近代史研究所”2012年版。
③《川官场之来去忙》,《申报》1914年6月10日。

本已无意致仕，被任命为评事之后，未几便称病电请辞职。

表1　　平政院首批评事出身、履历表

姓名	官职	籍贯	传统功名	新式教育	曾任司法职
董鸿祎	第一庭庭长	浙江仁和	举人	早稻田大学政治经济科	
范熙壬	第一庭评事	湖北黄陂	举人	日本帝国大学法科	
延　鸿	第一庭评事	满洲镶红旗	附生	日本弘文学院警科	
贺　俞	第一庭评事	江苏丹阳	举人	日本法政大学	大理院民科推事
吴　煦	第一庭评事	云南保山	庚寅进士		
曾　鉴	第二庭庭长	四川华阳	拔贡		法部左丞、法部侍郎、袁阁司法副大臣
邵　章	第二庭评事	浙江仁和	癸卯进士	日本法政大学速成科	
陈兆奎	第二庭评事	湖南桂阳	廪贡		
郑　言	第二庭评事	四川华阳	甲辰进士	日本法政大学速成科	刑部主事、京师地方审判厅推事、江苏高等审判厅厅丞
马德润	第二庭评事	湖北枣阳	秀才	德国柏林大学法科	京师地方审判厅厅长、北京政府司法部参事
张一鹏	第三庭庭长	江苏吴县	举人	日本法政大学速成科	法部主事、京师地方检察厅检察长、云南高等检察厅检察长
蒋邦彦	第三庭评事	浙江金华			天津地方审判厅厅长
杨彦洁	第三庭评事	湖北武昌		日本关西大学法学	
卢　弼	第三庭评事	湖北沔阳		早稻田大学经济科	黑龙江高等检察厅检察长
李　榘	第三庭评事	直隶束鹿	甲辰进士	日本法政大学	

注：本表所列首批评事名单，系根据1914年5月7日“大总统命令”所任命的评事，按其所属庭的顺序排列而成。本表参考了黄源盛先生《平政院裁决录存》中所录“平政院历任院长及评事略历一览表”，但是部分内容笔者根据最新资料作了较多补充：(1)董鸿祎留学情况，参见张宪文等主编：《中华民国史大辞典》，江苏古籍出版社2001年版，第1720页；(2)贺俞、陈兆奎个人资料，参见韩涛：《晚清大理院——中国最早的最高法院》，法律出版社2012年版，第375、378页；(3)郑言、杨彦洁个人资料，参见程燎原：《清末法政人的世界》，法律出版社2003年版，第243、396页；(4)李榘个人资料，参见李启成校订：《资政院议场会议速记录》，上海三联书店2011年版，第751页；(5)蒋邦彦个人资料，参见天津市地方志编修委员会：《天津通志·审判志》，天津社会科学院出版社1999年版，第101页。

这是一个较为特殊的例子，却恰恰说明了将新旧司法职出身者一视同仁，或许未必真正妥当。日本明治维新自明治七年(1874 年)已开始改革官制，到 1890 年制定《行政裁判法》时，已历经十数年，此时无论曾任行政职还是司法职者，都或多或少地亲炙西方式法律的实践，故选取官员时仅考察资历，并无所谓“新”“旧”；而民国去清未远，像曾鉴这样的传统司法职出身、却未接受过新式法学教育者仍然很多，“他们所熟悉的律例仍是传统的《大清律例》，对于近代法学知识则知之甚少或一无所知”，[①]思维上的差异，使他们并不见得能够胜任近代的行政审判。而并未担任过司法职但曾留洋修习法政者，如第一庭庭长董鸿祎，之前不但翻译过大量的日文法律书籍，还担任过钱恂主持的《日本宪政十二种》《日本法规大全解字》的主要编纂工作；再如评事邵章，自留学归来，便在数省新办的法政学堂中担任教学职务，其在近代法学方面的知识水平，恐怕并不在曾任司法职者之下。而民国大理院在开院之初，要求推事或检察官至少要在国内外修习法律三年以上，且有司法实际经验，[②]即兼采留学东西洋和司法经验双重标准。是以单就法律规定而言，评事的选任标准似乎并不像民初大理院选取推事那样严格和科学。

相较于平政院，肃政厅在人员构成上则有较大的差别，如表 2 所示：

表 2　　肃政厅肃政史出身、履历表

姓名	籍贯	传统功名	新式教育	曾任司法、监察职
曾述棨	河南固始	壬辰进士		
王　瑚	直隶定州	甲午进士		
蹇念益	贵州遵义	举人	早稻田大学法政科	
夏寿康	湖北黄冈	癸卯进士	京师大学堂进士馆修法政	
蔡宝善	浙江德清	举人		
俞明震	浙江山阴	庚寅进士		
周登皞	福建闽侯	举人		辽沈道监察御史
徐承锦	贵州铜仁	贡生		记名御史
夏寅官	江苏东台	庚寅进士		
张超南	福建永定	甲午进士		大理院推事
恽毓龄	江苏阳湖	举人		

① 韩涛：《晚清大理院审判官员调配及履历考论》，《历史档案》2011 年第 3 期。

② 李启成：《外来规则与固有习惯：祭田法制的近代转型》，北京大学出版社 2014 年版，第 191 页。

续表

姓名	籍贯	传统功名	新式教育	曾任司法、监察职
江绍杰	安徽旌德	甲辰进士	日本法政大学	京师高等审判厅推事、江苏高等检察厅检察长、江苏高等审判厅厅长
李映庚	江苏海州	己丑进士		
云　书	蒙古瓮鄂尔图特	甲辰进士	日本早稻田法政大学	
方　贞	河南商城	甲辰进士		
程崇信	湖南衡阳	举人		
费树蔚	江苏吴江	诸生		
孟锡珏	顺天宛平	戊戌进士		
傅增湘	四川江安	戊戌进士		
麦秩严	广东南海	戊戌进士		刑部主事、大理院审判官、福建道监察御史、京畿道监察御史
徐　沅	江苏吴县	举人		
吴敬修	河南光州	甲午进士		
史纪常	江苏宜兴	举人		

注：本表所列肃政史名单，系根据《辛亥以后十七年职官年表》（刘寿林编，中华书局 1966 年版）中所载肃政史名单，按任命时间先后排列，并参考下列诸书，综合整理而成：（1）王瑚、夏寿康、俞明震、周登皞、徐承锦、江绍杰、李映庚、方贞、程崇信、费树蔚、孟锡珏、傅增湘、麦秩严、史纪常等个人资料，参见徐友春主编：《民国人物大辞典》，河北人民出版社 1991 年版。其中，夏寿康考取进士的年份与《清朝进士题名录》（江庆柏编著，中华书局 2007 年版）不符，经反复比对，当以后者为准；蔡宝善、恽毓龄个人资料，参见陈玉堂：《中国近现代人物名号大辞典》，浙江古籍出版社 2005 年版，第 932、1284 页；（3）蹇念益、徐沅个人资料，参见田原天南编：《清末民初中国官绅人名录》，文海出版社 1996 年版，第 312、757 页；（4）云书个人资料，参见程燎原：《清末法政人的世界》，法律出版社 2003 年版，第 399 页；（5）夏寅官个人资料，参见《清代朱卷集成》（69），成文出版社 1992 年版，第 115 页。

肃政史与评事相比，最显著的差异在于旧式官员多、受新式教育者少。从表 2 中看，先后担任过肃政史的 23 人，几乎全部为科举出身。其中，有进士功名者 14 人，举人 7 人，相较于评事，肃政史出身自传统科第者的比例显然更高。相反，肃政史中受新式教育者仅 4 名，其中 3 人留洋修习法政，远远少于评事中有留学经历者的人数。也就是说，大部分肃政史并不具备近代法律知识。由此可见，大总统和平政院院长在遴选肃政史时，留学经历和专业素养皆非考察重点。另据时人记载，“综观肃政史一席，不出下列三种：（一）从前都察院给事中御史；（二）政治约法两会议议员；（三）硕学通儒。以上尤以第二种占多数”。[①] 据笔者掌握的资料，曾在清朝任御史者，有周登皞、麦秩严、徐承锦；曾任政治、约法会议议员者，有江绍杰、夏寿康、傅增湘，甚至都肃政史庄蕴宽也曾任约法会议议员。而肃政史“王瑚之流，在清代俱有廉名”，[②]加上袁世凯、汪大燮努力招揽逊清有名御史的举动，足以说明，袁世凯在设立肃政厅时，参考清都察院的惯例，肃政史的出身和声望是重要的因素，此外，兼有为政治、约法两会议议员中得袁世凯赏识者谋职的考虑。

肃政史及评事发表后，舆论对于人员的选任多有评议。如北京某报便发表不满意之新闻云：“评事中如董鸿祎、郑言、卢弼，肃政史中夏寿康、江绍杰、蹇念益，社会上尚有一部之赞成，其余则多有不称。虽得有一部分赞成之诸公，亦不过比较言之，至能否称肃政史及评事之职，仍多难信。按平政院为监督行政官吏之机关，含有司法之意义，非守正不阿、饶有气节者，不足以膺斯职。前清官吏固多不满人意，而御史台中，如江春霖、赵启麟、谢远涵数人，其风骨棱棱，持正敢言，至今国民尚志之不忘。今之肃政史及评事，即前清都察院之御史也。政府不于有名人才中物色之，而偏任用其所难信者，又何怪乎社会上之大失望也。”此论将平政院与逊清御史台相比，认为担任评事和肃政史之人名望不隆，便难以服众。事实上，这种观点错误地理解了平政院的职能。虽然袁世凯的初衷乃是建立一个“监督行政官吏之机关”，但是，作为行政审判机构的平政院与逊清御史台在职任上有着天壤之别，肃政厅与御史台在性质上也并非完全相同。若单纯以声望来衡量评事人选得当与否，未免强人所难。而另有一报，谓“现在所简用者，概属平和稳健一流人物，政府所以望之者甚厚，日后建树未易量也”，[③]态度则公允得多。平政院首任院长汪大燮一贯“为人平和、清廉，在北京政府中颇负时望”，[④]这种为人处世之风想必也影响到其对属员的遴选。故而这种评价，大约是比较中肯的。

（二）平政院调补评事的出身及履历

1916 年袁世凯下台后，肃政厅随即遭到裁撤。而第一批评事在被任命后，却基本上保持着最初的格局。即便是在北京政府后期，平政院面临经济、政治

① 《肃政史之人物》，《大公报》1914 年 4 月 14 日第 1 版。

② 沃丘仲子：《民国十年官僚腐败史》，中华书局 2007 年版，第 57 页。

③ 《肃政史评事人物之小史》《申报》1914 年 5 月 12 日第 6 期。

④ 丁中江：《北洋军阀史话》，中国友谊出版公司 1992 年版，第 31 页。

上的窘境时，评事队伍也并无太大的人员调整，仅有少数正常的人事变动。但是，观诸平政院后期调补评事的学历和经历则可以发现，评事的选择标准与平政院初建几年似乎已有所不同(见表3)。

从评事的履历来看，以袁世凯统治结束的1916年为界，在此之前选任的评事，在履历上与后期入职的评事间存在一些细微的差异。1916年及之前调补入平政院的评事，基本上延续了平政院创设时人员选任的特色：曾有司法方面的任职经历，多受过新式教育，或是同时兼具新旧教育背景。在此期间调补的四名评事，除曾述棨是由肃政厅直接调入平政院填补曾鉴辞职留下的空缺外，之后入职的周绍昌、程明超、周贞亮三人中，两名有留日修习法政的经历，一名曾在逊清刑部任职。

袁世凯下台后，平政院的重要性和地位下降，加之肃政厅被裁撤，所以在平政院后期，评事的选任受到了诸多因素的影响，不复以才能作为单纯的选拔标准。因此，从1919—1928年平政院结束，这一阶段的评事选任，呈现出两个与平政院建立初期的显著不同之处：

第一，这一时期任命的评事中，很多都曾在肃政厅担任肃政史。有该经历者如徐承锦、吴敬修、孟锡珏、麦秩严、张超南5人，在1919年后入职平政院的11名评事中占到将近1/2。1916年肃政厅裁撤后，肃政史也随之去职。其中一部分人另觅职位，但仍有不少肃政史因一时没有相宜的职位而赋闲。肃政厅曾隶属于平政院，因此，将旧日肃政史安排在平政院任职，似乎显得非常顺理成章。不过，这一做法并非毫无弊端。上文曾经分析，由于平政院和肃政厅的职能不同，职官选任的侧重点亦不相同。袁世凯和第一任院长汪大燮在最初选择肃政史时，极看重肃政史的功名和声望，对肃政史在法律专业方面的要求则不高。由是，将曾经的肃政史直接安排在平政院裁断行政案件，是否能够胜任愉快，论者恐怕难以抱持乐观态度。

第二，后期入职的评事中，具有专业背景者明显减少。在1919年之后入职的11人中，只有王耒、叶尔衡、张国溶3人有留学经历，其中王耒、张国溶两人曾修习法政。但张国溶入职平政院之时，北洋政府已行将结束，此时，平政院审理案件数量少而又少，几乎可以忽略不计。其余如在逊清刑部、大理院任职之麦秩严，曾任大理院推事之张超南，尚属有司法相关从业经历者，除此之外新调补的评事们，对于近代法学知识几近于一无所知。是以，陈顾远先生在回忆服务于平政院时期的经历时，曾道："那时新来的几位评事，学问很好，却都不懂法律，案子分到某位评事主办，均以‘我对法律生疏’，拒绝接受”，[①]乃较为可信之记述，并非夸大其词。

表3　平政院调补评事出身、履历表

姓名	任命日期	籍贯	传统功名	新式教育	备注
曾述棨	1914年8月29日	河南固始	壬辰进士		原肃政厅肃政史
周绍昌	1915年7月26日	广西灵川	甲午进士		大理院民科推丞
程明超	1916年3月9日	湖北黄冈	举人	东京弘文书院、京都帝国大学法学部	
周贞亮	1916年9月22日	湖北汉阳	甲辰进士	日本法政大学法律科	黑龙江高等检察厅检察长、黑龙江高等审判厅厅丞
徐承锦	1919年1月11日	贵州铜仁	贡生		原肃政厅肃政史
吴敬修	1921年7月7日	河南光州	甲午进士		原肃政厅肃政史
王　耒	1923年4月13日	浙江杭县	举人	日本法政大学	刑部主事、京师地方审判厅推事、云南省高等审判厅厅丞
孟锡珏	1924年5月27日(署)	顺天宛平	戊戌进士		原肃政厅肃政史
王试功	1924年5月31日(署)	直隶怀来		北洋大学	
麦秩严	1924年6月12日(署)	广东南海	戊戌进士		刑部主事、大理院审判官、原肃政厅肃政史
叶尔衡	1924年10月21日	浙江仁和	举人	早稻田大学政治经济科	四川省高等审判厅厅长
王　杜	1925年1月7日(署)	浙江杭县	举人		
何　煜	1925年2月23日(署)	江苏丹徒	监生		

① 黄源盛纂辑：《平政院裁决录存》，五南图书出版股份有限公司2007年版，第76页。

续表

姓名	任命日期	籍贯	传统功名	新式教育	备注
张超南	1926年7月22日	福建永定	甲午进士		大理院民科推事、原肃政厅肃政史
张国溶	1927年12月29日	湖北蒲圻	甲辰进士	日本法政大学	

注：本表所列平政院调补评事名单，系根据《政府公报》所载评事任命信息，按任命时间先后排列。本表参考了黄源盛先生《平政院裁决录存》中所录“平政院历任院长及评事略历一览表”，但是对于评事名单及个人信息，笔者根据最新资料作了较多补充：(1)曾述棨个人资料，参见顾廷龙主编：《清代朱卷集成》(78)，成文出版社1992年版，第263页；(2)程明超个人资料，参见黄冈县志编纂委员会：《黄冈县志》，武汉大学出版社1990年版，第590页；(3)吴敬修个人资料，参见李启成校订：《资政院议场会议速记录》，上海三联书店2011年版，第769页；(4)王试功个人资料，参见南京图书馆编：《中国近现代人物像传》，上海古籍出版社2011年版，第105页；(5)叶尔衡个人资料，参见林吕建主编：《浙江民国人物大辞典》，浙江大学出版社2013年版，第79页及南京市档案馆编：《审讯汪伪汉奸笔录》(下)，凤凰出版社2004年版，第1168页；(6)何煜个人资料，参见李盛平主编：《中国近现代人名大辞典》，中国国际广播出版社1989年版，第306页；(7)张超南个人资料，参见韩涛：《晚清大理院——中国最早的最高法院》，法律出版社2012年版，第378页；(8)张国溶个人资料，参见陈玉堂：《中国近现代人物名号大辞典》，浙江古籍出版社2005年版，第612页。

平政院后期在经济上的拮据，以及一再面临裁撤之议的处境，也导致了评事中人才的流失。如1923年前后，曾任平政院第二庭庭长的马德润，因经费紧张，裁撤平政院之决议又一次被提上日程，故而“急欲转任”，[①]遂委托与时任司法部部长的程克相助，调入修订法律馆担任总裁。因中央政费困难，也不乏辞职后自谋生路者。如早先曾在平政院任第三庭庭长的张一鹏，20年代后便在沪上担任律师。大概受到裁撤平政院计划的影响，杨彦洁、李棨、王耒3人也于1924年相继离职，使得这一年成为平政院成立以来评事离职最多的年份。

三、评事、肃政史荐选制度之检讨

平政院的设立，在我国乃首开行政审判先河之举，而评事、肃政史是平政院设立过程的亲历者和参与者，因而考察这一机构，首当其冲的问题，就是官员选拔制度是否科学可行。一方面，通过有针对性的官员选拔，可以遴选出更符合机构特色的人才，从而为其的良性运转奠定基础；另一方面，考察平政院

① 《法律馆人员总辞职》，《申报》1923年10月29日第4版。

的职官选任过程及履历,可以更好地揭示平政院的性质和时人对于平政院的定位。以上对于评事、肃政史的选任经过和履历的梳理,目的并不在于单纯地描述史实,而是希望借助对细节的阐明,能够反映出荐选制度中存在的问题,揭示平政院在运行中的潜在问题和弊病。

(一) 人脉和地缘关系

尽管上文已论及,评事中的多数人,才学堪当此任,然而评事和肃政史因密荐而选任,充分说明了人脉关系对于其人的重要性。袁世凯对于评事、肃政史的任命虽拥有最终的决定权,但从平政院职官的人际交往情况来看,袁世凯身边的幕僚和高级官员对于平政院官员的人选,有时也起到至关重要的作用。如曾在平政院担任院长的周树模和钱能训皆为袁世凯密友徐世昌的心腹,后期担任过院长的夏寿康则与黎元洪素相亲厚。评事卢弼曾跟随周树模多年,其才能学识得到徐世昌的认可;平政院第三庭庭长张一鹏之兄张一麐时任政事堂机要局局长,亦为袁世凯心腹;董鸿祎在而立盛年便被任命为平政院第一庭庭长,董鸿祎的岳父钱恂(念劬)则担任过袁世凯政府的顾问一职。虽然并无直接证据显示他们入平政院乃得益于亲故的提携,但是并不排除这种可能。在荐任以下级别职官中,亦不乏优异者。如记录科主任姚大荣,癸未进士出身,清朝时曾任大理院推事。但即便是这些由院长直接遴选的职员,也并非仅仅依靠才干,便能在平政院谋得一官半职。比如《许宝蘅日记》中就曾记载,许宝蘅次兄许宝芬"经仲桓(杨仲华——笔者)介绍于汪伯唐院长,可于平政院荐任为书记官";[①]委任书记官吴毅在平政院的职事,亦是得益于安福系的福建同乡和岳父张元奇的人脉。[②]

受人际关系的影响,评事与肃政史的籍贯方面,呈现出湖北、浙江、江苏等地缘群体。曾在平政院任职的官员(院长、评事、肃政史)共54人,其中:浙江、湖北均11人,各占20%;江苏9人,占17%。这三省的人数加起来,便已超过了平政院官员的半数。

---

① 许恪儒整理:《许宝蘅日记(第二册)》,中华书局2010年版,第482页。

② 吴景略:《吴清源的围棋生涯》,《天津文史资料选辑》(第25辑),天津人民出版社1983年版第91—92页。

表4　　平政院官员籍贯表

	浙江	湖北	江苏	四川	河南	直隶	湖南	贵州	福建	旗籍	顺天	安徽	云南	广东	广西
院长	3	3					1								
评事	6	7	3	2	2	2	1	1	1	1	1		1	1	1
肃政史	2	1	6	1	3	1	1	2	2	1	1	1		1	1
总计	11	11	9	3	3	3	3	2	2	2	1	1	1	1	1

注：因曾述棨（河南）、徐承锦（贵州）、吴敬修（河南）、孟锡珏（顺天）、麦秩严（广东）、张超南（福建）6人曾任肃政史，后又被任命为评事，故在总计一栏减去重复记录的人数。

这种人际地缘关系，在传统中国的行政机构中本是司空见惯的现象。这种状况无疑与一些省份的教育较发达有关，但另一方面也说明了，随着上述地区人员逐渐进入中央各机关的中上层，同乡的人际关系纽带也反映到了人事方面。更何况，评事、肃政史的密荐制度本不避亲故，遂导致这种问题愈发显明。[①] 事实上，但凡因保荐而任官的场合，这种现象总是一再出现。比如，1915年举行的知事试验中，"湖北人因其本省人在政界有保送职权者，如参谋部、参政院、教育部、平政院、湖南将军等，共有五处之多，故湖北人之此次得获保送者为数达一千以上。以省份分配言之，则该省人以一省实占总数三分之一，此真可谓唯楚有材也。"[②]从一个侧面反映了人际地缘关系在选官时一直发挥着绵延不绝、不断扩张的影响。

（二）密荐制度之弊

袁世凯或许本欲借密荐制度达到网罗人才的目的，但通过上述分析可知，密荐制度将被荐举的评事、肃政史置于一个巨大的人际关系网络中，而这种关系网将可能使他们在弹劾官员以及参与行政审判时无法保持中立，这才是密荐制度最大的隐患。对于这一选官制度，《大公报》上曾有一则评论文章指斥其不合理之处，可谓的论。其文曰：

肃政史之职务，在纠弹行政官吏。言其资格，实为行政官吏之严师；

---

① 现有研究成果中，仅杨绍滨在《北洋政府平政院述论》一文中注意到了乡谊关系可能产生的影响，但却总结道："从现有材料看，中国传统衙门那种亲友幕僚等裙带关系在平政院并不多见，仅周树模与张国淦及卢弼似有乡谊关系。"此说并不准确。参见氏著：《北洋政府平政院述论》，《安徽史学》2003年第3期，第51页。

②《知事试验后之因果》，《申报》1915年6月2日第6版。

言其地位，又属行政官吏之劲敌。此固万不容与行政官吏，为感情之联络，有恩怨之关系者也。今肃政史之来路，既由行政官吏所保荐，官场旧例，凡受人保荐者，辄称其荐主谓保举老师，是名义上已冠履倒置矣。况乎世风日下，气节愈靡，政府既定保荐一途，为两造开沟通之门，安保无不肖之徒，因缘为奸……无惑乎下令未及数日，而各官署之飞章保荐者，已踊跃争先，而人数且突过定额倍蓰也。①

袁世凯既然将平政院及其下设的肃政厅定位为"整肃吏治"之机构，对于肃政厅来说，纠弹理应公正严明；对于平政院来说，裁判理应不偏不倚。而密荐制度使评事、肃政史对荐主天然地存在一种感戴之心，这对于该机构原本应具有的中立、超然性，不可能毫无减损。从另一个角度讲，对于平政院这种带有审判职能的机构，本身就不应该以荐举制度选取官员。虽然保荐制度自清代以来一直存在，以"补铨选法之不逮"，或作为国家"酬庸之典"。② 但自清末改制以来，尤其是中央一级司法审判机构中，大概得益于专业水平带来的高门槛，一向不采用这种举荐之法来选取审判官员。平政院作为行政审判机构，与大理院在专业性和独立性上本应不相上下，而民初之所以会采用密荐制为平政院选拔官员，归根结底还是对平政院在性质和功能上存在认知上的偏差。密荐制度的问题还不止于此，当时便有论者认为，如采用推荐制，"将来新旧杂糅、各派纷进，殊可虑"。③ 大概"得益于"袁世凯的筛选，在平政院的运行过程中，并无证据表明，评事、肃政史之间因派系之别发生过意见上的歧异，但从理论上讲，不同的荐举人代表着各自的利益，而平政院、肃政厅本是最不宜拉帮结派的场所，因此，在机构初建之时，这种顾虑并非杞人忧天。

四、结论

平政院是我国第一个行政审判机构，考察平政院评事和肃政史的选任情况，可以最直观地了解到平政院的创构过程；同时通过对细节的挖掘，也可以间接勾勒出时人对于平政院的定位和认识。虽然在平政院设立之初，《平政院

---

① 《无妄・闲评一》，《大公报》1914 年 4 月 18 日第 5 版。

② 关晓红《晚清学部研究》，广东教育出版社 2000 年版，第 214—215 页。

③ 《专电》，《申报》1914 年 4 月 18 日第 2 版。

编制令》中已规定了选取评事和肃政史的密荐制度，但因该法中规定较为简略，故而在实践中，不但对该规定进行了细化，而且最终实际上也并未按照《平政院编制令》的规定严格执行。编制令发布之后，平政院一度成为炙手可热的部门。因保荐人员过多，平政院院长不得不严定甄选标准，即以教育背景和司法职经历为指标来选取评事，以确保其专业性；对于肃政史，则更看重其出身和声望，同时也兼顾了约法、政治两会议人员安排的需求。袁世凯下台后，肃政厅遭到裁撤，平政院地位亦有所下降。一方面，部分肃政史在去职后逐渐“转行”为评事；另一方面，评事中也面临着人才流失的问题。这些因素导致了平政院的专业性的下降，对案件的审理也产生了一些消极的影响。密荐制度很大程度上倚重人脉关系，故而在平政院官员中出现了因人脉而形成地缘群体的现象。评事、肃政史与保荐人之间的人际关系网络，既可能影响到肃政厅的公正严明，也可能影响到平政院在行政审判的中立地位。平政院作为行政审判机关，本应强调其专业性和中立性，而采用密荐制度创设之，很大程度上说明了当时的制度构建者对于该机构的认识存在偏差，这或许也是行政审判制度初建时期，制度粗粝和定位模糊状态的一个缩影。

宪法、行政法

《监察法》与中国特色腐败治理体制更新的理论逻辑

魏昌东[*]

摘　要： 以腐败治理为导向，创立具有国家“第四权”性质的独立监察机关、启动政治体制的重大改革，是中国特色国家治理体系与治理能力现代化的重要举措与制度创新。以《宪法》《监察法》为中心的腐败治理体制改革，以中国特色国家政治体制、治理体系优势为基础，在确立国家腐败治理权的独立、权威地位的基础上，对腐败治理权的权属、类型、范围与运行制度作出规定。《监察法》以《宪法》为根据，将领导体制、组织体制与权力运行体制作为中国特色腐败治理体制的建构重点，在领导体制与组织体制的建构上，确立了“三元制”的体制建构原则与制度体系，对腐败治理体制内容的理论揭示，有助于深化对立法完善根据与腐败治理权运行正当性的认识。

关键词： 监察法；腐败治理体制；腐败治理权；制度体系

2018 年 3 月 20 日第十三届全国人民代表大会第一次会议通过的《中华人民共和国监察法》(简称《监察法》)以新时代习近平中国特色社会主义思想为导向，以推进国家治理体系和治理能力现代化为时代背景，以创立“一体化”、独立性反腐败机构、重构国家腐败治理体制与机制系统为首要使命，力求实现腐败治理体制“中国模式”的自我完善与系统升级。创立监察委员会、创设独立监察权，是以积极治理主义为导向、[①]以腐败治理体制更新为改革切入而作出

---

* 魏昌东，上海社会科学院法学研究所教授，法学博士，博士生导师。本文系国家社科基金重大课题“中国特色反腐败国家立法体系建设重大理论与现实问题研究”(17ZDA135)、上海市规划办一般课题“监察委员会职权定位与衔接机制研究”(2017BZZ003)的阶段性成果。

① 积极治理主义是笔者就国家腐败治理的应然观念选择而首倡的一种理论主张。其核心主旨在于，立基于权力的生成与运行过程，围绕权力限制、透明与滥用惩治，建构全面、系统的腐败治理体系。积极治理主义提高国家腐败治理能力，是“新国家主义”的必然要求，是解决国家治理危机的必由之路。参见魏昌东：《积极治理主义提升立法规制腐败的能力》，《中国社会科学报》2014 年 10 月 31 日第 6 版。

的国家重大政治体制改革，核心是加快实现腐败治理领域国家治理体系与治理能力的现代化，《监察法》已然成为中国步入新时代的一个标志性法律。然而，值得关注的是，尽管治理体制的立法完善已经得到系统推进，而“腐败治理体制”及其原理作为治理理论的研究课题却尚未得到深化，以《宪法》《监察法》全面创新国家腐败治理体制为契机，展开对中国特色腐败治理体制的深入研究，以为中国腐败治理体制的发展与创新提供有力的理论支撑，当为理论界之重大使命。

一、治理体制作为腐败治理体系完善的核心

腐败是公共权力的异化，如何有效地组织起对腐败的斗争是现代国家的使命。总体而言，各国推进腐败治理目标的实现，主要是循着“机制创新”与“体制完善”两个维度展开的，目的在于，实现治理体系的现代化。机制与体制在腐败治理中的应然定位与功能差异，决定了二维发展路线及完善重点选择的必要性。在定位上，“体制位于社会体系的中观层面，侧重于社会的形式；机制位于社会的微观层面，侧重于社会的运行”。[①] 定位差异决定了各项制度确立与完善的难易程度与时序选择。[②] 在功能上，体制侧重“谁来做”，机制则侧重“怎么做”。[③] 前者偏重于基础性制度，与国家政治体制、权力结构等制度要素关系密切；后者则更加偏重于技术性措施，因之也决定了其低改造难度与可移植性。腐败治理领域中，机制与体制的功能差异与完善价值表现为，对主要以“能使社会政治经济生活健康有序运行从而预防腐败发生的方式、手段、环节的总和”的腐败治理机制，[④]对于促进国家取得腐败治理局部战场的阶段性胜利具有积极意义，而就取得国家腐败治理的决定性胜利而言，单纯的机制更新恐难达至治理的目标，实现体制的系统更新及体制与机制更新中的双向互动，方为推进腐败治理的有效策略，这是现代国家在腐败治理领域逐步将治理体制完善列入重点目标的原因所在。

从“中国式”腐败及其治理的实践来看，中国的现代腐败衍生于 20 世纪 80

---

① 赵理文：《制度、体制、机制的区分及其对改革开放的方法论意义》，《中共中央党校学报》2009 年第 5 期。

② 唐朗诗、李佳佳：《英国腐败治理经验：制度变迁的特征与时序》，《天府新论》2015 年第 2 期。

③ 谢地、刘佳丽：《自然垄断行为监管改革需要顶层设计》，《产业经济评论》2012 年第 4 期。

④ 林春逸：《试论反腐败体制、机制和制度的创新》，《广西社会科学》2002 年第 3 期。值得注意的是，论者在该文中仅界定了反腐败机制的定义，而并未对反腐败体制做出明确的科学定义。

年代现代化进程启动之后，腐败的群体性蔓延与扩散，促使研究者开始关注腐败诱因问题。尽管在20世纪90年代初叶即有学者明确提出了“中国式”腐败存在体制性根源的论断，[①]众多研究者亦从治理策略与价值出发提出了体制完善的方案，[②]但是，国家在总体应对策略上，仍主要将制度完善的中心置于治理机制之上，而对涉及体制完善的问题未能真正开启系统改革。[③] 在执政党的政治文件中，首次重点关注“治理体制”问题始于2005年元月，中共中央《建立健全教育、制度、监督并重的惩治和预防腐败体系实施纲要》首次论及腐败治理体制及其更新问题，并首次将中国反腐败领导体制定义为“党委统一领导、党政齐抓共管、纪委组织协调、部门各负其责、依靠群众支持和参与”的模式。2013年11月，党的十八届三中全会通过的《中共中央关于全面深化改革若干重大问题的决定》（简称《决定》）在关于“加强反腐败体制机制创新和制度保障”的论述中，明确提出了加强党内反腐败体制建设的方案，《决定》在确立“加强党对党风廉政建设和反腐败工作统一领导”原则的基础上，就党的纪律检查体制、反腐败领导体制等均做出了深化改革设计。其后，党内监督得到有效加强，监督对象覆盖了所有党员，为国家监察覆盖所有行使公权力的公职人员作出示范，也为学理界加深对国家腐败治理体制中的“短板效应”问题、[④]改革导向与方案设计问题研究，指明了新的研究方向。

二、《监察法》对国家腐败治理体制的系统更新

（一）腐败治理体制及其中国构建

何谓“腐败治理体制”？其构建基础如何？这是考察《监察法》实现中国腐

① 学者陶东明于1990年即提出了“腐败滋生的制度性因素”的命题，提出了中国在改革开放中所遭遇的腐败属于制度性腐败的主张。参见陶东明：《消除滋生腐败的制度性因素》，《政党论坛》1990年第11期。

② 过勇：《经济转轨、制度与腐败》，社会科学文献出版社2007年版，第302—326页。任建明、杜治洲：《腐败与反腐败：理论、模型和方法》，清华大学出版社2009年版，第118—120页。燕继来：《中国腐败治理的制度选择》，《哈尔滨工业大学学报（社会科学版）》2013年第3期。

③ 关于中国“反腐败体制”问题的研究成果形成于21世纪初，马春生以“对中国反腐败体制的理论探讨”为题进行了分析，然而，此项研究混淆了反腐败体制与国家腐败治理体系的界限，此外，在政治学、管理学的研究中也提及了反腐败体制的问题。参见胡鞍钢、过勇：《转型期防治腐败的综合战略与制度设计》，《管理世界》2001年第6期；倪星：《试论中国反腐败方略的系统设计》，《政治学研究》2003年第4期。

④ 柏维春：《中国治理腐败的体制困境及其应对》，《东北师大学报（哲学社会科学版）》2011年第3期。

败治理体制更新的理论前提。腐败治理是国家与社会治理的重要方面，尽管各国治理模式各异，但国家始终居于腐败治理的中心。现代化以来，腐败治理“中国模式”以“运动反腐”为起步，逐步实现了由“权力反腐”向“制度反腐”再到“法治反腐”的升级，进而形成了作为一国治理体制子系统的腐败治理体制。学术界域中的“体制”，是中国政治学关注的带有鲜明“中国特色”的问题域。①改革开放以来，中国政治学对“体制”的内涵有过观点分歧，②随着研究的深入，对体制的界定开始向组织体系、制度体系方向集聚。体制建立的目标，是确立国家机构组织体系与权力配置模式的关系，已成为体制建构论的共识。

中国腐败治理理论界对治理体制（或为“反腐败体制”）③的规定性的研究尚不充分。④ 既有观点认为，腐败治理体制是指腐败治理系统中所形成的以权位划分为核心的各类主体在组织设置、职能定位、制度规范、运作机制等方面的相互关系状态和结构。⑤ 这一论断，以权位划分与设置为核心，将腐败治理体制纳入国家治理系统之中，将参与腐败治理的不同权力主体的组织、职能作为体制建设的中心，具有一定理论创见性。本文奠基于政治学的基础，通过建构腐败治理体制与政治体制、治理体制，以及法治国家建设的关系，提出：腐败治理体制，是指国家基于腐败治理需要，根据一国政治体制与权力结构的基本状况，就腐败治理的国家领导权、治理战略制定、实施与动员权，腐败治理过程中相关国家权力机关的权力分配、机构设置、隶属关系、运行与协调制度，以及社会参与腐败治理的组织模式所形成的制度与规范体系。现代国家腐败治理体制，通常包括腐败治理的领导体制、组织体制、权力分配体制、权力运行体制以及反腐机关、社会参与的权力行使与组织模式等内容。

以之为基础考察中国腐败治理体制的构建，是一个起步于中华人民共和国成立之初，而成型于改革开放后的过程。腐败治理体制在不断的建设推进

---

① 体制一词的广泛使用和流行与经济体制改革联系在一起，是中国人自己创造的一个术语，而非从国外经济学引进借鉴。参见周冰：《论体制概念及其与制度的区别》，《中国经济问题》2013 年第 1 期。

② 俞可平：《“体制”与“政治体制”小议》，《政治学研究》1987 年第 5 期。柯舍：《“体制”、“政治体制”、“社会主义政治体制”——概念研究综述（一）》，《学校思想教育》1988 年第 3 期。赵理文：《制度、体制、机制的区分及其对改革开放的方法论意义》，《中共中央党校学报》2009 年第 5 期。孙绵涛：《体制论》，《南阳师范学院学报（社会科学版）》2009 年第 2 期。

③ 林春逸：《试论反腐败体制、机制和制度的创新》，《广西社会科学》2002 年第 3 期。

④ 如学者丰旭泽、朱立恒在对中国特色社会主义反腐败体制的形成背景研究中，分析了反腐败体制的基本特点，却并未就反腐败体制进行界定。参见丰旭泽、朱立恒：《中国特色社会主义反腐败体制的形成背景》，《科学社会主义》2017 年第 2 期。

⑤ 柏维春：《中国治理腐败的体制困境及其应对》，《东北师大学报（哲学社会科学版）》2011 年第 3 期。

中，始终坚持党对腐败治理的领导权，以及多元权力参与治理的模式，但也显露出存在的问题："当前，国家监督职能分散于各级纪检监察机关、政府的预防腐败局、各级检察机关的查办和预防职务犯罪机构，这些机构职能重叠、边界不清，难以形成监督合力；监察机关隶属地方和部门，独立性有待加强；纪委的反腐利器'双规'，因实施隐秘且缺乏制度约束而备受争议，等等。"[①]党的十八大以来，立基于全面推进腐败治理的需要，执政党果断提出了重构国家腐败治理体制的战略目标。以之为导向，《宪法》对腐败治理权、国家政治体制、权力结构做出系统改革，促使腐败治理体制步入全面更新的时代。

(二)《监察法》完善国家腐败治理体制的重点选择

《监察法》以对国家腐败治理权的权属定位立法建构为基础，就腐败治理领导权、主导权及其行使方式，以及腐败治理权的组织体制及运行规则作出规定，其与党内腐败治理体制的结合，构成中国特色腐败治理体制的全部内容。

1.《监察法》确立了国家腐败治理的领导权

取得腐败治理决定性胜利的根据是什么？监察委员会如何全面履行国家腐败治理权？这是完善国家腐败治理体制的首要问题。进一步加强与改善执政党和最高权力机关对腐败治理的领导权，是立法体系修正的首要所在。《宪法》和《监察法》以中国特色政治体制、权力结构与国家治理结构为根据，将明确腐败治理领导权与领导体制作为立法重点。立法确立的国家腐败治理领导权的内容包括：一是首次通过立法明确了中国共产党对国家腐败治理的政治领导权。中国特色社会主义最本质的特征是中国共产党领导，中国特色社会主义制度的最大优势是中国共产党领导，十三届全国人大一次会议通过的《宪法修正案》明确把"中国共产党领导是中国特色社会主义最本质的特征"写入总纲，以国家根本法的形式对党的领导核心地位作出明确规定。"坚持中国共产党对国家监察工作的领导"，是《监察法》第 2 条就监察权领导原则做出的规定。"深化国家监察体制改革的重要目的，就是加强党对反腐败工作的统一领导。"如何更好地实现党对腐败治理的领导，是腐败治理体制研究的重要课题。二是明确了国家权力机关对国家腐败治理权的监督性领导权。人民代表大会制度是中国的基本政治制度，是中国特色主权在民原则的体现，国家最高权力机关创设独立监察权制度，也必然有权对监察机关履

① 李忠：《国家监察体制改革与宪法再造》，《环球法律评论》2017 年第 2 期。

行国家腐败治理权的情况进行全面监督。在国家权力与监察机关的关系上，立法机关根据腐败治理的需要，借鉴并继承了党内监督、检察制度中行之有效的原则，对作为国家腐败治理专属权的监察权设定了监督性领导权。监察权实际运行中必须根据这一宪法体制原则，切实履行好人大监督下的监察权高效行使。

2.《监察法》确立了监察机关腐败治理主导权

腐败治理体制的核心是国家腐败治理权的授权及权属定位。“没有社会机构，体制就失去了赖以存在的组织基础；没有社会规范，社会机构就无法建立，即使建立了也难以正常运行。”[①]腐败治理体制是以腐败治理权为中心的制度与规范体系，治理权的属性决定体制建设的方向。“中国腐败治理体系是以公共权力的运行为主线，以党政机关(纪检监察机关)为中心，以广大公职人员和人民群众为主体，以反腐败法律制度基础设施为介体，以‘五位一体’的‘大社会’为背景，构成多元要素‘综合集成’的腐败治理体系。”[②]腐败治理体制是治理体系的中心，其基本模式与功能定位决定于政治体制的性质。前《监察法》时代的中国腐败治理体制，以治理系统的(政党-国家)“二元化”、治理权归属的“多元化”、治理机构的“分散化”、行政区划与行业系统的“区隔化”为特色，[③]由此造成腐败治理中的能效不彰问题。为从根本上解决治理难题，必然要启动全面的政治体制改革，其目标是实现国家腐败治理权的集中、统一、外部行使。根据《监察法》第 3 条关于“各级监察委员会是行使国家监察职能的专责机关，依照本法对所有行使公权力的公职人员进行监察”的规定，监察权是国家腐败治理主导权，这是重构国家腐败治理体制的基础。

3.《监察法》明确了监察权的组织体制与权力运行体制

腐败治理体制建设要求确立治理权独立、集中与外部行使的原则，并以严

---

① 孙绵涛：《体制论》，《南阳师范学院学报(社会科学版)》2009 年第 2 期。

② 刘占虎：《中国腐败治理体系现代化的时代诉求与实践逻辑》，《西安交通大学学报(社会科学版)》2017 年第 4 期。

③ 参见任建明：《我国未来反腐败制度改革的关键：反腐败机构与体制》，《廉政文化研究》2010 年第 1 期。燕继来：《中国腐败治理的制度选择》，《哈尔滨工业大学学报(社会科学版)》2013 年第 3 期。邓联繁：《关于反腐败体制机制创新和制度保障的几个基本问题》，《廉政文化研究》2015 年第 2 期。徐汉明：《国家监察权的属性探究》，《法学评论》2018 年第 1 期。

密的体制与规范确保其实现；否则，难免陷入“左手反右手”[①]的僵局。腐败治理体制重在根据治理需要，实现纵向权力体系与横向权力结构的科学配置，协调并组织好腐败治理资源的系统化运作。腐败治理体制的内容以有效行使国家腐败治理权为前提，建构统辖于国家腐败治理领导权之下的治理决策权、推进权、动员权及有效衔接规则，形成规范体系。腐败治理的关键在于，全面推进与落实腐败治理领导权机关腐败治理的战略决策。腐败治理体制作为一国国家治理的规范体系，必须高度重视组织体制、权力分配体制、权力运行体制以及反腐机关、社会参与的权力行使与组织模式等内容，确保规范体系科学。不仅如此，腐败治理体制科学运用治理机制的能力，也是体制建设的重要方面，不断发现治理机制体系的优化方案，提出提高腐败治理效能、推进完善腐败治理立法体系的方案，是腐败治理体制建设的重要内容。

（三）《监察法》创新国家腐败治理体制的积极意义

1. 探索并把握了中国腐败治理体制建设的基本规律

不同政治体制不仅决定腐败衍生的可能与模式，也决定着腐败的治理成效。中国腐败治理体制的优化，唯以中国特色国家基本政治制度为基础，与国家治理体系基本要素相适应，才能取得腐败治理的决定性胜利。“政治体制是在一定的政治原则建构下形成的、有内在联系或结构的、有整体功能的政治统一体。”[②]政治体制之于腐败治理体制的作用体现为：(1)在宏观维度上，决定腐败治理体制的形成与发展。“腐化和暴力都是向体制提出要求的非法手段，而腐化又是满足这些要求的非法手段。”[③]政治体制的核心是国家权力结构形式，维护腐败治理权的有效行使是一切政治体制的选择。政治体制中居于权力分配与运行主导地位的分支，直接决定治理体制模式。当既有体制无法解决现实困难时，国家将启动体制改革措施。由个体腐败向群体腐败，再到体制

---

① 腐败治理中因体制问题而导致的治理悖论，是由新加坡学者郑永年教授提出的。“各机构之间互相制约、推卸责任，在造成了巨大的制度浪费的同时为腐败分子创造了很多的机会。例如，无论是反腐败还是预防腐败的制度机制都表现为‘左手反右手’‘左手预防右手’的形式，同一级党委和政府自己负责自己的反腐败和预防腐败。这种制度设计必然导致制度失效。”参见郑永年：《反腐败与制度建设》，http://politics.people.com.cn/n/2014/0806/c70731-25415010.html，2017年2月8日访问。

② 陈红太：《“政治体制”概念认识上的误区》，《中国特色社会主义研究》2004年第2期。

③ [美]塞缪尔·P.亨廷顿著：《变化社会中的政治秩序》，王冠华等译，生活·读书·新知三联书店1989年版，第58—59页。

性、制度性腐败，要求腐败治理做出积极回应，包括增加治理机制要素、完善体制，从根本上解决腐败治理成效不彰的问题。(2)在微观维度上，政治体制对腐败治理体制内部运行规则的构建产生影响。政治体制决定了对“执政权”与“施政权”不同层次的治理规则。对中央、地方及特殊系统的腐败治理权基本模式产生影响。

2. 总结了国家治理、腐败治理的基本经验

“一个国家的廉政制度体系必然是该国文化历史、政治制度、经济发展水平、法律体系和腐败状况等因素共同作用的结果。”[①]国家治理体系建设与发展状况决定腐败治理的能力。国家职能的发展大体经历了由“统治—管理—治理”的演进过程，统治与传统发展阶段相适应，“治理”则是与现代化相契合。“国家治理”和“国家统治”是两个不同层次的概念，前者表现为工具理性，后者表现为价值理性。当一国现代化发展到一定阶段时，其对传统价值观念和治理体制的挑战将无法避免。[②] 正如亨廷顿所言：“现代化是一个多方面的进程，它涉及人类思想和活动的所有领域中的变化。”[③]惩治腐败作为国家早期观念在现代化中成为国家治理体系的重要内容，国家功能的发展，引发治理体制的调整。“国家治理体系是社会利益关系、政治权力关系和公民权利关系相互联系、整体构成的有机系统。”[④]“国家治理体系就是规范社会权力运行和维护公共秩序的一系列制度和程序。”[⑤]现代国家治理体系构建是现代化的必然趋势，意味着国家治理思路的调整及对传统治理体系的扬弃。因此，对“国家”与“治理”的理解与把握是阐释国家治理体系理念演变、角色位移和功能消长的重要思路。[⑥] 与腐败的世界蔓延趋势相对应，腐败治理经历了由机制性治理到体制性完善的时期，前现代化国家的治理经验印证了这一过程。中国腐败治理中所采取的“先治标、后治本”“以强化治标为治本争取时间”策略，体现了这一基

---

① 胡鞍钢：《廉政制度的历史阶段与中国特色国家廉政体系的建构》，《学习月刊》2008 年第 2 期上半月。

② 袁达毅：《国家治理体系和治理能力现代化问题研究——兼评学术界的几种观点》，《武陵学刊》2015 年第 1 期。

③ [美]塞缪尔·P. 亨廷顿著：《变化社会中的政治秩序》，王冠华等译，生活·读书·新知三联书店 1989 版，第 30 页。

④ 王浦劬：《全面准确深入把握全面深化改革的总目标》，《中国高校社会科学》2014 年第 1 期。

⑤ 俞可平：《衡量国家治理体系现代化的基本标准》，《南京日报》2013 年 12 月 10 日 A7 版。

⑥ 王卓君、孟祥瑞：《全球视野下的国家治理体系：理论、进程及中国未来走向》，《南京社会科学》2014 年第 11 期。

本规律。通过强化机制的效能，为反腐制度确立营造良好政治生态环境。反腐败就是要通过荡涤大面积的深度腐败局面，造就较好政治生态。只有在这种政治生态中，才能确立有效的预防制度。用运动清除大面积的腐败，确立良好的制度建设环境，进而形成符合时代需要的反腐败和预防腐败制度体制，用制度保障政府的清廉。

3. 促进了腐败治理领域治理能力的现代化

腐败治理体制建构目标是实现腐败治理领域国家治理体系与能力的现代化。"国家治理是国家政权的所有者、管理者和利益相关者等多元行动者在一个国家的范围内，对社会公共事务的合作管理，它的目的是增进公共利益，维护公共秩序。"①《中共中央关于全面深化改革若干重大问题的决定》指出，全面深化改革的总目标是完善和发展中国特色社会主义制度，推进国家治理体系和治理能力现代化。习近平总书记指出，"国家治理体系是在党领导下管理国家的制度体系，包括经济、政治、文化、社会、生态文明和党的建设等各领域体制机制、法律法规安排，也就是一整套紧密相连、相互协调的国家制度；国家治理能力则是运用国家制度管理社会各方面事务的能力，包括改革发展稳定、内政外交国防、治党治国治军等各个方面。"②优化腐败治理体制，是国家治理战略由治标向治本、由战略进攻向战略总攻转移的基础，也是国家治理体系与治理能力现代化的基本内容。腐败治理是完善国家治理体系、提升国家治理能力的关键所在。

三、中国特色腐败治理体制的理论要义

中国特色腐败治理体制是由国家政治体制、治理体制所决定的一种政治选择。由《宪法》和《监察法》所规定的国家腐败治理体制主要涉及以下内容：

(一) 国家腐败治理的领导体制

腐败治理体制作为国家政治体制的组成部分，是以中国共产党全面领导、国家权力机关监督性领导、监察委员会主导行使腐败治理权为中心的。所谓领导体制，是指国家监察委员会的内、外部领导关系，包括：一是监察委员会

---

① 何增科：《国家治理及其现代化探微》，《国家行政学院学报》2014年第4期。

② 习近平：《切实把思想统一到党的十八届三中全会精神上来》，《人民日报》2014年1月1日第2版。

的外部领导体制，即监察机关与外部领导机关之间的关系；二是监察机关的内部领导体制，即监察机关内部上下级之间的关系。中国腐败治理领导体制的基本特色是“三元领导体制”，即执政党的政治领导、权力机关的监督性领导、上级机关的业务性领导，以区别世界其他体制模式。

1. 监察机关领导体制的基本原则

(1) 坚持党的全面领导原则

《监察法》第2条规定了中国特色国家监察体制建设的核心领导体制与指导思想，“坚持党对国家监察工作的领导”是领导体制的首要原则，也是中国特色腐败治理体制的首要原则。党的十八大以来，以习近平为核心的党中央坚持以马克思列宁主义、毛泽东思想、邓小平理论、“三个代表”重要思想、科学发展观为指导，紧密结合新的时代条件和实践要求，以全新的视野深化对共产党执政规律、社会主义建设规律、人类社会发展规律的认识，创立习近平新时代中国特色社会主义思想。党的十九大报告所概括的“八个明确”就是这一思想体系最核心的内容，其中明确了中国特色社会主义最本质的特征是中国共产党领导，中国特色社会主义制度的最大优势是中国共产党领导，党是最高政治领导力量。“从现代政治治理的一般逻辑来看，政党政治是现代政治的基本实现形式。政党在政治过程中的主导作用，同样可以在国内国际反腐败实践中发挥着重要的作用。”[①]正是在党的坚强领导下，反腐斗争才形成了压倒性态势并巩固发展，立足于腐败治理推进最深刻的经验，执政党做出成立监察委员会作为专门反腐败工作机构的决定，这是针对中国国情的审慎选择。[②]《宪法修正案》对党的领导核心地位做出根本法的确认，监察法把党对反腐工作集中统一领导体制固定下来，成为夺取反腐斗争压倒性胜利的法治保证。

(2) 坚持权力机关“监督性领导”原则

人民代表大会制度是中国基本政治制度。“人大监督是权力机关就关系宪法和法律实施中的重大问题，从宏观上、从权源上进行的监督，具有决策的性质，即使涉及法律实施中的具体问题，也不是就事论事，这种监督，确切地说是一种权力监督。”[③]由此形成的“监督性领导关系”，是国家机关关系的基本准则。直接向国家权力机关负责，既是特定国家机关的法定义务，也是其法定权

---

① 刘占虎：《中国腐败治理体系现代化的时代诉求与实践逻辑》，《西安交通大学学报（社会科学版）》2017年第4期。

② 于安：《反腐败是构建新国家监察体制的主基调》，《中国法律评论》2017年第2期。

③ 张智辉：《法律监督三辨析》，《中国法学》2003年第5期。

力。《宪法》建构的国家监督体系，是一个由“元监督”的人大监督与“派生监督”的专属监督构成的体系，后者包括具有宪法地位、行使法律监督权的检察监督与行使腐败监督权的监察监督，以及行使财政监督权的审计监督构成。[①]“监督，就是权力的拥有者当其不便或者不能直接行使权力，而把权力委托给他人行使以后，控制后者按照自己的意志和利益行使权力的制度安排和行为过程。”[②]《宪法》赋予人大全面的监督权力，作为中国权力架构中的“元监督”，具有广泛性、权威性与排他性，权力机关对监察权的监督，是一般监督权对反腐特殊监督权的“再监督”。笔者认为，“监督性领导关系”的本质就是领导关系，“监察权”必须受到权力机关的全面监督，是监察委的宪法义务。

（3）监察权“一体化”原则

改革前的国家腐败治理体制，存在着治理体系层级化、区隔化、断裂化的问题。[③]《监察法》从内外部关系两个方面，对治理权能进行了体制更新。一是权威性的外部关系保障。《监察法》第 9 条第 4 款规定：“地方各级监察委员会对本级人民代表大会及其常务委员会和上一级监察委员会负责，并接受其监督。”这一设计采用了中国权力系统监督中常用的“双重负责”原则，力图避免地方监察权行使中的监察权地方化、腐败治理标准地方化、腐败治理生态难以彻底更新的影响。同时，意味着监察委员会虽由本级人大产生，但在具体工作中主要接受上级监察委员会领导，也即“以上级机关监督为主”。[④] 二是权威性的内部关系保障。《监察法》第 10 条规定：“国家监察委员会领导地方各级监察委员会的工作，上级监察委员会领导下级监察委员会的工作。”这一设计产生于现行检察领导体制。[⑤]“双重负责”与“内部领导关系”的复合设计，在于保

① 学者李忠提出，我国宪法规定了“三级”监督体系：人大通过听取和审议工作报告、质询、组织特定问题调查委员会、罢免等方式，对其产生的“一府两院”进行监督，手段丰富，最具权威，构成监督体系的第一个层级。行政机关通过上级机关对下级机关的层级监督、行政监察、审计监督等内部监督方式，加强对自身的监督，信息便捷、手段有效；司法机关的监督包括审判监督和检察监督，上述两方面监督构成监督体系的第二个层级。公检法在办理刑事案件中，分工负责、互相配合、互相制约，构成监督体系的第三个层级。实行国家监察体制改革后，行政监察从行政机关内部独立出来，对包括人大机关工作人员在内的所有公职人员实施监察，自身要接受人大监督，但高于行政机关和司法机关的监督，因而跃居监督体系的第二个层级。参见李忠：《国家监察体制改革与宪法再造》，《环球法律评论》2017 年第 2 期。

② 侯少文：《监督的含义及其与制约的区别》，《中国党政干部论坛》2003 年第 9 期。

③ 徐汉明：《国家监察权的属性探究》，《法学评论》2018 年第 1 期。

④ 于安：《反腐败是构建新国家监察体制的主基调》，《中国法律评论》2017 年第 2 期。

⑤ 姜明安：《国家监察法立法的几个重要问题》，《中国法律评论》2017 年第 2 期。

障监察权的"一体化""权威性"与"外部性",解决"群体性""塌方式"等重度腐败的治理难题。

2. 监察机关领导体制的基本内容

(1) 以"政治领导权"为中心

腐败治理领导权是一国治理体制设计的基石,是确保腐败治理成效的关键。《监察法》第 2 条规定了"党对国家监察工作的领导"原则。坚持党对腐败治理体系的绝对领导,始终是中国特色腐败治理的核心,也是腐败治理的最大经验与治理模式转型的支柱。从政治宪法学的角度,可以把中国特色监察权分为两部分:一部分是由党的执政权延伸出来的政治权力性质的监察权,这种监察权的正当性来自于党管干部原则;另一部分是需要借助于国家权力体系运行的国家监察权,这种监察权需要纳入由宪法和法律所确立的国家权力运行体系以及法律监督权的运行秩序中。[①] "在中国反腐模式转型过程中,作为反腐败的领导机构,党在推动反腐、建立权力制衡结构以及动员社会力量等方面都发挥了重要的作用,成为中华人民共和国反腐模式转型的重要经验。"[②]

党对监察机关腐败治理权的领导涉及两个重点课题:

一是党对监察工作领导的内容。"党政军民学,东西南北中,党是领导一切的。"中华人民共和国成立以来,特别是党的十八大以来,中国腐败治理事业的成长与发展,见证了党对腐败治理领导的重大意义。监察委员会的设立,产生于国家反腐败的迫切需要,其设立实现了国家专属腐败治理权的统一,也实现了对监察工作的政治与组织保障。"在我国,共产党作为执政党对国家生活和社会生活实行政治领导,这种领导必须以政治权力作为合法性基础。这种政治权力从抽象意义上讲,就是执政权。执政权在具体表现形式上可以分解为政治决策权、行动指挥权、关系协调权、干部管理权、行为监督权、责任追究权。"[③]笔者认为,中国共产党是对腐败治理行使领导权的机关,党对监察工作的领导,涉及政治领导、组织领导、战略领导与动员领导四项基本内容,其核心就是要坚持由党统一行使国家治理与发展战略的制定权、推进权与动员权,全面主导腐败治理、国家治理的根本方向。据此,党必须根据社会发展、国家治理的现实,确立腐败治理的指导思想、制定明确的党和国家廉政体系建设目标

---

① 莫纪宏:《国家监察体制改革要注重对监察权性质的研究》,《中州学刊》2017 年第 10 期

② 胡杨:《论中国特色反腐模式转型的内在逻辑与发展路径》,《马克思主义现实》2010 年第 4 期。

③ 莫纪宏:《国家监察体制改革要注重对监察权性质的研究》,《中州学刊》2017 年第 10 期。

和腐败治理发展战略，并就如何在法治国家建设中推进与实现该目标与战略，在坚持党内率先推进的同时，向最高国家权力机关提出明确的政策、立法、执法与司法检查建议，由国家权力机关制定明确、系统、可持续的国家反腐败战略行动方案、立法推进与实施计划，通过“元监督权”的行使，促使一切监督机关推进腐败治理计划的实施。监察机关作为独立行使国家腐败治理权的主体，在国家腐败治理总系统中居于执法主体的地位，负有确保方案统一实施的首要责任，除全面实施《监察法》及国家其他反腐败法律，履行执法职责外，必须定期向执政党、国家权力机关报告推进进展，发现推进中的问题，提出完善建议方案。总之，作为执政党的中国共产党在国家的腐败治理中，其领导内容具有基础性、战略性与全面性。

二是党对监察工作的领导方式。除由党行使对国家监察机关领导机构的人事推荐权、组织与监督权外，党领导监察机关的方式，决定领导与推进的成效，因在理论上涉及功能理论、监督理论与组织理论的多重交叉，同样值得做深入的研究。其重点问题涉及三个方面：抽象领导还是具体领导？直接领导还是通过纪律检查机关的间接领导？统一领导、隔级领导还是分级领导？笔者认为，对于前两个方面，更具建设性的方案是：第一，党的中央组织应当同时行使对腐败治理的抽象领导权与具体领导权，特别是对于党内高级腐败官员的追究与惩治，必须依靠中央的决心，具有重要导向意义，需要党中央的统一决策，同时，也是党中央把握全局动态的重要途径。第二，党的地方组织、基层组织与系统组织，则应以抽象领导为主导模式。“一把手”“裙带性”“利益集团性”腐败，已经成为中国腐败治理的最大难点与困局，[①]为减少治理障碍，应避免采用由地方组织直接行使对个案处理决定权的模式。对此，《监察法》对于监察权实际运行中的立案权、调查权、留置决定权、特殊调查措施决定权等均作出了具体规定，这些职权在坚持由监察机关自行决定的基础上，分别不同情况作出了由本级或上级监察机关决定的规定。如，《监察法》第 43 条规定了留置措施的决定权，采取了“双层决定制”的原则，即先由办案的监察机关根据集体“议决制”的原则做出决定；然后，设区的市级以下监察机关采取留置措施，应当报上一级监察机关批准。这一规定，既是监察权独立原则的要求，也

---

① 魏昌东：《腐败治理模式与中国立法选择》，《社会科学战线》2016 年第 6 期。刘艳红：《中国反腐败立法的战略转型及其体系化的构建》，《中国法学》2016 年第 4 期。钱小平：《创中华人民共和国贿赂犯罪刑法立法之选择——基于刑法预防功能的考察》，《南京大学学报(哲学·人文科学·社会科学)》2017 年第 4 期。

表明了地方党的组织仅得实行抽象领导的原则。不得对个案的办理行使具体领导权。前述依照《监察法》所展开的法定程序性,其所针对的对象当然是已经进入立案程序后的具体权力行使过程,客观存在的情况在于,在是否要将特定主体交由监察机关依法定程序处置之前,会存在地方党组织研究与决定的情况。对此,笔者同样坚持应采取抽象领导的原则。当然,在治理体系转型的过程中,在必须采取具体领导的情况下,也应当通过地方组织集体行使对个案领导权的方式,并结合其他机制的综合运用,实现具体领导权。第三,通过党的纪律检查体系实现具体领导。我国已就腐败治理完成了党和国家监督与治理体系的系统改革,其最鲜明的特色就是采用了党内监督机关与国家监察机关的"一体化"(合署办公)模式,党的纪律检查机关在监督职权的具体运行中,则采取了由党的纪律检查机关与国家监察机关联合办案、根据案件性质分别决定、做出处理的形式。这种具体决定模式,就是党对监察工作领导的主导方式,既有利于加强党对腐败治理权的具体领导,也有利于有效规避既往治理中的困局。第四,"两级组织同步报告制度"。国家监察机关应建立定期向上一级、同级党委会报告腐败治理情况的制度,优化党对腐败治理权的具体领导。对于第三个方面,在监察委员会改革前,确实存在着制度障碍,其最大症结在于,对"一把手"腐败治理的无效,进而形成了腐败治理的最大"盲区""雷区"与"灾区"。对此,相关制度与规范性规定尚未明确。笔者认为,否定地方党委对监察机关的领导,并不符合党的制度规范,也不利于充分调动地方的治理资源,根据效益最大化的原则,应当建立区域与系统、分级与跨级交叉结合的"双重领导"体制,实现党对国家腐败治理领导权。

(2) 以"监督性领导权"为中心

人民代表大会制度决定了权力机关享有对一切国家机关行使国家权力、实施法律情况监督的专属权力。《宪法》与《监察法》在国家及地方监察委员会与同级国家权力机关的关系中,采用了以现行检察领导体制为蓝本加以改造的立法策略,表现为:一是在权力机构的领导体制设定上,就权力机关对检察机关的领导体制,《宪法》第 3 条、第 138 条、第 67 条、第 104 条分别规定了"负责制"与"监督制"原则,即向同级国家权力机关负责、接受同级人大常委会的监督。而在《人民检察院组织法》中,领导体制被规定为"负责制+报告制"。该法第 10 条规定:"最高人民检察院对全国人民代表大会和全国人民代表大会常务委员会负责并报告工作。地方各级人民检察院对本级人民代表大会和本级人民代表大会常务委员会负责并报告工作。"就权力机关对监察机关的领导体制,《宪法修正案》将第3条、第126条、第67条、第104条分别规定了"负责制"与"监督制";《监察法》则规定了"负责制+监督制",即"国家监察委员会对全国人民代表大会及其常务委员会负责,并接受其监督"(第8条),及"地方各级监察委员会对本级人民代表大会及其常务委员会和上一级监察委员会负责,并接受其监督"(第9条)。法学界对宪法中"负责制"的内涵与意义关注不多,通常是将"负责"与"报告工作"、接受质询相联系。而此次立法修正中所创设的权力机关"监督制",通过《监察法》进行了明确,《监察法》第53条规定的监察机关接受权力机关监督的方式涉及听取和审议报告、组织执法检查、接受询问或者质询三项形式。

笔者认为,腐败治理的特殊性决定了"监督制"的特殊性,为此,应建构"双层式"再监督体制,即对国家监察权再行设置人大监督权。中国特色国家政治体制中,设定有由权力机关与其他国家机关共同行使监督权的制度,其中,前者行使广泛、抽象的监督权,后者行使特定、具体的监督权。《监察法》颁布前,检察机关是宪法规定的国家法律监督机关,除行使国家公诉权外,还依法独立行使由权力机关和宪法授予的监督职权,而在监察权独立后,便形成了由检察机关与监察机关共同根据权力机关授权行使国家监督权的格局,改革后的国家监督权体系中,检察机关将根据"对事监督"的原则,①对一切公权行使组织行为的合法性进行法律监督,而监察机关则根据"对人监督"原则,对一切行使公权行为的自然人行为的合法性进行监督,②两者共同履行监督职权。为强化对监察权的监督,又由《监察法》设定了对监察权"二次监督"制度,以确保反腐成效。在此新领导体制下,权力机关应将监察机关行使职权的情况作为核心监督对象,同时对监察机关行权过程中所发现的法律体系健全性、适当性,及执法机关权力配置正当性的问题进行监督。为此,在全国人大常委会内设机构改革中,增设"监察与司法委员会",以强化监督力度,解决监察权运行中的问题,使人大"监督性领导权"更具实效性。二是在机构内领导体制设定上,《宪法》并未就检察领导体制中的机构内领导体制做出明确规定,《检察院组织法》第22、23条专门规定了检察机关负责人的"任免+批准"制,即地方检察院检察长由本级人民代表大会选举和罢免,其任命事项"须报上一级人民检察院检察长提请该级人民代表大会常务委员会批准"。作为防止检察地方化而采

---

① 魏昌东:《国家监察委员会改革方案之辨正:属性、职能与职责定位》,《法学》2017年第3期。

② 夏金莱:《论监察体制改革背景下的监察权与检察权》,《政治与法律》2017年第8期。

取的措施，形成于1983年该法首次修订中，对其合理性，学理界仍存在理论分歧。[①] 而在《宪法》和《监察法》所规定的监察领导体制中，却并不存在这一有效机制，有待立法完善。

（3）以“业务领导权”为中心

监察“一体化”是防止监督权力地方化、监督失灵的有效机制，也是监察领导体制的重要内容，这一体制来自于检察机关领导体制，[②]而又有所完善，表现为：一是确认了国家领导地方、上级领导下级的领导体制（第10条）。二是确认了地方各级监察委员会向上一级监察委员会负责制度，体现了立法机关将检察机关纳入监察委员会后对其领导体制的肯定及继承。地方监察委向上一级监察委负责体现在三个方面：一是重大事项报告制度。《监察法》第42条规定，“对调查过程中的重要事项，应当集体研究后按程序请示报告”。尽管立法未规定请示报告的对象，但从“集体研究后”的语义看，应包括上一级监察委员会。通过重大事项请示报告制度，确保下级与上级监察机关在重大事项决定上的一致性，避免下级监察机关在重大事项上的判断失当与错误。二是监察决定复核制度。下级监察机关全面接受上级监察机关的监督，包括接受上一级监察机关在申请人申诉的情形下对监察事项的全面审核。《监察法》第49条规定，监察对象对监察机关作出的涉及本人的处理决定不服的，先向监察机关提出复审，对于复审决定仍不服的，“可以在收到复审决定之日起一个月内，向上一级监察机关申请复核”。上级监察机关复核是对下级监察机关的监察决定及复审决定进行审查核实，以纠正错误决定，保护申请人的合法权益。上一级监察机关复核是坚持实事求是、有错必纠的原则，对申请案件采取全面审查的方式，对于经过审查，认定处理决定由错误的，上一级监察机关有权要求原处理机关予以纠正。三是监察活动复查制度。除监察决定外，《监察法》第60条规定，下级监察机关及其工作人员在监察活动中涉嫌程序性违法，侵害被调查人合法权益的，也属于上一级监察委员会的监督范围。“受理申诉的监察机关应当在受理申诉之日起一个月内作出处理决定。申诉人对处理决定不服的，可以在收到处理决定之日起一个月内向上一级监察机关申请复查，上一级监察机关应当在收到复查申请之日起二个月内作出处理决定，情况属实的，及

① 卞建林、田心刚：《论我国检察机关领导体制和职权的改革与完善》，《国家检察官学院学报》2006年第5期。

② 胡盛仪：《试论我国检察机关领导体制的改革与创新》，《社会主义研究》2002年第4期。

时予以纠正。"尽管这一体制的优势得以继承，但是，既往检察机关领导体制中的"上命下从"模式中所存在的问题并未能得到有效解决，①强化业务领导权，使业务领导权的内容法定化、明定化、实定化、突出上级监察机关在腐败治理中的领导权、监督权与决策权，是优化监察委员会腐败治理的重要基础，对此，仍有待立法加以完善。

（二）国家腐败治理体制的组织体制

领导体制侧重于对监察机关内外部机构之间领导关系的构建，而组织体制则更加侧重于对监察权运行过程中的权力关系构建。所谓组织体制，是指监察委员会内部基于监察权的实际运行而形成的组织与协调关系，包括：一是监察权运行的内部组织体制，即监察机关就监察权行使中内部上下级及协调关系；二是监察权运行的外部组织体制，即监察机关就监察权行使中与其领导机关之间的协调关系。《监察法》关于"监察权限"、"监察程序"的规定，是国家立法机关就腐败违法、犯罪行为而设定的特别程序，其特殊性在于，监察机关所行使的权力并非司法权力，从而监察程序也并非《刑事诉讼法》意义上的司法程序。然而，国家建构监察机关的目的，是要通过监察权的行使以具体承担对腐败违法与犯罪的法定调查权力，由监察权的性质与行使特色以及监察领导体制所决定，中国腐败治理组织体制的基本特色是一种"三元组织体制"，即组织决策上的集体决策体制、权力效力上的上级决定体制，以及监督模式上的内部约束体制，以此确保监察权的组织有力与保障运行。

1. 监察机关组织体制的基本原则

（1）集体行使监察决策权原则

集体领导原则是中国特色民主集中制的组织要求和体现。就权力组织而言，是由"领导集体"掌握国家权力；就权力机制而言，是对党和国家事务进行"集体领导"。② 不同于《宪法》就检察机关内部领导体制中的检察长负责制，《宪法》就监察委员会内部领导体制采纳了"委员会负责制"的方案。根据《监察法》第 3 条的规定，监察委员会是行使国家监察职能的专责机关；第 8 条、第 9 条规定了监察委员会由主任、副主任和委员构成。在腐败治理的组织决策体

① 谢鹏程：《论检察官独立与检察一体》，《法学杂志》2003 年第 3 期。
② 胡鞍钢：《中国集体领导体制》，中国人民大学出版社 2013 年版，第 3 页。

制上，采取委员会负责制，是对监察权正当行使的组织保障。根据组织决策理论，组织决策体制通常包括委员会制与首长负责制两种基本模式，后者对于提高组织运行的效率具有重要作用。我国监察委员会之所以选择委员会集体决策模式，主要是考虑了以下因素：一是有利于集中集体的智慧，防止个人决策的主观片面性，从而提高办案质量和监察监督的能力；二是形成有效的内部制约机制，防止作为腐败监督权的监察权的独断专行；三是有利于贯彻党的领导，通过集体负责制，将党内腐败治理与国家腐败治理相互融合，确保党对国家腐败治理的领导权。

(2) 上级机关主导监察决策权原则

监察"一体化"是国家监察机关领导体制的基本原则之一，在组织体制上表现为《监察法》明确规定了"上级机关主导监察决策权原则"。其基本内容在于，在监察权的具体运行中，根据监察委员会上下级之间领导与被领导关系而针对特定事项由上级监察机关行使重大问题决策权、最终决定权。监察委员会内部的领导权，包括了政治领导权、人事决定权和业务领导权。其中，上级机关主导监察决策权原则所针对的是业务领导权，这一权力效力的决策模式与检察机关的组织体制与司法体制改革的方向一致，具有合理配置监察资源、提高监察效率以及监督下级监察机关、防止权力滥用等重要功能。

(3) 自体监督模式上的内部约束原则

监察权的运行不仅包括监察机关根据《监察法》的规定对具体监察事项行使监察职能的活动，也包括监察权自体监督中的组织体制问题。对此，《监察法》规定了多元的监督模式，包括权力机关监督、民主监督、社会监督、舆论监督等形式，然而，由国家监察机关作为"行使国家监察职能的专责机关""依照法律规定独立行使监察权"的法律地位所决定，对于行使国家监察权的监察人员违反《监察法》规定，成立腐败违法或者犯罪的，仍只能由监察机关自行管辖，从而在监察机关自我监督模式上，实行的是内部约束原则。

2. 监察机关组织体制的基本内容

(1) 以"集体行使监察决策权"为中心

集体行使监察决策权原则，体现为监察委员会对监察机关的工作有组织领导权、决定权、代表权等，负有全面的领导责任。集体领导包括抽象领导和具体领导。对于一般监察业务活动，监察委员会采抽象领导方式，由监察机关的承办部门及主要负责人个人具体承办。根据《监察法》第 38 条规定："需要采取初步核实方式处置问题线索的,监察机关应当依法履行审批程序,成立核查组。初步核实工作结束后,核查组应当撰写初步核实情况报告,提出处理建议。承办部门应当提出分类处理意见。初步核实情况报告和分类处理意见报监察机关主要负责人审批。"在案件分类及承办流程上,采取了核查组案件分流、承办部门审核、监察机关主要负责人决定的"三级审批"模式。在立案之后,通常采取主要负责人承办制。《监察法》第39条第2款规定:"监察机关主要负责人依法批准立案后,应当主持召开专题会议,研究确定调查方案,决定需要采取的调查措施。"在此阶段上,集体领导均属于抽象领导,但若调查中涉及到重要事项时,集体领导则转为具体领导。《监察法》第42条规定,"对调查过程中的重要事项,应当集体研究";第43条规定,"监察机关采取留置措施,应当由监察机关领导人员集体研究决定";第31、32条规定了从宽处罚建议的集体研究。此外,《监察法》第61条和第65条也规定了集体领导下的领导责任:"立案依据不充分或者失实,案件处置出现重大失误,监察人员严重违法的";监察机关及其工作人员滥用职权和职务行为的,对负有责任的领导人员依法予以处理。

(2) 以"上级机关主导监察决策权"为中心

上级主导监察决策权原则,具体体现在两个方面,监察机关具体行使监察职权中;监察机关与派出、派驻机构的关系。在监察权行使中,上级机关主导监察决策权原则具体体现为:一是案件特别管辖决定权。上一级监察机关有权决定案件管辖。《监察法》第16条规定了"决定管辖","上级监察机关可以办理下一级监察机关管辖范围内的监察事项,必要时也可以办理所辖各级监察机关管辖范围内的监察事项"。"决定管辖"不以逐级下降为条件,使得上级监察机关对下级所有监察机关都能够形成直接的监督和制约关系,防止下级监察机关因地域关系或人员业务能力影响而难以有效实施监察的情形发生。二是留置决定权。留置措施涉及个人人身自由,一旦滥用,将严重侵害被调查对象的合法权益。为防止权力滥用,《监察法》第43条规定:"设区的市级以下监察机关采取留置措施,应当报上一级监察机关批准";"省级以下监察机关采取留置措施的,延长留置时间应当报上一级监察机关批准"。通过上级机关的批准权,形成对留置权行使的正当程序保障,若上级监察机关发现留置措施采取不当的,应当及时解除。三是从宽处罚的决定建议权。《监察法》第31、32条规定了对被调查人主动认罪认罚的、其他涉案人员有立功表现的,"报上一级监察机关批准,可以在移送人民检察院时提出从宽处罚的建议"。由上一级监察机关决定是否提出从宽处罚建议，具有防止从宽处罚权滥用的监督功能。四是程序推进决定权。根据《监察法》第48条规定，在出现被调查对象逃匿或者死亡的，有必要继续调查的，经省级以上监察机关批准，应当继续调查并作出结论。五是救济用尽决定权。为防止监察权滥用，《监察法》第49条和第60条规定了监察对象申请复审以及申诉复查制度，对于复审和申诉决定不服的，还可以向上一级监察机关申请复核和复查，但上一级监察机关决定为最终决定。通过上一级监察机关的全面审查，终结监察程序，从而确保监察决定的法律效力和监察活动的效率。在监察机关与派出、派驻机构的关系上，《监察法》明确规定了派出方集中行使监察权的原则。

(3) 以"自体监督、内部约束"为中心

监督权既然是权力，那么权力的强制性、膨胀性、排他性、腐蚀性的属性它也会样样具有，所以监督权本身必须受到监督。[①] 因而，建立监察权的监督系统就非常重要，就监督系统的建设而言，存在着同体监督与异体监督的类型差异，由监察权的唯一性所决定，我国《监察法》采取了自体监督的模式，该法第七章关于"对监察机关和监察人员的监督"的规定中，对自体监督的内容与程序做出了规定，涉及：一是说情干预登记备案制度；二是违法接触监察关联人备案制度；三是退职后从业限制制度；四是违法惩戒制度。

四、结语

以反腐败为导向，创立具有国家"第四权"性质的独立监察机关、启动政治体制重大改革，是中国特色国家治理体系与治理能力现代化的重要举措，腐败治理是国家治理体系与能力现代化的"底线"，是制度资源投入的汇集区。监察委员会领导与组织体制是确保监察权有效运行的基础，《监察法》以执政党的纪检制度、检察制度为蓝本，就腐败治理体制核心的领导体制、组织体制做出精致的制度安排。然而，在中国腐败治理的攻坚阶段，监察委员会承担着取得腐败治理战略总攻与系统性监督体系建设的重大使命，革除既有检察领导与组织体制在既往腐败治理中的问题，实现体制全面更新，尚有待全面解决好以下延伸问题：一是健全与完善党对地方监察委员会的领导体制；二是监察机构负责人选任与考核的脱地方化；三是合署办公模式下"两委"(纪律检查委

① 侯少文：《中国人大监督制度的特色与走向》，《新视野》2014年第4期。

员会与国家监察委员会）领导与组织体制问题；四是“条条化”与“块块化”系统内监察领导体制与组织体制协同问题。上述问题，均非单纯的“静态化”监察体制法律制度的内容，需要真正“动态化”的制度建设加以保障。

地方事务

叶必丰*

摘　要： 地方事务是地方事权的事务标准，既是地方人大又是地方政府的事权范围。对地方事务可以作列举式规定，这既有外国的经验可供借鉴，又有国务院已有的相关实践。地方事务仅限于所列举事务，但应具有终局性，以确保地方公权力具有独立、自主空间。国家要保障法制的统一，应通过事后监督加以实现。全国人大和国务院应本着谦抑精神，支持地方对地方事务先行立法和探索。国务院主管部门的公权力行为处理地方事务的，构成越权。对构成越权的部门规章，按《立法法》的规定由国务院处理。对事权争议，则应由国务院另行裁定。法院在个案中，应适用地方性法规。

关键词： 地方立法；地方性事务；央地分权；地方事务范围

早就有研究称"地方立法的膨胀"，①2015 年地方立法的主体再次得以扩大。但实际上，地方自主立法的范围仅限于"地方性事务"。对"地方性事务"，法律采取了概括性规定的方式，而法律解释却采取了严格解释的立场。② 为此，阐明地方性事务的范围、界限和保障，对客观认识地方自主立法的状况以及地方人大到底可以在什么样的空间开展自主立法至关重要。

---

* 叶必丰，上海社会科学院法学研究所所长，上海交通大学法学院博士生导师。本文系中宣部"文化名家暨'四个一批'人才项目""区域法治协调研究"和上海社会科学院创新工程"区域法治协调文献整理及研究"的阶段性成果。本文原刊于《行政法学研究》2018 年第 1 期。

① 参见崔卓兰等：《地方立法膨胀趋向的实证分析》，《吉林大学社会科学学报》2005 年第 5 期。

② 参见向立力：《地方立法发展的权限困境与出路试探》，《政治与法律》2015 年第 1 期。

一、地方事务的范围

(一) 地方事务的界定

《立法法》第 73 条第 1 款规定:“地方性法规可以就下列事项作出规定:……(二)属于地方性事务需要制定地方性法规的事项。”该规定中的“地方性事务”与地方事权一样,完全可以省略“性”而称为地方事务,具有两方面的意义:

(1) 地方事务和地方事权是一个问题的两个方面。地方人大的管辖权主要受下列因素的限制,即地域、人、事务以及立法和行政的分工。地方事务是确定地方人大管辖权的事务标准,是中央和地方权力分工的标准,即地方人大的事务管辖权。所谓中央和地方的权力分工,就是对所管辖事务的分工。[①] 事务侧重于事实层面的任务,事权侧重于法律层面的权力。“所谓‘事权’,实际是指特定层级政府承担公共事务的职能、责任和权力。”[②]《国务院关于推进中央与地方财政事权和支出责任划分改革的指导意见》[③](简称《国务院央地分权意见》)指出:“财政事权是一级政府应承担的运用财政资金提供基本公共服务的任务和职责。”就地方立法而言,地方事务更多地表征了地方性法规的调整对象,地方事权则进一步表征了地方立法的自主性。本文除特别需要外,直接使用地方事务,并与地方事权同义。

(2) 地方事务不是区分地方人大和地方政府管辖权的事务标准。地方事务是地方人大管辖的事务,应无异议。有疑问的是,地方事务是否为地方政府管辖的事务?《立法法》第 82 条第 2 款规定:“地方政府规章可以就下列事项作出规定:……(二)属于本行政区域的具体行政管理事项。”该规定的事项其实就是地方事务,为了既区别中央事务和地方事务,又区别地方人大的事务和地方政府的事务,因而没有使用地方事务的表述。如果使用地方事务,则难以在事务上区分地方人大和地方政府的立法权限。从中央和地方的权限分工来说,就不需要区分地方人大事务和地方政府事务。在法国,“‘Collectivté’指一个集合体,强调其自主意识。‘territoriale’指领土,也就是说这是一个占有部

① 参见李驰:《法国地方分权改革》,中国政法大学出版社 2016 年版,第 30—36 页。
② 王浦劬:《中央与地方事权划分的国别经验及其启示》,《政治学研究》2016 年第 5 期。
③ 2016 年 8 月 24 日,国发〔2016〕49 号。

分领土的有自由意识的集合体”。“Collectivté territoriale”的“中文主要有以下三种译法选择：‘地方政府’‘地方领土单位’和‘地方行政区域’”，但比较贴切的是“地方行政区域”。“地方行政区域”的“行政”，“是指一切公权力行为，而不单指行政行为”。[①] 也就是说，“Collectivté territoriale”即“地方行政区域”是相对于中央政权组织或国家政权组织而言的地方政权组织，而并不区分地方议会和地方政府。在我国，《国务院央地分权意见》中的地方事权，也并非专指地方人大或地方政府的事权，仅仅是区别于中央的事权。地方事务，从地方性法规角度说，属于地方人大管辖；从行政管理角度说，属于地方政府管辖。

（二）地方事务的列举设定

哪些事务属于地方事务？确实，“在实践中，很难界定何谓（地方）特有事务”。[②]

一种观点认为，对地方事务的具体范围没法作列举规定，而只能寻找一个确定地方性事务的标准。[③] 为此，他们对确定地方事务的标准进行了探索。有的从法解释出发，认为“地方性事务是与全国性的事务相对应的，地方性事务是指具有地方特色事务”。[④] 有的从地方立法的实践出发，认为主要是根据不相抵触原则和法律保留原则来判断地方性事务。[⑤] 在法国，“判断地方事务的主要标准为地方公共利益，凡涉及专属性的地方公共利益的事务，一般均可被认定为地方事务”。[⑥] 这些判断标准从各自角度上说都是成立的，既可以帮助在立法个案中确定何者为地方事务，又可以指导将来立法时列举规定地方事务。但简单的判断标准毕竟难以操作，且很难控制判断偏差所导致的越权立法风险。

另一种观点，则是追求对地方事务范围的详细列举。概括起来主要有两种思路：第一，根据宪法和《地方各级人民代表大会和地方各级人民政府

① 李驰：《法国地方分权改革》，中国政法大学出版社 2016 年版，第 9—10 页。
② [法]让·里韦罗等：《法国行政法》，鲁仁译，商务印书馆 2008 年版，第 65 页。
③ 陈国刚：《论设区的市地方立法权限——基于〈立法法〉的梳理与解读》，《学习与探索》2016 年第 7 期。
④ 张春生主编：《中华人民共和国立法法释义》，法律出版社 2000 年版，第 195 页。
⑤ 参见涂艳成：《地方创制性立法之“地方性事务”研究》，上海交通大学 2009 年硕士学位论文。
⑥ 李驰：《法国地方分权改革》，中国政法大学出版社 2016 年版，第 7 页。

组织法》[①]对县级以上地方人民政府职权的规定，确定“地方性事务”的范围。[②]但是，“有关法律并不是针对每个地方行政区制定的，而是按照教育、社会救助等事权分别制定的。”[③]我国也是如此，地方组织法和各单行法对地方事务的规定，与中央事务严重同构，[④]并没有把地方事务特定化。第二，以地方立法的经验或需要为基础确定地方事务的范围，鼓励地方立法的探索。[⑤] 这既有可能使地方立法成为失去缰绳的野马，又有可能使地方立法无所适从。

从比较法的角度看，详细列举地方事务即地方事权的代表之一是美国。美国早期的行政法学者古德诺考察后指出：“美国地方行政制度，有一最著名之特质焉，即以条令详定地方行政组织之一切事项、属于市团体之一切权力及其从事者之职务是也。”[⑥]列举地方事务的形式首先是自治宪章，其次是州议会一个个的法令。法令之多，令人难以想象。“从 1901—1921 年，纽约市宪章至少由州议会作了 550 项修正，除正式的修正外，还通过了 1 002 个关于纽约市的特别法令。这些法令之外，还得加上有关普选、教育、运输、文职人员和其他影响政府权力和任务的措施。”[⑦]由此可以大致观察对地方事务列举规定之细繁。

法国是详细列举规定地方事权的又一代表。“‘职能总条款’赋予地方行政区域行使其能够有效行使的所有职能的权利。‘职能总条款’有效地保障了地方行政区域的自主权力。”[⑧]根据 1982 年 3 月 2 日、1983 年 1 月 7 日、1983 年 7 月 12 日和 2004 年 8 月 13 日法律的规定，市的事权包括城市规划、土地管

---

① 1979 年 7 月 1 日全国人大通过，1982 年 12 月 10 全国人大第一次修正，全国人常委会 1986 年 12 月 2 日第二次修正、1995 年 2 月 28 日第三次修正、2004 年 10 月 27 日第四次修正、2015 年 8 月 29 日第五次修正。

② 参见遵义市人大常委会调研组：《地方立法权限范围与权力边界研究》，http://www.gzrd.gov.cn/llyt/27624.shtml(2017 年 10 月 8 日访问)；孙波：《我国中央与地方立法分权研究》，吉林大学 2008 年博士学位论文，第 139 页。

③ [法]让・里韦罗等：《法国行政法》，鲁仁译，商务印书馆 2008 年版，第 119 页。

④ 参见任广浩：《国家权力纵向配置的法治化选择——以中央与地方政府间事权划分为视角的分析》，《河北法学》2009 年第 5 期；封丽霞：《中央与地方立法事权划分的理念、标准与中国实践——兼析我国央地立法事权法治化的基本思路》，《政治与法律》2017 年第 6 期。

⑤ 参见向立力：《地方立法发展的权限困境与出路试探》，《政治与法律》2015 年第 1 期。

⑥ [美]古德诺：《比较行政法》，白作霖译、王立民等勘校，中国政法大学出版社 2006 年版，第 136—137 页。

⑦ [美]查尔斯・A. 比尔德：《美国政府与政治》下册，朱曾文译，商务印书馆 1988 年版，第 832—833 页。

⑧ 李驰：《法国地方分权改革》，中国政法大学出版社 2016 年版，第 6 页。

理、社会保障、教育(小学教育和学前教育)、经济发展、领土整治、农业农村、大型公共设施、交通、人居条件、文化设施和基于地方分权的国际合作。[①]

(三) 我国地方事务的范围

在我国,地方事务或地方事权由宪法和法律作原则性规定,且与中央事务存在严重同构。地方事权还可以由国务院规定。宪法第 89 条规定:“国务院行使下列职权:……(四)统一领导全国地方各级国家行政机关的工作,规定中央和省、自治区、直辖市的国家行政机关的职权的具体划分;……”这一规定中的地方事权是一种行政权。基于地方事权与中央事权的相对性,以及地方人大和地方政府地方事权的一致性,在《立法法》等法律对“地方性事务”没有作具体列举规定的情况下,就应当考察国务院对地方事权的规定。

《国务院央地分权意见》确定了设定地方事权范围的原则:“将直接面向基层、量大面广、与当地居民密切相关、由地方提供更方便有效的基本公共服务确定为地方的财政事权。”它设定了地方事权的范围:“要逐步将社会治安、市政交通、农村公路、城乡社区事务等受益范围地域性强、信息较为复杂且主要与当地居民密切相关的基本公共服务确定为地方的财政事权。”它还规定,必须减少中央和地方共同事权范围,应建立中央和地方事权的动态调整机制。

《国务院央地分权意见》只是对地方事权范围的总体性、纲领性文件。对地方事权范围的具体确定,还需要以国务院的其他相关文件为依据。例如,关于市政交通和城乡社区事务等地方事权的范围,还应根据中共中央、国务院《关于深入推进城市执法体制改革改进城市管理工作的指导意见》[②]和中共中央、国务院《关于进一步加强城市规划建设管理工作的若干意见》[③]等予以确定。

如果对地方事权还需要进一步具体化,则要考察有关的解释。例如,国务院法制办公室《对内蒙古自治区人民政府法制办公室转送的赤峰市人民政府〈关于审查张晓利申请行政复议一案应适用地方性法规,还是适用部门规章的请示〉的复函》[④]指出:“关于城市出租车的管理,国务院 1998 年机构改革时,已经将城市出租车管理职能下放给地方人民政府。据此,今后对此类问题,省级

---

① 参见李驰:《法国地方分权改革》,中国政法大学出版社 2016 年版,第 66—67 页。
② 2015 年 12 月 24 日。
③ 2016 年 2 月 6 日。
④ 2001 年 9 月 4 日,国法函〔2001〕223 号。

地方性法规或者政府规章有规定的，适用该地方性法规或者政府规章的规定。”

当然，从中央与地方关系的法治化和地方立法的可操作性的角度说，地方事权的详细情形应由法律作出统一的列举规定。《国务院央地分权意见》已明确指出：“地方的财政事权由地方行使，中央对地方的财政事权履行提出规范性要求，并通过法律法规的形式予以明确。”在 2019—2020 年，应“基本完成主要领域改革，形成中央与地方财政事权和支出责任划分的清晰框架。及时总结改革成果，梳理需要上升为法律法规的内容，适时制修订相关法律、行政法规，研究起草政府间财政关系法，推动形成保障财政事权和支出责任划分科学合理的法律体系。”法律仅列举规定中央事权或地方事权，还是同时列举中央事权和地方事权，已有相关文献进行了研究。①

二、地方事务的界限

（一）概括性抑或列举性

前文所讨论地方事务范围的列举规定，是相对于概括式规定而言的。作为规定方式的概括性抑或列举性，仅仅具有技术意义。但是，在央地关系上，地方事务的概括性抑或列举性，具有特别意义。如果说地方事务是列举性的，则意味着在地方事务或中央事务中未列明的事务，都属于中央事务；如果说地方事务是概括性的，则意味着在地方事务或中央事务中未列明的事务，都属于地方事务。这是地方事务范围的界限所在。

美国实行联邦制，州是联邦的成员。在州与联邦的关系上，理论上多认为联邦的权力是由州让渡的，州未让渡的权力由州保留。联邦的权力是列举性的，州的权力是概括性的。② 美国联邦宪法第 10 条修正案规定：“宪法既未授予合众国，也未禁止各州行使的各项权力，分别由各州或人民保留。”③然而，我

---

① 任广浩：《国家权力纵向配置的法治化选择——以中央与地方政府间事权划分为视角的分析》，《河北法学》2009 年第 5 期；封丽霞：《中央与地方立法事权划分的理念、标准与中国实践——兼析我国央地立法事权法治化的基本思路》，《政治与法律》2017 年第 6 期；王浦劬：《中央与地方事权划分的国别经验及其启示》，《政治学研究》2016 年第 5 期。

② *Madison*, *Federulist Papers*，第 50 页。转引自[美]托马斯·弗莱纳-格斯特：《联邦制、地方分权与权利》，[美]路易斯·亨金等：《宪政与权利》，郑戈等译，三联书店 1996 年版，第 11 页。

③ 对此的考证研究，参见[美]查尔斯·A. 比尔德：《美国政府与政治》上册，朱曾文译，商务印书馆 1988 年版，第 12—13 页。

们要讨论的并不是联邦制国家中作为成员国的州权或州事务，而是地方事务。美国的地方并不是州而是市县。国内有研究文献，把美国等联邦制国家与成员国的分权作为讨论我国央地分权的参照系，①值得商榷。

美国的州对市县的事权有详细的列举规定，但州与市县的事权争议仍不断发生，需要通过法院的裁判来确定权力的归属。② 各州对争议的解决结果及其所形成的制度各不相同，有的采纳狄龙规则，有的不采纳狄龙规则；有的实行地方自治，有的不实行地方自治。狄龙规则的核心内容包括，市县政府仅具有州政府明确授予的权力，明示权力必定暗含或必定附带的权力，对市县政府申明的目标或意图是绝对必要的——不是便利，而是必不可少的权力。③ 根据狄龙规则，“地方政府除法律明文授予的权力以外，无其他权力”。④ 实行自治的市县则是独立法人，“地方自治政府与州政府和联邦政府体系并存的一种政府形式而存在。”⑤市县自治的强弱程度不尽相同。在少数自治程度最强的市县具有对州的概括性权力，即除了州宪法、法律以及自治规则所列举禁止的权力以外，所有权力都属于市县。⑥

法国是单一制国家，在行政体制上分中央、大区、省和市四级。在法律上，大区和省并不是地方，而是中央设在某一区域的组织。法国的地方仅仅是指市镇。⑦ 法国的市镇具有自治权。它是一种列举性的权力，而不是与生俱来的、组织国家的权力。相反，法国本来是一个中央集权的国家，是经过地方分权改革，通过法律设定，才赋予市镇的自治地位。“地方分权就是建立在国家事务与地方事务存在差别的基础上，只有地方事务才属于地方分权的范畴。”⑧未列举的事务，当然视为没有分给市镇的国家事务。

我国是单一制国家，地方事权及其范围系由法律或国务院设定，属于列举性事权，未列明的事权原则上应视为中央事权或中央和地方的共同事权。同

① 王浦劬：《中央与地方事权划分的国别经验及其启示》，《政治学研究》2016 年第 5 期；封丽霞：《中央与地方立法事权划分的理念、标准与中国实践——兼析我国央地立法事权法治化的基本思路》，《政治与法律》2017 年第 6 期。

② 参见[美]查尔斯·A. 比尔德：《美国政府与政治》下册，朱曾文译，商务印书馆 1988 年版，第 837 页。

③ 董礼洁：《美国城市的法律地位——狄龙规则的过去与现在》，《行政法学研究》2008 年第 1 期。

④ 王名扬：《美国行政法》(上)，中国法制出版社 1995 年版，第 267 页。

⑤ [美]文森特·奥斯特罗姆等：《美国地方政府》，井敏等译，北京大学出版社 2004 年版，第 14 页。

⑥ 王名扬：《美国行政法》(上)，中国法制出版社 1995 年版，第 269 页；陈科霖：《狄龙规则与地方自治：美国的实践经验及对中国的借鉴启示》，《甘肃行政学院学报》2015 年第 2 期。

⑦ [法]让·里韦罗等：《法国行政法》，鲁仁译，商务印书馆 2008 年版，第 49、96、99、102、107 页。

⑧ [法]让·里韦罗等：《法国行政法》，鲁仁译，商务印书馆 2008 年版，第 49—50 页。

时，我国还拟建立相应的机制解决事权争议。《国务院央地分权意见》指出："中央与地方财政事权划分争议由中央裁定，已明确属于省以下的财政事权划分争议由省级政府裁定。"

（二）终局性抑或非终局性

终局性是指地方组织对既定地方事务的最终决策权。相应地，非终局性是指地方组织对既定地方事务并无最终决策权，还需要报经上级、中央的审批、同意，或者需要与上级、中央分享。权力分享是一种制度设计，不能与干预混同。干预是以非法手段影响对地方事务的决策，或者以合法的形式，通过采取与地方事务有关联的决策，影响地方组织的决策。干预不是区分终局性和非终局性的标准。中央对地方的事后监督，也不属于权力分享，不影响地方事务的终局性。终局性与否是地方事务在处理流程上的界限。

美国早期，市县常常受到州立法的干预。但美国地方行政的终局性或者独立性却源远流长。美国早期行政法学者古德诺指出："美国地方行政制度之第二特质，在多数官吏而互相独立，且独立于州之中央行政部以外。……其所以独立者，以州之行政组织，采分权制度故也。从事于地方区域之官吏，虽多掌关于全州利害之事业，而皆由其地人民所选。既被选后，殆全不受中央行政部之监督而自由行其职务，几为全国之通则。其行政官府，有权向地方官吏指挥其施行职务之法、破弃修正其行为，或行用惩戒权者，殆不多见。"①实行自治的市县行政事务，其终局性更为明显。20 世纪以来，随着市县职能的不断增多，"许多工作正在转交给州政府及联邦政府，或者与州政府及联邦政府合作进行"。② 但这与行政事务的终局性无关。同样，地方立法由市县独立进行，无需州议会或州长的批准。

法国自实行地方分权改革以来，市镇实行议行合一和自治原则，自治事务也就具有了终局性。例如，幼儿园和小学属于市镇自治事务，完全由城市自行决定，无须省、大区或中央的审批或参与。"显示地方分权特征的第二个因素是，获得中央转来权限的地方权力机关具有独立性。"市镇"治理机关由选举产生，而不再由中央政府任命之时，独立性就形成了。自从国家不再介入地方行政区治理机关的组建，这些机关就独立于国家了；国家也就没有对地方行政区

---

① ［美］古德诺：《比较行政法》，白作霖译，王立民等勘校，中国政法大学出版社 2006 年版，第 139 页。
② ［美］查尔斯 · A. 比尔德：《美国政府与政治》下册，朱曾文译，商务印书馆 1988 年版，第 866 页。

应负的责任了，也无权再对地方下命令”。[①] 这被称为“自由行政原则”，即“赋予地方行政区在法律规定的范围内，根据其经济社会发展的具体情况全面充分地进行经济社会管理的权力”。[②] 法国地方事务的终局性，是以划分中央事务和地方事务的“整体职能原则”为前提的。[③] 在市镇与国家共同事权领域，需要各方共同参与决定。“比如许多事关基础设施的决策最终需要国家有关部门的同意，或者需要国家的财政支持。”[④]

我国对香港、澳门特别行政区实行高度自治。香港和澳门不仅在行政和立法上而且在司法上，对自治事务都具有最终决定权。在民族自治地方，有的自治事务是非终局性的。如根据《民族区域自治法》[⑤]第19条的规定，制定自治条例和单行条例需要报经上级人大常委会或全国人大常委会批准后才能生效；根据该法第20条的规定，变通或停止上级国家机关的决议、决定、命令和指示，也需要报经上级机关的批准。有的民族自治事务具有终局性，如根据该法第32条第1款规定：“民族自治地方的财政是一级财政，是国家财政的组成部分”；第2款规定：“民族自治地方的自治机关有管理地方财政的自治权。凡是依照国家财政体制属于民族自治地方的财政收入，都应当由民族自治地方的自治机关自主地安排使用”；第5款规定：“民族自治地方的自治机关在执行财政预算过程中，自行安排使用收入的超收和支出的节余资金。”

我国在没有实行自治的地方或者民族自治地方的非自治类地方事务，目前几乎都是非终局性的。在行政领域，一项决定作出后往往还须报上级审批或备案，[⑥]甚至从乡政府一直可以到国务院的主管部门。这也是我国行政审批何其多的流程上的原因。在立法领域，中央似乎对是否地方事务更无多少顾忌。地方事务是“不需要或在可预见的时期内不需要由全国制定法律、行政法规来作出统一规定”的事务。“例如，对本行政区域内某一风景名胜的保护，就属于地方性的事务，一般来说不需要国家作出规定。因此，这类事项显然不必

---

① ［法］让·里韦罗等：《法国行政法》，鲁仁译，商务印书馆2008年版，第50页。

② 李驰：《法国地方分权改革》，中国政法大学出版社2016年版，第7页。

③ 李驰：《法国地方分权改革》，中国政法大学出版社2016年版，第75页。

④ ［荷］勒内·J. G. H. 西尔登等：《欧美比较行政法》，伏创宇等译，中国人民大学出版社2013年版，第68页。

⑤ 1984年5月31日全国人大通过，2001年2月28日全国人大常务委员会修正。

⑥ 叶必丰：《需补充行政行为：基于监督的制度分析》，《行政法学研究》2008年第3期；叶必丰：《需上级指示行政行为的责任——兼论需合作行政行为的责任》，《法商研究》2008年第5期。

要由国家统一立法。”[①]这似乎表达了地方事务的终局性观点。但实际上,“在立法法修改的过程中,对于如何进一步完善中央与地方的立法权限划分,明确地方立法的权限范围,曾研究过是否对中央和地方权限范围一一作出列举。经过深入研究,考虑到我国是单一制国家,地方的权力是中央赋予的,不存在只能由地方立法而中央不能立法的情况,同时,实际上也很难对中央和地方的立法权限都作出列举。因此,立法法在规定全国人大及其常委会的专属立法权的同时,对地方性法规的权限范围作出了原则规定。”[②]也就是说,地方事务系非终局性的,地方立法并无独立、自主空间。

三、地方事务的保障

(一)中央权力进入地方事务

从对美、法的考察和我国的法律来看,地方事权并不是固有的权力,国家不保证不会将地方事权收归中央,也不保证将来不会把中央事权下放给地方。《国务院央地分权意见》关于建立中央和地方事权动态调整机制的计划,就表明了这一态度。中央和地方的分权及其调整不仅仅是法律而且是政治,是“作出关乎国家前途的重大政治选择和基本决策”。“永远不要忘记,支配行政机关活动基础的那些重大决定,都是政治决策。”[③]但是,在中央和地方事权确定的前提下,双方都应在各自的范围内行使权力;否则,分权就没有任何意义。

与地方权力进入中央事务范围相比,中央权力更容易进入地方事务范围。在美国,这种现象表现为州立法对市县事务的干预,且曾非常普遍和严重。“在19世纪,全国所有的市几乎都受州的控制。州议会经常授予公用事业特许权,允许它们违背市民意愿在市里经营。州议会有时还无耻到这个地步,竟然把公用事业从市政府分出来,卖给私营公司。州议会还给政客们工作和利益,加重各市财政负担。”“所谓‘地方自治的固有权利’是不存在的。”[④]州立法机关之所以可以随意进入地方事务,在法理上是因为:“地方自治机构的设立及其权力和权利都全部来自(州)立法机构。……州立法机构可以创建地方自

---

① 张春生主编:《中华人民共和国立法法释义》,法律出版社2000年版,第195页。

② 陈国刚:《论设区的市地方立法权限——基于〈立法法〉的梳理与解读》,《学习与探索》2016年第7期。

③ [法]让·里韦罗等:《法国行政法》,鲁仁译,商务印书馆2008年版,第6页。

④ [美]查尔斯·A.比尔德:《美国政府与政治》下册,朱曾文译,商务印书馆1988年版,第833页。

治机构,也可以摧毁它们。……而对此,地方自治机构是无力阻止的。”①当然,在不接受狄龙规则而实行地方自治的市县,则可以把自己的“最终命运从立法机关手里接过来,交给法院,法院必须以没完没了的裁判来确定市和立法机关各自的权力。市的处境好坏都取决于法院的见解、偏见和推理”。② 从制度上说,司法是地方事权的保障。

我国基于地方事务的非终局性,中央权力进入地方事务的现象也比较严重。2017 年 8 月 6 日在北大法宝数据库以“民族区域自治”和“民族自治地方”为关键词,检索到仅 29 部法律、7 件行政法规和 35 个部门规章为民族自治地方的制度安排留下了空间,其他诸多法律(220 余部)、行政法规和部门规章中,除了使用其他检索词有可能检索到的情况外,并没有为民族自治地方的制度安排留下空间。

在所检索到的法律、行政法规和部门规章中,为民族自治地方留下制度空间的包括尊重语言文字、税收等优待鼓励和允许变通补充三个方面(具体如表 1 所示)。其中,允许民族自治地方变通补充,是一项非常重要的地方自主权。统计发现,所检索到的法律允许民族自治地方变通补充的占比接近一半,行政法规未允许民族自治地方变通补充,部门规章允许民族自治地方变通补充的占比只有 5.7%。

表 1　法律、行政法规和部门规章中,为民族自治地方留下制度空间

位阶	数量	语言文字	优待鼓励	变通补充
法律	29	5	6	14
行政法规	7	4	4	0
部门规章	35	28	6	2

民族自治地方的自治权利系由宪法和《民族区域自治法》规定。然而,统计发现,即使在拥有最广泛地方自主权的民族自治地方,基于中央立法“一竿子插到底”的安排,并无太多自主空间,导致了多重负面效果。③ 由此,我们可以认识到不具有自治权的地方,地方立法空间更为有限。

① *City of Clinton v. Cedar Rapids and Missouri River Railroad Co.*, 1868. 转引自[美]文森特·奥斯特罗姆等:《美国地方政府》,井敏等译,北京大学出版社 2004 年版,第 31—32 页。

② [美]查尔斯·A. 比尔德:《美国政府与政治》下册,朱曾文译,商务印书馆 1988 年版,第 837 页。

③ 陆平辉:《中央与民族自治地方关系:问题解构与协调对策》,《宁夏社会科学》2016 年第 6 期。

《国务院央地分权意见》明确了改革的方向。它在划分中央和地方事权的基础上，要求中央的财政事权由中央承担支出责任，地方的财政事权由地方承担支出责任。“中央的财政事权如委托地方行使，要通过中央专项转移支付安排相应经费”；“地方的财政事权如委托中央机构行使，地方政府应负担相应经费。”这表明，中央和地方的事权是两个独立、封闭的系统，中央不能随意进入地方事权范围，不能随意处理地方事务。

中央权力不进入地方事务，不会影响法制的统一。这是因为，我国有有效的事后监督机制，包括两个方面：第一，全国人大常委会和国务院的事后监督。全国人大常委会根据《各级人民代表大会常务委员会监督法》[①]对地方人大的监督，国务院根据《地方各级人民代表大会和地方各级人民政府组织法》和《立法法》等规定对地方政府的监督，可以保障法制的统一。第二，司法监督。司法是中央事权或国家事权。即使在实行地方自治的情况下，除了我国香港、澳门特别行政区以外，也没有把司法作为地方事务。[②] 司法通过个案对地方行政机关公权力行为的监督，以及通过地方性法规的选择适用而对地方人大的间接监督，可以保障法制的统一。[③]

（二）中央机关是否构成越权

中央事权和地方事权、中央事务和地方事务的划分，是为了实现国家治理体系和治理能力的现代化，[④]规范中央权力和地方权力的各自作用范围。地方权力擅自进入中央事权范围，无疑构成越权。那么，中央权力进入地方事权范围，是否构成越权呢？

在法国，“1958 年 10 月 4 日宪法第 72 条第 2 款规定：‘地方行政区域有义务对其层级能够最优实施的职能的全部进行决策。’”[⑤]这一规定包含着两层意思：第一，原则上中央不得进入地方事权范围；第二，地方在无力处理其事务时，可以由上级机关或中央处理。这就是法国央地关系上的“补充性原则”。[⑥]也就是说，如果不存在地方无力处理其事务的情形，则中央进入地方事权范围

① 2006 年 8 月 27 日国家主席令第 53 号公布。
② [法]让・里韦罗等：《法国行政法》，鲁仁译，商务印书馆 2008 年版，第 48 页。
③ 最高法院指导案例 5 号《鲁潍（福建）盐业进出口有限公司苏州分公司诉江苏省苏州市盐务管理局盐业行政处罚案》，2012 年 4 月 9 日发布。
④《国务院关于推进中央与地方财政事权和支出责任划分改革的指导意见》。
⑤ 李驰：《法国地方分权改革》，中国政法大学出版社 2016 年版，第 7 页。
⑥ 李驰：《法国地方分权改革》，中国政法大学出版社 2016 年版，第 7 页。

构成越权。

美国的地方事权比较复杂，有接受狄龙规则允许州、中央进入地方事权范围的，也有实行自治阻止州、中央进入地方事权范围的。有关是否越权，“最大的困难是不容易区分地方事务和州的事务，而且社会情况经常变迁，地方事务随时可以成为州的事务或共同事务。法院在解释地方事务时，往往采取严格解释，限制自治权力的范围”。[①] 个别州则还有特殊的地方事权保障机制。伊利诺斯州“1904年通过一个宪法修正案，规定立法机关可以改变芝加哥市的体制，但是所有这类特别立法在生效前，需经专门对该立法投票的芝加哥合法选民的多数批准”。[②] 根据这一修正案，对州议会的权力进入芝加哥地方事务，市民有权否决，并且实际行使了多次否决权。

我国全国人大根据《立法法》的规定可以就任何事项制定法律。根据宪法的规定，国务院有权对中央与地方的权限进行具体划分。国务院对中央和地方事权的划分，并无宪法和法律规定的形式和程序。国务院既可以专门就中央和地方事务加以划分，也可以就社会关系的规制兼及央地分权——在实现规制目标的同时实现分权目的；既可以采用行政法规（行政立法），也可以采用决定或意见等形式划分央地事权。这样，全国人大和国务院即使进入地方事权范围，如《环境保护法》[③]第20条第1款规定的“四统一制度”，设立京津冀大气管理局接管京津冀环保部门的相应职权，也可以看作收回或调整有关地方事权，因而很难区分是否构成越权。当然，基于宪法所确立的中央与地方关系的民主集中制原则，全国人大和国务院对地方事务，应本着谦让精神和对地方的尊重态度，充分发挥地方的积极性和创新力，支持地方先行探索和创新符合本地特点的制度。对地方具有普遍意义的成功经验，或者地方难以达到目标的，则可以由全国人大制定法律或由国务院制定行政法规。对此，法国的经验是实行“首位地方行政区域”原则。[④]

但是，国务院主管部门无权划分央地事权，必须遵循中央与地方的事权范围，否则即构成超越职权。例如，城管执法的主要依据是《行政处罚法》[⑤]和《行

---

① 王名扬：《美国行政法》（上），中国法制出版社1995年版，第269页。

② [美]查尔斯·A.比尔德：《美国政府与政治》，下册，朱曾文译，商务印书馆1988年版，第836页。

③ 1989年12月26日全国人大常委会通过，2014年4月24日全国人大常委会修订。

④ 李驰：《法国地方分权改革》，中国政法大学出版社2016年版，第78页。

⑤ 1996年3月17日全国人大通过，2009年8月27日、2017年9月1日全国人大常委会第一、二次修正。

政强制法》[①]等法律，城管局主管的事权在各城市并不完全相同，大多涉及城乡社区事务和市政交通，属于地方事权。除了住建部门主管的事务外，即使涉及其他事务也不属于住建部门主管。住建部制定《城市管理执法办法》[②]实有侵犯地方事权之嫌。

最高法院表达了对越权部门规章的态度。“地方性法规与部门规章之间对同一事项的规定不一致的，人民法院一般可以按照下列情形适用：……(3)地方性法规根据法律或者行政法规的授权，根据本行政区域的实际情况作出的具体规定，应当优先适用；(4)地方性法规对属于地方性事务的事项作出的规定，应当优先适用；(5)尚未制定法律、行政法规的，地方性法规根据本行政区域的具体情况，对需要全国统一规定以外的事项作出的规定，应当优先适用；……”[③]最高法院没有肯定上述情形中的部门规章构成越权，仅仅要求优先适用地方性法规，原因在未获得法律规定的认定权。

法律把部门规章超越职权的认定和法律补救权赋予了国务院。根据《立法法》第 96、97 条的规定，部门规章超越权限的或者“被认为不适当，应当予以改变或者撤销的”，由国务院改变或者撤销。如果部门规章确系侵入地方事务，构成越权，则可按上述机制解决。当然，如果部门规章所规范的事务是否地方事务不明确或存在争议的，根据《国务院央地分权意见》，由国务院裁定。基于地方与国务院主管部门的复杂利益关系，地方也许不会请求国务院裁定。但诉讼当事人基于切身利益的考虑，很可能请求国务院裁定部门规章是否构成越权规范地方事务。

上述裁定不属于《立法法》第 95 条第 2 项所规定的裁决。该项规定：“地方性法规与部门规章之间对同一事项的规定不一致，不能确定如何适用时，由国务院提出意见，国务院认为应当适用地方性法规的，应当决定在该地方适用地方性法规的规定；认为应当适用部门规章的，应当提请全国人民代表大会常务委员会裁决。”该项所规定的裁决，系地方性法规和部门规章均为合法却存在不一致的情况下有关如何适用的裁决。

基于法制统一的考虑，《立法法》第 95 条规定的国务院裁决、第 97 条规定的国务院改变或撤销，以及《国务院央地分权意见》所要求的国务院裁定，应该

---

① 2011 年 6 月 30 日主席令第 49 号公布。

② 2017 年 1 月 24 日住房和城乡建设部令第 34 号发布。

③ 最高人民法院《关于审理行政案件适用法律规范问题的座谈会纪要》，2004 年 5 月 18 日法〔2004〕第 96 号。

整合为一套制度。

结语

我国地方立法的主体和数量确实很多,但这只是地方立法膨胀的表面现象。地方性法规和地方政府规章有很多系中央立法的具体化,甚至重复性规定,以至于《立法法》第 73 条第 4 款不得不加以明文禁止。基于中央和地方分权不明,地方事务范围未确定,地方的自主立法空间尚未全面确立,地方自主立法极为有限。为了实现国家治理体系和治理能力的现代化,充分发挥地方的积极性和主动性,建立地方事务制度,包括地方事务的列举规定,地方事务的列举性、终局性,以及地方事务的保障,已经是我国非常紧迫的任务。

论城市规划法上的空中空间利用制度

肖　军*

摘　要：空中空间利用制度是城市规划法上的重要制度。空中权是利用地表之上一定空间的权利。它被很多国家的法律所规范，并为空中空间利用提供基础性支撑。随着经济社会的发展，空中权日益与城市规划法结合在一起。从现有实例来看，空中空间利用主要有人工地基型、容积率转移型和容积率奖励型三大形态。它们在城市规划法、建筑标准法、文物保护法等法律和判例中逐步得到制度化。建构容积率特例制度、规定一定的条件和限制、设置特别许可制度等是从城市规划法角度建构空中空间利用制度的主要内容。

关键词：空中空间利用；城市规划法；空中权；容积率特例

新型城镇化是党中央、国务院在改革新阶段作出的重大战略决策。《国家新型城镇化规划（2014—2020年）》指出："合理控制城镇开发边界，优化城市内舱间结构，促进城市紧凑发展，提高国土空间利用效率。"在此形势下，向广袤空中要效益，立体集约开发空中空间成为城市深度发展的迫切要求。例如，上海正在推进地铁12号线金桥停车场上盖综合开发，拟在该停车场上方建成约80万平方米的保障房、7.5万平方米的配套设施等。[①] 莘庄地铁上盖工程也已经启动。[②] 对此，人们会问空中空间能独立于土地地表而利用吗？如何看待空中空间的利用权利？上海陆家嘴地区虽然寸土寸金、高楼林立，但却赫然保留着一座低矮的古建筑，该古建筑的上空空间还能够利用起来吗？在高度规划

* 肖军，上海社会科学院法学研究所副研究员。本文系上海市哲学社会科学规划课题"地下空中空间利用的法治化研究"（2013BFX009）的研究成果。本文原刊于《法学家》2015年第5期。

① 佚名：《推进地铁上盖综合开发新尝试，韩正赴12号线金桥停车场调研》，载上海市政府网 http://www.shanghai.gov.cn，2014年5月29日访问。

② 朱珉迕：《莘庄地铁上盖动工》，《解放日报》2014年6月27日。

的城市地区，空中空间利用应该走怎样的法治之路？上述问题都需要城市规划法作出安排。

一、空中权及其与城市规划法的结合

从法学角度思考空中空间利用问题时，首先要关注“空中权”概念。如果将空中理解为地表之上的一定空间，而将利用该一定空间的权利理解为空中权的话，空中权在法理上、制定法上的历史就久远了。罗马法谚语很早就说道，土地所有权上至天心，下至地心。土地所有权人可以支配土地的上下方空间，包括对空中的所有。习惯法国家也早就有与此相同意思的法律格言，并有一系列判例。1587 年的伯里诉坡普案判决(Bury v. Pope)说道：“土地所有人所有全部上空。”这是空中所有权第一次出现在英国普通法上。1870 年的科贝诉希尔案判决(Corbett v. Hill)重申：“土地所有人，与其土地一样，所有土地的上部空间。”该英国普通法原则后被美国所继受。1906 年纽约高等法院(Court of Appeals)作出了“土地的上部空间是与土地相同的不动产”的判决；在巴特勒诉前沿电话公司案(Butler v. Frontier Telephone Co.)中认为土地与其上部空间不可分，土地所有人也是上部空间的所有人，具有作为土地之一部分而垄断支配上部空间的权利。① 在上述所有权法理的基础上，许多国家和地区适应社会发展的需要，创设了区分地上权制度，即将土、地、水平均分成若干空间，分层式地为他人所使用，而他人使用处于地表上方的、独立于地表之空间的权利属于空中权范畴。1919 年制定的德国《地上权条例》规定，地上权人具有在土地表面上或地表下拥有工作物的权利。日本民法第 269 条之 2 规定，可以将地下或空中的上下一定范围设为地上权的标的。我国台湾地区的民法将地上权的设定范围规定为土地的上下空间。我国 2007 年的《物权法》第 136 条也规定：“建设用地使用权可以在土地的地表、地上或者地下分别设立。”在上述从远古走来的法理和法律制度中虽然没有出现“空中权”这一表述，但它们却已有了空中权制度的基础内容，②并促进了空中权制度在这些国家和地区的丰富、发展。

现在常使用的空中权概念源于英语“Air right”，有时表述为“Air space

---

① [日]建设省空中权调查研究会：《空中权——理论与运用》，行政出版社 1985 年版，第 30—31 页。

② 关于空中权基础内容的民法学探讨，可参见陈祥建：《空间地上权研究》，法律出版社 2009 年版。

right”，即“空中空间权”，有时也简称为“空间权”，发端于19世纪末20世纪初的美国。从历史角度看，美国是个新兴国家。在殖民地时期和国家初创期，美国的大城市只发展了海洋贸易和通商功能。19世纪20年代后，美国经济迅速发展，人口增加，城市膨胀，同时美国的新文化价值和科学技术不断涌现，居民生活标准不断提高。所有这些都让以往的城市发展模式不断发生改变。到19世纪末20世纪初，城市在美国成为公共目的领域，城市土地逐步被区划和分类，[①]进而诞生了（现代）城市规划。[②] 在城市规划的发展过程中，城市空间的立体开发也得到了发展。20世纪初，美国铁路上空利用的首起案例出现在纽约中央火车站。为增强车站运力，纽约中央火车站铁路上空被租赁给开发商，建成具有两层候车室的大楼。据说空中权一词最早出现于此事例中。[③] 此外，道路、学校、美术馆等的上空空间租赁给开发商的实例也不少。与开发实践相呼应，1927年，伊利诺伊州在美国最早出台了与铁路上空转让租赁相关的州法。1938年，新泽西州也进行了相同立法。1973年，俄克拉荷马州制定了《俄克拉荷马州空中空间法》（Oklahoma Air Space Act，简称《俄州空间法》）。《俄州空间法》对空中空间的定义、空中空间的权利与权力、空中空间的区分、空中空间的共同开发利用规划等进行了规范。该法规定：空中空间是指自地表扩至上方的空间；空中空间是不动产，在被分离转让前，其是下方地表权人的财产；行政机关或私人为落实其权力、权利或义务，可以水平加垂直地，或者以一切几何形状区划空中空间；州及其行政机关、港湾与高速公路管理委员会等可以与私人等协商共同开发和综合利用空中空间。《纽约市区划条例》是美国最具代表性的城市规划法，它通过区划制度限制土地开发利用，规范空中权，通过容积率转移制度盘活空中权。日本《城市规划法》始于1919年，通过1961

---

① 19世纪八九十年代，为防止火灾、减少污水恶臭、排挤华人，美国加利福尼亚州掀起了限制华人在商店住宅旁开设洗衣店的运动。为此，莫德斯托市（Modesto）、旧金山市等制定条例，要求洗衣店开在特定的偏僻角落。经营洗衣店的华人对此不服，向加利福尼亚州高等法院提起诉讼。法院判诀，加利福尼亚州宪法已经向市授予了将洗衣店安置于市域内之特定场所的权力。1926年，美国联邦最高法院在欧几里德判决（Village of Euclid v. Ambler Realty Co.，272U. S. 365，1926.）中明确土地区划制度合宪。这为土地区划提供了保障，促进了土地区划制度的发展。参见李泠烨：《城市规划法的产生及其机制研究》，上海交通大学博士论文2011年，第70—72页；[日]堀内亨一：《城市规划与用途地域制》，西田书店1978年版，第5—7页。

② [美]Jon A. Perterson，The Birth of City Planning in the United States1840 - 1917，The Johns Hopkins University Press2003，Preface.

③ [日]建设省空中权调查研究会：《空中权——理论与运用》，行政出版社1985年版，第47、129、32页。

年和2000年的法律修改,确立了特定街区制度和特殊容积率适用地区制度,据此容积率在特殊地区得到特殊处理,空中空间得到更有效的利用,城市的公共空间也大为增加。随着法制借鉴和实践积累的丰富,空中空间利用制度在许多国家和地区的法律中得到了确立。

在城市规划实践和法制的发展过程中,英美等国产生了土地开发权(Land Development Right, LDR)概念。它是土地所有权人或土地使用权人改变土地现有用途或者提高土地利用程度的权利,是土地再发展的权利。[①] 围绕该权利的归属,英、美两国形成差异。英国通过1947年《城乡规划法》实行土地开发权国有化,要求任何土地开发必须符合规划许可,开发前必须缴纳土地开发税。与之不同,美国实行土地开发权私有制。为平衡土地用途管制等给土地私权造成的不利,美国发展出(国家)购买土地开发权(Purchased Develpoment Right, PDR)制度、可转移土地开发权(Transferable Development Right, TDR)制度。[②] 如前所述,美国很早就关注空中空间,所以在发展土地开发权时,也发展了空中空间开发权、可转移空中空间开发权。从发展沿革来看,空中空间开发权、可转移空中空间开发权是空中权、土地开发权的延伸,是土地开发权与空中权、城市规划相结合的产物。本文后述的容积率转移型空中空间利用形态在实践中被发展成为TDR的典型形式。另外,有学者指出,因为空中权在城市立体开发的背景下产生,所以它也可称为开发权。[③] 这种说法有一定道理,但不准确。如前所述,本文采用较宽泛的空中权概念,即指利用地表之上一定空间的权利。

我国《物权法》第136条规定:"建设用地使用权可以在土地的地表、地上或者地下分别设立";"新设立的建设用地使用权不得损害已设立的用益物权"。该条中的"地上"可以理解为包括本文所讲的"空中"。这是我国空中权的最基础性法律依据。首先,空中权是一项独立的物权,[④]它可以独立于地表权利而存在。其次,在我国,空中权主要表现为空中空间使用权,可以将其称为"空中空间建设用地使用权"或"地上空间建设用地使用权"。再次,自然人、法人在获得空中权后,仅限在约定的物理范围内占有、使用、收益、处分该空中

---

① 刘明明:《英美土地开发权制度比较研究及借鉴》,《河北法学》2009年第2期,第169页。

② 参见丁成日:《美国土地开发权转让制度及其对中国耕地保护的启示》,《中国土地科学》2008年第3期,第75页。

③ [日]水本浩:《空中权的展开与课题》,《法律时报》第64卷3号,第14页。

④ 王利明:《空间权:一种新型的财产权利》,《法律科学》2007年第2期,第119—122页。

空间，且不得损害此前已经设立的用益物权。2011年，江苏省苏州市制定了政府规章《苏州市地下(地上)空间建设用地使用权利用与登记暂行办法》(简称《暂行办法》)，其第2条规定："建设用地使用权根据规划利用空间界限，除设立地表建设用地使用权外，可分层设立地下、地上空间建设用地使用权。"第6条规定："地下、地上空间建设用地使用权的取得应当符合城乡规划、土地利用总体规划，并且应当充分考虑相邻空间的发展需要和相互衔接，不得损害已经设立的不动产物权。"《暂行办法》是依据《物权法》，又超越《物权法》，明确提出了"地上空间建设用地使用权"概念。并且，在规范空中空间建设使用权时，重视其与城市规划的关系，指出在地表、地下、地上分层设立建设用地使用权时的三者界限源自规划，要求空中空间建设用地使用权的取得等要符合城市规划。在全国各大城市大力开发地下空间，开展地下空间立法的背景下，[①]苏州市不但关注了地下空间，还关注了空中空间，进行了地上空间建设用地使用权方面的法律规范，具有重大的开创性意义。其确立的地上空间建设用地使用权利用与登记制度是空中空间利用时的基础性制度条件，为今后在城市规划法上构建具体、全面的空中空间利用制度提供了基础。

土地是一种稀缺资源，尤其是在城市。当城市发展成为公共目的后，城市土地就更具有了公共属性。这就使得许多国家和地区在私法上规定地上权(含空中权)的同时，还在城市规划法上规范空中权，设置空中空间利用制度。在我国，公有制是土地的基本性质，城市土地的公共属性极为明显，这要求城市规划法对含空中权在内的土地权利进行规范。空中权与城市规划法的结合不是在否定空中权的私法属性，而更是强调城市是个场域，城市规划是项复杂的工程，对其进行规范的城市规划法是一个以公法要素为主、私法要素参与的法领域。空中权与城市规划法的结合是社会发展的需要，也是法制发展的必然。

二、城市规划法上的空中空间利用形态

空中空间利用作为问题的研究核心，在于地表的利用权人和该地表之上

---

① 地下空间立法例有《上海市地下空间规划建设条例》(2013年)、《广州市地下空间开发利用管理办法》(2011年)、《天津市地下空间信息管理办法》(2011年)、《深圳市地下空间开发利用暂行办法》(2008年)等。

空空间的利用权人不是同一人的情形。从已有的实例来看,[①]城市规划法上的空中空间利用主要呈现三大形态,即人工地基型、容积率转移型、容积率奖励型。

(一) 人工地基型

人工地基型是指在他人土地、建筑物的上方构筑一个人工地基后,在该人工地基之上再构筑建筑物。例如,在不妨碍铁路运营的前提下,非铁路所有权人在铁路的上方构筑一水泥地基,而后再在该水泥地基上构筑建筑物(该建筑物所有权人与铁路所有权人不是同一人)。人工地基型存在的问题是,人工地基怎么建造。从理论上说,至少有两种建法:一种是连接着原有建筑物而建,原有建筑物等就成为人工地基的承重物,此为"连接式"建法;另一种是与原有建筑物相分离,通过在地表设置承重墙(桩)来承担人工地基的重量,从断切面来看,呈桥梁形状,此为"分离式"建法。

连接式人工地基在该人工地基上构筑建筑物后,地表建筑物、人工地基与人工地基上的建筑物就连为了一体。它们可被看成一个建筑物。对一个建筑物的法律关系应该按传统的建筑物区分所有理论来处理。如此一来,空中空间利用的特性就不明显了。

分离式人工地基让地表建筑物与人工地基上的建筑物相分离,两个建筑物各自独立,互不影响,具有明显的空中空间利用特性。但分离式人工地基要解决承重墙(桩)的问题,承重墙(桩)构筑于地表,必须获得其所占土地的地上权(或所有权)。所以,拟采用分离式人工地基来利用空中空间时,不但要获得空中权,还要获得少量的地表地上权(或所有权),权属关系就显得更为复杂。从理论上讲,只要合乎容积率等方面的要求,当事人之间协商一致,一块土地上可以设置多重分离式人工地基,多个权利人分享该地块不同高度和厚度的空中空间。但实践中几乎没有出现这种情况。我们认为应该从制度层面限制这种情况,因为这种情况不但让权属关系、相邻关系等变得极为复杂,还有建筑安全方面的隐忧,不应提倡。

人工地基型空中空间利用比较形象,容易被人们所理解,实践中也比较常

① 日本实例较多。参见[日]丸山英气:《空中权论》,《法律时报》64 卷 3 号 15—20 页;[日]神正刚:《道路的立体利用》,《法律时报》64 卷 3 号 27—31 页;[日]高田寿史主编:《空中权解说与文献资料集成》,日本项目产业协议会 1983 年;[日]早川和男:《空间价值论》,劲草书房 1973 年。

见。例如,开发商在道路上空建商务楼、在铁路上空建停车场或菜园等。从创造更多城市空间、高效利用城市土地资源的目的出发,城市规划法对人工地基型空中空间利用形态一般持积极的态度。

(二) 容积率转移型

空中空间利用的另一种形态是容积率转移型。容积率是指建筑物地面以上各层建筑面积的总和与建筑基地面积的比值。设定容积率是现代城市规划的重要手段,据此可以控制城市某地块、某区域之建筑物的高度或整体开发强度,进而塑造城市整体形象。一般而言,城市规划者在编制城市规划时,会对不同的区域设定不同的容积率。土地开发者和建设者必须在规定的容积率范围内开发建设,尤其是不得有超过容积率上限的行为。容积率转移,顾名思义就是某地块的部分容积率转移给另一地块,使另一地块的容积率得到增加。这样,接收容积率的地块在结果上就会突破原有容积率的限制,建造更高的建筑物,进而经济价值得到提升。出让容积率的地块在结果上就只能建造或维持较低的建筑物,经济价值便降低。

容积率转移可以有偿方式进行。日本东京火车站大楼建于1914年,高三层(最高处33米),长330米,红砖墙体(故该大楼俗称"红砖驿舍"),1945年因美军空袭而毁损,1947年修复,2003年被认定为日本重要文化财产,受到特殊保护。为了让大楼发挥更大的经济和社会效益,焕发时代活力,2007—2012年大楼内外进行了大规模修缮。在此过程中,日本东铁路公司将大楼上方的空中空间以容积率的形式卖给了周边六栋大楼,筹得了500亿日元的修缮费用。[①] 这样,东京火车站大楼作为受保护建筑得以维持历史原貌,供广大民众更好地参观和使用,同时火车站周围树立了起更多更高的大厦,展现出东京都丸之内地区活力四射的新形象。实践中,容积率转移有时发生在同一人的不同地块间。此情形中因权利人是同一人,故不存在有偿无偿的问题。

容积率制度是现代城市规划的重要手段,开发商必须在规定的容积率范围内开发土地。接收来自他处的容积率在客观结果上会突破原有容积率的限制。为了让该突破合法,需要城市规划法设置特殊地区以允许该地区容积率在一定条件和方式下可以发生变化。这是容积率转移型成立的最基础性前

① [日]日本经济新闻社:《空中权,东京火车站获500亿日元》,《日本经济新闻》2013年6月6日。

提。从容积率转让方角度来说，转让容积率需要具备一些条件。首先，容积率转移具有直接的公共目的原因，如保护历史建筑、维护特殊景观、增加开放式地面空间或防灾避难场所、为公共工程筹措资金等。容积率转移是对一般限制的突破，形成特别情形，在结果上会让事情变得更为复杂。制度设计者需要为这种突破和特别情形设置有力的理由，这个理由就是直接的公共目的。其次，转让容积率的地块与接收容积率的地块相邻，或者这两块地的所有权人或地上权人为同一人。容积率转移制度是不断发展的，这些条件也趋于松缓，如有的国家不要求相邻，相近即可；有的国家甚至允许相距甚远的两块土地之间也可以转移容积率，即使它们的所有权人或地上权人不是同一人。可见，容积率转移在各国法制与实践中也不尽相同。

(三) 容积率奖励型

土地开发者在开发土地时，如果能为公众提供便利而让出部分开发利益，比如将房屋底层架空后将其作为小区居民公共活动空间、将大楼的部分空间作为公共交通通道或公众休憩广场等，政府将会作为奖励，提高该土地的容积率上限。这样一来，奖励前的容积率上限之上的空中空间就得到了利用。上海市政府《上海市城市规划管理技术规定（土地使用、建筑管理）》第 20 条规定，中心城区的地块为社会公众提供开放空间的，可以增加建筑面积，并规定了增加面积的方法。[①] 这是为了给公众创造出更多的开放空间，而对土地权利人实施建筑面积方面的奖励。虽然奖励的是建筑面积，但因建筑面积与容积率可以相互转换，所以在结果上也可以看作容积率奖励。

上述三种空中空间利用形态都在实务中实施。相对而言，人工地基型和容积率奖励型的法律关系更为简单，适用的前提条件较少，有关的法律规范也比较少。容积率转移型的法律关系较为复杂，适用时要满足诸多条件，有关的法律规范也较多。在城市规划法上的容积率制度方面，容积率转移型是一种特例，故在制度安排上需要更加细致周全。正因为如此，本文对容积率转移型作更多考察。

---

① 核定建筑容积率小于 2 的，每提供 1 平方米有效面积的开放空间，就允许增加 1 平方米的建筑面积；核定建筑容积率大于或等于 2，小于 4 的，每提供 1 平方米有效面积的开放空间，就允许增加 1.5 平方米的建筑面积。但增加的建筑面积总计不得超过核定建筑面积的 20%。

三、空中空间利用在城市规划法上的制度化

实践刺激和丰富法制,法制保障和促进实践,空中空间利用与城市规划法亦是如此。空中空间利用不断发展的一项重要表征就是其在城市规划法上被逐步制度化。在此过程中,相关法律和判例成为重要要素,而法律中的具体内容也逐步丰富和完善。

(一) 法律框架和判例

城市规划法有广义狭义之分。狭义者仅指以"城市规划法"或"区划条例"为名的法律;广义者还包括建筑标准法、城市再开发法、土地法、历史文物保护法、景观法等。在美国等判例法国家,像城市规划这样的公共领域往往既有制定法,又有判例。空中空间利用在法律和判例中逐步得到制度化。

在日本,《城市规划法》和《建筑标准法》是两部对空中空间利用很重要的法律。1919 年,日本为应对明治时代以后的城市化进程,满足近代交通需求,形成有较好基础设施的城市街区,制定了史上第一部《城市规划法》。第二次世界大战后,面对经济高速增长、产业结构调整、农村人口大量涌入城市、城市膨胀等问题,日本在 1968 年制定了新的《城市规划法》。该法历经几次修改,实施至今。日本《城市规划法》通过规定城市规划的内容、程序等,来促进城市的健康发展和国土的均衡发展,增进公共福祉。日本现行的《建筑标准法》制定于 1950 年,其通过规定建筑物的基地、构造、设备与用途的最低标准,来保护国民的生命、健康和财产,增进公共福祉。日本《建筑标准法》与《城市规划法》关系紧密。作为《建筑标准法》前身的《市街地建筑物法》与《城市规划法》诞生于同一年(1919 年)。《建筑标准法》因 1968 年新版《城市规划法》的颁布而于 1970 年进行了较大的修改。在内容和条文上,日本《建筑标准法》和日本《城市规划法》交叉重叠,相互援用地方很多。《建筑标准法》第三章的章名就是"城市规划区域内建筑物的基地、结构、建筑设备和用途",该章占据该法 1/4 的篇幅。《城市规划法》也有不少章节直接规制建筑,如第三章的第一节之二、第二节、第三节、第四节等。根据日本《城市规划法》,城市规划可以在城市规划区域内规定各类地区或街区,比如居住地区、商业地区、工业地区、特别容积率适用地区、特定街区等。日本《建筑标准法》第 52 条是关于容积率的规定,对绝大多数地区或街区,规定了具体的容积率幅度,但特定街区除外,即对特

定街区内的容积率有特殊政策。就特别容积率适用地区，上述两法明确规定可以灵活使用建筑物未使用的容积率。这样一来，特定街区和特别容积率适用地区成为日本容积率转移型空中空间利用的地区。此外，日本的城市再开发法、土地法、历史文物保护法等也直接或间接地规范着空中空间利用活动。依据这些法律，各级行政机关还会制定规范性文件，如东京都城市整备局的《东京都特定街区运用标准》《大手町、丸之内、有乐町地区特别容积率适用地区及指定标准》等。这些规范性文件往往就空中空间利用规定具体的标准和实施方案，促成相关规划的最终落成。

在美国，所有的州、很多的城市都制定了旨在保护地标（建筑）的法律。20世纪六七十年代，作为纽约地标的中央火车站大楼就经历了一次保护与开发的风波。从空中空间利用角度看，可以将其称为"纽约中央火车站大楼上空开发诉讼案"（简称"纽约火车站诉讼案"）。现在的纽约中央火车站大楼（简称"火车站大楼"）建成于1913年，是座呈现古典主义风格的布杂学院式（beaux arts）建筑。1967年，纽约市地标保护委员会（The Landmarks Preservation Commission）认定它为地标，规定未经本委员会允许，不得对它改建。1968年，火车站大楼所有权人——宾夕法尼亚中央铁路公司（Penn Central Transportation Company，简称"宾州铁路公司"）与UGP公司（英国不动产公司的子公司）签订合同，将火车站大楼的上空空间50年（可续期）的开发权出租给UGP公司。双方计划在该大楼的上方建造50多层的大厦。为此，它们向纽约地标保护委员会提交了两种设计方案：一种是不改变火车站大楼外形，在周围树起横跨大楼的支柱，在接近大楼屋檐处的上方建起55层大厦；一种是拆除火车大楼的部分外墙壁，建起53层的大厦。对这两种方案，纽约地标保护委员会都予以了否定，但同时决定火车站大楼上空空间的开发权可以转移至邻近火车站大楼的、宾州铁路公司所有的土地上。对此，宾州铁路公司认为，纽约地标保护委员会根据《地标保护法》(*Landmark Preservation Law*)所作的决定违反了第5和第14修正案，是无正当补偿就征用财产的行为，是不遵守正当法律程序而随意剥夺财产的行为，并向法院提起了诉讼。1978年，联邦最高法院作出了判决，原告的主张没有得到支持。1913年建成的火车站大楼的原貌得以保存至今。从事情的经过来看，空中空间利用成为本案的起点，历史建筑保存与空中空间利用之间的协调成为本案的关键。联邦最高法院判决[Penn Central Transp. Co. v. New York City, 98 S. Ct. 2646 (1978)]认为，依据地标保护法所作的历史建筑认定行为虽然对权利人的权利有所限制，但不是宪法上的征用行为，因为权利人可以通过容积率转移型空中空间利用获得经济价值。

美国实行联邦制，联邦和州分权而治。联邦政府的权限仅限于国家层面的经济、外交、军事等，城市规划等一般性内政事务属于州和各地方政府的权限，所以美国没有统一的城市规划法制。但 19 世纪初美国面临各地相同的城市问题，联邦政府(商务部)先后出台了两个示范法(无法律效力)，即《标准州区划授权法》(Standard State Zoning Enabling Act, 1924)①和《标准市规划授权法》(Standard City Planning Enabling Act, 1928)②，目的是鼓励州和地方政府实现城市规划的法制化。受此影响，各州和地方政府形成了由规划法、区划法、建筑法、住宅法等构成的城市规划法制。事实上，在示范法之前，纽约就于 1916 年制定了美国第一部区划条例。根据该条例第 12—10 条的规定，历史建筑上空的剩余容积率可以转移至同一所有权人的邻接地块上。在 1968 年修改《纽约市区划条例》(第 74—79 条)后，尤其是在"纽约火车站诉讼案"发生后，容积率转移条件被进一步放松。此外，《旧金山市规划条例》《芝加哥市区划条例》等也规定了容积率转移制度。当然，最引人注目的还是 1973 年实施的《俄州空间法》。该法从空中空间的定义、空中空间系不动产、不动产的制定法与普通法在空中空间的相同适用、与空中空间相关的权源、空中空间的区分、课税、共同开发利用计划、无用空中空间的出售、土地征收权等多个方面对空中空间利用进行了规范。

我国城市规划立法起步晚，现行的《城乡规划法》没有规定空中空间利用，其他中央层面的法规也基本没有涉及。地方立法有所涉及。如前所述，《上海市城市规划管理技术规定(土地使用、建筑管理)》第 20 条规定了容积率奖励型空中空间利用。从公共目的性、客观上容积率会增加等要素看，该条内容与容积率转移型空中空间利用有相似之处，但两者含义还是不同的。容积率转移的核心要素是容积率在两地块之间等量转移，而建筑面积奖励是新增面积，跟另外的地块没有关系。应该强调的是，法律关系较为简单的建筑面积奖励

① 根据该示范法，各州可以授权地方政府进行区划，控制建筑的高度、面积、体量、位置、用途等。地方政府可以将辖区内土地按用途分区。区不同，建筑标准就不同；同一区，建筑标准相同。

② 该示范法为各州授权地方政府进行总体规划提供了参考模式。包括 6 个方面：(1)规划委员会的结构和权力；(2)总体规划的内容，包括道路、公共用地、公共建筑、公用设施、区划；(3)要正式通过道路交通规划；(4)要正式批准所有公共投资项目；(5)要控制私人土地的再划分；(6)建立区界，实施区域规划，由区域内的地方政府自愿通过或采纳区域规划。

制度为法律关系较为复杂的容积率转移型空中空间利用制度今后进入城市规划法创造了法制氛围,很有意义。

从以上分析可知,除像《俄州空间法》这样数量极少的专门法外,空中空间利用主要规范在《城市规划法》(或称为"区划法")和《建筑标准法》之中。在判例的法源地位越来越坚挺的时代潮流中,空中空间利用的判例不但指导相关裁判,引导相关行政实务,还促进相关制定法的完善。从我国的情况来看,在上海等地已经确立的容积率奖励制度可以上升到《城乡规划法》层面而予以肯定,并在此基础上,导入容积率转移制度。为此,我国现行的城乡规划法制在宏观结构上需要调整。这里有两种调整思路:第一种思路是在扩充《城乡规划法》的同时,制定建筑标准法。《城乡规划法》采取了最狭义的规划法概念,内容单薄,不能满足现实需求,需要扩充含空中空间利用方面的内容。关于建筑标准法的制定,可以有两种方法,即是单独制定《建筑标准法》,或者是在《建筑法》(1997 年制定)中充实建筑标准方面的内容。第二种思路是大大扩充《城乡规划法》,将建筑标准方面的内容全部纳入其中。采取哪种思路更好?当下社会,建筑标准内容丰富。立法者如果有意让建筑规范尽量全面,那可以采取思路一,单独制定《建筑标准法》;如果不追求全面,只制定基本的或最重要的规范,那思路二更好。但不论哪种思路,都必须修改《城乡规划法》,以基础内容的形式确立空中空间利用制度。

(二) 主要内容

1. 容积率特例

容积率转移型空中空间利用需要一项基础性前提——能接受外来容积率的容积率特例。现代城市规划都将城市土地区划、分类和定性。通过区划,形成各种区域,同一区域内土地类型和用途相同,如某区域是商业地区,或是工业地区,抑或是居住地区等。[①] 再通过容积率、建筑密度、高度等指标来规范这些区域的开发强度。在日本,城市规划可以对城市规划区域内的土地进行区划,区划后的地区或土地一般都设置容积率范围(简称"一般容积率")。但也有特例,而特例的代表就是特别容积率适用地区和特定街区。根据日本《城市

① 住房和城乡建设部制定公布的国家标准《建设用地分类与规划建设用地标准(GB50137-2011)》,将城市建设用地分为居住用地、公共管理与公共服务用地、商业服务业设施用地、工业用地、物流仓储用地、交通设施用地、公用设施用地、绿地。

规划法》第 8 条,城市规划除可以将规划区域内的土地区划为居住地区、商业地区、工业地区等外,还可以指定为特别容积率适用地区和特定街区。可以在适当配置了一定规模之公共设施的第一和第二类中高层居住地区、第一和第二类居住地区、准居住地区、邻近商业地区、商业地区、准工业地区、工业地区内,指定特别容积率适用地区,通过灵活运用未使用的容积率来实现土地的高度利用(第 9 条)。根据《建筑标准法》第 57 条之 2,特别容积率适用地区内的两幅(以上)地块之间可以转移容积率。特定街区是为建设和改善街区而在容积率等方面显现特殊性的街区。《建筑标准法》第 60 条规定,特定街区内的建筑物不适用一般容积率,由与特定街区相关的城市规划来确定容积率。在特定街区内,地块之间可以转移容积率。城市规划由市町村、都道府县、国土交通大臣决定。城市规划主体呈现多元,且主要是地方政府。为了让城市规划与国家大政方针相适应,更加科学有序,国土交通省会颁布一些指导性文件,如《城市规划运用指针》等。规划主体在这些文件的指导下,根据本地区的实情,制定特别容积率适用地区规划、特定街区规划。1975 年 8 月,东京都日比谷公园南侧 2.1 公顷的街区被规划为“内幸町 2 丁目特定街区”,在此建起 31 层的日比谷国际大厦、28 层的富国生命本部大厦、11 层的新闻中心大厦。其中,新闻中心大厦未使用的容积率就被转移到了前两座大厦上。[①] 在美国,有些地方政府的区划条例或规划条例直接规定容积率转移型空中空间利用,而容积率特例也是重要组成部分。根据《纽约市区划条例》,在协调开发与地标保护的目的下,可以将地标所在地块的容积率转移至邻接地块上,但它们要处于低层居住地区(R1、R2、R3、R4、R5)和低层商业地区(C1、C2)以外的地区(第 74—79 条)。《旧金山市规划条例》第 127 条规定,在 C—3—0 地区内,地块的最大容积率可以因接收第 124 条所认可的邻接地未使用之容积率而增加。

2. 条件

一般而言,转移容积率需要满足两方面的条件:一是公共目的性,二是地块相邻或相近。《大手町、丸之内、有乐町地区特别容积率适用地区及指定标准》(日本东京都城市整备局 2002 年制定,经过几次修改,实施至今)指出,将面积为 116.7 公顷的大手町、丸之内、有乐町地区指定为特别容积率适用地区,可以保存和复原历史建筑物,维护和提高文化环境,提高土地利用效率,聚

---

① [日]大浜启吉:《空中权与公法》,《公法的诸问题Ⅲ》创文社 1990 年版,第 60—61 页。

集商业与文化功能，推进城市更新。该地区内任意地块之间可以转移容积率，不要求地块与地块必须相邻。东京火车站就处于该地区内，在前述东京火车站修缮工程中，火车站大楼的剩余容积率被有偿转让给了附近地块。《纽约市区划条例》将地标性建筑物保护确立为容积率转移制度的宗旨，地标性建筑物成为其核心范畴。该条例规定：地标性建筑物，是指根据纽约市宪章8—A和纽约市行政法8—A，由纽约地标保护委员会指定为地标的所有构筑物(structure)。纽约市最初只允许在邻接地块间进行容积率转移，受“纽约火车站诉讼案”影响，后来将相邻地块扩展为相近地块。在以前，地块与地块必须紧挨着，后来街对面的地，或者同处一个十字路口，同时面对该路口的地块之间也可以。随着时代的发展，这两个方面的条件还将进一步松绑。另外，各国在具体制度和判例中有时出现不同的附加条件。例如，日本的特别容积率适用地区制度要求该地区已经适当配置了一定规模的公共设施。这是因为适用特别容积率后，该地区会增加人员流动，此时就需要配备轨道交通、道路等良好的公共设施来疏散人流等。“纽约火车站诉讼案”中，地标保护委员会要求容积率转移的两个地块的所有权人是同一人。

3. 限制

发生容积率转移的两个地块将受到限制。一般而言，接受容积率的地块会受到容积率上限的限制，即接收转移过来的容积率后，该地块的容积率总额不得超过一定数额。换言之，只能接收一定量的外来容积率。在个案中，作为转让者的A地块的剩余容积率很大的话，作为接收者的B地块有时并不能完全接收该剩余容积率，而未接收的A地块的其他剩余容积率还可以转移至其他地块。《纽约市区划条例》《大手町、丸之内、有乐町地区特别容积率适用地区及指定标准》等对容积率增加的上限进行了规定。另一方面，容积率转移出去后，地块的开发与建设也受到相应的限制。《纽约市区划条例》第74—792条规定，从地标所在地块上转移出去的容积率的量是该地块容积率减少的量；当不再认定为地标时，或者地标性建筑物被拆除时，或者地标性建筑物增建时，或者地标所在地块再开发时，只能在因转移而缩小后的容积率范围内开发该地块。

4. 程序

现代城市规划都有较正统的程序，容积率转移型空中空间利用因涉及城市规划的特例，就更需要规范程序，而且比一般程序更为繁复和严格。这里有两个层面的程序：一个是宏观层面的城市规划程序，一个是微观层面的具体项目程序。作为容积率特例之载体的特别容积率适用地区、特定街区等都由城市规划来决定。通过城市规划，可以区划土地，可以确定特别容积率适用地区、特定街区等的位置、面积、建筑密度、容积率等。根据日本《城市规划法》，城市规划由市町村、都道府县、国土交通大臣决定。[①] 在此过程中，需要经过起草、协商调整、公开征求意见、城市规划审议会审议、首长认可、公布等步骤，花费较长时间，一步一步地落实。美国情况与此差不太多。近年来，城市规划听证、征求公众意见越来越受到重视，推动了城市规划的民主化和科学化。在讨论容积率转移的程序时，主要还是看具体项目的程序。美、日等国家在此都实施许可制，获得主管机关的许可成为重要步骤。根据《纽约市区划条例》的规定，地块的所有权人必须向市规划委员会申请获得旨在认可容积率转移的特别许可。提交申请时，需要提供在样式和内容上符合法律规定的容积率转移证书、地标之邻接地块的开发计划、地标保护计划、地标保护委员会的报告书等。市规划委员会在考虑以下几点后作出许可与否的决定，即接收容积率的地块的开发是否会给邻接土地造成难以接受的影响，若有影响，因地标保护给当地居民带来的利益必须强于给周边土地带来的不利影响；地标因维护管理工程而毫无疑问地受到保护；地标为公共所有时，步行和道路交通的改善必须与容积率转移同时进行。[②] 双方当事人只有在获得规划委员会的许可后，才能按约定转移容积率，进行相关开发活动。

以上是容积率转移型空中空间利用制度的几项主要内容。在现实的迫切要求下，我国的城市规划法制也需要在这些方面做出反应。

首先，《城乡规划法》要增加区划制度和容积率制度，并由此确定空中权的范围。现行的《城乡规划法》没有涉及容积率，也没有明确规范区划，这是明显

---

① 日本《城市规划法》第 15 条规定："下列城市规划由都道府县决定，其他的城市规划由市町村决定。(1)与城市规划区域之改善方针、开发方针和保护方针相关的城市规划。(2)与区划相关的城市规划。(3)与城市再开发方针等相关的城市规划。(4)与第 8 条第 1 款第 4 项之 2、第 9—13 项、第 16 项所列地域地区相关的城市规划。(5)与政令规定的、应从超越一市町村之广域角度来决定之地域地区相关的城市规划。与政令规定的、应从超越一市町村之广域角度来决定之城市设施或者根本性城市设施相关的城市规划。(6)与市街地开发事业(只限于土地区划整理事业、市街地再开发事业、住宅街区整备事业和防灾街区整备事业中，政令规定之大规模的、可能由国家机关或都道府县实施者)相关的城市规划。(7)与市街地开发事业预定区域(只限于第 12 条之 2 第 1 款第 4—6 项所列预定区域中，政令规定的、应从超越一市町村之广域角度来决定的城市设施或者根本性城市设施的预定区域)相关的城市规划。"第 22 条规定："与横跨两个以上都府县之城市规划区域相关的城市规划应该由国土交通大臣和市町村决定。"

② [日]保利真吾：《容积转移的效果与发展研究》，东京大学 2008 年硕士论文，第 140 页。

的缺陷。没有区划,没有容积率,就没有城市规划。而且,容积率是确定空中权范围或《物权法》之地上空间建设用地使用权范围的主要方式,没有《城乡规划法》层面的容积率制度就不足以权威地解决空中权范围这一基础性问题。可以考虑在《城乡规划法》中增加一章,安排为第 2 章,主题为城乡规划的内容。在这一章中要规定区划、区划后各地块的容积率要求等。住房和城乡建设部制定了《城市用地分类与规划建设用地标准(GB50137－2011)》,确立了城市土地区划的一些标准,但这很不够。区划制度和容积率制度应该在《城乡规划法》中得到确立和强调。当依据《城乡规划法》而确定了某一土地的容积率后,依据该容积率建设房屋的最高高度就是该土地空中权的上限,而下限则视情况而定。如果该土地已建有房屋,下限则为该房屋的高度,如果没有建筑,下限则为略超地表之高度。

其次,完善建筑标准法制,并与《城乡规划法》的完善相配合,建构起空中空间利用制度。容积率最终表现为建筑物的体积,常被看作建筑物高低的指数。空中空间利用制度也主要是说如何充分利用空中空间来扩大建筑物面积。所以,建筑标准法制的完善和《城乡规划法》的完善要同步进行,相互衔接。《城乡规划法》在规定区划时,可以规定一些容积率特例区域,而在这些区域如何特殊地运用容积率,则可由建筑标准法来规范。《城乡规划法》要在规划制定程序和具体项目程序这两个层面设计容积率转移的程序,要实行严格的许可制。要限制和规范容积率转出地的开发活动。

再次,《城乡规划法》、建筑标准法还要与历史建筑保护法等相衔接,确保容积率转移是出于公共目的。历史建筑保护是实践中容积率转移型空中空间利用的主要目的和条件。在转移容积率时,会涉及历史建筑的认定、历史建筑保护方案的认可等具体问题,而它们都由历史建筑保护法来解决。总之,我们要完善《城乡规划法》、建筑标准法、历史建筑保护法等,使它们相互配合,从容积率特例、条件、限制、程序等方面构筑起我国的空中空间利用制度。在此过程中,我们要处理好宏观与微观的关系。从世界范围来看,不论是实行土地私有制的国家或地区,还是实行土地公有制的国家或地区,不论是实施土地开发权国有(如英国)、建筑不自由原则(如德国)的国家或地区,还是坚持土地开发权私有(如美国)、建筑自由原则(如日本),都有城市规划、容积率、空中空间利用等法制。所以,在《城乡规划法》、建筑标准法等中建构城市规划、容积率、空中空间利用制度的宏观架构是一个超越国境、超越土地所有制的问题,我们应该努力向成熟国家学习和借鉴。而在微观的技术手法、制度设计中要注意本国国情,要根据土地开发权归属、容积率转移之价值取向等来细致推进相关法制。

四、结语

总之,城镇化已经是一种必然趋势。面对这一新趋势,我们必须创新思路和制度。其中,很重要的内容就是改革和完善我国现有的城市规划制度,把城市空间的利用纳入规划之中,明确空间权。通过人工地基型空中空间利用形态,他人可以使用道路、铁路的上空空间,也可以在人工地基上盖房、建停车场、种菜,等等。通过容积率转移型空中空间利用形态,在原封不动地保存历史遗迹的同时,让历史遗迹所在地的土地权益得到实现。这就对城市建设规制提出了挑战,要合理平衡公共利益与个人利益的关系、个人利益相互间的关系。这种规制不仅仅涉及城乡建设行政主管部门,还涉及文物保护行政主管部门。例如,2014 年上海就新增市级文物保护单位 85 处。这些承载文物的土地价值不能被遗忘。因此,政府及其各主管部门应该充分认识城市规划法上的空中空间利用制度的优势,推进法制创新,协同规制。

参考文献:

[1] 李泠烨:《城市规划法的产生及其机制研究》,上海交通大学 2011 年博士论文。
[2] [日]保利真吾:《容积转移的效果与发展研究》,东京大学 2008 年硕士论文。
[3] [日]大浜启吉:《空中权与公法》,《公法的诸问题Ⅲ》创文社 1990 年版。
[4] [日]建设省空中权调查研究会:《空中权——理论与运用》,行政出版社 1985 年版。
[5] 王利明:《空间权:一种新型的财产权利》,《法律科学》2007 年第 2 期。

论私人基于公法的干预义务

张　亮*

摘　要： 作为现代国家治理的一种重要方式，私人干预义务本质上是一种干预行政的公私协力模式，应当以效率为正当性基础，同时遵循行政任务可转移与公权力国家独占的宪法要求，并保留国家的履行责任。此外，由于私人干预义务是一种强制协力，只有对秩序危害具有相当控制力的第三人，才能被立法拟制为对他人行为负责的义务人。最后，基于公共利益而要求私人承担的义务应当是有限的，要经受形式合法性与实质合法性的检验。在网络时代，私人干预义务的适用呈现日益泛化的趋势，因此对私人干预义务正当性的规范分析应当足够重视。公私协力是网络行政法的基本特征，既要积极引入私人参与治理，又要明晰治理主体责任构成的规范要件，审慎对待私人干预义务的创制，避免私人负担过重以及国家行政责任逃逸。

关键词： 私人干预义务；公私协力；网络治理；行政法义务；行为责任

现代国家不可能为所有与公共利益相关的议题负责。① 但与此同时，又不得不面临更多风险规制、福利给付、发展促进等新任务，不免因专业能力欠缺或行政资源窘迫而尽显疲态。因此吸引私人参与，重新分配国家、社会之间的治理责任不失为一条可行路径。全球范围内，旨在精简组织、提高行政效率、激发社会活力的公私协力改革正在蓬勃发展，作为非国家组织的私主体已经

---

* 张亮，上海社会科学院法学研究所助理研究员，法学博士。研究方向：宪法学与行政法学。本文的基本内容曾以《私人干预义务的理论与实践》《论私人基于公法的干预义务——兼议网络群组管理责任之正当性》为题发表于《上海法治报》2017 年 12 月 6 日 B5 版、《网络信息法学研究》2018 年第 1 期。整理中略有修改。

① Lewis, Norman. Regulation Non-governmental Bodies, in: Jowell and D. Oliver (EDS.), The Changing Constitution 2nd edn, Oxford, 1989.

在诸多领域承担越来越多的公共任务。法律控制越是复杂,立法者越是需要使用侵权法、第三方义务制度与政府规制来共同实现法律实施与遵从目标、实现最佳威慑效果。[①] 事实上私人参与的内容不仅限于给付相关的服务或投资,[②]还包括对秩序危害的干预活动。[③] 而公私协力法律关系既通过契约,也可以由立法创制。本文关注的即是后者,称为私人基于公法的干预义务(简称私人干预义务)。[④]

一、私人干预义务的理论渊源

私人干预义务法理的特殊之处,在于其兼具任务、义务、干预等复合面向。首先,私人干预义务属于一种"行政任务私人化"(Privatisierung von Verwaltungsafgaben),但不同于传统的民营化类型,这是指与实质民营化有关的国家以强制方式所诱引之社会自我规制,其理论渊源可追溯至易普森(Ipsen)教授所提出的"法定私人纳用"(Indienstnahme)概念。[⑤] 而除了公私责任划分的传统议题外,私人干预义务与规制理论也有所交涉,着眼于"通过私人实现公共目标"的手段及其效能,[⑥]形塑国家构成与市场运作的合作规制体系(Co-regulation)。[⑦] 因此,有学者将有效威慑作为这种第三方义务(Third-party Liability System)实施与遵从的核心。其次,从"公民义务"(die Inplichtnahme Privater)角度而言,法律将原属国家行政任务的特定事项创制

① 高秦伟:《论行政法上的第三方义务》,《华东政法大学学报》2014 年第 1 期。

② 胡敏洁:《以私法形式完成行政任务——以福利民营化为考察对象》,《政法论坛》2005 年第 6 期;胡敏洁:《履行给付行政任务的私人之法律地位——以养老保障行政为例》,《华东政法大学学报》2011 年第 2 期;吴振宇:《私主体参与社会救助之公法原理》,《学术交流》2012 年第 7 期。

③ 高秦伟:《私人主体的行政法义务?》,《中国法学》2011 年第 1 期;章志远:《私人参与警察任务执行的法理基础》,《法学研究》2011 年第 6 期;马驰骋:《私主体参与干预行政信息搜集活动研究——资讯社会中公私协力的一个切面分析》,《政治与法律》2013 年第 8 期。

④ 高秦伟教授称之为第三方义务,但是第三方义务包括第三方给付义务与第三方干预义务,因此本文在高文的理论基础上,进一步精确为第三方干预义务。参见前引高秦伟文。

⑤ 陈信安:《论德国行政法上之纳用私人》,《月旦法学杂志》2015 年第 2 期。

⑥ [美]约翰·D. 多纳休,理查德·J. 泽克豪泽:《合作:激变时代的合作治理》,徐维译,中国政法大学出版社 2015 年版,第 3、23 页。

⑦ See Hans J. Kleinsteuber. The Internet between Regulation and Governance, by Christian Möllerand Arnaud Amouroux, The Media Freedom Internet Cookbook, 2004, p63.

为公民的行为义务，私人只有义务，而没有公权力。[①] 这种涉及与职业、财产或事业有关而由私人承担的市民义务，目的在于依序完成行政任务并防范可能发生的危害，因此义务人的归属指向对秩序危害发生负有责任的特殊主体，应当在行政法义务的理论上得到支持。最后，私人干预义务中的干预有双重含义：其一，国家所转移的特定事项是对秩序危害进行预防或阻却的干预任务，但是这种干预区别于公权力干预，系市场主体或社会组织基于自治能力之上的公共权力，以非授权性的基本权利行使为限度。其二，国家强制私人承担干预任务的义务创制同样属于一种公权力干预，这类国家干预理应受到法治原则的统制，检验标准包括立法权限、规范合法性、基本权保障与限制的合比例性等。[②]

传统的行政法研究围绕于“行政组织”与“行政行为”两大内核，私人作为行政活动的被动接受对象，受行政组织所支配。因此长期以来，干预行政中的公私协力受限于行政授权、委托等公权力转移思维，既有范式尚无法充分解释国家与社会之间多元的合作与间接规制形态。私人干预义务与授权、委托有明显差异：首先，行为性质的区别。私人干预义务只是因履行法定义务所产生的私法行为，充其量是完成与行政任务外观相同的公共任务，私人与行政组织并不发生关联，因此欠缺授权、委托行为所具有国家强制力。其次，法律后果的区别。私人未履行或未妥善履行干预义务时要面临主管部门的行政制裁（如行政处罚），而授权、委托主体则不会承担这种外部行政法律责任（可能工作人员会有内部行政处分）。最后，私人干预活动仍属私法行为，因此行为时无需承担行政程序义务，而授权、委托主体则要以行政组织外形，在公共行政时必须承担一系列法定程序义务。

二、我国实定法中的制度图景

除了现代法治话语体系中所导出的理论概念之外，从历史脉络以及本土行政现实考察，私人干预义务的形成有着复杂的政治动因，以及强烈的功能取向。这种社会管理手段在各个历史阶段皆有存在，因而未必是法治的产物，其

---

① [德]哈特穆特·毛雷尔：《行政法学总论》，高家伟译，法律出版社 2000 年版，第 584 页；陈敏：《行政法总论》（第 8 版），2013 年版，第 1004 页。

② 袁文峰：《负法定转移义务的私人及其规范的合法性》，《当代法学》2016 年第 6 期。

既可以是最低限度的秩序维护，也可以是追求最佳性的法律技术。

(一) 作为古老的社会管理手段

作为一种有效的社会治理方式，私人干预义务从古至今始终存在，如旅馆、房屋租赁、邮政物流等相关领域业者对流动人口的身份信息查验义务，即通过私人信息排查来预防潜在的社会危害。

早在战国时期，商鞅变法中就有关于旅客住宿登记的制度，彼时旅店接待客人必须查验旅行凭证，否则店主会受到连坐的重罚。在要求查验旅客旅行凭证的同时，又衍生出住宿登记制度。至元代，客来登记、客走销簿的住宿制度在全国各地已普遍实施。中华人民共和国成立后，旅馆业的实名登记制度一直是公安机关的监管重点，全国人大常委会 1957 年颁布的《治安管理处罚条例》第 14 条就规定有“旅店管理人对住宿的旅客不按照规定登记的，处五日以下拘留、十元以下罚款或者警告”。该条款在此后的《治安管理处罚法》以及历次修订的《旅馆业治安管理办法》中一直保留下来。在具体的义务履行过程中，业者一般会对顾客的身份信息作形式上的登记与核查(如与联网记录中的违法行为人进行核对)。若对方不愿提供信息，则业者就可以拒绝提供服务。由于涉及身份信息查验义务的行业往往是潜在的公共危险源，因此与其他领域的私人干预义务不同，“未依法查验”的同样情节在不同时期可能会出现法律适用的差异。例如，杭州 G20 期间的身份信息查验不再是一般的治安秩序要求，而是上升为国家安全层面的反恐要求。现代社会中对流动人口群体进行全面监控的任务，行政机关几乎是无能为力的，如今既需要借助网络的技术支持，也倚赖市场相关业者的辅助。身份信息查验义务一般由法律明确规定，虽然该项举措的损害可能涉及于个人信息可能泄露的风险、私人提供信息的不便、业者查验信息的成本以及经营自主权限制等权利克减；但由于国家安全、社会稳定等秩序利益在我国居于特别优位，身份信息查验义务的侵害显然又是可以容忍的，而且业主的市场行为较行政机关的直接干预而言，侵害较轻，效率更高，因此这种多方合作、多管齐下的私人干预义务具有正当性。

(二) 作为特殊时期的政策产物

私人干预义务可能是特定的政策产物。如“门前三包”责任制，这种义务是指行政主管部门要求城市公共道路两侧的个人或法人来管理市容和环境卫生，责任人对依法划定的责任区负有维护卫生、绿化、秩序等三项义务。责任区内发生相关违法行为，责任人应当对违法行为人进行劝阻与制止，并及时通知行政主管部门进行执法，否则将面临行政制裁。①

1972年，美国总统尼克松访华前夕，前门街道为了搞好大街秩序和市容卫生，成立了由驻街单位抽调组成的管理委员会，随后逐渐由大街专职保洁队、“七户一岗”监督员，发展至正式的“门前三包”责任制。此举被区、市乃至中央层层表彰，并推广到全国。② 在集体主义为主导、工作单位为基本社会单元的社会环境中，组织公益性的群众活动都是相对容易的。民众愿意牺牲或者抑制个人权利来支持集体事务。这种“人民城市人民管”的民主思维是西方理论无法充分解释的。因此，“门前三包”责任制的出现与当时的时代背景密切相关，具有偶然性，但也有其必然性。

随着社会经济快速发展，城市管理的形势也越来越复杂，街道的自行车被汽车所替代，绿化区域也已经由专业人员负责维护。如今，“门前三包”责任制仍没有中央的统一立法，具体内容散见于各地的法规、规章、规范性文件。1972—2016年，各地方仍在持续更新“门前三包”责任制的实施，据不完全统计，共有行政法规2部、部门规章20部、地方性法规51部、地方政府规章158部。虽然不少城市名义上仍然沿用“门前三包”责任制，但是具体内容已经发生变化，如：由复合责任缩限为状态责任，仅要求责任人进行环境清理与恢复，不再对劝阻行为做要求，同时越来越重视监督执法过程中的平等原则，并增加责任方式的选择自由，等等。③ 在有些地区，“门前三包”责任制的内容被卫生责任区所取代，还有的地区将“三包责任”又回归城管、环卫等部门的职能范围。总体来看，这个制度依循法治化进路在持续改革，如若适用得当，“门前三包”责任制这项极具中国特色的城市管理措施，能够在未来发挥更大的作用。

(三) 作为最低限度的国家秩序

在特定领域，私人干预义务可能是为了维护最低限度的国家秩序，比如我

---

① 除了一系列行政命令与行政处罚措施外，有地方政府主管部门还同时收取“门前三包”责任人一定数额的保证金，以便在他们不能履行“门前三包”确定的义务时，视其违反的情节轻重，扣除其中部分或全部保证金。参见海南省海南中级人民法院(2005)海南行再终字第4号行政判决书。

② 《前门街道简志》编纂办公室：《前门街道简志》，1997年1月版，第67—69页。

③ 如2015年《南京市门前三包管理办法》中的“三包”内容已经改为“环境卫生、建(构)筑物及设施的外立面、设施秩序”。

国税收制度中重要的扣缴义务人制度。法律、行政法规规定的单位和个人依法履行代扣、代收税款义务时，纳税人不得拒绝，若纳税人有拒绝的，扣缴义务人应当及时报告税务机关处理。非因法定情形，扣缴义务人没有或不完全履行代扣代缴义务的，税务机关在向纳税人追缴税款的同时，还可以对扣缴义务人作出行政制裁。此外，税务机关会依法支付扣缴义务人代扣、代收的手续费。

我国《宪法》第56条规定："中华人民共和国公民有依照法律纳税的义务。"作为宪法的基本义务，国家的税收秩序处于相当高的法益位阶。中华人民共和国成立之后的税收政策就规定有扣缴义务人，而1980年的《个人所得税法》，则正式在立法上予以明确。由纳税人以外的第三方代扣代缴税款，被称为源泉征收。在代扣代缴税款的过程中，纳税人与税务机关之间不发生直接关系，两者是通过扣缴义务人联系在一起的，纳税人无须承担自己直接缴纳税款的负担，只需向扣缴义务人给付相当于税款的金额，而扣缴义务人则承担起直接向纳税人扣取税款并向税务机关缴纳的义务。也就是说，扣缴义务是纳税义务衍生而出的。①

由于国家向纳税人直接征收税款存在诸多困难，甚至可以说，不采取这种措施，国家基本的税收秩序将无以为继。为了积极实现财税目的，保证国家及时、可靠地取得税收收入，国家基于宪法规定的纳税基本义务而创设扣缴义务人制度。在此基础之上，从税收征管效率角度而言，这项制度有利于充分、高效地征收税款，减少征税成本，防止税款流失。对纳税人而言，扣缴义务人的存在平衡了税收秩序与纳税便利，代扣代缴行为与其说侵害了财产权，倒不如说是提供了相当大的便利。

（四）作为追求最佳性的法律技术

当下，基于社会治理创新的需要，私人干预义务也可以成为追求最佳性的治理技术。以禁烟场所经营者的控烟义务为例，基于环境、健康利益，立法上要求禁烟场所经营者积极阻却特定场所的吸烟行为。梳理各部法律、法规、规章的规定，控烟义务一般被界定为，在禁止吸烟范围（如禁止吸烟的公共场所、工作场所、公共交通工具）的经营者、管理者、驾驶员，应当对在禁止吸烟场所

① 宋大涵编：《中华人民共和国税收征收管理法释义》，中国法制办出版社2001年版，第37—38页。

内的吸烟者予以劝阻,[①]包括:要求熄灭点燃的烟草制品;对不听劝阻的人可以停止服务、暂时劝离;对不听劝阻且不离开的,向主管机关投诉或举报。另外,有部分地方立法还扩大了禁烟场所经营者的权利,如因不听劝阻而被要求离开的吸烟者,不得向经营者索回已经花销的费用;已经接受服务但未付费的,不得拒绝付费。也就是说,这种行政法义务可能直接影响民事合同内容。[②]

我国的控烟制度源起于1987年国务院《公共场所卫生管理条例》第3条规定的"卫生标准与责任制度"。1991年卫生部的《公共场所卫生管理条例实施细则》第28条将各大公共场所的禁烟要求明确为卫生考核的指标,因此相关地方立法在20世纪90年代陆续出台。2003年11月10日,中国政府正式签署《烟草控制框架公约》,并于2005年8月28日经全国人大常委会批准。随着各地控烟立法的全面展开,禁烟场所经营者的控烟义务也成为一项普遍性的私人干预义务。禁烟场所经营者所实施的劝阻吸烟行为实际上是民事行为,要求经营者制止顾客吸烟有可能损害其经济利益,限制其经营自主权。在有明确主管部门管辖的情况下,有无必要课予经营者干预义务呢?首先,公共惩罚资源的有限性迫使国家把私人之间的监控与惩罚视为一项重要的社会控制资源,为节约公共资源的支出,法律可以在某些场合容忍甚至利用私人之间的监控与惩罚。[③] 禁烟场所经营者可以及时发现违法吸烟行为,并基于经营权利实施有效劝阻。其次,特定公共场所禁烟是明确的公民法定义务,因此经营者的劝阻措施与主管部门的行政目的一致,符合目的正当性与法律明确性原则。而且控烟所涉及的环境、健康权属于高位阶法益,相比经营自主权等财产性权利而言,要求经营者适当负担也符合比例原则。最后,禁烟场所经营者与吸烟者一般是消费合同的双方当事人,在合同履行期间,吸烟者危害公共卫生的行为与经营者相关联,因此经营者就有义务来排除这种危害。

---

① 劝阻的内容包括要求熄灭点燃的烟草制品或者暂时劝离。参见《深圳经济特区控制吸烟条例》(2013年修订)第13条第(4)项。

② 参见《公共场所控制吸烟条例》(草案稿)地15条第2款,《哈尔滨市防治烟草烟雾危害条例》(2011年)第21条第2款、第22条,《深圳经济特区控制吸烟条例》(2013年修订)第14条,《西宁市控制吸烟条例》(2015年)第11条。

③ 桑本谦:《公共惩罚与私人惩罚的互动——一个解读法律制度的新视角》,《法制与社会发展》2005年第5期。

(五) 网络时代的制度发展

由于市场主体能力的孱弱,以往私人干预义务的适用空间相当有限,但如今在网络信息时代的背景下,其制度范围有了极大的拓展,如要求网络第三方平台履行监管义务已经成为我国网络治理的主要途径,要求平台经营者承担网络信息流动的事前审查、事中监管以及事后协助与排除等各阶段义务;与此同时,这些义务的存在其实使平台经营者的自我规制活动具备了法定事由,甚至扩大了其市场优势地位,几乎使平台经营者成为一种准行政组织。

2016 年 11 月 7 日颁布的《网络安全法》是我国网络秩序建构的里程碑。作为网络治理的基础法律,该法遵循了部门立法试验上升至中央统一立法的法政策思路,吸收、提炼了各个规制领域长期以来的实践经验;最后,在立法层面呈现了第三方平台的私人干预义务框架,适用于所有类型的平台。而这种制度设计在比较法上也是极为特殊的。欧美等发达国家基本不存在网络平台的行政法义务,取而代之的是立法管制以及巨额的惩罚性赔偿制度。[①] 如今,几乎所有的公众网络生活都是基于平台开展的,这种海量端点和通用介质基础上的交互空间,通过一定的规则和机制促进端点之间的信息交流。看似网络上发生的一切都与信息数据有关,但法律规制的目标其实是信息背后的行为。由于网络活动的匿名性、跨域性、分散性等特征极大程度上消解了国家规制的效果,因此就亟需具有市场优势地位的网络第三方平台来承担干预任务,主管部门则通过监管平台经营者来达成平台治理的目的。

三、私人干预义务的理论基础及其体系化

私人干预义务渊源已久,但是在网络时代之前,由于信息不对称或私人执行力不足,这类制度在以往并不发达。唯有倚赖网络信息技术的发展,私人干预义务才得以成为一种有效的社会治理方式。可以说,网络空间的技术架构使治理逻辑更加清晰,公众除了"确认"与"返回",并无其他协商余地。居于信息、技术、经营等优势地位的网络运营者,其私人干预的效果甚至优于国家的直接干预,因而 2017 年实施的《网络安全法》明确将网络运营者作为网络治理的重要主体。但与此同时,私人干预义务背后也隐含一定风险,可能导致公权力懈怠与法定职责转嫁,或引发私人干预过程中的权利滥用。

---

① 张亮:《行政法视域中网络平台第三方义务的解释与适用》,《黑龙江社会科学》2017 年第 6 期。

循此问题意识，笔者将基于既有学理与规范体系，试图阐释私人干预义务的理论基础，主要在于：(1)为何让私人承担干预义务？(2)可以选择谁来承担干预义务？(3)私人承担干预义务的限度是什么？并在此理论框架中审视群主责任的正当性。

(一) 私人干预义务的本质是公私协力

效率乃行政权的生命，是政府履职的基本前提。[①] 为了有效维护公共秩序，立法者或行政机关要求第三方私人来承担干预任务，由于双方的作用共同指向秩序目的，就形成了公私协力(Public Private Partnership，PPP)的治理状态。[②]

公私协力指为实现公共任务，国家机关与私主体所达成的各种合作状态，也称合作行政、公私合作等。公私协力实践始于20世纪70年代的欧美政府革新运动，早期研究集中于政治、经济、公共管理等领域，后于20世纪90年代逐渐为各国公法理论所关注。缘于我国政策文本表达的特点，国内普遍将PPP理解为政府与社会资本合作，即一种公共基础设施项目融资的公私协力模式，其实大大缩限了公私协力的理论范畴。作为现代行政的改革方向，公私协力的理论与实践都已相当丰富，但因其泛指国家与私人之间透过契约或契约以外之方式而建立的共同合作关系，其具体内容与形式有各种不同的可能，无法一概而论。[③] 其实这种概念差异是由不同的观察角度或目的取向所造成，有学者直言公私协力不适合作为一个法释义学上操作的概念，毋宁须就个案具体采行之形态后，而为法律上评价。[④] 因此本文将公私协力理解为一个集合

---

① 章剑生：《现代行政法基本原则之重构》，《中国法学》2003年第3期。

② 公私协力中的"效率"内涵是丰富的。就功利主义而言，合作可以提高生产率，因为政府负担公开、正当程序、公平对待的义务，通常是以牺牲效率最大化为代价的，私主体往往比公共机构更高效。合作也可以补充资源，如政府缺少必要信息来完成一项公共任务，且私人拥有信息时，合作就势在必行了。而就自由主义而言，合作又能满足民主原则及其他正当性的强化。See John D. Donahue, The Warping of Government work, Harvard University Press, 2008, Chap. 5.

③ 目前公私协力理论存在诸多分歧，如经典说特别强调公私协力主体间的平等特质，与民营化相比，公私协力强调双方主体的对等性，因此只有部分民营化才具有公私协力的效果。若国家机关将全部公共任务转移至私主体，并由其取而代之，则不属于此范畴。参见施硕骏：《论私人参与国家机关之资讯搜集活动——以线民之遴选运用及电信业者之协力义务为中心》，《高大法学论丛》2012年第2期；陈军志：《公私协力法制下之社会自主管制》，台湾政治大学法律学研究所2011年硕士论文；[日]磯部力、小早川光郎、芝池義一等编：《行政法の新構想Ⅰ行政法の基礎理論》，有斐阁2011年版，第223—234页；詹镇荣：《论民营化类型中之"公私协力"》，《月旦法学杂志》第102期，第8页。

④ Burgi, Funkionale Aufgabenprivatisierungund Verwaltungshilfe, Tübingen 1999, S. 99. 转引自许登科：《德国担保国家理论为基础之公私协力法制——对我国促参法之启示》，台湾大学法律学研究所2008年博士学位论文。

概念，可以泛指所有公、私部门合作履行行政任务的现象。

1. 行政任务可转移与公权力国家独占

公私协力成立的基础，在于行政任务可转移。德国公法上，国家任务是指由国家或公权力机关所履行的公共任务。这绝非先验的抽象概念，而是保持开放的宪法框架，其外延是随着国家发展不断变化的。在当代，除了国防、外交、司法等传统国家职能外，其他国家任务的界限难免越来越模糊。而行政任务是由行政机关完成的国家任务。基于权力分工与制衡的原则，行政机关在执行行政任务时，享有规范创制的行政保留空间、法律适用的判断余地以及手段选择的裁量自由，而且享有组织权威以及国家强制力的保障，因此传统上行政任务公私协力的空间最小。最后，公共任务是指满足团体的需求，而直接有助于公共福祉的任务。[①] 可以说，只要与公众相关的所有公共利益的实现活动都可以囊括进来。广义上公共任务的承担或执行者，并不限于国家或公权力部门，私人也可以参与。为社会共同体的福祉，私人完全可以以基本权利行使来促成公益实现，而不必等待国家介入。换言之，国家的作用仅仅在于形成与保障。确切地说，国家任务、行政任务是公共任务的下位概念，并非所有的公共任务都允许公民参与。

历史上，公私协力的发展趋势对应公民可得参与之公共任务范围逐渐扩大的过程。这个问题在给付行政领域并无太大争议，[②]从德国近年来的实践看，争议焦点逐渐从“能否”协力变成了“何种程度”的协力。相对而言，基于公权力国家独占的宪法原则，干预行政中公私协力的探讨空间依旧狭隘。虽然，作为传统国家任务的内国安全与司法权在逐渐松手，警察法的公私协力领域可以仅保留最终的裁罚权限，而司法权也出现法院事务的私人参与。[③] 但是，各国对私人干预能否运用高权手段仍持否定态度，例如，监狱私有化领域，监狱的安全以及运行上的整体责任仍停留在国家手中，只有不涉及强制权限的

---

① ［德］施密特·阿斯曼：《秩序理念下的行政法体系建构》，林明锵等译，北京大学出版社2012年版，第146页。

② 如我国政府向社会力量购买服务的原则是“适合采取市场化方式提供、社会力量能够承担的公共服务”，《关于政府向社会力量购买服务的指导意见》(国办发〔2013〕96号印发)。

③ Vgl. Entwurf eines Gesetzes zur Reform des Gerichtsvollzieherwesns, BT-Drucksache 150/07; U. Nesemann, Gerichtsvollzieher in Vergangenheit und Zukunft, ZZP 2006, S. 87 - 108; E. Heister-Neumann, Die Reform des Gerichtsvollzieherwesens-eine Bestandsaufnahme, ZRP 2007, S. 140 - 143; S. Pilz, Verfassungsrechtliche Grenzen der Privatisierung des Gerichtsvollzieherwesens, DÖV 2009, S. 102 - 109. 转引自陈军志：《公私协力法制下之社会自主管制》，台湾政治大学法律学研究所2011年硕士论文。

事务才交由私人承包。[①] 在公权力国家独占原则的限制下,[②]私人干预义务中的行政任务转移如何解释呢?

我国《宪法》第2条第1、2款规定,国家权力属于抽象的人民,而具体的人民只能通过全国人大和地方各级人大来行使权力,人大又通过"一府两院"实现职权分工,这里体现的正是公权力国家独占原则。但该条第3款又规定,人民可以通过各种途径和形式,管理国家事务,管理经济和文化事业,管理社会事务。这是公民参与公共任务的宪法依据,也就是公私协力的正当性基础。在公权力国家独占的限制下,只能通过行政授权或委托制度来解释行政权力转移的问题。但若从实现行政任务的角度切入,只利用私人的市场优势地位,而不授予公权力,干预任务转移与公权力国家独占又可以兼容。也就是说,义务人对第三人实施的干预活动虽然与国家干预目的一致,但私人干预的实现并不倚赖于国家强制或权威。诚如"法不强人所难"的经典法谚,私人干预义务的内容不得突破基本权利行使的限度。当然这种限度,因不同市场或社会主体而存在很大差异。如《上海市公共场所控制吸烟条例》中,要求禁烟场所经营者对吸烟者进行劝阻,或在劝阻失败后向主管部门举报,但立法不会要求其强行制止吸烟行为。在纳税代扣代缴义务中,虽然企业代国家对职工工资收入的直接扣缴实质构成财产权的侵害,但同样是基于企业的市场主体权利,而非公权力征收。民法上通常会对交易行为中显失公平的优势一方进行规制,行政法上却未必如此。为获得多方主体对秩序任务的参与或协助,国家会利用、诱导甚至课予干预义务而吸收优势主体成为治理体系的一员,并在立法中将这种优势"正当化"。往往私人承担的干预义务越重,这种正当优势就越大。在此意义上,私人干预义务虽然在性质上与国家行政已无关联,也属于一种法定义务框架内的自我规制,但这种自我规制与基于市场动机的经典自我规制,还是有所区别。[③] 对第三人而言,私人干预具备一种事实上的公共权力。

---

① 如建筑物管理、行政事务、供应服务事务、照顾服务事务,或者限于纯粹与安全设施硬件相关的监督与管理事务,如机械设备与屏幕监督设施的功能管控。参见卢映洁:《德国监狱私有化之发展介绍》,《人大法律评论》2016年第2辑。

② 公权力国家独占原则,参见王天华:《行政委托与公权力行使——我国行政委托理论与实践的反思》,《行政法学研究》2008年第4期。

③ 经典自我规制一般指个人或团体本于基本权主体之地位,在行使自由权、追求私益之同时,亦志愿性地肩负起实现公共目的之责任。参见詹镇荣:《德国法中"社会自我规制"机制初探》,《政大法律评论》第78期。

2. 公私主体间的治理责任分配

公私协力要解决的另一个问题在于国家与社会(私人)之间的责任分配。公法上的国家责任光谱是丰富的,这个框架责任亦是彰显国家为达公共福祉,对于私人之间利益平衡所承担的基本责任。[①] 在一般的公私协力领域,国家对合作结果负有责任,在私人提供给付时,国家负有担保责任,以及在经济及基础建设方面负有规制与整合的责任。[②] 私人干预义务中,国家责任更为特殊,尽管私人基于法定义务参与其中,但是国家不仅要承担所涉公共任务实现的监督责任,同时不能放弃自身的履行责任,公司双方共同进行干预活动,表现为平行、合作的微妙关系。主管机关不能因私人已经作为,或已对义务人作出行政制裁为由,就从履行责任中脱身。在执法资源不足的情况下,主管机关可以通过这种公法义务来督促、引导市场主体积极进行自我规制,间接达到执法目的,如"阿里巴巴白皮书"事件中,国家工商总局没有根据淘宝店铺售假问题直接处罚阿里巴巴,而是通过会谈协调,促使阿里巴巴加大资金、技术等方面的投入,进一步强化平台治理责任。这里需要警惕的是,虽然私人干预义务的初衷在于让适当的社会主体合理分担行政任务,以协力实现更优治理。但在在践中,由于身兼执法者、监督者,甚至行政立法者,这种专断身份也可能导致主管机关产生不当加重私人负担、间接转嫁法定职责的倾向。

(二) 私人承担干预义务的责任性

行政法上的义务是指特定的法律主体通过或根据法律规范被要求从事特定的作为、容忍和不作为。[③] 私法上的权利义务对等原则,在公法上未必适用,宪法中就存在诸多公民应无条件遵从的基本义务,如维护国家统一、依法纳税、服兵役等。不同于私法自发性的社会内部性规则,公法主要是社会外部性规则,具有建构性特点,因而它更多地体现了人的意志属性,即人基于为实现某一目的而创制的法规范。[④]《宪法》第 51 条尤其规定了秩序义务的概括性条

---

① [德]施密特·阿斯曼:《秩序理念下的行政法体系建构》,林明锵等译,北京大学出版社 2012 年版,第 161 页。

② In: Hoffmann-Riem/Schmidt-Aßmann, Öffentliches Rechtund Privaterecht, S. 167(199 ff.). 转引自[德]施密特·阿斯曼:《秩序理念下的行政法体系建构》,林明锵等译,北京大学出版社 2012 年版,第 163 页。

③ [德]汉斯·J. 沃尔夫、奥托·巴霍夫、罗尔夫,施托贝尔:《行政法》(第 1 卷),高家伟译,商务印书馆 2007 年版,第 473 页。

④ 章剑生:《现代行政法基本理论(上卷)》(第 2 版),法律出版社 2014 年版,第 139 页。

款，据此不断完善抽象的国家秩序框架。在私人干预义务的行为结构中，义务人并非秩序危害人，却被要求为危害行为人负责。对行政机关而言，义务人既能行使私人干预，也具备了受行政干预的责任性。但是，为何选择某些主体承担这种干预义务呢？

1. 秩序行政中的“责任”含义

汉语词源上，“责任”有两种含义：“分内应做的事”与“没有做好分内应做的事，应而应当承担的过失”。[①] 相对应地，法学理论中的“责任”大致分为三个层面：(1)相当于狭义的义务，应当对特定事项进行积极的作为；(2)相当于广义的义务，即义务本身；(3)狭义的责任，指违反义务所导致的不利后果。[②] 但是，实定法中的“责任”却显得混乱，可以指法律上的不利后果、行政上的任务或权限、政治问责、社会道德、义务、义务人的归属等，在此不予一一阐释。[③] 本文中私人承担干预义务的责任性，是指行政法上构成义务的原因，以解释义务人的归属。

秩序行政上的“责任”一词由德语“Verantwortlichkeit”翻译而来，其语意及制度渊源，本指警察机关或秩序机关为排除危险而须对人民采取干预性措施，原则上应以对该危害发生负有责任的人为对象，其主要目的在于“课予排除危险之义务”，而不是法律上的不利后果，因此明显区别于行政处罚、民事责任或者刑罚责任(Schuld)。德语语境下两者差异明显，但汉语“责任”一词在理论与实践中的含义非常丰富，容易混淆。李建良教授认为，秩序行政中的“责任”一词有其独特旨趣，乃行政法上归责之规定，所要探讨的问题是主管机关“基于何种理由”可以课予人民一定的(行为或不行为)义务，而非主管机关确定特定人为义务人之后，应如何使之尽其义务的问题。换言之，行政法上的“责任”，是指构成行政法上义务之所由原因及正当性基础(人民何以负有义务)，与行政处罚须行为人“主观上”具备故意或过失之“责任”有所不同。[④] 是

---

① 《现代汉语词典》，商务印书馆 1996 年版，1574 页。

② 参见沈宗灵主编：《法理学》(第 4 版)，北京大学出版社 2014 年版，第 335 页；马长山主编：《法理学》，中国人民大学出版社 2009 年版，133 页；孙国华，朱景文：《法理学》(第 4 版)，中国人民大学出版社 2015 年版，第 161—162 页；公丕祥主编：《法理学》(第 3 版)，复旦大学出版社 2016 年版，第 304 页；付子堂主编：《法理学初阶》(第 4 版)，法律出版社 2013 年版，第 183 页。

③ 《公务员法》第 54 条、《节约能源法》第 6 条、《全国人民代表大会常务委员会关于香港特别行政区行政长官普选问题和 2016 年立法会产生办法的决定》、《反家庭暴力法》第 3 条、《固体废物污染环境防治法》第 35 条、《水土保持法》第 19 条等；王瑞雪：《论行政法上的治理责任》，《现代法学》2017 年第 4 期。

④ 李建良：《论行政法上“责任”概念及责任人的选择问题》，黄舒芃主编：《2007 行政管制与行政争讼》，“中央研究院”法律所筹备处 2008 年版。

为了进一步追问，如何确定作为义务负担者的责任人的课题，也就是谁要为何事负起责任，[①]与义务违反后的法律不利后果无关。

为确保公共安全与社会稳定，秩序行政将义务指向预防性的可能危及社会秩序的群体。在大多数法规范中，这类规范对象可以明确辨别，但仍有概括性规范需要解释与适用才能判断谁是规范对象，如我国《警察法》第 8 条规定："公安机关的人民警察对严重危害社会治安秩序或者威胁公共安全的人员，可以强行带离现场、依法予以拘留或者采取法律规定的其他措施。"这里规定的警察可以采取一系列法定干预措施的对象仍是不确定的。[②] 可见，秩序行政上的责任人，可以基于法律规定明确，也可以由行政机关基于概括的授权依据而确定。[③]

2. 行政法义务中的"责任人"

无论是学理上还是实践上，行政法上的责任人认定，以及作为义务设定前提的责任内涵的明晰，对于依法行政的贯彻都是具有积极意义的。负有行政法上危害排除义务的人，取决于是否对该危害的发生负有责任，包括因行为而来的责任或因物的管领支配而来的责任，这种分类在干预行政领域具有重要意义。排除危害的任务固然可以由公权力直接实施，但原则上应当先要求对危害发生负有责任的人履行排除义务。

行为责任人，是指导致社会秩序与公共安全危害的行为人，着眼于人对自己行为后果的承担可能性与必要性。[④] 例如，车辆相撞发生道路拥堵，引来路人围观，这里导致交通秩序危害的不仅是肇事车主，也包括路人，那么交警就可以依职权对两者课予及时疏散的义务，并做进一步制裁。"谁造成危害，谁

---

① 黄启祯：《干涉行政法上责任人之探讨》，《当代公法新论（中）翁岳生教授七秩诞辰祝寿论文集》，元照出版社 2002 年版，第 292 页。

② 该条款其实并不完整，采取强制措施或强制执行的前提应当是，警察已对危害社会治安秩序或者公共安全的人员课予其恢复秩序的作为（或不作为）义务，但责任人拒不履行。所有秩序危害的首要后果都是由责任人承担秩序恢复义务，只有情节严重且不可恢复才宜直接进行处罚。实践中那种处罚过后放任违法状态持续的执法问题，实际上是忽视了客观秩序恢复的首先原则。相关研究，笔者会另行撰文分析，也推荐阅读夏雨：《责令改正之行为性质研究》，《行政法学研究》2013 年第 3 期。

③ 如台湾地区"警察法"第 28 条第 2 项规定："警察依前项规定，行使职权或采取措施，以其他机关就该危害无法或不能即时制止或排除者为限。"该条款一方面被理解为"补充性原则"（或备位性原则），另一方面还可以推导出，若特定领域的专门法律没有规定，或规定不够完善，行政主管机关仍可以准用这条规范行使相关职权。

④ 蔡宗珍：《建筑法上义务人之类型与具体义务人之判定——行政法上行为责任与状态责任问题系络的一个切面分析》，《台大法学论丛》第 40 卷第 3 期。

就必须为排除危害负起责任;谁必须为排除危害负起责任,谁就成为警察危害防止措施行使的对象”,以导出“责任人作为警察危害防止措施行使对象”的正当性公式,已成共识。[①]

与之相对的状态责任人,是指因物的状态导致危害的物权人或实际管理人,着眼于特定人对支配物的状态的控制可能性与必要性。因对物有支配力,因此有能力就物的危害状态进行介入或排除。这种权利限制与权利人的行为没有必然关联,其原理在于财产权的社会义务,责任人在享受物的财产上利益的同时,也应承担物的使用造成的风险,以及随之产生的公法义务。因状态责任而产生的行政法上义务,基本上是一种危险责任。[②] 这种义务的课予并无特定的“行为”要素,也不问是否因特定行为而导致状态责任义务的产生。更不是一种“不作为义务”。换言之,此类义务并未被预设须以特定行为来履行,只要支配之物出现了不符合法律要求的状态,也就是出现法律要排除的危害状态,就构成义务的违反,并非要有导致违法状态的行为存在。

私人干预义务中,义务人必须对特定对象进行干预活动,所以状态责任在此没有适用空间。行为责任人一般适用“自己责任主义”,即责任人必须自己参与或实施危害行为,才可能负担义务。但是,当特定主体与违法行为存在公共利益上的特别关联时,立法者亦可以判断这种防止他人违法的责任成立,[③] 私人干预义务就属典型的“为不作为负责”。理解这种关联必须置于行政法上的秩序角度。行政法上行为责任的成立,不以违法为前提,也不论行为人有无故意或过失,只要求行为与危害后果之间存在因果关系。这里的因果关系一般是指行为与危害之间有“紧密的效果与责任的关联性”,应以社会适当性作为判断的考量。[④] 也就是说,对私人干预义务人的立法判断,必须剥离行为人的主观方面,一旦发生秩序危害,只遵循危害排除“就近原则”,即最有可能阻却危害的主体无论是否为实际行为人,国家都可以要求其承担合理的作为义务。因此,对他人的违法行为有无切实的控制力,控制行为与阻却违法之间是否有密切相关性,成为选择义务人的关键。

---

① 李振山:《警察行政法论——自由与秩序之折衡》,元照出版公司 2009 年版,第 207 页;施硕骏:《论警察危害防治措施之行使对象》,《中正大学法学集刊》第 32 期。

② 陈清秀:《行政罚法》,法律出版社 2016 年版,第 88 页。

③ 黄启祯:《干涉行政法上责任人之探讨》,《当代公法新论(中)翁岳生教授七秩诞辰祝寿论文集》,元照出版社 2002 年版,第 292 页。

④ 林昱梅:《土壤污染行为人整治责任概括继受之法律问题——以德国法之比较为中心》,《东吴法律学报》第 26 卷第 3 期。

(三) 强制私人承担干预任务的限度

私人干预义务中的“干预”有两层含义，上文已述的第一层面，是指国家所转移的特定事项为对秩序危害进行阻却的干预活动，这种干预实质是市场主体或社会组织基于自治能力之上的公共权力，以基本权利为限度。另一层面，虽然私人可能因市场竞争或社会责任而主动采取监管措施，却没有持续的制度性动力，因此这种公私协力其实需要国家强制私人参与。这同样属于一种对人民所实施的限制、制裁或强制的干预活动，如何在协力和义务之间找寻一个干预的平衡点，就需要经过形式与实质两方面的合法性检验。

1. 形式合法性控制

私人干预义务的规范性分析要从以下两点展开：其一，设立义务不得与法律或上位法相抵触；其二，这种干预必须有法律上的依据。

前者称为法律优越原则，指任何行政行为均须合于法律规范之意旨，不得有违反法律之行为，包括不得偏离法律义务与积极适用法律义务两个方面，其运用的核心在于行政法法源的位阶排序问题，①且无限制和无条件地适用于一切行政领域。② 在我国，法律优越原则通过《宪法》《立法法》以及相关司法解释中的“规范冲突规则”条款予以明确。③ 私人干预义务中，基本权利保护规范以及平等原则的拘束，无论公法组织或私法组织都是相同的，因此法律优越原则当然有存在空间，如规范性文件不得随意增设义务或限制权利，或者为满足行政目的而提出不相关请求。

后者指法律保留原则，行政应受立法的控制，才能贯彻民主与法治原则，因此行政机关仅在法律授权下才得以行使职权。虽然我国《立法法》中无法推导出禁止授权原则，而且考察行政实践，诸多规制领域即使没有明确的法律、法规、规章依据，行政机关的各类政策执行活动也未见中断。只能以实用主义思维来理解我国的“依法授权原则”，明确基本权利保障为核心的重要性理论，即私人干预义务明确不得涉及人身自由与人格，干预经营自由与财产性权利，原则上也应由法律规定。此外，“法明确性原则”是法律目的的实现与干预义务课予之间的必要纽带，授权依据的审查中应当明确义务课予的规范密度与授权范围。

---

① 李建良：《行政法基本十讲》(第6版)，元照出版有限公司2016年版，第241页。

② [德]哈特穆特·毛雷尔：《行政法学总论》，高家伟译，法律出版社2000年版，第103页。

③ 参见《宪法》第5条第3款，第67条第(7)项；《立法法》第96条、第97条第(2)项；最高人民法院《关于审理行政案件适用法律规范问题的座谈会纪要》。

2. 实质合法性控制

除了上述形式合法性要求，实质合法性的内容同样要重视，其核心为比例原则，即行政机关实施行政行为应兼顾行政目标的实现和适当性手段的选择、保障公共利益和相对人权益的均衡。① 目前，比例原则不仅广泛适用于诸多部门法领域，内容上也不限于法律适用上的“手段—目的”，已经扩展至立法层面的正当性审查。

合法性的前提乃合宪性。也就是说，立法者行使立法权亦要受宪法基本原则的拘束。阿列克西（Robert Alexy）认为，宪法规定的原则作为立法者的最佳化命令框架，②其中立法权的自主空间指宪法没有命令与禁止的，立法者自主决定的事项，包括结构性余地、认识性余地两种不同的类型。③ 对此，我国《立法法》第 3 条明确规定立法要遵循宪法的基本原则，所以宪法基本原则背后的国家目的就成为讨论的重点。首先，基本权利保障作为国家存在的基础，是最高国家目的，进而才衍生出基本秩序维护的次级目的，即《宪法》第 51 条“权利限制条款”作为国家干预的宪法基础，“个人自由和权利”与“国家的、社会的、集体的利益和其他公民的合法的自由和权利”构成了利益衡量的基本结构。接下来，根据结构性余地与认识余地判断是否启动立法上的干预设计，最终落实于立法目的与国家目的的一致性，实践操作上，这种审查思维可归为目的正当性审查的范畴。在干预义务课予时，通常要审查这类法律、法规所追求的目的是否正当。

在此基础上，适当性原则要求义务人具备实现干预的能力，私人干预一般应当较国家干预更易达到目的。而创制义务时的必要性考量不同于行政手段选择时的利益衡量，以最小成本阻却违法的功利主义路径看似立场中立，却无法联结工具理性与权利限制正当性之间的逻辑断裂，具有很大的正当性危机。

① 姜明安主编：《行政法与行政诉讼法》（第 6 版），北京大学出版社、高等教育出版社 2015 年版，第 73 页。

② “最佳化命令框架”要求事务在法律上及事实上之可能性中，尽量达到最大限度之规范。“原则”概念之范围不仅涉及“个人权利”，亦包括“集体利益”。参见吴元曜：《重力公式之理论与应用》，元照出版公司 2013 年版，第 27 页。

③ 结构性余地包括：宪法放任立法者自行决定以何种目的或理由来限制基本权的目的设定余地；自由选择实现或限制基本权手段的手段选择余地；两者之间如何均衡与连接的衡量余地。认识余地包括：对立法事实的认定、预测与评估的预测余地（或评估余地）；对相冲突原则的重要性或限制限制程度评断的规范上的认识余地。参见王鹏翔：《基本权利作为最佳性命令与框架秩序》，《东吴法律学报》2007 年第 3 期；张志伟：《比例原则与立法形成余地》，《中正大学法学集刊》2008 年第 24 期。

毕竟对公民而言,并非"能力越大,责任越大"。在欠缺意思自治的情况下,只有充分的民主授权或干预紧迫性才宜课予干预义务,而主管部门自身无力完成的任务,自然也不能转嫁于私人,如行政机关进行许可时无法通过人工完成的实质审查工作。[①] 最后,狭义比例原则要求审慎控制这种措施的损益与可得社会效果的平衡。这里会衍生出衡平原则与平等原则等子原则。前者系通过对财产性侵害进行补偿来平衡修复公权力干预的正当性;[②]后者置于市场机制而言,义务人必须是具有同一性的市场主体,否则选择性负担可能造成反向的不正当竞争。当然,由于私人干预义务的内容复杂,因此其正当性边界并不清晰。与形式合法性不同,实质合法性有时并非合法与否的规范判断,而更接近一种个案行政正确的把握。[③] 最终,合乎实质合法性的私人干预义务体系可以贯彻公法上的辅助性原则,[④]通过制度框架诱导社会先行自我规制,进一步明确危害发生之可能时,公权力再及时介入,以实现高效、谦抑的行政法治。

四、案例演练:群主责任的规范分析与反思

国家网信办 2017 年 10 月 8 日颁布《互联网群组信息服务管理规定》(简称《规定》),明确网络群组建立者、管理者应当履行群组管理责任(简称"群主责任"),依据法律法规、用户协议和平台公约,规范群组网络行为和信息发布。"群主责任"一时引起舆论热议,毕竟组建、参与群聊与我们的日常生活息息相关,是否一不留神,那柄达摩克利斯之剑就会误伤自己?下文将运用上述理论框架,试图厘清我国网络治理中的群主主体责任,发展我国网络法规范体系的教义学研究。

---

① 如《网络餐饮服务监督管理办法(征求意见稿)》曾在第 5 条要求网络餐饮服务平台提供者保证网上公示的店名、地址、门面、大堂、厨房、菜品信息、主辅料都与实体一致,这种私人审查强度就远远高于工商登记。所幸正式颁布的《网络餐饮服务食品安全监督管理条例》对此作了修正。参见张亮:《行政法视阈中网络平台第三方义务的解释与适用》,《黑龙江社会科学》2017 年第 6 期。

② [德]乌茨·施利斯基:《经济公法》,喻文光译,法律出版社 2006 年版,第 149 页。

③ 黄舒芃教授提出,一种有效的民主正当性,亦即足够的正当性水准。参见黄舒芃:《行政权力管理医疗体制的民主正当性基础》,台湾大学法律学院 1998 年硕士学位论文。

④ 所谓"辅助性原则",是指低层、私力能适当、自主完成的公共任务,高层、公权力就不应当过早介入。詹镇荣:《辅助性原则》,《月旦法学教室》2003 年第 12 期。

(一) 作为网络行政法特征的公私协力

一方面，与美国、欧洲在网络发展初期所确立的企业不对他人发布的信息负责的原则相比，我国网络企业自发展起步时就承担了更多的协助监管义务。或者也可以认为，我国网络行政监管一直体现出鲜明的强力权威特征。[①] 如今，我国已经形成了独特的以私人干预义务为主导的网络行政法体系。另一方面，相对于我国其他市场领域，网络产业发展从未经历计划经济时代的国家全面管控，至今国家对网络秩序的介入和建构都是有限的，可以说，网络运营者的自我规制仍是网络治理的传统。

当下，技术与理念壁垒已经改变网络空间中的行政结构与执法方式，国家无力垄断网络治理权，亟须私人规制的协力，因此网络治理本质上完全符合习近平总书记所强调的"共建共治共享"思维，公私协力是我国网络行政法的基本特征。在此基础上，可以发现主管部门直接监管群组与为监管群组而课予群主义务之间的本质差异。前者是基于行政机关与行政相对人的双方法律关系，这种传统行政模式在网络中的难点在于如何明确执法对象，对此需要网络实名制来发挥作用。反观群主责任，则意味着群主要为他人行为负责，同时减轻主管部门、网络服务提供者等其他治理主体的负担。这里的群主责任与平台责任等其他第三方义务一样，其实存在公法与私法上的不同属性。私法上，由利益相关第三人来负担合理注意义务，并在违反时推定为共同侵权而导致的替代责任，以调整网络环境中权利人无法从直接侵权行为人处实现矫正正义的失灵现象，[②]是为了充分实现权利救济，该义务指向的目的与责任范围是具体、明确的。但是公法上由违法行为相关人来履行干预义务，并为此承担行政法律责任，则是为了更优维护与恢复公共秩序。只要能有效实现预防与消除危害的目的，行为责任人并非唯一的干预对象，因此这个秩序目的与责任范围是动态、模糊的。如果欠缺明确的规范要件，无疑会为主管部门滥用职权、转嫁自身法定职责创造空间。因此，基于公私协力的原则，必须将课予私人干预义务作为一种例外，严格限制为实现秩序目的而创制的私人干预义务。

(二) 网络治理的责任人范围

网络治理主体在各个部门法中有不同的意义。私法上平台运营者替代责

---

① 王融：《中国互联网监管的历史发展、特征和重点趋势》，《信息安全与通信保密》2017 年第 1 期。
② 徐伟：《网络服务提供者侵权责任理论基础研究》，吉林大学 2013 年博士学位论文。

任的正当性基础，在于“第三人对直接侵权人有管理或控制的责任”或“第三人从侵权行为中获得直接的经济利益”，[①]进而推定成立一种共同侵权。[②] 而刑法上，网络运营者拒不履行安全管理义务罪的构成则依托于传统共犯理论及其衍生理论。[③] 唯独行政法上，对同一公共秩序危害中的行为责任人与干预义务人各自作为独立的评价主体，如前所述，对私人干预义务人的立法判断，必须剥离其主观方面，对他人违法行为有无切实的控制力，控制行为与阻却违法之间是否有密切相关性，是选择义务人的关键。实定法上考察，目前网络治理领域第三方义务人与违法行为关联的判断，可以基于立法直接成立，也可以由主管部门通过对概括授权条款的解释与适用来判断。《网络安全法》第 47 条所明确的平台义务属于前者，其中的“网络运营者”就是明确的危害信息排除责任人（义务承担者）。《规定》中的群主责任则属于后者。这里要注意的是，虽然网络运营者以及群主都在特定领域处于违法信息的控制地位，是与违法信息传输相关的特殊主体，但各自的控制力程度仍有很大差异。

（三）群组管理责任的正当性反思

群主以私主体协力的角度承担义务，应当是有限度的。首先，增设群主义务的规定应当于法有据，在上位法的授权框架或规范密度下进行解释。《规定》以《网络安全法》为制定依据，但是《网络安全法》中规定的责任主体是“网络运营者”，群主是否属于“网络运营者”中特定的“网络管理者”，抑或其他，尚需进一步解释。同时，《刑法》第 287 条之一及相关司法解释中虽然规定有群

---

① 根据这两者权重的衡量，分别产生了制止理论与矫正正义理论。See Shapiro，Bernstein & Co. v. H. L. Green Co.，316F. 2d304，307（2dCir. 1963）；Demetriadesv. Kaufmann. 690F. Supp. 289，293（S. D. N. Y. 1988）；万柯：《网络等领域垄断看门人的替代责任》，《环球法律评论》2011 年第 1 期。

② 共同侵权系目前的理论通说。也有少数学者认为这是数人加害行为的按份责任，或者因安全保障义务导致的补充责任。参见韩洪今：《网络交易平台提供商的法律定位》，《当代法学》2009 年第 2 期；吴汉东：《论网络服务提供者的著作权侵权责任》，《中国法学》2011 年第 2 期；徐伟：《网络服务提供者连带责任之质疑》，《法学》2012 年第 5 期；刘文杰：《网络服务提供者的安全保障义务》，《中外法学》2012 年第 2 期。

③ 通说为中立帮助行为理论。也有少数学者主张直接控制理论，但是这类刑罚必须具备直接故意以及违法性认识，并无太大分歧。参见陈洪兵：《网络中立行为的可罚性探究——以 P2P 服务提供商的行为评价为中心》，《东北大学学报（社会科学版）》2009 年第 3 期；车浩：《谁应为互联网时代的中立行为买单？》，《中国法律评论》2015 年第 3 期；涂龙科：《网络内容管理义务与网络服务提供者的刑事责任》，《法学评论》2016 年第 3 期；谢望原：《论拒不履行信息网络安全管理义务罪》，《中国法学》2017 年第 2 期。

组设立者的犯罪情形，但这种“非法利用信息网络罪”的群主责任，严格要求具备主观要件。而《规定》中，群主责任的构成只需考虑客观上有无造成秩序危害，以此推定是否尽到注意义务，这种过错推定在行政执法过程中容易导致责任泛化。如果上位法框架无法吸收群主主体，通过下位的行政立法来课予义务，形式上就存在瑕疵，应当尽快通过立法修正或有权解释进行完善。其次，如果群主符合“网络运营者”的要件，而《网络安全法》第 47 条规定的网络运营者的事中监管义务仅包括仅限于防止违法信息扩散、及时报告等事后补救措施，那么私人干预义务的创制一般也不得随意扩张，如要求群主承担“合理注意”之外的主动监管义务。

随着网络技术的快速发展，群组的信息传播迅捷、搭建便利，在极大降低社会交往成本的同时，也同时降低了违法成本。当下利用网络群组传播违法信息日益猖獗，已经严重扰乱社会秩序，破坏社会稳定；而且网络的匿名性、跨域性、分散性等特征加大了国家干预的难度与成本，使得传统规制效果大打折扣，亟须创新相应的网络治理方式。因此，国家课予私人干预义务来加强监管有其必要性，群主具备治理群内违法信息的便利与优势，吸收其参与网络治理无可厚非。但是，这种共治的需求性与必要性，是否达到义务的程度则要另当别论。首先，对国家和网络服务提供者而言，群组信息的隐私保护相当有限，不影响规制措施的实施。网络服务提供者的监控权限与群主具有高度重合，但相比之下，群主的监控技术与网络服务提供者相去甚远，要求群主承担同等义务既无可能也不合理。同时，《规定》第 9 条规定，群主责任的内容源于法律法规、用户协议和平台公约。用户协议与平台公约看似是市场机制调节与用户自由选择的结果，实则在网络运营者巨型化、寡头化的趋势下，绝大多数网民对微信、微博、贴吧等 App 的依赖程度已不亚于公共基础设施，面对平台单方变更规则的做法，用户毫无参与、协商的权利。因此，若无条件认可用户协议与平台公约中的用户义务内容，忽视平台方已掌握事实上的公共权力，可能主体责任的不当转移责任，权利风险之严峻不言而喻。

当下，我国网络产业之发展正欲实现弯道超车，相关网络秩序的建构必须尊重本土的制度脉络与行政现实，各项创新措施的试错空间自然也有必要。但是，无论如何，网络治理应当在法治框架下循序渐进，对涉及广大人民群众利益的制度试验，要慎之又慎。如果强制将繁重的监管责任转移给群主，不但强人所难，无法得到公众的理解与支持，也无法真正打击违法群体。网络已经深刻改变大众生活，群组更像是社会功能丰富的虚拟社区，建群活动隐含公众结社、言论、通信等多面向的基本权利。如果不当扩大群主的管理责任，必然会抑制公民的建群权利。因此，不妨将主动监管型的群主责任理解为平台协议的合意，即一种自我规制的指导性规范，通过平台与用户之间的信用评价、服务功能限制、黑名单惩戒等来确保实效，但不得扩大解释，甚至对群主适用行政法律责任。

五、结语

随着现代公共行政的变迁，现代行政法不再以合法性为唯一目标，而逐渐重视以实现公共利益为宗旨的任务取向研究。网络时代尤是。随着私人参与公共任务的方式不断更新，私人干预义务的适用逐渐扩大，这种实践有益于建构行政规制与平台、用户自我规制的多层次合作治理体系。国家要求私人在行政过程中发挥积极作用，背后同样隐含了社会自治的脉络与机理，而不仅仅是资本权力与市场机制的作用。当然，在私人干预义务的框架内，如何防止私人滥用这种事实上的干预权力，则是笔者下一步探讨的未竟课题。

地方“两院”规范性文件备案审查的困局及纾解

——以法律效力为中心的制度建构

姚　魏*

摘　要：将地方“两院”规范性文件纳入备案审查范围是实现“备案审查全覆盖”的最后工程，对实现国家法制统一、保障公民权利具有重要意义。目前，有关各方对地方“两院”规范性文件的性质和功能认识不一致，由此导致同级人大对地方“两院”的规范性文件能否备案审查、审查的范围有多大、审查的方式如何以及怎样使之与现有的法制兼容等问题，无法得到有效回答，进而陷入制度与理论困局。必须以法律效力理论为分析工具，解决“规范性文件是否有法律效力和它是否接受备案审查互为因果关系”所形成的监督难题，消除因地方“两院”规范性文件法律效力不明而产生的备案审查进退失据的状态，以法理的逻辑和比较法的视野，探索纾解困局的路径。如果将地方“两院”规范性文件视作无法律效力的规范性文件，并将人大对地方“两院”规范性文件备案审查视为无法律效力的监督行为，所有难题都将迎刃而解。这具体体现为在现有法治框架下，转变观念和思路，并在借鉴域外相关做法的基础上，对有关制度进行局部调整和系统设计，从而形成与现有的备案审查方式既有共性又有差异的监督模式。

关键词：司法机关；规范性文件；备案审查；法律效力

党的十八届四中全会提出，加强备案审查制度和能力建设，把所有规范性文件纳入备案审查范围，依法撤销和纠正违宪违法的规范性文件。全国人大

---

* 姚魏，上海社会科学院法学研究所助理研究员，法学博士。本文原刊于《政治与法律》2018 年第 11 期。

常委会领导据此作出部署:“规范性文件在哪里,备案审查就跟到哪里”;“只要规范性文件的制定主体属于人大监督对象,其制定的规范性文件都应当纳入备案审查范围,实现备案全覆盖”。从我国《地方各级人民代表大会和地方各级人民政府组织法》《立法法》《各级人民代表大会常务委员会监督法》等法律、国务院《法规规章备案条例》、各地人大制定的监督类条例、各地政府制定的行政规范性文件备案审查类规章的规定和执行情况看,几乎所有的规范性文件都已收入监督者的囊中,监督效果日益显现,法制统一的目标日渐趋近。然而,当前还缺失同级人大对地方人民法院和人民检察院(简称“地方‘两院’”)的规范性文件进行备案审查这一环,完整的监督体系尚未建成。虽然天津、安徽、新疆等地近年来制定了授权地方人大对地方“两院”规范性文件进行备案审查的地方性法规,但其调整的备案对象的范围和监督强度差别很大,其制定者唯恐突破国家法律的限制,而更多的地方在等待中央的决策。难道是地方“两院”规范性文件基本不会影响公民权利义务,抑或其在合法性上不存在问题?情况恰恰相反。长期以来,地方“两院”的规范性文件自身的合法性和内容的合法性一直受到质疑。前不久,著名法学家李步云向全国人大常委会提起针对浙江省高级人民法院的某文件部分内容的审查建议,此事件更是引发学界和实务界的广泛关注。[①] 同为司法类规范性文件的司法解释,因较早被纳入备案范围而被公开揭示出问题。从全国人大公布的数据看,其被公民提起审查建议的比例比较高,其与法律不一致的情况也比较常见。[②] 可以合理推测,地方“两院”规范性文件在没有受到有效监督的情况下,它们所存在的违法问题应该更多。一旦明确将地方“两院”的规范性文件纳入备案审查范围,它们受到合法性挑战的现象将是非常普遍的。值得高兴的是,据悉全国人大常委会委员长会议正在制定文件,准备推进和指导对地方“两院”规范性文件进行备案审查的工作。然而,实践的热情不能淹没冷静的思考,必须正视开展这项工作的制度与理论难题,毕竟留下的都是“难啃的骨头”。笔者拟从人大对地方“两院”规范性文件备案审查的核心命题,即规范性文件的法律效力及审查结果的法律效力两个方面,揭示当前的法制冲突,并从理论分析和域外相关规范比较的角度提出纾解困局的方法,进而设计出合理的制度改进措施。

---

① 朱宁宁:《纠正地方法院越权制定司法解释性质文件》,《法制日报》2018 年 8 月 14 日,第 9 版。

② 沈春耀:《全国人民代表大会常务委员会法制工作委员会关于十二届全国人大以来暨 2017 年备案审查工作情况的报告》(在第十二届全国人民代表大会常务委员会第三十一次会议上),2017 年 12 月 24 日。

一、对地方“两院”规范性文件进行备案审查的制度与理论困局

人大对地方“两院”规范性文件进行备案审查之所以成为一根“难啃的骨头”，就在于各方对地方“两院”规范性文件的性质和功能认识不一致，尤其是全国人大、地方人大与最高人民法院、最高人民检察院(合称“两高”)基于不同的地位和立场，对这个难题给予了不同的回答，其答案有时并不清晰，有时互相矛盾，有时“答非所问”，其目的多是实用主义的，因此不甚符合法理上的逻辑严密性，给法治参与者和观察者带来了困惑，也给法治发展的预期带来了困难。笔者将对地方“两院”规范性文件进行备案审查的制度与理论困局归纳为以下五个方面。

第一，地方“两院”制定规范性文件受限和解禁的标准不明确。如果说，由地方法院(笔者于本文中将主要使用法院系统的事例来分析现状，检察系统基本同理)通过制定规范性文件来指导下级法院适用法律可能会因文件自身抵触法律，进而造成案件审判的错误，甚至造成国家法制的不统一，那么彻底取消它们制定规范性文件的权力不就可以避免上述问题与弊端了吗？事实上，无论是全国人大还是“两高”，从规范上只是对地方“两院”制定规范性文件的权力做了原则上的禁止。我国《立法法》第 104 条第 3 款明确规定：“最高人民法院、最高人民检察院以外的审判机关和检察机关，不得作出具体应用法律的解释。”早在 1987 年最高人民法院就发布了《关于地方各级人民法院不宜制定司法解释性文件的批复》(简称《批复》)，2012 年“两高”又联合下发《关于地方人民法院、人民检察院不得制定司法解释性质文件的通知》(简称《通知》)。然而，“两高”实际上又对地方“两院”制定规范性文件的权力留了“后门”。比如上述《通知》规定：“地方人民法院、人民检察院一律不得制定在本辖区普遍适用的、涉及具体应用法律问题的‘指导意见’‘规定’等司法解释性质文件，制定的其他规范性文件不得在法律文书中援引。”言下之意是说，地方“两院”可以制定“其他规范性文件”，它们可以被适用，只是不得在法律文书中被援引。那么何为“其他规范性文件”呢？实践中，那些“会议纪要”“量刑意见”“通知”“通告”便名正言顺地成了裁判所依据的规范性文件。这在当前法治现状下是可以理解的，因为我国地区差异很大，立法供给也不十分充足，在国家法律空白的情况下，司法解释尤其是抽象性司法解释便大量存在，一旦司法解释和地方

立法同时短缺，则地方“两院”规范性文件必然增加，这都是为了满足司法实践中统一办案尺度的需要，就连最高人民法院也会在自己的司法解释中明确授权地方法院根据本地情况设置裁量标准。然而，原则上禁止和有条件解禁的标准在哪里？需求合理性可以突破职权有限性吗？此类问题不解决，“其他规范性文件”便成了任意缩放的“口袋”，这与法治的明确性要求相矛盾。

第二，对“具体应用法律的解释”“司法解释性质的文件”“审判业务文件”“地方‘两院’规范性文件”无法做有效区分。“具体应用法律的解释”概念来自1979年我国《人民法院组织法》，如今已经成为“司法解释”的代名词，同时又表征了“司法解释”所承担的功能和解释的实质内容。从“名实相符”原则出发，“具体应用法律的解释”似乎应当针对具体个案而产生，但实际上抽象的解释性文件也是“司法解释”，甚至成为其主要部分，同时由于“具体应用法律的解释”兼具名称和内容的双重身份，“司法解释”并未得到有效定义，外延的界限不甚清晰。我国《立法法》第104条第3款的规定，实际上就是指地方“两院”不得制定“司法解释性质的文件”，此处的“性质”是从内容角度界定的，“内容”模糊则“性质”亦模糊。“司法解释性质的文件”目前事实上被用于两种情况：一是“两高”制定的不具备司法解释固定形式（司法解释形式分为“解释”“规定”“批复”“决定”四种）但有司法解释之实的文件；二是地方“两院”制定的承载具体应用法律解释的文件，只不过其虽然在法律上不被允许，但实际上包括哪些具体情形并无法说清楚。比如，地方“两院”制定的规范性文件有一部分是对具体应用法律作出直接解释（尤其是司法解释缺位时），有一部分是对司法解释主动进行再解释（即细化解释），还有一部分是根据司法解释的授权对它的某些条款做符合本地实际的裁量性规定。这三种情况从内容上看都是具体应用法律的解释，甚至是比司法解释更具体的针对法律的应用解释，因此似乎也符合“司法解释”的内涵。如果隐去制定主体和文号，它和司法解释几乎没有区别，实践中也并未受到限制，但为了避免违法的嫌疑，实务界就将其称为“其他规范性文件”，后来最高人民法院又以“审判业务文件”为之命名。可是《关于规范上下级人民法院审判业务关系的若干意见》却认为它主要是指高级人民法院制定的文件（如果将中级人民法院总结审判经验形成的文件称为“审判业务文件”也无不妥）。笔者认为，很多时候主事者提出新概念，无非是为了清除前一个概念给实践造成的“障碍”，概念越多，认识上越混乱。从一般理解上看，地方“两院”规范性文件外延最广，既包括直接影响公民权利、义务的规范性文件，也包含司法机关内部的管理性文件。前者大致等于“其他规范性文件”，也就是审判业务文件，涉及的是法律适用领域；后者针对司法机关内部的职能和事务，属于法律遵守的范畴，两者都受到人大监督。然而，从我国备案审查制度来看，备案审查的对象一般是具有外部效力的规范，因而内部管理性文件是排除在外的。可见，上述几个概念内涵、外延都很模糊，很难做出有效区分，原因主要在于前提性概念“具体应用法律的解释”未得到权威的科学解释，不免让人在理解和操作时进退失据。

第三，地方人大似乎不能通过立法自我授权，对地方“两院”规范性文件进行备案审查。从笔者以上的分析可知，地方“两院”规范性文件在内容上已经构成具有司法解释性质的文件，如果司法机关严格适用，会影响诉讼当事人的权利义务，一旦文件违法，将造成大面积的错案，社会负面影响不可估量。那么地方人大是否可以根据宪法的抽象规定，在没有国家法律之具体规定的情形下，设定监督这类规范性文件的措施呢？根据我国《立法法》第 8 条所规定的法律保留范围，各级人大的职权必须由法律作出规定，地方人大不得对此类事务进行先行性立法。对地方“两院”规范性文件进行备案审查就属于人大职权范围，地方人大立法权限似乎不足。然而，笔者认为，我国《地方各级人民代表大会和地方各级人民政府组织法》第 44 条第 6 项规定地方人大行使“监督本级人民政府、人民法院和人民检察院的工作”的职权，已经构成地方制定该类法规的上位法依据，对地方“两院”规范性文件设定监督措施的地方立法属于对该项规定的实施性立法，并不违反我国《立法法》的规定。不过问题的关键不在于此。地方人大这样设定监督措施在立法权限上没有问题不代表其就一定被法律所允许，还要看这项职能的设定是否与上位法相违背。首先，我国《各级人民代表大会常务委员会监督法》在“规范性文件备案审查”章节中所规定的备案审查范围未包含地方“两院”规范性文件。法理上有所谓“明示其一等于否定其余”的解释规则，没有被列举进来，则代表着被立法者排除在外，即立法者的本意是不对这类规范性文件进行备案审查。其次，我国《立法法》第 104 条的本意是不允许地方“两院”进行具体应用法律的解释，如果地方“两院”制定的规范性文件在内容上已成为具有司法解释性质的文件，那么地方人大应当按照法律要求撤销这类规范性文件，让其全部自始无效，而不是允许地方人大制定备案审查的规则，让其规定仅当地方“两院”规范性文件不合法、不适当时，才予以撤销(要求修改或废止)。否则，如果地方立法一意孤行，强行规定地方人大可以审查“两院”规范性文件，则有违法立法的嫌疑，即表面上是对这类规范性文件进行了有力监督，实质上是为“两院”违法制定规范性文件提供了机会。这是因为,进行监督就等于在一般情况下认可其合法性。想必这也是国内大多数省市尚未明确允许人大监督地方“两院”规范性文件的根本原因,大家都在等待全国人大的“一锤定音”。

第四,从宪法原理上讲,对地方“两院”规范性文件进行备案审查的最合适主体未必是同级人大。我国《宪法》第3条规定“一府两院一委”都由人大产生,对它负责,受它监督,这是民主集中制的体现。我国《宪法》第104条又规定县级以上人大常委会监督本级“一府两院一委”的工作,这是承认权力机关至上的表现。由这些规定是否可以推导出,人大对同级国家机关的监督范围和力度是一样的呢?换言之,如果法律规定人大可以对同级政府的行政规范性文件作出备案审查,是否意味着人大也可以对地方“两院”规范性文件进行审查呢?这恐怕要从宪法原理上加以澄清:地方政府属于地方国家机关,但地方“两院”在政权体系中不属于地方国家机关。这个结论可以从几个方面获得印证:一是我国《宪法》第123条的规定表明,法院是国家的审判机关,代表国家而不代表地方进行审判,检察院也是同样道理;二是我国《宪法》对权力机关和行政机关都依照中央和地方的区别分节规定,而对法院和检察院没有中央和地方的区别,只是用专门一节加以规定;三是《宪法》《地方各级人民代表大会和地方各级人民政府组织法》都规定地方人民政府是同级国家权力机关的执行机关,但对司法机关没有作任何类似的规定;四是《地方各级人民代表大会和地方各级人民政府组织法》只规定了政府有地方性法规的提案权,而法院、检察院没有,这说明司法机关对地方性事务保持超脱地位。[①] 可以说,地方人大尽管可以对地方“两院”进行监督,但只是对其执行国家法律的情况进行有限的监督,而并非将其作为自己的执行机关加以全面监督,就是因为地方“两院”不具备任何地方属性。那么,即使地方“两院”的规范性文件需要接受备案审查,也并非一定要由同级人大进行,加上司法事务具有较强的专业性,人大的成员结构并不适合判断司法上的问题,按照国家权力配置功能适当性原则,由上级司法机关作出监督可能更为合适,尤其是检察系统实行垂直领导,由上级检察机关作出监督也许更为可行。因此我国有学者认为,地方人大发现“两院”发布的有关文件与法律相抵触,可以向“两高”提出,由他们责成“两院”纠正,也可以向全国人大常委会提出,由全国人大常委会责成“两院”予

① 刘松山:《运行中的宪法》,中国民主法制出版社2008年版,第270—290页。

以纠正。[1] 也就是说，即使地方人大应当对地方“两院”规范性文件进行备案，也未必可以由它进行审查。

第五，全国人大常委会对地方“两院”规范性文件备案审查工作缺乏明确指示和指导，地方人大开展工作依然艰难。据报道，全国人大常委会有关方面正在研究起草备案审查工作规定，其草案已明确，地方各级人大常委会对于同级地方“两院”制定发布的属于审判、检察工作范围的规范性文件，参照该规定进行备案审查。[2] 然而，这个工作规定拟由全国人大常委会委员长会议通过，因此它属于全国人大的内部规范性文件，并不是法律性文件，这类文件不宜给地方人大增设权力，否则就突破了委员长会议仅“处理人大常委会重要日常工作”的权限。似乎最可行的方式是由全国人大常委会修改我国《各级人民代表大会常务委员会监督法》或作出相关决议，将地方“两院”规范性文件明确纳入地方人大备案审查范围，再由其提出地方人大“参照”全国人大常委会审查司法解释的模式进行监督。不过，即使如此，“参照”毕竟属于概括性准用规则，执行者必须自行考察参照体和被参照体的实质性相同之处，然后类推适用相同的处理模式，这个过程极易产生偏差，会导致违背立法原意的后果。而笔者以上所述情况显示地方“两院”规范性文件和“两高”司法解释所处境遇截然不同。后者的性质与范围相对清晰；前者却被各方以各种方式加以表述，性质和范围难有共识。一旦参照司法解释的备案审查程序，地方人大就会陷入各说各话的状态。所以说，如果地方人大准备实施对“两院”规范性文件的备案审查，就必须自行独立设计一套备案审查的规则，内含备案范围、备案程序、审查结果、责任追究等关键内容。如此这般，各地人大又陷入了进退两难和各行其是的状态——不开展备案审查便违背全国人大常委会领导机构的决策意图，有关人员可能会受到责任追究；开展备案审查又可能是违法行使职权，而且各地执行起来必定标准不一。

二、困局形成之根本原因：地方“两院”规范性文件的法律效力不明确

以上困局集中表现为，同级人大对地方“两院”的规范性文件能否备案审

① 陈斯喜：《人民代表大会制度概论》，中国民主法制出版社 2008 年版，第 297—298 页。

② 朱宁宁：《全国人大常委会法工委相关部门研究起草备案审查工作规定》，《法制日报》2018 年 10 月 16 日第 10 版。

查、审查的范围有多大、审查的方式如何以及怎样使之与现有的法制兼容等问题。其归根到底是要回答地方“两院”规范性文件的性质，即它的法律效力究竟如何。因为一般而言，备案审查的前提是它具有法律效力，可能的结果为因其抵触上位规范而被认定为失去效力。笔者之前所述的一切困局皆归因于各方都不能很好地回应这一难题，学界亦没有破解这一关键问题而盲目地发表意见。因此，必须对法律效力问题进行追根溯源的考察。

（一）法律效力的定义与规范性文件获得效力之标准

法律效力在我国法上并无定义，我国理论界长期将它混同于法律的适用范围或法律的生效范围，其包含法律的属时效力、空间效力、对人效力和属事效力。这种界定方式不仅没有对什么是法律效力的本体问题作出回答，而且将法律效力狭隘地理解为法律的效力，忽视了法律以外其他规范性文件以及因法律行为、裁判行为产生的文件（如合同、裁判书等）的法律效力问题。20世纪90年代，我国学者对法律效力理论进行了讨论，其中对法律效力定义存有争议。俞祺博士将学界观点总结为三种学说，即合法行为发生说、特定事实来源说和综合说。第一种学说认为，法律效力是合法行为发生肯定性法律后果的强制性保证力，不存在无法律效力的合法行为，即“合法有效，违法无效”。第二种学说认为，法律效力来自制定它的合法程序和国家强制力，它去除了法律效力中的内容合法性因素，将效力的来源定位于规范性文件的产生方式和规范性文件自身，即制定者的权威或者制定的程序。第三种学说认为前两种观点都存在片面性，必须将两者加以综合表达，即强调形式合法性与实质合法性的统一。[①] 笔者认为，第三种学说没有独立存在的价值，它与第一种学说无根本差别，因为实质合法性必然包含形式合法性。

如上所述，人们始终在两个层面上使用法律效力概念，由此造成逻辑上的混乱。学者们有时从内容合法性效力角度评价规范性文件（对应于合法行为发生说），有时又从形式权威性效力角度观察它们（对应于特定事实来源说）。[②] 相应地，实践中也存在两种情形，比如备案审查法规明确了审查的标准，文件

---

① 参见俞祺：《行政规则的司法审查强度——基于法律效力的区分》，法律出版社2018年版，第125—127页。

② 笔者于本文中借鉴了俞祺博士关于法律效力可区分为内容合法性效力和形式权威性效力的理论，但相关概念有所简化和调整，其工具价值和适用情形也有差异。参见俞祺：《行政规则的司法审查强度——基于法律效力的区分》，法律出版社2018年版，第117—149页。

若符合之则确认有效，违反之则被撤销而失效，故内容合法性效力只存在有或无的状态，却无高低之分；我国《立法法》却设定了法律文件效力的高低位阶，即宣告法律、法规、规章都有法律效力（但存在等级之分），可一旦上下位规范出现不一致，国家却又不能都给予效力保障（多数情况下会撤销下位规范，但若证明下位规范符合更上位规范时，也可能撤销上位规范），这就使得原本有法律效力的文件失去了受保护的资格。因此“形式权威性效力”只能被解释为一种不完全形态的法律效力，它指某规范性文件基本符合制定权限和程序要求，被视为“初显有效”，受国家强制力保障，但可能在随后的审查中因实质违法而失去效力。“内容合法性效力”是指某规范性文件被监督机关确认为合法有效，由此获得不再受挑战的终极约束力。因此，从本质定义上讲，要获得法律效力应当具备内容合法性要件，因为按照凯尔森的规范体系理论，低级规范之所以有效力，是由于它按照高级规范决定的方式被创造，后者成为前者具有效力的理由，而且此种效力具有传导性，其本源可以追溯到最高的“基础规范”。[①] 可见，“内容合法性效力”其实就是指经过审查，从基础规范到被审查规范存在完整的逻辑体系链条，多级规范之间始终保持权威不断裂与内容无抵触，从而获得的一种高度确定的法律效力。然而，某文件仅具备形式权威性要素也不妨碍其被视为已获得法律效力，人们历来就是在这个层面上谈论法律效力的。与之相似，行政行为一经作出便享有公定力、拘束力、执行力等具体效力，它们也与内容合法性无关，其属于推定效力，之后可经复议或诉讼被撤销。上述解释方案看似矛盾，其实是自洽的。就如同“非理性之人是人”命题不与“人是理性动物”之定义相抵触，因为后者是本质定义，揭示了被定义事物的“共相”，指明抽象的人具有理性；不是指个体的人都必须具有理性，而前者对应的是具体的个人，属于非集合概念，论域不同，概念所指也不同。[②]

以下笔者将对规范性文件获得法律效力之判断标准作出归纳。首先，特定规范性文件必须纳入法制轨道，从而接受法律的调整和控制。如果某类文件未进入法律规制领域，则说明立法者并无赋予其法律效力的意图，只是让其停留在非正式或内部规范的层次和阶段，就如同法律对待事实行为一般，不欲使它产生客观的法律效力和直接的法律效果，毕竟只有法律行为（受法律调整的订立规范行为也可视作法律行为）才是立法者精心设计的结果，是法律效力

① ［奥］凯尔森：《法与国家的一般理论》，沈宗灵译，中国大百科全书出版社 1996 年版，第 141 页。
② 朱庆育：《民法总论》（第 2 版），北京大学出版社 2016 年版，第 101—103 页。

生成的原因。其次，法律对其规制须以积极的方式且具有保障实施的明确意图，即法律需要正面规定文件合法有效的实体要件和程序要件，而不能以“不得”“无效”“禁止”等语词来否定或限制订立行为，否则就意味着立法者明示某类规范性文件无效或部分无效。例如，我国《立法法》第 82 条规定，地方政府规章无上位法依据不得设定减损公民权利或增加其义务的规范，公民理应可以不服从这种显然无效的规范；又如，法律规定某国家机关可以制定指导性或建议性的文件，也说明立法者不希望通过国家强制力来保障其实施，它亦无法律效力。再次，立法者或法律解释者需要有将某类规范性文件纳入法律效力链条的意思表示，使其上承高级规范之效力，下启低级规范或法律行为之效力，即将它们安置于规范的效力层级体系中，并且要明确其在该体系中的确切位置，恰如我国《立法法》所设定的那种有序的位阶关系，或者确定该规范性文件以何者为制定依据。最后，考察某类规范性文件是否有法律效力，还可以进行辅助性验证。最为可行的方法便是观察该类规范性文件是否已纳入法定备案审查范围，因为规范性文件是否有法律效力和它是否接受备案审查互为因果关系。备案审查的目的在于判断规范性文件的内容合法性效力，若文件被认定抵触上位法即应撤销，而撤销的对象实为该文件的法律效力即形式权威性效力，故规范性文件无效力则无从被撤销，能够被撤销恰恰证明其有效力。

（二）纳入备案审查范围的规范性文件具有确定的法律效力

概括而言，目前接受人大备案审查的规范性文件总体上可分为立法性文件、人大决议类文件、行政规范性文件和司法解释。

立法性文件包括行政法规、地方性法规、部门规章、地方政府规章等，它们属于正式的法律渊源，是广义的“法律”，其获得法律效力似乎是理所当然的，因为法律效力的内涵之一就是法律所具有的效力。不过，这种理解并不准确，在我国一元多级（极）的立法体制中，只有宪法和法律才具有当然和原初的法律效力，立法性文件的效力都是派生的，是宪法和法律赋予的。如前所述，规范性文件获得效力的前提在于接受法律的控制，我国《宪法》《立法法》《地方各级人民代表大会和地方各级人民政府组织法》就是将它们纳入法制轨道的原动力，即它们的立法权限和效力位阶是在宪法法律中获得确认的，订立程序是在宪法法律及配套制定的《行政法规制定程序条例》《规章制定程序条例》中得以明确的。可以说，宪法、法律是创造立法性文件的构成性规范，是其法律效力得到肯定的确切证据。那么，同步建立起来的法规、规章备案审查制度则是它们获得法律效力的间接证据。我国备案审查制度肇始于1979年《地方各级人民代表大会和地方各级人民政府组织法》,其明确要求省级人大常委会将地方性法规报全国人大常委会和国务院备案。随着1982年《宪法》和2000年《立法法》的实施,国家基本做到了“法的范围扩展到哪里,备案审查就跟进到哪里”。比如,《立法法》甫一制定,《法规规章备案条例》就立即跟进修订;2015年修改的《立法法》新增设区的市为地方性法规制定主体,该法相关章节便立即扩大备案审查范围。根据“要求备案审查相当于间接确认法律效力”原理,立法性文件具有法律效力更是无可争议。同样地,地方各级人大有权作出决议、决定,是由宪法和《地方各级人民代表大会和地方各级人民政府组织法》给予授权并加以规范的,其效力位阶依照作出决议的人大层级而定,宪法和《各级人民代表大会常务委员会监督法》同时规定,全国人大常委会可撤销省级人大制定的同上位法相抵触的决议,地方各级人大常委会可审查、撤销下一级人大作出的不适当的决议、决定。基于此,人大决议类文件具备法律效力也是有根据的。

由人大备案审查的行政规范性文件是国务院和地方政府发布的决定和命令。其发布权限及效力层级、备案审查程序等都规定于我国《宪法》《地方各级人民代表大会和地方各级人民政府组织法》《各级人民代表大会常务委员会监督法》及配套法规中,因此这类规范性文件具有法律效力同样是没有疑问的。然而,由各级政府所属部门制定的规范性文件并不接受人大的监督,而只接受本级政府或上级行政部门的备案审查,这部分行政规范性文件是否具有法律效力是存在争议的。以德国为代表的大陆法系国家,将行政规范性文件称为行政规则,它是上级行政机关向下级机关发布的一般、抽象命令,制定根据是上级行政机关的指令权。不过,行政规则的效果只产生于行政系统内部领域,只能规范下属行政机关及工作人员,它不能直接影响公民权利、义务,不以对外发布为必需。[①] 在德国公法中有一项“法律的法规创造力原则”,该原则的含义之一是,如果一种规范属于法规,那么它必须是抽象且具有普遍约束力的。“普遍约束力”意指不仅仅约束行政权和相对人,更是对司法权有绝对约束力,其本质就是法律效力;该原则的含义之二是,法律是创造法规的唯一途径,即只有议会制定的法律和行政机关经由法律授权制定的法规命令才有资格创造法规。第二次世界大战后的德国按照这个原则否定了自主行政立法,行政机

① [德]哈特穆特·毛雷尔:《行政法学总论》,高家伟译,法律出版社2000年版,第591—593页。

关在没有法律授权情况下制定的行政规则对法院没有约束力，也就是没有法律效力。[①] 在我国，行政规范性文件被定义为，行政机关依据法律、法规、规章制定的涉及公民、法人或者其他组织权利、义务，具有普遍约束力且可以反复适用的文件。尽管我国对规范性文件的定义也包含“普遍约束力”特征，但该“普遍约束力”仅针对行政机关和公民，不针对法院，即使法院不是无条件地适用，行政规范性文件也具有法律效力。为了适应此特性，我国行政规范性文件是必须对外发布的。同时，行政规范性文件的制定程序和监督方式也已纳入法制轨道，近年来我国各省级政府普遍制定了“行政规范性文件制定和备案规定”，这些规章使得行政规范性文件的效力得以显性化和外部化。此外，发布行政规范性文件的另一重身份是抽象行政行为，这在制定我国《行政诉讼法》时就已明确，由此它便具有行政法律行为的特征，而行政法律行为当然是有法律效力的，它所具有的公定力等效力类型也应为行政规范性文件所享有。简单讲，德国的行政规则是没有法律效力的内部规则，我国的行政规范性文件是具有法律效力的外部规则。

司法解释包含审判解释和检察解释，前者更受到重视。1979 年《人民法院组织法》首次明确，由最高人民法院对于在审判过程中如何具体应用法律、法令的问题，进行解释。1981 年《全国人民代表大会常务委员会关于加强法律解释工作的决议》再次确认，凡属于法院审判工作中具体应用法律、法令的问题，由最高人民法院进行解释。虽然司法解释已进入法律和有关法律问题决定的规范视野，但法律对其性质与制定程序未置一词，其与全国人大常委会所作法律解释的区别也未予澄清，特别是司法机关制定大量解释性抽象文件后，司法解释与法律解释的界限更加模糊。在法律“默不作声”的情况下，司法解释不断自我确权和赋权。最高人民法院《关于司法解释工作的规定》即规定，最高人民法院发布的司法解释具有法律效力，而且解释对象不限于如何具体应用法律，范围扩展至抽象解释，订立的程序规则也非常正式。同时，《人民法院民事裁判文书制作规范》将司法解释直接列为裁判依据而不只是说理依据；《关于裁判文书引用法律、法规等规范性法律文件的规定》将裁判依据的引用排序为法律及法律解释、行政法规、地方性法规、自治条例或者单行条例、司法解释。由此，司法解释的法律效力和效力位阶得到司法机关的自我认定。既然司法解释的性质和效力始终没有得到立法机关的明确回答，那么它给自己所

---

① 黄宇骁：《也论法律的法规创造力原则》，《中外法学》2017 年第 5 期。

作的身份认定是否有效，便值得怀疑，毕竟司法解释不是法律解释。这个问题在2005年建立司法解释备案审查制度之前是不明确的，因此才出现了“存档备查”的做法。需要注意的是，2005年《司法解释备案审查工作程序》仅属于人大内部文件，在没有国家法律授权的情况下，直接增加备案审查的对象，也不合适。因此2006年《各级人民代表大会常务委员会监督法》明确规定由全国人大常委会对司法解释备案审查，就属于最高立法机关对此问题的权威表态——司法解释有法律效力，可以备案审查。

（三）地方“两院”规范性文件的法律效力模糊难辨

以上笔者已证明，凡纳入法定备案审查范围的规范性文件都具有法律效力，这是根据法律效力判断标准所作出的学理认定。也许有人会说，这样做不是多此一举吗？既然规范性文件是否有法律效力和它是否接受备案审查互为因果关系，那么仅凭这一项标准，不就可以确定谁有效力谁无效力了吗？其实这种认识是误解了法律效力判断标准的使用方法。笔者曾列举了四项法律效力判断标准，前三项是具有递进关系的直接标准——有法律规定、有赋效意图、有位阶安排，最后一项标准是具有校验性功能的间接标准——可备案审查。只有依据直接标准与间接标准获得一致判断的情况下，某类规范性文件是否具有效力的结论才是可靠的。如果不能得到同一而确定的结论，则说明立法者在是否赋予其法律效力的问题上是自我矛盾或犹豫不决的。因此，笔者是通过两套判断标准相互印证的方法，才得出纳入备案审查的规范性文件具有确定法律效力的结论。与之相反，地方“两院”的规范性文件到目前为止一直处于效力模糊的状态，表现在其法律效力既有存在之证据，也有不存在之证据，而且较难通过逻辑推理或法律解释消弭它们之间的矛盾。

地方“两院”制发规范性文件的情况早已出现，但立法者对制发行为合法性与文件法律效力的态度始终不明朗。2006年《各级人民代表大会常务委员会监督法》只将司法解释纳入备案审查范围而对地方“两院”规范性文件不置可否，这相当于间接认定地方“两院”制定的规范性文件全部无法律效力。然而，2012年“两高”下发的《通知》重申地方“两院”不得制定司法解释性质的文件，并许可它们可以制定非司法解释性质的规范性文件，从而地方“两院”的规范性文件（除去司法解释性质的文件）又有了获得法律效力的可能。这与2010年最高人民法院发布的《关于规范上下级人民法院审判业务关系的若干意见》形成衔接，其规定高级人民法院可以通过制定审判业务文件来指导下级法院的审判业务工作，同时要求它们不得与现行法律、司法解释相抵触（即确定效力位阶）。笔者推测，此处的“审判业务文件”就是非司法解释性质的规范性文件的正式名称。可见，最高司法机关通过一系列的文件，表达了给予部分地方法院规范性文件以法律效力的意图。可是，2015 年修改后的《立法法》又只提“两高”以外的司法机关不得作出具体应用法律的解释（即制定司法解释性质的文件），这仅是对 2012 年“两高”《通知》中内容的追认和重申，却对审判业务文件“只字不提”，或许立法机关认为根本不存在审判业务文件，或者即使存在也不该赋予其效力。由此全国人大和最高人民法院出现了意见分歧，但前者并没有否定后者的既有规定。同时，地方人大对此也意见不一，主要表现在各地人大常委会关于规范性文件备案审查的地方性法规可以被划分为两个阵营：一部分地方性法规将本级地方“两院”规范性文件纳入备案审查范围；另一部分则不将其列为备案审查对象。在《各级人民代表大会常务委员会监督法》颁行之后，有些地方将地方“两院”规范性文件排除出备案审查范围，有些地方则坚持不做修改，还有些地方在新制定的地方性法规中继续要求对其备案审查，更多的地方是在观望等待全国人大的表态。因此，从间接判断标准看，地方“两院”规范性文件的效力问题在地方上是存在争议的。不过，地方性法规也是“法”，在未被上级人大常委会撤销前，是被推定合法有效的。也就是说，在本地法规允许对地方“两院”规范性文件进行备案审查的地方，它们的法律效力是被认可的。如果全国人大常委会在对这些地方性法规备案后而长期不予否定，则等于默认该地的地方“两院”有权制定有效力的规范性文件。由此，这便造成国家法制的不统一，各地处于自行其是的状态。

除了上述规范之间的冲突，因其产生的法治实践也矛盾丛生。比如，若某类规范性文件获得法律效力，则基本前提是对外公布而让公众知悉。但笔者查询了各省份高级人民法院的官方网站，绝大多数省份的高级人民法院并未设置规范性文件公开栏目，目前仅见“浙江法院公开网”设有“司法文件”专栏，对外公布“最高人民法院指导文件”和“浙江省法院指导文件”。这种做法就与最高人民法院的司法解释公布状况有天壤之别，后者不仅通过《最高人民法院公报》公开，而且在最高人民法院官方网站上全文公布。这也从一个侧面反映地方“两院”规范性文件无法律效力。然而，从笔者掌握的部分地方“两院”规范性文件的措辞看，地方高级人民法院往往习惯于对下级法院使用“请认真贯彻执行”“请遵照执行”“自下发之日起施行”等带有强制命令性的词语，却较少使用“请参照执行”等指导性和建议性的词语。而法律上约束力的判断主要是通过规则所采用的语言来进行的，前一种表述实际取消了下级法院的司法裁量余地，相当于对自身的规范性文件赋予法律效力，这就与因不公开而无效力的结论发生抵牾。综合来看，形成当前困局的根本原因就在于地方"两院"规范性文件的法律效力不明确，继而产生能否备案审查、审查范围如何、由谁来审查、怎么审查等一系列问题，其中能否审查是首要难题，也是解决其他困惑的前提，且与文件的法律效力直接勾连。可是就在规范性文件法律效力的问题上，全国人大、地方人大、"两高"、地方"两院"有不同的认识和做法，形成复杂的多元博弈关系，其中全国人大常委会的态度是最关键的，但由全国人大常委会委员长会议结束分歧并不合适，因为它既不能代表全国人大常委会，也不能解释法律，恐怕争议还将继续下去。

三、困局纾解之关键：地方"两院"规范性文件及其审查决定的性质皆属于无法律效力

在全国人大提出"规范性文件在哪里，备案审查就跟到哪里"后，由地方人大对地方"两院"规范性进行备案审查势在必行且任务艰巨。说其"艰巨"不仅在于备案审查对象量大面广，而且在于前面横亘着难以跨越的法律障碍，因为要将它们纳入备案审查范围，就先要承认其具有法律效力，否则"皮之不存，毛将焉附"。为此，需要在现有法治框架下，转变观念和思路，并在借鉴法治发达国家经验的基础上，对有关制度进行调整。笔者认为，只要将地方"两院"规范性文件视作无法律效力的文件，并将人大对地方"两院"规范性文件备案审查视为无法律效力的监督行为，则上述所有困局和难题都将得到纾解。

（一）地方"两院"规范性文件是无法律效力的上级法院指导性文件

目前情况下，如果一定要从内容上将地方"两院"规范性文件分为司法解释性质的和非司法解释性质的，那么大多数文件无疑属于前者，若监督者"较真"，就应当是宣告文件整体无效，而不是现在的因某条文抵触法律而部分失效（如李步云上书事件所针对的浙江省高级人民法院文件，省高院也自认其属于司法解释性质文件，那么理应被整体撤销）。显然，无论是全国人大、地方人大还是"两高"，对于地方"两院"制定规范性文件的必要性还是认可的，只是全国人大不愿意在法制上予以明确承认，地方人大又因意见不一而各执一词，而最高人民法院则通过复杂的概念构建，让地方"两院"规范性文件究竟是什么

性质的文件变得不可捉摸，因此必须从理论上另辟蹊径解除制度困局。类似的问题在法治实践中也很常见，有的已形成合理的解决方案。比如，以往行政法学在界分行政立法和行政规范性文件时都以实体内容为区分标准，即凡是设定了公民权利义务的规范就属于行政立法，凡是属于具体化不确定法律概念和订定裁量规则的规范就属于规范性文件。然而，事实证明这种区分没有必要也很难操作，有时行政规范性文件对公民权利义务的实际影响远大于行政立法，甚至能达到变更法定权利、义务的程度，而且“设定权利”和“涉及权利”在很多情况下并非泾渭分明。因此有学者认为，应当引入美国联邦最高法院的最新观点，对行政立法与行政规范性文件的区分可以使用程序标准，即只要没有经过立法程序制定的就是行政规范性文件，而由于行政规范性文件不是“法”，无论它规定什么内容都不可能创设权利义务，所谓“带有立法性质的规范性文件”是伪命题。[①] 笔者从以上事例中受到启发——有时规范的性质区分并非一定要从内容角度入手，当内容分辨不清时可以改变思路，转而求助于其他标准也许更为可行与务实。笔者就此认为，司法解释和地方“两院”规范性文件在内容上也是无法区分的，但“备案审查全覆盖”要求的提出让矛盾集中爆发而必须即刻纾解，解决的办法就是以法律效力为标准来区分司法解释和地方“两院”规范性文件。也就是说，最高人民法院和地方法院都可以作出“具体应用法律的解释”（是从内容上讲的），只不过前者具有法律效力，后者没有法律效力。换言之，地方“两院”根本制定不出具有司法解释性质的文件，因为这里的“性质”是针对法律效力而言的，而不是从内容角度界定的。因此，地方“两院”的所有规范性文件都应当被视为无法律效力的上级法院指导性文件。

上述观点完全可以得到法理与实定法的确证与印证。第一，根据笔者归纳的判断标准，规范性文件获得法律效力是和国家强制实施结合在一起的，如果某个规范性文件在国家的观念中仅具有指导意义，不需要通过自身强制力来保障执行，则它便是没有法律效力的。因此地方“两院”规范性文件的无效力和具有指导性这两个特点是共容的，不存在抵牾。可能产生疑问的是，既然“规范”的本义是“应为”，且规范性文件的特征之一是“具有普遍约束力”，那么怎么可能存在不要求必须遵守的规范性文件呢？实际上，“规范”除了“应为”含义，还有“最好这样为”的含义，比如道德规范虽然没有强制性特质，却具有

---

① 王留一：《论行政立法与行政规范性文件的区分标准》，《政治与法律》2018 年第 6 期。

指导性的“最好这样为”的特质。同时,“约束力”也未必是法律上的约束力,还可表现为政治学或社会学上的约束力,即事实上的约束力,它们分别对应于规范命题和事实命题,可共享“约束力”这个概念。第二,我国学者早就提出,具体应用法律的解释并没有独立、直接的法律效力,但有事实上的约束力,它是法律效力的延伸,产生于法律的确定性要求和下级法院对先例的尊重。[①] 尽管这是针对最高人民法院司法解释的功能而阐发的观点,已不符合司法解释具有确定法律效力的现状,但它对帮助人们认识地方“两院”规范性文件的特性有辅导意义,因为地方“两院”实际上也在进行具体应用法律的解释。就本质而言,地方法院规范性文件就是上级法院对下级法院作出的裁判指导性文件,目的在于明确告诉下级法院,当其审理的案件一旦再诉至本院,本院将如何作出裁判,即以审级的权威性引导下级法院依法裁判。如果下级法院不予适用,除案件被依法改判外,上级法院不得因其不遵从自己的规范性文件而作出错案追究。同时,如果下级法院针对个案,有恰当的理由突破规范性文件的规定,也可以直接依法作出裁判,即履行个案裁量义务。第三,尽管笔者前文已述及地方“两院”规范性文件的法律效力不确定,法律效力存否之依据皆能从制定法或司法解释中找到,但作为最高立法机关的全国人大的态度还是倾向于否认其法律效力的,只不过没有通过否定持相反立场的地方性法规和司法解释的形式而明确表达出来。即使将来对《各级人民代表大会常务委员会监督法》和《立法法》做立法解释,或由最高人民法院再做司法解释,将此类规范性文件解释为有效力也比解释成无效力难度更大,因为根据“公权力无法律规定不可为”原则,地方“两院”制定有法律效力的规范性文件的权力不能凭空产生,必须要有法定依据,而且按照法律保留的范围,此事项涉及司法制度,赋权依据不能由地方性法规来充当。很明显,目前在法律未作授权的情况下,以不认定其具有法律效力为宜。此外,即使最高人民法院有赋予此类文件法律效力的意图,但相关表述又抵消了这样的意思。比如,《关于规范上下级人民法院审判业务关系的若干意见》规定,高级人民法院通过审理案件、制定审判业务文件、发布参考性案例等形式,对下级法院的审判业务工作进行指导。既然文件是指导性的,则无法律效力是必然的。

笔者以上的论述只是说明地方“两院”规范性文件可以被视作无法律效力的指导性文件,尚不能证明必须对其做这样的性质认定。有人也许会说,通过

① 陈斯喜:《论立法解释制度的是与非及其他》,《中国法学》1998 年第 3 期。

修改《立法法》转而规定地方“两院”可以制定具有法律效力的规范性文件，并相应地在《各级人民代表大会常务委员会监督法》中增加备案审查的对象，不就可以一劳永逸地解决法律难题了吗？笔者认为，这是不妥当的，因为它破坏了宪法所确立的法权分配方案。一般来说，规范性文件具备“涉及权利义务”“具有普遍约束力”“可反复适用”三要素。如果法律赋予某类规范性文件法律效力，则意味着它被国家纳入了法律体系中效力链条的一环，成为评判下位规范合法性的依据。由此，一般约束力转化为法律约束力，从而具有强制性的特征，这样的规范性文件是立法或准立法（如行政规则）。现代国家中，立法权一般由代议机关执掌，特殊情况下可经授权赋予行政机关，但这只能在迫不得已的情况下偶尔为之。让司法机关承担立法任务是绝对禁止的，因为其在组织、人员、程序等方面不适合进行具有民主性、政治性的抽象规则制定活动。并且，司法机关的地位是中立的，由它既充当立法者又担任裁判者，其公正性会受到严重质疑，司法机关的性质决定了它只能在个案中阐释法律含义，而不能任意地制定规则。如果赋予地方“两院”规范性文件法律效力，还会造成司法审级制度的破坏。行政规范性文件尚可经过法院的合法性审查后而选择性适用，而具有法律效力的上级法院规范性文件是不会受到下级法院挑战的，这样下级法院便被迫放弃个案考量的职权活动，但上级法院的规范性文件又有可能没有揭示出必须考虑的事项，由此将造成个案不公正甚至是违法断案，并使得二审、再审纠错机制形同虚设。从域外的相关经验来看，普通法系国家的判例虽然具有法律约束力，但它是基于个案裁判而产生的，是具体性的和司法性的，属于真正的应用法律的解释，这和具有抽象性特征的规范性文件有本质区别。在我国，最高人民法院的抽象司法解释占很大比例颇受诟病，其受全国人大备案审查后的纠错率也比较高，如果将司法解释权下放到地方法院，后果是堪忧的，即使其接受同级人大的备案审查，也会因人大审查能力的限制而问题丛生，对国家法制统一造成冲击。现在的趋势是用指导性案例来配合司法解释发挥作用，具有具体针对性，正是前者功能优势所在。在这样的背景下，再赋予地方“两院”规范性文件法律效力就显得不合时宜了。因此，在法律体系日益完善的当下，全国人大只会收缩司法机关的规则制定权，地方“两院”规范性文件获得法律效力几无可能。

（二）人大对地方“两院”规范性文件备案审查是无法律效力的监督行为

虽然地方“两院”规范性文件本身没有法律效力，但不等于对其没有备案审查的必要。这是因为它们具有事实上的约束力，如果下级法院不遵从上级法院发布的规范性文件，极有可能带来改判的后果，任何法官都不会对上级法院发布的规范性文件视而不见。所以地方人大对本级地方“两院”规范性文件进行备案审查责无旁贷；同时，由于法院是社会纠纷的最终裁决者，它们的规范性文件往往也能对其他国家机关和公民产生事实上的约束力，即裁判规范通常可转化为社会行为指引，如果这样的规范性文件违反法律，则可能间接导致社会秩序混乱。比如2009年发生在上海的“钓鱼执法事件”，就直接起因于上海市高级人民法院行政审判庭制定的《关于审理出租汽车管理行政案件的若干意见》设置的不合理的对案件的事实认定规则，即法院认可被告将执法人员对乘客所作的询问笔录直接作为行政处罚的依据，由此导致政府公信力受到质疑。因此，由同级人大对地方“两院”规范性文件进行监督，是从根源上减少司法错案的重要举措，同时也是恢复受到违法规范性文件影响的社会关系的主要手段。那么，同级人大对地方“两院”规范性文件进行备案审查的行为究竟具有何种法律性质呢？目前对备案审查制度的研究主要涉及备案审查的主体、程序、标准等内容，但笔者于本文中的研究重点在于探究审查的最后结果，即人大常委会表决通过的要求修改或废止地方“两院”规范性文件之决定。因为只有最终作出的审查决定才存在法律效力问题，是备案审查至为关键的一步，其他的行为皆为过程性行为，只存在合法与违法的区别，而没有有效和无效的评价。因此笔者于本文中所称同级人大对地方“两院”规范性文件备案审查的法律性质其实指的就是审查决定的性质。笔者认为，同级人大对地方“两院”规范性文件备案审查的性质是无法律效力的法律监督行为。

笔者以上仅论述了规范性文件的法律效力问题。那么审查决定既非法律也非规范性文件，何来效力一说呢？其实，法律效力一词至少有三种不同用法，即法律规范的法律效力、裁判文书的法律效力和民事法律行为的法律效力，分别对应于法律的效力、法律上的效力和法律认可的效力。[①] 这三种“法律效力”是内在统一的。凯尔森认为，法律不仅包含可反复适用的一般规范，也包括只针对特殊场合一次性适用的个别规范，因为它们都表达了“应为”命题，都可以用“有效”和“无效”作出价值评判，司法裁判、行政行为、私法上的法律行为即为适例。[②] 个别规范处于规范体系的最底端，即个别规范的效力由一般

① 张根大：《法律效力论》，法律出版社1999年版，第7—8页。

② 凯尔森：《法与国家的一般理论》，沈宗灵译，中国大百科全书出版社1996年版，第40—41页。

规范所决定，其效力也可以逐层追溯至“基础规范”。因此，某行为所具有的法律上的效力或法律认可的效力，本质上都由高级规范的效力传导而来，即只要个别规范符合高级规范，国家强制力便保障其主观效果的实现。人大作出任何决议、决定，形式上与司法裁判近似，是一种判断权的行使，它也需要符合一定的程序，就像法院判案必须符合诉讼程序一样。如果这种程序是法定的，那么人大依其作出的决定便具有法律效力。我国各级人大对备案之规范性文件作出审查决定也是有法律效力的，因为这种审查是有法律依据且符合法定程序的，它的法律性质是人大依法对规范性文件的内容合法性效力作出判断。如果人大认定规范性文件抵触上位规范，则以撤销的方式否定其法律效力，表现为形式权威性效力最终让步于内容合法性效力，即规范性文件由“初显有效”变为确定无效。

上述情形是人大对有法律效力规范性文件的监督常态，但人大如何对无法律效力的文件进行监督呢？恐怕人大只能同样以无法律效力的决定、决议对待这类有违法情形的规范性文件，因为被审查的规范性文件其本来的属性就是无效力的，就无法也不应当用具有法律效力的撤销行为作出处理，否则就间接承认了其本来属性是有效力的。这在域外法中是有经验可循的。在有些国家，因立法权是国会的宪定权力，其制定的法律具有当然的法律效力，但其他国会决定并非都有法律效力。比如，德国的国会单纯决议，它是只需国会两院中一院通过的议案，无须提交给总统，也不经过三读，一般用于订立院内议事规则，或议院作为一个整体表达对某事件的看法，除非单纯国会决议有法律依据，否则不产生任何法律拘束力。因为决议只是依据国会议事规则作出，而议事规则本身并非法律，它只是国会内部有效的自治内规而已，尚不得课予国会成员以外第三人任何法律上的义务。正是基于此种特性，我国台湾地区学者许宗力认为，单纯决议在德国成为国会监督行政机关无法律效力之行政规则的可行方式。这是因为制定行政规则是行政机关的原始权限，如果立法机关采取具有法律效力的监督措施，就会侵犯行政权的核心领域，造成立法权干涉过度，故只能采用具有建议性质或仅具政治效力的温和模式，比如课予行政机关单纯送置义务（类似于备案），若发现违法再以单纯决议通知行政机关变更或废弃（具有建议性质）。[①] 此外，我国香港地区立法会也存在所谓“不拟具立法效力的议案”，议员通过不拟具立法效力的议案辩论，对公众关注的事项

① 许宗力：《法与国家权力》，月旦出版股份有限公司（台北）1993 年版，第 269—300 页。

表达意见，或吁请政府采取或取消某些措施，并最终通过表决发挥影响力。

笔者认为，我国同级人大对地方“两院”规范性文件的监督也可借鉴上述做法。这是因为两者共享相同的监督原理。德国议会使用无法律效力的单纯决议监督无效力的行政规则，是由于行政规则具有类似于我国司法类规范性文件那样的事实上的外部约束力（通过行政惯例和平等原则而产生）；同样，我国地方人大使用无法律效力的审查决定监督同级地方“两院”规范性文件，也可以防止立法机关侵入司法机关所享有的内部协调办案标准之“核心权力”。有人也许会说，我国各级人大及其常委会作出的决定、决议都是有法律效力的，这是因为人大自己制定的议事规则也是“法”，所有依之作出的人大决定不可能没效力。这种说法对全国人大及其常委会的两个议事规则是适用的，因为这两个议事规则是由国家主席签署发布的，因符合立法程序而属于法律。不过，地方人大及其常委会的议事规则只是由自己审议通过，既可以看成地方性法规，也可以看作自治内规，两者在制定程序上是一样的，但人们习惯上将其看作地方性法规。然而，议事规则和立法还是有根本区别的，它是立法行为的先在性规则，不经三审而是一次审议即获通过，调整范围限于内部机构设置和议员的活动，不具有司法适用的特点。[①] 可见，地方人大及其常委会的议事规则宜被视作自治性内部规则。因此地方人大的决定并非都有法律效力，是否有效力关键看决定内容是否有法律依据，而由同级人大审查“两院”规范性文件恰恰属于没有法律依据的情况。同级人大对地方“两院”规范性文件作出审查决定，仅仅是其依据议事规则作出的无法律效力的决定，具有建议性的特征，地方“两院”可以接受也可以不接受。根据西方国家的法制逻辑，有法律效力的议会决议只能针对有法律效力的政府行为和规范性文件，而无法律效力的议会决议所针对的对象，其本身是否有法律效力则在所不问。形象地讲，议会决议可以“以柔克刚”却不能“以刚克柔”。这是因为如果以有效力决议“对付”无效力文件，则不仅违背权力分立原则，也间接使得本身并无法律效力属性的文件变成了有效力，仅具建议性、指导性的文件根本不需要刚性监督；而无法律效力的议会决议既然也是建议性、指导性的，那么通过它来影响有法律效力的文件是有益无害的，不仅不会侵犯制定机关的法定权力，反而对其正确适用法律有所裨益，德国议会通过单纯决议监督具有法律效力的法规命令即

① 邹平学：《抵触基本法还是符合基本法——评香港特区立法会〈议事规则〉第57(6)条之定位》，《法学》2007年第5期。

是适例。需要说明的是,尽管同级人大对地方"两院"规范性文件的审查决定无法律效力,但它和规范性文件有事实上的约束力一样,对制定文件的地方"两院"也有事实上的约束力,这是由人大的政治权威与其他监督权所决定的。人大既是立法机关也是民意代表机关,即使它作出的审查决定无法律效力,地方"两院"多数情况下也是会主动服从的,因为如果不服从,就会产生巨大的政治压力,情况严重的还会导致人大动用其他监督方式,如质询、听取专项报告、执法检查,乃至撤除地方"两院"负责人的职务。简单地讲,审查决定无法律效力不等于无政治效力或其他效力,更不等于人大的审查行为是违法的。

四、结论:理论的应用效果及制度的改良方案

通过以上对两个"无法律效力"的论证,人们可以走出"规范性文件是否有法律效力和它是否接受备案审查互为因果关系"所导致的监督难题,前文所列之法理难题和现实困境也迎刃而解。其一,法律和司法解释虽然限制地方"两院"制定规范性文件,但仅限制制定有法律效力的文件,今后地方"两院"可以大胆制定满足统一裁判尺度需求的无效力指导性文件,而不必遮遮掩掩地从标题上规避所谓的权限限制。其二,无须再去从内容上区分"具体应用法律的解释""司法解释性质的文件""审判业务文件"等。最高人民法院和地方法院都可以针对具体应用法律作出解释,但前者叫"司法解释",后者称"地方'两院'规范性文件",界分两者依据效力标准,即司法解释有法律效力,地方"两院"规范性文件无法律效力。易言之,要使某个具体应用法律的解释获得法律效力,就必须由最高人民法院制定司法解释。其三,地方人大不应再制定允许对地方"两院"规范性文件备案审查的地方性法规,否则将与我国《各级人民代表大会常务委员会监督法》和《立法法》直接冲突,造成对此类规范性文件赋予法律效力的效果,但地方人大依然可以依据自己的议事规则对它们作出无法律(约束)效力的审查决定,并辅以其他监督方式,改善当地的司法环境和社会环境。其四,虽然地方"两院"不属于地方国家机关,受同级人大监督的强度较小,但依照地方人大保证宪法、法律在本地域获得遵守执行的宪定职责,地方人大仍然有权审查地方"两院"的规范性文件,只不过要采用无效力的建议性审查决定,将它们主要交给全国人大常委会和"两高"审查是不现实的。其五,全国人大常委会委员长会议通过内部文件推动地方人大对地方"两院"规范性文件进行备案审查的举措,不能视为全国人大常委会对《各级人民代表大会常

务委员会监督法》的解释，不应导致地方人大普遍制定备案审查范围扩及地方“两院”规范性文件的地方性法规，只能将其视作促动地方人大对此类文件实施无法律效力审查的倡导，即使提出“参照执行”有关工作规范，地方也只能作“形似神不似”的制度模仿。这是因为，有法律效力的监督和无法律效力的监督是有较大差别的。

笔者认为，地方“两院”规范性文件的属性无法律效力和同级人大对其备案审查的属性也无法律效力的结论，并不会对我国的法治环境和法制结构造成太大冲击；相反，这对人们传统观念和行为模式的改变提出了较高要求。具体来讲，我国涉及人大监督和规范性文件备案审查的法律可以不做任何改动，我国《各级地方人民代表大会和各级人民政府地方组织法》与《各级人民代表大会常务委员会监督法》本就没有规定地方“两院”规范性文件需要接受有法律效力的备案审查，这样的规定自然与地方“两院”规范性文件无法律效力的性质相匹配而无须修改。《立法法》关于“两高”以外司法机关不得作出具体应用法律的解释的规定，也因为可解释为禁止地方“两院”制发有法律效力的解释性文件，从而与本文的理论和推论完全一致而无须变动。目前绝大多数地方性法规没有规定人大可以对地方“两院”规范性文件进行备案审查，这是符合相关上位法原意的，少数省份的地方性法规将备案范围扩展至地方“两院”规范性文件，需要适时修改和废止。事实上，江苏省已于 2008 年根据我国《各级人民代表大会常务委员会监督法》的精神废止了《对行政、审判、检察机关行使监督权的规定(试行)》，这一举动值得其他地方人大借鉴。最高人民法院关于如何处理地方“两院”规范性文件的司法文件需要作出清理，可以适时废止《批复》和《通知》，尽管它们可以被作出合理化的解释，但毕竟会混淆视听和造成理解上的混乱。今后“司法解释性质的文件”只能用于最高人民法院制定的非以“解释”“规定”“批复”“决定”命名的但有具体应用法律解释内容的司法文件(如《关于虚开增值税发票定罪量刑标准有关问题的通知》)，而不应再指称地方“两院”制定的超越权限的规范性文件。同时，最高人民法院还应在《关于规范上下级人民法院审判业务关系的若干意见》的基础上，进一步发文强调地方法院规范性文件的指导性特征，督促地方法院在文件中不再使用“遵照执行”“贯彻执行”等带有命令性的语言，并改变法院内部依据规范性文件进行错案追究的机制，努力营造将地方法院规范性文件视为无法律效力文件的社会环境。同时，全国人大常委会也应当加强对地方人大监督地方“两院”规范性文件方式的指导，使地方人大对自身审查决定无法律效力的主张得到广泛接受。

与此同时，各地方人大常委会可对地方“两院”规范性文件备案审查的工作进行单独的规程设计，在备案范围、审查程序、审查标准、审查结果的效力等方面进行详细规定，从而形成与当前的备案审查方式既有共性又有差异的监督模式。因为地方人大通过的审查决定是没有法律效力的，只是表态性和建议性的，为了避免误会，应在决定中特别注明“建议”两字。即使按照惯例，决定的表述没有体现建议性特征，各方也应将其理解为无强制力的。也许有人会说，既然人大的审查决定是无法律效力的，那么其审查程序就规定到审查部门（常委会法制工作委员会或人大专门委员会）向制定机关提出正式书面审查研究意见为止就可以了嘛。笔者认为，这种理解是不正确的。人大内设部门的监督不能代替人大的监督，只有经过人大代表或常委会组成人员集体表决而作出的审查决定，才能代表人大的意志，尤其在规范性文件是否违宪、违法或不适当这样一个非此即彼的判断上，人大必须以整体的名义旗帜鲜明地表达态度和立场。如果没有这个后盾，审查部门的监督底气也是不足的。此外，地方人大对地方“两院”规范性文件的审查决定宜与我国《各级人民代表大会常务委员会监督法》对司法解释备案审查的表述保持基本一致，即采用“建议修改、废止”的表达（不使用“撤销”的表达）。既然是建议，就应当让制定机关自行决定是否以及何时修改或废止规范性文件，而不应予以干涉。如果立即修改或废止，则监督目的达到，没有修改或废止也悉听尊便。如果制定机关认为需要对文件作出撤销，使规范性文件自始无效，甚至对既往案件进行重新审理，进而追究办案人员的错案责任，地方人大也应当持欢迎的态度。因为这相当于制定机关澄清了地方“两院”规范性文件仅具指导性——如果办案人员不顾法律规定和个案的具体情况，而只依照规范性文件处理案件，那么一旦出错就要自行承担责任。

在京非法移民区别治理研究

郭　晶*

摘　要：随着北京市向世界城市迈进的步伐加快，在京非法移民的数量逐年上升。面对非法移民的治理，应当采取区别治理的原则，即将非法移民分为犯罪的外籍人员、一般非法移民和特殊非法移民三大类区别治理，宽严相济地处理非法移民问题。具体而言，依据新修改的《刑事诉讼法》和《出境入境管理法》，对犯罪的外籍非法移民进行追诉，并通过向外引渡和刑事诉讼移管等方式开展国际刑事司法合作；对一般的非法移民，依法甄别、确认身份、拘留和遣返；对享有国际法上特殊权利和具有特殊身份情节的非法移民，给予人道主义的照顾和宽宥。

关键词：非法移民；区别治理；特殊非法移民；出境入境管理法；遣返

据统计，在京外国人数量已达 20 万人，超过全市人口总数 1%。① 随着北京市的国际化程度深化，向世界城市迈进的步伐加快，外籍人士数量、比例的增加将是不可逆转的趋势。与日俱增的在京外国人在给北京带来活力和色彩的同时，也带来了隐患，混杂在这群合法移民中的非法移民就是颗“定时炸弹”。2012 年 5 月 8 日，北京发生“老外宣武门外施暴被打”事件更是把非法移民问题推到了风口浪尖。该事件相关视频的点击率仅在优酷视频一家就高达 1 246 万余次，并引来网友逾 8 万条评论，被选为“2012 中国十大网络视频”。事件发生后，北京市立即开展为期百天的整治“三非”（非法入境、非法居留、非法就业）外国人专项行动。这一举动被外媒普遍解读为对外国人亮起红灯，“北京不再欢迎您”。外媒的这种担忧并非没有理由。公安部〔2011〕27 号文件将延长外国人拘留审查监视居住期限的审批权限从省、自治区公安厅调整到

---

* 郭晶，上海社会科学院法学研究所副研究员。本文原刊于《刑法评论》2016 年第 1 卷。

① 《北京将清理非法入境非法居留非法工作外国人》，《新京报》2012 年 5 月 15 日。

其授权的地市级公安机关,以提高打非的执法效率。同年7月1日起,新的《中华人民共和国出境入境管理法》正式生效。新法将原先的公民、外国人出入境管理法两法合一法,加大了打击非法移民的力度。自此,我国开始进入一段实行紧缩移民政策的时间,对非法移民展开严打。

然而,这种一有问题就本能地从严从重的运动式执法究竟是否能够真正有效地治理非法移民,并没有足够的实证和理论研究作为支撑和指导。更重要的是,非法移民的组成复杂,情况各异,需要区别对待,而非简单执法。本文将就在京非法移民的组成类型、外籍犯罪人的追诉、一般非法移民的甄别拘留遣返和特殊非法移民的区别对待等方面,论述非法移民区别治理的重要性及具体操作方法。

一、在京非法移民的组成及类型

(一) 非法移民的概念

国际移民组织将非法移民定义为:在错误的时间和地点进入一个国家的外国人,他们躲避官方的检查、通过欺诈来获取入境许可或通过虚假结婚而规避移民法;也包含没有合法签证而企图秘密进入一个国家的人,使用伪造证件的人,以及持有合法签证入境但超过停留期限而滞留的人或侵犯了入境相关法律没有取得获准而滞留的人。[①] 我国立法中未见"非法移民"或"非法移民者"此类术语。《出境入境管理法》规定了受调查和遣返的外国人,包括未在规定期限内离境的外国人、不准入境的外国人、非法居留的外国人和非法就业的外国人,其行为涉及非法出入境、非法居留和非法就业等。[②] 对比两个定义不难发现,通过虚假结婚规避我国出境入境管理法的人并不必然成为出入境法意义上的非法移民,只要该结婚人并未逾期逗留或者获得了居留许可。[③] 本文关于非法移民的定义以我国的《出境入境管理法》为依据,认为非法移民是指,违反了一国的出入境管理法或相关法律,非法进入某国或合法入境后逾期逗

① 郭烁:《大国新问题:在华外国非法移民的司法对策研究》,《清华大学学报(哲学社会科学版)》2012年第5期(第27卷),第135页。

② 郝鲁怡:《非法移民及其遣返法律制度研究》,《河北法学》2013年第11期(第31卷),第95页。

③ 若通过虚假结婚入境的移民是被强迫或被欺骗贩卖到我国,则其贩卖人可能触犯《刑法》,应当负相应的刑事责任。但这并不必然导致该结婚人在移民法上的地位为非法,只要其符合了入境、居留和就业的要求和规定。

留的人,以及非法就业的人。

(二) 移民相关数据

根据国家统计局数据统计,2014 年外国人入境游客为 2 636 万人次。[①] 根据公安部出入境管理局官网,2015 年外籍入境游客为 2 599 万人次(从第一到第四季度依次为 5 614 342、6 751 919、6 638 620、6 988 247 人次),出境人数为 2 591 万人次(从第一到第四季度依次为 5 418 038、6 801 848、6 712 075、6 980 142 人次)。[②] 国家统计局以 2010 年 11 月 1 日零时为标准进行的第六次全国人口普查结果显示,中国境内(大陆地区)居住 3 个月以上或者能够确定将居住 3 个月以上的外籍人员共计 593 832 人。然而,在数量巨大的出入境游客和留华外籍人员中,也充斥着相当数量的非法移民。根据公安部出入境管理的统计数据:截至 2014 年,全国边防检查机关共查处非法出入境人员 2 970 人次,查处其他违反出入境管理法律、法规人员 5.78 万人次,网上追逃人员 1 623 人次。[③]

(三) 非法移民的类型

如上述,非法移民的类型可以简单分成非法入境、非法居留和非法就业。据了解,在北京中心城区,"三非"现象中最多的是非法居留,指外国人在中国居住超过了签证有效期,没有出境或办延期,而继续在中国居住。[④] 这点从上述公安部出入境管理的统计数据中也得到了佐证,非法出入境人员人次远低于其他违反出入境管理法律法规的人员,即非法入境人次远低于非法居留和非法就业。

然而,上述"三非人员"在具体执法或处置时,又因其身份和违反的法律规定不同而应区别对待。比如,在中国境内实施了犯罪行为的外籍犯罪嫌疑人,应对其行使刑事管辖权,通过刑事诉讼程序对其进行追诉,又或通过外交途径将有外交和领事豁免权的外籍犯罪嫌疑人送回本国,抑或开展刑事诉讼移管

---

① 中华人民共和国国家统计局年度数据,详见:http://data.stats.gov.cn/easyquery.htm?cn=C01&zb=A0K01&sj=2014,2016 年 5 月 29 日访问。

② 中华人民共和国公安部出入境管理局数据统计,详见:http://www.mps.gov.cn/n2254996/n2255000/n2255031/index.html,2016 年 5 月 29 日访问。

③ 历聪:《浅谈我国外来非法移民问题》,《法制与社会》2015 年第 6 期,第 153 页。

④《北京将清理非法入境非法居留非法工作外国人》,《新京报》2012 年 5 月 15 日。

等。又如，非法移民中常常混杂着难民和被人口贩卖的被害人，这些非法移民根据我国缔结和参加的国际公约或议定书享有不推回和居留思考期的权利，不可以跟一般的非法移民同等对待而直接拘留或遣返。再比如，非法移民中还有外籍华裔和享有外国国籍的中国公民的子女，这部分人因有大量亲属在华，而忽视了居留许可或就业许可的办理，对其处理不可简单遣返了事。因此，因具体执法和处置的方式不同，非法移民又可细分为有犯罪嫌疑应受刑事追诉和处罚的外籍非法移民、一般非法移民、特殊的非法移民。其中，应受刑事追诉的非法移民是有证据表明其有嫌疑实施了触犯《中华人民共和国刑法》的行为，应按照刑事诉讼程序追诉的非法移民。一般非法移民，是指未犯罪，仅有违反出境入境管理法的行为且没有任何特殊身份的，执法时按照常规的拘留、遣返或其他行政程序处置的非法移民。特殊的非法移民，是指未犯罪，仅有违反出境入境管理法的行为，但因有特殊身份，在处置时应考虑其相应的特殊权利或酌情给予一些宽宥的非法移民。

二、追诉犯罪的外籍非法移民

非法移民在我国境内实施犯罪行为是对我国公民人身和财产安全，社会公共安全乃至国家安全的重大威胁。以美国为例，美国自奥巴马政府以来，已将打击非法移民的重头放在了控制和遣返在美国境内犯有重罪的非法移民。所以，追诉犯罪的外籍非法移民是区别治理非法移民的首要任务。

据统计，违法犯罪外国人中“三非”问题较为突出，此类外国人大多无生活来源、无稳定住所、无正当职业，有的甚至专门来华从事违法犯罪活动。随着在华非法移民的增加，除了非法务工、非法营业的现实危害之外，外国人实施的诈骗、盗窃、抢劫、贩卖毒品等犯罪行为开始呈上升趋势。根据广东省人民检察院的相关数据，2007 年 1—6 月该省检察机关共受理公安机关移送审查批准逮捕外国人涉嫌毒品犯罪的案件 75 件 102 人，与 2006 年同期相比上升 316.7%。①

具体到北京地区，2010—2012 年 4 月，北京市检察院第二分院共受理外国人犯罪案件 79 件 98 人，分别占同期受理案件的 12.21%和 9.25%，审结 71 件 82 人，其中提起公诉 67 件 78 人、不起诉 4 件 4 人。犯罪人员涉及蒙古、美国、

① 游春亮：《珠三角涉毒案件出现新动向外籍人涉毒案增加》，《法制日报》2007 年 9 月 3 日。

加拿大、菲律宾、尼日利亚、法国、利比里亚、几内亚等多个国家；涉及的案由有盗窃罪、贩卖毒品罪、故意毁坏财物罪、运送他人偷越国(边)境罪、故意伤害罪、危险驾驶罪、强奸罪等 20 个罪名。[①] 2003—2010 年，北京东部地区已经审理完结、刑事判决已生效的外国人犯罪案件中，共有外国犯罪人 299 人，其中：判处免除刑事责任 5 人，单独适用驱逐出境 2 人，单处罚金刑 4 人，拘役 3 人，缓刑 5 人，不满 3 年有期徒刑 83 人，3 年以上不满 5 年有期徒刑 21 人，5 年以上不满 10 年有期徒刑 36 人，10 年以上有期徒刑 56 人，无期徒刑 83 人，死缓 1 人。[②] 外国人犯罪占比之高、类型之广、重罪之多、国籍之杂可见一斑，其中不乏非法入境、逾期逗留和非法就业的非法移民。

以上数据表明，在京外国人犯罪在数量和人数上都呈明显上升趋势，在京外国人犯罪问题不容忽视。然而，目前针对外国人尤其是非法移民的刑事立法明显滞后，严厉制裁和全面预防外国人犯罪的刑事司法理念尚未确立，对外国人犯罪过度从宽处罚的超国民待遇现象比较严重，亟待解决。[③] 除了刑事实体法的体系性滞后外，对外国犯罪嫌疑人的追诉问题最关键的，应是刑事诉讼法的变革。根据旧的《刑事诉讼法》第 20 条，外国人犯罪的案件由中级人民法院管辖，基层人民法院没有管辖权。对该规定，曾有学者抨击这种中外法律地位不平等，将外国公民置于中国公民之上是本末倒置，是给予外国犯罪人“超国民待遇”，应予修订。新修改的《刑事诉讼法》规定，外国人犯罪的第一审刑事案件由基层人民法院管辖，审查起诉由基层人民检察院管辖。这一修订既理顺了中外公民法律地位的问题，也顺应了外国人在华犯罪数量日趋上升的社会现实。

由于外国人犯罪案件的办理在法律适用、办案程序等方面与普通刑事案件有所区别，办案检察官需要熟悉相关法律法规及国际条约的规定，准确掌握办理此类案件的实体及程序性规范。检察官还要在案件办理过程中，加强与海关、国家安全机关、外事部门、驻华使领馆、翻译机构等单位协调沟通，严格遵循相关程序规定，注重贯彻保障人权的执法理念及宽严相济的刑事政策，充分保障犯罪嫌疑人的各项诉讼权利。[④]

此外，为贯彻执行修改后的《刑事诉讼法》关于外国人犯罪案件级别管辖

---

① 参见：http://blog.sina.com.cn/s/blog_6b42925901010ybb.html，2016 年 6 月 23 日访问。

② 于志刚：《在华外国人犯罪的刑事法律应对》，《中国社会科学》2012 年第 6 期，第 140 页。

③ 于志刚：《在华外国人犯罪的刑事法律应对》，《中国社会科学》2012 年第 6 期，第 141 页。

④ 《北京首例基层检察院审查起诉外国人犯罪案昨被受理》，《正义网》2013 年 1 月 17 日。

的规定，确保外国人犯罪案件的办理质量，结合北京市外国人犯罪案件的办理情况，北京市高级人民法院、北京市人民检察院、北京市公安局、北京市国家安全局、北京市司法局联合制定了《关于外国人犯罪案件管辖及相关问题的意见》(简称《意见》)。根据《意见》，外国人实施的危害国家安全、恐怖活动犯罪案件，以及可能判处无期徒刑、死刑的案件，依照《中华人民共和国刑事诉讼法》第 20 条的规定，由北京市第一中级人民法院、北京市第二中级人民法院、北京铁路运输中级法院行使一审管辖权。除《中华人民共和国刑事诉讼法》第 20 条规定以外的外国人犯罪一审案件，实行相对集中管辖。自 2013 年 1 月 1 日起，指定东城区人民法院、西城区人民法院、朝阳区人民法院、海淀区人民法院、北京铁路运输法院管辖上述案件。外国人犯罪案件的立案侦查工作由犯罪地的北京市公安局局属各办案单位负责。上述规定是对新修订《刑事诉讼法》的回应。

《意见》还对外籍犯罪嫌疑人的刑事诉讼权利进行了规定，具体有：(1)决定对外国籍犯罪嫌疑人采取刑事拘留措施的，由侦查单位将外国籍犯罪嫌疑人送交北京市第三看守所羁押，诉讼过程中不再变更羁押场所；(2)人民法院受理外国人犯罪案件后，决定对外国籍被告人采取强制措施的，应当及时将外国籍被告人的姓名(包括译名)、性别、入境时间、护照或者证件号码、采取的强制措施及法律依据、羁押地点等情况通报同级人民政府外事主管部门，并通知有关国家驻华使、领馆；(3)人民法院受理外国人犯罪案件后，应当告知在押的外国籍被告人享有与其国籍国驻华使、领馆联系，与其监护人、近亲属会见、通信，以及请求人民法院提供翻译的权利；(4)人民法院审理外国人犯罪案件，应当聘请翻译人员为外国籍被告人提供翻译等。虽然上述规定，明确了外籍犯罪嫌疑人委托律师、申请获得翻译、不变更羁押地点以及通知其国籍国驻华使领馆等权利，但将该外籍嫌疑人的情况通报同级人民政府外事主管部门并通知有关国家驻华使领馆的时间并不是外籍嫌疑人被拘留后，而是在人民法院受理案件后，有时间差。另外，对外籍犯罪嫌疑人采取刑事拘留措施也并不需要人民法院的批准，而是公安机关自行决定。这些方面都有可完善和提高的空间。不过，总体而言，该《意见》的作用和意义是不容忽视的。

值得一提的是，对外籍犯罪嫌疑人的追诉还应注意对享有外交特权和豁免权的外国人犯罪，通过外交途径解决；对无特权和豁免权的，在追诉同时也可以积极开展向外引渡和刑事诉讼移管的国际合作，以减轻国内羁押场所关押外籍犯罪嫌疑人的压力。

三、一般非法移民的甄别、确认、拘留、遣返

一般非法移民是非法移民中的主流群体，这部分移民既未触犯刑法，也没有特殊的身份以获得区别对待，因此对一般非法移民就是采取最常规的对策，即先甄别发现，再进行身份确认，最后遣返，其间符合拘留要求的要予以拘留。

（一）非法移民的甄别和确认

非法移民的甄别和确认，是指发现非法移民并确认其国籍和身份的过程。甄别与确认是非法移民治理的第一个难点。首先，非法移民就好像一个城市中的隐形人，躲避着海关、边检等其他执法当局的搜寻，隐匿于城市之中不容易被甄别和辨认。因此，非法移民的发现和甄别需要依靠热心市民的举报和街道基层组织的排查挖掘，以及执法人员的敏锐观察。在发现了非法移民之后，其身份的确认也常常耗时冗长，甚至陷入死局。非法移民往往不会配合当局核验身份，他们使用报假姓名、报中文名，损坏护照或其他身份证明等方法，让相应的使领馆无法核实其真实身份或者成为无国籍人，进而扰乱中方的下一步处理。对于无法确认身份的非法移民，后续的遣返工作也将陷入困境。

（二）非法移民的拘留

针对非法移民实施的拘留是指将非法移民关押在一个封闭的场所，以此剥夺其行动自由，关押场所包括但不限于监狱，接受、收容中心或设施等。针对非法移民的拘留措施，其法律性质属于行政拘留。这种行政拘留是刑法之外的国家机关基于国家安全考虑，如预防恐怖行为或控制非法移民，对个人实施的拘留措施。因此，国家拘留非法移民的目的是基于公共秩序、公共健康和国家安全等因素的考量，并非是针对非法移民的惩罚措施。

我国 1985 年《外国人入境出境管理法》规定，非法入境、出境的，在中国境内非法居留或者停留的，情节严重，构成犯罪的，依法追究刑事责任。但是，2012 年《出入境管理法》则取消了上述情形中外国人承担刑事责任的规定。[①] 理论界对非法移民具有犯罪法律性质的认定持有较为谨慎的态度，尽量避免非法移民的刑事化。欧盟委员会也强调，非正规移民（irregular migrants）不

---

① 郝鲁怡：《非法移民及其遣返法律制度研究》，《河北法学》2013 年第 11 期（第 31 卷），第 96 页。

应被视为犯罪分子，即使他们的地位不合法。①

根据新的《出境入境管理法》，对有下列情形之一的涉嫌违反出境入境管理的人员，经当场盘问或者继续盘问后仍不能排除嫌疑，需要作进一步调查的，可以拘留审查：(1)有非法出境入境嫌疑的；(2)有协助他人非法出境入境嫌疑的；(3)外国人有非法居留、非法就业嫌疑的；(4)有危害国家安全和利益，破坏社会公共秩序或者从事其他违法犯罪活动嫌疑的。② 实施拘留审查，应当出示拘留审查决定书，并在24小时内进行询问。发现不应当拘留审查的，应当立即解除拘留审查。拘留审查的期限不得超过30日；案情复杂的，经上一级地方人民政府公安机关或者出入境边防检查机关批准可以延长至60日。对国籍、身份不明的外国人，拘留审查期限自查清其国籍、身份之日起计算。③

如此一来，上文中提到的制造查明身份障碍，或者主动毁损护照等身份证明文件的非法移民，就可能一直被拘留以查清身份。然而，这些人并未犯重罪，对其拘留羁押过长时间，势必与国际人权规则形成紧张关系。为体现人道主义关怀，《出境入境管理法》规定外国人有下列情形之一的，不适用拘留审查，可以限制其活动范围：(1)患有严重疾病的；(2)怀孕或者哺乳自己不满一周岁婴儿的；(3)未满16周岁或者已满70周岁的；(4)不宜适用拘留审查的其他情形。④

此外，外国人持用伪造、编造、骗取的出境入境证件出境入境的；冒用他人出境入境证件出境入境的；逃避出境入境边检检查的；协助他人非法出境入境的；弄虚作假骗取签证、停留居留证件等出境入境证件的；未经批准擅自进入限制外国人进入的区域；外国人非法居留；非法就业的，同时具备情节严重的条件，将被处以5或10日以上15日以下的拘留，并处罚款。⑤

(三) 非法移民的遣返

非法移民遣返是针对非法移民所采取的措施，即对非法出入境、非法居留以及非法就业的外国人，国家通过自愿遣送或依据行政命令或司法程序将其强制遣送至其来源国或其他国家的主权行为。依据国家主权原则，一国没有

---

① 郝鲁怡：《非法移民及其遣返法律制度研究》，《河北法学》2013年第11期(第31卷)，第96页。

② 《出境入境管理法》第59条。

③ 《出境入境管理法》第60条。

④ 《出境入境管理法》第61条。

⑤ 《出境入境管理法》第71条、72条、73条、77条、78条、第80条。

必须接受外国人入境的义务。《公民权利和政治权利国际公约》第 12 条规定：国家可以按照自己的法律，出于公共秩序、国家安全、公共利益和健康、道德等方面的需要，限制外国人进入其领土。除了限制入境，一国还有权驱赶违反出入境管理法非法入境、非法居留和非法就业等不受欢迎的人。非法移民遣返制度的建立是一国依据国家主权原则对进入该国领土内的居民实行管辖权的结果。

遣返措施一般可以分为自愿离境和强制遣送出境。《出境入境管理法》第六章未对自愿离开和强制遣返给予明确区分和厘定。根据该法第 62 条，外国人有下列情形之一的，可以遣送出境：(1)被处限期出境，未在规定期限内离境的；(2)有不准入境情形的；(3)非法居留、非法就业的；(4)违反本法或者其他法律、行政法规需要遣送出境的。通常，我们可以将限期出境理解为自愿离境，将遣送出境理解为强制遣返。然而，遣返不仅会遇到身份无法核实不能遣返的问题，还存在着费用高昂的弊端。故此，不少国家采取集中谈判的方式，一次性包机遣返较多的非法移民。

四、特殊非法移民的区别对待

遣返政策历来是抑制非法移民的基石，有效的遣返政策也是保护合法移民者的关键。但不分青红皂白，一律将非法移民者遣返回其原籍国也是不尽完善的。[①] 对特殊非法移民(外籍华裔、未成年人、享有外国国籍的中国公民子女、难民、贩卖人口被害人、已在京成家生子的女性非法移民)，必须具体问题具体分析，精细化处理。

首先，不少外籍华裔觉得自己是中国人，对入境、停留、居留、就业手续大而化之，想当然地觉得自己可以自由地在京生活、工作，造成我国出入境和就业管理一定的混乱，有待规范。

其次，对无人陪同的未成年非法移民，是否适合拘留，强行遣返回国？是否能够回归家庭健康成长？在“儿童最大利益原则”的指引下，能否可以考虑暂缓遣返，适用其他替代手段？这些问题都值得研究。

再次，非法移民中混杂的难民和贩卖人口被害人有没有独立的身份确认程序，他们如何将自己与非法移民区分开，从而解除对其违反出入境管理法的

---

① 刘珈利、卿茜：《非法移民治理研究》，《云南大学学报法学版》2013 年第 1 期(第 26 卷)，第 151 页。

追诉并获得相应的救助。对已在京结婚成家的女子，强行遣返是否违反国际人权法赋予的家庭团聚权利？我国是否有确立难民和庇护法的必要性？我国虽早已加入有关难民的国际公约和议定书，但迟迟未建立自己的难民和庇护立法。目前，来华非法移民日益增多，非法移民中混杂难民的情况时有出现。继续通过劝返、移送第三国、转介联合国难民署驻华办事处、转介其他国家使领馆等办法处理，是否仍合适？中国是1951年《关于难民地位的公约》和1967年《关于难民地位的议定书》的缔约国，必须按照公约的要求履行义务。难民不推回原则已经成为国际习惯法的内容，也应当得到尊重和遵守。此外，我国还加入了2000年《联合国打击跨国有组织犯罪公约关于预防、禁止和惩治贩运人口特别是妇女和儿童的补充议定书》。如何履行议定书所规定的对被害人去犯罪化、给予思考期、协助参与刑事诉讼、物质和精神援助等义务，值得研究。

可见，处理享有特殊权利或者具有特殊身份的非法移民的问题千头万绪，需厘清思路。以享有外国国籍的中国公民的子女为例：据悉，目前全球有150多万浙江籍侨胞分布于170多个国家和地区，仅丽水一地侨胞人数就约占30万。值得关注的是，当地现有近2 000名被称为“洋留守儿童”的侨胞子女因父母均在海外，而托给祖父母等亲属抚养。由于年龄和文化程度等原因，这些孩子成为丽水非法居留案件多发的最大因素。为了改善这一情况，丽水市公安局出入境管理局，从2012年起积极开展“洋留守儿童”结对帮扶工作，从咨询、签证、随护照附到期提醒信封、卡通挂件等方面提供力所能及的帮助。该年度，警方处理相关非法居留案件77起，较2011年下降了36%。经调查，发现大多数留守儿童引起的非法居留案并非故意为之，“许多孩子的监护人都是年迈的老人，他们潜意识里认为一家人都是中国人，故未对孩子的国籍和居留证问题引起重视，往往错过了办理延期的时间”。

根据现行《出境入境管理法》第78条规定，外国人非法居留的，给予警告；情节严重的，处每非法居留一日500元，总额不超过10 000元的罚款或者5日以上15日以下拘留。因监护人或者其他负有监护责任的人未尽到监护义务，致使未满16周岁的外国人非法居留的，对监护人或者其他负有监护责任的人给予警告，可以并处1 000元有效罚款。相对于旧法，新法则更注重人性化的管理，也更具有服务性。新法特别对未成年外国人的处罚予以酌情“减轻”，改由对其监护人进行问责和处罚，此举正是情理与法理的巧妙结合，保护了未成年外国人，尤其是“洋留守儿童”这一弱势群体的权益。[①]

五、结语

综上，本文从人权视角出发，结合善治理论，将非法移民的区别治理原则自始至终地贯穿到研究的每个问题、每个阶段。研究按照非法移民在京犯罪、在京非法移民的调查安置遣返、在京非法移民的权利保护三个问题，针对三类人群外籍犯罪分子、一般非法移民、特殊非法移民制定不同的治理对策，提出如下设想，以期在京对非法移民治理的理论和实践有所助益见图1：

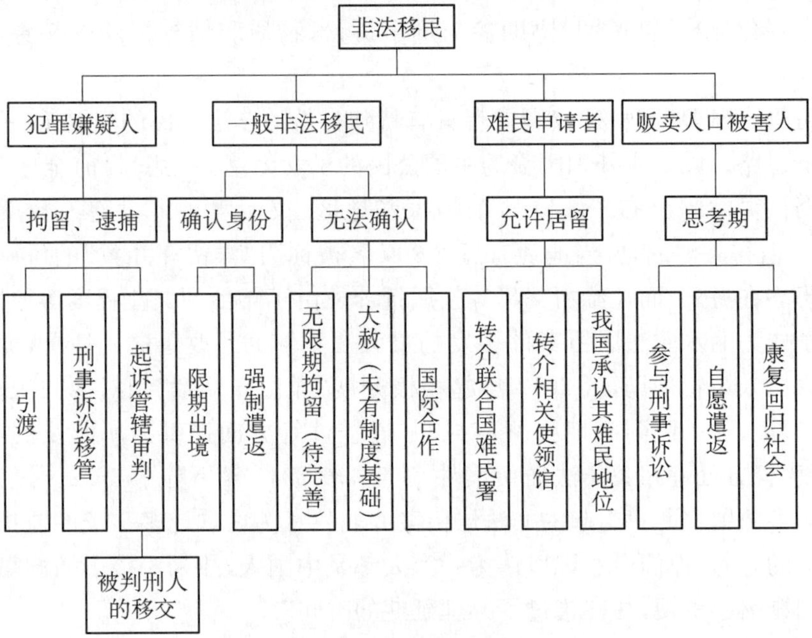

图1 针对三类非法移民的治理对策

① 《我国新出入境法减轻外籍未成年人非法居留处罚》，《中国新闻网》2013年6月20日。

经济法、市场管理法

文本优化与制度构建:《IOSCO 信用评级机构基本行为准则》发展述评

陈　玲*

《IOSCO 信用评级机构基本行为准则》(IOSCO Code of Conduct Fundamentals for Credit Rating Agencies)由国际证监会组织(IOSCO)①颁布,属于软法,是准法律文件,②对各国信用评级机构法律制度的发展和完善有十分重要的意义。一方面,国际证监会组织作为自律机构制定的行为准则为信用评级机构的自律和监管机构制定监管标准提供有益的参考,可以间接转化为一国国内自律规则或法律规则的一部分;另一方面,各会员国或地区立法部门可以直接在法律法规中要求信用评级机构采纳《IOSCO 信用评级机构行为准则》,使其成为信用评级机构合规行为的一部分,从而将 IOSCO 行为准则直接转化为国内法律制度的一部分。例如,在美国,属于 NRSRO(全国认可的统计评级组织)的信用评级机构必须采纳 IOSCO 发布的行为准则;不属于 NRSRO 的信用评级机构只需向美国证券交易委员会(Securities and Exchange Commission)登记而无强制性要求要采纳 IOSCO 行为准则。

一、《IOSCO 信用评级评级机构基本行为准则》的制定背景

2001 年安然事件、2002 年世通财务丑闻把信用评级机构推到了世界舞台的聚光灯下,鉴于当时资本市场对信用评级机构的倚重而信用评级机构的活

* 陈玲,上海社会科学院法学研究所助理研究员,法学博士。此文系国家社科基金项目《信用评级机构法律制度完善研究》(项目批准号: 14CFX074)的阶段性研究成果。

① 国际证监会组织(IOSCO)于 1983 年正式成立,现有正式会员 129 名,联系会员 31 名和附属会员 65 名。我国证监会于 1995 年加入,成为正式会员,并且是国际证监会组织最高决策机构理事会成员。

②《IOSCO 信用评级机构基本行为准则》在序言中明确规定,信用评级机构开展业务所在会员国或地区的法律和法规效力优先于本准则。

动却完全不为投资者和发行人所理解，且大部分国家和地区几乎都没有相应的法律法规对信用评级机构予以规范和监管，信用评级机构如何保证评级过程的公正性、如何公平地对待投资者和发行人、如何有效地保护发行人向其提供的保密信息引起了人们的关注和担忧。国际证监会组织技术委员会成立了一个信用评级工作小组，对此进行研究。研究结论认为，“当信用评级机构不受利益冲突影响、没有其他因素威胁其分析独立性，而致力于提供细致和精心的分析，且发行人向评级机构提供了他们应提供的充分准确的信息时，信用评级机构可以为市场参与者提供有价值的服务”①。认识到信用评级机构在金融市场中的重要性，并以此作为出发点，2003 年 9 月，国际证监会组织（IOSCO）颁布了《有关于信用评级机构活动的原则》，提供了一个有效工具，制定了高标准的目标，供各国根据市场情况和法律体系特征通过不同的形式赋予其效力，包括转化为政府法规、非政府机构的法定监管者出台的规定、行业规则或信用评级机构内部政策和流程，提高对投资者的保护、促进证券市场的公平、效率和透明度以及减少系统性风险。

《有关于信用评级机构活动的原则》包括四个部分：第一，评级过程的质量和公正性：评级机构应当致力于出具可以帮助减少借款人、贷款人和其他市场参与主体之间的信息不对称。第二，独立性和利益冲突：评级结果应当是独立的，没有受到政治和经济上的压力，没有受到来自评级机构所有权结构、业务或金融活动，以及评级人员的金融利益所导致的利益冲突的影响。信用评级机构应该尽可能避免可能会损害或看起来会损害评级业务独立性和客观性的活动、程序或关系。第三，透明度和评级披露的及时性：信用评级机构应当将披露和透明度当作它们评级活动的目标。第四，保密信息保护：信用评级机构应当根据保密协议或基于分享的信息是保密的这一共识保护好发行人或其代理人提交给它的非公开信息。②

可以看到，《有关于信用评级机构活动的原则》只是规定了目标和工具，没有规定具体方法和标准，因此更有利于它在所有国际证监会组织成员国的适

① “The Technical Committee of the International Organization of Securities Commissions today issued a Statement of Principles regarding the manner in which CRA activities are conducted”, Sept. 25, 2003, available at https://www.fsa.go.jp/inter/ios/20030930/01.pdf.

② “Principles Regarding the Activities of Credit Rating Agency, Statement of the Technical Committee f IOSCO”, September 2003, available at https://www.iosco.org/library/pubdocs/pdf/IOSCOPD151.pdf.

用——不管其市场发展水平如何、采用了何种法律体系以及做了怎样的政策选择。[①]

二、《IOSCO 信用评级机构基本行为准则》的出台与发展

(一) 2004 年《IOSCO 信用评级机构基本行为准则》

《有关于信用评级机构活动的原则》颁布后，有建议提出 IOSCO 应进一步细化该原则，出台更具体更详细的行为准则以指导《原则》的实际履行。2004 年 12 月，国际证监会组织首次颁布了《信用评级机构基本行为准则》，当时只有少数一些国家和地区制定了规制信用评级机构活动的法律。该行为准则广泛咨询了信用评级机构、发行人、投资者、研究学者、各国证监会和有关金融机构的意见，是《有关于信用评级机构活动的原则》的实施细则，代表了当时全球性的共识，即信用评级机构可以通过基本行为准则中构建的机制和制定的措施来促进它们的独立性，减少和防范利益冲突以及保护发行人提供的保密信息，以确保《原则》目标的实现。《基本行为准则》的基本内容包括序言、定义（适用范围、评级人员、评级机构和信用评级）和正文三个部分。正文部分分为三大块（评级过程的质量和公正性、信用评级机构的独立性和利益冲突防范、信用评级机构对大众投资者和发行人的义务），具体分为（1）评级过程质量和公正性（评级过程的质量、评级检查和更新、评级过程的公正性）；（2）信用评级机构的独立性和利益冲突防范（概述、信用评级机构流程和政策、信用评级机构分析人员和雇员的独立性）；（3）信用评级机构对大众投资者和发行人的义务（透明度和评级信息披露的及时性、对保密信息的处理、行为准则的披露和与市场参与者的沟通交流）。其重点在于防范利益冲突、确保评级方法使用的一致性、向投资者提供充分的信息供其判断信用评级机构的评级质量好坏。

当然，这些措施并不是包罗万象的，信用评级机构和各国立法机关可以考虑根据本机构或本国实际情况采取其他必要措施以更好地实施该《原则》；这些措施也并不是强制性的，信用评级机构和各国立法机关可以根据实际情况灵活地加以采纳。为了提高透明度和加强市场参与者和监管者判断信用评级

① "The Technical Committee of the International Organization of Securities Commissions today issued a Statement of Principles regarding the manner in which CRA activities are conducted", Sept. 25, 2003, available at https: //www. fsa. go. jp/inter/ios/20030930/01. pdf.

机构是否有效实施了《基本行为准则》的能力，信用评级机构应当披露《基本行为准则》的每一条是如何规定或反映在其机构行为准则中的，如果其自身的行为准则与《基本行为准则》有偏离，则应当做出解释为什么会有这种偏离以及这种偏离对实现《基本行为准则》和《原则》中规定目标的影响。[①]

（二）2008年《IOSCO信用评级机构基本行为准则》

2008年金融危机爆发后，人们对信用评级机构的关注到达了一个高峰，尤其是信用评级机构在结构性金融市场的表现和作用。因此，国际证监会组织信用评级机构主席工作小组（信用评级机构委员会的前身）对这一问题进行了专门的研究。研究报告指出有必要对2004年《基本行为准则》进行修订，以解决信用评级机构参与结构性金融产品的信用评级活动而引发的一系列问题，包括信用评级机构评级所依赖信息的质量、信用评级机构对信用等级的跟踪以及适当下调不够及时、以及信用评级机构为发行人如何设计结构性产品提供咨询会带来利益冲突等问题。[②]

2008年5月，国际证监会组织技术委员会颁布了修订后的《信用评级机构基本行为准则》，旨在提高评级过程的质量和公正性，加强评级方法和历史表现数据的信息披露，以及减少利益冲突。2008年《信用评级机构基本行为准则》的正文主要框架结构为：(1)评级过程的质量和公正性（评级过程的质量共8款、检查和更新共2款、评级过程的公正性共6款）；(2)信用评级机构独立性和利益冲突防范（概述共5款、信用评级机构流程和政策共5款、信用评级机构分析人员和雇员独立性共7款）(3)信用评级机构对大众投资者和发行人的义务（透明度和评级信息披露的及时性共10款、保密信息的处理共8款）；(4)行为准则的披露和与市场参与者的沟通交流（共3款）。

2008年《信用评级机构基本行为准则》增设了非常重要的一些条款，尤其是有关于信用评级机构的信息披露。新的基本行为准则要求信用评级评级机构披露：(1)是否有任何发行人、发起人、安排人、订约人或其他客户及其附属机构占据信用评级机构年收入的10%或以上；(2)结构性金融产品的发行人是

① "Code of Conduct Fundamentals for Credit Rating Agencies, Report of the Technical Committee of IOSCO", December 2004, available at http://www.iosco.org/library/pubdocs/pdf/IOSCOPD180.pdf.

② IOSCO Technical Committee, "The Role of Credit Rating Agencies in Structured Finance Markets", May 2008, available at http://www.iosco.org/library/pubdocs/pdf/IOSCOPD270.pdf.

否已经告知信用评级机构其公开披露了所有涉及被评级产品的信息以供投资者和其他信用评级机构可以独立于已签约的信用评级机构之外进行自己的分析;(3)评级机构评级意见的属性和局限,以及评级机构在多大程度上验证了被评级证券的发行人或发起人向其提供的信息;(4)信用评级机构在多大程度上分析了结构性金融产品评级对信用评级机构基础评级假设变更的敏感程度;(5)决定信用评级等级时所使用的主要方法或方法版本;以及(6)在官方网站上披露本机构的内部行为准则。[①]

(三) 2015 年《IOSCO 信用评级机构基本行为准则》

2009 年,信用评级机构工作小组进行了一项对基本行为准则尤其是 2008 年基本行为准则颁布实施情况的调研。结果显示,大部分信用评级机构都很好地贯彻实施了基本行为准则,只有少数几家信用评级机构完全没有实施基本行为准则,但截至调研时至,仍有大量信用评级机构适用的是 2004 年版本,而不是 2008 年版本。[②] 因此,2009 年 5 月,国际证监会组织正式将信用评级工作小组升级为常设性的信用评级委员会,并授权其定期讨论、评估和考虑与信用评级机构活动和监管有关的规范性或政策性倡议以促进跨国间的规范共识,以及促进证券监管机构和信用评级机构之间的定期对话。

2010 年,国际证监会组织信用评级机构委员会开展了另外一项调研活动,评估各国家和地区实施信用评级机构法律法规的情况。结果显示,各国和各地区的监管框架和具体条款可能有所区别,但其内容都反映了《有关于信用评级机构活动的原则》的目标。2012 年,信用评级机构委员会专项研究了信用评级机构对影响评级过程公正性的风险控制情况以及利益冲突防范程序构建情况,为公众理解信用评级机构的内部工作流程以及信用评级机构了解同行间的内部控制和流程提供了一个有效途径,同时也有助于评级结果使用者自己评估某个信用评级机构的内部控制和流程建设的质量,进而帮助其在信息充

---

① "Code of Conduct Fundamentals for Credit Rating Agencies, Report of the Technical Committee of IOSCO", May 2008, http: //www. iosco. org/library/pubdocs/pdf/IOSCOPD271. pdf.

② IOSCO Technical Committee, "A Review of Implementation of the IOSCO Code of Conduct Fundamentals for Credit Rating Agencies", Mar. 2009, available at http: //www. iosco. org/library/pubdocs/pdf/IOSCOPD286. pdf.

分满足的情况对信用评级结果加以利用。[①] 2013 年 7 月，国际证监会组织理事会建议针对国际信用评级机构建立监管当局联席会议，提供平台供监管者交换信息，了解国际信用评级机构遵守当地法律法规的情况、实施 IOSCO 信用评级机构准则的情况，以及建立和运行评级模型和方法、内部控制、防范利益冲突措施、处理非公开信息措施的情况，并进一步明确国际信用评级组织面临的以及带来的风险，以及监管者是如何应对这些风险的。[②] 同年 11 月，针对标准惠普和穆迪的监管当局联席会议成立，由美国证券和交易委员会(U. S Securities and Exchange Commission)担任主席，针对惠誉的监管当局联席会议由欧盟证券和市场管理局担任主席。

为适用成员国或地区内的信用评级机构立法发展，2014 年 2 月，国际证监会组织颁布了咨询报告，建议对信用评级机构行为准则进行修订。[③] 2015 年 3 月 24 日，国际证监会组织正式发布了信用评级机构基本行为准则的最终报告，在吸收部分咨询报告的反馈意见的基础上，对之前的信用评级机构行为准则作出了重大修订和更新，篇幅大大增加，内容上更明确和具体，其主要目的在于与各会员国或地区的注册和监管框架相配合，以及为信用评级机构的自律规制提供国际标准。[④] 这些修订部分来自国际证监会组织成员国对信用评级机构的监管经验，也来自国际证监会组织信用评级机构委员会的努力，包括关于信用评级机构设立关键风险控制以促进评级过程的公正性和设立的程序性规则以减轻利益冲突的调研报告。行为准则意在提供一套富有活力的具有可操作性的措施作为信用评级机构维持评级过程的公正性、保证发行人和信用评级的使用者包括投资者收到公平对待、保护发行人提供的保密信息的指导意见和框架。[⑤]

2015 年《信用评级机构基本行为准则》的基本框架仍然为序言、定义和正

---

① IOSCO Technical Committee, Regulatory Implementation of the Statement of Principles Regarding the Activities of Credit Rating Agencies (Feb. 2011), available at http://www.iosco.org/library/pubdocs/pdf/IOSCOPD346.pdf.

② IOSCO Board, "Supervisory Colleges for Credit Rating Agencies", July 2013, available at http://www.iosco.org/library/pubdocs/pdf/IOSCOPD416.pdf

③ IOSCO Board, "Code of Conduct Fundamentals for Credit Rating Agencies — Consultation Report", Feb. 2014, available at http://www.iosco.org/library/pubdocs/pdf/IOSCOPD437.pdf.

④ IOSCO Board, "Code of Conduct Fundamentals for Credit Rating Agencies-Final Report", Mar. 2015, https://www.iosco.org/library/pubdocs/pdf/IOSCOPD482.pdf.

⑤ "IOSCO Issues Final Code of Conduct Fundamentals for Credit Rating Agencies", https://www.iosco.org/news/pdf/IOSCONEWS375.pdf,2019 年 1 月 5 日访问。

文。正文部分包括(1)信用评级过程的质量和公正性(信用评级过程的质量共17 款、信用评级过程的公正性共 7 款);(2)信用评级机构的独立性和利益冲突防范(概述共 5 款、信用评级机构政策、流程、控制和信息披露共 6 款、信用评级机构雇员的独立性共 7 款);(3)信用评级机构对大众投资者、关联实体、债务人、发起人、承销人和安排人的义务(透明度和信用评级信息披露的及时性共 18 款;保密信息的处理共 3 款);(4)治理、风险管理和雇员培训(共 3 款)、(5)信息披露和与市场参与者的沟通(共 4 款)。

三、2015 年《IOSCO 信用评级机构基本行为准则》述评

对比 2008 年版本,2015 年《信用评级机构基本行为准则》十分注重文本的优化和制度的构建,前者包括对“术语”(term)的修订和补充、更换词语表达、更新专业术语和删除无关内容、整体框架结构的调整等;后者包括加强利益冲突管理、提高透明度。

(一) 文本优化

1. 相关术语概念界定更加完善

2015 年《信用评级机构基本行为准则》修改了部分术语的定义,并补充了新的术语。第一,对已有的“分析人员”(analyst)、“信用评级”(credit rating)、“信用评级机构”(credit rating agency)的定义进行修订。在“分析人员”的定义中增加了更详细的对其职责的描述,即履行出具或检查信用评级或参与决定信用评级结果所必要的分析的职责的人,包括评级委员会中的雇员;删除了“信用评级机构”原来定义中的限定语“其目的是为了评估债务或类似债务证券的发行人的信用风险”;以“实体或债务工具”代替“信用评级”原来定义中的“实体、信贷承诺、债务或类似债务的证券或这些债务工具的发行人”,以“评估”代替“意见”。第二,新增了“信用评级行为”(Credit rating action)、“关联人”(Affiliate)、“信用评级方法”(Credit rating methodology)、“信用评级过程”(Credit rating process)、“雇员”(Employee)、“实体”(Entity)、“交易工具”(Trading instrument)、“债务工具”(Obligation)和“债务人”(Obligor)等术语的定义。信用评级行为是指决定初次信用评级、调高现有信用等级、降低现有信用等级(包括降低至违约级)、维持现有信用等级;关联人是指直接或间接控制其他实体、被其他实体控制或与其他实体处于同一控制的实体;信用评级方

法是指信用评级机构决定信用等级的流程包括必须加以考虑或分析以决定信用等级的信息，以及决定信用等级的分析框架包括在决定信用等级中适用的模型、财务指标、假设、标准或其他定量或定性因素；信用评级过程是指信用评级行为涉及的所有步骤，包括但不限于，信用评级机构选择或分派分析人员从事该项评级工作，适用信用评级方法，决策活动（比如，评级委员会的运行），与被评级实体、债务人、发起人、承销人和安排人的互动，信用等级的公开传播或向订阅人发送；雇员是指任何为信用评级机构全职工作、兼职工作或临时工作的人，包括作为合同相对人而为其工作的任何人，如果他参与了信用评级过程；实体是指政府、政治性区域、政府部门、政府媒介、企业、公司、合伙、信托、财团或协会；交易工具是指证券、货币市场工具、衍生品以及其他类似产品；债务工具是指交易工具、信贷工具、贷款或其他类似具有内在信用风险的产品或交易；债务人是指法律上或合同上有义务作出确定给付的实体。

2. 词语表达更为精准、明确和要求更为具体

在词语表达上，例如，3.7 条中，以“对其他种类的实体或债务工具的信用评级”代替原来的“传统公司债券评级”，以“不同的信用等级标识”代替原来的“不同的等级符号”；3.10 条中，以“（根据信用评级机构商业模式）公开披露或向其订阅人发送”代替原来的“发送”，以“作为信用评级行为结果或主题的信用等级”代替原来“评级结果”；3.19 条（a）项中，以“对信用评级机构的活动来说，没有必要进行信息披露的”代替原来的“站在必要的基础上”；4.3 条以“持有或买卖交易工具”来代替原来的“内部证券交易”，其表达更为精准、内涵更为明确。在具体要求上，例如 4.3 条规定“信用评级机构应制定政策、流程和内控制度，保证以合理的频率定期提供正式的持续的培训（并明确这些培训的主题）”以代替原来的 3.15 条中规定的“信用评级机构雇员应当熟悉信用评级机构证券交易政策”；以“政策、流程和内控制度应包含检查雇员参与了所要求的培训的措施”来代替原来的“定期检查雇员是否遵守了这些政策”，将结果性要求变更为过程要求，具体指明了信用评级机构应当如何做才能达到这些要求。

3. 删除无关内容，行文更简洁紧凑

例如，原 2008 年版中的 2.6 条后半段被删掉，因为整条已经表达了“事实的或潜在利益冲突应当被适当地处理和披露”的意思；原 2008 年版第 3.8 条变成 2015 年版第 3.18 条时，删除了第一句话中有关于充分信息的披露中的“在可能的情况下”，该条的目的性描述“以使相关各方理解每一类别的历史表

现”也被删除,因为该条的目的无须在行为准则正文部分出现。再比如,2015年版本中的第2.5条中删除了“包括咨询业务”这一补充性表述,因为信用评级机构的除信用评级以外的任何其他业务自然包括咨询业务。通过对重复性或无关性内容的删减,《IOSCO信用评级机构基本行为准则》的行文更为简洁明了。

4. 以主题为分类标准,调整准则整体框架

2008年版基本行为准则中的第1.10条原规定在第1B条(评级检查和更新)中,2015年版将第1B条删除,将原第1.10条调整为第3A(透明度和信用评级信息披露的及时性)中的第3.17条(跟踪评级);2008版中第3.15条(雇员培训)调整为新增的第4条(内部治理、风险管理和雇员培训)中的第4.3条;2008版中的第3A条(透明度和信用评级信息披露的及时性)中的内容被重新组合,扩展为2015年版的第3.1至3.17条,其中前8款主要规范信用评级机构的一般性信息披露,后9款重点规范特定评级活动的信息披露。①

(二) 制度构建

1. 加强利益冲突管理

2015年《信用评级机构基本行为准则》进一步加强了利益冲突管理制度的构建,新增了利益冲突的类型,加强了信用评级机构在其内部机制中评估利益冲突和对评级冲突予以告知和说明的义务。第2.6条规定,信用评级机构的利益冲突防范政策、流程和内控制度(也适用于信用评级机构的商业模式)应当明确下列冲突对信用评级机构的信用评级方法和信用评级行为的影响:(1)被评级实体或被评级债务工具的债务人、发行人、承销人或安排人支付费用,获取信用评级;(2)金融利益可能受信用评级机构的信用评级行为影响的订阅人支付费用;(3)被评级实体、债务人、发行人、承销人、安排人或订阅人支付费用,获取信用评级之外的服务;(4)在被聘用为实体、债务人、发行人、承销人或安排人进行信用评级前,向实体、债务人、发行人、承销人或安排人提供信用质量的初步标示或类似标示;(5)对被评级实体或债务人享有直接或间接所有权利益,或者被评级实体或债务人对信用评级机构享有直接或间接所有权利益。

---

① IOSCO Board, “Code of Conduct Fundamentals for Credit Rating Agencies-Final Report”, Mar. 2015, https: //www. iosco. org/library/pubdocs/pdf/IOSCOPD482. pdf.

第 2.7 条补充规定，当事实上或潜在的利益冲突只针对某一特定被评级实体、债务人、发起人、主承销人、安排人或债务工具的某一信用评级行为时，此种利益冲突应当以相关信用评级行为同样的方式和手段予以披露；第 2.13 条将利益冲突可能涉及到的主体范围从“直接参与评级过程的人”扩展到“参加信用评级行为或以其他方式对评级行为产生影响的人”；第 2.14(d)规定了一种新的利益冲突类型，即信用评级机构持有或买卖债务工具的主承销人或安排人发行的交易工具；第 2.18 条规定对利益冲突的防范从原来的“制定政策和流程”升级至“制定、维护、记录和执行政策、流程和内控制度”，等等。

2. 提高透明度

2015 年《信用评级机构基本行为准则》进一步提升了对信用评级机构透明度的要求，增加了第 3.8 条，规定信用评级机构应当向投资者、被评级实体、债务人、发起人、承销人和安排人公开有关相关实体或债务工具是如何被评级的。

3. 保护非公开信息

2015 年《信用评级机构基本行为准则》非常重视 2008 年版没有涉及到的非公开信息的保护，新增加了第 3.20 条，要求信用评级机构应当制定、维护、记录和执行一定的政策、流程和内控制度，以避免违反有关于保密信息和/或重要的非公开信息的处理和使用的法律法规；同时对第 3.19 条和 3.21 条作了修订，以“保密信息和/或重要的非公开信息”代替原来的“保密信息”，并在第 3.19 条中举例说明了保密信息和重要的非公开信息的区别。

4. 加强信用评级机构内部治理，雇员培训和风险管理

2015 年《信用评级机构基本行为准则》同时要求信用评级机构董事会（或类似机构）应承担最终责任，确保信用评级机构制定、维护、记录和执行了实施《IOSCO 信用评级机构基本行为准则》全部规定的内部行为准则。[①] 同时，信用评级机构应当建立风险管理小组，该小组由一位或一位以上高级经理或拥有适当经验的雇员组成，负责发现、评估、监控和报告信用评级机构活动中产生的风险，包括但不限于法律风险、业务风险和战略风险。管理小组应当独立于内部审计小组（根据信用评机构规模大小，如果有审计小组的话），定期向董事会（或类似机构）和高管报告，帮助他们评估信用评级机构建立、维护、记录和实施的政策、流程和内控制度的适当性，包括《IOSCO 信用评级机构基本行

① IOSCO Board, “Code of Conduct Fundamentals for Credit Rating Agencies”, Mar. 2015, art. 4.1.

为准则》规定的政策、流程和内控制度。[①]

5. 加强信用评级过程管理，扩大条款适用范围

2015 年《信用评级机构基本行为准则》第 1.3 条新增规定，信用评级机构的评级应当基于“来自可靠来源”的信息，从源头加强了信用评级过程管理，提高了信用信息的可靠性和准确性。此外，《信用评级机构基本行为准则》还扩大了若干条款的适用范围，将信用评级机构评级过程中应遵守的严格标准从原来的仅适用于非结构性金融产品的信用评级延伸至信用评级机构的一般评级行为，提供了信用评级过程的质量。例如，第 1.4 条规定，“信用评级机构避免对没有足够信息、知识和技能的受评对象出具信用评级”这一原则适用于所有的证券，不仅仅是结构性金融产品。第 1.12 条新增规定，信用评级机构应当建立并保持由一个或一个以上具有适当经验的高级经理组成的检查小组（不仅仅是建立检查小组），对信用评级机构为某类与其现在正在进行评级的实体或债务工具有实质性差别的实体或债务工具（而不仅仅局限于结构性金融产品）的提供信用评级的可行性进行检查。第 1.16 规定“初次信用评级和后续信用等级检查的分析人员不同的话，都必须具备必须的专业技能水准和资源及时履行其职责”这一要求不再限于非结构性金融产品的信用评级；设立和维持审查小组，对评级机构为特定实体或债务工具提供信用评级的可行性进行审查。

6. 注重信用评级机构内部机制构建，规范重心从结果转向过程

2015 年《信用评级机构基本行为准则》强调信用评级机构如何通过内部机制构建来完成信用评级机构或评级人员在准则项下的义务目标，而不仅仅是强调信用评级机构或信用评级员工应该做什么不应该做什么。例如，第 1.19 条规定，信用评级机构应当制定政策和流程以确保有明显诚信瑕疵的人不会被雇佣，而不仅仅是规定信用评级机构不能雇佣有明显诚信瑕疵的人；以及第 1.17 条新增规定，信用评级机构应当建立、保持、记录和实施可以明确提供如何向公众公开信用评级行为和相关报告的结果或主题的信用评级以及撤回信用评级的指导意见的政策和流程，而不仅仅是要求信用评级机构公开其信用评级结果或其撤回行为。换而言之，《信用评级机构基本行为准则》从原来的告诉你要做什么转变为告诉你如何去做，规制中心从结果转向过程，通过内部机制构建达到想要的目标，其内容更具可操作性、指导意义和借鉴意义。

---

① IOSCO Board, “Code of Conduct Fundamentals for Credit Rating Agencies”, Mar. 2015, art. 4. 2.

垄断与自由间的公用事业法制革新

——以电信业为例

何　源*

摘　要： 公用事业因具有民生必需性与自然垄断性的特征，通常被国家独占经营，即“国有化”。目前公用事业国有化模式的弊端已较为凸显，且现有法律手段无法进行有效规制，以致出现“法律失灵”现象。德国的电信市场改革提供了公用事业从垄断到自由的改革经验，并指出关键问题在于兼顾“促进市场竞争”与“保障公共利益”两大目标。鉴于此，我国公用事业应从理论与制度两个层面进行革新。在理论上，公用事业法制革新是任务民营化与国家保障责任的内在要求。在制度上，应进行经济管制制度革新，围绕政府与业者、业者与业者、业者与消费者三对关系对于市场准入、网络接入、资费管制、普遍服务等制度进行改革与完善。

关键词： 公用事业；国有化；自由化；民营化；电信业

一、问题的提出

近年来，我国电信业改革举措频出。从放开虚拟运营商牌照、引入民资、成立铁塔公司、全面实行市场调节价，至2015年颁发《关于加快高速宽带网络建设推进网络提速降费的指导意见》（简称《提速降费意见》），其改革力度之大、创新之足无不彰显了政府推动改革的决心与魄力。甚至有观点认为，我国“不到两年时间似乎走完了西方国家几十年的改革路途”。[①] 然而电信业改革在取得突出成效的同时，亦面临“瓶颈效应”，试举三例：

---

* 何源，上海社会科学院法学研究所助理研究员。本文受到国家留学基金委的资助。

① 云晴：《殊途同归：英国电信业镜鉴》，《通信世界》2015年第19期，第14页。

例一：虚拟运营商运营不善。2013年《移动通信转售业务试点方案》发布以来，工信部先后向京东、阿里巴巴等42家民营企业颁发了试点批文，允许其在试点期间从基础运营商手中购买移动通信服务，重新包装成自己品牌并销售给其他消费者，还赋予其专属号段170。2015年《提速降费意见》更是进一步规定，2016年将全面放开转售业务。在如此巨大的改革力度之下，虚拟运营商亦被寄予厚望，被认为能够在移动通信垄断市场形成"鲶鱼效应"。[①] 然而两年试点期满后，42家虚拟运营商全军覆没，无一家盈利。有专家认为，"批零倒挂"现象是导致这一残酷结果的主要原因，即基础运营商给虚拟运营商的批发价比给用户的零售价还要高。[②]

例二：消费者满意度不高。2015年电信业的关键词应当便是"提网速，降资费"。继李克强先后两次强调之后，5月15日工信部副部长公布了本年度网络提速降费的目标，[③]5月20日《提速降费意见》出台。三大基础运营商亦陆续提出宽带提速、流量优惠等种种"诱人"举措。[④] 遗憾的是，广大消费者对此反应异常冷淡，普遍认为三大电信企业的内容缺乏诚意，如形似鸡肋的"夜间流量套餐"、始终"缺斤少两"的宽带网速等。[⑤] 亦有知名艺人韩雪在微博中公开质问中国移动为何在自己更换套餐后就将上月流量清零。

例三：基础运营商违规不断。据《工业和信息化部关于电信服务质量的通告(2016年2号)》统计，本年第一季度收费争议类申诉占比34.7%，环比增长8.0%；网络质量类申诉占比23.7%，环比增长4.4%。在一系列"提网速，降网费"改革措施后，收费争议与网络质量仍是最突出的两个问题。首先，关于收费争议，三大基础运营商的"乱收费"现象并不少见，如在被广为关注的"全国最贵本地被叫资费案"中，律师刘某因中国电信未按合同约定收费，愤而起诉，最终中国电信被判承担违约责任。[⑥] 在诉前交涉的过程中，中国电信敷

---

① 鲶鱼效应，本意指鲶鱼在搅动小鱼生存环境的同时，也激活了小鱼的求生能力，通常用来比喻采取一种手段或措施，刺激一些企业活跃起来投入市场中积极参与竞争，从而激活市场中的同行业企业，可参见：《电信业改革攻坚　虚拟运营商鲶鱼效应初显》，2014年6月27日，http://finance.ifeng.com/a/20140627/12614648_0.shtml，2016年5月28日访问。

② 钱瑜、石飞月：《虚拟运营商亏损症结待解》，《北京商报》2016年1月26日第B04版。

③ 王丽娜：《电信运营商降费背后多重博弈　为何不能一步到位?》，载《中国经营报》2015年5月25日第C06版。

④ 杜鹃：《三巨头发布提网速降网费方案》，《山西日报》2015年6月16日第B01版。

⑤ 马梅若：《提速降费须有诚意》，《金融时报》2015年5月23日第004版。

⑥ 湖南省长沙市雨花区人民法院《民事判决书》(〔2002〕雨民初字第425号)。

衍的态度与做法更加凸显了刘某作为普通消费者的弱势地位，亦使得广大民众感同身受，纷纷对刘某表示支援。[①] 再者，关于网络质量，民众不仅对较慢的宽带网速颇有抱怨，对于基础运营商在宽带领域的捆绑销售更是不满。如在内蒙古呼和特市选择中国联通的宽带业务，就必须捆绑固定电话或手机卡，每月还有最低消费限制。而对这一明显违规的行为，通信管理局的处罚亦并未发挥应有的作用。[②]

综上，电信业领域中三大关键主体——新进业者虚拟运营商、消费者以及占据垄断地位的基础运营商之间的法律关系均存在进一步完善之必要。细究上述事实，至少彰显出两大问题：其一，基础运营商的垄断地位与消费者、新进业者之间存在巨大矛盾；其二，传统监管手段效果不佳，既无法震慑基础运营商，又缺乏对新进业者的有效管制。这些问题亦非电信业独有，在供水、供电、供热、交通等公用事业领域均有体现。为此，我国公用事业究竟应当维持现有国家垄断模式，还是要完全向市场放开？抑或应在两者之间寻求到一个平衡与支撑点？由于电信业改革系公用事业改革之重要一环，本文将以其为切入点，希冀由小见大，厘清现行公用事业"国有化"模式的症结和法律应对手段的不足，并参考德国经验，提出公用事业法制革新的新思路。

二、公用事业"国有化"模式的失灵

(一) 公用事业的概念与特征

公用事业可区分为狭义、广义与最广义。狭义公用事业包括经营供电、供热、供水和电信的事业；广义还包括交通运输业(国家工商行政管理总局 1993 年颁布的《关于禁止公用企业限制竞争行为的若干规定》采此义)；最广义之公用事业则除前两者外，尚含卫生、水利等事业(建设部 2002 年颁布的《关于加快市政公用行业市场化进程的意见》采此义)。[③] 此处所讨论的公用事业主要为第二种，即供电、供热、供水、电信以及交通运输。一般来说，公用事业具备以下两大基本特征：第一，民生必需性。这不仅表现在满足人民生活及其他生产性经济活动的基本需求，更重要的是其不可替代性。公用事业所提供的

① 伍洲奇：《长沙电信被诉乱扣费背后》，《法人》2012 年第 5 期，第 65 页。

② 吴勇：《多种宽带套餐被指违规搭售》，《人民日报》2013 年 6 月 24 日第 009 版。

③ 廖义男：《公用事业法——国家对公用事业的监督与规范》，《台大法学论丛》1986 年第 1 期，第 47 页。

服务或产品往往很难找到与其同性质的替代品，抑或虽存在却转化成本太高。这加深了消费者对公用事业的依赖性。[①] 第二，自然垄断性。根据“成本弱增性”理论，若由一个企业生产整个行业产出的总成本比由两个或两个以上的厂商生产这个产出的总成本低，则其为自然垄断行业。公用事业对于基础设施依赖程度较高，呈现出典型的“网络产业”特色，因而自然垄断性尤为明显。以电信业为例，其为保障自身技术特征之实现，需依赖基础设施网络建设，如对于固话业务，需进行挖沟、埋管、穿缆、建基站等大规模固定投资，沉没成本巨大，不宜重复建设。

(二)“国有化”模式及其弊端

所谓“国有化”，就是指国家由自己独占经营来取代私人的独占性经营，以期透过事业内部之管理控制，决定独占事业之价格、产能，将独占垄断之弊端内部化。这样既可以彻底防止私人独占经营的弊端，又能够解决如私人资本不足的问题，提高生产能量，最后，借由国家的直接补贴亦足以使产品价格保持稳定。[②] 由于历史之延续，以及对于保障人民基本生活需求与社会秩序稳定之政策考量，我国的公用事业均处于国有化模式之下。下文将以电信业为例，讨论国有化模式之形成及其弊端。

1. 电信业“国有化”模式

自建立至今，我国电信业发展历程大致可分为三个阶段。[③]

阶段一：垄断经营时期(1980—1993 年)。通信业务由国家邮电部统一经营。

阶段二：引入竞争时期(1993—1998 年)。主要表现为向社会开放 9 项业务、国务院批准组建中国联合通信有限公司、政企分开(电信总局登记为企业法人，原有政府职能转移至邮电部内其他司局)。

阶段三：法制化时期(1998 年至今)。《电信条例》及其附件《电信业务分类目录》出台，1999—2000 年的电信业重组形成六大国企的割据局面，2008 年的再次重组则彻底奠定中国移动、中国联通与中国电信“三足鼎立”的局面，至

---

① John Ernst, *Whose Utilities: The Social Impact of Public Utility Privatisation and Regulation in Britain*, Open University Press, 1997, pp. 37 - 40.

② Stephen Breyer, *Regulation and its Reform*, Harvard University Press, 1982, p. 183.

③ 〔德〕豪茨纳格、续俊旗等：《中欧电信法比较研究》，续俊旗等译，法律出版社 2008 年版，第 119—120 页。

今三者在基础电信业务领域的垄断地位仍无可撼动。

市场化改革之后，我国电信业虽在一定程度上引入竞争，但基本上还是处于国有垄断模式之下。首先，与民营资本已十分活跃的增值业务领域相比，更为关键的基础业务领域仍呈现“三分天下”之态。如前文所述，42 家虚拟运营商经营不善，所占市场的比例很小，无法撼动三大基础运营商的地位。其次，基础运营商之间的有限度之竞争亦呈现出实力悬殊之态，例如从营业利润来看，2010 年中，移动前三个季度利润就为电信、联通的 5.5 倍。[①] 此外，也有学者将三大巨头间的竞争解读为“只是政府为达成事务分工（分业经营、分区切割）的政策安排”，[②]称不上真正意义上的竞争。

2. “国有化”的弊端

在早期资金与技术匮乏的情况下，国家独占经营模式确实有利于将有限的资源充分整合，以更好地保障人民生存之基本需要。而随着经济社会与技术发展，决定电信网络业务胜败的关键因素已不是资金是否密集，而是市场参与者是否具备充分的资讯科技知识与创新能力。[③] 这种情况下国有化的弊端便充分显露出来。首先，从政府角度看，国家垄断严重阻碍私人资本进入电业市场，则国家必须投入大量资金以保障国企正常运营，这便阻断了私人资本为政府日益增加的财政负担分忧的可能性。而且，政企不分现象仍然不同程度地存在，垄断国企往往成为滋生腐败的温床。其次，从消费者角度看，正如本文开头所提到的，垄断国企提供的电信服务有时并不尽如人意，但因不存在其他竞争者，消费者没有其他选择，只能在三大电信巨头之间徘徊。这使得消费者在电信业（其他公用事业领域亦是如此）不能像面对其他商品一样通过行使选择权来发挥制衡作用，有被予取予求的风险。最后，从电信业发展角度看，限制竞争行为使得市场内在动力机制的作用受损，严重阻碍电信业的技术进步和质量发展，这与“创新驱动发展”的经济战略并不吻合。

（三）“国有化”模式下法律手段的失灵

针对如何避免国有化模式下公用事业垄断地位之滥用，通常存在两种法

① 高骥远：《中移动利润 5.5 倍于电信　联通电信业数据业务未成增长主力》，《通信信息报》2010 年 11 月 3 日第 A06 版。

② 潘天蔚：《中国大陆电信市场准入法制的主要问题及对策》，《月旦财经法杂志》2010 年第 3 期，第 94 页。

③ 刘孔中：《关于电信管制政策与法规的一些检讨意见》，《万国法律》2000 年第 12 期，第 15 页。

律手段，即反垄断法与行业立法。若以规范性质进行区分，前者应属经济法范畴，后者则更倾向于行政法规范，也可称为产业政策。关于两者间的关系，学界讨论颇多。有学者认为因产业政策的内容不同，其对反垄断法的适用既可能促进也可能阻碍；①也有学者持不同意见，认为两者具有一致的现实基础与立法目标，乃相互补充关系；②还有学者从适用顺序视角提出，反垄断法为一般法，而《电信条例》及其他相关政策等行业立法则为普通法，特别法对它的垄断如有具体规定，作为普通法的“反垄断法”也就只好亮绿灯放行。③ 但无论如何，对于以下观点仍大致存在共识，即在公用事业领域缺乏竞争、产权及市场结构僵化的情况下，仅靠反垄断法从外部来反它的垄断，无异于扬汤止沸，难以下手，因而必须重视体制改革，尽可能优化结构，引入竞争。④ 而遗憾的是，反垄断法与行业立法在目前的公用事业反垄断中均存在不同程度的“失灵”。

1. *反垄断法失灵*

关于公用事业是否适用反垄断法之讨论甚烈，⑤然则两者性质完全不同。诚如上文所言，反垄断法着眼于对抗在市场中形成的强势企业之地位滥用，其由以市场机制为主，凭借供需互动运转的私经济活动领域孕育而出，但我国公用事业中的国企垄断地位的形成却具有自身独特的政策背景与成因。

首先需澄清两种观念误区：其一，行政垄断。我国公用事业中国企的垄断地位并非行政垄断，其合法性是由现行法和政策所确认的，⑥主要法律依据为《反垄断法》第 7 条之规定；其二，自然垄断。《反垄断法》第 7 条主要是针对自然垄断行业，但随着社会经济与科学技术的发展，传统公用事业的自然垄断性亦在发生变化，如随着电信业细分化，也已经很难说整个电信业均属于自然垄断行业，美国与欧洲均将其视为完全竞争性行业。那么，我国公用事业垄断

---

① 叶卫平：《产业政策对反垄断法实施的影响》，《法商研究》2007 年第 4 期，第 20—21 页。

② 王先林、丁国峰：《反垄断法实施中对竞争政策与产业政策的协调》，《法学》2010 年第 9 期，第 30—31 页。

③ 史际春、肖竹：《反公用事业垄断若干问题研究——以电信业和电力业的改革为例》，《法商研究》2005 年第 3 期，第 57 页。

④ 史际春、肖竹：《反公用事业垄断若干问题研究——以电信业和电力业的改革为例》，《法商研究》2005 年第 3 期，第 57 页。

⑤ 华慧：《反垄断法对电信业的规制研究——以〈反垄断法〉实施对电信业的影响为中心》，《求索》2010 年第 7 期，第 157 页。

⑥ 史际春：《资源性公用事业反垄断法律问题研究》，《政治与法律》2015 年第 8 期，第 5 页。

地位之性质究竟应作何理解呢?以电信业为例,三大基础运营商之垄断地位并非在市场竞争中形成,而是基于历史延续、政策支持等非经济因素。如早在10年前国资委发布的《关于推进国有资本调整和国有企业重组的指导意见》中便提到,依法推进国有企业互相联合,培育一批具有国际竞争力的特大型企业集团。时任国资委主任的李荣融也表示,根据国资委最新部署,对于电信等基础设施领域的中央企业,国有资本应保持独资或绝对控股;对电信领域的重要子企业,国有资本保持绝对控股;对于电信增值服务等领域的中央企业,应加大改革重组力度,引入非公经济和外资,推进投资主体和产权多元化。① 对此,我们可称其为"政策性垄断"。在基础运营商垄断地位合法的情况下,实践中亦不乏对其滥用垄断地位的行为进行反垄断法适用之努力,最为典型的当属2011年中国电信与中国联通在互联网接入市场上的涉嫌垄断案,结果是至今未见罚单,不了了之。② 这再次印证了反垄断法在公用事业中的失灵。

2. 行业立法失灵

行业立法是针对某行业的特点所制定的法规范,目前在电信业主要包括《电信条例》《电信业务经营许可证管理办法》,以及国务院、工信部等颁布的其他法律文件。而在目前"国有化"模式之下,希冀以行业立法达到反垄断效果可谓南辕北辙:

首先,行业立法一般为国家政策与政府意志之体现。在"政策性垄断"结构下,公用事业之垄断地位根本就是政策制定者所追求之目标。现有行业立法虽已作出诸多引入竞争之努力,如价格全面市场化、转售业务与宽带市场的放开等,但与触及基础运营商的垄断地位距离还很远。其中,最为关键的便为较为严格的市场准入制度。较之于欧盟的一般授权制,我国电信市场仍在实

① 任芳等:《国资委首次明确:七大行业将由国有经济控制》,《新华每日电讯》2006年12月19日第006版。

② 2011年我国发改委对中国电信和中国联通进行垄断调查,认为两者可能利用宽带入网市场的支配地位,对竞争对手收取高额的入网费用,影响了宽带入网市场的公平竞争。若调查属实,违法企业有可能遭受数亿甚至数十亿元的罚款。可惜的是,该案在2012年中国电信和中国联通承诺降低资费与入网费,以及发改委表态将继续督促两者整改宽带入网领域垄断问题之后,便不了了之。人们既未看到罚单,也未得到清晰、全面的答复。为此,有学者认为该结果不一定就是执法机关的本意,其"不可避免地会受到各种干扰,特别是来自上级部门和其他政府部门的干扰,甚至还受到社会舆论的影响",这是因为"中国毕竟是一个从计划经济向市场经济转型的国家,国企还在不同程度上受到政府的保护"。详情参见王晓晔:《中国电信、中国联通涉嫌垄断案的再思考》,《交大法学》2013年第2期,第5—15页。

行许可制度，这为新的竞争者进入电信市场无疑设置了十分高的门槛。当然，将其归咎于行业立法本身是不公平的，其最终取决于体制的改革与市场结构的变化。后者则涉及决策者的政治意愿、利害关系方甚至监管机构的抵制以及各种形式的市场准入壁垒等诸多问题，[①]并非一蹴而就之事。

其次，在“国有化”模式下，“俘获”现象是导致行业立法失灵的另一重要原因。“俘获”源自经济规制学，意为政府需要获得政治利益和缺乏处理全部政务的信息和专业技术，利益集团借此与政府建立联系，并且影响立法。[②]目前，我国公用事业领域的大型国企与政府的关系往往暧昧不清，“政企不分”现象仍在一定程度上存在，如2004年中组部与国资委的一纸调令便使得电信业三大运营商闪电换帅便是一例。[③] 那么政府在作出相关政策决定并将其转化为法律规范时有无被国企进行利益俘获，便非常值得怀疑。实际上，基础运营商以各种方式影响政府对电信资费政策的制定也已并非秘密。[④]

(四) 小结

在我国公用事业领域，仅依靠法律手段已无法有效遏制国家垄断所带来的弊端。诚如有学者所言，问题的解决归根到底需要由政府体制改革来解决，而不是寄希望于反垄断法来解决。[⑤] 公用事业究竟要进行怎样的体制改革，应从“国有化”走向何方？对此，目前的国际经验已为我们提供了参考方案，下文将对德国电信法的改革与现有法制进行介绍，以期为我国提供借鉴经验。

三、域外法制经验：德国的电信业改革

(一) 欧盟法层面：电信市场自由化

德国的电信改革的直接动力乃欧盟(2009年之前称为“欧共体”)的电信市场自由化。该进程始于20世纪80年代。在此之前，普遍认为电信既有自然

---

① 史际春：《资源性公用事业反垄断法律问题研究》，《政治与法律》2015年第8期，第4页。

② Jean Jacques Laffont, Jean Tirole, “The politics of Government Decision Making: A Theory of Regulatory Capture”, *Quarterly Journal of Economics*, 106(1991).

③ 何况：《72小时电信巨头闪电换班》，《经理日报》2004年11月3日。

④ 赵忆宁：《中国电信业：政府被谁“俘获”?》，《21世纪经济报道》2004年7月1日。

⑤ 王自力：《论行业管制政策与反垄断法的协调实施》，《江西财经大学学报》2012年第5期，第116页。

垄断之特性,那么由享有独占经营权的国家组织才能够在平等条件下为人民提供电信普遍服务,从而避免私人经营者在价格与普遍服务目标两者之间挣扎,[①]因而成员国均将电信服务之提供视为国家生存照顾任务(Daseinsvorsorge)范畴,且处于国家垄断之下。竞争几乎不存在或是仅存在于极为有限的领域。然而技术与需求的变化使得欧盟电信长期处于国家垄断下的情况发生了变化。有研究表明,截至1990年电信业产值本可以发展到占欧共体总产值7%的比重,但由于国家垄断大大阻碍了电信业的发展速度,以致实践中的比重不到预测数字的一半。[②] 加之美国电信自由化之影响,当时的欧共体委员会于1987年颁布了涉及电信业核心规定的绿皮书。[③] 绿皮书正式开启了欧共体电信市场全面自由化的历程,言明高权性质的行政规制任务与电信服务给付任务应当分离的宗旨,其背后正是由给付国向保障国转变的国家观变迁之过程。围绕这一宗旨,绿皮书亦明确了电信市场自由化所应达成的四大目标:其一,自由化,即依据终端市场、电信服务、网络基础设施等不同领域的特点逐步取消国家垄断组织的独占经营权,实现电信市场的全面自由化;其二,调和化,即以网络基础设施和电信服务为主对相关指令进行调和;其三,促进电信市场竞争机能之完善,保障公平有序的竞争;其四,保障普遍服务(Universaldienstleistung)之实现。之后,欧共体委员会先后颁布了一系列指令以贯彻上述各项决定。[④] 经整合与梳理后,欧共体于2002年所颁布的包含6项指令的"一揽子计划",[⑤]标志着欧盟电信市场自由化的法律体系建设与制度设计基本完成。

(二) 宪法层面:德国电信第一、二阶段改革

鉴于对邮电行政能力效率之不满与欧盟绿皮书之要求,德国于1989年开

---

① Vgl. *Reiner Hallenga*, Europarechtliche Vorgaben für die Liberalisierung von Telekommunikationsnetzmärkten und die Umsetzung in nationales Recht, ArchivPT (1996), 239, 239 - 246.

② Vgl. Begründung zum Entwurf des TKG, BT-Drs. 13/3609, 33.

③ Kommission, Grünbuch KOM(87)290 endg. v. 30. 6. 1987.

④ Richtlinie 88/301/EWG der Kommission vom 16. 05. 1988 über den Wettbewerb auf dem Markt der Telekommunikationsendgeräte, ABl. L 131 vom 27. 05. 1988, S. 73.

⑤ 上述6项指令分别为:框架指令(Rahmenrichtlinie) Richtlinie 2002/21/EG,许可指令(Genehmigungsrichtlinie) Richtlinie 2002/20/EG,接入指令(Zugangsrichtlinie) Richtlinie 2002/19/EG,普遍服务指令(Universaldienstrichtlinie) Richtlinie 2002/22/EG,电信数据保护指令(Telekommunikationsdatenschutzrichtlinie) Richtlinie 2002/58/EG,新竞争指令(Wettbewerbsrichtlinie) Richtlinie 2002/77/EG。

启了第一阶段的电信改革(Postreform I)。根据《基本法》原第87条第1项第1句之规定,邮政电信任务由联邦邮电署执行,属于联邦直接行政。因而第一阶段改革的主要目标乃于宪法框架下改造联邦邮政组织,为此颁布了《邮政组织结构法》。依据该法,联邦邮电署被分割为三部分,即邮政服务,邮政银行和电信。

由于《基本法》的限制,第一阶段的电信改革并未过多涉及自由化的内容。[①] 后因老旧设施改造,德国电信业亟须大量资金,加之国际上的竞争压力和欧共体1990年颁布的若干指令,第二阶段电信改革(Postreform II)于1994年拉开帷幕。该阶段改革以基本法修改为前提,旨在突破其对于电信任务性质的桎梏。同年8月30日修订的基本法中,增添了对电信任务性质变革至关重要的《基本法》第87f条。第87f第2款规定,电信任务"作为私经济活动,由德国联邦邮政的承继事业和其他私人业者提供"。该条款为电信市场的自由化奠定了宪法基础。这意味着,所有私人原则上均享有进入电信市场的权利,联邦邮电署改制后的企业也和私人业者在平等条件下进行竞争,而不再视为执行国家任务。[②] 宪法上的阻碍消除后,立法者将散落于各个邮政电信法律中的条文进行全方位的更新调整,以组成"条款"的方式颁布了《邮政电信新秩序法》(PTNeuOG)。[③] 依据该法,联邦邮电署于1995年重新被分割为三个私法人组织,即德国电信股份公司、德国邮政股份公司和德国邮政银行股份公司,此即基本法87f条中所述之承继事业。

(三) 具体法律层面:德国电信第三阶段改革与《电信法》

第二次电信改革结束的次年,发生了两项标志性事件:其一,德国电信股份公司上市释股,成为公私合营公司;其二,德国《电信法》正式颁布。由此拉开了第三次电信改革的帷幕(Postreform III)。1996年的《电信法》彻底废除了德国电信股份公司原有的独占性权利,首次为完全自由化后的电信市场勾勒出完整的法律框架。根据该法第1条规定,其立法目的有二:促进电信市场自由、有序竞争;保证为人民提供适当、充足的电信普遍服务。至此,德国的电

---

① *Peter Lerche*, in: *Maunz/Dürig* u. a., Grundgesetz, Kommentar, 32. Aufl., 1996, Art. 87f, Rdn. 24.

② *Kay Windthorst*, in: *Sachs*, Grundgesetz, Kommentar, 4. Aufl., 2007, Art. 87 f, Rdn. 22 ff.

③ BGBl. 1994 I, S. 2325.

信改革告一段落。直至2012年最新修订的《电信法》，[①]其间虽不乏修改，但大致原则仍与1996年《电信法》保持一致。现行《电信法》主要是从引进新业者、打破原垄断业者的剩余独占力、消费者保护三个方面进行了具体制度设计。下文将择其要点予以论述：

1. 取消电信分类，并实行"一般授权制"的市场准入制度

所谓"一般授权"，即成员国除了要求企业在进入电信市场前提交通知外，不需要做其他要求。根据欧盟"授权指令"第2款第2节，第5条1、2款规定，单独许可证的批准仅限制在无线频率和码号资源的分配方面，并尽量不被使用。[②] 依欧盟相关法令及基本法对职业与企业自由权之保障，德国电信市场准入制度最终建立于"自由进入市场"观念之上。基本上从事电信活动事先在管制官署（联邦网络管制局，BNetzA）处书面登记（《电信法》第6条）即可，无须申请经营许可，均有权要求发给执照。

2. 接入管制

若原垄断业者不愿意将其网络基础设施向新进业者开放，法律是否可对其设立强制性义务？而这是否有悖于意思自治？对此，欧盟法继受了美国法上的"重要设施理论"（essential facilities-doctrine）。[③] 欧盟法院在"Magill判决"中列出了"重要设施独占权滥用"之判定情形：其一，该设施必须为其他业者参与市场竞争之必要前提；其二，新建或复制该设施对于需求者而言在技术和经济上均不可能或无法期待；其三，该设施所有人拥有足够充裕的设备容量供其他业者使用；其四，拒绝该设施向其他业者开放是处于排除竞争之目的，且不具有正当化之理由。[④]

基于上述理论基础，德国《电信法》为顺应欧盟法开放网络设施之趋势，实现促进电信市场竞争之目的，规定了对原垄断业者的强制接入义务，相关的核心条款为《电信法》第21条。依该条第1款第1句之规定，当对原有电信网络设施之独占会损害市场竞争的持续发展，或是会损害消费者之权益时，原垄断

① Gesetz zur Änderung telekommunikationsrechtlicher Regelungen v. 3. 5. 2012.

② 2002/20/EC指令，即欧洲议会和理事会关于电子通信网络和服务的授权指令。

③ 所谓重要设施，是指对经济行为具有瓶颈（bottleneck）或守卫（gatekeeper）功能的基础设施，如机场、港口、铁路、电信网络或电力、天然气输送管道等。美国最高法院在1912年的判决中认为，根据反托拉斯法中的禁止独占化之规定，具有市场支配地位的铁路企业应当提供其铁路网供其他竞争者使用，参见U. S. v. Terminal Railroad Association, 224 U. S. 383(1912).

④ EuGH, 06. 04. 1995 - C - 241/91 P und C - 242/91 P (Magil-Urteil), Slg. 1995, I - 743.

业者有将其所有的电信网络设施向其他业者开放之义务。该条第2款则进一步规定了强制接入义务的具体内容,包含“应当”和“可以”开放的两部分。此外,网络接入还需满足以下三个原则:其一,最低标准原则(《电信法》第23条),即原垄断业者所提供的网络设施必须能够满足其他业者参与市场竞争时需具备的经济上与技术上的基本要求;其二,非歧视原则(《电信法》第19条),即要求原垄断业者需在同等条件下向所有业者提供同等的接入条件,尤其是不得对自己的子公司单独提供优惠;其三,透明性原则(《电信法》第20条),其他业者为顺利使用已有电信网络设施通常需了解必要的数据和信息,该原则要求原垄断业者需保证其他业者能够尽快地、无困难地获得上述信息。对必要之内容,需保证其他业者可从公开渠道获得。而且原垄断业者负有保证其提供的数据与信息准确且具可操作性之义务。

3. 资费管制

资费管制又包括原垄断企业(网络设施所有者)与新进业者之间的网络接入费用管制以及具有市场支配力之企业与消费者之间的电信资费管制两部分。

(1) 原垄断业者 VS 新进业者。此项接入费用管制包括如下三方面:

第一,定价权滥用之管制。依《电信法》第28条之规定,定价权滥用情形包含过高定价、阻碍性定价与歧视性定价。其中,对于过高定价与阻碍性定价的管制对象均为原垄断业者。关于过高定价,必须当业者的垄断地位与资费之间存在直接联系时,才能认定滥用情形之存在。换言之,如果业者的垄断地位消失后该价格仍然能够存续,那即使价格高于一般市场价格,也不能认定为定价权滥用。至于阻碍性定价,则是指原垄断企业在无正当理由情况下制定的资费对于其他企业参与市场竞争产生了重要影响,如倾销性定价等。

第二,事前管制。联邦网络局有权决定对某项定价采取事前管制或事后管制。事前管制主要对象为原垄断企业,依德国《电信法》37条第1款之规定,被受到事前管制的原垄断企业必须获得联邦网络局的定价许可,且不得偏离该许可进行定价。

第三,事后管制。依《电信法》第38条第2款之规定,只要联邦网络局知悉原垄断企业之定价属于《电信法》第28条中规定的三种定价权滥用情形,其必须立即对该定价进行审查。而其他业者只要依《电信法》第38条第1款之规定,在其所定资费生效前两个月在联邦网络局进行公示即可。

(2) 具有市场支配力之企业 VS 消费者。业者与消费者间电信资费的管制义务主体仅包括原垄断业者,新进业者与消费者间资费则完全交由市场决定。依《电信法》第39条第1款之规定，只有当接入管制未有效达成第2条中规定的立法目标时，才需对此类电信资费进行管制。从这个意义上讲，业者与消费者间资费管制具有备位性。只有当联邦网络局认为相关市场在可预见的一段时期内难以达到充分竞争的状态时，才可以选择事前管制方式，要求具有市场支配力之企业(通常为原垄断业者)在定价前需取得许可。但联邦网络局亦可行使自由裁量权，选择事后管制方式，即要求具有市场支配力之企业将其定价方案于生效前两个月进行报告。若联邦网络局认为该方案违反了第28条中关于不得滥用定价权之规定，则可将该方案进行否定(《电信法》第39条第3款)。

4. 普遍服务

《电信法》在第78—87条中，设计了一套较为完整的普遍服务管制机制。第78条第1款规定了普遍服务之含义，即"最低限度之公共服务，该服务需满足一定品质，可供所有消费者使用而无论其住所地或经营地在何处，其对价为可负担之程度，其因具有人民基本生存照顾之任务性质而应被强制履行"。第78条第2款则更加具体地列举了普遍服务的具体范围，包括接入公共电话网络、公用电话业务、紧急电话免费拨打等。接下来第80条指出了普遍服务的两类义务主体，一是其份额占到相关市场总份额4%及以上的企业，二是在相关市场中具有市场支配地位之垄断企业。第81—87条较为详细地规定了联邦网络局如何对义务主体设置强制履行义务的相关程序，具体可见图1：①

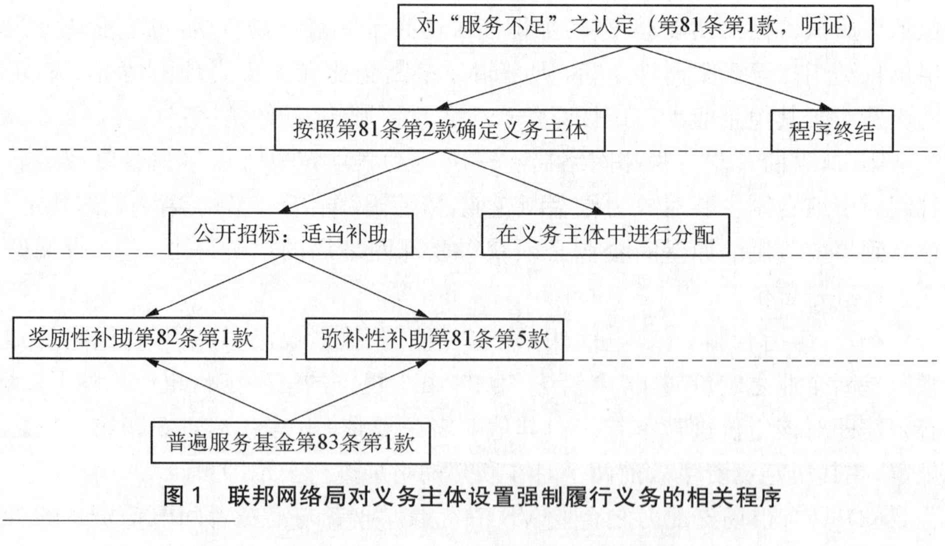

图1　联邦网络局对义务主体设置强制履行义务的相关程序

① *Jürgen Kühling/Tobias Schall/Michael Biendl*, Telekommunikationsrecht, 2. Aufl., 2014, S. 335.

具体来讲，若联邦网络局认定某相关市场内普遍服务未得到充分满足，应首先将结果进行公告，若在公告后一个月内无企业愿意承担此项义务，则由管制机关通过听证的方式在普遍服务的义务主体中初步选择出一家或多家企业，该决定之作出需遵循非歧视原则。在第二阶段中，被选择的企业有权申请一定的补贴，由管制机关对该申请进行可信性判断，并通过公开招标程序遴选出一家合格的企业，最终来承担普遍服务之履行。在第三阶段中，若选出合格企业，则由其来承担普遍服务义务，并给予其补贴；若未能选出，则由参加招标程序的所有企业共同承担普遍义务，这些企业亦可得到适当补贴，但这种补贴仅以企业承担普遍服务与未承担情况下的成本差额为限，且企业在提供普遍服务过程中的已得利益与预期利益均应被考虑在内。最后一阶段，确定可得到补贴的企业将从“普遍服务基金”中得到补贴，该基金由负有普遍义务的企业按所占市场份额之比例共同分担。

（四）小结

从德国电信市场改革的历程中可以总结出以下两点纲领性经验作为参考：第一，德国的电信市场的改革方向一直是打破国家垄断，迈向自由化、竞争化，此点在实践中亦被严格贯彻执行；第二，德国并非放任电信市场进入到“完全自由主义”状态，而是建立了适当的法律管制制度在国家垄断与自由放任之间寻找合适的平衡点，该法律管制一方面为了实现“促进竞争”之目标，另一方面也基于“保障公共利益”之考量。

四、我国公用事业法制革新：垄断与自由间的平衡

目前，我国公用事业之“国有化”管制模式已带来严重弊端，且导致法律手段的失灵。而由德国经验可以看出，逐步放开市场，引入竞争是目前公用事业改革之趋势。而新旧模式交替之际，我国公用事业应如何在“促进市场竞争”与“保障公共利益”两者之间寻找到平衡点，这一问题需从理论与制度两个层面进行回答。

（一）理论层面革新

1．自由维度的任务民营化

所谓公用事业之“自由”，并非仅意味竞争之引入，而毋宁说公用事业的整

体任务属性之变革与解放。奠定公法学上任务概念细分化与国家任务理论之根基者，应归功于德国公法学者汉斯·皮特斯（Hans Peters）于1965年发表的《公共任务与国家任务》一文。① 依国家任务理论，应区分公共任务、国家任务与行政任务。其中，公共任务泛指所有为实现公共福祉利益而履行之任务，其内涵最为开放，随时空环境不同而变化，既可由私人社会自行完成，亦可由国家机关参与执行。国家任务乃由国家或归于其之公权力主体所执行之公共任务，乃公共任务的下位概念。而宪法或法律赋予行政主体执行的国家任务，则被称为行政任务。民营化中最彻底之一环"任务民营化"（亦称实质民营化、真正民营化），即行政主体卸除对特定行政任务之主体地位与履行责任，进而该行政任务自此乃属私人与社会活动，即私经济活动之范畴。若行政任务为法定义务，那么任务民营化还必须经过法律甚至宪法之修改，如德国《基本法》87f条的修改便是一例。

实际上，我国公用事业从"垄断"到"自由"之模式转变本质上便为任务民营化之过程。诚如前文所述，公用事业承担的供水、供电、交通等任务均为具有民生必须性之生存照顾类公共任务。这些公共任务中，除少部分已由私人承担，如增值电信业务领域等，绝大部分由大型国企承担，甚至仍有行政机关以组织民营化形式自行承担者，如铁路运输。又因大型国企的实际控制者仍为国家，则国有化模式下我国公用事业所承担的绝大部分任务应属"行政任务"。诚如前文所述，我国公用事业承担"行政任务"并非因法律规定，更多地是基于历史形成与政策倾向之原因。让强势国有企业率先联合，避免非公资本或外资过早进入相关领域，乃政策之目标，亦为造成公用事业承担"行政任务"之原因。在此意义上讲，我国公用事业任务民营化改革不在于现有法律之阻碍，而毋宁是决策者的决心。

2. 公益维度的国家保障责任

在作出是否进行任务民营化这一决定时，一个重要顾虑变为国家安全、人民基本需求满足、社会稳定等公益目标之实现，即国家是否能够从公用事业中"全身而退"，放任其由私人与社会力量承担。对此，国家保障责任学说已给出了明确的否定答案。该说源于德国著名公法学家古纳尔·富克舒·伯特（Gunnar Folke Schuppert）所提出的"责任阶段论"。具体来讲，按照国家执行公任务密度由强至弱的顺序，依序将国家责任区分为履行责任、保障责任与网

① Vgl. *Hans Peters*, Öffentliche und staatliche Aufgaben, FS-Hans Carl Nipperdey, 1965, S. 877 ff.

罗责任三种。[①] 履行责任,乃国家自行通过直接或间接行政方式执行特定任务责任,即任务执行完全处于国家支配力之下。保障责任,是指国家任务虽转由私人与社会执行,但国家仍需担负起保证任务执行的合法性,尤其是积极促进其符合公益与实现公共福祉之责任。网罗责任则重在备位功能,仅于公益性管制目的未能达成或管制失灵时方予以显性化。

其中,保障责任为国家于任务民营化领域的主要责任实现形式。其存在的主要意义在于,国家于某领域释出行政任务后,该行为领域成为私经济活动,私经济主体自以追求利润为最终目标,然国家释出任务之领域,通常涉及与人民生存照顾休戚相关之公用事业领域,如能源、通信、邮政、交通运输等,若全然放任私经济主体依市场法则行事,则在不符成本或利润过低的情形下,恐其会放弃人民服务或提高资费。[②] 由此可见,公用事业走向"自由"并非国家完全卸责之理由,而是要求国家以另外的责任形态来维护公用事业领域中公共福祉之实现,即国家一方面卸除原先作为所有者或经营者之任务履行责任,另一方面退居保障者地位,借由管制立法与行政,对私人与社会履行公共任务肩负保障责任。[③]

(二) 制度层面革新

基于公用事业对人民基本生存之重要意义,在对传统国有化模式进行改革,引入竞争元素时,如何在"促进市场竞争"与"保障公共利益"间寻找到平衡点,新旧模式交替之关键,也是传统国有化模式未曾面临过的难题。尤其是对引入竞争后仍享有剩余独占力的原垄断企业,需要建立新的管制制度,方足以一方面保障原国有化所维持的公共利益,另一方面导入新进业者与市场竞争。这种由国有化导入竞争后重新建立的管制架构即为本部分所探讨的"经济管制"。

1. 经济管制的概念

管制,或称规制,此一概念源于美国,最初适用于政治学与法学领域。彼

---

① *Gunnar Folke Schuppert*, Die öffentliche Verwaltung im Kooperationsspektrum staatlicher und privater Aufgabenerfüllung: Zum Denken in Verantwortungsstufen, Die Verwaltung 31(1998), 415(423).

② 詹镇荣:《民营化后国家影响与管制义务之理论与实践——以组织私法化与任务私人化之基本型为中心》,《东吴大学法律学报》2003 年第 1 期,第 22 页。

③ 刘淑范:《行政任务之变迁与"公私合营事业"之发展脉络》,《中研院法学期刊》2008 年第 2 期,第 62 页。

时公法学体系尚未建立，因而管制亦只是作为零散的、具体的国家高权行为之表述，未成体系。[①] 以管制领域为标准，可分为社会管制、行政管制与经济管制，三者各有不同之目的。社会管制属于保障特定社会价值或权利（如健康、安全）所进行之国家干预行为；行政管制则在探讨行政机关内部之效率与管理问题；经济管制则着眼于国家对产品价格、竞争关系与市场进出等经济决策之规范。本文所探讨之公用事业经济管制即为最后一种。

关于经济管制，并无放之四海皆准之定义。德国 1996 年颁布的《电信法》第 3 条第 3 项曾对其作出过明确的解释，认为经济管制就是“为了达到本法第 2 条中规定的目标而针对电信企业提供服务的行为、终端设备和无线电设备以及为了保障频率资源有效、自由使用而采取的措施”。但 2004 年新修订的德国《电信法》中又将该定义删除。目前依学界之见解，经济管制大致可被理解为“国家高权行为之一种，为行政权对于特定经济领域施加影响之手段，通常是为相关市场的公平有序竞争与公共福祉之实现（不包括国家自身直接参与市场经济活动的方式）而存在”。[②]

2. 经济管制的目标

经济管制通常被立法者作为实现某特定目的法律工具。我国台湾地区许宗力教授将经济管制的目标列举为五项：给付不中断的担保义务、维持与促进竞争的担保义务、持续性的合理价格与一定给付品质的担保义务、员工的安置担保义务、人权保障义务与国家赔偿责任之承担。[③] 詹镇荣教授则进一步将其概括为基础设施之保障与公平竞争之促进。[④] 而在公用事业的不同领域中，亦各自拥有不同的目标。仅就电信业来讲，德国 2012 年新修订的《电信法》第 1 条明确规定：本法目的为“促进电信市场自由、有序竞争；保证为人民提供适当、充足的电信普遍服务”。我国台湾地区的“电信法”第 1 条亦规定了其目的，即“健全电信发展、增进公共福利、保障通讯安全及维护使用者权益”。我国虽尚未制定电信法，但亦有行政法规层面的《电信条例》暂为适用，该条例第

---

① *Johannes Masing*, Die US-amerikanische Tradition der Regulated Industries und die Herausbildung eines europäischen Regulierungsverwaltungsrechts, AÖR 128(2003), 558, 559.

② *Dirk Ehlers/Michael Fehling/Hermann Pünder*, Besonderes Verwaltungsrecht I, 3. Aufl., 2013, S. 707.

③ 许宗力：《论行政任务的民营化》，翁岳生教授祝寿论文集编辑委员会主编：《当代公法新论（中）——翁岳生教授七秩诞辰祝寿论文集》，元照出版社 2002 年版，第 607—609 页。

④ 詹镇荣：《民营化后国家影响与管制义务之理论与实践——以组织私法化与任务私人化之基本型为中心》，《东吴大学法律学报》2003 年第 1 期，第 24—25 页。

1条规定的立法目的与台湾地区甚为相似，即"规范电信市场秩序，维护电信用户和电信业务经营者的合法权益，保障电信网络和信息的安全，促进电信业的健康发展"。总结来讲，经济管制的目标有二：一为促进市场竞争；二为保障公共利益。因而亦有学者称经济管制为国有化与自由放任之间的平衡点。[①]

3. 经济管制的手段——以电信市场为例

为实现上述两个目标，经济管制通常需要借助具体的管制手段与工具。在不同的市场中，经济管制使用的手段也不同。下文将以电信业为例，围绕政府、业者和消费者等三大主体，对电信业进行模式转变时所需要的具体管制手段与工具予以探讨。

(1) 政府与业者之间：市场准入。[②] 现阶段，我国电信业施行的是"以电信业务分类为前提，以电信业务经营许可制为核心"的市场准入制度。而如今的电信分类已不符合时代的发展与技术的要求，过于严格的许可制亦阻碍了私营企业进入电信市场。市场准入制度之革新为电信业自由化、民营化之起始点。

第一，电信分类制度革新。国际上通行电信业务分类主要包含两种：一是基于有无电信设施，将电信业务分为第一类和第二类业务，如澳大利亚、韩国等；二是基于业务性质，将电信业务分为基础电信业务和增值电信业务。我国和世界贸易组织(WTO)均采用第二种分类方法。根据我国《电信条例》第7条的规定，电信业务经营需按照不同分类取得相应的经营许可证。但事实上，这种传统、僵化的电信分类制度已不再能够适应电信技术的迅猛发展。传统分类方法之基本思路乃视基础电信服务为旧式基础电话服务(POTS)，即将用于传输一般语音的电话线等基础设施组成数据传输的架构，如固定通信业务等；增值电信服务则为建立在POTS基础上，依赖POTS传输和处理资讯，以提供增值服务，如呼叫中心、资讯服务等。[③] 而近年来，数据传输逐渐排挤传统架构，改以互联网为基础，将语音、数据和相关资讯传输服务全部整合，转变成数位形式，并在整个电脑与网络系统上运作，此即科技进步所促成之数位汇流(digital convergence)与网络融合现象。[④] 随着融合进程的加快，提供基础电信的技术本身也可能同时在提供增值服务，如IP电话在我国2015年版《电信

---

① Stephen Breyer, supra note 12, at. 182.

② 鉴于外资准入制度涉及问题更为复杂，囿于篇幅与关联度所限，此处暂不讨论。

③ 王郁琦：《资讯、电信与法律》，北京大学出版社2006年版，第189页。

④ 刘孔中：《关于电信管制政策与法规的一些检讨意见》，《万国法律》2000年第12期，第98页。

业务分类目录》中属于第一类基础业务，但其同样可以进行属增值业务类别的多方语音通信业务。为因应技术之发展与统一自由市场之建立，欧盟也于2002年取消了电信业务分类。[①] 因而，基础与增值业务之区分因情势变化亦丧失其原本之价值，实无延续之必要。然则虑及革新需一定之过渡，则可提出如下建议：取消现有分类，单列出尚具有自然垄断特性之业务，予以规定适当准入门槛；对除此之外的电信业务应完全开放，鼓励新进业者进入，促进市场竞争之实现。

第二，电信业务经营许可制度革新。目前，我国实行比较严格的电信业务经营许可制。《电信条例》第10、13条和《电信业务经营许可证管理办法》第5、6条分别对基础、增值电信业务者应具备的条件作出了规定，包括注册资本、国有股权比例、人员、场地、信誉及其他资质以及国家规定的其他条件等。此种严格的许可制严重阻碍了电信业的自由竞争之发展，其主要体现为两点：一是浓重的国有垄断特征。《电信条例》第10条便直接规定，基础电信业务经营者中国有股权或股份不得少于51%，这便直接将民营企业拒之门外。另外，《电信条例》第12条规定，颁发基础电信业务经营许可证，应当按照国家有关规定采用招标方式。但事实上，目前的中国联通、中国移动、中国电信等基础运营商均由于历史延续而取得许可证，并未经过公开招标程序。二是形成民营资本的壁垒。在不具有自然垄断特性的增值业务领域，但在基础业务领域，民营企业面临着诸多壁垒，如自身实力缺陷、电信业对科技创新能力要求高等特征，当然最重要的是法律规范层面的阻碍。虽然，《移动通信转售业务试点方案》在一定程度上为民营企业进入基础业务领域开了个口子，但其程度远远不够。另外，许可程序也较为复杂，等待周期长，在一定程度上阻挠了民营企业的进入。

由此以观，我国与欧盟2002年后所施行的"一般授权制"完全相反。所谓"一般授权"，即成员国除了要求企业在进入电信市场前提交通知外，不需要做其他要求。根据欧盟"授权指令"第2款第2节及第5条1、2款规定，单独许可证的批准仅限制在无线频率和码号资源的分配方面，并尽量不被使用。[②] 这一制度在准入环节确保了对全体运营商的平等对待，极大地促进了欧盟各国电信市场竞争之发展。然虑及我国相关法制之缺位，于电信市场一步到位地

---

① 〔德〕豪茨纳格、续俊旗等：《中欧电信法比较研究》，续俊旗等译，法律出版社2008年版，第168页。

② 2002/20/EC指令，即欧洲议会和理事会关于电子通信网络和服务的授权指令。

实现一般授权之时机尚未成熟。现阶段可首先将不再具有自然垄断特性之业务由许可制改为“一般授权”，即由新进业者通知主管部门进行备案；对于仍具自然垄断特性之业务，则可暂时保留许可制，但应逐步降低准入条件，简化准入程序，以实现向“一般授权”转化之最终目标。

(2) 原垄断业者与新进业者之间：不对称管制（asymmetrische Regulierung）。所谓“不对称管制”，意指相关高权管制措施主要是以具有市场支配地位的原电信市场垄断业者为主。电信市场任务民营化之初，原垄断业者因过往之经营经验具有天然的竞争优势。而不对称管制则正是为创造电信市场新进业者有利之竞争条件，使其能够尽早取得与原垄断企业公平竞争之立足点，以形塑一个有效竞争的竞争环境。[①] 由此可见，作为管制手段的重要选项之一，不对称管制亦具有目的取向性和过渡性之特征。德国电信法中的接入管制、资费管制等均体现出“不对称管制”的特点。目前，我国电信法制中关于“不对称管制”的内容较少，而其却是电信市场管制手段中最核心之内容。

第一，接入管制。电信市场任务民营化之初，因网络基础设施建设耗资甚巨且时间周期长，难以期待新进业者建设出与原有电信网络具同等普及度与功能性之基础设施。而即使新进业者重新投资进行基础设施建设，亦属不必要之浪费。值此之故，新进业者对原有网络基础设施之使用便成为唯一可解方案。然寄望于原有网络基础设施所有者自动自发地按照市场竞争规则将设施提供于新进业者并不现实。因而，法律强制规定便成为必要之选项。需要注意的是，要将“网络接入”与互联互通区分开来。前者的目的在于打破基础运营商的垄断经营，提高电信业务的竞争层次；后者则是为了建立不同网络之间的有效通信连接，以使用户能够跨网实现相互之间的无障碍通信，防止垄断、促进竞争之目的还在其次。[②]

在我国电信业发展过程中，“网络接入”在实践中长期处于空白状态。随着近几年的电信市场化改革，基础业务领域渐渐向民营资本放开，“网络接入”开始发展起来，主要包含转售与宽带接入。关于转售的法律文件主要为工信部 2013 年发布的《移动通信转售业务试点方案移动通信转售业务试点方案》

---

① 詹镇荣：《电信法上不对称管制措施之形塑及界限——最高行政法院 100 年度判字第 1860 号相关判决评析》，《中研院法学期刊》2015 年第 16 期，第 83 页。

② 娄耀雄主编：《电信法》，对外经济贸易大学出版社 2010 年版，第 54 页。

与2016年发布的《关于加强规范管理促进移动通信转售业务健康发展的通知》，宽带接入相关文件为工信部2014年发布的《关于向民间资本开放宽带接入市场的通告》(简称：《宽带接入通告》)。应当说，上述文件中已经呈现出某些“不对称管制”的制度安排，如《宽带接入通告》中第4项便对基础运营商向民营企业提供的宽带质量、价格，不得签订排他性协议等进行了规定，此乃一重大进步。然而，从形式上看，上述法律文件的规范层级仍较低；从内容上看，主要是为了解决现实中的问题而发布，如虚拟运营商必须实行实名制等，仍较为零散、琐碎，缺乏完整、统一的体系。

值此之故，《电信条例》再次修订或未来出台统一电信法时，应当建立并完善“网络接入”领域的“不对称管制”制度。在理论上，美国法上的“重要设施理论”与欧盟法上“重要设施独占权滥用”已为我们提供了解决方案。在具体制度设计上，我国电信法可以借鉴德国电信法，在以下方面进行完善：借鉴对于最低标准原则、非歧视原则与透明性原则的相关阐释，丰富相关原则的具体内涵，增强其实际指导意义，如透明性原则中对网络设施所有者向申请接入者提供的数据的范围与渠道均作了规定；另外，可借鉴“可以”与“应当”接入的分类方法，对接入的条件进行更加具体的划分；将新进业者与网络设施所有者间接入协议的重要内容进行规定。

第二，资费管制。根据现行《电信条例》，我国电信业已经由之前的“基础电信业务领域实行政府指导价，增值电信业务领域实行市场调节价”转变为“全面实行市场调节价”。这不啻为我国电信业走向市场竞争的重要一步。但也正因如此，旧的监管体制被打破，新的体制却并未完全建立起来。而今看来，资费管制至少应从以下两个方面进行完善：第一，对定价权滥用情形进行具体的界定；第二，原资费监管一般针对的是业者与消费者之间的资费，主要基于保护消费者利益之考量，而为促进市场全面竞争，还须将网络接入资费纳入监管，与前者共同组成完整的电信资费管制体系；第三，突出“不对称管制”特点，管制义务主体仅限于原垄断业者，此举意在打破原垄断业者因拥有事业经营经验、网络建设、研发能力及瓶颈设施等不对称优势而享有的天然竞争优势，促使新进业者与原垄断业者之间拥有真正的公平竞争。

(3) 业者与消费者之间：普遍服务。在国家垄断阶段，普遍服务可以通过行政手段得以施行。而在充分竞争的市场条件下，私经济活动主体的逐利本能往往与普遍服务的公益性特征产生矛盾。这一矛盾的平衡与解决便依赖于适当的管制措施及相应的法律制度。我国目前关于普遍服务的法律规定还较为粗糙，仅在《电信条例》第 43 条中有所涉及："电信业务经营者必须按照国家有关规定履行相应的电信普遍服务义务。国务院信息产业主管部门可以采取指定的或者招标的方式确定电信业务经营者具体承担电信普遍服务的义务。电信普遍服务成本补偿管理办法，由国务院信息产业主管部门会同国务院财政部门、价格主管部门制定，报国务院批准后公布施行。"其余则多为零散的部门规章、规范性文件，如 2004 年原信息产业部出台的《农村通信普遍服务——村通工程实施方案》等。法律制度的不完善使得我国目前电信业普遍服务实施的效果也并不尽如人意，存在城乡差距过大等问题，如 2006 年我国农村地区固定电话普及率比城镇地区低 37 个百分点，仅相当于城镇地区 5 年前的发展水平，往往经济发达的东南沿海已经实现数字接入国际互联网时，西部贫困地区却还未实现电话的普遍接入。

为在完全开放市场竞争的条件下仍能保障人人皆可享用电信服务这一公共福祉之实现，我国必须完善相应的法律制度，对普遍服务的具体内容、义务主体、实现方式等进行系统性设计。具体建议包括：第一，认定程序，应完善普遍服务在某特定市场是否得到满足的认定标准与程序；第二，义务主体，确定履行普遍服务的义务主体，在我国可考虑定为"主导的电信业务经营者"，这也是不对称管制之体现；第三，指定程序，在无企业主动承担普遍义务的情况下，应当建立如何指定义务主体进行承担的机制，包含公开招标、听证等；第四，补贴程序，对于最终履行普遍义务并符合一定条件的企业应当予以适当补贴；第五，建立普遍服务基金。

五、结语

公用事业的法制革新，关键是在"垄断"与"自由"两极点寻求一个平衡点。放弃传统国有化模式，开放市场，引入新进业者与竞争已成为世界范围内的主要潮流。我国在这方面的改革尚有漫漫长路。在公用事业国有化模式已无法跟上技术发展与满足消费者需求的情况下，整体进行体制改革无疑需要决策者的勇气与决心，但妥善法律制度之设计则可为此一模式转型提供保障，增加其实现之可能性。此一国有化导入竞争之后的新型法律框架便为"经济管制"，亦为法制革新所需之"平衡"。从促进竞争角度观之，经济管制需得有利于新进业者之引入与原有垄断业者剩余独占力之打破；从保障公益角度观之，经济管制亦需保证国有化模式下公用事业对于人民生存基本需求之满足与注重仍需得到延续。具体到特定行业中，无论从世界各国之经验，还是从我国自身改革之迫切来看，电信业都已经或是将要成为引入市场竞争的“先头兵”。期待我国电信法出台之际，即为电信业走出国家垄断之阴霾，步入自由与竞争之时。

离职竞业限制协议的现行法研究

江　错*

摘　要： 对于最高人民法院《关于审理劳动争议案件适用法律若干问题的解释(四)(征求意见稿)》第9条的规定，若将其理解为授予了劳动者离职竞业限制协议撤销权，则属于作出合同法定生效要件的规定，违反了《立法法》等法律明确的合同法定生效要件只能由法律、行政法规作出规定的规则；若将其解释为对当事人离职竞业限制协议"自劳动关系终止后生效"的约定生效条件的规范，则又与现有法律对附生效条件合同的相关规定相冲突。事实上，现有立法已经能够实现对离职竞业限制协议的有效规范，《征求意见稿》第9条的规定既因与现有法律规定相冲突而缺乏正当性，也因没有实际效用而不具有合理性。

关键词： 离职竞业限制协议；法定生效要件；约定生效条件；冲突

最高人民法院发布《关于审理劳动争议案件适用法律若干问题的解释(四)(征求意见稿)》(简称《征求意见稿》)，其中第9条对用人单位与劳动者之间订立的离职竞业限制协议的生效与解除劳动合同的不同原因之间的关系作出了规定："劳动关系存续期间，用人单位与劳动者约定了竞业限制条款和经济补偿，用人单位与劳动者协商一致解除劳动合同的，该竞业限制条款对双方当事人仍然具有约束力，但双方另有约定的除外。劳动者依照劳动合同法第三十八条规定解除劳动合同，或者用人单位违法解除劳动合同的，除劳动者同意履行的外，用人单位要求劳动者履行竞业限制条款约定义务的，人民法院不予支持。用人单位依照劳动合同法第三十九条规定解除劳动合同，或者劳动者违法解除劳动合同的，用人单位要求劳动者履行竞业限制条款约定义务的，人民法院应予支持。"

---

* 江错，上海社会科学院法学研究所助理研究员。本文载于《政治与法律》2012年第12期。

对于该条款中授予劳动者对离职竞业限制协议的生效与否所享有的选择权，可以有两种理解：第一，该选择权为《征求意见稿》授予劳动者的合同撤销权，属于合同法定生效要件的范畴，劳动者行使该撤销权，则离职竞业限制协议产生自始无效的法律后果；第二，该选择权为《征求意见稿》对离职竞业限制协议当事人约定的“自劳动关系终止后生效”的一种例外规定，属于对合同约定生效条件进行立法规范的行为，若劳动者选择不实际履行竞业限制协议，则该协议不生效。仅就立法目的来看，不可否认，《征求意见稿》的这个条款体现了我国最高司法机关对劳动关系中处于弱势一方的劳动者的权益给予充分保护的强烈意愿。但是，若依上述第一种理解，则最高人民法院的该解释超出了《立法法》授予其的立法权限范围，也不符合《合同法》《劳动合同法》等法律对合同法定生效要件“只能由法律、行政法规的强制性规定作出规范”的要求；而若依上述第二种理解，则《征求意见稿》的该规定又与法律对合同约定生效条件的相关规范相冲突。事实上，在立法层面，现有法律法规已能实现对离职竞业限制协议的有效规范，《征求意见稿》第 9 条的规定既因与现有法律规定相冲突而缺乏正当性，也因没有实际效用而不具有合理性。

一、《征求意见稿》无权对离职竞业限制协议的法定生效要件作出规定

合同法上所说的合同生效，应包含产生成立效力和履行效力两重含义。合同依法成立，即产生成立效力，合同成立后所说的合同生效，显然应解释为履行效力的产生。[①] 本文所论之合同生效条件的生效，即指履行效力的产生。依由法律法规规定或是由合同当事人约定，合同的生效条件可分为法定的生效要件与约定的生效条件。法定的生效要件既包括相关法律和行政法规规定的合同能够产生履行效力所必须具备的形式和实质要件（简称“法定的积极生效要件”），又包括法定的合同无效（包括绝对无效和相对无效[②]）的情形（简称

---

① 程国彬：《附条件与附期限合同及其效力解析》，《法学杂志》2006 年第 1 期。

② 合同的绝对无效是指符合合同法对于无效合同规定的合同；合同的相对无效则是指由具有合同撤销权的当事人行使撤销权后，产生与无效合同相同法律后果的合同。合同的撤销，是“通过撤销权人行使撤销权，使已经生效的合同归于消灭”（参见崔建远主编：《合同法》（第 3 版），法律出版社 2003 年版，第 76 页），虽然这与合同绝对无效之自成立之日起从未产生过履行效力不同，但由于两者都由合同法直接作出规定，并且只要撤销权人行使撤销权便会产生与无效合同相同的法律后果，故本文将导致合同绝对无效与相对无效的因素都归为合同法定的消极生效要件。

"法定的消极生效要件"),合同须同时满足法定的积极生效要件和消极生效要件才产生履行效力,不符合法定积极生效要件的合同是未生效的合同,不符合消极生效要件的则是无效合同,并且"当事人不能依据自由意志对法定生效要件加以变更和排除"[①]。约定的生效条件则是指由合同当事人作出的针对该合同产生履行效力所需要满足的条件,对附有约定的生效条件的合同可以进一步将其分为附生效条件的合同及附生效期限的合同,但无论是所附的生效条件还是生效期限,都不应与法定的生效要件相冲突,也不得违反法律对约定生效条件的相关规定。

(一) 合同的法定生效要件只能由法律、行政法规作出规定

对于合同的法定生效要件,我国《合同法》第 44 条和第 52、54 条分别从积极要件和消极要件两个方面作出了规定:第 44 条明确了合同法定的积极生效要件包括"合同依法成立"以及"法律、行政法规规定应办理批准、登记等手续才能生效的已按规定办理";消极生效要件中第 52 条罗列的绝对无效合同的情况包括"一方以欺诈、胁迫的手段订立合同,损害国家利益""恶意串通,损害国家、集体或者第三人利益""以合法形式掩盖非法目的""损害社会公共利益"以及"违反法律、行政法规的强制性规定",第 54 条规定的可撤销合同(即相对无效合同)包括"重大误解""显失公平""欺诈""胁迫""乘人之危"等合同当事人意思表示不真实的情况。由此可见,我国《合同法》强调可以对合同的法定生效要件作出规定的规范性法律文件仅限于法律和行政法规这两个层级,并且对于法定消极生效要件中的绝对无效合同更是只有法律、行政法规中的强制性规定才能作出。至于可撤销合同,由于撤销权的行使涉及对合同双方当事人权利义务的改变甚至对合同效力的根本否定,属于民事基本权利,我国《立法法》规定[②]只有法律、行政法规才能对其作出规定,且我国现行法又要求当事人只能通过诉讼或仲裁的方式行使撤销权,由于"不经过当事人的协商同意,直接由法院或者仲裁机构决定,既涉及与意思自治原则之间的关系,又容易出现不合理的结果"[③],因此对撤销权的规定应限制在法律、行政法规这两个立法层级范围内。

---

① 张雪楳:《论合同生效》,《法律适用》2009 年第 11 期。

② 参见《立法法》第 8 条、第 9 条。

③ 崔建远主编:《合同法》(第 3 版),法律出版社 2003 年版,第 80 页。

其实,合同关系作为最典型的私法法律关系,尊重当事人之间的意思自治是对该类关系进行法规范的基本前提。"现代合同法或买卖法最为重要的基本精神或价值目标就是鼓励合同交易,增进社会财富。市场交易越频繁,市场经济越能充分发展,社会财富和国家财富越能迅速增加。实践不断证明,随着社会关系的日益复杂和市场经济日益繁荣,不适当地宣告合同无效,不仅增加交易成本、阻碍经济发展,而且不利于对当事人意志的尊重,甚至导致民事主体对民商法的信仰危机。"[①]因此,合同法对合同法定生效要件的规范的限制是有其正当性与合理性的,并且从之后陆续出台的合同法司法解释中,也可以看到对这种限制的渐严趋势。例如,就法定的积极生效要件而言,1999 年最高人民法院《关于适用〈中华人民共和国合同法〉若干问题的解释(一)》(简称《合同法司法解释一》)第 9 条[②]的规定就对法院认定合同未生效的情况作出了限缩解释;就法定的消极生效要件而言,《合同法司法解释一》第 4 条[③]以及《关于适用〈中华人民共和国合同法〉若干问题的解释(二)》(简称《合同法司法解释二》)第 14 条[④]的规定对法院认定合同无效可依据的规范性法律文件的层级以及相关规范的性质予以了明确并作出了限缩解释。限缩解释,是指法律规定的文义过于宽泛,应当将其所适用的范围加以限制,缩小其适用的范围。[⑤] 我国最高司法机关正是通过对有权规范合同法定生效要件的法规层级及性质的限缩解释来进一步实现避免国家权力对合同当事人意思自治过度干预的目的。

(二)离职竞业限制协议应当适用合同生效要件的规范规则

离职竞业限制协议是用人单位与劳动者两方主体在劳动关系成立时或存

---

① 最高人民法院民二庭负责人就《买卖合同解释》答记者问,http://www.law-lib.com/fzdt/newshtml/21/20120606092656.htm,2012 年 8 月 24 日访问。

② 最高人民法院《关于适用〈中华人民共和国合同法〉若干问题的解释(一)》第 9 条:"……法律、行政法规规定的合同应当办理批准、登记等手续才生效,在一审法庭辩论终结前当事人仍未办理批准手续的,或者仍未办理批准、登记等手续的,人民法院应当认定该合同未生效;法律、行政法规规定合同应当办理登记手续,但未规定登记后生效的,当事人未办理登记手续不影响合同的效力……"

③ 最高人民法院《关于适用〈中华人民共和国合同法〉若干问题的解释(一)》第 4 条:"……人民法院确认合同无效,应当以全国人大及其常委会制定的法律和国务院制定的行政法规为依据,不得以地方性法规、行政规章为依据。"

④ 最高人民法院《关于适用〈中华人民共和国合同法〉若干问题的解释(二)》第 14 条:"合同法第 52 条第(五)项规定的'强制性规定',是指效力性强制性规定。"

⑤ 王利明:《论无效合同的判断标准》,《法律适用》2012 年第 7 期。

续期间缔结的，约定在劳动关系终结后劳动者一定期限内不得去与原用人单位有竞争关系的单位工作、原用人单位按月向劳动者支付经济补偿金的协议。虽然离职竞业限制协议主要受《劳动合同法》等法律的规范调整，与普通民商事合同的法律规范具有差异性。但是，一方面，由于我国《劳动合同法》等法律对劳动合同的规范主要移植于《合同法》中的相关制度，例如合同的订立、合同的履行、合同的终止、合同的解除等；另一方面，就合同的法定生效要件（如上所述）以及对约定生效条件的规范内容而言，《劳动合同法》等劳动法律法规在事实上也并没有作出与《合同法》相关内容矛盾的规定。因此，笔者认为，离职竞业限制协议同样应当适用合同生效要件的规范规则。

具体来说，就离职竞业限制协议的法定积极生效要件而言，我国《劳动合同法》第 10 条和第 16 条规定的劳动合同的法定积极生效要件包括“用人单位与劳动者协商一致”“订立书面劳动合同”以及“用人单位与劳动者在劳动合同文本上签字或者盖章”。也就是说，对于劳动合同而言，除非有法定的合同无效的情况出现，否则只需要劳动者和用人单位意思表示真实、一致，并在含有其真实意思表示内容的书面劳动合同上签字或盖章，该劳动合同即产生履行效力。笔者认为，这同样是离职竞业限制协议的法定积极生效要件，即离职竞业限制协议应当由劳动者和用人单位达成合意并签订书面合同。德国法上对离职竞业限制协议的生效要件也有类似的规定。①

就离职竞业限制协议的法定消极生效要件而言，由于“《劳动合同法》未规定劳动合同相对无效的问题，而是采用授予特殊情况下对劳动合同无效无过错者以解除权的方式来替代可撤销制度”②，因此离职竞业限制协议的法定消极生效要件只有关于合同绝对无效的规定，而没有合同相对无效（可撤销合同）的制度安排。我国《劳动法》第 18 条以及《劳动合同法》第 26 条明确的劳动合同绝对无效的情况包括“意思表示不真实”“用人单位免除自己的法定责任、排除劳动者权利”以及“违反法律、行政法规强制性规定”。据此可知，我国《劳动法》《劳动合同法》与《合同法》对于有权规定合同绝对无效情形的规范性法律文件的范围规定是一致的，即只有“法律、行政法规的强制性规定”。具体

---

① 朱军：《德国的离职竞业禁止制度》，《中国劳动》2011 年第 2 期。

② 王全兴：《劳动法》（第 3 版），法律出版社 2008 年版，第 159 页。笔者赞同我国《劳动合同法》未采用合同相对无效制度的观点，但不同意《劳动合同法》确立的合同解除制度是将解除权授予“对劳动合同无效无过错”的当事人，因为合同无效（无论是绝对无效还是相对无效）的后果一定是自始、确定、当然的无效，是一种溯及既往的无效，而合同被解除并不产生溯及既往的效力。

到针对离职竞业限制协议由法律、行政法规强制性规定作出的法定消极生效要件，则包括了：(1)主体方面，竞业限制的人员须为成年人[①]且限于用人单位的高级管理人员、高级技术人员和其他负有保密义务的人员[②]，不属于该主体范围的协议无效；(2)期限方面，竞业限制期限不得超过两年，[③]超过部分无效。

因此，就我国现行法来看，无论是《合同法》还是《劳动法》《劳动合同法》，对于合同的法定生效要件都明确了只有法律和行政法规才能作出规定，即无论是普通的民商事合同还是属于社会法领域的劳动合同或离职竞业限制协议，能够对合同的法定生效要件作出规定的规范性法律文件仅限于法律和行政法规，除此以外，只有合同当事人约定的生效条件才能对合同履行效力的产生造成直接影响。因此笔者认为，对于合同的法定生效要件的规范规则不存在例外情况。《征求意见稿》第9条中赋予劳动者一方离职竞业限制协议的撤销权，既与我国劳动合同的法定生效要件规范体系本身不相容，通过司法解释来规定合同的法定生效要件也不符合合同法定生效要件的规范规则。

(三) 离职竞业限制协议中的法定内容并非都是对协议效力的规范

事实上，无论是私法领域的合同还是社会法领域的合同，合同的本质都是当事人之间的合意，区别只是在于国家意志介入的程度和方式有所不同。对于私法领域的合同，由于是平等主体之间形成的合意，因此国家通过列举法定生效要件的方式对其效力给予法律评价，但由于这种介入方式会对合同履行效力的有无产生直接影响，所以法律明确了合同法定生效要件的规范限制规则，以防止国家意志对当事人意思自治的不当干预，这也是社会法在采用该介入方式时未对该限制规则做例外规定的原因。当然，社会法领域的合同不同于私法领域的合同，其合同主体之间具有不平等性，故除了通过规定法定生效要件判断合同是否产生履行效力以外，国家还通过制定基准法[④]、认可团体协议的优位效力的方式介入合同的履行以贯彻“倾斜保护原则”。但这两种介入

---

① 《劳动法》第15条。

② 《劳动合同法》第24条。

③ 《劳动合同法》第24条。

④ 基准法是社会法中特有的法律现象。基准法不是国家为实现其自身利益而设定的，它保护的不是诸如国家安全等国家利益，也不是保护纯粹的私人利益。基准法保护的是全体社会弱者的社会利益。基准法保障的社会利益是通过间接的方式“反射”到社会弱者所缔结的法律关系中。参见董保华等：《社会法原论》，中国政法大学出版社2001年版，第201—202页。劳动基准法为“政府”对劳动条件干预、介入之法。参见黄越钦：《劳动法新论》，中国政法大学出版社2003年版，第200页。

方式并非是对合同能否产生履行效力的判定，而是对合同当事人合意内容的直接矫正及补充。[①]

以我国《劳动合同法》中对离职竞业限制协议的经济补偿规定[②]为例，对于该条规定是否是离职竞业限制协议的法定生效要件，有学者认为，“不能根据《劳动合同法》第26条认定未约定经济补偿的竞业协议无效”[③]，“竞业限制作为一种由特定劳动者依约承担的不作为义务，其对价就是用人单位要向劳动者支付相应的补偿金。但对价并不一定是契约效力的要件”[④]；而此次《征求意见稿》却将有无经济补偿条款作为离职竞业限制协议的生效要件。[⑤] 笔者赞成前述学者的观点，认为经济补偿并不是国家意志以合同法定生效要件的形式对当事人合意效力的干预，而是“通过法定优先于契约这样一种形式，反射为劳动关系双方当事人的意志”。[⑥]《劳动合同法》强调经济补偿的按月支付，已经将支付经济补偿作为用人单位在离职竞业限制协议中的法定义务，当事人在合同中即使没有明示约定经济补偿金的条款，但只要他们签订了离职竞业限制协议，就等于同意国家以基准法的形式对其合意内容予以矫正和补充。更为典型的例子是劳动合同当事人对劳动报酬约定不明产生争议的，《劳动合同法》的处理方式是：用人单位与劳动者可以重新协商，协商不成适用集体合同规定，集体合同未规定的实行同工同酬。[⑦] 由此可见，除了明确的合同法定生效要件，社会法确实还存在不否认合同履行效力的前提下通过法定内容本身对合同当事人的合意内容进行直接补正的情况。

---

① 其实《合同法》第61、62条的规定也可以理解为是法律对合同当事人合意的直接补正，但与社会法中基准法、团体协议以保护弱者利益为首要目的对合意内容进行补正不同，合同法对合意内容的补正是以充分尊重当事人意思自治以及实现合同目的为主要原则的，且涉及的范围也十分有限。

②《劳动合同法》第23条。

③ 朱军：《未约定经济补偿对离职竞业禁止协议效力的影响——基于离职竞业禁止案例的整理与研究》，《华东政法大学学报》2012年第1期。

④ 邢颖：《未约定补偿金的竞业限制协议是否有效》，《中国劳动》2009年第3期。

⑤ 最高人民法院《关于审理劳动争议案件适用法律若干问题的解释(四)(征求意见稿)》第8条第1款：“用人单位在劳动合同或者保密协议中与劳动者约定了竞业限制条款，但未约定解除或者终止劳动合同后给予经济补偿的，用人单位要求劳动者履行竞业限制条款约定的义务的，人民法院不予支持。”

⑥ 董保华：《劳动合同立法的争鸣与思考》，上海人民出版社2011年版，第379页。

⑦《劳动合同法》第18条。

二、《征求意见稿》对离职竞业限制协议约定生效条件的规定与现行法律规范相冲突

综上可知，将《征求意见稿》第 9 条中授予劳动者对离职竞业限制协议是否有效具有选择权的规定理解为离职竞业限制协议的法定生效要件确实于法无据。但若还是要证明该规定的正当性，则笔者认为只能将其理解为对离职竞业限制协议约定生效条件的例外规定。然而，通过对合同约定生效条件的相关法律规定的分析后发现，《征求意见稿》与现行合同约定生效条件的法规范体系同样存在矛盾之处，具有违反法律的嫌疑。

（一）对附生效条件合同的法律规范同样适用于劳动合同领域

前已述及，合同的法定生效要件体现的是国家意志对合同当事人自由意志的干预，那么既然合同是当事人意思自治的产物，所以合同的生效条件能以法定的形式出现，自然也能以约定的形式出现，附生效条件的合同即是附有合同当事人约定生效条件的合同。我国《民法通则》第 62 条[①]和《合同法》第 45 条[②]构成了对附生效条件的合同的基本规范。当然，含有约定生效条件的合同还包括了附生效期限的合同，但因非本文所论范围，故不予赘述。

合同的约定生效条件与合同中的其他内容一样，也是合同当事人合意的产物。虽然对于当事人的意思自治，法律当给予最大限度的尊重，但约定的生效条件与合同中的其他内容一样，不能违反国家法律、行政法规的强制性规定，更不能对合同法定的生效要件予以变更或排除。因此，对于合同的约定生效条件，首先应具有合法性。其次，“法律行为所附之条件，依其效力又有停止条件与解除条件之分。法律行为附停止条件者，法律行为效果之发生系于不确定事实之成否，其条件成就时，发生效力。法律行为附解除条件者，法律行为效力之消灭系于不确定事实”[③]。因此，对于合同的约定生效条件，除了合法

① 《民法通则》第 62 条：“民事法律行为可以附条件，附条件的民事法律行为在符合所附条件时生效。”

② 《合同法》第 45 条：“当事人对合同的效力可以约定附条件。附生效条件的合同，自条件成就时生效。附解除条件的合同，自条件成就时失效。

当事人为自己的利益不正当地阻止条件成就的，视为条件已成就；不正当地促成条件成就的，视为条件不成就。”

③ 王泽鉴：《民法学说与判例研究》（修订版），中国政法大学出版社 2005 年版，第 124 页。

性以外,还应具有不确定性,这里的不确定性,笔者认为是指在附生效条件的合同成立时,该所附的条件是否成就、何时成就、如何成就都无法予以明确的客观状态。

当然,除了对合同约定生效条件之条件本身有所要求外,附生效条件的合同作为合同整体,同样需要满足一般合同都必须满足的法定的生效要件,否则即使约定的生效条件成就合同仍不具有履行效力,甚至该约定的生效条件可能因整个合同被判定为无效而归于无效。因此有学者将附生效条件的合同的外延概括为三类:(1)完全符合合同生效要件的有效合同;(2)法律上视为符合合同生效要件的未被撤销的可撤销合同;(3)经权利人追认后或无权处分人取得处分权后的效力待定合同。[①]

由于我国现行的《劳动合同法》等规范劳动合同的法律并未对附生效条件的合同作出否定性的规定,而附生效条件合同所附的生效条件作为合同当事人约定内容的一部分,只要其内容本身并未违反法律、行政法规的强制性规定即应承认其法律效力。所以,笔者认为,若在劳动合同及其相关合同中附有当事人约定的合同生效条件,那么其同样应当适用现有法律对附生效条件合同的规范要求,毕竟这些要求是法律以实现公平正义为目标对附生效条件的合同所作出的。

(二) 离职竞业限制协议是附生效条件的合同

《劳动合同法》第 23 条规定:"对负有保密义务的劳动者,用人单位可以在劳动合同或者保密协议中与劳动者约定竞业限制条款,并约定在解除或者终止劳动合同后,在竞业限制期限内按月给予劳动者经济补偿。"对于该规定,笔者认为存在两层含义:首先,就离职竞业限制协议的履行而言,用人单位的给付义务为"在竞业限制期限内按月给予劳动者经济补偿",劳动者的给付义务(不作为义务)为在竞业限制期限内不与原用人单位发生竞争关系,而两者的履行时间皆为"解除或者终止劳动合同后";其次,这里的离职竞业限制协议产生履行效力的条件——"解除或者终止劳动合同"——是劳动者和用人单位双方约定的协议生效条件,而非法定的生效要件。

就第一层含义而言,对劳动者来说,其履行离职竞业限制协议中的不作为义务的时间起点在"解除或者终止劳动合同后",本就当然属于协议双方合意

① 程国彬:《附条件与附期限合同及其效力解析》,《法学杂志》2006 年第 1 期。

的范围，不证自明；但对用人单位来说，由于在离职竞业限制协议中有过将经济补偿金约定在劳动合同存续期间向劳动者支付的先例，而其实“如果允许经济补偿提前发放，经济补偿金将成为工资的一部分，等于否定了经济补偿的存在”[①]，对劳动者极为不利。因此，《劳动合同法》在此明确了用人单位履行经济补偿给付义务的时间起点同样在“解除或者终止劳动合同后”。

就第二层含义而言，一方面，从文义上来看，对“解除或者终止劳动合同”这一离职竞业限制协议的生效条件，《劳动合同法》使用了“约定”一词，以明确该合同生效条件是协议当事人的合意内容；另一方面，从本质上来讲，劳动者和用人单位订立离职竞业限制协议本就蕴含着希望该协议产生履行效力是在“解除或者终止劳动合同后”。因为用人单位提前履行支付经济补偿的合同义务对劳动者极为不利，之前只是存在因为劳动者的弱势地位而无法将此意思真实反映在协议中的情况，所以《劳动合同法》在此以基准法的形式直接对协议当事人的合意内容进行了矫正，但其性质仍为约定的生效条件。[②]

此外，对于“解除或者终止劳动合同”这一离职竞业限制协议所附的约定生效条件，也符合法律对于附生效条件的合同之条件的要求，即合法性和不确定性。“解除或者终止劳动合同”其实就是劳动关系的结束，以其作为离职竞业限制协议的约定生效条件，现行法并没有作出相关的禁止性规定，也不存在排除离职竞业限制协议的法定生效要件的可能，因此具有合法性。就劳动关系结束这一条件成就的不确定性而言，也是显而易见的：无论是固定期限劳动合同、无固定期限劳动合同还是以完成一定工作任务为期限的劳动合同，都存在提前被解除、到期续签等情况，所以条件是否成就不确定、条件何时成就不确定、条件如何成就亦不确定。

（三）《征求意见稿》与现有法律对附生效条件合同的规定相冲突

本来，依法成立的附生效条件的合同自条件成就时就应当产生履行效力，但由于条件成就的不确定性可能导致对合同当事人产生不公平的后果，因此

---

① 董保华：《劳动合同立法的争鸣与思考》，上海人民出版社 2011 年版，第 659 页。

② 有学者认为，合同约定的生效条件无论意思表示的数量，还是其作用，均具有“二元性”：其意思表示之一，是限制合同生效时起至条件成就时止这段期间的合同效力，使其处于未生效状态并产生这种限制作用；其意思表示之二，是限制期间过后，使限制期间处于未生效状态的合同生效并产生由未生效状态转化为有效状态的作用。笔者认同该观点，并认为“解除或者终止劳动合同”作为离职竞业限制协议的约定生效条件确能完整表达协议当事人该“二元性”的意思表示。参见程国彬：《附条件与附期限合同及其效力解析》，《法学杂志》2006 年第 1 期。

我国《合同法》对附生效条件的合同"约定的生效条件成就即生效"的规则作出了例外规定，但《征求意见稿》第9条与该例外规定不相容。

1. 对《合同法》第45条第2款的解读

《合同法》第45条第2款由两部分内容组成。第一部分为"当事人为自己的利益不正当地阻止条件成就的，视为条件已成就"；第二部分为"当事人为自己的利益不正当地促成条件成就的，视为条件不成就"。笔者认为，对于该款规定的适用，有以下几点需要特别注意：第一，主体方面，无论是阻止条件成就还是促成条件成就，欲产生本款拟制的相应法律后果，必须是附生效条件的合同当事人所为的行为，非合同当事人的行为导致合同所附约定条件的成就或不成就不在本款规定的适用范围内；第二，主观方面，合同当事人阻止或促成条件成就是出于自己的意愿并为了实现自己的利益，且该利益应包括合法利益和非法利益；第三，手段方面，合同当事人阻止或促成条件的方式或手段具有不正当性，因涉及确定合同履行效力能否产生，笔者认为对这种不正当性的判定应仅依据法律、行政法规的规定；第四，因果关系方面，合同当事人为自己的利益而采用的不正当手段与条件的成就或不成就之间具有直接的因果关系。

2.《征求意见稿》第9条与现有规定存在冲突

《征求意见稿》第9条共3款，将离职竞业限制协议约定生效条件的成就分成了三种情况，并对此三种情况分别作出了区别规定，以致产生了三种不同的后果。以附生效条件的合同的法律规范为依据，其中有一般规定、有例外规定、更有例外规定的例外。

第1款规定的假设前提是用人单位与劳动者协商一致解除劳动合同导致条件成就，此款《征求意见稿》作出了附生效条件的合同生效的一般规定，即自条件成就时，合同产生履行效力。第2款、第3款都列举了两种假设前提，各款的第二种假设前提分别为用人单位或劳动者违法解除劳动合同导致条件成就，此处《征求意见稿》作出了附生效条件的合同生效的例外规定，当事人为自己的利益不正当地促成条件成就的，视为条件不成就，即此时法院认为离职竞业限制协议未产生履行效力。当然，由于此处合同的生效条件本来就是双方合意的内容，因此上述两种情况都允许协议当事人通过新的约定对法律规定予以排除适用，即第2款，若劳动者同意履行，第3款，若用人单位要求履行，则离职竞业限制协议产生履行效力。笔者认为，前述《征求意见稿》的内容与法律规定的合同约定生效条件的生效规则一致，但第9条第2款、第3款各自列举的第一种假设前提及其规范结果则存在与现有法律规范相冲突的情况。

《征求意见稿》第 9 条第 2 款的第一种假设前提为劳动者依照劳动合同法第 38 条[①]规定解除劳动合同导致条件成就。对于该前提，就成就条件的主体而言，是离职竞业限制协议的一方当事人劳动者。就主观方面而言，劳动者出于保护自己的合法的人身权益或财产权益而具有解除劳动合同的主观意愿。就因果关系而言，由劳动者实际作出的合法解除劳动合同的行为与约定生效条件的成就之间具有直接的因果关系；但是，就行为手段的正当性而言，劳动者行使劳动合同解除权的行为是依据《劳动合同法》的规定，并非是“不正当地促成条件成就”。基于以上分析可以看到，由于劳动者促成条件成就的手段是合法正当的，所以《征求意见稿》的这一假设前提，并不符合法律规定的附生效条件的合同生效规则的例外规定的适用前提，而是应该按当事人的约定，也就是法律确定的附生效条件的合同生效规则的一般规定，认定所附条件成就，离职竞业限制协议因此产生履行效力。当然也许会有人提出，这种情况下真正促成条件成就的根本原因在于用人单位实施了《劳动合同法》第 38 条列举的不正当行为。但笔者认为，一方面用人单位实施了前述行为并不能直接得出其即具有成就条件——解除劳动合同并结束劳动关系的主观意愿的结论；另一方面，此情况下劳动者解除劳动合同，用人单位已经需要向劳动者支付劳动合同项下的补偿金及赔偿金，若再要求其负担因离职竞业限制协议不生效而产生的不利益，则显失公平。至于第 3 款的第一种假设前提，用人单位依照劳动合同法第 39 条[②]规定解除劳动合同导致条件成就，由于和第 2 款存在同样的问题，故在此不再重复论述。笔者认为，此处《征求意见稿》的规定实际已构

① 《劳动合同法》第 38 条：“用人单位有下列情形之一的，劳动者可以解除劳动合同：(一)未按照劳动合同约定提供劳动保护或者劳动条件的；(二)未及时足额支付劳动报酬的；(三)未依法为劳动者缴纳社会保险费的；(四)用人单位的规章制度违反法律、法规的规定，损害劳动者权益的；(五)因本法第二十六条第一款规定的情形致使劳动合同无效的；(六)法律、行政法规规定劳动者可以解除劳动合同的其他情形。

用人单位以暴力、威胁或者非法限制人身自由的手段强迫劳动者劳动的，或者用人单位违章指挥、强令冒险作业危及劳动者人身安全的，劳动者可以立即解除劳动合同，不需事先告知用人单位。”

② 《劳动合同法》第 39 条：“劳动者有下列情形之一的，用人单位可以解除劳动合同：(一)在试用期间被证明不符合录用条件的；(二)严重违反用人单位的规章制度的；(三)严重失职，营私舞弊，给用人单位造成重大损害的；(四)劳动者同时与其他用人单位建立劳动关系，对完成本单位的工作任务造成严重影响，或者经用人单位提出，拒不改正的；(五)因本法第二十六条第一款第一项规定的情形致使劳动合同无效的；(六)被依法追究刑事责任的。”

成对附生效条件的合同生效的法定例外规则的突破，属于下位法违反上位法规定的情形。

三、现有立法能够实现对离职竞业限制协议的有效规范

对于《征求意见稿》第9条的规定，无论将其作为离职竞业限制协议的法定生效要件还是约定生效条件的例外规定，都存在违反法律规定的情况。但是，就如本文开头所述，最高人民法院通过该规定是希望给予劳动者更多的保护，对于该意图本身的正当性而言，我们是无法予以否认的。那么，现有的规范离职竞业限制协议的法律、行政法规，对实现劳动者与用人单位之间的利益平衡是否就真的如此不力，以至于必须要付出破坏法律体系的内在和谐性的代价来体现对劳动者的倾斜保护呢？还是因为我们对于现有立法对合同介入的不同方式在理解上存有偏差而导致对其介入效果认识不够呢？通过对已有的离职竞业限制协议的立法规范对平衡协议当事人利益所起作用的分析也许可以得到一个相对客观的答案。

（一）离职竞业限制协议当事人均有明确的缔约目的

任何合同总是当事人意思表示的体现，这其中就包含了当事人缔约的目的意思。笔者认为，如果合同符合法定的形式和程序要求，当事人的主要缔约目的通过合同的正常履行能够得到基本实现（包括出现履行瑕疵的情况下当事人有承担相应的违约责任的依据），且既不存在侵犯国家、社会公共利益和第三人利益的情况，也不存在当事人意思表示瑕疵和显示公平的情况，则就能认为合同各当事人之间在该合同项下处于利益平衡的状态，因而国家意志也就无须对当事人的合意的效力实施干预。当然，由于社会法领域的合同当事人之间的关系不同于私法领域合同当事人之间的抽象平等关系，而是一种具体的不平等关系，因而决定了社会法除了以法定生效要件的形式对合同效力进行干预外，还会以基准法和团体协议的方式对合同内容予以补正，即将基准法和团体协议中的部分内容直接反射为合同当事人的合意内容，以避免因合同当事人关系的不平等性而导致实质不公平结果的出现。虽然无论是对合同效力的判定还是对合同内容的补正，都是国家或团体意志对当事人意思自治空间的介入，但由于两者产生的法律后果完全不同，因此在平衡合同当事人利益时所起的作用也完全不同，应结合具体合同当事人的缔约目的进行分析。

"竞业禁止协议具有双重性,既可作为劳动合同的一部分,又可独立于劳动合同作为保护商业秘密的措施条款而存在。"[①]商业秘密"往往是不披露则无价(指它可能是'无价之宝',即价值可评得无限高);一旦披露也无价(指它可能变得一文不值了)"[②]。"一般而言,权利人可以采取的保护商业秘密的手段主要有两种:或者是与所有可能接触、知悉商业秘密的雇员签订保密合同,或者是要求商业秘密侵权人承担相应的赔偿责任,但这两种方法都存在共同的不足,即都属于事后救济的方式"[③]。"而竞业禁止则是在商业秘密尚未泄露前,对知悉商业秘密的相关人员可能发生的破坏商业秘密的行为进行预先约束,是一种对推定损害事先防范的制度,它克服了事后救济手段的不足"[④],即"竞业禁止协议极大地减轻了商业秘密权人在诉讼中的举证责任,增加了维权的便利性和胜诉的可能性"。[⑤] 由此可见,"竞业限制以维护原用人单位的竞争优势为出发点"[⑥],对用人单位而言,其主要缔约目的即在于劳动关系结束后,当出现劳动者可能侵犯自己商业秘密的情况时可以适当降低自己的维权成本,提高维权效率。

对离职竞业限制协议的另一方当事人劳动者来说,劳动关系的运行过程即为劳动力与生产资料的结合过程的特点,决定了劳动者的特定技能、经验随着时间的推移会与用人单位的相关商业秘密等秘密信息产生不可分性,即商业秘密的人格化;而协议中劳动者的主给付义务又为在约定期限内不与原用人单位产生竞争关系的不作为义务,所以离职竞业限制协议实际限制的就是相关劳动者在特定期限内的自由择业权。因无法在特定期限内运用自己最擅长的劳动能力换取工资报酬进而会直接对生计问题产生影响,基于此,劳动者签订离职竞业限制协议的主要目的就应为向原用人单位索取相应的经济补偿,以确保自己在竞业限制期限内的正常生活不受影响。也就是说,对于劳动者而言,离职竞业限制协议的主要功能就在于从用人单位处获取合理的经济补偿,以确保自己在竞业限制期内的生活水平不会被不合理地降低。

---

① 王庆丰:《竞业禁止纠纷审判问题初探》,《法律适用》2008 年第 9 期。

② 郑成思:《知识产权论》,法律出版社 2003 年版,第 399 页。

③ 徐阳:《劳动权保障视域下的竞业禁止法律制度研究》,吉林大学 2010 年博士学位论文。

④ 许明月、袁文全:《离职竞业禁止的理论基础与制度设计》,《法学》2007 年第 4 期。

⑤ 祝磊:《美国商业秘密法中的竞业禁止协议研究》,《时代法学》2008 年第 3 期。

⑥ 张妮、王全兴:《离职竞业限制协议的效力问题探讨——兼论商业秘密法律保护手段选择》,《法学杂志》2011 年第 10 期。

（二）离职竞业限制协议的生效条件能基本保障当事人缔约目的的实现

第一，法定的主体生效要件。《劳动合同法》将离职竞业限制协议劳动者一方的主体范围限定在“高级管理人员、高级技术人员和其他负有保密义务的人员”，且该“保密义务”所保守秘密的范围应限于“用人单位的商业秘密和与知识产权相关的保密事项”①，这就将从事简单工作的相对弱势劳动者基本排除出了协议主体的范围。“较为敏感的秘密信息一般由在技能上略胜一筹的雇员掌握，在这个意义上，可以假定这些雇员相对而言比较世故且有很多可以选择的工作机会，因此竞业禁止协议并不会有损于他们的生计。”②立法者正是注意到了这一点，认识到能够接触到用人单位重要秘密信息的一般都是相对强势的劳动者，才在此采取“去强扶弱”的规定，将有效的离职竞业限制协议劳动者一方当事人限定在法定范围内，这一方面充分体现了法律调整社会关系日益精细化的趋势，另一方面也使得用人单位能更具针对性地实现自己的缔约目的。

第二，法定的期限生效要件。《劳动合同法》将离职竞业限制的期限规定为不得超过两年。一方面是建立在对用人单位保密需要给予充分考虑的基础上，即维持原用人单位的竞争优势所需要的合理期限，从而有效实现用人单位的缔约目的；另一方面更主要是为了避免因过长的竞业限制期而导致对劳动者劳动权造成不适当的损害，因为不合理的竞业限制期很可能会使劳动者因长期疏于自己所擅长的劳动领域而失去在相关劳动力市场中的竞争力。这其实是在实现劳动者缔约目的的基础上，从根本上保障了劳动者的生活水平即使在竞业限制期过后仍不会受到不当的影响。

第三，约定的生效条件。如前所述，离职竞业限制协议当事人的约定生效条件为劳动关系的结束。这一生效条件对实现当事人双方缔约目的所起的作用也显而易见：一方面，使离职竞业限制补偿金完全独立于劳动者的劳动报酬，避免用人单位以提前支付离职竞业限制补偿金的方式逃避补偿金支付义务的实际履行，从而实现劳动者的缔约目的；另一方面，用人单位支付补偿金与劳动者竞业限制义务的同时履行，也可以有效实现用人单位的缔约目的，因为其可以劳动者不履行竞业限制义务作为抗辩理由而拒绝履行补偿金支付义务。

---

① 《劳动合同法》第 23 条。

② 祝磊：《美国商业秘密法中的竞业禁止协议研究》，《时代法学》2008 年第 3 期。

（三）基准法及团体协议的相关内容能进一步平衡离职竞业限制协议双方的利益

除了上述的合同生效条件，基准法及团体协议的相关内容也已经或可以通过补正当事人合意内容的方式对离职竞业限制协议当事人的利益平衡发挥作用。例如：

第一，基准法方面。如前所述，《劳动合同法》强调经济补偿的按月支付，已经将支付经济补偿作为用人单位在离职竞业限制协议中的法定义务，当事人在合同中即使没有明示约定经济补偿金的条款，但只要他们签订了离职竞业限制协议，就等于同意国家以基准法的形式对其合意内容予以矫正和补充，从而有效实现了劳动者离职竞业限制协议的缔约目的。当然，单纯有支付经济补偿金的合意并不足以使离职竞业限制协议得到正常履行，在当事人未就经济补偿金的具体数额达成一致的情况下，仍须有相关的法定标准才能实现协议的履行，此时，法定最低标准就构成基准法对当事人合意内容的补充。有学者提出了竞业限制补偿金以符合"法定最低标准"为原则，以"不能不合理降低劳动者原有的生活水平"为补充的标准，[①]笔者对此表示赞同。但对于此次《征求意见稿》提出的以"劳动者在劳动合同解除或者终止前十二个月的平均工资"[②]作为离职竞业限制补偿金的"法定最低标准"的合理性表示怀疑。此因非本文论述范围，故不在此展开。

第二，团体协议方面。《劳动合同法》第 24 条规定了竞业限制的范围、地域、期限由用人单位与劳动者约定。由于现实生活中，各行各业对于商业秘密保护的需求一定是不同的，例如"德国学术界就早已意识到两年的竞业期限并不是在任何情况下都具有合理性，而应区别不同行业和商业秘密的特点，来确定合理的期限以保证雇主的竞争优势"。[③] 基于社会法调整模式中团体协议的优位效力，笔者认为，可以由行业工会与雇主组织，或者由用人单位工会作为一方主体与用人单位就竞业限制的范围、地域、期限作出相关约定，并依此对用人单位与劳动者个体签订的离职竞业限制协议的相关内容进行补正，这将不仅有利于用人单位缔约目标的实现，而且因为工会谈判能力较单个劳动者更强，也更能有效地实现对劳动者相关权益的保护。

---

① 朱军：《离职竞业禁止之经济补偿的合理确定——以德国法为视角》，《时代法学》2011 年第 4 期。

② 《征求意见稿》第 8 条第 2 款的规定。

③ 朱军：《德国的离职竞业禁止制度》，《中国劳动》2011 年第 2 期。

四、结语

劳动合同的条款，多直接受制于国家规定劳动条件保障和工资保障的法律、法规，其缔约及效力又受到集体谈判和集体合同的约束，故使"劳动合同极具社会性品质"。[①] 然而，合同的本质仍在于当事人合意的表达，即使是社会法领域的合同也不例外。当国家意志对其实施干预时，原则上仍应以发现并有利于实现合同当事人的真实意思为首要目标。无效判定的处理由于是对当事人合意内容的根本、彻底否定而恰恰可能是与该目标最背道而驰的干预形式，也不利于对已履行合同义务的当事人利益的保护，所以法律对合同无效的适用作出了严格的限制规范。

综上可知，《征求意见稿》第 9 条的规定，无论将其作为离职竞业限制协议的法定生效要件，还是作为约定生效条件的例外规定，都会产生与现有法律规范相冲突的结果。我国作为一个成文法国家，法律体系内部的和谐统一应当是立法者必须考虑的问题。《征求意见稿》首先违背了《立法法》关于民事基本制度立法权限的有关规定；其次，违反《合同法》《劳动合同法》等法律对于合同法定生效要件的规范限制规定；最后，还与《合同法》确定的合同约定生效条件的相关规则相矛盾，已经无可否认地对法体系的整体和谐造成了伤害，应当引起立法者的足够重视。

其实，通过前文对离职竞业限制协议当事人缔约目的意思的分析已经可以看到，现有的立法规范已基本能够实现当事人的利益平衡：一方面通过基准法和团体协议对当事人合意空间的压缩，在事前能有效防止用人单位在缔约时利用自己的优势地位而随意向劳动者发出协议要约，因为其必须考虑为了实现自己在未来可能降低维权成本的目的而必须依法依约向劳动者支付补偿金作为对价等的缔约成本因素，毕竟主张劳动者违约的证明责任只是相对主张其侵权的证明责任来说略轻，但用人单位仍必须证明竞业限制协议约定内容本身的合法性与合理性；另一方面通过对协议生效条件的判断以及基准法和团体协议对当事人合意内容的直接补正，在事后司法机关也能对用人单位是否存在滥用缔约优势地位的行为有相对准确地判断，并在此基础上保障劳动者缔约目的的实现。因此，笔者认为，《征求意见稿》实际上无须通过增加

---

① 史际春、邓峰：《合同异化与异化的合同》，《法学研究》1997 年第 19 卷第 3 期。

协议无效情况的规定来企图加大对劳动者的保护，认为“竞业禁止协议无效和终止制度是预防、制止竞业禁止权滥用的最有效工具”[①]的观点完全可能得到相反的结果。

① 刘继峰：《论竞业禁止协议的滥用及制度完善——兼评我国〈劳动合同法〉第23、24条的规定》，《学术论坛》2009年第6期。

论宏观调控法体系的构成

——兼论宏观调控法与财政税收法、金融法的关系

徐澜波*

摘　要：目前，对宏观调控法体系的构成尚有争议，影响到我国经济法作为一个在宪法统率下的二级部门法的地位和经济法学作为一个独立的部门法科学体系与理论的形成。不对各法律规范的调整对象内容作细化分类，笼而统之地将调整与国民经济有关的社会关系的财政法、税收法、金融法、计划法、投资法、产业调节法、国有资产管理法、价格法、审计法、国际收支平衡法、就业法、农业法、外贸法、工商管理法、统计法、国民经济增长法、区域经济协调发展法等法律规范纳入宏观调控体系，是将国家的一些传统的政治职能、行政管理职能、社会秩序维持职能所发生的财产社会关系、行政管理社会关系、社会管理社会关系等同于国家实现经济调节职能而运用计划、财政、税收、货币、汇率等手段引导社会再生产各要素流动与总需求相适应活动中所发生的经济社会关系，并不科学。宏观调控法的内容在结构体系上主要包括调整计划引导经济社会关系的法律规范、调整财政调节引导经济社会关系的法律规范、调整货币调节引导经济社会关系的法律规范、调整汇率调节引导经济社会关系的法律规范。就宏观调控法体系的法律规范内容构成与文本化的宏观调控法律规范载体之间的关系而言，宏观调控基本法调整的是比较综合的宏观调控手段运用所发生的经济社会关系。在不制定宏观调控基本法的情况下，这些法律规范内容也可以由“综合性基本经济政策法”“产业政策法”“财政税收政策法”“货币金融政策（可以包含汇率引导政策）法”“价格政策法”来分别予以规定。各宏观调控手段及其工具专业化运用中所发生的经济社会关系的法律调整的文本化宏观调控法律规范载体，可以部分地在各宏

---

* 徐澜波，上海社会科学院法学研究所研究员，法学博士。本文原刊于《经济法论丛》2013年第2期。

观调控政策法中予以规定，部分可以在预算法、国债法、税收征收管理法、专项税收法、国家采购法、中央银行法、货币发行与管理法、商业银行法、外汇管理法等法律中予以规定。财政法、税收法的调整对象不仅是财政、税收经济调节关系，还调整财政、税收行政关系和财产关系；金融法的调整对象主要是金融经济调节关系、金融交易财产关系、金融行政监督和管理关系；宏观调控法体系构成中的财政法、税收法、金融法不是法律部门整体意义的，而是财政法、税收法、金融法中调整国家运用财政、税收、金融手段调节宏观经济所发生的经济社会关系的那部分法律规范。

关键词：宏观调控法体系；财政税收法；金融法；宏观调控手段

目前，对宏观调控法是调整现代国家调节宏观经济过程中发生的各种社会关系的法律规范，是经济法的有机构成之一的命题和结论，无论是法学界还是经济法学界基本不存疑义，形成了共识；然而，对宏观调控法体系的构成、宏观调控法内部究竟包括哪些法律规范，特别是财政税收法、金融法[①]是否为宏观调控法体系内的组成部分，即财政税收法、金融法是否属归于宏观调控法这一部门法等问题远未形成共识，尚有争议。这些争议的产生，涉及对经济法基本功能、性质、调整对象、调整特点等基础性问题的不同认知；这些问题不厘清、不解决、不形成共识，会影响到我国经济法作为一个在宪法统率下的二级部门法的地位，也会影响经济法学作为一个独立的部门法科学体系与理论的形成，有必要对这些问题认真对待、予以辨清。

一、宏观调控法体系构成的不同认识

（一）宏观调控法体系构成的不同观点

有学者认为“宏观调控法主要有预算法、银行法、税法、投资法、计划法、产业政策法等”。[②]

有学者则认为“宏观调控法主要包括产业政策法（或计划法、国民经济增长法）、预算法、税法、银行法（含中央银行法、商业银行法）、投资法、国有资产

---

① 有学者习惯将金融法称为金融银行法，有学者习惯将金融法称为货币金融法。本文在提出所要探讨的问题时对此名称及内涵不作区别，第三大部分将对金融法的内涵和名称作探讨。

② 黄进才：《重建中国经济法新体系的基本设想》，《河南师范大学学报（哲社版）》1995 年第 3 期。

管理法、价格法、对外贸易法等”。[①]

“对于宏观调控法,根据实践需要,可以划分为计划法、投资法、税法、中国人民银行法、价格法等。”[②]

“以是否真正含有宏观调控成分为标准,宏观调控立法包括中国人民银行法、投资法、预算法、计划法、产业导向法、反垄断法、税法、政府采购法、外汇管理法、对外贸易法等。宏观调控基本法则处于这一系列法律的中心地位。”[③]

“宏观调控主要任务是在充分尊重经营主体的法律地位前提下,保证国民经济稳定协调地发展。因此,相应地,它的主要内容是：计划法、预算法、银行法、税法、投资法、产业政策法等。”[④]

“宏观调控包括的范围有：国民经济计划调控,预算、决算调控,货币、物价调控,税收征收调控,外汇、外债调控,工商行政管理调控等。宏观调控法包括计划法、预算决算法、中央银行法、货币法、物价法、税收征管法、统计法、外汇管理法,外债调控法,工商行政管理法。”[⑤]

“由于所取标准不同,宏观调控法律体系可以有多种划分方法。例如,按照法律内容划分,可分为宏观调控主体法、宏观调控手段法、市场行为规范法、宏观调控监督法;按照法律部门划分,可分为财政税收法,金融、货币、保险法,计划、投资和经济稳定增长法及工业法、农业法、商业法、外贸法等;按法律形式划分,可分为宏观调控综合法或基本法(如宏观经济调控基本法)、宏观调控单行法(如价格法等)。另外,宏观调控法还可按法律效力进行划分。”[⑥]

“由于国家对国民经济进行的宏观调控是一个系统工程,因此作为宏观调控法律体系,也必然是一个系统工程。作为一个整体,它应由三个层次的法律组成。首先是宏观调控基础法,其次是基本法,最后是宏观调控单一部门法(如财政法中的税法、预算法、国债法、补助支出法)等。”[⑦]

“宏观调控法的调整对象,指的是国家对国民经济总体活动进行调节和控制过程中所发生的经济关系,涉及国民经济运行的全部过程,即宏观调控关系

---

① 蔺翠牌主编:《经济法新编》,经济科学出版社 1994 年版,第 53 页。

② 杨紫烜:《论新经济法体系》,《中外法学》1995 年第 1 期。

③ 杨心明:《论宏观调控基本法》,《政治与法律》1995 年第 1 期。

④ 刘国欢:《经济法调整对象理论的回顾、评析与展望》,《法律科学》1996 年第 1 期。

⑤ 董娟:《市场经济下经济法的调整对象》,《理论与现代化》1995 年第 10 期。

⑥ 王守渝、弓孟谦:《宏观经济调控法律制度》,中国经济出版社 1995 年版,第 12—13 页。

⑦ 习录:《对国家宏观经济调控及其法律体系的几点浅见》,《经济与法》1994 年第 11 期。

如财政关系、金融关系、产业关系、计划关系等，主要分布于宏观经济领域……宏观调控法主要包括财政法、税收法、金融法、产业法、固定资产投资法、国有资产管理法、计划法、能源法、对外贸易法等。”①

“我国经济法的体系在逻辑结构上应为市场秩序规制法、宏观调控法和社会保障法三位一体……宏观调控法主要包括产业结构调整法、计划法、投资法、税法、国有资产管理法、价格法、对外贸易法、环境保护法、自然资源保护法、能源法等”②

“有的学者认为，宏观调控法体系的结构分为综合性经济调控法和手段性经济调控法两部分：前者主要包括国民经济增长法、区域经济协调发展法、计划法、预算法；后者，主要包括货币法、税法和固定资产投资法。”③

“有的学者说，根据宏观经济调控法的调整对象，它的结构体系基本内容应当包括以下主要法律制度：财政预算法、税法、金融法、产业结构规划法、固定资产投资法、国民经济与社会发展计划法、对外经济贸易法。”④

“有的学者指出，宏观经济管理法是一种综合性的法律。具体由以下几种各具功能的法律综合构成：计划法、财政法、中央银行法、产业政策法。”⑤

“有的学者断言：‘根据宏观调控理论体系及宏观调控法的调整对象，我国宏观调控法的体系主要应由国家宏观调控基本法和宏观调控部门法两个层面的内容构成。’‘国家宏观调控基本法是国家对国民经济进行宏观调控最基本的法律。包括国家宏观经济调控基本法和国民经济稳定增长法。’‘根据宏观调控法的调整对象和调整方法，我国宏观调控的部门法体系应由国民经济和社会发展计划法、财政税收法、金融调控法、投资法、产业调节法、国有资产管理法、价格法、审计法、国际收支平衡法、就业法等内容构成。’”⑥

“有的学者持这样的观点：‘据宏观调控法的调整对象和定义，我国宏观调控法的基本内容或体系包括以下主要法律制度：财政预算法、税法、金融法、产业结构与布局规划法、固定资产投资法、国民经济与社会发展计划法、经济

---

① 黄益平：《经济法体系概念探讨》，《经济与法》2011 年第 10 期第 192 页。

② 杨三正：《对我国宏观调控法体系的检讨与重构》，《西北师大学报（社会科学版）》2005 年（第 42 卷）第 2 期，第 125 页。

③ 刘瑞复：《经济法学原理》，北京大学出版社 2000 年版，第 328、331 页。

④ 徐孟洲：《经济法的调整对象、根据和体系结构研究》，徐杰主编：《经济法论丛》（第 2 卷），法律出版社 2001 年版，第 52—54 页。

⑤ 王保树主编：《经济法原理》，社会科学文献出版社 2004 年版，第 247—254 页。

⑥ 李昌麒、刘瑞复主编：《经济法》，法律出版社 2004 年版，第 158—159 页。

稳定增长法和对外贸易法等法律制度。'"①

"以宏观调控的内容为标准,可以将宏观调控法划分为产业调整法、区域经济调控法、资源与能源调整法、国有资产调整法、对外经济调整法等。这是实践所需要的。但是,要形成宏观调控法体系,必须按照调整对象为标准进行连续划分。这就是先将宏观调控法划分为计划法、财政法、中央银行法、价格调控法等;然后,再继续划分。"②

(二)各种宏观调控法体系构成观点的主要分歧及简要评析

从前述介绍中可以发现,虽然对宏观调控法律体系构成内容有不同认识,但是它们对宏观调控属于现代国家调节经济职能的一个组成部分,对宏观调控的调整对象是国家运用宏观调节、引导的计划(规划)、财政、税收、货币等手段,对国民经济总体运行进行杠杆式的间接调节,以实现国民经济总供给与总需求匹配发展、协调运行中发生的社会关系还是有基本共识的,所以在以法律调整对象为划分法律部门的法律分类体系标准下,尽管各位学者完整的关于宏观调控法的体系各有不同,该体系构成的范围有大有小、构成内容有多有少,但是对以宏观调控手段的运用所发生的社会关系为调整对象的宏观调控法体系内的财政法、税收法、金融法、计划法则几乎没有异议,而对投资法、产业调节法、国有资产管理法、价格法、审计法、国际收支平衡法、就业法、农业法、外贸法、工商管理法、统计法、国民经济增长法、区域经济协调发展法等法律规范是否属于宏观调控法律体系内的有机构成部分则有不同的认识。这种不同的认知源于各位学者对经济法调整对象的认识不同。

不对投资法、产业调节法、国有资产管理法、价格法、审计法、国际收支平衡法、就业法、农业法、外贸法、工商管理法、统计法、国民经济增长法、区域经济协调发展法等法律规范的调整对象作出具体的分析,同时也不对前述各法律规范的调整对象内容作细化分类,笼而统之地将调整与国民经济有关的社会关系的法律规范纳入宏观调控法体系,并不科学。首先,这些观点将国家行使管理职能中的一些传统的行政管理职能所发生的社会关系,如市场主体的设立和终止的登记管理、市场准入的行政审批管理、特殊产品和服务的价格行政审批、财政资金运用情况的政府监督等活动所发生的社会关系当作了国家

---

① 潘静成、刘文华主编:《经济法》,中国人民大学出版社 2005 年版,第 337 页。

② 杨紫烜:《国家协调论》,北京大学出版社 2009 年版,第 275 页。

经济调节职能活动中所发生的促进性、引导性经济社会关系。其次,其没有准确划分经济法范畴内国家调节经济职能活动的类型及其调整相应社会关系的法律规范的类型,即将国家调节经济职能活动中的对限制市场竞争、不正当竞争和其他不公平交易行为的市场干预及其调整这种干预社会关系的市场规制法律;将国家针对市场机制的唯利性而不愿意进入的再生产领域,国家用自己拥有的和可支配的资产参与直接投资经营(主要是国资进入、退出和运营管理监督方面的活动)及其调整这种社会关系的国家投资经营法律;将国家针对市场调节作用难以预见和迅速有效应对社会经济结构失衡、商业周期波动而运用财税、货币、计划、汇率等手段间接性地整体性、全面性引导和约束社会经济活动、协调社会经济活动及其调整这种社会关系的宏观引导调控法律,不加区分地混同一体,均认为它们是国家宏观调控活动和宏观调控法律。

对于上述并不存分歧的将宏观调控法体系划分为由财政法、税法、金融法、计划法构成的观点,其从表面上是遵从了经济法是调整由国家实现经济调节职能活动所产生的社会关系的法律规范,宏观调控是国家经济调节职能活动的一种主要方法,宏观调控法是调整国家运用计划、财税、货币、汇率引导等间接手段进行宏观调控经济社会关系的法律规范的客观事实和法学基本理论的。然而,从其内涵看,并没有真正认识国家调节经济职能及其经济管理活动与国家传统的维护政治、治安、文化、社会保障及其他社会秩序等职能及其行政管理活动之间的本质不同,[①]也没有真正认识财政法、税收法、金融法的调整对象既有国家调节宏观经济活动发生的社会关系,也有国家财政收支行政管理及其社会关系、维持国家机关各公共事业开支的税收征收行政管理及其社会关系、金融市场准入(包括主体资格审批、金融市场交易品种审批、金融消费者保护活动等等方面)的行政管理及其社会关系,以及金融交易活动及其社会关系的实在法律规范事实和法学逻辑结构。(本文第三大部分将专门论述宏观调控法与财政法与金融法之间的关系)

至于宏观调控基础法、宏观调控基本法、宏观调控单一部门法、宏观调控主体法、宏观调控监督法、宏观调控手段法、市场行为规范法等是否属于宏观调控法体系的构成内容的问题,对于传统的法理学上所确立的法律部门和法律类型以法的调整对象为划分标准的法律体系构成研究不具有实质意义,这些各有名称的法只是以法律的调整范围的大小、法律对社会和经济等影响力

---

① 漆多俊:《经济法基础理论》,法律出版社 2008 年版,第 92 页。

与作用的大小、法律（规范）制定的目的、法律（规范）条文的构成因素等作为标准对属于宏观调控法体系内部的各个法律的另一层次的分类，其法的调整对象的分类意义不足；由这些名称的法所组成的体系不具有部门法体系分类指导意义，其意义仅仅在于揭示某一部门法之内各组成法律规范的条文表述特点、各组成法律规范条文的功能与目的等。

实在法的部门法体系是由具有调整相同或者类似的社会关系，并运用相同或者类似的调整社会关系方法的许多法律部门组成的有机体。关于部门法体系的名称，有的是习惯以该法体系内的基础性法律、基本性法律、综合性法律的名称来命名的，如宪法、刑法、民法等；有的则因缺乏这种基础性法律、基本性法律、综合性法律，就在该部门法体系内的各个具体的法律之上抽象、归纳出本部门法体系的名称，如行政法、社会法、经济法等。这已是法理学的一个基本原理。[①] 所以，要研究、归纳一个宪法之下的二级部门法体系或者在二级部门法之下的三级部门法体系，必须按照同一的或者同类的社会关系和调整社会关系的方法划分出具体的实在的二级、三级甚至四级部门法律，乃是其中的关键。

对于部门法体系应按照法律调整对象的社会关系以及调整社会关系的方法来划分法，按照相同和同类的社会关系与调整社会关系的方法的部门法律有机组成一级、二级和三级甚至四级部门法体系的原理，各位学者几乎多持肯定的观点。既然如此，那么为什么还会对宏观调控法体系的构成部门法的组成有较大的不同认识呢？比较合理的解释就是各位学者对宏观调控法这一经济法（经济法是宪法之下的二级部门法系统已经在理论与实践中得到了确认）之下的三级部门法系统的整体调整对象的社会关系的认识有差异；另外，各位学者对实在法中的宏观调控各具体法律规范是属于主要地、直接地调整国家运用宏观调控手段及其工具调节宏观经济的经济社会关系的宏观调控法律规范，还是可以包括调整与宏观调控手段及其工具的运用有联系的行政社会关系、财产社会关系、社会管理社会关系的法律规范的认知也存有根本的差异。

当然，上述对宏观调控法体系构成的不同认识也与对宏观调控法体系是一种实在法律的有机构成系统化、体系化，还是一种纯粹法学意义上的理论分析工具的理解不同有关系。在此应当明确的是，具有指导立法和完善法律体系的实际意义的实际部门法体系划分的标准和依据，主要是法律调整对象的

---

① 张文显：《法理学》，中共中央党校出版社 2002 年版，第 221 页。

社会关系以及调整社会关系的方法，不是学理上的可以用法律规范组成因素中的任何一项作标准来对实在法律规范进行分类，并以此分类组成部门法律体系。前者的意义和作用在于指导立法、执法、司法，不断完善立法，明确社会关系的法律调整内容与形式，建立比较完善的实在法的有机体，同时兼有提炼、形成不同法体系的二级、三级部门法特有的调整方法、手段以及本部门法体系内特有的原则、法律关系特性等。后者主要是在按照法律调整的社会关系和调整社会关系的方法划分好部门法律并以同一和类似的社会关系与调整社会关系方法构成了二级或者三级部门法以后，再对该部门法体系内的各个法律规范的调整社会关系的多与寡、综合与单一、法律规范的形式载体的表现、制定法律规范主体的政治法律性质等进行分类描述，其意义和作用在于提示和解释法律规范的内容与功能等，对部门法体系的完善意义和作用不大。所以，因这种部门法分类标准和依据的不同理解和认识在宏观调控法体系内构成法律的分歧中意义不大，相关论述也不多，本文不作更多探讨。

二、宏观调控法调整对象所决定的宏观调控法体系构成

（一）宏观调控法所调整的社会关系

宏观调控是现代国家调节社会经济职能和调节社会经济基本方式之一。宏观调控法是调整在国家宏观调控过程中发生的各种社会关系的法律规范的总称，宏观调控法是经济法体系的构成之一。这些在经济法学界应该已经形成共识。根据国内外现代国家调节经济、经济法的发展的历史和事实，国家采取宏观调控方式调节经济、对社会经济作宏观和总体上引导，其目标涉及充分就业、经济增长、物价稳定、国际收支平衡和公平分配等，其方法主要是计划（以下将计划与规划作同一概念使用）、财政、税收、货币、汇率等手段及其内部的具体措施和经济变量杠杆性工具。这些手段及其措施和工具直接作用于国民经济总量各构成要素，间接影响市场主体和社会主体的各种再生产行为。"国家宏观引导调控的这种国家调节方式是一个庞大的系统工程，它以'计划—经济政策—调节手段'为轴线。其中，国家计划规定经济和社会发展的目标和任务；经济政策体现计划的要求，分解和落实计划的各项指标和任务；调

节手段是指各项经济杠杆和政策工具,它们是贯彻各项经济政策的手段。"[①]这是对宏观调控这种国家调节社会经济活动的形象生动描述。既然宏观引导调控是国家运用计划、财政、税收、货币、汇率等手段及其措施和经济变量杠杆性工具调节社会经济总量和再生产的活动,那么其间产生的调节引导性经济社会关系就是宏观调控法的调整对象。这种调节引导性宏观调控社会经济关系具体可以分类为计划调节引导经济社会关系、财政调节引导经济社会关系、货币调节引导经济社会关系、汇率调节引导经济社会关系等。

值得注意的是,在执行传统的国家政治、文化、教育、科技、社会保障等的管理职能中也会发生与运用计划、财政、税收、货币、汇率等手段及其工具的财产社会关系、行政管理社会关系、社会管理社会关系,社会上和经济法学界不少学者习惯上把这种财产社会关系、行政管理社会关系、社会管理社会关系也称为经济关系(即在广义上理解经济社会关系,把国家调节经济运行发生的经济社会关系和国家机关管理社会事务、维持政治与社会秩序职能活动所发生的财产社会关系、行政管理社会关系和社会管理社会关系统称为经济社会关系),由此往往也习惯于将这些社会关系与上述宏观调控中发生的经济社会关系混同使用。然而,国家在执行经济调节职能中发生的计划经济社会关系、财政经济社会关系、货币经济社会关系、汇率经济社会关系,与国家在执行非经济调节职能中运用计划、财政、税收、货币、汇率等手段及其工具所发生的财产社会关系、行政管理社会关系、社会管理社会关系,在目的和功能、主体之间的地位、法律关系的内容、对作用社会总体经济和再生产影响力度与直接性、与财产对象联系的直接性等方面有本质的不同,由此也产生了法律规范对这两类社会关系的调整方法的不同。[②] 所以,为了避免法律规范所调整的社会关系的混淆不清、明确法律规范调整对象与调整方法的集中特性,将国家在实现宏观经济调节职能中的计划经济社会关系、财政经济社会关系、货币经济社会关系、汇率经济社会关系在概念名称上命名为计划调节引导经济社会关系、财政调节引导经济社会关系、货币调节引导经济社会关系、汇率调节引导经济社会

---

① 漆多俊:《经济法基础理论》,法律出版社 2008 年版,第 244 页。

② 限于篇幅,本文就法律对宏观调控经济社会关系的调整方法和法律对国家执行社会事务管理、维持政治与社会秩序职能活动中发生的财产社会关系、行政管理社会关系、社会管理社会关系的调整方法将另行撰文论述。目前,关于宏观调控法的调整方法的具体内容可参见漆多俊教授对"经济法调整方法的特点"和"宏观调控法的概念与特点"的论述。见漆多俊:《经济法基础理论》,法律出版社 2008 年版,第 147—149、245—246 页。

关系，就能够更明确地与国家在实现政治、文化、教育、科技、治安、社会保障等的管理职能中进行的计划、财政、税收、货币、汇率等活动所产生相应的财产社会关系、行政管理社会关系、社会管理社会关系相区别。

（二）宏观调控法体系的构成

宏观调控所发生的主要经济社会关系是计划调节引导经济社会关系、财政调节引导经济社会关系、货币调节引导经济社会关系、汇率调节引导经济社会关系，相应地，宏观调控法的内容在结构体系上主要包括调整计划引导经济社会关系的法律规范、调整财政调节引导经济社会关系的法律规范、调整货币调节引导经济社会关系的法律规范、调整汇率调节引导经济社会关系的法律规范。

这些法律规范是从宏观调控法体系构成的内容来分析和归纳的，突出了国家在实现经济调节职能方面对国家宏观经济的调节与引导而产生的法律调整与规制的需求，也突出了以法律调整的社会关系的特殊性所进行的法律部门及其具体法律制度的类型化的解释和描述，其并不局限于某项具体立法或某项文本化的法律规范。

“现代国家对社会经济的宏观引导调控已形成以‘国家计划—经济政策—调节手段’为轴线的体系。相应地，宏观调控法的体系从内容构成上看，包括了计划法、经济法政策法和关于各种调节手段运用的法律。”[①]“宏观引导调控法的体系庞大，包括的内容和法律形式丰富多样。因为国家宏观调控的措施和手段多种多样，并相互关联，形成一个系统工程，因此宏观引导调整法也是一个较为庞大的体系，它由多种内容和形式的法律规范构成，其内容包括国家计划、各种调节手段运用的法律规范，其法律形式包括许多综合性或单项的立法，包括许多法律和行政法规。”[②]这是从法律规范调整对象之内容与法律规范立法载体之形式两个方面科学客观、全面形象地对宏观调控法体系及其构成的总结。

从具体的文本化的立法载体来更形象地描述宏观调控法体系构成的话，其既有调整包含多种的运用宏观调控手段所发生的经济社会关系的法律规范——宏观调控综合法律规范（有文献称其为“宏观调控基本法”“国民经济稳

① 漆多俊：《经济法基础理论》，法律出版社 2008 年版，第 246 页。

② 漆多俊：《经济法基础理论》，法律出版社 2008 年版，第 246 页。

定增长法”“公民经济平衡增长法”)，也包括调整运用比较单一的宏观调控手段所发生的经济社会关系的法律规范——宏观调控专门立法、单项立法，如计划法；从文本立法的制定机关来描述宏观调控法体系构成的话，包括宏观调控法律也包括宏观调控的行政法规。

就宏观调控法体系的法律规范内容构成与文本化的宏观调控法律规范载体之间的关系而言，两者之间可以是相对应的关系，如调整计划经济社会关系的法律规范主要是计划法；两者之间也可以是无直接对应关系的，如宏观调控基本法调整的是比较综合的宏观调控手段运用所发生的经济社会关系，其法律规范的内容主要涉及社会再生产运行基本要素协调——总供给与总需求协调的目标、产业结构协调的目标、价格与货币发行量协调的目标、财政收支与需求的协调目标、税收与需求的协调目标、汇率引导调节与需求的协调目标，以及计划手段、财政手段、税收手段、汇率引导手段等运用于宏观调控的主体职权配置、基本工具种类、主要条件、程序步骤、监督和责任等。当然，在不制定宏观调控基本法的情况下，这些法律规范内容也可以由“综合性基本经济政策法”“产业政策法”“财政税收政策法”“货币金融政策(可以包含汇率引导政策)法”“价格政策法”来予以规定。这些宏观调控政策法在立法名称上也可以形象地称之为总则法、通则法。这些宏观调控政策法本质乃是调整综合运用宏观调控手段以及专门性宏观调控手段运用中基础性经济社会关系的法律规范，其内容主要涉及前述社会再生产协调运行基本因素协调——总供给与总需求协调的目标、产业结构协调的目标、价格与货币发行量协调的目标、财政收支与需求的协调目标、税收与需求的协调目标、汇率引导调节与需求的协调目标，以及计划手段、财政手段、税收手段、汇率引导手段等运用于宏观调控的主体职权配置、基本工具种类、主要条件、程序步骤、监督和责任等内容。

国家调节宏观经济在财政、税收、计划、汇率等宏观调控手段的运用中，除了发生上述这些基础性经济社会关系并需要相应的法律规范之外，还会在运用上述宏观调控手段内部的具体宏观调控工具中发生具体经济社会关系并予以相应的法律规范。比如，财政手段中主要有预算(政府建设预算和其他专项促进总需求支出预算等)、国家采购、国债发行等；税收手段中主要有调节总需求的税种、税目、税率的确定和调整；货币和汇率手段中主要有货币发行与货币回笼、银行存贷款利率、中央银行规定的贴现率和再贴现率、中央银行再贷款利率、存款准备金率、中央银行公开市场业务与中央银行参与外汇买卖引导汇率等。在这些宏观调控工具运用活动中发生的非财产性经济社会关系相对于财政、税收、计划、汇率等宏观调控手段基础性经济社会关系要具体一些、专业化一些，特别是对宏观调控各手段中的具体调节工具的参数设定与调整等经济社会关系比社会再生产协调运行基本因素协调——总供给与总需求协调的目标、产业结构协调的目标、价格与货币发行量协调的目标、财政收支与需求的协调目标、税收与需求的协调目标、汇率引导调节与需求的协调目标，以及计划手段、财政手段、税收手段、汇率引导手段等运用于宏观调控的主体职权配置、基本工具种类适用条件、程序步骤、监督等相关的基础性宏观调控经济社会关系要具体和专业。这些具体化、专业化的宏观调控手段运用所发生的经济社会关系的法律调整的文本化的宏观调控法律规范载体，可以部分地在各宏观调控政策法中予以规定，也可以部分地在预算法、国债法、税收征收管理法、专项税收法、国家采购法、中央银行法、货币发行与管理法、商业银行法、外汇管理法等法律中予以规定。不管是在各宏观调控政策法中还是在预算法、国债法、税收征收管理法、专项税收法、国家采购法、中央银行法、货币发行与管理法、商业银行法、外汇管理法等法律中调整这些宏观调控手段及其工具运用中发生的具体性经济社会关系，这部分法律规范在内容上就是各种宏观调控调节手段运用的法律规范，属于宏观调控法体系的有机组成部分。值得注意的是，把预算法、国债法、税收征收管理法、专项税收法、国家采购法、中央银行法、货币发行与管理法、商业银行法、外汇管理法等法律中调整、规定宏观调控手段及其工具运用中发生的具体性经济社会关系的那部分法律规范纳入宏观调控法体系之内，并不等于预算法、国债法、税收征收管理法、专项税收法、国家采购法、中央银行法、货币发行与管理法、商业银行法、外汇管理法等法律就是宏观调控法，因为这些法律所调整的社会关系及其规范内容还有一大部分是非宏观调控性经济社会关系；与此同时，称这些法律不是宏观调控法并不是否定这些法律调整了部分宏观调控经济社会关系，也不是否定其规定了部分的宏观调控手段及其工具运用方面的规范。

三、宏观调控法与财政税收法、金融法的关系

(一) 宏观调控法与财政税收法的关系

近代及其以前的国家财政、税收行为主要是出于维持国家的政治职能、社会职能、行政职能的活动，财政法、税收法的性质属于宪政法、行政法范畴。现代国家的财政、税收行为除了仍然具有政治、社会、行政等职能之外，更有基于

调节经济的功能，所以，财政法、税收法具有了经济法性质，也被纳入经济法体系。财政法、税收法的经济法性质主要是指财政法、税收法中调整国家运用财政手段及其具体措施与工具，以及税收手段及其具体措施与工具调节国民经济再生产各环节的必要因素，实现充分就业、经济增长、物价稳定、国际收支平衡和公平分配等经济协调目标所发生的经济社会关系的法律规范。这部分法律规范虽然被规定在财政法律和税收法律中，但是其规范的内容是经济社会关系，是经济法和宏观调控法的内容；与其相对应，国家财政管理体制、财政活动程序、非经济调节性税收种类（含税目、税率等）的确定、税收征收和监督、税收救济等规范就是调整财政行政、财产社会关系的，其属于宪政法、行政法性质。从调整对象的内容和法律规范内容出发，财政法、税收法部分属于宏观调控法体系的构成部分，部分属于宪政法、行政法体系的构成部分。这说明在财政法上存在宏观调控法（或者称“经济法”更妥当）与宪政法、行政法的联系和交叉。正因为存在这种联系和交叉，在以法的调整对象——社会关系的特性以及法律调整方法特性为法律部门分类的标准，并按同类特性社会关系和调整方法归纳部门法体系的框架内，把财政税收法称为宏观调控法，或者把财政法、税收法整体称为宏观调控法体系的构成部分并非准确和科学。也正是因为存在这种联系和交叉，在经济法和宏观调控法的理论著述及教学中论述具体的财政法律制度、税收法律制度时，并非将财政法、税收法整体纳入宏观调控法体系构成，也不是把财政法和税收法等同于宏观调控法。

（二）宏观调控法与金融法之间的关系

目前虽然对金融法的调整对象及其范围在学界还有争议，但是“实践表明，将商业银行法、证券法、票据法、保险法、信托法等视为金融法律，已成为人们一种共识”。[①] 金融法“不仅调整金融交易关系、金融组织关系，还调整金融监管关系。前者如信贷关系、外汇买卖关系、证券交易关系、期货交易关系、商业信托关系、保险关系和商业银行组织关系、证券公司组织关系；保险公司组织关系等；后者，如银行业监管关系、证券业监管关系和保险业监管关系等”。[②]

有学者认为：“金融法是调整金融关系的法律规范的总称。金融关系复杂

---

① 王保树：《金融法二元规范结构的协调与发展趋势》，《广东社会科学》2009 年第 1 期。

② 王保树：《金融法二元规范结构的协调与发展趋势》，《广东社会科学》2009 年第 1 期。

多样，根据其不同性质大致可列为三类：(1)金融交易关系……(2)金融监管关系……(3)金融调控关系，即为稳定金融市场，以引导资金流向，控制信用规模为目的，根据对有关的金融变量实行调节和控制而产生的社会关系。”①

从上述金融法的调整对象来看，货币金融手段可以运用于国家调节宏观经济，其所发生的金融调控社会关系——货币和汇率调节引导经济社会关系是金融法调整对象之一。金融交易关系的本质就是金融交易活动中发生的财产关系。金融组织关系和金融监管关系的本质无非是金融机构与国家金融行政管理机关之间的市场准入方面和市场行为方面的管理性行政关系，其间会产生部分的财产关系。金融交易关系、金融组织关系、金融监管关系不属于宏观调控法的调整对象。相应地，调整金融调控关系的金融法律规范在法律部门体系的构成内容上理所当然地属于宏观调控法体系的构成部分；就作为宏观调控法体系构成内容的金融调控法与文本化的金融调控法律规范载体之间的关系而言，人民银行法、货币(发行与回笼)管理法、外汇管理法、商业银行法中有关货币发行与货币回笼、银行存贷款利率、中央银行规定的贴现率和再贴现率、中央银行再贷款利率、存款准备金率、中央银行公开市场业务与中央银行参与外汇买卖引导汇率等基础性规范，属于宏观调控法体系的构成部分。

作为调整金融活动所发生的社会关系的金融法，不管是采纳何种金融法调整对象的观点，金融法的调整对象不仅仅是金融调控关系，至少还包括金融市场交易财产关系、金融监管行政管理关系等，金融法体系构成在内容方面自然包括金融调控法律规范、金融交易法律规范、金融监管法律规范等。金融交易法律规范可以归属于商法体系，金融监管法律规范可以归属于行政法体系，属于宏观调控法体系的金融法只是这部分金融调控法律规范；与此同时，国家运用货币金融手段及其工具调节宏观经济中所发生的经济社会关系的调整会适用金融法中的金融政策性规范和经济调节引导性规范，所以，金融法上存在宏观调控法与商法、行政法交叉和联系。由此可见，对金融法的调整对象不作具体细化分类而将其作为宏观调控法体系的构成内容，或者将金融法称为宏观调控法并不科学和准确，同时，在经济法和宏观调控法的理论著述及教学中论述具体的金融法律制度并非将金融法整体纳入宏观调控法体系构成，也不是把金融法等同于宏观调控法。

---

① 刘志云：《金融调控法与金融监管法的比较分析》，《阴山学刊》2004 年第 1 期。

美国工会集体谈判权争议及对我国公共部门工资立法的启示

——以威斯康星州集体谈判权立法为视角

杨鹏飞[*]

摘　要：涉及美国威斯康星州集体谈判权的预算修正法案的核心内容是限制公共部门工会在工资、养老和医疗等方面进行集体谈判的范围。工会在反对这一法案的博弈中之所以失败，主要是因为原来的通过集体谈判决定的公共部门雇员的工资保险福利水平，与其他部门相比的确出现了失衡。从威斯康星州的立法博弈中能够得出三点启示：公共部门工资福利水平的确定应恪守平衡原则；我国公共部门员工工资福利水平的确定在短期内不应推行集体谈判；“依法规范和人大决定”是确定我国公共部门员工工资福利标准、减少社会争议的最有效途径。

关键词：公共部门工会；工资福利；集体谈判；立法

2011年2月，美国威斯康星州新当选的共和党籍的州长沃克尔(Walker)，上任不久就以州政府债务危机为理由，提出“威斯康星预算修正法”(Wisconsin Budget Repair Bill)议案，要求取消公共部门工会在工资、医疗保险、养老金等方面的集体谈判权。这一议案随即引起工会方面的强烈反应，引发了一系列大规模的示威游行和抗议，奥巴马总统也指责这种行为是对工会的攻击，但是这一议案在该州议会最终获得了通过，并历经几次诉讼和司法审查，于2011年6月29日得到威斯康星州最高法院的肯定，成为法律。紧随威斯康星州之后，其他一些共和党人士执政的州如俄亥俄、印第安纳、新泽西等，甚至包括个别民主党人执政的州如马萨诸塞等纷纷跟进，先后制定了程度不等的限制和削弱公共部门工会集体谈判权的法律。

* 杨鹏飞，上海社会科学院法学研究所研究员。本文原刊于《政治与法律》2012年第9期。

如何看待美国以威斯康星州为代表的有关限制公共部门工会集体谈判权的立法及其争议?在世界经济萧条和政府债务负担沉重的大背景下威斯康星州立法争议能给我们的公共部门制度建设带来哪些警示和启示呢?这些问题值得探讨。

一、威斯康星州限制公共部门工会集体谈判权立法的主要内容

威斯康星州预算修正法即威斯康星州第10号法案。该法案的内容主要涉及公共部门的集体谈判,所以也被称为威斯康星集体谈判权法案。该法案涉及工会集体谈判权的内容主要有以下一些。

一是关于养老金缴付。该法案规定参加威斯康星退休系统的雇员,必须缴付年养老金支付额的50%。根据这一规定,估计2011年公共雇员养老金的个人支付率相当于工资的5.8%。而新规定以前的情况是,参加威斯康星退休系统的州、市和学校等公共部门的雇员,个人基本不需要缴纳养老金。

二是关于医疗保险缴费。该法案规定州公共部门雇员至少要支付年度保费平均成本的12.6%,参加公共雇员集体医疗保险的当地雇主,支付医保最低成本的比例最高不得超过88%。而目前,州公共部门雇员个人平均支付年度医疗保险费用的比例仅约6%。

三是关于工资等事项。该法案规定了多种措施,以限制大部分公共部门雇员在工资问题上的集体谈判权利,包括:工资增长幅度不得超过消费者价格指数涨幅,除非得到全民公决的批准;集体合同期限限制为一年,工资将被冻结到新集体合同签订;集体谈判单位需要进行年度投票,以保持工会资格的重新认证;禁止雇主代为收取工会费,集体谈判覆盖的成员将不必为集体谈判支付费用。

上述规定将在现行集体合同的期限结束后生效。但是,当地执法、消防部门雇员以及州部队和监察员将豁免于适用这些规定。

2012年3月30日,美国联邦第七巡回法庭撤销了其中工会每一年都需要重新认证、禁止雇主代为收缴工会费这两项规定。

二、政府与工会双方关于集体谈判权法案的辩论

所谓公共部门,在美国主要是指由政府财政支持、以提供公共服务为职责

的部门。公共部门的雇员(也称公务员)包括公立学校的教师、警察和消防员,以及各个城市、州和联邦政府的公务人员等。美国公共部门雇员,大致相当于我国的机关、事业单位以及垄断性国有企业的雇员。

相比于私营部门而言,美国公共部门实行集体谈判的历史并不长,其主要是从20世纪60年代初肯尼迪政府时期才逐步发展起来的。虽然历史不长,但是美国公共部门工会运动的影响却非常之大。例如,近几十年来的一些有重要影响的罢工活动,包括20世纪80年代初的联邦空中交通管理员罢工、2005年纽约公交系统工人罢工等,大都是由公共部门工会在集体谈判失败后而组织和发动的。在美国的整个工会运动中,公共部门工会已经成为主要力量。

威斯康星州沃克尔政府提出限制公共部门工会在工资、养老、医疗等方面的集体谈判权的议案,主要基于以下理由。

首先,政府财政出现严重赤字,陷入了债务危机。威斯康星州当时面对的财政赤字为1.37亿美元,到2013年估计这一数字将达到36亿美元。既然政府负债,在不能解雇公共部门雇员的情况下(如果实施解雇的话社会影响会更大,反对的声音会更激烈),适当削减他们的工资,让他们适当增加一些保险方面的支付额,当然是减少政府负担和负债的重要手段,同时也是对本州纳税人的最好交代。

其次,由工会代表的公共部门的雇员,包括政府雇员、教师、环卫工人等,享受着过高的工资和福利。根据相关数据,威斯康星州政府的雇员工资比私营部门类似工作高出至少30%,①退休金和医疗保险等福利也要好很多。例如,威斯康星州医疗保险费用一般情况(包括私营部门)是雇主支付雇员薪水的6.8%,雇员个人支付6.2%,但教师工会通过集体谈判达成的合同,规定雇主支付所有的医疗保险费用,并且要购买最好的医保。实际上,美国工资立法对于公共部门雇员的工资福利水平有与私营部门大致平衡的规定,公共部门这种相对于私营部门的高工资、高福利显然不太符合这一原则规定。之所以出现这一现象,主要与公共部门工会拥有强大的集体谈判力量相关。

再次,公共部门的工会是否应该像私营企业工会一样拥有集体谈判权,在美国朝野一直存在争议,甚至著名的支持工会发展的民主党总统富兰克林·

① 根据美国劳工部的数据,公务员的平均收入比私营企业高出17%。参见徐贲:《美国公务员的集体谈判权争议》,《云南信息报》2011年3月17日。

罗斯福,也反对公共部门工会拥有集体谈判权,因为政府的主要责任是代表公众利益行事,在公共部门开展集体谈判可能会破坏政府的决策,损害公众利益。[①] 既然本来就存在争议,在政府面对债务危机的形势下,通过立法程序给这一权利做些限制,也并不为过。

以上述这些理由为依据,以沃克尔为代表的州政府千方百计推动这一法律的通过,并最终获得了成功。

相反,以美国工会为代表的一方则指责限制公共部门工会集体谈判权的行为,反对这一法案以及类似法案的通过。工会一方提出的理由主要有以下几点。

首先,限制公共部门工会集体谈判权的法案侵犯了工人和工会的基本权利。自20世纪五六十年代以来,公共部门工会的集体谈判权已经得到法律的肯定(目前美国有24个州承认公共部门工会的集体谈判权)。威斯康星州还是第一个肯定这项权利的州。[②] 另外,从世界文明国家的立法以及从国际劳工组织的相关公约规定看,集体谈判权是劳动者的一项基本权利,不能因为是公共部门雇员就属例外。[③]

其次,把当前的债务危机完全归结于公共部门工会和雇员是张冠李戴。这是因为,目前造成一些地方政府债务问题的原因有很多,例如政府在经济景气时期花钱大手大脚,积下重债;还有2008年以来,为应对国际金融危机,尽快走出经济困境,维持社会公共服务,联邦政府鼓励、担保各州政府发行地方债券,投资地方基础建设,导致地方政府债务爆发性增长。把债务危机的原因完全归属于公共部门人员的开支是不客观的。

最后,工会一方还认为,沃克尔推动这一法案的根本目的是借打击公共部门雇员而报复工会。这是因为,多年以来,工会一直是民主党的铁杆盟友,许多美国劳联、产联的领导都是美国民主党的成员,2008年的总统大选,奥巴马之所以能在与共和党候选人麦凯恩的竞选中获得大胜,与美国工会在人力、物力上的鼎力支持密不可分。后来,通过2010年的中期选举,在新崛起的美国

① 参见维基百科(英文)Public-sector trade union 词条。http://en.wikipedia.org/wiki/Public-sector_trade_union,2012年6月30日访问。

② 威斯康星州在1959年,美国联邦在1962年分别以相关法案明确了公共部门雇员的集体谈判权利。参见卡茨等:《集体谈判与产业关系概论》,李丽林等译,东北财经大学出版社2010年版,第13章。

③ 工会方认为,威斯康星州的法案违反了国际劳工组织(ILO)的"工作中的根本原则和权利宣言"。该宣言指出,国家将努力促进"实现根本权利",其第一项就是"工会自由和有效承认集体谈判权"。

右派力量——茶党人士的帮助下，美国共和党在联邦和一些州的议会重新获得了一定的优势。推动这一法案就是要抓紧利用这一优势，打击美国工会——民主党的执政基础，为2012年的大选做准备。

三、集体谈判权法案内容的合理性辨析

虽然政府雇主与工会双方各执己见，闹得不可开交，但是，要客观评价这一法律，还应当看其具体规定。

从公共部门雇员和工会的集体谈判权利角度看，威斯康星州集体谈判权法案的确存在一些明显的问题。例如，法案规定，工会代表会员与雇主签订的集体合同的期限限制为一年，而集体合同商定的工资一直冻结到下一个合同的签订；工会代表资格必须每一年重新认证，以及单位不许为工会代收会费，这些规定（特别是后两项）显然是不合法和不合理的。这些规定并非与控制政府财政开支相关，似乎主要是想给工会活动设置一些障碍。这种做法不符合美国联邦法律保障公民结社权的基本精神。所以，2012年3月美国联邦巡回法庭撤销了法案中的这两项规定。

真正有争议并为美国工会和广大公共部门雇员反对的是关于工资、养老保险、医疗保险集体谈判限制的规定，这些规定直接限制了工会集体谈判权覆盖的范围，包括限制公共部门雇员工资增长的幅度，增加了公共部门雇员在养老、医疗等福利支出上的负担等。

笔者以为，虽然该法案对于公共部门集体谈判权的限制有出于党派斗争等原因，但总体上看，在当前的形势下，威斯康星州作出这一限制并非没有道理，理由如下：

第一，在经济形势长期不够景气的情况下，适当约束公共部门雇员的工资福利开支有其合理性。近年来，美国经济连续衰退，奥巴马政府为扩大就业又大量扩招公共部门人员，且通过工会集体谈判等手段使公共部门雇员享受着偏高的工资福利待遇，政府财政负担沉重。具体就威斯康星的情况看，沃克尔列出的财政困难等理由并非没有依据。据常理可知，政府财政与公共部门人员的收入呈现一种密切联系的关系，既然政府财政有困难，通过立法方式在一个阶段内适当限制公共部门雇员的工资福利水平是可以理解的。

第二，从比较的角度看，法案的新规定也是基本合理的。这主要表现在两方面：一是工资增幅限制在物价指数（CPI）涨幅内是完全可以被接受的。工

资按照物价增幅而增加是一种国际通行的做法，何况是在经济形势不佳的情况下。二是关于法案对于养老保险、医疗保险等福利性规定的合理性。这一点可以通过把威斯康星州集体谈判权法案的新规定与美国国内外的类似情况进行比较分析来证明。

首先，与美国非公共部门以及联邦雇员的相关制度相比，威斯康星州集体谈判权法案新规定的雇员的养老、医疗保险负担水平是比较低的。根据相关资料，美国政府针对非公共部门实施的强制执行社会保障计划（即 OASDI, Old-Age, Survivors, and Disability Insurance program），是通过强制征收工薪税，形成联邦社保信托基金，进行养老保障。OASDI 的基本税率（类似于公共部门保险的缴费率）为：雇主和雇员各负担薪水的 6.2%，自雇人员为 12.4%。显然集体谈判权法案规定公共部门雇员须承担相当于个人工资 5.8%数额的养老缴费，负担并不能说高。再看医疗保险，新法案规定，雇员应承担医保成本的约 12%，而同期适用于联邦政府雇员的医疗保险项目，规定职工须支付保险成本的 1/3，政府支付另外的 2/3。显然威斯康星法案新规定的标准比联邦政府雇员应承担的比例还要低不少。

其次，把该新规定与德国的情况做一比较可以发现，德国法律规定养老保险税的税率为 19.2%，由雇主和雇员各负担一半，即 9.6%。法定医疗保险交费率大约为工资收入的 12%—15%（根据参保公司的不同而略有差别），1994 年的平均缴费率为 13.2%，2005 年约为 14.2%，雇主和雇员各负担一半。相比而言，威斯康星州的新标准显然是比较低的。

最后，再把该法案的规定与中国目前的情况作一比较可以发现，我国社会保险目前实行各省统筹的政策，以社会保障建设相对比较完善的上海为例，适用于全体城镇职工的养老保险职工个人缴费比例是工资基数的 8%，单位交员工工资额的 22%，合起来是 30%，远远高于威斯康星的新规定；在医疗保险方面，个人缴费额为工资基数的 2%，单位缴费为员工工资基数的 12%，个人缴费比例大概是 14.3%，显然也要高于威斯康星州新法中个人承担成本的 12%。

第三，从威斯康星州的民意反映看，这一新法案获得了威斯康星大多数民众的肯定和支持。为什么这样说呢？有两个依据。一是，对于这一法案，虽然美国工会在法案通过前后进行了大规模的动员，组织了一系列的抗议活动，却仍然没有能够阻止这一法案的通过以及在其后的法律行动中取得胜利。二是，推出这一法案的州长沃克尔还顺利赢得了 2012 年 6 月初的罢免选举，击败民主党和工会的挑战，继续担任威斯康星州的州长。

基于上面三方面的原因，我们说威斯康星州政府推出这一方案，对该州公共部门工会集体谈判权施加一定的限制，是可以理解的。不过，反对或限制工会集体谈判的法律却能得到大多数民众的支持，这在我们听起来似乎有些费解，因为通常人们认为，工会是代表普通劳动者利益的，工会的主张和行动应当能够得到广大劳动者的支持，特别是像集体谈判权这样的事项，对于劳动者来说至关重要。之所以出现这种结果，以下两个深层次问题非常值得重视。

其一，工会运动的基础日益流失。虽然美国工会有着悠久和辉煌的历史，但是近二三十年来，美国工会运动越来越偏离社会预期的正常轨道。从美国工会活动的现实看，属于底层的私营企业工人目前的工会化率近几十年来不断下降，目前仅有不到7%（威斯康星是6.9%），公共部门的工会化率则不断上升，目前达到37%（威斯康星是36.2%）。在所有美国工会会员中，公共部门工会会员总人数已经超过私营部门会员的总人数，[①]成为美国工会的主要依靠和服务对象。作为市场经济社会的美国，私营企业是其社会单位的基础，私营企业雇佣的人数占全社会就业量的绝大部分，公共部门的雇员人数只占次要地位。而美国工会吸收的私营企业的雇员连7%都不到，这表明，美国工会实际上与美国社会真正的底层大众处在一种脱节的状态。根据微软全国广播公司的调查，[②]在2012年6月初关于沃克尔是否留任威斯康星州长的罢免选举投票中，在支持留任沃克尔的人中，1/3以上是工会会员，[③]可见普通的工会会员（主要是私企的会员）也在反对工会的决策。

其二，工会集体谈判的一些成果正转化成公共部门雇员享受的特权。据媒体报道，通过公共部门工会集体谈判的努力，威斯康星州公共部门雇员享受着相当优厚的待遇。例如，在关于该法案的论战中，威斯康星州长办公室在其新闻稿中曾经引述一个例子，说该州下属的双子城教师教育协会（即教师工会）曾经试图通过集体谈判方式为其会员争取一项专门用于支付壮阳药的医

① 龚小夏：《美国工会失意威斯康星》，《南风窗》2011年第7期。

② Sheldon Richman, What the Wisconsin Recall Means for Organized Labor. June 13, 2012 http://reason.com.

③ 另据埃迪逊出口民调显示，38%的工会会员投票支持沃克尔。The Associated Press, Kathleen Foody, Recall losses put Wisconsin unions in limbo, http://www.marshfieldnewsherald.com/article/20120614/MNH0101/120614063/Recall-losses-put-Wisconsin-unions-limbo, 2012年6月30日访问。

疗保险。该项保险协议如果谈判成功,每年需要花费纳税人78.6万美元。[①]

实际上,公共部门工会(包括公共部门自身)利用自己的优势(例如提供社会必不可少的公共服务)和制度的漏洞,为自己和会员获得一些不正当的利益,例如过高的工资、养老金等,这种情况绝非仅在威斯康星州,也绝不仅仅在美国,当今世界各国都或多或少存在着这种现象。这种现象虽然与现代民主政治本身的弊端有一定关系(即通过民主选举上台的官员,无论是左派党还是右派党,大多不愿得罪公共部门雇员及其代表组织),但从根本上讲是缺乏正当性的。公共部门的服务对象和收入来源都是社会公众,公共部门雇员的这种特权性福利,必然损害社会公众的利益,因而不仅难以得到社会的广泛支持,更可能破坏工会的形象,造成工会与社会大众之间的隔膜。

四、对我国工会集体谈判和公共部门工资立法的启示

威斯康星州限制公共部门集体谈判权立法争议的核心,是公共部门雇员的工资福利标准如何实现合理化的问题。当前我国正处在社会主义和谐社会建设的关键时期,客观而言,我国公共部门员工的工资福利收入问题也是社会关注的一个焦点问题。如何有效推进我国公共部门分配制度改革,合理调整不同群体之间的利益关系,消除收入分配不公,是我们面对的一项重要任务。在这方面,威斯康星州限制公共部门集体谈判权立法的经验能够给我们不少有益的启示。

(一)我国《公务员法》等相关法律应确立工资收入分配的"平衡原则",公共部门员工的工资福利应当保持与其他行业部门之间的平衡。

在美国等西方国家的工资立法中,无论是通过什么方式确定具体标准,公共部门雇员的工资福利水平与私营企业职工的工资福利水平保持平衡应是一项基本原则。威斯康星州集体谈判权立法争议的重要诱因,在于公共部门雇员的工资福利水平偏高,超过了其应得的水平,违反了法律规定的平衡原则,因此州政府试图通过限制公共部门工会的集体谈判权,进而约束其工资福利增长,在公私部门之间保持平衡的努力获得了胜利。

众所周知,我国公共部门员工的工资福利待遇问题一直是社会关注的热

① 葛唯尔:《财政吃紧还是政治阴谋,探源美国工会保卫战》,《第一财经日报》2011年3月2日。

点,媒体和网络对于公共部门的工资福利待遇偏高的现象屡有质疑。特别是机关事业工作人员退休后的待遇与企业相比过高更是质疑的焦点。对于这种现象,目前似乎也没有什么特别有效的办法加以抑制和解决,因为现行的《公务员法》等法律法规强调的主要是“公务员的工资水平应当与国民经济发展相协调、与社会进步相适应”。

实际上,造成上述问题的一个重要原因是,我国现行法律对于公共部门员工待遇问题的规定存在明显缺失,其中,我国法律并未确立公共部门员工的工资福利应与私营单位相平衡的原则是一个首要的问题。在此情况下,公共部门员工的待遇无论是由主管机关内部决定,还是通过集体谈判,公共部门自己(包括机关事业单位以及垄断性国有企业)都很容易享受到不合理的高工资和高福利,造成社会分配的不公。因此,在我国《公务员法》等相关法律中明确规定公共部门工资福利标准的“平衡原则”,使公共部门员工的工资福利与其他行业部门员工之间保持大致平衡,是当务之急。

(二)工资集体协商谈判制度的适用对象短期内不应涵盖公共部门

从前述威斯康星州集体谈判权立法争议的介绍和分析中可知,威斯康星州对于公共部门雇员的工资福利事项是实行集体谈判制,集体谈判权法案只是对于集体谈判做了一些范围上的限制而已。除了威斯康星州以外,美国还有20多个州公共部门也是实行集体谈判制,一些欧洲国家也同样如此。

那么,我国的公共部门是否也应推行集体谈判(我国一般称作集体协商,特别是工资集体协商)制度呢?笔者认为短期内不应推行。这是因为,公共部门雇员是否实行集体谈判,是与该地区经济发展水平、个人收入水平和社会法治的水平分不开的。即使在美国,也只有24个州规定通过集体谈判决定公共部门雇员的工资福利待遇,而美国联邦法律规定,联邦政府的工会组织是不可以就工资福利与联邦政府进行谈判的。如果脱离现实的经济发展水平等客观条件,片面地强调公共部门的集体谈判权利,就很容易给经济社会发展带来负面影响。从威斯康星州以及一些欧洲国家的情况看,政府债务危机的爆发往往就与这些国家和地区公共部门雇员的高工资、高福利密切相关。鉴于我国目前的实际情况,例如工会、集体谈判等制度的发育严重不足,经济发展水平不高、不平衡,社会法治水平不高,等等,短期内显然是难以支持将公共部门工资福利事项交由集体谈判的。

这一观点也能从我国当前的实践中找到一些验证。例如,我国的一些垄断性国有企业本质上属于公共部门，但在现行的制度框架下属于企业，也在推行工资集体谈判，以致问题相当突出。近些年媒体屡屡爆出的国企分配丑闻如普通抄表工年薪 10 万元，中高级管理人员动辄年薪百万、千万元，即与这些单位表面上的集体协商、实质上的内部人决定这种不合理的工资福利决定制度密切相关。此种状况亟待通过法律制度予以纠正。

（三）“依法规范和人大决定”是确定我国公共部门员工工资福利标准、减少社会争议的最有效途径

近年来，我国公共部门工作人员的工资收入并非一直在增长，从媒体报道可知，一些地方公共部门多年没有涨工资，其员工也有不少怨言。一些地方在推进事业单位改革的背景下将事业单位与公共部门脱钩，事业单位待遇特别是退休人员待遇向企业靠拢，也激起了这些地方事业单位退休人员的不满。如何解决这些问题，是我们制度设计上的一个难题。

上文已论及，由于客观条件的原因，集体协商谈判的方式在我国当前的公共部门尚不可行，而传统的做法即由政府内部的财政和劳动人事部门决定，由于涉嫌内部人自己决定而广受社会质疑。那么，我们到底应怎样做呢？实际上威斯康星州以及其他西方国家通过议会立法并由法律决定的做法，给我们以很好的启示。具体对我国来说，就是应该在立法规定的基础上，通过各级人民代表大会公开的讨论决定，来确定我国公共部门员工的工资福利待遇事项。这是一条超越集团利益，减少社会质疑和获得社会各方认同，有利于促进社会和谐健康发展的有效途径。正如不少国家工资法律中都有的一项规定：公共部门雇员“工资事项只有通过法律才能改变”。

欧盟禁止内幕交易制度的立法实践及启示

主力军*

摘　要：以内幕交易为主的市场滥用行为是一个长期困扰我国证券监管者的问题，在认定内幕交易的构成标准等制度方面没有固定和统一的答案。欧盟2003年以“市场滥用行为指令”（Directive 2003/6/EC on market abuse）将内幕交易与市场操纵行为统一定性为金融市场滥用行为，以国家干预市场的理论为基础确立了对欧盟一体化金融市场内幕交易的法律监管制度，并提出了该制度的法定定义、基本类型、认定标准和合理例外四个核心概念；欧盟法院在司法实务中通过初裁裁决解释和发展了这些概念，提出了一些新的理论，在司法实践中进一步完善了欧盟立法监管金融市场内幕交易的制度。这些给我们提供了一个实证研究和借鉴的模式。

关键词：欧盟金融市场；内幕交易；立法实践

早在欧盟还没有正式建立的1989年，欧洲共同体理事会就制定了一个“禁止内幕交易的指令”“Council Directive 89/592/EEC of 13 November 1989 coordinating regulations on insider dealing”①（简称89/592/EEC号指令）。2003年后，欧盟立法机构又以Lamfalussy② 立法程序制定了“禁止内幕交易和市场操纵指令”“Directive 2003/6/EC of the European Parliament and of the Council of 28 January 2003 on insider dealing and market manipulation

* 主力军，上海社会科学院法学所副研究员。

① Official Journal L 334，18/11/1989 P. 0030 - 0032.

② 2000年7月欧盟委员会主席Baron Alexandre Lamfalussy提议成立了一个“专家委员会”（The Committee of Wise Men on the Regulation of European Securities Markets），致力于研究如何以立法的形式保障欧盟有价证券市场高效运转的功能。为了解决上述立法的难题，该委员会提出了一个“四级的立法程序”（又称Lamfalussy立法程序）。

(market abuse)"[①](简称第 2003/6/EC 号指令)。该指令是 Lamfalussy 立法程序中的第一个层次的立法框架,具有适用于包括证券市场在内的整个金融市场的法律效力。这一指令的实施细则,即 Lamfalussy 立法程序中的第二个层次的立法文件到目前为止共有三个指令实施细则和一个条例:"内幕信息的公开与市场操纵行为的定义指令"[②](简称第 2003/124/EC 号指令)、"金融产品的合理推荐与利益冲突信息的披露指令"[③]"许可的造市商与内幕信息的定义指令"[④]"股票回购与股市价格的稳定措施条例"[⑤]。欧盟关于禁止内幕交易的 Lamfalussy 立法程序中的第三个层次的立法文件到目前为止主要是欧洲有价证券立法委员会(CESR)[⑥]在 2008 年 10 月公布的"市场滥用行为实施细则报告"[⑦]。

以上三个层次的立法文件构成了欧盟当前禁止金融市场内幕交易的立法体系,而其中最核心的法律是 89/592/EEC 号指令和第 2003/124/EC 号指令。其中 89/592/EEC 号指令由于只适用于证券市场,并对金融市场的其他子市场具有法律效力,因此受到学者的诟病,认为应当将内幕交易与市场操纵统一

---

① Official Journal L 096,12/04/2003 P. 0016 - 0025.

② Commission Directive 2003/124/EC of 22 December 2003 implementing Directive 2003/6/EC of the European Parliament and of the Council as regards the definition and public disclosure of inside information and the definition of market manipulation",Official Journal L 339,24/12/2003 p. 0070 - 0072.

③ Commission Directive 2003/125/EC of 22 December 2003 implementing Directive 2003/6/EC of the European Parliament and of the Council as regards the fair presentation of investment recommendations and the disclosure of conflicts of interest, Official Journal L 339, 24/12/2003 p. 0073 - 0077.

④ Commission Directive 2004/72/EC of 29 April 2004 implementing Directive 2003/6/EC of the European Parliament and of the Council as regards accepted market practices, the definition of inside information in relation to derivatives on commodities, the drawing up of lists of insiders, the notification of managers' transactions and the notification of suspicious transactions, Official Journal L 162,30/04/2004 p. 0070 - 0075.

⑤ Commission Regulation (EC) No 2273/2003 of 22 December 2003 implementing Directive 2003/6/EC of the European Parliament and of the Council as regards exemptions for buy-back programmes and stabilisation of financial instruments (Text with EEA relevance), Official Journal L 336,23/12/2003 p. 0033 - 0038.

⑥ 欧洲有价证券立法者委员会"The Committee of European Securities Regulators"——依据 Lamfalussy 立法程序建立的欧盟金融市场立法专家委员会,其宗旨是简化欧盟立法程序,大力推进欧盟金融市场一体化的进程,提高欧盟金融市场在国际金融市场中的竞争力。

⑦ CESR's Market Abuse Directive-Level 3-third set of CESR guidance and information on the common operation of the Directive of the market.

定性为金融市场滥用行为而进行立法监管。[①] 取代该指令的欧盟第 2003/124/EC 号指令因此将禁止内幕交易的范围由证券市场扩大到了金融市场的整个领域,但在基本概念和具体规则的立法方面对 89/592/EEC 号指令并没有原则性的改变。欧盟立法者通过这两个指令明确了内幕交易的法定定义、基本类型、认定标准和合理例外四个核心制度,是其成员国国内立法转化的依据,为成员国国内立法禁止内幕交易设立了最低标准,也是欧盟法院对其成员国提请的对内幕交易案进行初裁的法律依据。

一、欧盟法院对内幕交易案的初裁裁决

在欧盟颁布实施的各种立法文件中,除了条例具有直接适用于成员国国内的法律效力外,指令是需要成员国进行国内立法转化的,即欧盟指令没有直接适用于成员国国内的法律效力。所以欧盟立法禁止内幕交易在一体化的金融市场上的实现,在很大程度上需要成员国法院对依据欧盟指令转化为国内法的有关禁止内幕交易的法律进行解释和适用,但是欧盟成员国法院对欧盟法律并没有解释权。因此,在成员国法院审理内幕交易案件的具体的司法实务中,当遇到涉及对国内法的转化法律依据,即欧盟制定的法令有关法律概念、规则和条文等进行解释和明确的问题,就需要成员国法院向欧盟法院启动所谓的初裁请求权,请求欧盟法院对案件所涉及的、作为国内法转化依据的欧盟法律进行初步的解释、明确和裁判。

在欧盟金融市场法领域,由成员国法院启动的初裁裁决案件非常少,而且都是由成员国提请的涉及内幕交易案的裁决。欧盟法院于 2001 年 5 月 3 日对其成员国比利时 Rechtbank van eerste aanleg Gent 法院提请的公司收购行为中发生的内幕交易案做出了初裁裁决(简称"EuC-03/05/2001 裁决"),于 2005 年 11 月 22 日对丹麦 Københavns Byret 法院提请的关于向他人披露内幕信息的刑事案件做出了初裁裁决(简称"EuC-22/11/2005 裁决")。

EuC－03/05/2001 裁决的案情是:比利时 Ter Beke 公司董事会于 1995 年 8 月 22 日和 10 月 10 日两次审议了收购 Unilever 公司的子公司"Chilled Food Business"的可行性计划,并于 9 月 19 日通过了收购计划。1996 年 3 月 5 日 Ter Beke 公司和 Unilever 公司共同签署并公布了公司收购的意向书,在

① Kümpel, Bank-und Kapitalmarktrecht, 2002, S. 67.

该意向书中披露了收购的具体事宜。当日，Ter Beke 公司股票市场价格开始大幅增长(每股价格从 2 800 法郎涨到 3 230 法郎)。3 月 14 日，Ter Beke 公司和 Unilever 公司签署了收购合同书。而同时身为 Ter Beke 公司的董事和高级管理人员的 Verdonck 于 1996 年 2 月 6—8 日以每股 2 590 法郎的价格连续买入了 Ter Beke 公司的大量股票，并因此受到比利时检察院违反内幕交易罪的指控。该案由 Rechtbank van eerste aanleg Gent 法院进行了审理。

EuC－22/11/2005 裁决的案件事实是：Allan Bang 是丹麦金融机构雇员联合会“Finansforbund”的主席，Knud Grøngaard 是丹麦一家大型上市公司“RealDanmark”的董事，同时还是“Finansforbund”的重要成员。在“RealDanmark”的一次董事会会议上做出了与丹麦金融机构“Danske Bank”合并的计划，会后 Knud Grøngaard 于 2000 年 8 月 23 日将这一信息披露给了 Allan Bang。而 Allan Bang 于 8 月 28 日将这一信息披露给了其“Finansforbund”同事 Madsen、Nielsen 和 Christensen。而 Christensen 即于 8 月 31 日买入了“RealDanmark”公司的大量股票。2000 年 9 月 18 日“RealDanmark”董事会进一步讨论并确定了合并的具体事宜，Knud Grøngaard 于 9 月 26 日将合并的时间表和公司股票的预期涨幅等信息告知了 Allan Bang，目的是寻求 Allan Bang 在说服“RealDanmark”公司雇员同意合并方面的帮助。于是 Allan Bang 于 9 月 27 日将这些信息又告知了包括 Christensen 在内的“Finansforbund”主要成员。而 Christensen 又于 9 月 29 日买入了“RealDanmark”公司大量的股票。10 月 2 日“RealDanmark”公司“Danske Bank”合并的计划被正式公告，“RealDanmark”公司的股票市场价格因此大幅上涨，而 Christensen 则于 10 月 2 日和 3 日连续抛售了“RealDanmark”公司股票，并因此获利。Christensen 受到丹麦检方违反内幕交易罪的指控，而 Allan Bang 和 Knud Grøngaard 则受到了丹麦检方向他人披露内幕信息罪的指控，该案由丹麦 Københavens Byret 法院审理。

自 1989 年欧盟立法禁止金融市场内幕交易以来，被成员国法院以违反内幕交易判处刑事处罚的案件有许多，但是提交到欧盟法院，提请欧盟法院对欧盟有关金融市场禁止内幕交易的立法文件进行解释的案件只有这上述两起。这两个案件虽然分别发生在欧盟不同成员国，但是它们争议的焦点问题都集中在欧盟 89/592/EEC 号指令和第 2003/124/EC 号指令关于“内幕信息”“内幕人主体”“禁止的内幕交易行为”以及“内幕交易安全港”等概念和具体规则的正确理解方面。特别是如何认定内幕信息的构成标准、哪些获知内幕信息的人员能够成为内幕人的主体、哪些特定的交易行为能够被认定为许可的内幕交易行为？这些问题都是审理内幕交易案的关键，也是欧盟金融法学界争议的焦点问题，而欧盟法院在其初裁中对具体的法律条文进行解释的同时，也吸收和发展了学者提出的最新理论，特别是认定内幕信息构成的固定标准说和非固定标准说等观点。

欧盟法院初裁的判决对于提起初裁请求的成员国法院而言，是其对具体案件进行审理和判决的法律依据，除了直接适用于启动初裁的那个具体的案件外，也可以被其他成员国法院再援引，初裁裁决的效力因此在欧盟范围内具有普遍性的适用效力。欧盟这种特殊的立法与司法相结合的优势，共同构成了其一体化市场建设至关重要的法律保障和促进制度。

三、欧盟法院对内幕交易案初裁裁决的评析

在欧盟 2003/124/EC 号指令正式公布实施之前，欧共体 89/592/EEC 号指令是欧盟禁止内幕交易的最核心的立法文件。这一指令对内幕信息、内幕人主体、禁止的内幕交易行为以及禁止内幕交易的例外（安全港）做出了明确的规定，是欧盟法院裁决上述两起内幕交易案的基本法律依据，也是欧盟成员国进行国内立法禁止内幕交易应当遵守的最低的立法标准。

（一）内幕信息构成的重大性要件及其认定标准

欧共体 89/592/EEC 号指令第 1 条第 1 款对内幕信息的定义进行了明文规定："内幕信息是非公开的、直接或者间接与证券的发行人或者证券本身有关的信息，这类信息的公开能够对该证券的市场价格产生重大性的影响。"而取代该指令的欧盟第 2003/124/EC 号指令则是将禁止内幕交易的范围由证券市场扩大到了金融市场的整个领域，在基本概念和规则的立法方面并没有原则性的改变。如 2003/124/EC 号指令第 1 条第 1 款对内幕信息的定义是："内幕信息是非公开的、直接或者间接与金融产品的发行人或者金融产品本身有关的信息，这类信息的公开能够对该金融产品的市场价格或者对该金融产品的衍生产品的市场价格产生重大性的影响。"该条第 3 款以列举的方式专门对金融产品进行了详细的界定：金融产品是指有价证券、基金份额、货币市场产品、期货、期权、期指、利率产品，以及所有被许可在成员国的"调控市场"

(Regulated market)[①]上市交易的其他金融产品和衍生产品。

EuC－03/05/2001裁决和EuC－22/11/2005裁决对上述立法文件中的内幕信息的定义进行了释明,并在吸收学者理论的基础上,确立了认定内幕信息的四个要件:事实性的信息、非公开性、与金融产品的发行人或者金融产品的关联性,以及影响价格的重大性。对于这四个认定内幕信息构成的要件的前三个要件不难理解和认定,基本没有什么争议,在具体的司法实务中比较难以认定的和富有争议的是第四个要件,即影响价格重大性的标准如何确定?

鉴于内幕信息的非公开性等特点,其对于金融产品市场价格的影响通常是潜在的、预测性的和非确定性的,只有在该内幕信息的公开后才能比较具体地认定其对金融产品市场价格的影响,而且相同的或者类似的内幕信息对不同发行人金融产品市场价格的影响幅度也可能是不相同的。另外,在金融市场的众多投资人中除了专业的投资机构外,还有非常多的普通投资人,他们都是内幕信息的受众主体,对于内幕信息内涵的理解也是不可能一致的。同时,内幕信息对于金融产品市场价格的影响由于是潜在的和不确定的,因此这类信息的公开对于金融产品市场价格的影响还具有可能性与现实性两种认定标准。

因此立法者很难在法律中对内幕信息影响金融产品市场价格的重大性确定一个具体的判断标准,需要法官在司法实务中,针对个案的不同而对内幕信息影响价格的重大性标准具体加以认定。欧盟金融法学界在对内幕信息的重大性标准认定的司法实务和学术理论中则同时存在两个不同的观点:一个观点是确定性的标准,[②]即将内幕信息可能影响有关金融产品市场价格的变化幅度确定为5%,某个信息公开后,其影响金融产品市场价格的振幅如果达到5%就可以认定为内幕信息;另一个观点则是非确定性的标准,[③]即不主张确定一个具体而固定的数字判断标准,而是认为应当由法官依据个案的不同具体确定重大性的认定标准,即将这一权利赋予法官。

学者提出非确定性标准的观点,主要是因为在欧盟成员国法院审理内幕

---

① 调控市场的法定定义规定在欧共体"证券市场投资服务机构指令"(Council Directive 93/22/EEC of 10 May 1993 on investment services in the securities field)第1条第13项,Official Journal L 141,11/06/1993 p. 0027－0046,主要是指在国家法律监管之下的正式市场,以区别于没有法律监管的包括灰色市场在内的非正式的市场。

② Peltzer, ZIP 1999,749; Assmann, AG 2001,244; Hopt ZHR 2002,159,514.

③ Kümpel, Bank-und Kapitalmarktrecht, 2002, S. 266.

交易案的司法实务中发生了一些无法依据具体的数字标准判断内幕信息重大性的案例,如一些内幕交易人利用内幕信息的目的并不是为了寻求价格上差异的获利,而是具有其他的操控市场或者并购目标企业等目的。而这类内幕信息的公开反映在金融产品市场价格上的变化往往没有达到振幅5%的可能,但是在事实上同样也已经影响了众多投资人的投资信心,破坏了金融市场的运转效率,有必要予以禁止。因此,如果在这些特定情形再坚持认定内幕信息的固定标准说,就很难在司法实务中实现立法禁止内幕交易的目的。

欧盟法院在其初裁裁决中充分考虑了这些学者观点,并没有以初裁裁决明文确定应当以哪个理论为认定内幕信息重大性要件的构成标准。欧盟法院对上述两个不同理论观点没有加以具体的评论,而是重申了欧盟立法的框架性原则,即欧盟立法禁止内幕交易的立法目的是保障投资人获知和利用金融市场信息的公正性,并进而保护欧盟二级金融市场的一体化和投资人对金融市场的信心。因此,认定内幕信息影响有关金融产品市场价格变化的重大性标准仍然应当由各个成员国法院依据这些原则加以具体的判断,也即欧盟法院对认定内幕信息的确定性的标准和非确定性的标准这两种理论观点都是认可的,其前提是成员国法院的判决应当符合欧盟立法禁止金融市场内幕交易的宗旨。

(二) 基本内幕人与派生内幕人主体的构成标准

在内幕人主体的构成方面,欧盟89/592/EEC号指令分别在第2条和第4条以列举和描述相结合的方式对内幕人主体的范围进行了界定。该指令第2条第1款规定:内幕人是指知悉内幕信息,并且利用内幕信息为自己或者他人直接或者间接买卖或者试图买卖内幕信息所涉及的证券的人,主要包括证券发行人的管理机构、董事会和监事会的成员、发行人的股东、通过任职或履行职责等行为获悉内幕信息的人。此条文所列举和描述的内幕人主体由于其本身在金融市场中所具有的特殊地位、从事的职业或者通过其他途径,不需要借助其他人就可以直接接触到发行人的内幕信息,因此被学者称为基本内幕人。①

但是金融市场的参与人并不只是限于上述这些特殊的主体范围,这些特定主体以外的其他参与人通过这些基本内幕人同样也可能了解到内幕信息。

① 参见井涛:《英国规制内幕交易的新发展》,《环球法律评论》2007年第1期。

为了比较完善地规定内幕交易的主体范围，弥补可能存在的法律漏洞，欧盟立法者在89/592/EEC号指令第4条将其他所有“知道或应当知道内幕信息的人”也纳入了内幕人的主体范围之中。因为这类内幕人主体通常处在发行人之外，不可能接触到发行人的内幕信息，需要借助基本内幕人的行为才能够了解到内幕信息，因此被欧盟学者称为派生内幕人。①

欧盟2003/124/EC号指令在内幕人主体构成范围立法方面沿用了89/592/EEC号指令的规定，在第2条第1款以列举和描述相结合的方式对基本内幕人主体的范围做出了统一的界定：基本内幕人是指知悉内幕信息，并且利用内幕信息为自己或者他人直接或者间接买卖或者试图买卖内幕信息所涉及的金融产品的人，主要包括金融产品发行人的管理机构、董事会和监事会的成员、发行人的股东、通过任职或履行职责乃至利用犯罪活动获悉内幕信息的人。

由于发行人的管理机构、董事会和监事会的成员以及发行人的股东这些特定的主体范围具有法律上明确的认定标准，如公司法、交易所法或者有价证券交易法等法律中有具体的规定，在司法实务中是比较好判断的。但是具体到如何认定通过任职或履行职责获悉内幕消息的人，以及其他所有知道或应当知道内幕信息的人(派生内幕人)则是非常困难的，也是颇具争议的。② 欧盟在EuC-03/05/2001裁决和EuC-22/11/2005裁决初裁中争议的焦点问题就是如何判断基本内幕人主体范围中的通过任职或履行职责获悉内幕消息的人，以及如何确定派生内幕人的认定标准。

因为单从文字理解的角度对欧盟89/592/EEC号指令和2003/6/EC号指令关于基本内幕人和派生内幕人的概念进行解释，那么这类内幕人的主体范围是非常广泛的，包括发行人的内部各类任职人员、金融市场的监管机构人员、参与金融市场的各类专业的服务机构如律师、会计、评估以及咨询等机构人员、媒体机构人员，还可能涉及各类社会服务机构人员如心理医生、出租车司机等，以及上述这些主体的同事、家人和朋友等具有较近关系的人。

上述这些主体都可能通过任职活动、履行职责或者通过其他途径乃至利用违法犯罪活动获悉内幕消息，那么是不是所有这些潜在的主体都能够被纳入内幕人的主体范围呢，有没有必要对内幕人主体的范围进行限定呢？对此，

---

① 另参见井涛：《英国规制内幕交易的新发展》，《环球法律评论》2007年第1期。

② Caspari,,ZGR,,1994, S. 546.

欧盟法院在裁决中采纳了成员国学者的理论观点，确立了内幕人与获知内幕信息途径之间应当具有因果关联性和非偶然性的标准，以限定内幕人主体的范围。①

确立因果关联性的标准，目的是限定基本内幕人中通过任职或者履行职责获知内幕信息的人员范围，即获知内幕信息与其正常的任职活动或者履行职责之间应当具有客观的因果关联性。不论这类内幕人在正常的任职或者履行职责的活动中事实上是否接触到内幕信息，其可能是超越职权范围，也可能是通过其他途径获知了内幕信息，但只要其在客观上能够接触到内幕信息即可认定为具有因果关联性。

确立非偶然性的标准，主要是为了限定所有知道或应当知道内幕信息的派生内幕人的主体范围。非偶然性标准的含义是指内幕人获知内幕信息的途径或者方式不是偶然性的行为，而是具有预期性的主观目的行为，即偶然获知内幕信息的人不可能构成内幕人的主体范围，如出租车司机或者心理医生等主体在提供服务的活动中，通过其客户偶然的透露而获知了内幕信息，就很难将其认定为内幕人。但是这一观点也是有其缺陷的，欧盟成员国有学者就提出，非偶然性的标准不能单独适用，应当和该主体对内幕信息的内涵理解结合在一起适用，即如果内幕人通过偶然性的行为获知了内幕信息，并且明确地知道该内幕信息的内涵，就应当将其认定为内幕人。②

内幕人与获知内幕信息的途径之间应当具有因果关联性和非偶然性的学者理论也被欧盟法院借鉴了，并通过初裁裁决统一了这些理论观点，认为这些限定内幕人范围的认定标准是符合欧盟立法禁止金融市场内幕交易宗旨的，与欧盟立法禁止内幕交易的 89/592/EEC 号指令和 2003/6/EC 号指令的法定概念和具体规则没有冲突。

（三）内幕人行为的法律规制

在对内幕人利用内幕信息从事的行为进行立法规制的方面，欧盟 89/592/EEC 号指令是依据基本内幕人和派生内幕人的构成范围的不同而分别加以规制的，该指令第 2 条和第 3 条针对基本内幕人明文规定：禁止内幕人利用内幕

---

① Assmann, AG 1994, 239; Caspari, ZGR 1994, 538; Kuempel, Bank-und Kapitalmarktrecht, Rz14. 161, 2002.

② 主要是德国金融法学者，如 Hopt, ZGR 1991, 49; Peltzer, ZIP 1994, 748; Weber, BB, 1995。

信息为自己或他人直接或间接地买卖证券(第2条),禁止内幕人将内幕信息泄露给他人(第3条第1款)和禁止内幕人基于内幕信息建议他人买卖与该内幕信息相关的证券(第3条第2款)。该指令第3条并不禁止派生内幕人泄露内幕信息和基于内幕信息建议他人买卖与该内幕信息相关的证券。由于欧盟立法者在制定89/592/EEC号指令时,尚未认识到派生内幕人泄露内幕信息和基于内幕信息建议他人买卖与该内幕信息相关的证券的危害性,在欧盟二级金融市场一体化发展的进程中存在监管的漏洞。

因此,欧盟立法者在2003/124/EC号指令中改变了89/592/EEC号指令依据基本内幕人和派生内幕人的不同而分别加以规制的模式,不再区分基本内幕人和派生内幕人的不同而适用不同的规定,对基本内幕人和派生内幕人的禁止行为统一进行了规制:禁止内幕人利用与金融产品相关的内幕信息为自己或他人直接或间接地买卖金融产品(第2条),禁止内幕人将内幕信息泄露给他人(第3条第1款)和禁止内幕人基于内幕信息建议他人买卖与该内幕信息相关的金融产品(第3条第2款)。

1. 欧盟裁决对买卖金融产品概念的解释

买卖金融产品的法律概念应当如何理解,在欧盟成员国法院存在争议。因为金融产品,特别是金融衍生产品的种类很多,而且基本都具有无纸化的特点,但这些产品本身的法律性质仍然是一种具有财产价值的物(广义的物),是需要用货币交换所得到的一种特殊的动产。由于欧盟各个成员国的民商事法律对于动产物权的取得和转让的规定并不统一,如德国就有关于物权取得的抽象性规则,而其他很多成员国如丹麦、比利时等国则没有这种规定。因此,如何从法律层面理解欧盟2003/124/EC号指令规定的"金融产品的买卖",就不单纯是一个涉及金融法等特别法的问题,同时还涉及对民商事法律中的有关法律概念的理解。

在金融产品的交易中,特别是期权和期货交易的合同缔结和产品的实际交割之间通常间隔一段时间,有的是当天结算,有的是隔夜结算。所以,经常会发生这样的交易行为:内幕人利用利好的内幕信息提前缔结买入合同买进内幕信息涉及的金融产品,但是在其请求卖方移转产品所有权的最后时效前又及时卖出了该产品。这样,内幕人虽然不是内幕金融产品的所有权人,但他通过这种交易行为仍然能够获得预期的利益。所以,金融产品的交易并不必然导致合同一方取得产品的完全所有权,而另一方也并不相应地丧失产品所有权。

另外，在欧盟一体化的金融市场还存在证券的借贷、融资融券、附条件的证券买卖（如附买回条件的证券买卖、附延长条件或解除条件的买卖等），以及证券的期权交易和选择权交易等诸多关于证券的交易行为。那么，所有这些复杂的证券交易行为中哪些可以视为禁止内幕人利用内幕信息从事的买卖证券的行为，则存在对欧盟指令的解释难题。

对此，欧盟法院在 EuC－22/11/2005 裁决裁决中借鉴了学者的观点，认为应当依据"存在一个能够使内幕人获得预期利益的买卖合同"为标准来判断，并不要求发生金融产品事实上的物权变动。[①] 欧盟法院通过这一理论统一了各个成员国立法在金融产品物权变动制度方面的差异，比较合理地解决了民商法基本理论和作为特殊法的金融法调整的金融产品物权变动理论的冲突问题。

2. 欧盟裁决对建议他人买卖金融产品概念的解释

为了避免立法禁止内幕行为可能存在的漏洞，也为了防止内幕人规避禁止利用内幕信息买卖金融产品，而采用其他方式利用内幕信息获取利益，典型的如利用内幕信息建议他人从事内幕交易的行为。欧盟因此立法禁止内幕人基于内幕信息建议他人买卖与该内幕信息相关的金融产品。在欧盟法院的 EuC－03/05/2001 裁决和 EuC－22/11/2005 裁决初裁中争议的问题是如何从法律上理解"建议"的概念。

从法理的角度分析，"建议"，一般是指不具有法律效力的单方意思表示，即表意人欲通过该意思表示达到影响他人从事具有某种有利结果的行为，该建议行为本身并不具有法律效力，和民法上的"好意施惠"具有相似性。该"建议"行为之所以被禁止，只是因为还有其他构成要件，即建议他人买卖内幕信息所涉及的金融产品。欧盟法院在禁止内幕人基于内幕信息建议他人买卖与该内幕信息相关的金融产品的解释方面，提出了一个理论，即"建议"的行为能够达到影响他人决策买卖金融产品的程度，而且"建议他人买卖"要求的是积极的建议行为，即建议他人实际买进或者卖出内幕金融产品，如果内幕人建议他人不要购买或者不要卖出（消极的建议行为），则这种建议一般也不构成禁止的行为。

由于在金融市场的实务中，单纯的依据内幕信息建议他人买卖金融产品

---

① Assmann, Das künftige deutsche Insiderrecht, AG 2003, 204; Claussen, Das Wertpapierhandelsgesetz und die Wertpapieranalysten-ein offenes Feld, AG 1997, 306.

的案例很少发生,“建议”往往是与泄露内幕信息结合在一起的。因此,泄露内幕信息与建议他人买卖金融产品具有共性,即两者在金融市场的实务中都具有隐蔽性,是很难被证明的。因此,欧盟司法实务发展了推定责任制度,即如果从客观上能够认为内幕人泄露了内幕信息,即可推定其违反了内幕交易的禁止性规定,而由其本人证明不具有违法性,即具有可免责的理由。为此,欧盟在其立法中也建立了特定内幕行为的安全港规则,欧盟法院在其 EuC-22/11/2005 裁决中也结合了这些理论,对内幕人泄露内幕信息的法律规制进行了解释。

(四) 泄露内幕信息与特定行为的安全港规则

欧盟立法者在 89/592/EEC 号指令第 3 条第 1 款和 2003/124/EC 号指令第 3 条第 1 款都赋予了内幕人将内幕信息再披露给他人的正当权利(可免责原因),即获知内幕信息的人出于履行职务或职责的需要而向他人再披露内幕信息的行为可以免责。

金融市场是一个比较特殊的市场,这一市场主要是建立在信息披露制度上的,为了保障金融市场的透明度,法律在对参与这一市场的主体设定了许多禁止性的披露信息义务(消极的不作为义务)的同时,也规定了一系列的告知义务(积极的作为义务),即再披露信息的义务。这些正当原因具体而言有很多,包括法律规定的发行人董事会向监事会的报告义务、监事会向公司雇员的告知义务、股东的知情权和发行人管理机构向监管机构的报告义务等,以及法律没有规定的,但在金融市场的实务中普遍存在的发行人内部机构之间以及发行人与外部的各类专业服务机构之间正常的信息交流等正当原因。

由此就造成了金融市场的信息保密义务与信息强制披露义务相冲突的问题。但是,究竟哪些具体的、积极的作为义务可以构成内幕人向他人披露内幕信息的可免责的原因?欧盟法院在其 EuC-22/11/2005 裁决中认为,欧盟立法禁止内幕人向他人披露内幕信息行为的目的是保障金融市场众多投资人获得信息的平等机会,防止金融市场参与人利用知悉的内幕信息获取特殊利益,以保护投资人对金融市场的信心,并进而保障金融市场的正常运转功能。因此,成员国立法者有权在欧盟法的框架基础上,规定一系列符合本国金融市场的信息强制披露义务,而当金融市场的信息保密义务与信息披露义务发生冲突的时候,应当由成员国法院进行以利益衡量为主要判断标准的法律解释,需要法官依据个案所涉及的内幕信息的市场敏感程度和其对金融产品市场价格的影响幅度等因素而具体地加以判断。[①]

四、我国禁止内幕交易的立法与司法实务的不完善之处，以及欧盟禁止内幕交易的立法与司法实践的启示

内幕交易对金融市场的健康发展具有极大的危害性，为了保护投资者利益，维护金融市场的运转效率，降低金融市场的风险，需要立法对内幕交易进行抑制，因此，我国立法者早在《证券法》颁布之前，就已经在《股票发行与交易管理暂行条例》和《禁止证券欺诈行为暂行办法》中都涉及了禁止证券内幕交易的问题。特别是《禁止证券欺诈行为暂行办法》在第 3 条、第 4 条、第 5 条和第 6 条用描述和列举的方式明确而详细地制定了关于证券内幕交易的一系列的法律概念和规则。后来，《证券法》在立足于我国证券市场发展的实践基础上吸收了上述两个法规的具体规定，并借鉴了一些成熟证券市场国家的立法例。《证券法》因此取代了上述两个法规而成为我国禁止内幕交易的核心法律。另外，《刑法》对禁止内幕交易的行为同样也进行了明确的规定。所以，当前构成我国禁止内幕交易的基本法律框架是《证券法》和《刑法》。

如《证券法》第 73 条规定："禁止证券交易内幕信息的知情人和非法获取内幕信息的人利用内幕信息从事证券交易活动。"第 180 条规定："证券交易内幕信息的知情人员或者非法获取证券交易内幕信息的人员，在涉及证券的发行、交易或者其他对证券的价格有重大影响的信息尚未公开前，买入或者卖出该证券，或者泄露该信息，情节严重的……知情人员的范围，依照法律、行政法规的规定确定。"为了准确适用法律，我国立法者在《证券法》第 74 条、第 75 条和第 76 条中对与内幕交易有关的概念如"内幕信息的知情人"（内幕人主体）、"内幕信息"和禁止内幕人"从事的证券交易活动"（禁止的内幕行为）以列举的方式予以了明确。但是除了这些立法予以明确的具体的内幕信息、内幕人员和禁止的内幕行为外，在司法和执法实务中应当以什么标准判断其他的"内幕信息""内幕人员""非法获取内幕信息的人"以及禁止的"证券交易活动"等概念，则没有统一界定，有必要从立法和司法的角度进一步明确。

虽然针对频发的内幕交易案件，证监会在现有法律规定的基础上，借鉴了

① Assmann, Das künftige deutsche Insiderrecht, AG 2003, 204; Claussen, Das Wertpapierhandelsgesetz und die Wertpapieranalysten-ein offenes Feld, AG 1997, 306.

发达市场经验，于2007年制定了《内幕交易认定办法》，但该办法只是在业内试行，尚未公开。而且该办法也只是对内幕人的认定作了细化，补充了内幕人、内幕信息的范围，仍然没有明确诸如内幕信息重大性的认定标准、内幕人主体范围的限定、内幕信息的安全港等概念和规则。

因此，我国当前认定内幕交易的法律体系在法定定义、基本类型、认定标准和法定例外（安全港）等方面仍然存在实质性的缺陷。其中，法定定义是理解与内幕交易有关的概念的核心；基本类型是立法者所列举的有关的概念比较常见的、具体的表现形态；认定标准（构成要件）解决的是如何认定与判断这些概念的问题；而法定例外则是判断哪些具体的类型和行为不构成法律禁止的内容，是立法者所许可的内幕信息和内幕行为，这些都是审理和判断内幕交易案的核心概念。

在司法实务方面则主要存在由证监会（行政机构）替代法院（司法机构）认定内幕交易构成的问题。实践表明，由行政权替代司法权将很难实现法律禁止内幕交易，以保护众多投资人利益的目的。因为相比投资人对市场的公众监督机制，证监会的监督权囿于人力、物力、执法环境和其他因素很难发挥其高效和普遍性监管的作用。如近年来的发生的“杭萧钢构证券内幕交易案”[①]“辽宁中期期货公司邓军、曲丽内幕交易案”[②]和“深圳特发集团公司瞿湘内幕交易案”[③]等案例都凸现了我国禁止内幕交易在立法和司法方面的不完善之处。另外，我国证券市场还需要适应WTO对中国金融市场监管制度改革的要求，应当逐步减少行政直接干预市场的调控手段，加强司法机构的间接监管功能，使得证券市场更加市场化。

因此，笔者通过比较欧盟金融市场的立法与司法实务，研究其合理的、具有借鉴意义的制度，提出以下完善我国金融市场内幕交易监管法律制度的建议。

---

① 2008年3月26日，受浙江省高级人民法院的委托，丽水市中级人民法院对被告人罗高峰、陈玉兴、王向东泄露内幕信息、内幕交易上诉一案进行了二审宣判，裁定驳回上诉，维持原判。即维持2007年2月4日丽水市中级人民法院作出的一审判决：丽水市人民检察院指控3名被告人的罪名全部成立，杭萧钢构公司证券办副主任、证券事务代表罗高峰犯泄露内幕信息罪，被判处有期徒刑1年6个月；公司原证券办主任陈玉兴犯内幕交易罪，被判处有期徒刑2年6个月；以炒股为业的王向东犯内幕交易罪，被判处有期徒刑1年6个月，缓刑两年。此外，陈玉兴和王向东的违法所得人民币4 037万元被追缴，同时，两人还分别被处以罚金。

②《中国证监会行政处罚决定书(瞿湘)〔2008〕49号》。

③《中国证监会行政处罚决定书(邓军、曲丽)〔2008〕46号》。

(一) 内幕信息构成要件的认定标准

我国《证券法》第 75 条明文规定了内幕信息的法定概念:“对该公司证券的市场价格有重大影响的尚未公开的信息。”以抽象式的立法原则确立了一个认定内幕信息的基本准则,在定义之外,立法者又以列举的方式明确了诸多特定类型的内幕信息。比较欧盟与我国关于内幕信息的定义,两者都具有信息的非公开性、与发行人或交易产品的关联性和影响价格的重大性等要件。但是我国立法者没有明确认定重大性的标准,立法者将这一标准的认定权限授予了“国务院证券监督管理机构”(证监会)。但是证监会在其处罚决定书中也并没有明确内幕信息重大性的认定标准,仍然是依据《证券法》第 75 条所列举的特定信息判断的。那么除了法律明确列举的特定的几类内幕信息外,如何认定其他信息的重大性呢;而且即便法律明文列举了几类特定的内幕信息,那么这些列举的信息能够构成内幕信息的标准又是什么呢? 笔者认为,其背后的认定标准仍然是一个模糊的概念——影响证券价格变化的“重大性”。

笔者认为,我国《证券法》以抽象式和列举式的方式确定内幕信息的模式是科学的,由于法律所具有的高度概括性和稳定性等特点,因此不宜在法律中明确规定一个确定的认定内幕信息重大性的标准;但是如果没有一个统一的认定标准,势必会影响证监会和法院认定内幕信息重大性标准的冲突问题。

为此,笔者建议,我国最高法院可以司法解释的方式明确一个认定内幕信息重大性的标准。在这方面,可以借鉴欧盟司法实务中的确定性的标准,即将内幕信息影响有关证券市场价格的变化幅度确定为 5%或 7%。如《上海、深圳证券交易所交易规则》第 28 条就有一个可以借鉴和参考的具体规定:“交易所对 A 股和基金每日涨跌幅比例超过 7%(含 7%)的前 5 只证券,公布其成交金额最大的 5 家会员营业部或席位的名称及成交金额;涨幅或跌幅相同的,依次按成交金额和成交量选取证券。”

由此可见,交易所在证券市场的实务操作中所做出的强制公开振幅超过 7%(含 7%)的前 5 只证券成交金额最大的 5 家会员营业部或席位的名称及成交金额的制度是有合理因素的,可以将其借鉴为我国司法实务中认定内幕信息重大性要件构成的标准。[①] 因此,将内幕信息影响价格振幅确定为达到 5%或 7%在我国证券市场的实务中也是可行的,而通过确立这样一个明确的认定

① 鉴于证券市场的高度专业性,有学者提出过股价显著变化的检验方法,参见陈舜:《内幕信息重大性的统计检验》,《金融法苑》2005 年第 1 期。

标准,可以合理解决证监会或法院认定内幕信息构成的难题,即从客观要件分析,只要一个特定信息公开后影响证券市场价格的振幅达到5%(7%)就可以认定是内幕信息。

同时笔者也认为,欧盟学者提出的非固定标准的判断理论尽管非常完善,弥补了固定标准说的漏洞,但并不适合我国当前证券市场的实务现状。因为我国证券市场是一个高度专业化的市场,但我国各地区法院的法官在专业水准和证券案件审理经验等方面的差别很大,在审理内幕交易案时,如果没有一个固定的认定标准,可能会导致司法实务中各地法院认定内幕信息构成标准的诸多矛盾和冲突问题。当然,笔者提出的以司法解释的方式明确一个认定内幕信息重大性的标准的建议,也应当视我国证券市场本身以及证券市场立法和司法实务的不断完善程度而进行变更或取消。

(二) 明确内幕信息构成的认定权力主体

我国《证券法》第75条以一个保底条文的形式将认定内幕信息的权限授予了"国务院证券监督管理机构"(证监会)。笔者认为,我国立法者这一规定倾向于对内幕交易的行政监督和行政处罚,仍然延续了计划经济体制下政府直接调控市场的方式,没有合理解决行政直接干预市场的方式与以法律间接调控市场的关系,也没有很好地解决我国众多投资人提起内幕交易赔偿诉讼的问题。《证券法》第76条为投资人提起内幕交易的民事赔偿提供了法律依据,但在具体的证券市场实务中,并不是每一起内幕交易案都是由证监会先予以处罚的,而且证监会也不可能对每一起内幕交易案都予以处罚。那么依据目前的法律规定,投资者如果没有证监会的处罚前置程序,就很难提起内幕交易的民事赔偿诉讼,而这显然不符合《证券法》第76条的立法目的。因此,笔者建议,立法者可以借鉴欧盟司法实践,在将认定内幕信息的权限授予"国务院证券监督管理机构"(证监会)的同时,考虑将最终权限授予司法机构(法院),以解决行政监管机构与司法机构之间的矛盾冲突等问题。而这也是我国加入WTO后在金融市场监管方面逐步减少行政直接干预市场的调控手段,加强司法机构的间接监管功能的具体体现。

(三) 适当限定内幕人主体的范围

我国2005年修正的《证券法》统一使用了"内幕信息的知情人"的定义来概括内幕人的主体构成,同时也吸收和借鉴了一些国家的立法经验,将"非法获取内幕信息的人”也纳入了内幕交易人的主体范围(《证券法》第 73 条);同时在第 74 条又列举了几类比较具体的和常见的内幕人主体(可以将其称为法定内幕人),这几类特定主体类似于欧盟指令所列举的基本内幕人。

除了第 74 条列举的几类法定内幕人主体外,《证券法》没有进一步依据获悉内幕信息方式的不同而对内幕人主体进行类似于欧盟指令中“基本内幕人”和“派生内幕人”的具体分类。我国这样的立法规定在司法和执法实务中的问题是欠缺操作性。因为,司法实务中对于法定内幕人的主体是比较好认定的,而非法定内幕人的主体范围则非常广泛,而且非法定内幕人通常是间接地获悉内幕信息,对于同样的内幕信息,相对于法定内幕人而言,非法定内幕人对内幕信息的内涵了解的毕竟有限。笔者认为,为了适当限定内幕人主体的范围,我国可以借鉴欧盟司法实务中所确立的内幕人主体与获知内幕信息的途径应当具有因果关联性和非偶然性两个认定标准。确立因果关联性的标准,目的主要是为了限定“内幕信息知情人”的范围,即获知内幕信息与其正常的任职活动或者履行职责之间应当具有客观的因果关联性;确立非偶然性的标准,主要是为了限定所有知道或应当知道内幕信息的“知情人”的范围,以增强我国立法抽象性规定在司法和执法实务中的具体操作性。

(四) 禁止的内幕行为与安全港规则

与欧盟指令类似,我国《证券法》第 76 条同样也明文规定了禁止内幕人的三种行为,即“不得买卖该公司的证券,或者泄露该信息,或者建议他人买卖该证券”。但我国法律并没有在禁止内幕行为的同时建立对特定行为的内幕人责任的豁免制度,即我国法律中没有内幕交易的安全港规则。

笔者认为我国法律没有安全港规则的主要原因是我国金融市场本身的发展尚处于新兴的阶段,许多子市场还没有发展起来,特别是我国的证券市场基本上还处在封闭或者半封闭的状态,没有形成国际性的开放市场,证券监管机构尚没有意识到建立安全港规则的必要性和重要性。另外,从立法角度分析,我国现行的《证券法》和《公司法》相对于一些发达国家的立法而言,规定得比较简略,没有形成法律所规定的证券市场参与人消极的不作为义务(禁止披露信息的义务)与积极的作为义务(积极的信息公开义务)的冲突等问题。

我国《公司法》和《证券法》同样也规定了诸如公司董事会向监事会的报告义务、股东的知情权和公司管理机构向监管机构的报告义务等,以及法律没有规定的,但在证券市场的实务中普遍存在的证券发行人向其律师、会计和咨询等各类专业服务机构的信息和数据的告知义务。但是究竟哪些具体的积极的作为义务可以构成内幕人向他人披露内幕信息的可免责的原因，而且当这些不同的义务相冲突的时候，如何判断内幕人再披露内幕信息的行为是否可以免责？对这些问题，我国的立法、司法和证监会执法实务都没有涉及，也没有单纯的因为“泄露内幕信息”而被处罚的案例可供分析和研究。因为我国证监会处罚内幕交易案相关案例中的“泄露内幕信息”的行为通常都是与买卖内幕证券或者指令他人买卖证券的行为结合在一起的，如“杭萧钢构证券内幕交易案”中的陈玉兴将非法获取的内幕信息泄露给了王向东，并指令王向东买卖股票，就是典型的泄露内幕信息行为与指令他人买卖证券行为的结合。

笔者认为，有必要在《证券法》和《刑法》中设立内幕交易的法定例外，即应当设立禁止内幕交易的安全港规则。同时，判断哪些行为可以构成法定例外，可以借鉴欧盟法院发展的利益衡量判断标准，即应当依据个案中所涉及的内幕信息的市场敏感程度和对价格重大性的影响等因素而对可免责的原因具体地加以认定。但同时应当虑及我国当前证券市场自身以及立法的现状，客观上我国内幕交易和市场操纵等其他证券欺诈行为相结合发生得比较频繁，为了防止证券市场参与人利用内幕信息安全港规则获取特殊利益，以保护投资人的信心，立法不宜设定过多的法定例外情形。

（五）法律禁止内幕交易适用范围的适当扩大

由于我国金融市场的发展长期以来是以证券市场的发展为主，立法者对于内幕交易的规定也多限于证券市场范围，在立法和司法适用的范围上还没有扩大到整个金融市场的二级交易市场，如《股票发行与交易管理暂行条例》《禁止证券欺诈行为暂行办法》和《证券法》禁止内幕交易的规定都只适用于证券交易，特别是股票交易。

但在我国当前金融市场各个子市场的运行实务中，内幕交易除了频繁发生在传统的证券市场外，在其他的市场，如期货市场、基金市场、汇率市场、利率市场以及股指期货市场也是时有发生的。而且在这些市场发生的内幕交易与发生在证券市场中的内幕交易具有相同的性质，都可能会出现市场操纵等金融市场欺诈行为，同样会破坏这些市场的正常交易秩序，损害投资者的信心，进而增大金融市场整体运行的风险和削弱金融市场的正常运转功能。当前，我国金融市场的混业经营和混业监管的趋势已经形成。2008 年《中国人民银行主要职责内设机构和人员编制规定》第 5 条第（4）项就明确提出：“在国务院领导下，中国人民银行会同中国银行业监督管理委员会、中国证券监督管理委员会、中国保险监督管理委员会建立金融监管协调机制，以部际联席会议制度的形式，加强货币政策与监管政策之间以及监管政策、法规之间的协调，建立金融信息共享制度，防范、化解金融风险，维护国家金融安全，重大问题提交国务院决定。”

这些规定表明，国务院已经将建设金融业统合监管的机构确定为研究和发展的目标。因此，笔者认为，欧盟金融市场的立法实践给我国在建设和完善未来的金融市场统合监管机制的方面提供了一个实证研究的模式，我国有必要借鉴成熟金融市场国家的立法例，立足于长远的金融市场发展计划，修正《证券法》和《刑法》禁止内幕交易的适用范围，将其适用范围扩大到包括基金、货币、期货、期指和期权等其他金融衍生产品在内的金融市场领域。

资源、废物抑或产业推动

——我国《循环经济促进法》修订路径反思

彭 峰*

摘 要：我国《循环经济促进法》的立法逻辑错位，从对其具体法律条文的梳理中可以发现，该法资源、废物、产业推动的规范并存，造成法律调整对象不明确，难以有效实施。西方代表性国家的“循环经济”立法均选择了以资源高效利用为核心的管制立法路径。我国《循环经济促进法》的修订存在产业促进和资源高效利用两条立法路径的选择，以产业促进为立法逻辑构建循环经济产业链存在现实困难；循环经济相关产业调整更适合政策工具而非法律手段，立法回归到以资源节约与综合利用的管制路径将是修改的可能方向。

关键词：循环经济促进法；资源；废物；产业；综合利用

我国《循环经济促进法》于 2008 年通过，2009 年 1 月 1 日起正式实施。该法实施至今，国际及我国社会经济背景和情势已经发生了较大的变化，其已经不能很好地适应目前的需要，立法机关已启动相关程序，对其进行修改。一般认为，“循环经济”立法的代表性国家为德国、荷兰、日本和我国。通过比较法视角的观察和研究可以发现，我国对于西方“循环经济”立法存在诸多误解，我国《循环经济促进法》定位不明确，调整对象不清晰，适用中没有抓手，难以有效实施。

一、我国《循环经济促进法》的立法逻辑混乱与错位

顾名思义，我国《循环经济促进法》是为促进“循环经济”而进行的立法，该

---

* 彭峰，上海社会科学院法学研究所研究员，法学博士、博士后。本文原刊于《政治与法律》2017 年第 9 期。

法第一条开宗明义地规定:“为了促进循环经济发展,提高资源利用效率,保护和改善环境,实现可持续发展,制定本法。”可见“提高资源利用效率”是该法的直接目标。那么到底该法所指的“循环经济”是什么呢?该法第2条第1款规定:“本法所称循环经济,是指在生产、流通和消费等过程中进行的减量化、再利用、资源化活动的总称。”根据该法,减量化、再利用、资源化活动针对的对象是什么?该法规范的到底是资源利用、废物再生,还是所谓的“循环经济”产业发展?这些问题都有待明确。

(一)资源与废物

我国《循环经济促进法》第2条第2、3、4款规定:“本法所称减量化,是指在生产、流通和消费等过程中减少资源消耗和废物产生。本法所称再利用,是指将废物直接作为产品或者经修复、翻新、再制造后继续作为产品使用,或者将废物的全部或者部分作为其他产品的部件予以使用。本法所称资源化,是指将废物直接作为原料进行利用或者对废物进行再生利用。”根据这一关于减量化的规定,资源与废物在这一语义中设计为两个平行的概念,可以认为这里的资源并不包括废物,应为狭义的概念。然而,对于资源化的规定,直接指向的是对于废物进行的资源化,也就是说可资源化的“废物”与“资源”构成了的一种种属关系。显而易见,减量化中的“资源”与资源化中的“资源”并不属于同一外延。该法第2条所称的再利用与资源化的对象都是废物,将废物作为产品再使用与废物进行再生利用的具体区别如何划分?资源可分为自然资源和社会资源。在自然资源概念之下,以资源是不是一次性的,能否重复利用为标准,资源可分为可再生资源和不可再生资源;可再生资源取之不尽用之不竭,从经济学角度来说,对其利用只有规模化才可更好地降低经济成本,现实意义上不需要减量化;减少资源消耗的只能是不可再生资源。对于再生资源利用而言,可以包括可再生能源,如风能、太阳能等的开发利用,以及矿产资源的二次利用、废弃物的回收利用,即生产和消费过程中产生的废物作为资源加以回收利用等。

我国《循环经济促进法》在资源节约方面,做出了比较全面的规定。如该法第20条规定:“工业企业应当采用先进或者适用的节水技术、工艺和设备,制定并实施节水计划,加强节水管理,对生产用水进行全过程控制。国家鼓励和支持沿海地区进行海水淡化和海水直接利用,节约淡水资源。”第21条规定:“国家鼓励和支持企业使用高效节油产品。电力、石油加工、化工、钢铁、有色金属和建材等企业，必须在国家规定的范围和期限内，以洁净煤、石油焦、天然气等清洁能源替代燃料油，停止使用不符合国家规定的燃油发电机组和燃油锅炉。内燃机和机动车制造企业应当按照国家规定的内燃机和机动车燃油经济性标准，采用节油技术，减少石油产品消耗量。"第 22 条规定："开采矿产资源，应当统筹规划，制定合理的开发利用方案，采用合理的开采顺序、方法和选矿工艺。"第 34 条规定："国家鼓励和支持农业生产者和相关企业采用先进或者适用技术，对农作物秸秆、畜禽粪便、农产品加工业副产品、废农用薄膜等进行综合利用，开发利用沼气等生物质能源。"从这些规定可以看出，水资源、石油资源、矿产资源这一类自然资源、能源也包括在该法所称的"资源"的范围内。

（二）产业推动

"经济"的原意是指通过生产、制造和分配短缺的物品以及提供短缺的服务来有计划地满足人们需求的各种条件和措施的综合。这种定义是建立在典型的经济三分法即第一产业（原始生产）、第二产业（加工意义上的生产）和第三产业（服务、信息处理）基础上的。[①] 我国《循环经济促进法》第 3 条规定："发展循环经济是国家经济社会发展的一项重大战略，应当遵循统筹规划、合理布局，因地制宜、注重实效，政府推动、市场引导，企业实施、公众参与的方针。"从该法的立法目的条款看，这里的"循环经济"似乎指向的是产业的发展。这与该法第 1 条中"提高资源利用效率"的目标与第二条中的"循环经济"的概念存在着不匹配的情况。从该法第 1 条、第 2 条所规定的立法目标和相关概念的界定看，循环经济更被导向于资源与废物的节约与再生利用；而从该法第 3 条规定的立法目的看，似乎落脚于产业的发展。

从该法的内容看，也存在大量针对行业和产业管理的规定，如该法第 16 条规定："国家对钢铁、有色金属、煤炭、电力、石油加工、化工、建材、建筑、造纸、印染等行业年综合能源消费量、用水量超过国家规定总量的重点企业，实行能耗、水耗的重点监督管理制度。"第 29 条规定："县级以上人民政府应当统筹规划区域经济布局，合理调整产业结构，促进企业在资源综合利用等领域进行合作，实现资源的高效利用和循环使用。各类产业园区应当组织区内企业

---

① ［德］罗尔夫·斯特博：《德国经济行政法》，苏颖霞、陈少康译，中国政法大学出版社 1999 年版，第 10 页。

进行资源综合利用,促进循环经济发展。”显然,这些规定涉及了大量的行业以及循环经济产业园区。

此外,我国《循环经济促进法》存在着大量的语焉不详的表述,如第 10 条规定:“公民应当增强节约资源和保护环境意识,合理消费,节约资源。国家鼓励和引导公民使用节能、节水、节材和有利于保护环境的产品及再生产品,减少废物的产生量和排放量。公民有权举报浪费资源、破坏环境的行为,有权了解政府发展循环经济的信息并提出意见和建议。”该法就像一个“大杂烩”,试图把资源、废物、产业问题全部杂糅到一起,而当人们期望通过一部法解决所有问题时,造成的后果恰恰很有可能是:不仅所有问题都没能解决,还引起更多新问题的产生。

二、西方国家“循环经济”立法路径的选择

(一) 德国法的核心逻辑是“变废弃物为资源”

一般认为,德国是有关“循环经济”立法的鼻祖,其有关立法始于 1972 年《废弃物处置法》(德文为:Abfallbeseitigungsgesetz,英文为:Waste Disposal Act)。[①] 在 20 世纪 70 年代初期,联邦德国大约有 50 000 个垃圾倾倒场,它们大多数不受管制、不受控制,并且这些住宅和商业的垃圾倾倒场所往往位于主要的城镇和社区的郊区。[②] 这一法令的初衷是解决这些垃圾场(refusedumps)引起的城市卫生问题,特别如地下水污染等。其目标在于关闭一些不受控制的垃圾倾倒场,取而代之以集中、规范和监管下的垃圾填埋场(landfillsites),并且将责任下放到区域和地方政府。这一法令的实施效果一度非常成功,到了 1986 年,废弃物预防(Waste prevention)和回收(recovery)概念被引入,该法令被修订为《废弃物避免与管理法》(德文为:Abfallgesetzes,英文为:Waste Avoidanceand Manage-ment Act),[③]该法令奠定了生产者责任(product responsibility)的基础,引入了废弃物处置之前避免和回收的原则。

---

① http://www.umweltbundesamt.de/en/topics/waste-resources/waste-management/waste-regulations,2017 年 4 月 3 日访问。

② Helmut Schnurer,German Waste Legislationand Sustainable Development:Development of waste legislation in Germany towards a sustainable closed substance cycle,http://www.bmub.bund.de/fileadmin/bmu-import/files/pdfs/allgemein/application/pdf/entwicklung_abfallrecht_uk.pdf,2017 年 4 月 3 日访问。

③ http://extwprlegs1.fao.org/docs/pdf/ger50924E.pdf,2017 年 4 月 3 日访问。

"循环经济"这一概念纳入立法的问题，始于20世纪90年代经济行政法与环境保护法关系问题的争议。早在20世纪70年代，制定一部简化的、体系合理的、法规之间相互和谐的统一性环境法典的想法被提出，到了90年代，受托于科尔政府时期联邦环保部和环保局，德国环境法典的教授版草案分两部分被提交："第一部分草案完成于1990年，这部草案以总则的形式成文，对环境保护的不同领域(部门)进行概况性的规整——规定了环境保护的基本原则、目标、环境保护的手段和程序等，具体例如公共设施建设的审批、环境信息化、环境责任的承担、公众的环保参与以及环保标准的制定；第二部分草案于1994年成稿，作为法典的分则，其内容主要是针对各种环境媒介的具体保护规定——自然保护与环境养护、水资源保护与计划用水、土壤保护、污染治理、核能与放射性防护、危险物质以及废物管理和废物处理等。按照委托部门的预先设计，有些与环境相关的法律领域在这版法典中没有涉及，如基因技术、统一交通施工等。草案的两部分合计598条。"[①]在此基础上，1992年，时任联邦环保部部长Klaus Töpfer委托一个独立专家委员会，以教授版环境法典为蓝本修改环境法典，并于1997年发布，法条扩展到775条。[②] 由于多重原因，德国环境法法典化以失败告终。在德国，学者们的著作和行政实践中，有一派观点将经济行政法和环境法截然分开，特别是有关环境法的文献中，忽视了环保法与经济行政法的联系，甚至《德国环境法典(草案)》的通则与分则也均没有考虑到这一点，而仅从单方面的生态上考虑，成为反面例子。另一派观点则认为，将环保法与行政法割裂开来是人为的，既不符合学科内部的科学要求，也不符合生活实际，从客观上和体系上看，经济学和生态学、经济管理和环境保护是不可分割的：一方面，经济是危害环境的起因，是环境保护措施的接受者；另一方面，经济职能在环境没有受到损害的基础上才能起到作用并进一步发展，要取得经济上的利益，关键在于使生产条件能得到长期保护，这种依赖性要求一种以可持续利用为目的的经济方式。[③]

与此同时，20世纪90年代，为了更好地控制不断升级的废弃物问题，联邦德国政府试图起草一部废弃物费法案(Waste Charges Act)，要求对填埋或焚烧废弃物场，处置设施的经营者以吨为单位支付费用，并且根据废弃物的本质

① 张璐璐：《德国环境法法典化失败原因探究》，《学术交流》2016年第6期。

② 张璐璐：《德国环境法法典化失败原因探究》，《学术交流》2016年第6期。

③ [德]罗尔夫·斯特博：《德国经济行政法》，苏颖霞、陈少康译，中国政法大学出版社1999年版，第12—13页。

和毒性划分费用等级，当废弃物被回收时，费用可以免除，其目的旨在对废弃物的避免和回收形成经济激励。[①] 然而，该法令草案遭到了强烈抵制（特别是来自产生废弃物数量较大的行业的强烈抵制），最终迫使政府放弃了这一计划，宣告了导入经济工具重构废弃物管理的失败。1994 年，政府转而修订 1986 年的《废弃物避免与管理法》，将其更名为《物质封闭循环与废弃物管理法案》[②]（德文为：Kreislaufwirtschafts-und Abfallgesetz-KrW-/AbfG，官方英文为：Closed Substance Cycle and Waste Management Act），[③]该法于 1996 年正式生效，突出了闭合循环管理作为节约资源的手段，引入了废弃物三阶段层级——“预防—回收—处置”（prevention-recovery-dispos-al）和生产者责任条款。[④]

针对经济行政法与环保法关系问题的争论，将经济行政法和环保法作为法律复合体统一看待的观点被提出，把环保法纳入经济行政法中，这种一体化（Integration）是生态社会市场经济的要求，并对经济这一概念产生了影响，因为除了满足需求，即解决供求关系以外，废弃物的排泄或废弃物处理问题也很重要，从环境保护的角度看，经济以一种循环模式作为基础，这种模式以重视和满足经济需求对自然界和对未来经济活动可能产生的结果作为内容，[⑤]《物质封闭循环与废弃物管理法令》被认为是典型代表。该法第 22 条第 1 款规

---

① Helmut Schnurer, German Waste Legislation and Sustainable Development: Development of waste legislation in Germany towards a sustainable closed substance cycle, http://www. bmub. bund. de/fileadmin/bmu-import/files/pdfs/allgemein/application/pdf/entwicklung_abfallrecht_uk. pdf, 2017 年 4 月 3 日访问。

② Act for Promoting Closed Substance Cycle Waste Management and Ensuring Environmentally Compatible Waste Disposal (Kreislaufwirtschafts-und Abfallgesetz-KrW-/AbfG), http://extwprlegs1. fao. org/docs/pdf/ger51051E. pdf, 2017 年 4 月 3 日访问。

③ Kreislaufwirtschafts 是一个多义词，根据德国联邦环境、自然保护与核安全部安全委员会发布的 TTA-GS－29 报告官方德文、英文版对照译文，Kreislaufwirtschafts 被译为 Closed Substance Cycle，即这里强调的并非“经济”，而特指“物质封闭循环”，见德文版 http://kas-bmu. de/publikationen/taa/taa_gs_29. pdf，第 7 页；英文版 http://kas-bmu. de/publikationen/taa_gb/taa_gs_29_e. pdf，第 9 页，2017 年 4 月 3 日访问。另参见 AlexanderJanz, Incentives and legal framework for proper material recycling-Experiencesin Germany, ht-tp://www. plasticseurope. org/documents/document/20121026144059-121106_abstract_janz_eng_final. pdf, 2017 年 4 月 3 日访问。

④ Alexander Janz, Incentives and legal framework for proper material recycling-Experiences in Germany, http://www. plasticseurope. org/documents/document/20121026144059-121106 _ abstract_janz_eng_final. pdf, 2017 年 4 月 3 日访问。

⑤ [德]罗尔夫·斯特博：《德国经济行政法》，苏颖霞、陈少康译，中国政法大学出版社 1999 年版，第 14 页。

定:“为了履行产品责任,产品的制造和使用应对尽量避免产生垃圾,产品使用之后所产生的垃圾,应当依照环境所能承受的方式予以利用或者清除。”该法第 25 条第 1 款规定:“在自愿回收垃圾的情形中,联邦政府可以在听取相关人意见之后,规定相关人在一个适当期限内应当达到的目标。”[①]

(二) 德国法与欧盟法的相互影响及欧盟法对法国法与荷兰法的影响

传统工业社会经济的基本特征是一种由“资源—产品—废弃物排放”的单向式流程组成的开环式经济,一种单向流动的线性经济。由于欧洲经济本身长期依赖水、作物、木材、金属、矿物等自然资源和能源的持续供给,且大部分依赖进口,这种对资源的过度依赖使其经济变得越来越脆弱,对传统线性经济模式的争议随之产生。在此背景下,“循环经济”的提出被认为可以帮助欧洲应对经济挑战,提高资源利用效率,降低成本和风险,提高竞争力。[②] 德国发布《废弃物处置法》后,受此影响,1975 年,欧共体通过了两部有关废弃物的指令,即《废弃物指令》(Directive 75/442/EEC)和《废油指令》(Waste Oils Directive 75/439/EEC),建立了污染者付费原则。

2008 年 11 月,欧盟通过废弃物框架(Waste Framework Directive 2008/98/EC),废除了 1975 年的两部指令以及 1991 年通过的《危险废物指令》(Hazardous Waste Directive 91/689/EEC),成为欧盟法中关于废弃物管理的基础性指令。根据欧盟法转化义务的要求,依据该框架指令,德国于 2012 年修订了《物质封闭循环与废弃物管理法令》,新的闭环管理法令英文名称为:Closed Cycle Management Act,其德文名称为:Kreislaufwirtschaftsgesetz — KrWG。该法令于同年 6 月 1 日生效,其将三阶段层次调整为“预防—再利用准备—再生—其他回收方式—处置”(prevention-preparing for reuse-recycling-other recovery-disposal)五阶段层次,相对于其他回收方式(比如热回收),明确了再生利用是更为优先的方式。[③]

自 20 世纪 70 年代以来,德国法与欧盟法相互影响,废弃物管制模式经过

---

① 罗尔夫·施托贝尔:《经济宪法与经济行政法》,谢立斌译,商务出版社 2008 年版,第 77 页。

②《欧洲循环经济报告分析:循环利用带来明显经济效益》,http://huanbao.bjx.com.cn/news/20160722/754173.shtml,2017 年 4 月 4 日访问。

③ Alexander Janz, Incentives and legal framework for proper material recycling-Experiences in Germany, http://www.plasticseurope.org/documents/document/20121026144059-121106_abstract_janz_eng_final.pdf,2017 年 4 月 3 日访问。

几十年的发展，2014 年欧盟委员会通过了“迈向循环经济：欧洲零废物计划”(Towards a circular economy：A zero waste programme for Europe)；[①]同时，巴罗佐委员会时期提出了“循环经济一揽子”(Circular Economy Package)政策草案，然而，由于频频被指责目标过低，容克委员会时期其被撤回；此后，2015 年 12 月容克委员会修改后的新的政策提案再次被提交，经历长期的立法游说，欧洲议会终于在 2017 年 3 月 14 日通过了该提案。[②] 虽然该政策目标仍被环保组织批评为过于温和，但它的目的主要在于帮助欧盟的商业和消费者以一种可持续的方式实现更强有力和更加循环的经济转型，因此，其将“循环经济”定义为实现产品、物质和资源的价值在经济中维持的时间最大化、废物的产生最小化的转型。[③]

通过对德国法的观察可以发现，被中国学术界理解的所谓的“循环经济与废弃物管理法”，在德国仅仅指“封闭循环”或“物质的封闭循环”的法律调整，它是随着人们对“废弃物”的法律本质的认识发生改变而逐步演变的，后续进一步推动了“废弃物”处理技术的革新，从“封闭循环”的三阶段发展到五阶段后，“废弃物”的再生利用被明确为居于优先地位。在 1994 年的“物质封闭循环与废弃物管理法”中并没有将“废弃物”和“产品”的法律性质做出明确的区分，而到了晚近，随着“废弃物”回收利用技术的创新和发展，“废弃物”越来越被认识为一种“产品”。2010 年，全球经济危机背景下，欧盟启动了“十年欧洲-2020 战略”(10-year “Europe 2020” strategy)，提出了欧洲的新目标是改善和促进欧盟竞争力和就业，“资源高效欧洲”(resource efficient Europe)被识别为欧洲可持续增长的引擎。[④] 欧洲开始制定资源高效路径图，为提高资源生产率

① Towards a circular economy：A zero waste programme for Europe，http://eur-lex. europa. eu/resource. html? uri＝cellar：50edd1fd-01ec-11e4-831f-01aa75ed71a1. 0001. 01/DOC_1&format＝PDF，2017 年 4 月 6 日访问。

② Stéphanie Senet，Le Parlement européen adopte le paquet Economie circulaire，(2017－03－14)，http://www. journaldelenvironnement. net/article/le-parlement-europeen-adopte-le-paquet-economie-circulaire，80460＃email＝carlapeng@hotmail. com? xtor＝EPR-9＃email＝carlapeng@hotmail. com，2017 年 4 月 3 日访问。

③ European Commission (EC). Communication from the Commission to the European Parliament，the Council，the European Economic and Social Committee and the Committee of the Regions：Closing the Loop-An EU Action Plan for the Circular economy. COM (2015)614/2；European Commission (EC)：Brussels，Belgium，2015.

④ EUROPE 2020 A strategy for smart，sustainable and inclusive growth，http://eur-lex. europa. eu/LexUriServ/LexUriServ. do? uri＝COM：2010：2020：FIN：EN：PDF，2017 年 4 月 6 日访问。

和从资源利用中分离增长，关注环境影响，提供长期政策指引，最终促成了“循环经济一揽子”政策的出台。根据该政策，欧盟提出2030年市政废弃物65%再利用、包装废弃物75%再利用、最多减少市政废弃物填埋10%的目标，提出修订废弃物指令(Directive on Waste)、包装废弃物指令(Directive on Packaging Waste)、填埋指令(Directiveon Land-fill)、电气和电子废弃物指令(Directive on electrical and electronic waste)的提案。①

需要特别注意的是，废弃物的再利用，并不是绝对的。德国法中对于废弃物的再利用需要在合理的范围内(即在消极的意义上)于技术上可行且经济上合理；在积极意义上，其必须实际上比废弃物终局处理更加符合环境保护的要求，这是因为废弃物再利用本身也会产生能源消耗和环境污染。因此，再生利用需符合以上两项条件。②

欧盟法的变化同样带动了法国法和荷兰法的发展。法国对“循环经济”的引入一直犹豫不决，直到2015年法国出台《绿色增长能源转型法令》，才将“循环经济”写入其第四编。法国立法者的观念是，循环经济的终极目标是实现可持续发展，法令是服务于这种经济模式的工具。《绿色增长能源转型法令》是一种典型的规划法，其第四编中明确定义了总体的数量化目标，建设公共垃圾场，减少一半废弃物数量，2025年废弃物循环利用率达到60%；改善“产品”概念以减少对环境的影响，增加产品生命周期；加强废弃物管理中的就近原则，缩短废弃物的再利用和循环周期；扩大有关废弃物的激励税率，降低消耗。③

荷兰作为另一个积极推动“循环经济”立法的代表国家，于2013年发布“变废弃物为资源计划”(From Waste to Resource Programme)，④2014年发布“加速推进循环经济计划”(Realisation of Acceleration of a Circular Economy programme)及“2050荷兰的循环经济计划”(A circular economy in the Neth-

---

① Closing the loop: Commission adopts ambitious new Circular Economy Packageto boost competitiveness, create jobs and generate sustainable growth, http://europa.eu/rapid/press-release_IP-15-6203_en.htm, 2017年4月6日访问。

② 陈慈阳：《废弃物质循环清理法制之研究》，元照出版公司2007年版，第52页。

③ 彭峰、闫立东：《理想主义抑或现实主义：以法国〈推动绿色增长之能源转型法令〉为例》，《上海大学学报(社会科学版)》2015年第3期。

④ Implementation of the waste to resource programme, https://www.government.nl/documents/parliamentary-documents/2014/01/28/im-plementation-of-the-waste-to-resource-programme, 2017年4月6日访问。

erlands by 2050)。[①] 荷兰的“变废弃物为资源计划”实施报告评估指出:“循环经济是以产品和原材料具有可被再利用的特性以及自然资源保育为前提,在每一个连接点都追求价值创造的经济体系。技术上的和生物上的闭环,将改善环境,保证可持续繁荣,保障我们以优化的方式使用自然资源。”[②]荷兰“循环经济”的核心是废弃物资源化后的回收利用,为此,2015 年荷兰发布了两个关于废弃物的部门法规,一是关于“废弃物终止”(end-of-waste)的回收状况的法规,二是有关副产品(by-produc-tion)状况的法规;其中适用了新的“废弃物终止”和废弃物的“副产品”概念,通过第三次“国家废弃物计划”(National Waste Management Plan)对其进行了扩张性解释。考察以上所谓的“循环经济”立法在欧洲的发展可以发现,其本质就是“资源”的回收与再生利用,通过立法将“废弃物”逐步“资源化”的过程。

(三) 德国法对日本的影响及日本法自身的特色

继 20 世纪 90 年代德国颁布《物质封闭循环与废弃物管理法令》后,循环经济立法浪潮也影响到了日本,然而,日本并未照搬德国立法模式,而是在“资源再生利用”的基础上发展出“循环型社会”立法。

日本于 2000 年颁布了《循环型社会形成推进基本法》,自此在该法引领下的资源再生利用类法律,一件件逐步完备起来。根据《循环型社会形成推进基本法》第 2 条,“循环型社会”为“抑制生产制造的商品等成为废弃物,若商品为可循环资源则促进对其进行适当的循环利用,若商品不能循环利用则要确保对其进行适当处理,以此抑制自然资源的消耗,并尽可能减少环境负荷的社会”。[③] 从该条规定可以看出,该法的终极目的是建立减少环境负荷的社会,体现了日本学者岩佐茂的第二种循环型社会理念。岩佐茂认为存在着两种截然不同的循环型社会,一种是以资源的循环再利用为目的,另一种是以保护环境为目的。他认为第二种循环型社会才是真正的循环型社会,才是我们协调人

---

① A circular economy in the Netherlands by 2050 (Summary), https://www. government. nl/documents/leaflets/2016/09/22/a-circular-e-conomy-in-the-netherlands-by-2050,2017 年 4 月 6 日访问。

② Implem entationof the waste to resource programme, https://www. government. nl/documents/parliamentary-documents/2014/01/28/im-plementation-of-the-waste-to-resource-programme, 2017 年 4 月 6 日访问。

③ [日]交告尚史、臼杵知史、前田阳一、黑川哲志:《日本环境法概论》,田林、丁倩雯译,中国法制出版社 2014 年版,第 55、66 页。

与自然之间的关系所需要构建的理想社会。他认为以资源循环为目的的这种循环型社会中，将之前大量生产、大量消费、大量废弃中的最后一环——大量废弃物转换为大量循环再利用，也就是形成大量生产—大量消费—大量再利用这样一种模式。这样的循环型社会仍然是建立在对资源环境大量消耗基础之上的，将大量生产、大量消费所产生的废弃物进行再利用，并没有从根本上改变大量生产、大量消费的生产生活方式，对于资源环境问题的解决也仅仅是一时的，并不能长久地从根本上解决问题，以资源循环为主要目的的循环型社会依然扰乱了人与自然之间正常的物质代谢过程；而以环境保护为目的的循环型社会的主轴是协调环境与经济的发展，是将循环再利用问题纳入人与自然的物质循环中去考虑，在产品的设计、生产、消费等一系列环节上都要尽可能减少废弃物的产生与排放，而不仅仅是进行资源的再资源化。① 可见，日本的循环经济立法模式与德国不同，在立法体系上采取基本法统率综合法和专项法的模式，②即在《循环型社会形成推进基本法》的引领下，废弃物的适当处理适用于《废弃物处理法》，回收和再生回收利用的促进适用《资源有效利用促进法》，在该法下以个别物品特性制定相应的法律如《容器包装再生利用法》《家电再生利用法》《食品再生利用法》《建筑材料再生利用法》《机动车再生利用法》等加以规制，如此，构建了以《循环型社会形成推进基本法》为核心、以相关个别法为翼羽的循环型社会的法体系。《循环型社会形成推进基本法》的制定宣布日本要从过去那种"大量生产、大量消费、大量废弃型"的经济社会中脱胎换骨，构建一个降低环境负荷并实现经济可持续发展的循环型社会。这种理念型的基本法立法模式在世界循环经济立法中也是首次出现，但该法主要是一种框架性的规定，实体性规定非常少。③

三、"循环经济"立法的本质与修改定位

对于本次我国《循环经济促进法》的修订，亟待明确的是，在我国的现实情况下，"循环经济"立法到底要解决的问题是什么？从前面的讨论中可以看出，"循环经济"立法发端于德国，但欧洲国家和日本遵循的是不同的立法路径。

① 朱海燕：《岩佐茂的循环型社会思想研究》，《法制与社会》2017 年第 2 期。

② 董慧凝：《略论日本循环经济立法对我国环境立法的启示》，《现代法学》2006 年第 1 期。

③ 曲阳：《日本循环经济法管窥——以〈循环型社会形成推进基本法〉为中心》，何勤华主编：《20 世纪外国经济法的前沿》，法律出版社 2002 年版，第 576 页。

正如日本学者岩佐茂提出的两种循环型社会的观点，一种以资源的循环再利用为目的，另一种以保护环境为目的。欧盟及其具有代表性的成员国如德国、法国、荷兰等均定位于资源的循环再利用，日本则定位于以保护环境为目的。因此，日本的《循环型社会形成推进基本法》在环境法律体系中的地位为环境基本法下位的基本法，统合了废弃物处理与资源有效利用法律体系，特别是在末端，仅仅是有了商品回收和再生利用措施的规定，并不意味着资源循环利用的成功，要想持续进行再生利用，必须确保再商品化的产品（再生品）能够卖出去，因此日本又制定了《绿色采购法》，最终通过一系列的下位可操作可实施的单行法以保障循环型社会的形成。[①] 而在欧盟，"循环经济"解决的是资源效率与利用的问题，目的是把资源作为撬动经济增长的引擎，而调整环境与经济的关系，仅靠"循环经济"是不够的，往往需要更宏观意义上的法律，比如法国的《绿色增长能源转型法令》，"循环经济"只是其中一编。现阶段，欧洲所面临的更大挑战是低迷的经济增长，因此，"循环经济"法律规定更导向于提高资源利用效率，是解决经济问题的一种手段和工具。

现行的我国《循环经济促进法》，显然采用的是欧盟和日本以外的第三条路径，即既不类似于欧盟的解决资源问题，也不同于日本的从系统论角度构建循环型社会问题。我国法的第三条路径，表面上看是产业促进路径，实质上是立法解决问题的无的放矢，有关立法中既包括资源的规定，又包括废物的规定，还包括产业推动的规定。一方面，这与现有的我国《节约能源法》《固体废物污染环境防治法》《清洁生产法》等法律边界不清，规定重复；另一方面，法律缺乏核心制度抓手，难以实施。德国学者卢曼将社会和其功能领域里的法律、经济、科学、艺术、政治、教育等描述成自成系统，各个自治系统是并列的，而这些系统在封闭的运作中发挥作用，相互"刺激""干扰"对方。[②] 日本的《循环型社会基本法》模式并不适用于我国。如果将循环型社会作为一种社会系统进行构建，政治系统在立法程序中并不制定法律，而仅仅做出对集体有约束力的决定。只有在法律系统将其转化为法规时，这种决定才能获得法律特点。法并不直接规范、控制或构建社会、经济、文化等事项，只能通过将事实放置在一个新的法律环境中，以此刺激它们的自成机制。[③] 因此，这种相对分离性的社

① [日]交告尚史、臼杵知史、前田阳一、黑川哲志：《日本环境法概论》，田林、丁倩雯译，中国法制出版社 2014 年版，第 66—67 页。

② [德]托马斯·莱塞尔：《法社会学导论》，高旭军等译，上海人民出版社 2008 年版，第 132—133 页。

③ [德]托马斯·莱塞尔：《法社会学导论》，高旭军等译，上海人民出版社 2008 年版，第 133 页。

会系统建构更适合在全国人大做出的规划、决定等规范性文件中进行规定，通过对一些具体事实嵌入专门立法，以促进这种社会系统的形成。循环型社会的立法，已经不限于环境法或经济法，而属于跨部门法领域，是一项系统性工程。我国《循环经济促进法》的修订，可选择的抓手既可以落脚于产业，也可以落脚于资源。笔者建议借鉴欧盟模式，立足于资源问题，回归到资源高效利用的立法路径。

（一）产业促进立法路径的困难

德国学者威廉·冯·洪堡在他的《论国家的作用》中指出："国家的目的可能是双重的：它可能促进幸福，或者仅仅防止弊端，而后一种情况下，就是防止自然灾害和人为的祸患。"[①]当经济学家提及"增长"时，意味着"人均收入长期上升"，事实上，西方自由社会所经历的"增长"是一个新近的现象，从标准的经济学意义上来说，"增长"是与商业社会的发展同时诞生的。[②] 国家职能主要包括三个方面：第一，政治职能，对内控制被统治阶级，对外维护国家主权统一和领土完整；第二，经济职能，干预社会经济活动，为实现阶级统治和促进社会发展创造物质基础；第三，公共管理职能，管理社会公共事务和发展社会科教文卫事业，以适应社会的政治、经济和文化发展的需要。[③] 我国《宪法》第15条规定了国家的经济职能："国家实行社会主义市场经济。国家加强经济立法，完善宏观调控。国家依法禁止任何组织或者个人扰乱社会经济秩序。"我国近年来颁布了一系列促进类法律，如《电影产业促进法》《民办教育促进法》《就业促进法》《清洁生产促进法》《循环经济促进法》《农业机械化促进法》《中小企业促进法》等。一般认为，这类"促进型"与"管制类"立法相对应。我国《循环经济促进法》第6条规定："国家制定产业政策，应当符合发展循环经济的要求。县级以上人民政府编制国民经济和社会发展规划及年度计划，县级以上人民政府有关部门编制环境保护、科学技术等规划，应当包括发展循环经济的内容。"需要明确的是，立法者指向的"循环经济"具体到底是什么？是经济系统的循环？还是物质资源的循环？从该法第6条的规定看，"循环经济"本身也不限于一个产业，而是贯穿于众多产业。

---

① [德]威廉·冯·洪堡：《论国家的作用》，林荣远、冯兴元译，中国社会科学出版社1998年版，第37页。

② 约翰·托马斯：《市场是公平的》，孙逸凡译，上海社会科学院出版社2016年版，第73页。

③ 郭小聪：《论国家职能与政府职能》，《中山大学学报（社会科学版）》1997年第2期。

“经济系统”的循环和“循环经济系统”是两个不同的概念。主流经济学中的经济系统理论认为，经济体是由厂商和家庭两个基本行为主体构成，而两者又是通过商品或劳务市场和生产要素市场连接起来的，厂商运用劳动、土地和资本等投入来生产产品和服务，这些投入被称为生产要素，家庭拥有生产要素并消费厂商所生产的产品与服务。[①] 在商品或劳务市场上，家庭支付货币，向厂商购买产品或服务；在生产要素市场上，家庭则向厂商出售劳动、土地和资本，以获取货币，整个经济系统可以简化为一个由商品（或劳务）和生产要素循环往复而组成的实体经济，同时还延伸出了一个由货币反向运动而形成的虚拟经济。[②] 作为“经济系统”的循环，经济系统功能上的分立是通过创建一种它自身的自我创生的再生产形式来实现的，这个系统在它自己的自我创生层面上是作为封闭的系统运作的。[③] 循环经济系统是人类在对自然生态系统能量转化和物质循环等规律研究的基础上，通过一定的科技手段和经济手段，对现有的经济系统进行设计、规划、建造、调整和控制的生态经济系统。按照生态学原理，循环经济系统一般都应具有生产者、消费者、分解者所构成的生态极相和相应的食物网络结构。生态系统是经济系统的基础，经济系统的再生产是在生态系统再生产基础上进行的，经济系统通过技术与自然生态系统发生联系，且经济系统还可以通过自身所具有的技术手段来影响和引导生态系统的定向发展。因此，技术方式的变革就成为生态化发展的切入点，技术—产业—制度三者之间具有循环作用。[④]

环境法学界有学者认为，我国《循环经济促进法》在我国的物质循环管理法中扮演着基本法和“龙头法”的角色，而物质循环管理法是环境单行法体系中的新成员，偏重促进物质循环类产业的发展，在立法目的上通常以管理物质循环为重点，对企业调整手段上以促进为主、禁限为辅，实施上以政府为主导。物质循环管理法是指以对废弃物实施物质循环管理为中心，以促进循环经济为目的的立法。[⑤]

首先，我国《循环经济促进法》是否构成物质循环管理法的基本法？显然，

---

① 汤尚颖主编：《资源经济学》，科学出版社 2014 年版，第 11—12 页。

② 汤尚颖主编：《资源经济学》，科学出版社 2014 年版，第 12 页。

③ [德]N. 卢曼：《经济系统中的双循环》，余瑞先译，《世界哲学》2005 年第 5 期。

④ 冯南平、杨善林：《循环经济系统的构建与“技术—产业—制度”生态化战略》，《科技进步与对策》2009 年第 1 期。

⑤ 罗丽主编：《环境法教程》，中国法制出版社 2014 年版，第 336—337 页。

从前述该法具体内容的分析，很难看出该法承载了这一功能。其次，从立法技术层面，若该法以产业促进为导向，则应以调整市场与政府的关系为主，以构建循环经济产业链为立法的核心逻辑。然而，这种立法逻辑的困难在于，第一，促进类立法的共同特点之一就是法律责任弱化，往往被认为是一种政策在形式上的法律化，本质上并非真正的法律规范，[①]该法可能沦为政策法，缺乏强制力，能够发挥的效能有限，甚至可能最终沦为一纸空文，现实中该法实施的困境已经暴露出此类问题；第二，循环经济产业链的配置可分为大循环（社会层面）、中循环（区域层面）、小循环（企业层面），各地产业链的配置差异性大，需要因地制宜；第三，不是所有的产业政策都需要采取法律的形式，只是一些基本的、重要领域的产业政策需要上升到法律的高度；第四，循环经济产业链的配置涉及的行业面广泛，甚至同时涉及第一产业、第二产业、第三产业（不似其他促进类立法仅涉及单一产业或少数行业），立法难以驾驭；第五，循环经济产业政策的法律调整工具包括行政手段（如行政命令、指示、规定、行政指导）及财政与金融手段（如政府采购、财政转移支付、税费优惠、信贷与融资优惠、奖励、补贴等），由于涉及的行业广泛，这些工具难以囊括于一部法律中，只能分散在不同的单行法中进行规定。因此，循环经济产业政策的调整更适合政策手段而非法律手段，这样也可以节省立法资源。有学者认为，根据我国宪法关于经济体制的规定，法律不宜作为促进经济模式发展的手段，若以产业的观点将循环经济作为一种经济模式，是为了立法而立法，缺乏正当性。[②]

（二）资源高效利用立法路径的回归

首先，从比较法的角度看“循环经济”，无论欧洲还是日本，其最终实施层面的落脚点都围绕物质资源的循环利用以及资源的回收利用。资源高效利用对一国而言具有战略利益。以欧盟为例，可持续的、有保障的和有支付力的原材料供应，是保持其工业竞争力的一个重要因素。2012 年 12 月，欧盟委员会颁布了《欧盟资源节约利用宣言》，为各成员国的循环经济向资源（特别是初始资源）的节约利用方向发展提供政策支持。该宣言称，资源节约型的经济应该是一个具有高度社会包容性和负责任的经济形态，并且该宣言规定通过鼓励

---

① 孔璟雯：《促进型经济立法的法技术构造》，宁波大学 2012 年硕士论文，第 23—24 页。

② 郭延军：《立法是促进循环经济还是规范物质资源综合利用——以修订我国〈循环经济促进法〉为视角》，《政治与法律》2017 年第 8 期。

创新,增加在资源节约利用方面的科技、制度构建的公共和私人投资,通过一个动态的政治、经济监督体系,保障资源节约利用在公共支出和采购中的优先权。建立一个资源投入少、资源效率高的资源节约型欧洲成为欧盟未来循环经济发展的重点。① 可见,欧盟循环经济的本质就是资源节约型经济形态。

其次,我国《循环经济促进法》在环境法律体系中可定位于污染防治法的子部门——废弃物管理法的单行法,与《固体废物污染环境防治法》平行,并可作为物质资源综合利用单行法体系中的母法(见图 1)。

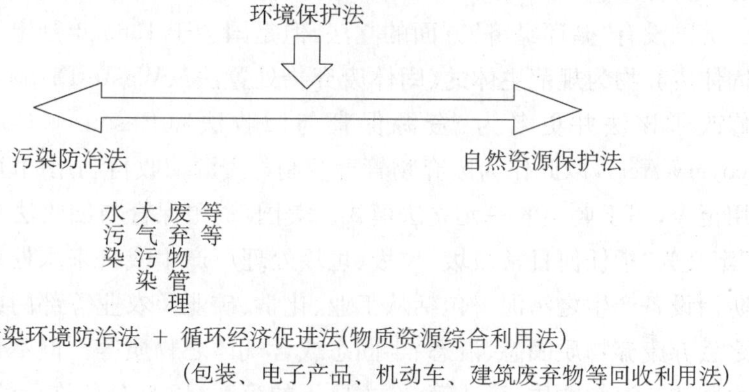

图 1　环境保护法律体系简图

“物质资源”是指进入生产和生活领域的客观存在的物品,不包括人力资源,也不包括知识、技术、信息等智力资源,但智力资源的物质载体属于物质资源的范畴。“综合利用”是指对资源的多方面利用。② 我国《循环经济促进法》的立法目的是发展循环经济,但实际上循环的不是经济而是物质。循环经济实际上是以物质循环为主要内容,我国的物质循环又以资源综合利用为主要内容,追求的是资源的最大化利用和最有效利用,减少资源的浪费和消耗。③生态系统的活力主要表现在生态系统的能量和物质循环,经济系统的活力在于资源的循环利用。根据物质平衡理论,经济活动的本质是从生态环境系统中取得的物质最终必然回到环境中,只是一种物质形态转化为另一种物质形

① 于宏源、邵津:《欧盟资源政治经济战略和对中国的启示》,《上海经济》2017 年第 1 期。
② 郭延军:《立法是促进循环经济还是规范物质资源综合利用——以修订我国〈循环经济促进法〉为视角》,《政治与法律》2017 年第 8 期。
③ 翟勇:《〈中华人民共和国循环经济促进法〉立法的相关问题试解》,《印刷技术》2009 年第 5 期。

态，经济系统所产生的废弃物可以不排放到生态环境系统，如果作为原材料的一部分重新返回到生产过程，就能实现废弃物的再利用，减少对资源开采和环境吸纳废弃物的需求，而现代经济系统由生产和消费两个部门演变为能量转换、物质加工、最终消费和残余物处理四个部门。自然资源是一切物质财富的基础，离开了自然资源，人类文明就失去了存在的条件。[①] 因此，循环经济系统的再造最终依赖的是物质资源的循环利用。

再次，法律上需要先区分“废弃物”与“再生资源”的含义。针对废弃物的管理和资源回收利用，存在一元立法模式和二元立法模式之别。

美国没有“循环经济”方面的立法，但是国会于 1965 年制定了第一部以管制固体废弃物为规范主体的《固体废弃物处置法》(Waste Disposal Act)，1976 年修改了该法并更名为《资源保育与回收法》(Resource Conservation & Recovery Act)，以此作为废弃物管理控制与资源回收再利用的联邦母法；该法沿用至今，属于典型的一元立法模式。美国《资源保育与回收法》将“固体废弃物”定义为“指任何日常垃圾、垃圾、垃圾处理厂产生或自来水处理厂或空气污染防治设备产生之污泥。包括从工业、化学、矿业及农业等部门或社会活动产生之丢弃废弃物质固态、液态、半固态或含气体之物质等。但不包括生活污水中之固体或溶解物质、该法第 33 主题下的第 1 342 部分所许可的工业排放物，特别是核子或 1954 年核能法案定义之副产物”。该法将“再生物质(资源)”定义为“指废弃物质及副产品能够从固体废弃物回收或转移，但这些项目不包括回用到原制程的物质及副产品；‘再生资源’是从固体废弃物获得的物质或能源”。[②]

日本法属于二元立法模式的代表，其《废弃物处理法》与《资源有效利用促进法》平行并存。其《废弃物处置法》第 2 条规定：“本法所指‘废弃物’为：垃圾、巨大垃圾、可燃外壳、污泥、粪尿、废油、废酸性物质、废碱性物质、动物尸体、其他不要之物，而其为固体或液体之物质(除放射线物质及被放射性物质污染之物质以外)……本法所指之‘一般废弃物’为除产业废弃物之外之废弃物……本法所指之‘特别管理一般废弃物’为一般废弃物当中，具有爆炸性、毒性、感染性及其他于人体健康或生活环境之性质之政令所规定之物质……本法所指之‘产业废弃物’包括，伴随事业废弃物所产生之废弃物当中，可燃外

---

① 汤尚颖主编：《资源经济学》，科学出版社 2014 年版，第 16—17 页、第 26 页。

② 陈慈阳：《废弃物质循环清理法制之研究》，元照出版公司 2007 年版，第 72 页、第 84—85 页。

壳、污泥、废油、废酸性物质、废塑胶类及其他由政令所规定之不要之废弃物，以及经由输入之废弃物(除航空废弃物及携带废弃物以外)……本法所指‘特别管理产业废弃物’为产业废弃物当中，具有燃炸性、毒性、感染性及其他有害于人体健康或生活环境之性质之政令所规定之物质。”日本《资源有效利用促进法》第2条规定的“再生资源”系指“经使用后、未被使用而收集或被废弃的物品以及在产品的制造、加工、修理或贩卖、能源的供给或土木建筑相关工程的过程中产生的副产品中有用物品，而可以成为原材料加以利用并具有利用可能性者(放射性物质及受其污染者除外)”。[①]

我国目前的环境与能源法律体系中，节约能源由《节约能源法》调整，可再生能源开发利用由《可再生能源法》调整，在已经存在《固体废物污染环境防治法》的情况下，更适合采用二元立法模式。《固体废物污染环境防治法》的行政主管部门为环境保护部门，此次拟修订的我国《循环经济促进法》的调整范围应排除可再生能源，限缩于矿产资源的二次利用和废弃物的再生利用，行政主管部门为发展与改革委员会，建议该法与《固体废物污染环境防治法》同时修订，厘清两者之间的关系与边界。

最后，物质资源综合利用法应是“管制类”法，需确立资源回收利用优先的原则。只有确立了该原则，才能从产品设计、制造、销售、消费到最终的弃置各个阶段都考虑到循环利用的可能性，最终达到物质循环再利用的目的。资源回收利用的关键是政府责任，政府需介入管理废弃物的回收与再生利用，主要原因在于：第一，对于消费者而言，资源再生产品一般成本较高，与一般商品比不具有价格竞争优势；第二，厂商技术能力仍然不足，需要政府扶持相关技术创新及市场化；第三，于生产端，生产者延伸责任的扩展，也提高了企业的成本，企业动力不足。资源综合利用制度的成败关键在于厂商是否能够在这一过程中取得利润，并产生规模效应。我国《循环经济促进法》规定的责任主体应该包括废弃物质生产者、废弃物质占有者、产品制造者、产品进口商、产品销售者、消费者等。主管机关管制的重点为再生利用率的提高。在制度设计上，除建立排放标准、废弃物处置设施规范、许可证制度等直接管制措施外，还可采用间接管制措施，如建立再生资源产品标识制度，相关税费征收与减免制度、补贴制度与价格限制、市场机制、政府优先采购制度、押金返还制度等。

---

① 陈慈阳：《废弃物质循环清理法制之研究》，元照出版公司2007年版，第86—88页。

China's environmental legislation and its trend towards scientific development

何卫东*

Abstract: Following China's rapid industrialization and economic development, its environmental problems have intensified. In order to promote coordinated development between the economy, society, and the environment, Over the past few decades, China has undertaken a series of measures aimed at environmental protection. China's environmental legislation has grown from scattered attempts into a progressively complete system. At least four fundamental principles and several important institutions have been set up in the field of the Chinese environmental legal system. Although China has developed a comprehensive system of environmental legislation, there are still a lot of issues to be addressed. Starting from the 1980s, China gradually joined various international environmental cooperation activities, and actively participated in almost all the major global environmental conventions and regional environmental treaties in every field. China has conscientiously performed its international environmental duties in accordance with these international documents.

Key words: China　environmental protection　legal system　environmental legislation　international cooperation

---

* 何卫东，上海社会科学院法学研究所副研究员。本文原刊于 Paolo Davide Farah & Elena Cima (eds), China's Influence on Non-Trade Concerns in International Economic Law, New York: Routledge, 2016, 184-196.

Environmental protection in contemporary China

Since the advent of the "reform and opening-up" policy in the late 1970s, China's economy has developed rapidly and continuously, and its gross domestic product (GDP) has grown by an annual average of almost 10 per cent in the past 30 years. ① However, the rapid development has created serious problems for China's environment because China's traditional model of economic development relies on exploitation of natural resources, pollution of the environment, ecological degradation, and energy consumption, which lead not only to air, water, and solid waste pollution, but also to severe ecological degeneration. The conflict between environmental protection and economic development is becoming ever more prominent. ② A relative shortage of resources, a fragile ecological environment, and insufficient environmental capacity now hinder China's development. ③

Characteristics of China's environmental issues

China's environmental issues are closely related to rapid industrialization and economic development④

Following China's rapid industrialization and economic development, its

① Zhonghua Renmin Gongheguo Guojia Tongjiju [National Bureau of Statistics China], Zhongguo Tongji Nianjian [China Statistical Yearbook] 2010, http://www. stats. gov. cn/tjsj/ndsj/2010/indexch. htm (last visited July 12, 2014).

② UNDP, Sustainable development and the environment (UNDP, 1991); FAO, Sustainable development and the environment: FAO policies and actions, Stockholm 1972-Rio 1992 (FAO, 1992); S. Bhatt, Environment protection and sustainable development (A. P. H. Pub. Corp., 2004).

③ Zhonghua Renmin Gongheguo Guowuyuan Xinwen Bangongshi [The Information Office of China's State Council], Zhongguo De Huanjingbaohu (1996 - 2005) [Environmental Protection in China (1996 - 2005) (white paper 2006), http://www. china. com. cn/chinese/huanjing/1230422. htm (last visited October 31, 2014).

④ Kristen A. Day, China's environment and the challenge of sustainable development (Columbia University, 2005); Gang Chen, Politics of China's environmental protection: problems and progress (World Scientific Publishing, 2009); World Bank, China: air, land, and water: environmental priorities for a new millenium (The World Bank, 2001).

environmental problems have intensified. From the 1970s to the 1980s, China's environmental problems mainly stemmed from point source pollution; in the 1990s, the demand for resources from economic and social development constantly increased, which deteriorated the Chinese environmental and ecological system each year. Many of the environmental problems that have haunted developed countries in different phases of their 100-year industrialization process have afflicted China simultaneously, thus making its environmental problems even more complex.[①] In the last 30 years, China has encountered, among others, industry pollution, urban pollution, acid rain, ecological degeneration, global climate change, biodiversity depletion, and Persistent Organic Pollutants (POPs).

Rapid economic growth has caused huge pollution emissions and resource consumption

As mentioned above, China's development has occurred based on the traditional pattern of "large consumption and large production." At the current technology level, this system, while producing a large number of inexpensive Chinese products for the rest of the world, also leads to extremely high rates of pollution and ecological degradation.

According to estimates, China's emissions of sulfur dioxide, ozone depleting substances (ODS), and carbon dioxide all top the world list. Chemical oxygen demand (COD) and nitrogen oxide emissions also rank among the highest positions.[②]

Environmental problems migrate from urban to rural areas, from developed areas to the western and central regions

Similar to the "pollute first, control later" development model that developed countries have followed, China focused on environmental protection only after it achieved a certain degree of economic development,

---

① Id.

② Zhongguo Huanjing Yu Fazhan Guoji Hezuo Weiyuanhui [China Council for International Cooperation on Environment and Development (CCICED)], Zhongguo Huanjing Yu Fazhan De Zhanlve Zhuanxing [Strategy Transformation of Environment and Development in China], http://www.bjelf.com/news/bencandy.php?fid=46&id=998 (last visited July 12, 2014).

even though China has always tried to avoid excessive pollution. At first, environmental problems mostly distressed some of the more developed areas, such as the areas of the Zhujiang Delta, the Yangtze Delta, and some of the most developed cities in China. Thanks to targeted environmental protection measures, increased economic development, and ecological awareness, local governments gradually balanced the relationship between the environment and development. Some regions have even advocated "prioritizing environmental protection during the development process," and, as a result, these coastal and developed areas have seen the environmental situation improve in recent years. ①In the meantime, the facilities and projects that cause severe pollution have moved from developed provinces to undeveloped and rural areas, where environmental management remains lax. In these regions, environmental protection often yields to economic development, especially in the central and western parts of China, thus creating a grim situation of severe pollution and ecological degeneration.

Environmental protection in China

Following the development of the domestic economy and the international environmental movement, the Chinese government has paid more and more attention to environmental issues, at least at the Chinese national government level. In order to promote coordinated development between the economy, society, and the environment, China has undertaken a series of measures aimed at environmental protection since the late 1970s. For example, the National People's Congress (NPC) Standing Committee promulgated the Environmental Protection Law of the People's Republic of China for trial implementation in 1979. China established environmental protection as one of two basic national policies in the Second National

---

① For example, ShenZhen City (Guandong Province) requires urban development should follow the principles of environmental priorities: Shēnzhèn jīngjì tèqū huánjìng bǎohù tiáolì (深圳经济特区环境保护条例) [Regulations of Shenzhen Special Economic Zone on Environmental Protection] (adopted by the Standing Committee of the First Shenzhen Municipal People's Cong., September 16, 1994, revised March 3, 2000), Article 3.

Environmental Protection Conference in 1983. In the 1980s, China promulgated and put into effect many policies, laws, and regulations concerning environmental protection. The Chinese government formulated the guiding principles of simultaneous planning, implementation, and development for economic, urban, rural, and environmental construction, and combining the economic returns with social effects and environmental benefits. The government also carried out three major policies: "prevention first and combining prevention with control," "polluter pays principle," and "intensifying environmental management." In the 1990s, especially after the United Nations Conference on Environment and Development in 1992, which made sustainable development the common strategy for development in the future, the Chinese government advanced several documents on environmental protection and development, such as the Ten Major Countermeasures in Connection With Enhancing Chinese Environment and Development, and China's Agenda 21—White Paper on China's Population, Environment, and Development in the XXI Century, clearly establishing sustainable development as China's overall strategy and action plan. These measures clearly demonstrate that environmental protection has risen as a priority in China.

In the twenty-first century, the Chinese government, embracing scientific development as the guiding principle for environmental protection, has proposed building a resource-efficient, environmentally friendly society, including harmony between human beings and nature. Key to implementing this plan is the three following transformations: first, moving from giving weight to economic growth over environmental protection to paying equal attention to both matters; second, progressing from the fact that environmental protection lags behind economic growth to enabling the former to keep pace with the latter; and finally, shifting from protecting the environment mainly by administrative means to resorting to a combination of legal, economic, technical, and administrative instruments, if necessary. ① These three transformations are directional, strategic, and of historic nature, and symbolize a new milestone in the history of China's environmental protection development. ②

Analysis of the causes of China's contemporary environmental issues

It is manifest that China's environmental issues relate to its pattern of development, which, in order to guarantee rapid economic growth, leads to the consumption of large quantities of natural resources and to the discharge of a great deal of pollutants. In essence, China's contemporary environmental problems mainly result from prioritizing economic development over environmental interests and from seeking individual gains instead of the common good. Since China opened to the outside world in 1978, it has made economic construction its central task. Government agencies at all levels pursue economic interests or GDP above other considerations. The traditional GDP, however, represents economic development only and does not account for the environment. The current performance evaluation and promotion mechanism system, which only considers economic benefits in the short term, forces government workers to overemphasize GDP growth, thus paying short shrift to environmental protection.

As a result of the development of the economy since the 1970s, the pressure on resources and the fragile environment has intensified. After decades of rapid but unsustainable economic growth, environmental issues have gradually become the shackles of economic development. Since China

---

① Wen Jiabao, Quanmian Luoshi Kexuefazhanguan, Jiakuai Jianshe Huanjing Youhaoxing Shehui [Thoroughly Fulfilling the Scientific Outlook on Development, Accelerating the development of an environment-friendly society], Di Liu Ci Quanguo Huanjingbaohu Dahui [sixth national environmental protection conference] (2006), http://news.xinhuanet.com/newscenter/2006-04/23/content_4463242.htm (last visited July 13, 2014).

② Guojia Huanjingbaohu Zongju [State Environmental Protection Administration], Zhongguo Huanjingbaohu Zhuangkuang Gongbao [Report on the State of the Environment in China] (2005), at 4.

requires more resources to support its future development, more pollutants are discharged into the air, water, and soil. At present, the international community regards China as a kind of "black hole" of resources consumption. The grave environmental situation may impede further economic development and threatens people's property and lives, Chinese society, and the whole country. From both international and domestic points of views, and also considering the factors of economic, social, and environmental development, China must correct its improper developmental model and balance the relationship between environmental protection and economic and social development. With this understanding, China has recently taken a series of legal, economic, and educational measures to alleviate its environmental protection issues.

In general, although environmental protection in China has made progress, the severity and complexity of China's environmental situation has not seen any dramatic changes. Environmental pollution and ecological deterioration remain very serious in some areas, and the environmental issue has become one of the most important factors hindering China's sustainable development.

China's environmental legal system

An overview of Chinese environmental legislation①

In the past 30 years, China's environmental legislation has grown from scattered attempts into a progressively complete system. Legislative approaches have changed from controlling point source pollution to

① See Xiaoying Ma & Leonard Ortolano, Environmental regulation in China: institutions, enforcement, and compliance (Rowman & Littlefield Publishers, 2000); Phillip Stalley, Foreign Firms, Investment, and Environmental Regulation in the People's Republic of China (Stanford University Press, 2010); William P. Alford & Yuanyuan Shen, Limits of the Law in Addressing China's Environmental Dilemma, 16 Stanford Envtl. L. J. 1 125 (1997); Stefanie Beyer, Environmental Law and Policy in the People's Republic of China, 5(1) Chinese J. Int'l L. 185 - 211 (2006); Michael Palmer, Environmental Regulation in the People's Republic of China: The Face of Domestic Law, 156 China Q. 788 - 808(1998).

controlling pollution within regions and drainage basins, shifted from pollutants concentration control to total emissions control, modified from emphasizing command and control instruments to market-based instruments and public participation, and gone from prohibiting people from discharging pollutants that exceed the stipulated standards to also taking into consideration emission trading as well. Thus, China's environmental regulations and rules have become increasingly comprehensive, strict, and comparable to international standards for environmental protection. ①

In addition, legislation in other fields has paid greater attention to environmental protection. The 1978 revision of the Constitution of the People's Republic of China②requires that "the state must protect environment and nature resources. It must prevent and control pollution and other public nuisance."③For the first time, language about environmental protection appeared in the national basic law system, which provides the basis for environmental protection legislation. The national basic law system establishes the protection of natural resources and pollution prevention as two main components of environmental protection legislation, thus laying the basic framework for China's environmental law and its main content.

China's civil law system has promulgated provisions on, among other rights, an environmental property right, a lighting right, the right to a healthy life, and the right to damage relief. For example, the 1986 General Principles of Civil Law of the People's Republic of China④specified the obligation to compensate any direct loss caused by environmental pollution.

---

① Zhongguo De Huanjingbaohu Shi [China's History of Environmental Protection] (June 1, 2010), http://bbs.sciencenet.cn/home.php?mod=space&uid=238437&do=blog&id=431203 (last visited July 14, 2014).

② *Zhōnghuá Rénmín Gònghéguó Xiànfǎ* (*Xianfa*).

③ Id., Article 11(3).

④ Zhōnghuá Rénmín Gònghéguó Mínfǎ Tōngzé (中华人民共和国民法通则) [General Principles of the Civil Law of the People's Republic of China] (promulgated by the Nat'l People's Cong., April 12, 1986, effective August 27, 2009).

The 2007 Property Law of the People's Republic of China[1] set up ownership rules for natural resources, and the 2009 Tort Law of the People's Republic of China[2] made specific provisions on liability for environmental pollution in chapter Eight, entitled "Liability for Environmental Pollution." In 1997, the NPC amended the Criminal Law of the People's Republic of China,[3] into which a new section on "Crime of Impairing the Protection of the Environment and Resources" was added to chapter Six, defining the penalty for actions that cause environmental pollution and resource damage. In the field of administrative law, the 2003 Administrative License Law of the People's Republic of China[4] set general rules on administrative permits and special provisions concerning environmental permits. The 2005 Public Security Administration Punishments Law of the People's Republic of China[5] established the administrative punishment system to respond to violations of environmental regulations that do not constitute a criminal offense, such as producing, preserving, transporting, mailing, using, or disposing of dangerous substances. In addition, the government has promulgated many more provisions concerning environmental protection in other administrative regulations.

By the end of 2009, China had enacted over 30 laws in the environmental

---

① Zhōnghuá Rénmín Gònghéguó Wùquánfǎ（中华人民共和国物权法）[Property Law of the People's Republic of China]（promulgated by the Nat'l People's Cong., March 16, 2007）.

② Zhōnghuá Rénmín Gònghéguó Qīnquán Zérèn fǎ（中华人民共和国侵权责任法）[Tort Law of the People's Republic of China]（promulgated by the Standing Comm. Of the Nat'l People's Cong., December 26, 2009）.

③ Zhōnghuá rénmín gònghéguó xíngshì sùsòng fǎ（中华人民共和国刑事诉讼法）[Criminal Procedure Law of the People's Republic of China]（promulgated by the Standing Comm. Nat'l People's Cong., July 7, 1979, effective Jan 1, 1997）.

④ Zhōnghuá Rénmín Gònghéguó Xíngzhèng Xǔkě fǎ（中华人民共和国行政许可法）[Administrative License Law of the People's Republic of China]（promulgated by the Standing Comm. Of the Nat'l People's Cong., August 27, 2003）.

⑤ Zhōnghuá Rénmín Gònghéguó Zhì'ān Guǎnlǐ Chǔfá Fǎ（中华人民共和国治安管理处罚法）[Public Security Administration Punishments Law of the People's Republic of China]（promulgated by the Standing Comm. Of the Nat'l People's Cong., August 28, 2005）.

protection sector, for example, the Environmental Protection Law,① the Marine Environment Protection Law,②and the Energy Conservation Law. ③ Environmental protection law has become one of the fastest-growing sectors among all the law categories of China. ④

Fundamental principles and institutions of the Chinese environmental legal system

The Chinese environmental legal system has established at least four fundamental principles and several important institutions, including environmental impact assessment, synchronous project design, construction and completion of safety and sanitation facilities, pollution discharge declaration and registration, pollution discharge fee, elimination or control of pollution within a prescribed period of time, control of levels of pollution and pollution discharge permissions, and legal mechanisms concerning the planning, ownership, permission, paid use, and energy conservation assessment of natural resources. Some of them are legal instruments applicable in both fields of pollution prevention and ecological preservation.

Principle of coordination of environmental protection and economic and social development

This principle aims at regulating and managing the economy,

① Zhōnghuá Rénmín Gònghéguó Huánjìng Bǎohù Fǎ (中华人民共和国环境保护法) [Environmental Protection Law of the People's Republic of China] (promulgated by the Standing Comm. Of the Nat'l People's Cong., December 26, 1989; and on 24 April 2014 the Standing Committee of China's National People's Congress (NPC), voted to adopt revisions to the *Environment Protection Law of the People's Republic of China.*).

② Zhōnghuá Rénmín Gònghéguó Hǎiyáng Huánjìng Bǎohù Fǎ (中华人民共和国海洋环境保护法) [Marine Environmental Protection Law of the People's Republic of China] (promulgated by the Standing Comm. Of the Nat'l People's Cong., August 23, 1982, amended December 28, 2013).

③ Zhonghua Renmin Gongheguo Jieyue Nengyuan Fa (中华人民共和国节约能源法) [Energy Conservation Law of the People's Republic of China] (promulgated by the Standing Comm. Nat'l People's Cong., November 1, 1997).

④ Zhongguo Faxuehui [China Legal Association], Zhongguo Fazhi Jianshe Niandu Baogao [Annual Report on China's Legal Development Under Rule of Law], (Xinhua Chubanshe [Xinhua Press] (2010)). See Chapters 13 (Luo Li), 14 (Peng), and 15 (Huang) in this volume.

urbanization, and the environment at the same pace, thus unifying social, economic, and environmental interests. Although the principle is not identical to the sustainable development principle, it could be regarded as a kind of transformation of the latter in China.

Principle of prevention first

The principle's text directs the government to "put [. . .] prevention first, and combine it with remedial measures to curb environmental issues." This principle emphasizes prevention rather than remedial measures. Its objective is to integrate environmental protection into national economic development in order to control and manage the environment and its issues.

Principle of environmental liability

The principle of environmental liability originates from the "polluter pays principle," according to which the discharger of pollutants shall pay discharge fees for eliminating and controlling the pollution caused. The principle states that "the developer protects, the damager restores, the beneficiary compensates and the polluter pays." The legal basis of this principle is laid down in the Environmental Protection Law.

Public participation principle

Environmental protection also calls for public participation. In contemporary China, the form of public participation in environmental protection includes supervisory rights on verification of environmental protection publicity before a company goes public, rights of access to environmental information fulfilled through reviewing environmental status published at different levels, environmental rights of remedies advocated in all kinds of environmental litigations, environmental rights of participating in policy-making by way of motions submitted to a session of the NPC, and proposals to the National Committee of the Chinese People's Political Consultative Conference (CPPCC). ①

"Three synchronizations"

---

① After the Revised Environmental Protection Law came into force on January 1, 2015, environment public-interest litigation had become one of the most important form of public participation in China.

This principle stipulates that environmental protection measures involving construction, technological innovation, and urbanization projects must be designed, constructed, and implemented along with the main buildings under construction. It constituted one of three former environmental legal institutions in China's first stage of environmental legislation and has been a core feature of the Chinese environmental protection system for the last three decades.

Environmental impact assessments

Environmental impact assessments (EIAs) are used for new and expanding projects that have potential adverse effects on the environment. In other words, before any such project commences, EIA surveys are conducted and reports are produced regarding every phase from site selection to design, construction, and implementation. EIAs are regarded as one of the most effective instruments for pollution and ecological damage prevention. During the 1970s, China introduced the concept of EIAs in the form of a national policy. Almost all subsequent environmental legislation and natural resources conservation laws have adopted this tool.

Environment-related fees and taxes

This tool is designed to employ the principle of environmental liability, and refers to collecting fees and taxes from parties who exploit the environment and its natural resources, including both pollution charges and fees for resource consumption. For example, the government collects sulfur dioxide discharge fees from all related enterprises, public institutions, and private businesses. It further charges for the treatment of urban sewage, garbage, and hazardous waste, so as to promote the marketization and industrialization of pollution control. Not only does the government levy taxes on certain products of natural resources, but it also extends tax reduction or exemption to enterprises engaged in environmental protection, such as making comprehensive use of resources and producing equipment for environmental protection, as well as enterprises using waste water, gas, and residues as their primary production materials.

Environmental licenses and permits

Environmental licenses and permits are part of the most important preventive measures of management and supervision in environmental protection worldwide. Breach of environmental licenses or permits can give rise to civil and criminal liabilities, as well as to administrative fines. Although some newly promulgated or revised laws and regulations have confirmed this institutional tool, China's permit system remains in its early development stage. The Environmental Protection Law, regarded as the fundamental environmental law, does not contain provisions on this matter.

Environmental protection target responsibility

The environmental protection target responsibility system identifies scientific assessment indicators and integrates them into the comprehensive evaluation system for the performance of party and government officials. Under this system, fragmented environmental targets and tasks go to local government agencies at all levels that carry out their own targets. The inclusion of the examination mechanism for environmental management performance and mainstream environmental protection into the economic and social development evaluation system helps to achieve sustainable development.

Evaluation of the implementation of Chinese environmental laws

Although it is generally accepted that China has developed a comprehensive system of environmental legislation, there are still a lot of issues to be addressed. For instance, in the Chinese environmental legal system, some areas remain uncovered, some contents are yet to be amended or revised, most parts of the major laws in the environmental protection field focus on pollution control rather than nature preservation, environmental regulations at the local level are relatively weaker than those at the national level, and the gap in the legislation level between the more advanced countries and China persists to a large degree. Moreover, even though China has successfully formulated environmental laws, it has not implemented them with the same degree of success.

Some Chinese environmental law researchers regard Chinese

environmental legal institutions as "not very useful in controlling pollution and conserving the ecological system."[①]

On the one hand, the Chinese government has promulgated a lot of environmental rules and regulations, but, paradoxically, China's environmental situation has generally deteriorated. The major causes that contribute to the environmental legislation's poor effectiveness are mainly found in two fields: the legislation itself and its enforcement.[②] The vagueness, abstractness, and almost exhortative terms characteristic of Chinese law are the biggest problems of the environmental legislation: "Significant elements of most major environmental measures seem more akin to policy statements and propositions of ideals than to laws." Other deficiencies in the environmental legislative process relate to disputes and compromises among relevant departments, lack of coherence between regulations, lack of public participation, interference from external factors, and legislative abilities, just to name a few. The lack of more stringent enforcement mechanisms, interference from local government, and other factors inevitably result in the low effectiveness of China's environmental law enforcement.

Suggestions for improving the implementation of environ-mental laws

To cope with the issues plaguing the effectiveness of China's environmental laws, the government could take some specific measures in both the areas of legislation and enforcement. In the legislative field, China should take all necessary steps to enhance legislation technology, increase the operability of legal provisions, and provide more effective measures of law enforcement. China should also increase the severity of punishments for violations of regulations, timely revise and update laws and regulations, fill

① Shaofei Li, The Legal Issues Of The Rural Environmental Protection, 11 Outlook Weekly 28 (2011). Or see http://www.lwgcw.com/NewsShow.aspx?newsId=21014 (last visited July 12, 2014).

② He Weidong, Assessment on Effectiveness of Chinese Environmental Legislation (scientific research trends, December 10 - 17, 2010).

the legislative gaps, strengthen legislation on enforcement procedures, and encourage public participation. In the enforcement field, China should establish a scientific and rational environmental management system so as to coordinate the relationships between the relevant administrative departments. The government should also explore other effective channels, including employing public security and other law enforcement departments for environmental protection, and encouraging public participation in the supervision and management of environmental laws. Besides these measures, China could also stipulate specific, operational legal provisions to encourage public participation, give more exposure to environmental laws to enhance people's environmental awareness, and expand channels of public supervision and reporting to reduce environmental violations.

China and international environmental cooperation

Before the 1970s, China rarely participated in global environmental protection affairs. In the early 1970s, China regained its legal status in the United Nations and sent a delegation to participate in the first United Nations Conference on Human Environment (UNCHE). Since then, China has participated in international environmental activities. Starting from the 1980s, China gradually joined various international environmental cooperation activities, and actively participated in almost all the major global environmental conventions and regional environmental treaties in every field, including control of marine pollution, ozone depletion, persistent organic pollutants, hazardous waste, biodiversity conservation, bio-security, climate change, and combating desertification.

The international environmental movement's influence on China's environmental legislation

On the basis of actively participating in the international environmental cooperation and in many international environmental convention negotiations, China has conscientiously performed its international environmental duties in accordance with the procedures prescribed by the conventions, and it has constantly strived to ensure the performance of its international environmental obligations through domestic legislation, national action programs, strong environmental law enforcement, and international cooperation. These efforts have caused China's environmental policies and environmental laws to incorporate international trends, which can be found in aspects of the development and revision of policies and regulations that are in keeping with the international environmental policies and treaty obligations.

In January 1993, the Chinese government approved the *China's national phase-out of ozone-depleting substances program*, thus establishing the multilateral fund project management system for the implementation of the Montreal Protocol on Substances that Deplete the Ozone Layer

On April 29, 1999, the NPC Standing Committee approved the revised Law of the Peoples Republic of China on the Prevention and Control of Atmospheric Pollution, ①which clearly stipulates that "Units that produce or import ozone-layer-depleting substances must, within the time limit prescribed by the State, carry out the production and import in accordance with the quotas approved by competent administrative authorities under the State Council. "②Whoever violates the provisions shall be fined not less than 20,000 Chinese Yuan (CNY) and not more than 200, 000 CNY. Given serious circumstances, the competent administrative department under the State Council may revoke the production or import quotas. On August 29, 2015, the National People's Congress approved and released the updated version of the PRC Law on Air Pollution Prevention and Control③. Its Article 85 stipulates that "The state shall encourage and support efforts to produce and use substitutes for ozone depleting substances (ODS), to

① Zhōnghuá Rénmín Gònghéguó Dàqì Wūrǎn Fangzhì Fǎ 2000 xiūdìng (中华人民共和国大气污染防治法 2000 修订) [Law of the People's Republic of China on the Prevention and Control of Atmospheric Pollution (2000 Revision)] (promulgated by the Standing Comm. Of the Nat'l People's Cong., April 29, 2000).

② Id., Article 45.

③ Law of the People's Republic of China on the Prevention and Control of Atmospheric Pollution (2015 Revision)] (promulgated by the Standing Comm. Of the Nat'l People's Cong., August 29, 2015).

gradually reduce and eventually stop the production and use of ozone-depleting substances. The state shall implement total emission control and quotas to manage the production, use, import and export of ozone depleting substances (ODS). The specific implementation method is developed by the State Council."

In order to conform with the Convention on Biological Diversity (CBD), China developed and implemented the China National Biosafety Framework, National Ecological Protection Plan, and National Biological Species Resources Protection and Utilization Plan, as well as other conservation plans and standards. China also amended certain laws and regulations to protect biological diversity, including the Law on the Entry and Exit Animal and Plant Quarantine,①Regulations on Wild Plants Protection,②Seed Law,③ Regulations on Nature Reserves,④ Regulations on Administration of Agricultural Genetically Modified Organisms Safety,⑤ Regulations on Protection of New Varieties of Plants,⑥Forest law,⑦Marine Environmental

① Zhōnghuá Rénmín Gònghéguó Jìn Chūjìng Dòng Zhíwù Jiǎnyì Fǎ (中华人民共和国进出境动植物检疫法) [Law of the People's Republic of China on the Entry and Exit Animal and Plant Quarantine] (promulgated by the Standing Comm. Of the Nat'l People's Cong., October 30,1991).

② Zhōnghuá Rénmín Gònghéguó Yěshēng Zhíwù Bǎohù Tiáolì (中华人民共和国野生植物保护条例) [Regulations of the People's Republic of China on Wild Plants Protection] (promulgated by the State Council, September 30,1996).

③ Zhōnghuá Rénmín Gònghéguó Zhǒngzǐ Fǎ (中华人民共和国种子法) [The Seed Law of the People's Republic of China] (promulgated by the Standing Comm. Of the Nat'l People's Cong., July 8, 2000).

④ Zhōnghuá Rénmín Gònghéguó Zìrán Bǎohù Qū Tiáolì (中华人民共和国自然保护区条例) [Regulations of the People's Republic of China on Nature Reserves] (promulgated by the State Council, October 9,1994, effective January 8,2011).

⑤ Nóngyè Zhuǎnjīyīn Shēngwù ānquán Guǎnlǐ Tiáolì (农业转基因生物安全管理条例) [Regulations on Administration of Agricultural Genetically Modified Organisms Safety] (promulgated by the State Council, May. 23,2001, effective January 8,2011).

⑥ Zhōnghuá Rénmín Gònghéguó Zhíwù Xīn Pǐnzhǒng Bǎohù Tiáolì (中华人民共和国植物新品种保护条例) [Regulation of the People's Republic of China on Protection of New Varieties of Plants] (promulgated by the State Council, March 20,1997, effective March 1,2013).

⑦ Zhōnghuá Rénmín Gònghéguó Sēnlín Fǎ (1998 Xiūzhèng) (中华人民共和国森林法 1998 修正) [Forest Law of the People's Republic of China 1998 Amendment] (promulgated by the Standing Comm. Of the Nat'l People's Cong., April 29,1998).

Protection Law, and Fisheries Law. [①]Thus, China has formed the basic legal system of the conservation of biological diversity.

In order to fulfill China's obligations to the Stockholm Convention on Persistent Organic Pollutants, and to effectively implement the control and management of POPs, the State Council approved the *National Implementation Plan to fulfill Stockholm Convention* in April 2007. The plan established national performance objectives, measures, and specific actions. And the new version of the PRC Law on Air Pollution Prevention and Control(2015 Revision) stipulates that "Enterprises, institutions and other operators that discharge persistent organic pollutants into the atmosphere, as well as entities with waste combustion facilities shall, according to State regulations, adopt technologies and processes that reduce persistent organic pollutant emissions, and install purification devices to meet emission standards."[②]

In order to fulfill China's obligations to the Convention on Climate Change, the State Council promulgated China's first climate change policy document-the *National Program on Climate Change*-a comprehensive exposition of China's climate change response prior to 2010. China also utilizes the legislative process for energy conservation, renewable energy, recycling, and enhanced carbon sinks. In 2007, the NPC Standing Committee amended the Energy Conservation Law, stipulated that energy conservation plays a strategic role in China's economic and social development, expanded the adjustment range of the Law on Energy Conservation, and increased the requirements of building energy conservation, transportation energy saving, and public sectors' energy efficiency. Accordingly, the State Council revised and improved the Domestic

---

① Zhōnghuá Rénmín Gònghéguó Yúyè Fǎ (中华人民共和国渔业法) [Fisheries Law of the People's Republic of China] (promulgated by the Standing Comm. Of the Nat'l People's Cong., January 20, 1986, amended August 28,2004).

② Article 79.

Building Energy Conservation Regulations[①] and Energy Conservation Regulation for State-funded Institutions. [②] Moreover, to speed up the use of renewable energy and development, the NPC Standing Committee amended the Renewable Energy Law in December 2009. In addition, the NPC Standing Committee has developed the Cleaner Production Promotion Law,[③] the Circular Economy Promotion Law,[④] and other laws to reduce pollution from the source. The State Council and relevant departments also developed a large number of related administrative regulations and departmental rules.

China's stand on participating in international environmental cooperation and the reasons behind it

China's cooperation with international environmental efforts stems from three basic positions: the first is sustainable development, that is, to respect other countries' choices of sustainable development models according to their domestic conditions and development processes and, on this basis, to encourage the relevant countries and regions to take concerted action to address global and regional environmental issues. [⑤] The second stand is international cooperation, that is, to strengthen international environmental technology and financial cooperation, to protect intellectual property, to eliminate communication barriers, to establish a reasonable transfer mechanism, to further eliminate the formation of trade barriers due to high environmental standards, and to promote the simultaneous development of

---

① Mínyòng Jiànzhú Jiénéng Tiáolì (民用建筑节能条例) [Regulation on Energy Conservation in Civil Buildings] (promulgated by the State Council, August 1,2008).

② Gōnggòng Jīgòu Jiénéng Tiáolì (公共机构节能条例) [Energy Conservation Regulation for State-funded Institutions] (promulgated by the State Council, August 1,2008, effective October 1,2008).

③ Zhōnghuá Rénmín Gònghéguó Qīngjié Shēngchǎn Cùjìn Fǎ (中华人民共和国清洁生产促进法) [Law of the People's Republic of China on Promoting Clean Production] (promulgated by the Standing Comm. Of the Nat'l People's Cong. , June 29,2002; amended Feb. ,29 2012).

④ Zhōnghuá Rénmín Gònghéguó Xúnhuán Jīngjì Cùjìn Fǎ (中华人民共和国循环经济促进法) [Circular Economy Promotion Law of the People's Republic of China] (promulgated by the Standing Comm. Of the Nat'l People's Cong. , August 29,2008, effective January 1,2009).

⑤ Ann Kent, Beyond compliance: China, international organizations, and global security 144 - 180 (NUS Press, 2009).

environmental protection and international trade. On this basis, China will seek active cooperation with the global community on its environmental protection policies and sustainable development model. The third stand is differentiated responsibilities, that is, under the principle of "common but differentiated responsibilities," developed countries should shoulder more responsibility for global environmental protection. Developing countries should continue to improve the quality of their economic growth, synergistically coordinate and promote environmental protection and economic development policies, and actively cooperate with the international community.

In the past 30 years, China has actively participated in negotiations on international environmental conventions and conscientiously implemented their regulations. Seeking the reasons for this behavior, one has to take two different aspects into consideration. First, the Chinese government has looked for opportunities to join international political and diplomatic activities, and the international community regards the problem of international environmental protection as one of the most important issues. Participation in environmental affairs creates a positive international image and promotes peaceful diplomatic ties. Therefore, the starting point for China's active participation in international environmental cooperation does not significantly differ from its participation in other international affairs. Second, domestic environmental problems have severely constrained China's economic and social development. The implementation of international environmental conventions helps to improve China's environmental technology, to strengthen the competence of its environmental law, and therefore facilitates the introduction of international funds and foreign technology investments. The seriousness of environmental problems and the enormous international pressure make China's participation in international environmental cooperation appear flexible when compared with its participation in other areas of international affairs.

From the trend of China's economic and social development, with increasingly severe problems related to natural resources and the environment and affecting the economic and social development of the country, with people's higher need for a comfortable and beautiful environment, as well as the ever-increasing international environmental protection external pressure, China made a significant decision, that is, to build an environment-friendly and resource-saving society. This strategy gradually starts from the top level of the government and moves to lower levels, and moves from the developed eastern regions to the less-developed western provinces and cities. In this context, one can foresee that in the next few years China's environmental legal system will make significant progress and, on the basis of a coordinated economic, social, and environmental development, will play an increasingly important role in the international environmental movement.

私募投资基金行业自律监管规则研究

张　艳*

摘　要：中国证券投资基金业协会是我国私募投资基金自律监管机构，从诸多解释方法可知，协会对私募股权基金的监管权存在瑕疵。协会拟根据"宽进严管"、差异化监管、穿透性监管等原则确立"7＋2"自律监管规则体系。事前自律以注册制为核心，法律意见书制度的引进将管理人和协会之间的博弈转化为管理人和中介机构之间的博弈。事中自律以私募基金募集运作规范化、投资者保护为出发点。然而需注意，各项保护制度的制定应以投资者受保护需求为基准，切勿颠倒"卖者有责、买者自负"原则，为投资者提供过度保护。事后自律以追责为核心，通过设置高密度、多层次的制裁措施达到有效、适当且具有威慑力的自律效果。

关键词：私募投资基金；基金业协会；自律监管；私募股权基金

一、引言

自2004年私募投资人赵丹阳与深国投信托合作成立我国第一只阳光私募产品至今，私募投资基金行业已走过10多年峥嵘岁月。在此期间，私募投资基金（简称基金）经历了平稳至迅猛的发展，截至2016年12月底，已登记私募基金管理人（简称管理人）17 433家，备案基金46 505只，实缴规模7.89万亿元，从业人员近28万人。[①] 2016年10月，私募基金规模首次超过公募基金，成为我国资本市场上极具标志性意义的事件。私募基金的爆炸式发展肇

* 张艳，上海社会科学院法学研究所助理研究员，法学博士。研究方向：银行法、民法。本文原刊于《证券市场导报》(CSSCI)2017年第5期。

① 数据来自协会秘书长贾洪波在"2017国际视野下的创新与资本论坛"上的讲话，http://www.amac.org.cn/xhdt/zxdt/391642.shtml，2017年2月11日访问。

端于2014年实施登记备案制后宽松的监管环境，年底的牛市行情更助推了次年基金行业的井喷式爆发，据统计，2015年新成立私募机构数量高达9 359家。由于监管的滞后性且过于宽松，急剧发展的私募基金逐渐成为各方诟病的对象：野蛮式生长、变相公募、机构良莠不齐、登记备案信息失真、非法集资等声音不绝于耳（洪磊，2016）①。2015年下半年股市的恐慌性大跌更加速了监管升级，为了避免系统性风险，保护投资者利益，2016年2月起，中国证券投资基金业协会（简称"协会"）发布一系列实质性监管新规，标志着我国私募基金行业告别野蛮生长，进入监管趋严的全新时代。

目前协会正在搭建一套逐步覆盖管理人登记、基金备案、募集、投顾、信批、内控、合同、托管、外包、人员在内的"7+2"自律监管规则体系，拟通过7个办法和两个指引实现事前事中事后持续自律监管。笔者拟结合在私募基金领域的法律实务经验对自律监管规则进行学理及实践层面的探讨。协会监管权限的正当性何在？现存的事前事中事后自律监管体系如何架构？自律规则的具体思路和内涵何在？下文将对这些问题进行回应。

二、自律监管主体监管权限

依投向可将私募基金分为私募证券基金（以下简称"证券基金"）、私募股权基金（包括私募创投基金，以下简称"股权基金"）和其他私募基金。一段时间以来，股权基金监管主体不明，监管权之争甚至一度白热化，混乱表象后折射出监管的无序化、理念的不成熟以及方式的不确定性。协会领导曾在多个场合介绍协会监管权授权链条：《中国证券投资基金法》（简称《基金法》）和中央编办印发的《关于私募股权基金管理职责分工的通知》（简称《职责分工通知》）赋予证监会对证券和股权基金的监管权。2014年8月21日，证监会发布《私募投资基金监督管理暂行办法》（简称《暂行办法》），正式确定协会的自律监管权。

可见，协会自律监管权来自《基金法》和《暂行办法》双重授权。前法第89条和第94条第1款分别赋予协会针对管理人备案和基金登记的监管权，此为其监管权最高法律依据；后法第6条为监管权直接依据。然而，包括中国投资

① 洪磊：《"营造"私募基金自律监管框架》，《金融博览》2016年第4期，第59—61页。

协会股权和创业投资专业委员会(简称“创投委”)[①]在内的监管机构和市场主体对协会监管权限合法性提出质疑,认为后者无权对除证券基金外的基金实施监管。原因在于,从《基金法》修法过程可知,第十章中“非公开募集资金”只包括证券基金。质疑者认为,《暂行办法》第 6 条并无上位法依据,协会对股权基金和创投基金不享有监管权。

一种回应是,质疑者忽视了立法者在《基金法》第 94 条第 2 款后半句对证监会的“特殊关照”,即后者有“其他证券”认定权,这给《基金法》适用范围扩大至股权基金预留了口子(一非,2016)[②]。因此,在中央编办于 2013 年 6 月 27 日通过《职责分工通知》赋予证监会股权基金监管权后,后者在 2014 年 8 月 21 日颁布《暂行办法》,其第 2 条第 2 款明确将股权纳入基金投资范围。上述条款即为证监会对《基金法》第 94 条第 2 款的补充性规定,即将股权认定为“其他证券”。因此,《暂行办法》第 2 条第 2 款弥补了协会因《基金法》调整范围局限性所导致的监管权瑕疵。

上述观点值得商榷。第一,依文义解释,《暂行办法》第 2 条第 2 款内容为包括股票和股权在内的投资标的,并未提及将股权认定为《基金法》中的“其他证券”。第二,依体系解释,《暂行办法》第 2 条第 2 款确定了该法投资标的,股权与第八章“关于创投基金的特别规定”相呼应,共同铺设了《暂行办法》调整范围,同时包括证券和股权基金的双轨制方案。综览《暂行办法》,共有 9 处提及《基金法》,然而所用连接词皆为“根据”“依照”“不得超过”“应当符合”等字样,皆将后者作为前者依据,未见对后者适用范围的补充性认定。第三,依目的解释,若证监会欲在《暂行办法》中对《基金法》中的“其他证券”进行补充规定,则应在第 2 条第 2 款中明确提及此事。然而,证监会作为立法主体并未在《暂行办法》中建立该联系。证监会甚至未在该法中按投向对基金进行明确分类,除在第八章对创投基金进行概括性规定外,仅在第 20 条提及“证券基金”。证监会对基金分类的态度尚不明朗,更无法得出其欲通过《暂行办法》第 2 条第 2 款对《基金法》调整范围进行补充认定的意图。第四,依历史解释结合目的解释检讨《基金法》第 94 条第 2 款后半句规定,在立法博弈中,将股权基金纳入调整范围的建议稿未获通过,因此不存在立法者通过第 94 条赋予证监会

---

① 在中编办于 2013 年 6 月 27 日将私募股权基金监管权划归证监会之前,中国创投委是私募股权基金和私募创投基金的自律监管机构。

② 一非:《中国创投委对决基金业协会,PE 监管权争议何在?》,财新网,2016 年 4 月 23 日。

将股权认定为“其他证券”的可能性。第五，依常识和逻辑，股权和证券两类投资标的分属一二级市场，将股权认定为“其他证券”不成立。综上，依诸解释方法[①]，《暂行办法》对“股权”的提及并不能弥补其上位法对股权基金的监管不能，亦不能为协会对股权基金享有监管权提供上位法依据。

因此，协会对证券基金的监管权依据为《基金法》和《暂行规定》，对股权基金的监管权依据为《职责分工通知》和《暂行规定》。然而，《职责分工通知》并非法律，它不能弥补协会对股权基金监管权的合法性瑕疵。由于上位法缺位，《暂行规定》无权直接授予协会针对股权基金的监管权。证券基金和股权基金由同一主体监管有其合理性和必然性，且实践中后者已由协会监管，为弥补授权合法性瑕疵，建议尽快修改《基金法》，将股权基金纳入调整范围，将该法扩容为真正的《基金法》。

三、自律监管规则

从投资者保护和行业信用建设出发，协会已在登记备案、募集行为、信息披露、内部控制、合同指引和从业人员管理等方面建立自律规则。此外，规制投资顾问业务的《私募基金管理人从事投顾业务管理办法》已起草完毕，规定从业资格的《基金从业资格管理办法》正在制定完善中，调整托管业务和外包业务的《私募基金托管与保管办法》和《私募基金外包业务管理办法》正在起草制定。已发布的《私募基金管理人登记和基金备案管理办法（试行）》正在紧锣密鼓修订中（洪磊，2016[②]；沈伟，2014[③]）。

（一）事前自律：宽进

事前自律的核心是注册制，即管理人登记和基金备案。它们并非行政许可，而是行政确认行为（肖宇、许可，2015）。[④] 监管者意识到，过去围追堵截式的事前审批造成管理人与监管部门的对立。注册制溯本清源地将博弈从市场

---

① [德]汉斯・布洛克斯、沃尔夫-迪特里希・瓦尔克：《德国民法总论》，张艳译，中国人民大学出版社2012年版。

② 洪磊：《“营造”私募基金自律监管框架》，《金融博览》2016年第4期，第59—61页。

③ 沈伟：《中国公司法真的能“孵化”私募投资吗？——一个基于比较法语境的法经济学分析》，《当代法学》2014年第3期，第3—17页。

④ 肖宇、许可：《私募股权基金管理人信义义务研究》，《现代法学》2015年第6期，第86—97页。

主体与监管部门之间转为市场主体之间。透明登记备案标准的制定、非实质性审查方式的确定和法律意见书制度的引入，使管理人的关注焦点回到自身信用声誉、客户利益和实体经济（赵玉，2013）。①

关于登记备案事宜的自律性规范有二：一是《私募基金管理人登记和基金备案办法（试行）》；二是《关于进一步规范私募基金管理人登记若干事项的公告》（简称《公告》）。由于发布时间较早，前者仅做概括式规定，后者法律层级虽低，但由于引入法律意见书制度且对管理人备案基金的时间点、信息报送义务和高管从业资格进行详细规定，一经发布便引起轩然大波。其中引起最多关注的，莫过于对“空壳私募”的规制。

2015 年是管理人的井喷年，据统计，当年 1 月底已登记管理人仅 6 974 家，然而截至 2016 年 5 月，已登记管理人猛增至 24 197 家。其中有大量三无机构，即无实缴资本、无产品、无人员，部分甚至打着私募旗号从事非法集资。为扶优限劣从而实现有效监管，《公告》规定，新登记管理人在登记后 6 个月内必须备案首支产品且提交《管理人登记法律意见书》，否则将被注销登记。此外，协会为基金备案设置 5 月 1 日和 8 月 1 日两个时间限制，分别适用于登记满一年及未满一年的管理人。《公告》发布后，是否“保壳”成为已登记未备案产品的管理人面临的难题。这实际是成本和收益的博弈，保壳的短期成本是聘请律师出具法律意见书，对表新规自我梳理以符合协会要求以及备案基金产品。然而随着越来越多自律性规范的发布，管理人意识到，包括募集成本、运营成本尤其是合规成本在内的保壳长期成本成了不能承受之重（贾红波，2016）②。痛定思痛，为保壳而保壳的玩票型管理人放弃保壳，于是 2016 年 8 月 1 日成为私募基金史上的里程碑式日期，近 7 600 家空壳私募被注销，加上 5 月 1 日被注销的 2 000 多家机构，《公告》直接导致逾万家私募机构被注销登记。③ 需注意，注销并非行政处罚，管理人基于业务需要可重新申请登记。

那么，管理人需满足哪些条件方可实现保壳（或登记）？协会在《私募基金管理人登记法律意见书指引》（简称《法律意见书指引》）和《私募基金登记备案

① 赵玉：《私募股权投资基金管理人准入机制研究》，《法律科学》2013 年第 4 期，第 165—173 页。
② 贾红波：《新形势下的私募基金发展之道》，http://news.xinhuanet.com/fortune/2016-09/12/c_129277459.htm，2016 年 9 月 12 日访问。
③ 见协会网站《关于私募基金管理人注销相关事宜的公告》，http://www.amac.org.cn/xhdt/zxdt/390925.shtml，2016 年 8 月 1 日访问。

相关问题解答》中设置了若干实质标准，并通过引入外部律师和法律意见书制度实质核查职责转移至中介机构。具体标准如下：

1. 经营范围的规范性

不符合经营范围规范性条件的私募机构将被拒绝登记。规范性包括两个内容：一是相关性，经营范围应包含与管理人业务属性密切相关的字样，例如“基金管理”“投资管理”“资产管理”“股权投资”“创业投资”等。二是专业化运营原则，管理人须将基金作为主营业务并不得兼营其他业务。具体分三个维度：一是不得兼营与基金业务存在冲突的业务，如民间借贷、民间融资、配资业务、小额理财、小额借贷、P2P/P2B、众筹、保理、担保、房地产开发、交易平台等业务。二是不得兼营与“投资管理”的买方业务存在冲突的业务，如投行、金融信息服务、企业运营管理、金融信息服务、软件技术开发、接受金融机构委托从事金融业务流程外包等。在此方面存在以下窗口意见：证券基金管理人从事投资咨询为卖方业务，因此证券类管理人的经营范围不得包括投资咨询。然而该限制并不适用于非证券基金管理人。该区别化监管逻辑何在，期待协会对此进行阐释。三是不得兼营与基金管理无关的其他业务，该项禁令被规定在《私募投资基金管理人内部控制指引》(简称《内控指引》)第 8 条。其目的为贯彻专业化运营原则。然而该禁止性规定并未将已登记管理人的经营现状纳入考量范围，因此显得过于严苛。禁止兼营其他非相关业务可以作为未来的监管方向，不适合作为现阶段的监管政策。

专业化运营原则是否要求管理人只能排他地管理特定类型基金？对此问题，存在立法和实践的不一致和对新老管理人的差异化处理。《暂行办法》第 22 条规定，同一管理人管理不同类别基金的，应坚持专业化管理原则。可见，法律并未对专业化经营作狭义化规定，管理人可管理不同类别私募基金。然而协会却在监管实践中对法律规定进行限缩性解释，即管理人在登记系统中只能在证券基金、股权基金和创投基金中选择一种作为申请的业务类型。笔者在协会网站对《公告》发布后新登记管理人进行查询也证实此点。这完全不同于《公告》发布前已登记管理人获得的“全牌照”资格，其在登记时可选择一个基金主要类别，同时还可在其他业务类别中选择两种其他类型。根据目前窗口意见，此类管理人可选择主要类别和其他类别中的任一产品类型，且只需在制度上、无须在人员上设置隔离墙。可见，实践中的监管严于立法对专业化运营原则的规定。考虑到立法和实践的一致性，证监会和协会应在监管规定中对专业化经营原则做进一步限缩，或者在实践中放开基金类型限制。

同时，对新老管理人的区别化对待亦无法理依据，登记时间的先后与“全牌照”的获得与否不应当存在任何因果关系。若协会将贯彻严格的专业化经营原则，该原则最终将在相关法律、自律规则完善后一视同仁地适用于所有管理人。①

2. 股权结构

律师须对管理人的股权结构进行穿透式核查，以明确是否存在境外股东及具体持股情况。“穿透”的标的有二：一是法人股东，穿透不受层数限制直至股东为自然人和国有企业；二是持股方式，通过调查各股东所持股份是否为自有股份、是否存在委托持股等现象，穿透核查至股权实际持有人。律师须在法律意见书中披露是否存在境外股东，若存在则应进一步审查其合法合规性。

目前，境外股东持股限制只针对证券基金。根据《外商投资产业指导目录(2015 年修订)》，证券基金管理公司外资比例不得超过 49%，包括公募和私募管理人。该限制不适用于股权基金和创投基金，在协会网站可查询到为数众多外商独资和外资控股的管理人。因此，《法律意见书指引》中的合法合规性主要指针对证券基金管理人的外资比例上限。然而，该限制已随着《私募基金登记备案相关问题解答(十)》(简称《解答(十)》)的发布得以放开。作为第七轮、第八轮中美战略与经济对话和第七次中英经济财金对话的政策成果，中国证监会取消了针对证券基金管理人的外资持股限制，外商独资企业和合资证券基金管理人可以在一定条件下于中国境内开展证券基金管理业务并在登记为基金管理人。境外股东须为所在国经监管部门许可的金融机构，且其所在国家证监机构与我国证监会或其认可的其他机构须签订合作备忘录。该规定导致证券基金管理人的境外股东须为法人，外国自然人无持股资格，然而其可为股权基金管理人股东(肖宇，2014)。②

3. 关联方

在对照新规为私募机构提供法律服务时，律师的明显感受是，协会对私募的监管力度小于股转中心对挂牌企业的监管力度，后者又小于证监会对上市企业的监管力度。不同于《企业会计准则第 36 号》和沪深交易所《股票上市规

① 目前协会基金登记新老系统即将合并，合并后证券基金和股权基金将不得交叉经营，部分管理人已因此事被协会约谈。

② 肖宇：《上海自贸区背景下外资私募股权基金国民待遇的实现路径》《法学》2014 年第 9 期，第 19—27 页。

则》对关联方的复杂定义和认定标准，协会在《法律意见书指引》中对管理人关联方进行了简洁的定义：受同一控股股东/实际控制人控制的金融企业、资产管理机构或相关服务机构。可见协会将关联方限定于金融类服务机构。据此，若管理人控股股东同时为其他非金融类企业控股股东，例如科技公司，则其非关联方并无需披露。关联交易旨在规制利益冲突与利益转移，将非金融企业排除在外无疑不能实现其立法旨趣(施天涛、杜晶，2007)。[①] 此外，新三板对私募机构的开放将促使越来越多机构申请挂牌，协会对关联方的低标准将导致如下矛盾：同一个企业未被协会却被股转系统认定为关联方。因此，建议协会放开关联方的行业限制，将所有受同一控股股东、实际控制人控制的企业纳入关联方范围。规制关联交易的重点在于企业内部应制定《关联交易管理办法》并切实执行，律师在尽职调查时须从有效性、可操作性和企业实际执行情况出发对上述制度进行审核，在其不足以实现对关联交易切实有效的规制时，律师须协助企业对制度进行修正。

4. 其他

《法律意见书指引》还要求律师对其他方面进行审查。首先是管理人的人员、场所和资金，具体情况须使协会相信其有能力规范经营。据统计，证券基金管理人最低员工数为 6 人，平均为 8 人；股权基金管理人最低员工数为 4 人，平均为 6 人。律师一般会建议管理人至少达到最低标准。就场所而言，律师需实地走访管理人的实际经营场所，对经营面积、办公设备等情况进行披露并对租赁合同和允许转租说明(如涉及转租)进行核查。目前，协会并未对管理人的实缴资本比例进行强制性规定，然而，若实缴不足 100 万元或者不足注册资本 1/4 则会被特别提示，且公示于管理人的登记主页。此外，律师须核查管理人账户余额并根据人员数、租金和其他费用考察管理人的实际支出，进而判断账户余额是否足以支撑未来一段时间的实际运营。

尽职调查的另一项重要工作是核查管理人的风险管理和内部控制制度，具体核查步骤如下：核查申请机构是否已经制定《法律意见书指引》第 4 条第 8 项所提及的完整的涉及机构运营关键环节的风险管理和内部控制制度；判断相关制度是否符合协会《私募投资基金管理人内部控制指引》的规定；结合机构现有组织架构和人员配置，判断上述制度是否具备有效执行的现实基础和

---

① 施天涛、杜晶：《我国公司法上关联交易的皈依及其法律规制——一个利益冲突交易法则的中国版本》，《中国法学》2007 年第 6 期，第 126—140 页。

实际条件。从部分反馈意见可知，管理人应根据自身实际情况，重视制度的可执行性、避免模板化。

高管从业资格是能够体现差异化监管的领域。首先，《公告》对股权基金和证券基金管理人进行了差异化规定，前者仅需两名高管具备从业资格，后者所有高管均需具备从业资格。其次，随着股权基金管理人对僵化从业资格获取方式的诟病和对差异化获取方式的呼吁，协会在以下两个层面进行反馈：一是《私募基金登记备案相关问题解答(九)》(2016 年 5 月)首次提出免考条件，具备特定行业从业经验并满足特定从业年限的股权基金管理人高管可以直接申请从业资格认定。然而细读各项条件可知，免考门槛较高，仅少数在特定行业浸淫特定年限的高级人才方可直接申请从业资格。二是为包括创投基金在内的股权基金管理人高管设置科目三(《股权投资基金基础知识》)，2016 年 9 月后其无须为复习复杂而无用的科目二而伤神，通过科目一和科目三可以直接获得基金从业资格。目前已通过免考资格认定和设置科目三等方式构建了二元差异化从业资格获取方式，期待协会以此为出发点，在更多领域贯彻差异化监管原则，构建完善监管体系。

5. 评价

提交法律意见书是管理人登记和事前自律的重要内容，协会希望通过引进法律意见书制度使管理人和协会的博弈转化为管理人和中介机构的博弈。管理人为所提供材料的真实合法性负责，律师在尽职调查中履行实质性审查职责，律师事务所和律师在法律意见书上盖章签字为其法律意见负责。协会只对材料和法律意见书内容做形式审查，然而将与中介机构自律组织联合制裁律师事务所和律师的违法违规行为，以确保其审慎性。①

法律意见书制度是协会对私募野蛮登记乱象进行的充满智慧的回应。通过引入中介机构的实质性审查职责和合法合规性背书，协会在“管”和“不管”之间设置了一条符合中庸之道的解决路径：在坚决不设行政审批、坚守注册制的基础上，将烦琐费时的实质性审查工作“外包”给专业中介机构并通过追责机制保障其审慎性，最后通过形式化审查对登记行为予以确认。

---

① 2016 年 11 月 4 日，协会发布公告，由于律师事务所出具的法律意见书内容与投资者投诉反映的情况存在重大差异，暂停接受北京市盈科律师事务所和北京市中闻律师事务所出具的私募基金管理人登记法律意见书。2017 年 2 月 8 日，协会发布公告称，因上述律所在核查中未履行勤勉尽职职责，将其移送证监会进一步查处。

二、事中自律：严管

1. 募集行为

《私募投资基金募集行为管理办法》(简称《募集办法》,2016 年 7 月实施)是迄今为止最重要的自律规则之一。《募集办法》内容丰富,对主体资格、流程、资金专用账户监督、冷静期及回访制度均作出相应规定。拨开纷繁复杂的制度和表述,《募集办法》的实质在于在基金募集阶段划分募集机构和投资者的责任,是“卖者有责、买者自负”在募集阶段的直接体现。卖者有责,即要求募集机构在募集过程中不仅考虑自身利益,也要从投资者利益和社会整体利益出发,负责任地进行资金募集。买者自负,即在卖者尽责的基础上,买者也应当负责任地购买产品,为自我决定自我负责(Yan Zhang, 2016)。[①]《募集办法》中的卖者有责原则以合格投资者制度、前契约信息披露义务、冷静期和回访确认制度为核心。

合格投资者制度贯穿募集行为始终,包括特定对象确认、投资者适当性匹配和合格投资者确认三项内容。三个维度层层递进,指引募集机构最终与合格投资者签订与之匹配的基金合同。[②] 首先,特定对象确认满足私募中“私”的要求,即非公开。在履行特定对象确认程序前,募集机构仅可以公开宣传《募集办法》第 16 条中列举的品牌、投资策略和管理团队等信息。确定特定对象后,募集机构方可推介基金。其为机构公开宣传和非公开推介基金产品的分水岭。其次,协会对募集机构推介的具体产品提出要求,机构须为投资者提供与其风险识别能力和风险承受能力相匹配的产品。在实践中,特定对象确认和投资者适当性匹配均通过投资者填写《风险问卷调查》进行,调查问卷需符合《格式和内容指引》,募集机构应在调查问卷结尾评估投资者的风险识别能力和风险承受能力并确定适合后者的产品评级。因此,投资者适当性匹配是募集机构更具针对性地为投资者提供与其相匹配产品的前提。最后,募集机构应要求投资者提供资产证明文件或收入证明以证明其合格投资者资格。只有在完成合格投资者确认程序后,各方方可签订基金合同。

---

① Yan Zhang. Die vorvertraglichen Pflichten der Kredtigeber in der Verbraucherkredit-Richtlinie 2008/48/EG, Berlin, Dr. Koester Verlag, 2016, S. 18.

②《私募投资基金募集行为管理办法起草说明》。

前契约信息披露制度包括两个内容：一是借由基金推介材料提供具体产品信息；二是通过风险揭示书进一步说明基金的特殊风险、一般风险和合同中与投资者权益相关的重要条款。与《风险问卷调查》相同，《风险揭示书》亦应符合《内容与格式指引》。前契约信息义务是“卖者有责”的重要体现，信息义务作为市场伴随机制中的一种投资者保护模式，从经济自由和最小干预原则出发，通过在缔约前向投资者提供一系列的产品或服务信息平衡由投资者与募集机构之间的信息不对称所引起的合同失衡，保障投资者的私法自治（Udo Reifner，2009）。[①] 然而，协会显然认为干预程度最小的信息制度不足以弥补投资者的合同劣势，使失衡的合同关系重归平衡，因此使用撤回权制度对法律关系进行进一步干预。

《募集办法》第 29 条和第 31 条赋予投资者撤回权，协会强力介入募集机构和投资者的私法合同关系，赋予投资者撤回权使合同效力相对化。依基金种类权利行使期间的起算时间有差异，终止时间为募集机构回访确认之日。因此，冷静期并非撤回权行使期间，若募集机构在冷静期结束后怠于回访确认，权利期间可延长至回访确认之日。《募集办法》并未规定权利行使方式，一般而言，可通过以下方式行使撤回权：投资者通过书面函件或者向募集机构指定邮箱发送电子邮件撤回认购意思表示；或者前者在后者回访确认时明确表示撤回其认购意思表示。因此，基金合同并没有因各方签署而生效，而是处于效力待定状态，若投资者行使撤回权，则合同于撤回意思表示到达募集机构之日起无效；若投资者未行使撤回权，则合同于募集机构回访确认之日起生效（Peter Buelow 等，2008）。[②] 协会对投资者的保护并未止步于撤回权，其颇具创意地为募集机构施加回访确认义务，在冷静期满后进一步确认投资者身份和投资意愿。若投资者未在冷静期内主动行使撤回权，则募集机构应再次进行提示。对合格投资者来说，此种程度的保护是否必要是值得思考的。在《起草说明》中，协会明确回访确认制度主要在于抑制“飞单”给私募行业带来的负面影响。可见，该制度并非基于投资者受保护需求制定，而是针对目前飞单、欺诈乱象的政策回应。因此，协会目前对回访确认制度进行保留，鼓励募集机构实施，然而正式实施时间在评估相关实施效果后另行通知。

---

① Udo Reifner. Die weitere Deregulierung des Verbraucherkredits-Eine merkwuerdige Antwort auf die Kreditkrise, KJ 2009,132.

② Peter Buelow, Markus Artz, Verbraucherprivatrecht, C. F. Mueller, 2008, S. 38.

综上,《募集办法》以募集阶段的投资者保护制度为核心,通过前契约信息披露制度、撤回权制度和回访确认制度对合格投资者进行了较为全面的保护。协会无疑直接借鉴了法律对消费者的保护模式,甚至有过之而无不及地设置回访确认制度进一步提高保护标准。然而,相较于包括银行、保险领域金融消费者在内的普通消费者,基金合格投资者在知识水平、注意力和怀疑能力等方面(张艳,2016)[①]无疑达到更高标准。协会对合格投资者进行与消费者同等甚至更高程度保护的合理性何在,是否存在过度保护的嫌疑。

尽管《募集办法》第 32 条将合格投资者划分为三个层次并豁免特定募集程序,然而该区分模式仍在合格投资者框架内进行。具言之,募集阶段的前契约信息义务无可厚非,信息披露是投资者保护制度的核心。但是,赋予合格投资者撤回权制度是不合适的。首先,根植于消费者保护制度并致力于弥补消费者结构性劣势、挑战传统有约必守原则的撤回权制度应特定情况下消费者受保护需求产生(王洪亮,2010)。[②] 撤回权制度的正当性基础在于,在特定领域,例如远程交易、上门交易和消费者保险合同中,干预程度最小的信息机制不足以实现合同平等,因此需要赋予消费者撤回权制度以平衡严重失衡的合同关系,使合同效力相对化(Peter Buelow 等,2008)。[③] 基金合同中的合格投资者并非消费者,其与管理人之间亦未因其结构性劣势陷入严重失衡的合同关系,因此赋权行为并非应合格投资者受保护需求产生。其次,撤回权制度仅适用于个别消费者合同。我国立法者更为谨慎,仅在《消费者权益保护法》第 25 条赋予远程交易中的消费者撤回权。对金融消费者来说,仅《关于修改〈中华人民共和国保险法〉的决定(征求意见稿)》(2015 年 10 月)第 48 条赋予签订超过一年的人身保险合同对应的消费者不少于 20 日的犹豫期(李军华,2015)。[④] 结合撤回权的适用体系,赋予合格投资者撤回权是不恰当的。最后,撤回权制度与合格投资者“自我负责”的价值定位相悖。如前文所述,《募集办法》是卖者有责、买者自负原则在募集阶段的体现。然而,卖者有责并非目的,而是实现买者自负的手段。所有投资者保护制度的目的均在于使投资者做出是否投资、如何投资的决定并为之承担责任。撤回权在不合理地加重募集机构责任、降低效率的同时,更践踏了投资领域的有约必守原则,破坏了投资决

① 张艳:《欧盟法、德国法中消费者主导形象的内涵及启示》,《阅江学刊》2016 年第 5 期,第 48—54 页。

② 王洪亮:《消费者撤回权的正当性基础》,《法学》2010 年第 12 期,第 96—107 页。

③ Peter Buelow, Markus Artz, Verbraucherprivatrecht, C. F. Mueller, 2008, S. 38.

④ 李军华:《金融消费冷静期规则架构》,金融服务法评论(第七卷)2015 年,第 113 页。

策的严谨性、严肃性，同时也不利于成熟稳重的投资者形象的塑造和投资领域买者自负原则的践行。由于《募集办法》中的撤回权制度与撤回权正当性基础、适用范围和投资者自我负责的价值相悖，建议对《募集办法》进行相应修订，将撤回权制度撤出投资者保护领域。

2. 信息披露

信息披露是自律监管关键环节，《私募投资基金信息披露管理办法》（简称《信批办法》）是规范信息披露义务的自律规则。募集期间的信息披露已于前文论述，此处不再赘述；运行期间需披露常规和重大事项信息。需注意，信息披露应包括两方面内容：一是向投资者披露信息；二是向协会指定平台报送信息。

《信批办法》主要特点如下[①]：第一，尊重意思自治。信息披露义务人依基金合同、合伙协议和公司章程（简称基金合同）的约定向投资者披露信息。在《信批办法》框架内，基金合同应具体规定信息披露的内容、频度、方式和渠道。在实践中，管理人易忽略第 18 条规定的重大事项信息披露。笔者团队为某管理人出具的《控股股东变更专项法律意见书》就因管理人未依基金合同约定向投资者披露变更事宜而遭到反馈。披露义务人在确定合同内容时应优先选择易于操作的信息披露方式，例如短信通知、邮件通知等。第二，《信批办法》体现了公募与私募、股权与证券的差异化监管原则。不同于公募基金的逐日披露，私募基金披露义务人仅需提供季度报告，只有规模达到 5 000 万元以上的证券基金需披露基金月报表。此外，《私募投资基金信息披露内容与格式指引》对证券基金和股权（含创投）基金在多个方面提出差异化披露要求，对前者的要求普遍严于后者。《信批办法》充分体现了意思自治、差异化监管和自律监管原则，尤其值得称赞的是，很有分寸感地掌握了两组关系之间的"度"：一是强制性规范和意思自治，二是投资者知情权和信息披露负担。

3. 合同内容指引

为弥补基金合同缺少专业指引的缺憾，更好防范和控制风险、保护投资者权益，协会针对契约型基金、合伙型基金和公司型基金发布了《基金合同内容与格式指引 1—3 号》（简称《合同指引》）。在进一步论述之前，有必要对上述三种基金进行简单梳理。按组织形式可分为契约型、合伙型和公司型基金，均需由其管理人在系统备案。在实践中，各组织形式依其特点适用于不同类型

① 《私募投资基金信息披露管理办法起草说明》。

基金。契约型基金由于具有设立简便、份额转让便利等优势更适合看重投资效率的证券类基金；合伙型基金因具有税收优惠且兼具灵活性，颇受股权和创投类基金青睐；而公司型基金受限于税收、份额转让不便利等劣势在实践中应用较为有限。

契约型基金并非法律主体，故无法自我管理，需由管理人代其行使相关民事权利。有两种管理模式：一是受托管理，即管理人直接管理基金。其在登记备案系统中进行管理人登记并备案产品；二是顾问管理，即信托公司等机构募集发行私募产品并聘请管理人作投资顾问，由于前者不具备管理人资格，产品管理人由投资顾问担任并由其履行备案职责。此时存在履行基金管理职责的“实质管理人”与履行基金备案职责的名义管理人不一致的情况。① 合伙型基金并非法人，普通合伙人（GP）为执行事务合伙人并对基金承担无限责任。合伙型基金亦存在两种管理模式，一是内部管理，即 GP 登记为管理人并直接管理基金；二是外部管理，即 GP 委托已登记为管理人的其他机构管理基金并履行相应备案手续。公司型基金为独立法人实体，股东以其出资额为限对基金承担有限责任并共同参与公司治理，因此公司型基金是唯一可自我管理的基金类型。此时公司既是管理人又是基金产品，因此公司需首先进行管理人登记而后进行产品备案。当然，公司型基金也可选择受托管理模式，即公司委托具备管理人资格的私募机构负责具体投资运作并由后者备案基金。

《合同指引》有以下特点②：第一，针对基金不同组织形式实施差异化监管。由于契约型基金、合伙型基金和公司型基金的内部治理力量呈由弱到强的态势，从整体平衡的角度出发协会对公司型基金、合伙型基金和契约型基金的监管力度也越来越强。③ 具体体现为，1 号《合同指引》中对契约型基金合同进行了细致的规范指引，并在第 7 条明确规定指引的强制适用；反观公司型及合伙型基金，由于其具备法律主体资格且具备内部治理机构，2 号和 3 号《合同指引》仅就公司章程和合伙协议必备条款进行指引。第二，针对基金不同投向实施差异化监管。该差异化监管不仅体现在各《合同指引》之间，例如 1 号指

① 2016 年 7 月 18 日，证监会《证券期货经营机构私募资产管理业务运作管理暂行规定》（又称《新八条底线》）生效，对包括私募证券基金管理人在内的证券期货经营机构的投顾资格进行严格规范。2016 年 10 月 21 日，协会发布《证券期货经营机构私募资产管理计划备案管理规范第 1—3 号》（简称《备案规范》）。其中，2 号《备案规范》进一步在操作方面细化和明确了投顾资格的备案管理要求。

②《私募投资基金合同指引起草说明》。

③《私募投资基金合同指引起草说明》。

引主要针对证券类基金特点制定，而 2、3 号指引主要参照股权和创投类基金特点制定。更为重要的是，同一指引亦针对基金投向进行差异化安排。例如 1 号指引第 2 条规定，证券类基金应当“按照”本指引，而股权类基金应当“参考”本指引制定合同，对前者的监管要求明显高于后者，此亦符合协会一贯的监管态度。

诚如上述，鉴于契约型基金内部治理的欠缺，《契约型基金合同指引》为基金内容设置更为严格而全面的标准。主要特点如下：首先，明确备案不影响合同效力。不同于公募基金以注册为合同生效条件的强制性规定，私募基金合同的生效条件和基金的成立条件均由双方当事人自行约定。《合同指引》第 14 条第 2 款明确规定，基金合同未经备案不得进行投资运作。公私募区别对待是必要性监管原则的重要体现，将备案作为基金投资运作前置条件在尊重合同当事人私法自治、避免不必要干预的同时有效实现了基金备案对于投资者的实际保护作用。其次，确立基金财产独立性原则。契约型基金合同的本质为信托合同，如何保证信托财产独立性，避免其与管理人和托管人自有资产相混淆是基金合同的核心内容（朱圆，2015）。[①]《合同指引》第 12 节从财产的保管处分和账户的开立管理全面贯彻财产独立性原则，为投资者提供了较为完善的保护。最后，凸显基金份额持有人大会作用。基金份额持有人大会和管理人可类比公司股东会和董事会，前者是基金所有人，后者受前者委托从事投资管理。全体持有人有权对除基金投资管理之外的与其利益有重大关系的事项进行表决，其召开情形、是否设立日常机构、召集和表决的具体规则皆可在基金合同中自由约定。持有人大会制度是指引对《基金法》中要求在私募领域的落实，其设立有助于加强基金治理，切实保护投资者利益（杨宗儒、张扬，2013）。[②]

4. 内部控制

由于设立基金管理机构无须行政审批，且监管处于起步阶段，目前大量管理人的经营管理水平和风险控制能力良莠不齐，带来极大隐患。《私募基金管理人内部控制指引》（简称《内控指引》）是事中自律的重要内容和对宽松准入制度的必要补充，《内控指引》对管理人内部控制的目标与原则、内部环境、风险评估、控制活动、信息与沟通及内部监督制度建设进行自律管理，形成内部

① 朱圆：《论信托的性质与我国信托法的属性定位》，《中外法学》2015 年第 5 期，第 1215—1232 页。

② 杨宗儒、张扬：《基金治理困境与持有人利益保护》，《证券市场导报》2013 年第 6 期，第 69—73 页。

控制自律监管框架。《内控指引》规定了内部控制的6项原则：全面性原则、相互制约原则、执行有效原则、独立性原则、成本效益原则和适时性原则。整体而言，内控指引的规定过于原则性和框架性，与我国现阶段基金整体不够发达的发展水平并不匹配，鉴于内部控制在控制风险乃至避免系统性风险中不可替代的重要作用，建议协会在原则性内控指引中适度增加更加具体可操作的监管规定。

5. 评价

协会正在构建一个全面完整的事中监管体系，其贯穿基金募集、运营阶段，监管对象包括管理人、托管人、投资顾问和外包机构在内的众多参与者，监管手段以信息披露机制为核心、辅之以撤回权制度、合同内容控制和内部风险控制等多项监管手段。与管理人登记的非实质性审查（宽进）形成反差的是，事中监管体系以基金募集运作规范化和投资者保护为出发点，各项自律规则均体现协会对管理人的"严管"思路。然而，严管并不意味对合格投资者提供过度保护，协会在制定各项保护制度时应以投资者受保护需求为前提，在基金运营效率和投资者保护之间寻找黄金分割点。卖者有责是手段，买者自负为目的，切勿颠倒。

（三）事后自律：追责

事后自律的核心是"追责"，即协会对违规主体违反事前、事中自律规则的制裁。从自律规则和披露的制裁信息可知，制裁对象为管理人、工作人员和中介机构及其人员。协会依违规主体的违规程度不同对制裁措施进行了富有层次的架构：对管理人而言，制裁措施从轻到重依次为限期改正、行业内谴责、加入黑名单、公开谴责、暂停受理或办理相关业务、撤销管理人登记等纪律处分；对相关工作人员而言，从轻到重的制裁措施依次为参加强制培训、行业内谴责、加入黑名单、公开谴责、认定为不适当人选、暂停基金从业资格、取消基金从业资格等。在自律规则中，协会规定了其与证监会和司法机构的制裁权限相衔接问题，存在严重违规时，协会可将相关机构或人员移送中国证监会或司法机关处理。

事后自律是事前、事中自律得以实施的必要保障。与其他行业自律性规则相比，协会设置了高密度、多层次的制裁措施，且将制裁措施直接与执业权限相关联，结合目前管理人对合规问题的重视程度和基金运作实践，协会的事后自律是有效、适当且具有威慑力的(Christian Hofmann, 2010)。①

四、监管趋势前瞻

2017年2月13日,《证券期货经营机构私募资产管理计划备案管理规范第4号》(简称《4号文》)正式施行。据此,投资于热点城市普通住宅地产项目的私募资产管理计划将暂不予备案。《4号文》的实施勾勒出大资管时代背景下全面监管的特点:反应更敏锐、落地更快速、规制更细化、监管更具穿透性。此外,目前我国股权基金规模远超证券基金,协会将差异化监管作为重要原则予以推广,然而已有监管规则并未从两类基金的风险差异和投资者保护需求差异出发构建有效的差异化监管体系。相信这会成为协会在未来着力补充和推进的方向。最后,原本泾渭分明的公私募分界线正趋于模糊,"私转公""公奔私"并不鲜见,在金融业不同子行业经营壁垒逐步打破的大背景下,可以预见针对混业经营的综合监管将是大势所趋。②

---

① Christian Hofmann. Die Pflicht zur Bewertung der Kreditwuerdigkeit, NJW 2010,1782.

② 李洁雪:《监管与爆发:十万亿私募来时路》,http://www.21jingji.com/2017/1-10/1NMDEzNzhfMTQwMTU1NA.html, 2017年2月13日访问。

知识产权证券化：理论分析与应用研究

李建伟*

摘　要：知识产权证券化是近年来美国、日本等发达国家知识产权开发模式的重要创新，我国相关研究及实践还是空白。本文从理论层面对知识产权证券化的概念、合理性、交易结构与程序等基本问题进行研究，并对相关典型案例及其发展进行了考察。在此基础上，分析论证了知识产权证券化在我国的发展可行性，提出了相关立法和政策建议。

关键词：知识产权；无形资产；证券化；金融

随着知识经济的兴起与知识产权制度的确立，知识产权已成为现代企业重要的生产经营要素，并成为一国经济实力的重要象征①。知识产权开发经营从而成为各国共同关注的课题。知识产权证券化（Intellectual Property Securitization，简称 IP Securitization）即为美国等发达国家近年来致力于此的一种创新探索②。美国投资银行界与知识产权界将其作为未来重大的证券化资产项目③，世界知识产权组织（WIPO）也将其作为未来的一个"新趋势"④。

---

* 李建伟，上海社会科学院法学研究所特聘研究员。本文系上海市软科学基金课题"技术创新的金融、法律支持系统研究"成果之一。本文相关观点得到了美国南卫理大学法学院（Dedman School of Law，Southern Methodist University）Joseph J. Norton 教授、Xuan-Thao Nguyen 教授的讨论与建议，在此深表谢意。文中如有错误或疏漏由作者负责。本文原刊于《知识产权》2006 年第 1 期。

① Bruce Berman, ed. , From Ideas to Assets: Investing Wisely in Intellectual Property (Wiley, 2002), p44.

② 在这一领域做出开创性探索的学者及研究人员包括：Erica Morphy，Borad. Ronald，Xuan-Thao Nguyen，Joseph A. Agiato，Bruce Berman，Sean F. Kane Takahiro Kobayashi，Lisa M. Fairfax 等。

③ Erica Morphy, Intellectual Property Securitization-A Potential Gold Mine? World Trade Executive, Inc. International Securitization & Structured Finance Report 30September 2002.

④ The Securitization of Intellectual Property Assets-A New Trend. 参见世界知识产权组织（WIPO）网站，http://www. wipo. int/sme/en/ip_business/finance/securitization. htm。

基于此，在知识经济兴起的21世纪，对该新型探索及其在我国的应用进行研究，具有其必要性和重要价值。

一、知识产权证券化：理论分析

（一）定义与实质

所谓知识产权证券化，是指发起人（Originator）[①]将其具有可预期现金收入流量的知识产权（称为基础资产），通过一定的结构安排对基础资产中风险与收益要素进行分离与重组，转移给一个特设载体（Special Purpose Vehicle, SPV）[②]，由后者发行一种基于该基础资产所产生的现金流的可以出售和流通的权利凭证，据以融资的过程。[③]

知识产权证券化实质是一种基于知识产权的结构性融资，是随着金融对社会经济的不断渗透，现代技术创新已经发展到技术金融一体化阶段的重要表现，[④]是世界经济发展到知识经济阶段资产证券化的一种创新探索。知识产权证券化的目的在于通过金融安排最大限度地开发知识产权，充分利用其担保价值。知识产权证券化作为知识产权开发运营模式的创新，对知识产权发展及其制度完善具有重要意义。

（二）知识产权证券化的特点

知识产权证券化与传统资产证券化如应收账款证券化、住房抵押贷款证券化等相比较，具有其特殊性，主要表现在以下方面：

首先，相对于传统基础资产单一、简单的权利人而言，知识产权证券化基础资产上的权利人及其法律关系相对复杂。例如，专利可能存在共同发明人，可能含有得到合法授权的在先专利；商标可能已授权给其他主体从而导致商

---

① 亦有译为"原始权益人""创始机构"。

② 特设载体系由发起人设立，以知识产权证券化为唯一目标的独立的信托实体。特设载体一般设在免税国家或地区，设立时只投资最低限度资本。同时，特设载体经营有严格的法律限制。例如，不能发生证券化业务以外的任何资产和负债，在对投资者付讫本息之前不能分配任何红利，等等。

③ 由于知识产权证券化研究尚处于发展初期，即使在其发源地美国，到目前为止并无立法机构或政府部门对其作出统一定义。基于对知识产权证券化的实质及过程考察，本文对知识产权证券化定义做上述界定。

④ 关于"技术金融一体化"的论述，参见作者《技术金融一体化形成机理及其政策含义》，载于《中国科技论坛》2004年第3期。

标权利人多元化;版权存在个人作品、职务作品问题乃至继承人继承权问题;电影放映权则涉及剧本作者、主题音乐作者等相关权利人授权问题。这样,知识产权证券化基础资产的权利主体及其各自权利的全面明晰界定,就成为必经程序,也成为一个难点。

其次,转移至特设载体的资产与传统资产项目不同。由于知识产权的特殊性,通常其本身不会独立带来未来收益,而必须与其他有形资产甚至无形资产相结合,才能实现商业运营,产生收益。这样,在知识产权证券化中,基础资产以知识产权为主,但通常并不局限于知识产权本身,而往往延伸到相关必要无形或有形资产。如就某项专利证券化而言,相关必要生产设备等有形资产一般也会纳入基础资产范围。

再次,就其过程而言,由于知识产权自身特点,导致知识产权证券化难度增大。知识产权固有的依附性、时间性、地域性、可复制性、不稳定性、无形性等特点,导致其收益现金稳定性降低,不确定性增大。这样,非经专业制度安排,投资风险难以降低到满意程度,难以吸引到足够投资者。这对知识产权证券化整个制度的系统设计提出了更高的创新要求。

(三) 知识产权证券化的意义与合理性

就宏观层面而言,作为在知识产权开发模式与融资模式的双重创新,知识产权证券化对于一国知识产权产业深化发展具有重要意义。知识产权及其制度是促进人类经济发展、社会进步、科技创新、文化繁荣的重要要素与基本制度。[①] 随着世界科学技术的迅猛发展和经济全球化进程的加快,知识产权制度在经济和社会生活中的地位得到历史性提升。但正如诺贝尔经济学奖获得者萨缪尔森(P. A. Samuelson)所指出的,“没有理论上的理由说明技术创新为什么一定会保持很高的水平……并没有经济的或技术的理由断定未来一定会继续前一世纪强劲增长的历程”,即知识产权发展需要一个良好的支持性制度安排,否则就可能停滞不前。[②] 知识产权证券化使金融业配合知识产权的产业需求,进一步开发了知识产权的商业价值,拓宽了知识产权开发利用及投资渠道,完善了其机制。在美国等发达国家已经开始积极确立并实施知识产权国

---

① 中华人民共和国国务院新闻办公室:《中国知识产权保护的新进展》白皮书,2005 年 4 月。

② 保罗·A. 萨缪尔森、威廉·D. 诺德豪斯:《经济学》(第 14 版),北京经济学院出版社 1996 年版,第 1018 页。

家战略的竞争态势下，知识产权证券化对于我国知识产权产业发展及其竞争实力增强，具有十分重要的现实意义。

就微观层面而言，知识产权证券化对于各参与主体都具有诸多合理性和优势。对发起人而言，通过知识产权证券化，可将本来需要数年才能实现的知识产权收益在当期提现，改善现金流状况，提高资金周转率；还可以利用所得现金进行后续研发、推进市场发展。① 同时，由于知识产权证券化为债权融资且为无追索权债券的法律规定性，其对发起人对知识产权的产权权益没有影响②，从而实质上成为一种知识产权未来收益的保险单。③ 对购买者而言，知识产权证券化为其提供了新的投资对象。购买者以通常很低的折扣率一次性付款购买知识产权支持发行的证券，④这可能给其带来巨额收益。同时，知识产权证券的市场流动性使得购买者可以在需要时进行变现，且证券化的知识产权可以在购买者公司破产时免于列入清算资产。⑤ 对投资银行等中介机构而言，知识产权证券化为其开创一个空间巨大的新业务领域。通过知识产权证券化结构设计与优化、价值评估、资信评级、合同条款准备等专业服务的发展与提供，可以获得相应的业务收入。

(四) 知识产权证券化的操作原理

知识产权证券化本身是一个复杂的金融操作。同时，知识产权种类众多、特性各异，每个知识产权证券化项目都有其特殊之处，甚至同一类知识产权的证券化安排都有所不同。基于此，本文仅探讨知识产权证券化具有共性的结构、规则与程序。

---

① 这对于处于创业阶段、亟需现金的公司来说颇具意义，即使将发行费用以及折现率都考虑在内。

② 相反，对于风险资本融资或发行 PIPE 而言，原公司股东权益通常会有较大影响或让渡。

③ 这一发现应归功于 Joseph A. Agiato，其在论文"The basics of Financing Intellectual Property Royalties, Credit Analysis of Intellectual Property Securitization: A Rating Agency Perspective"首先提出这一观点。论文参见：Berman, Bruce (ed.): From Ideas to Assets Investing Wisely in Intellectual Property Intellectual Property-General, Law, Accounting & Finance, Management, Licensing, Special Topics. John Wiley & Sons, February 2002。

④ 类似于垃圾债券(junk bond)的折扣率。

⑤ 按照知识产权证券化的法律安排，知识产权通常被转入通常设立于某离岸中心的特定特设载体。知识产权证券的购买者对于 SPV 产生的收益具有合同权益，但对于知识产权本身则无保管权益，更无产权权益。所以即便购买者破产，法院只能将购买者的其他资产分配给债权人，知识产权证券本身则不能列为破产资产进行清算。

1. 知识产权证券化的基本结构

通常，知识产权资产证券化过程牵涉甚广，除了知识产权市场发育状况、外部政策法律完备性以外，各专业机构分工合作是成功与否的关键。在证券化过程中，需有各种机构之参与，以担任不同职能。知识产权证券化主要参与之专业机构包括：发起人、特设载体、信用评级机构、信用增强机构、托管人、商业银行、券商、证券投资者、律师事务所、会计师事务所等。知识产权证券化的基本参与主体及其交易结构如图 1 所示。

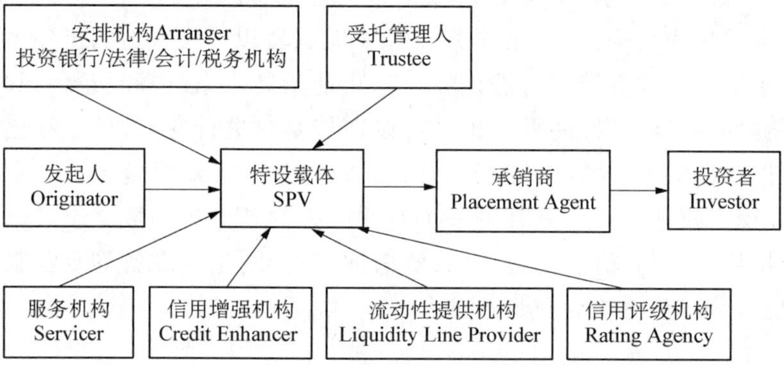

图 1　知识产权证券化交易结构示意图

图 1 揭示了知识产权资产证券化的基本交易结构，即在投资银行、法律、会计及税务机构的专业安排下，发起人将知识产权组合，转让出售给特设载体；特设载体通过信用增级使其受让的知识产权资产信用级别得以提升，并维持在一定投资级别水平；然后通过承销商，以知识产权资产为基础向投资者发行证券；特设载体用发行证券筹集的资金，支付发起人转移知识产权资产的对价，用受让的知识产权运营管理产生的收入向证券投资者支付证券本息。

2. 知识产权证券化的基本程序

知识产权证券化主要包括以下基本运作程序：

首先，确定资产证券化目标，组成知识产权资产池。发起人首先要分析自身融资需求，确定证券化目标；然后，对自己拥有的能够产生未来现金流量的知识产权进行清理、估算考核，根据证券化目标确定将哪些知识产权用于证券化；最后，把这些知识产权组合，形成一个资产池。[①]

① 需要强调的是，发起人对资产池中的每一项资产都需拥有清晰的所有权；一般情况下还要使资产池的预期收入流大于对资产支持的证券的预期还本付息额。

其次，组建特设载体，实现真实出售。特设载体成立之后，与发起人签订买卖合同，发起人将资产池中的资产过户给特设载体。这一交易必须以真实交易方式进行，且买卖合同中应明确规定：一旦发起人破产清算，知识产权资产池不列入清算范围，从而达到“破产隔离”的目的。①。特设载体是证券化的核心，可以以公司形式、有限合伙形式或者通过信托契约来建立

第三，完善交易结构，进行内部评级。特设载体要与发起人指定的中介机构签订服务合同，与发起人一起确定托管银行并签订托管合同，与一定银行达成必要时提供流动性支持的周转协议，与证券承销商达成承销协议，以完善交易结构；然后，请信用评级机构对这个交易结构及设计的知识产权支持证券进行内部评级。一般而言，此时内部评级结果并不理想，较难吸引投资者。

第四，信用增级。为改善发行条件，特设载体必须提高知识产权支持证券的信用等级。信用增级方式有三种：一是破产隔离，即通过剔除发起人破产风险对投资收益的影响，提高知识产权支持证券信用等级。二是划分优先证券和次级证券，使优先证券清付本息先于次级证券，即清付优先证券本息后，再对次级证券还本。这样降低了优先证券风险，提高了它的信用等级。三是金融担保，即特设载体向信用级别很高的专业金融担保公司办理金融担保，由担保公司向投资者保证特设载体将按期履行还本付息义务。这样，可将知识产权支持证券信用提升到金融担保公司的信用级别水平。

第五，进行发行评级、安排证券销售。信用增级后，特设载体请信用评级机构对资产支持证券进行正式的发行评级，将评级结果向投资者公告。由证券承销商负责向投资者销售资产支持证券。由于这时知识产权支持证券已具备了较好的信用等级，能够以较好的发行条件出售。

第六，安排证券销售，向发起人支付购买价格。在信用提高和评级结果向投资者公布之后，由投资银行采用包销或代销方式向投资者销售证券。特设载体从投资银行处获取证券发行收入，再按知识产权买卖合同中规定的价格，把发行收入的大部分支付给发起人。至此，发起人通过知识产权筹资的目的已经达到。

第七，实施资产管理，建立投资者应收积累金。发起人指定一个资管理公司或亲自对知识产权资产池进行管理，负责收取、记录由资产池产生的现金收

① 破产隔离使知识产权资产池的质量与发起人自身信用水平分割开来，投资者对资产支持证券的投资环境不会再受到发起人信用风险影响。

入，并把这些收款全部存入托管银行的收款专用账户。托管银行按约定建立积累金，准备专门用于对特设载体和投资者还本付息。

最后，按期还本付息，对聘用机构付费。按照规定的期限，托管行将积累投入付款账户，对投资者付息还本，向聘用的各类机构支付专业费用。由资产池产生的收入还本付息、支付各项费用之后，若有剩余则全部退还给发起人。至此，整个知识产权证券化过程即告完成。

二、知识产权证券化：国际发展

（一）历史回顾与典型案例

知识产权证券化在发达国家的发展也仅有数年时间，目前尚未形成产业化。在此，我们将具有代表性的典型案例做一回顾，。

（1）鲍伊债券。1997年，英国超级摇滚歌星大卫·鲍伊（David Bowie）因卷入一场与政府的税务纠纷而急需现金，在金融界创新性金融安排下，[①]以其25张个人专辑版权收入为担保，发行了10年期利率7.9%、总额度为5 500万美元的债券，金融界称之为鲍伊债券（Bowie bonds）。[②] 在知识产权证券化的历史上，鲍伊债券具有里程碑意义。[③] 此次音乐版权证券化的实施，把传统资产证券化局限于抵押住房贷款、汽车按揭贷款、信用卡贷款、应收账款等方面的应用又向前推进了一大步，首次将知识产权纳入证券化的视野，开启了知识产权证券化的新纪元。

（2）梦工厂影视。鲍伊债券后，美国梦工厂电影公司（Dream works）的知识产权证券化是较经典的案例。1997年，摩根大通（JP Morgan Chase）为梦工厂拟拍摄的14部影片付出了10亿美制作费用。这批债券的发行采用了精确

---

① 负责策划此次发行的投资银行家是纽约的 David Pullman。之后他又为 James Brown，Marvin Gaye，Ashford & Simpson，Holland Dozier Holland 等名人，发行了同样性质的债券。他本人也因此于2000年被美国《时代》杂志选评为未来最有影响的创新者之一。

② Bowie bonds 发行取得了圆满的成功，最后全部被保诚人寿美国公司（Prudential Insurance Company of America）购买。当时，普通投资者并不能直接投资 Bowie bonds，因为最初的交易采取的是面向机构投资者的私募发行方式。

③ Bowie bonds 的成功，开启了知识产权证券化的大门，在其后的短短数年时间内，知识产权证券化获得了迅速发展。《From Ideas to Assets》（Bruce Berman，New York，John Wiley & Sons，Inc，2002.）书中记载的数据显示，1997年当年的知识产权证券化交易总额就达到了3.8亿美元，1998年交易总额有所回落，之后在1999年又达到4.68亿美元，2000年更是创下11.37亿美元的好成绩。

的数据模型来预测，精确计算的还本付息压力使电影公司不得不严格控制制作成本。2002 年，梦工厂以已经发行和旗下工作室将要制作的部分电影未来利润为支持，又发行了 10 亿美元的债券。由于富利波士顿金融公司(Fleet Boston Financial)和摩根大通两家著名投资银行的介入，标准普尔(Standard & Poor's)和穆迪(Moody's)都给了这个债券最高的"AAA"投资级别。JP 摩根旗下一家财务公司和富利国民银行(Fleet National Bank)旗下的老鹰投资基金(Eagle Fund)买下了其中 1.2 亿美元债券，其余由另外 7 家金融投资公司包揽。

(3) 药业特许公司。在专利证券化方面，药业特许公司(Royalty Pharma)的两个项目是目前已知的经典案例。药业特许公司是美国一家经常从大学、生物科技公司、药品生产公司购买药品专利的公司。2000 年 6 月，药业特许公司对耶鲁大学的艾滋病治疗药物"Zerit"专利进行了资产证券化处理，设立了 BioPharma Royalty Trust(SPV)。在发行了 1.15 亿美元债券和其他证券后，以 1 亿美元收购了耶鲁大学此项专利。[①] 2003 年上半年，药业特许公司又将 13 种药物专利权组成了资产池。通过瑞士信贷第一波士顿，发行了 2.25 亿美元多种投资券。穆迪和标准普尔为这次发行都给出了"AAA"的投资级别。

(4) 足球产业证券化。1998 年 5 月，西班牙皇马(Real Madrid)足球俱乐部通过把来自阿迪达斯公司(Adidas)的赞助收入证券化筹得 5 000 万美元。2001 年初，"英超"利兹联队在财务状况开始恶劣的情况下，以其未来 20 年的门票收入作为支持发行了 7 100 万美元的资产证券化债券，用于购买顶级球员。债券持有人每年收益大约 700 万美元。2002 年 5 月，足球劲旅"意甲"帕尔玛队也进行了一项涉及 9 500 万欧元的资产证券化。它的支持主要由资助商收入、广告收入、商标收入和电视转播权的收入构成。菲奥迪特公司(Fiordilatte)承担了特设载体的功能，发行了 A、B 两种债券。后来，欧洲大陆又陆续有英超阿森纳队等几支球队进入了知识产权证券化的行列。

(5) 其他案例。2001 年 4 月 25 日，挪威石油地质服务公司(Petroleum

---

① 值得注意的是，2002 年 11 月，BioPharma Royalty Trust 由于连续三个会计报告季度违反协定，SPV 被迫提前摊销，导致该笔交易失败，提示了知识产权证券化的复杂性和风险。一般认为，这主要归咎于生产商 Bristol-Myers 在 2002 年下半年折价出让了"Zerit"的生产权，导致"Zerit"的销售出现问题。另外，Royalty Pharma 的估价失误也是一个问题，如 2003 年，"Zerit"实际销售额竟低于预测值 48%。获得了 1 亿美元现金的发起人即耶鲁大学是这笔交易中真正的赢家，因为这次交易的设计无"追索权"，所以无论药品卖得怎么样，耶鲁大学也不用负责。

Geo Services)宣布,通过把油、气勘探的地震数据库的未来收益进行证券化筹资获得成功。[1] 2002 年 2 月,日本实现了"基于某一系列流行电影的电视播放权的无追索权贷款"。继而 2003 年 3 月出现了首个专利证券化的案例,2003 年 10 月则出现了"基于光盘和录像带传播权的无追索权贷款"。[2] 最近的著名案例是,2005 年 5 月,美洲银行以披头士(Beatles)唱片专辑. 50%权益为担保,将其总额为 2.7 亿美元的贷款打包出售给了福特雷斯投资集团公司(Fortress Investment Group LLC)。毋庸置疑,随着投资者对这些知识产权这一新型资产类别更为熟悉,发行人不断探索更多元化的融资途径,今后将会出现更多富有创意的知识产权证券化类型。

(二) 分析与评价

综观这些案例,我们可以看到,近几年中,美国等发达国家知识产权证券化逐步发展,从音乐版权、电影版权到药物专利权再到足球电视转播权,甚至油气勘探资料等,都纳入证券化的范围。由此可见,虽然知识产权作为"非常规资产"具有与传统的证券化资产不同的特点,导致其证券化复杂性及难度提高,但由于两者实质上都具备资产证券化的最基本要素——可预期的未来现金流量。在创新性金融工程制度安排下,知识产权证券化具有其合理性和客观基础。21 世纪现代经济已发展到知识经济阶段,在知识产权对社会经济的重要性、影响力的日益增大、金融工程技术日益发展的背景下,知识产权证券化前景广阔,意义重大。

三、知识产权证券化:中国应用前景

与国外知识产权证券化的蓬勃发展相比较,目前知识产权证券化在我国无论在理论研究还是经济实践方面,都尚处于空白状态。但本文经分析认为,我国已经具备知识产权证券化的基本条件,应逐步建立完善相关法律制度和政策,发展相关中介机构,推动这一具有重大意义的知识产权开发及融资模式在我国的发展。

---

① http://www.pgs.com/press/news/feed169841.html.

② Takahiro Kobayashi, Mori Hamada & Matsumoto, Internatinal Financial Law Review, Supplement-Japan.

（一）我国知识产权证券化的可行性分析

综合考察我国知识产权及金融业发展状况，推行知识产权证券化已经具有可行性。具体表现在以下方面：

首先，知识产权法规律体系日趋完善，知识产权证券化法制环境基本建立。自20世纪80年代以来，我国相继实施了《商标法》《专利法》《著作权法》《计算机软件保护条例》《植物新品种保护条例》《集成电路布图设计保护条例》《著作权集体管理条例》《音像制品管理条例》《植物新品种保护条例》《集成电路布图设计保护条例》《知识产权海关保护条例》《特殊标志管理条例》《奥林匹克标志保护条例》等一系列知识产权法律法规，并颁布一系列相关的实施细则和司法解释，建立起了比较系统和完善的知识产权法律体系，以及具有中国特色的司法和行政执法"两条途径，并行运作"的知识产权执法体系。[①] 我国刑法分则规定了假冒注册商标罪，销售假冒注册商标的商品罪，非法制造、销售非法制造的注册商标标识罪，假冒专利罪，侵犯著作权罪，销售侵权复制品罪，侵犯商业秘密罪7个侵犯知识产权的罪名，从刑法层面加强了对知识产权的保护。在侵权救济方面，相关知识产权侵权民事赔偿法律制度也已建立。知识产权法律体系的建立完善，为知识产权证券化提供了法制保障，营造了良好的法制环境。

其次，我国适宜证券化的知识产权已有相当积累，知识产权交易量已具规模。经过数十年的快速发展，我国目前适宜证券化的知识产权已有相当积累，为推行知识产权证券化打下了良好基础。就专利而言，从1985年4月1日—2004年年底，国家知识产权局共受理专利申请2 284 925件，年均增长率达18.9%。其中，国内申请1 874 358件，国外申请410 567件，分别占总量的82%和18%。2004年，国家知识产权局共受理专利申请353 807件，比上年的308 487件增长14.7%。就商标而言，2000—2004年的5年里，商标注册申请量分别连续跃过20万件、30万件、40万件和50万件四个大关，申请总量达190.6万件。截至2004年年底，中国的注册商标累计总量已达224万件。就集成电路布图设计而言，截至2004年年底，国家知识产权局共收到集成电路布图设计登记申请682件，登记公告并发出证书571件。[②] 在如此众多的知识

① 中华人民共和国国务院新闻办公室：《中国知识产权保护的新进展》白皮书，2005年4月。

② 中华人民共和国国务院新闻办公室：《中国知识产权保护的新进展》白皮书，2005年4月。

产权中，不乏市场认知度较高、适宜进行证券化的项目。[①]

再次，知识产权证券化专业中介服务机构已经有相当发展。随着我国市场经济体制的发展，我国投资银行、评估机构、评级机构、法律服务机构、会计及税务服务机构等中介服务机构数量及其专业服务水平已经有相当发展，已初步具备为知识产权证券化提供相关专业服务的能力。同时，国外著名投资银行、评估机构、评级机构以及会计及税务服务机构也开始或准备在我国开展业务，这样就为我国知识产权证券化的顺利开展提供了良好的中介服务环境。如2002年12月11日，国内首家专门从事知识产权评估的机构——上海知识产权资产评估公司成立，为社会提供专利、商标、特许权、专有技术、文学作品著作权等知识产权评估。此外，上海还在全国率先研制成功了一套专利评估系统。符合市场需要的知识产权评估体系在我国已初步形成。

第四，资产证券化的开展，为知识产权证券化的推广创造了有利条件。改革开放以来，我国已经有一系列资产证券化的实践。1992年，三亚市开发建设总公司通过发行地产投资券的形式融资开发丹州小区，其融资过程已经具备了资产证券化的某些基本特征，可以看作我国资产证券化的一次早期试验。1998年中国国际海运集装箱(集团)股份有限公司与荷兰银行合作，成功完成3年期8 000万美元的应收款证券化融资项目。2005年3月，经国务院批准，信贷资产证券化试点工作正式启动。国家开发银行和中国建设银行作为试点单位，将分别进行信贷资产证券化和住房抵押贷款证券化试点。上述资产证券化工作的试点，将起到以点带面的作用，既为资产证券化在今后的广泛运用打下基础，也为知识产权证券化的推广扫除障碍，还可以起到普及宣传、转换投资者投资理念的作用。

第五，知识产权证券化符合当前我国政府政策导向。2004年2月国务院颁布《关于推进资本市场改革开放和稳定发展的若干意见》，强调指出应“建立以市场为主导的品种创新机制，研究开发与股票和债券相关的新品种及其衍生产品。加大风险较低的固定受益类证券产品的开发力度，为投资者提供储蓄替代型证券投资品种。积极探索并开发资产证券化品种”。上述政策文件为知识产权证券化在我国的探索发展，提供了法律依据和政策支持。

① 数据显示，2004年度以来国内仅在上海市联合产权交易所成交的专利、商标、著作权、专有技术及各类无形资产和技术产权，交易量就已经接近1 000亿元人民币。参见《京沪深三地创业政策环境对比》，《科技创业》2005年第6期。

第六，我国推行知识产权证券化具有后发优势。虽有人会质疑我国连不动产与金融资产证券化的发展均未成熟，现在就要谈发展知识产权证券化似嫌过早。但事实是，自 1997 年鲍伊证券成功发行 8 年以来，世界范围内的知识产权证券化取得了迅猛发展，涌现出的许多成功案例，反复验证了知识产权证券化的可行性；并且从最早的音乐版权证券化到后来的电影版权证券化、药品专利证券化等，知识产权证券化在经历了大规模的市场操作之后，逐步形成了比较成熟的法律规范体系。对此，我国完全可以借鉴国际经验，利用后发优势，在知识产权证券化方面取得一定创新发展。

（二）我国知识资产证券化的立法与政策建议

知识产权证券化是一种市场行为，但其发展离不开良好的制度支持。在我国知识产权证券化发展初期，通过相关立法及导向性政策，建立高效安全的市场体系和交易规则，进行有效的监督管理和风险控制，是知识产权证券化健康发展的必要条件。基于此，笔者提出以下对策建议。

第一，成立专门的知识产权证券化主管机构。知识产权证券化是一项对于我国知识产权事业与金融业创新发展均具有重要意义的创新。为促进这一制度创新的形成与顺利发展，应成立专门的机构，负责相关政策导向、可行性方案的研究完善、立法协调、试点推动以及监督管理工作。具体可由国家知识产权局单独，或与银行业监督管理委员会联合组织成立专门办公室或小组，作为我国知识产权证券化的主管机构，指导相关工作的开展。

第二，完善相关法律法规。我国知识产权证券化相关法律法规目前存在法律冲突和法律空白两大问题。就法律冲突而言，知识产权证券化在设立、功能等诸多方面与我国《民法通则》《公司法》《破产法》《企业债券管理暂行条例》部分条文相抵触。如特设载体的法律规定性与我国《公司法》《破产法》抵触。就法律空白而言，知识产权证券化中证券定义、真实销售的鉴定、税收、产品交易、信息披露等方面缺乏相关法律规定，如特设载体的法律规范、证券化会计处理等基本上是一片空白。

第三，推动中介服务结构的发展完善。知识产权证券化涉及环节众多，专业性强，必须依靠投资银行、知识产权价值评估机构、评级机构、法律服务机构等众多机构所组成的中介服务体系。而目前，我国这一服务体系建设相对滞后，总量尚不足，专业化水平还不是相当高。为了保障知识产权证券化的顺利发展，必须建立完善知识产权证券化相关中介服务结构体系，提高其专业水平。可以在法律和政策允许的条件下，以合资等方式引进国外国际领先的中介服务机构及其技术。

第四，制定相关优惠政策。作为一项对于我国技术创新事业和金融业发展都具有重大意义的创新探索，在其发展初期，应制定一定的合理优惠政策促进其发展。例如，合理的税收政策，能够降低资产证券化的融资成本；合理的产业政策，能够促进技术创新及知识产权产业的顺利发展及产业集群的形成；合理的金融政策，能够推动知识产权证券化投资主体的多样化及二级市场的发展。而上述导向性政策，将有效推动知识产权证券化的创新发展。

第五，建立健全监管组织与监管制度，防范风险。知识产权证券化是以知识产权为载体的金融创新，而金融运作一般蕴含着一定风险。美国曾为此付出过代价，[①]之后即在完善资产证券化监管、修订相关法规方面作了大量工作。基于知识产权证券化理论的高难度性和实践上的复杂性，以及我国证券市场的特定国情，在合理推动知识产权证券化发展的同时，必须注意建立健全相关监管体系与监管制度，以防范潜在风险，保障其健康发展。

参考文献：

[1] Bernhard H. Fischer, "New Patent Issue: BioPharm Royalty Trust?" Bruce Berman (editor), *From Ideas to Assets: Investing Wisely in Intellectual Property*? New York, John Wiley & Sons, Inc..

[2] Dominic Bencivenga, "Bowie Bonds: Pioneer Deal Uses Copyright to Raise Capital", *N.Y.L.J.*, May 15,1997

[3] Erica Copulsky,"Can Ethan Penner Securitize Rock 'n' Roll?" *Investment Dealers' Digest*, Dec. 15,1997.

[4] F. M. Sherer and Dietmar Harhoff "Technology Policy for a World of Skew-Distributed Outcomes?" *Elsevier Science*, 2000.

[5] Goldie Blumenstyk, "Turning Patent Royalties into a Sure Thing?" *The Chronicle of Higher Education*, October 5,2001.

[6] Omar L. Gallaga, "The Sound of Music Is Making Money", *Austin Am. Statesman*, Mar. 29,1999.

[7] Robert Merton, "Application of Options Pricing Theory: Twenty Five Years Later?" *The American Economic Review*, June 1998.

[8] Ronald S. Borod,"An Update on Intellectual Property Securitization", *Journal of*

① "安然事件"中，该公司创立了许多特设载体(SPV)，使财务报表复杂化，从而使分析人员根本无法看到公司的真实面目，最后酿成重大证券风险及丑闻。

Structured Finance, Winter 2005.

[9] Ronald S. Borod, "Clearing the Hurdles for IP Securitization", *Intellectual Asset Management/IP Finance Supplement*, October/November 2005.

[10] Sam Adler, David Bowie, "$55 Million Haul; Using A Musician's Assets To Structure A Bond Offering", *Ent. L. & Fin.*, August 1997.

[11] "Sampling and a Proposed Compulsory License Solution", *Miami Ent. & Sports*. L. Rev. 65.

[12] Vinod Kothari, "Securitisation: The Financial Instrument of the New Millennium?" Calcutta, Academy of Financial Services, 1999.

民法、商法

对姓名所蕴含商业利益的保护

孟祥沛*

摘　要： 姓名权人对本人姓名背后所蕴含的商业利益所享有的权利是一种源于人格权、与人格权紧密相关但又不同于人格权的财产性权利，应通过立法将其规定为一项专门的民事权利(形象权)。在现行法制对形象权尚无明确规定的情况下，法院审理相关案件，如社适用《商标法》《反不正当竞争法》等法律法规时，则优先适用其对姓名所蕴含的商业利益予以保护；确无具体法律规范可适用时，可以适用民法基本原则。司法实践中所采取的将此种财产性权利纳入姓名权进行保护或者通过著作权予以保护的做法有所不妥。在判断是否构成侵害姓名所蕴含的商业利益时，要以营利目的、违法行为、因果关系、主观恶意等因素为标准。

关键词： 姓名权；商品化权；人格权；形象权；公开权

2012年3月，美国著名篮球运动员 Michael Jordan(迈克尔·乔丹，简称"乔丹")向上海市第一中级人民法院起诉中国乔丹体育股份有限公司(简称"乔丹体育")侵犯其姓名权。在此案尚未审结之际，2013年3月29日，乔丹体育向福建省泉州市中级人民法院起诉乔丹侵犯其名誉权。乔丹与乔丹体育之间的侵权纠纷引发了人们对于姓名所蕴含商业利益如何依法进行保护的思考。尤其是，姓名权人对本人姓名背后所蕴含的商业利益所享有的使用和支配的权利作为一种财产性权利，是否包含于作为一种传统人格权的姓名权之中？采用何种立法模式既能符合民法基本理论，又能对姓名所蕴含的商业利益进行充分的保护？在我国当前法制框架下的司法实践中，应如何保护姓名所蕴含的商业利益？这些问题的研究既有助于厘清姓名权理论上的纠葛，也

---

* 孟祥沛，上海社会科学院法学研究所研究员。原刊：《苏州大学学报(哲学社会科学版)》2015年第6期。

将为司法实践中解决相关纠纷提供有益的借鉴。

一、姓名所蕴含的商业利益与姓名权

随着市场经济的发展,人的姓名之中所蕴含的商业利益越来越受到商家的青睐并在经济生活中得到广泛的开发和应用。尤其是,以名人姓名以及含有名人姓名的文字作为商标使用在产品和服务中,或者使用在广告宣传中,既容易吸引消费者的注意,又往往使消费者产生自然联想,将商家所提供的商品或服务与被使用姓名的名人联系起来,从而增强消费者对商品或服务的信赖与喜爱。例如,看到"李宁"牌运动服,人们自然而然会将该服装与被誉为"体操王子"的我国著名体操运动员李宁联系在一起,从而有助于迅速提升商品的声誉和知名度,为商标持有人、相关商品的生产者和销售者等一系列经营群体带来可观的经济利益。

于此情形,姓名权人对本人姓名背后所蕴含的商业利益所享有的使用和支配的权利已为人们所普遍承认,现实生活中也不乏姓名权人通过允许他人使用本人姓名从而获取经济利益的实例。的确,一个人的姓名之所以具有商业价值,潜藏着巨大的经济利益,这与该人的声誉以及社会知名度密切相关。而任何人想要拥有良好的声誉以及较高的社会知名度,就必然要在成名过程中付出一定的劳动,进行一定的物质和精神的投入,因此,姓名权人理所当然地有权对自己的劳动成果主张权利,而不能听任自己的劳动成果被他人非法地窃取或剥夺。但是,关于姓名权人对本人姓名所蕴含商业利益所享有的这种财产性权利的法律性质及其与姓名权的关系,学界一向存有争议。

关于姓名权的含义和范围,我国《民法通则》第 99 条明确规定:"公民享有姓名权,有权决定、使用和依照规定改变自己的姓名,禁止他人干涉、盗用、假冒。"可见,姓名权的内容主要包括姓名决定权、姓名使用权、姓名改变权三项基本权利,从中难以寻觅财产性权利的影子。值得注意的是,肖像权与姓名权同属人格权,但我国立法对肖像权和姓名权保护的禁止性规定却存在差异。《民法通则》第 100 条明确规定:"公民享有肖像权,未经本人同意,不得以营利为目的使用公民的肖像。"对于姓名权,《民法通则》却未有相似的禁止商业利用的规定。

传统民法理论认为,姓名权是一种典型的人格权,而人格权是"以与财产权、身份权不同的人格利益为基础的权利”[①]，人格权具有专属性、支配性、非财产性等属性[②]。如果将姓名权人对本人姓名背后所蕴含的商业利益所享有的权利归于姓名权，就会遇到一系列法理上难以回避又难以解释的问题。首先，姓名权如果包含财产性权利，这必然与姓名权作为人格权的非财产属性产生冲突。其次，人格权是民事主体的专属权，它由权利人单独享有，不得转让、抛弃和继承，也不得由他人代为行使。[③] 于此情形下，姓名权人部分转让姓名使用权、允许他人在商业活动中使用其姓名的行为都很难在法律上得到合理的解释。再次，人格权作为一项与个人人格所始终伴随而不可分离的民事权利，它始于出生、终于死亡，一旦自然人死亡，则人格权归于消灭，但姓名所蕴含的商业利益并不随着姓名权人的死亡而消失，它甚至可以在姓名权人死亡之后长期存在。如何解决姓名权人对本人姓名背后所蕴含的商业利益所享有的财产性权利与姓名权作为一项人格权的冲突，促进对姓名中所蕴含的商业利益的依法保护，成为法学理论界和实务界共同面对的难题。

二、理论上对姓名所蕴含商业利益的保护模式

关于对姓名所蕴含商业利益的民法保护，结合法学界关于姓名权性质的争议，可以将学者的观点主要归纳为三种基本模式。

模式一：突破传统民法对人格权法律属性的认识，认为人格权亦包含部分财产性的权利且这部分权利可以有限转让，在此前提下将姓名所蕴含之财产性权利仍归于人格权之中，作为一种抽象人格权[④]或商品化的人格权[⑤]而加以保护。“人格权的内容中包含有限转让权，权利主体对其部分权利客体的利用可以适当转让他人。”[⑥]既然人格权具有包容姓名所蕴含之财产性权利的空间，那么将该项权利归入人格权加以保护自然被认为是顺理成章的事。此种模式通过扩大人格权的外延从而将姓名中所蕴含的财产性权利纳入人格权之中予以保护。

① 申政武：《论人格权及人格损害赔偿》，《中国社会科学》1990 年第 2 期。
② 姚辉：《人格权法论》，中国人民大学出版社 2011 年版，第 48—52 页。
③ 谢怀栻：《论民事权利体系》，《法学研究》1996 年第 2 期。
④ 杨立新：《人格权法》，法律出版社 2011 年版，第 324—338 页。
⑤ 王利明：《人格权法》，中国人民大学出版社 2009 年版，第 33 页。
⑥ 杨立新：《人格权法》，法律出版社 2011 年版，第 68 页。

模式二：克服单纯认定姓名权是人格权观点的缺陷，承认姓名权的二元本质，将姓名权分为人格性姓名权和财产性姓名权。这个思路完全跳出了将姓名权归于人格权的窠臼，它将姓名权视为一项综合性的民事权利而不只是一种人格权，认为姓名权包括人格性姓名权和财产性姓名权。财产性姓名权与人格性姓名权存在诸多差异：首先，财产性姓名权的“姓名”具有外在性，是一种消费符号，能够与主体分离，因此也可以让与或者继承。人格性姓名权的“姓名”具有内在性，是一种伦理符号，不能与主体分离，也不能让与或者继承。其次，财产性姓名权存在于经济领域，目的是获取经济利益。人格性姓名权存在于伦理领域，目的是人格的自由发展。再次，财产性姓名权的上位概念是形象财产权或人身性财产权，而人格性姓名权的上位概念是人格权。最后，财产性姓名权受到侵害时，权利人遭受的是财产损害，而人格性姓名权受到侵害时权利人遭受的是精神损害，两者救济的途径也不同。①

模式三：将姓名权人对本人姓名背后所蕴含的商业利益所享有的权利与权利人对其肖像、人格面貌、声音等因素中的商业利益所享有的财产性权利从姓名权、肖像权等民事权利中抽离出来并结合在一起，作为一项专门的民事权利而加以特别的保护。对于此种权利，学者使用或者建议使用的名称包括“商品化权”(merchandising rights)②、形象权③或公开权(right of publicity)④等，该权利的保护对象是民事主体身份特征的财产利益。

模式一存在明显的理论缺陷。尽管姓名中的财产性权利与姓名权人的人格存在紧密联系，但这种财产权毕竟不同于人格权，它具有明显的财产属性，可由权利人依自己意思进行转让并借此获得财产利益，这种权利在美国甚至

---

① 袁雪石：《姓名权本质变革论》，法律科学 2005 年第 2 期。

② 杜颖：《论商品化权．民商法论丛》(第 13 卷)法律出版社 2000 年版，第 1—13 页；谢晓尧：《商品化权：人格符号的利益扩张与衡平》，《法商研究》2005 年第 3 期；洪伟：《试论人格权的商品化》，《浙江社会科学》2008 年第 12 期；张丹丹：《商品化权性质的理论之争及反思》当代法学 2007 年第 5 期；谌远知：《文创产业中商品化权与知识产权研究》，经济科学出版社 2012 年版；[日]五十岚清：《人格权法》，铃木贤译，北京：北京大学出版社 2009 年版。

③ 吴汉东：《形象的商品化与商品化的形象权》，法学 2001 年第 10 期；杨立新：《论形象权的独立地位及其基本内容》，吉林大学社会科学学报 2006 年第 2 期；董炳和：《论形象权》，法律科学 1998 年第 4 期；李明德：《美国形象权法研究》，环球法律评论 2003 年版(冬季号)；姜新东：《美国形象权的司法保护》，法律适用 2008 年第 3 期；马波：《美国形象权法律制度研究》，知识产权出版社 2012 年版.

④ 张民安，林泰松：《公开权侵权责任研究：肖像、隐私及其他人格特征侵权》，中山大学出版社 2010 年版；郭玉军：《美国公开权研究》，时代法学 2003 年第 1 期；李丹：《试论普通法下公开权制度的发展及成因》，比较法研究 2011 年第 3 期.

还可以在权利人死亡后由被继承人继承从而使被继承人在一定期限内享有该权利。如果硬要把它塞入人格权中，只会模糊人格权与财产权的界限，淡化人格权的本质特征和法律属性，削弱人格权和财产权的类型意义和示范功能，并有可能对自罗马法以来建立起来的民事权利体系造成破坏。

模式二在将姓名中所蕴含的财产性权利仍保留在姓名权之内加以保护的同时，较好地解决了姓名权中财产性权利与人格权属性的冲突。依据该模式，姓名权包含财产性权利的内容，姓名权人享有利用姓名获取经济利益的权利。同时，姓名权是一项综合性的民事权利而不只是一种人格权，它包括人格性姓名权和财产性姓名权。其中的人格性姓名权是一种纯粹的人格权，不含有财产性内容，它始于权利人出生，终于权利人死亡，为权利人专属享有，不得转让、抛弃和继承，也不得由他人代为行使；财产性姓名权是姓名中所蕴含的财产性权利，它不属于人格权的范畴，它可以由权利人进行转让，也可以在姓名权人死亡后由其继承人继承，它在本质上是一种财产权。姓名权是人格性姓名权和财产性姓名权的有机结合和统一，两者缺一不可。

然而，模式二也存在不足之处。因为不仅姓名中蕴含着商业利益，人的肖像、人格面貌、声音等因素中均含有可供开发利用的商业利益。如果将姓名权归于一种包含了人格权和财产权的综合性的民事权利，则肖像权、名称权同样应归于一项综合性的民事权利，如此一来，姓名、名称和肖像所蕴含的商业利益固然可分别因姓名权、名称权和肖像权的法律规定而得以保护，但不能归于姓名、名称和肖像之外的人格面貌、声音等因素所蕴含的商业利益，仍难以得到法律的有效保护。同时，从本质上来说，姓名、名称、肖像、人格面貌、声音等因素所蕴含的商业利益具有一定的共性，为开发利用这些商业利益而被非法使用的权利人的姓名、肖像等因素只能视为一种载体或手段，将对这种具有共性的商业利益通过姓名权、名称权、肖像权等不同权利来进行保护不仅会显得过于分散，而且混淆了形式与本质、载体与内容的区别，因此此种模式并不合理可行。

对于模式三，有学者认为，在我国《民法通则》《侵权责任法》等相关法律法规对姓名权、肖像权等民事权利的类型已有明确规定的情况下，要通过立法再创设一种新的民事权利，不但在程序上比较困难，而且也会与已有的姓名权和肖像权产生内容上的重复与矛盾。因此，最好的做法不是盲目设定一种新的民事权利或从别的国家引进一种新的制度，而是“通过合理解释姓名权、肖像权制度,足以应对人格商业化使用问题"。[①] 但笔者认为,作为典型人格权的姓名权和肖像权,难以包容财产性权利的内容,而且,对他人姓名所蕴含商业利益的侵害是一种财产损害,完全不同于侵害姓名权时对他人造成的精神损害,因此,试图通过扩大解释姓名权、肖像权从而将财产性权利吸纳进来的做法既在法理上难以讲通,又不利于保护权利人利益和惩罚侵权。

结合以上三种模式的利弊,笔者认为采取第三种模式来保护姓名中所蕴含的商业利益最为合理。姓名权人对本人姓名背后所蕴含的商业利益所享有的权利是一种源于人格权、与人格权紧密相关但又不同于人格权的财产性权利,应通过立法将其规定为一项专门的民事权利。由于此种权利的保护对象是民事主体身份特征的财产利益,它与民事主体的形象密切相关,因此在"商品化权""公开权"和"形象权"三种名称之间,采用"形象权"名称最为直观和贴切。在今后我国修改和完善立法的过程中,应将形象权明确纳入我国民事法律保护的对象之中。"形象权脱离了民法便会失去理论和制度支持,干枯而死,而民法忽视形象权则变得毫无生气。……形象权就是未来民法典的亮点之一。"[②]

事实上,司法实践中已出现对形象权的保护,只是裁判文书中所使用的名称为"商品化权"。2015 年 8 月 20 日,在北京市高级人民法院对梦工场动画影片公司商标异议复审行政纠纷案件的行政判决书中,法院认为:梦工场公司主张的其对《功夫熊猫》(*KUNG FU PANDA*)影片名称享有的"商品化权"确非我国现行法律所明确规定的民事权利或法定民事权益类型,但当电影名称或电影人物形象及其名称因具有一定知名度而不再单纯局限于电影作品本身,与特定商品或服务的商业主体或商业行为相结合,电影相关公众将其对于电影作品的认知与情感投射于电影名称或电影人物名称之上,并对与其结合的商品或服务产生移情作用,使权利人据此获得电影发行以外的商业价值与交易机会时,则该电影名称或电影人物形象及其名称可构成适用 2001 年《商标法》第 31 条"在先权利"予以保护的在先"商品化权"。[③]

值得一提的是,虽然形象权是一种财产权利,而财产性权利当然可以继承,但由于该项权利与对姓名权、肖像权、名称权等人格性权利具有紧密联系,

---

① 朱广新:《形象权在美国的发展状况及对我国立法的启示》,暨南学报(哲学社会科学版)2012 年第 3 期。

② 马波:《美国形象权法律制度研究》,知识产权出版社 2012 年版,第 468 页。

③ 北京市高级人民法院"(2015)高行(知)终字第 1969 号行政判决书"。

因此应对形象权的继承进行一定的限制。“形象权是公共授予物,当个人形象,如名字、肖像、声音或其他形象特征变成一种能够识别概念、标志历史时代、辨别角色符号时,形象权就应该回归社会。形象权不应像物质财富那样永久被所有人占有,而是必须在一定期限后转化为社会公共财富,因此应该给形象权设定一定的保护期限,在期限内权利人可以合法地通过形象权取得收益,保护期后则应成为公共财富,为公众无偿使用。”①我国今后的立法可以考虑为形象权设定诸如权利人“死后 50 年”②这样一个与著作权相同或相似的保护期限,具体年限可探讨,此处不赘。

三、司法实践中对姓名所蕴含商业利益的保护路径

由于形象权的探讨还仅仅停留在学术层面,我国现行立法对该项权利的规定还是一片空白。于此情形下,法院在处理相关司法案件时是如何对姓名所蕴含的商业利益进行保护呢?

(一) 纳入商标权予以保护

随着商品经济的发展,商家对人的姓名之中所蕴含的财产利益日益重视,使用人名作为商标的企业也都来越多。商标持有人对其使用或其申请注册的人名商标所享有的商标权受法律保护,当人名商标经商标局核准注册之后,商标注册人享有商标专用权,未经商标注册人的许可,他人在同一种商品或者类似商品上不得使用与其注册商标相同或者近似的商标,他人在商业宣传中也不得随意使用已注册的商标标识,否则便构成对商标权的侵害。如果人名商标被认定为驰名商标,则该商标可以得到更大范围的保护。

例如,“HENNESSY”(轩尼诗)本是世界著名的酒类生产企业法国雅斯·埃内西有限公司创始人的姓名的一部分(姓氏),后该公司将其作为商标使用在其生产的系列酒类产品上,经过 200 多年的发展,“HENNESSY”商标已发展成为国际知名的商标。2007 年,雅斯·埃内西公司将未经其许可而生产带有“HENNESSY”商标香水产品的我国广东省汕头市嘉柔化妆品有限公司告

① 武建峰:《形象权的创设与保护》,中国政法大学硕士论文 2010 年版第 23 页。
② 根据美国加州民法典第 900 条的规定,形象公开权人死后,其形象公开权可以获得 50 年的保护。参见李明德:《美国形象权法研究》,《环球法律评论》2003 年(冬季号)。

上法庭。汕头市中级人民法院在审理中将"HENNESSY"商标认定为驰名商标,并认为被告在其加工生产的化妆品上使用"HENNESSY"作为其商品标识的行为,构成对原告"HENNESSY"驰名商标所享有权利的侵害,故依法应承担停止侵权、赔偿损失和赔礼道歉的民事责任。[①] 在此案中,虽然"HENNESSY"本是自然人姓名的组成部分,但由于已成为法国雅斯·埃内西公司的注册商标,姓名所蕴含的商业利益已部分转化为商标权,故法院通过适用《商标法》认定被告构成商标侵权并判令被告承担赔偿责任。

适用《商标法》对姓名所蕴含的商业利益进行保护的途径,只能适用于该姓名已被作为商标使用或已被申请为注册商标的情形,而且如果该姓名商标未被认定为驰名商标,则商标专用权的保护只能以核准注册的商标和核定使用的商品为限,所以该途径的适用在现实中受到诸多的限制且保护范围非常狭窄。

(二) 纳入姓名权进行保护

有学者认为,"如果被告通过擅用原告姓名的方式对其人格加以商业利用,应认定为侵害姓名权"。[②] 因此,在姓名权人对本人姓名背后所蕴含的商业利益所享有的权利尚未经国家立法规定为一种独立的民事权利的背景下,一些法院在司法实践中将该部分权益纳入姓名权进行保护。

例如,针对我国广东省广州市新爱马公司申请注册的"扎克波森ZACPOSEN"商标,美国著名的时装设计师扎克波森向我国工商行政管理总局商标评审委员会提出异议申请,被裁定驳回后,又向法院提起商标异议复审行政诉讼。北京市第一中级人民法院在审理中认为,虽然未有足够证据证明被异议商标的使用会产生有害于社会主义道德风尚或者产生其他不良影响的情形,但 ZACPOSEN 作为自然人姓名在与时装或服装结合在一起时,相关公众必然会联想到作为时装(服装)设计师的原告本人,该指代唯一、明确。新爱马公司的商标注册行为无疑是欲利用原告姓名和品牌结合所具有的唯一固定指代关系产生的影响力。新爱马公司未经原告许可,擅自将"扎克波森ZACPOSEN"作为商标注册使用,已构成对原告在先姓名权的侵害,故判决撤

---

① 广东省汕头市中级人民法院"(2006)汕中法知初字第 3 号民事判决书"。

② 刘文杰:《民法上的姓名权》,《法学研究》2010 年第 6 期。

销原商标异议复审裁定。[①] 该判决书明确指出新爱马公司商标注册行为的目的即是利用美国著名的时装设计师扎克波森所具有的影响力，这种影响力恰恰正是姓名所蕴含商业利益的体现、作用和结果，法院将该案中被告的侵权行为认定是对原告在先姓名权的侵害，通过姓名权对姓名所蕴含的商业利益给予了一定的保护。

再如，2001 年 10 月 18 日香港姚明企业股份有限公司申请注册“姚明一代”商标，用于运动衫和运动鞋等商品第 25 类。2003 年 11 月，“姚之队”发现后向国家商标局提起异议申请。2008 年 1 月 9 日，商标局裁定异议成立，该商标未被批准。然在此情形下，香港姚明企业股份有限公司授权许可武汉云鹤大鲨鱼体育用品有限公司将“姚明一代”作为商业标识在其生产的服装、运动鞋等商品上使用。对此，姚明于 2011 年 6 月对武汉云鹤大鲨鱼体育用品有限公司的侵权行为向法院提起诉讼。武汉市中级人民法院一审认定被告侵害了姚明的姓名权及肖像权，判决被告赔偿原告经济损失 30 万元。姚明上诉后，湖北省高级人民法院在二审中将赔偿数额调整为 100 万元。该案一、二审法院的判决均属于将姓名所蕴含的商业利益纳入姓名权进行保护的模式。

将姓名所蕴含的商业利益纳入姓名权进行保护的途径在司法实践中存在诸多障碍。其原因在于，姓名权是一项典型的人格权，判断侵害姓名权所应承担的法律责任的重要甚至唯一标准是精神损害的有无和大小，而在侵害姓名所蕴含的商业利益的案件中，受害人很少存在甚至完全不存在精神损害，于此情形，受害人要求加害人承担民事赔偿责任就很难找到合适的法律依据。而在此情形下，法院如果以精神损害的救济标准来衡量姓名所蕴含商业利益的损失，无异于南辕北辙，丝毫不利于对权利人相关权利的保护。因此，在现行立法的背景下，笔者不赞同司法实践中将姓名所蕴含的商业利益纳入姓名权进行保护的做法。

（三）适用《反不正当竞争法》予以保护

根据我国《反不正当竞争法》第 5 条的规定，经营者从事市场交易时不得擅自使用他人的企业名称或者姓名，引人误认为是他人的商品。该规定为适用《反不正当竞争法》保护蕴含在姓名（及名称）中的商业利益提供了依据。

例如，在原告内蒙古自治区赤峰市元宝山区陈氏骨科医院诉被告元宝山

① 北京市第一中级人民法院“（2012）一中知行初字第 2642 号行政判决书”。

区平庄镇卫生院、陈卫国侵犯企业名称权、不正当竞争纠纷一案中，法院经审理认为，原告是“陈氏骨科”名称的合法使用人，被告在卫生院的墙面上悬挂“陈氏骨科”字样的牌匾，属于攀附原告的企业名称，欲使患者或相关公众产生混淆，借以牟取利益，该行为属于不正当竞争行为，故判令被告停止侵害并承担赔偿责任。[①]

对于擅自使用他人的姓名或者企业名称从而引人误认为是他人商品的经营行为，虽然可以根据《反不正当竞争法》将其认定为一种不正当竞争行为进行惩处或追究民事责任，但该法所称的“不正当竞争”，是特指经营者违反该法规定损害其他经营者的合法权益并扰乱社会经济秩序的行为。也就是说，《反不正当竞争法》的立法宗旨在于规范经营者之间的竞争行为，如果受害者不是经营者，即不属于从事商品经营或者营利性服务的法人、其他经济组织或个人，则受害者的权益很难依该法得到有效保护，因此，适用《反不正当竞争法》对姓名所蕴含商业利益的保护范围非常狭窄。

(四) 适用民法基本原则予以保护

我国《民法通则》规定了一些民法的基本原则，如：第 2 条“民事活动应当遵循自愿、公平、等价有偿、诚实信用的原则”；第 7 条“民事活动应当尊重社会公德，不得损害社会公共利益，破坏国家经济计划，扰乱社会经济秩序”。这些基本原则有时在司法实践中也可以被用来为保护姓名所蕴含的商业利益提供法律依据。

例如，我国国家工商行政管理总局商标局曾审理了两个侵权行为极为相似的商标异议案件。安徽省涡阳县皖炉酒业有限公司申请注册“宗庆后”“何伯泉”为商标，用于商品第 32 类“啤酒、矿泉水、饮料制剂”等，对此，杭州娃哈哈集团有限公司和广东乐百事集团有限公司分别作为异议人向商标局就这两个商标的注册提出异议。

对于杭州娃哈哈集团有限公司的异议申请，商标局经审理认为：宗庆后先生在相关行业具有较高的知名度，被异议人对此也理应知晓。被异议人申请注册与宗庆后先生完全相同的被异议商标“宗庆后”，侵犯了宗庆后先生的在先姓名权，故此，裁定异议人所提异议理由成立，被异议商标不予核准注

---

① 内蒙古自治区赤峰市中级人民法院“(2007)赤民二初字第 59 号民事判决书”。

册。[①] 该项裁定是将姓名所蕴含的商业利益纳入了姓名权予以保护。

对于广东乐百事集团有限公司的异议申请，商标局经审理认为：何伯权先生在相关行业具有较高的知名度，被异议人对此也理应知晓。被异议商标"何伯泉"与何伯权先生的姓名仅一字之差，且读音相同。而且，被异议人还申请注册了与杭州娃哈哈集团有限公司法定代表人宗庆后的姓名完全相同的另案被异议商标"宗庆后"，足以证明其申请本案被异议商标也存在明显的主观恶意，违反了基本的社会公共道德。因此，允许被异议商标注册和使用容易在社会上产生不良影响，故裁定异议人所提异议理由成立，被异议商标不予核准注册。[②]

对于皖炉酒业有限公司申请注册"何伯泉"商标的行为，商标局秉承的原则或许是：只有不法使用的文字与他人姓名完全相同时才构成侵害姓名权，"姓名权的范围以姓名为限，将其权利范围扩大至与姓名相近似的符号，不符合姓名权的概念，也会使姓名权的范围具有不确定性，从而容易导致姓名权滥用"。[③] 在此前提下，商标局认为皖炉酒业有限公司所申请注册的商标"何伯泉"与乐百氏(广东)食品饮料有限公司总经理何伯权的名字并不完全相同，因此不构成对何伯权先生姓名权的侵害，于是只好以"违反了基本的社会公共道德"为由，裁定撤销异议商标，并对何国权先生的相关权利间接地予以保护。

适用民法基本原则的途径虽然保护范围相当宽广，但学界对于民法基本原则能否适用以及如何适用于司法审判仍存在不同意见。学界倾向认为，"民法的基本原则当然具有审判准则的功能，但是，审判准则功能的表现是在法律对案件缺乏具体规定时反映的，司法机关在处理具体案件时，首先应适用具体法律规范，在有具体规范可供适用的情况下，不得直接引用基本原则审理案件"。[④] 可见，依靠适用民法基本原则来保护姓名所蕴含的商业利益只能是无可奈何的选择。

（五）纳入著作权予以保护

在以往的司法实践中，也曾出现适用《著作权法》对姓名所蕴含的商业利益予以保护的案例。例如，在吴冠中诉被告上海朵云轩、香港永成古玩拍卖有限公司著作权纠纷一案中，法院认为：两被告不听劝阻，执意联合拍卖假冒吴冠中署

① 国家工商行政管理总局商标局(2004)商标异字第 01309 号"'宗庆后'商标异议裁定书"。
② 国家工商行政管理总局商标局(2004)商标异字第 01419 号"'何伯泉'商标异议裁定书"。
③ 汪泽：《我国商标法对在先姓名权的保护》，《中国专利与商标》2005 年第 1 期。
④ 尹志强：《民法基本原则适用的规则》，《国家检察官学院学报》2004 年第 6 期。

名的美术作品《毛泽东肖像》的行为，违反了我国著作权法的有关规定，共同严重侵犯了原告吴冠中的著作权，判决被告停止侵害、消除影响、赔礼道歉并赔偿损失。[①] 判决的主要依据即是我国《著作权法》第46条第7项的规定。

然而，我国1990年《著作权法》第46条第7项规定的是“使用他人作品，应当支付报酬而未支付的”情形。该案中的画作《毛泽东肖像》系假冒作品，并非吴冠中的作品，两被告的拍卖行为中并不涉及对原告作品的使用，因此以《著作权法》第46条第7项作为判决的法律依据有所不妥。一般而论，只有在自己创作完成的作品上，作者本人才能主张著作权，著作权并不能用来保护权利人在非本人作品上所受到的损害。两被告拍卖的假冒作品之所以使用“吴冠中”的署名，正是看中了该姓名符号背后所蕴含的巨大的商业价值，而对这种利益能否适用《著作权法》予以保护值得商榷。

（六）通过其他途径予以保护

法院在审判实践中，如果有其他更容易、更清楚的途径可供选择，往往会避开对姓名所蕴含商业利益进行保护缺乏明确法律依据的难题，转而通过其他途径解决争议。例如，对于广东省深圳市福田区云迪琴行注册“雲迪 yundi及图”商标的行为，著名青年钢琴家李云迪向国家工商行政管理总局商标评审委员会提出异议，认为该商标存在复制摹仿其姓名、借其知名度谋取不法利益的情形，但国家工商行政管理总局商标评审委员会认为：“争议商标由中文‘雲迪’及其拼音‘yundi’加之钢琴琴键及半个吉他图形组合构成。其与‘李云迪’姓名相比较，虽然两者均含有中文‘云迪’二字，但争议商标无论是在文字部分还是整体构成上均与李云迪之姓名有所不同。相关公众在施以一般注意力的情形下，不易将争议商标作为姓名加以识别，从而不易将其与李云迪之间建立联系。故虽然李云迪提供的证据可以证明其姓名在争议商标申请注册日前在相关公众中已具有一定的知名度，但仍不足以认定争议商标的注册和使用会造成对其姓名权的损害。因此，争议商标未构成《商标法》所规定的‘损害他人现有的在先权利’之情形，李云迪的主张无足够证据予以支持，不能成立。”[②]李云迪因不服该裁定而提起行政诉讼。北京市一中院在审理后判决撤销被告国家工商行政管理总局商标评审委员会的裁定，但其理由却并非云迪琴行的商

① 上海市第二中级人民法院“（1994）沪中民（知）初字第109号民事判决书”。
② 北京市第一中级人民法院“（2010）一中知行初字第97号行政判决书”。

标注册行为涉嫌侵权，而是“商标评审委员会评审程序不当”。通过其他方式对姓名所蕴含的商业利益予以保护的途径，只能适用于有其他特别途径可供选择的情形，此种方式在司法实践中不具有普遍意义。

当然，在司法实践中也存在因缺少明确的法律依据而对姓名所蕴含商业利益不予保护的判例，因与本文保护姓名所蕴含商业利益的主旨不相符合，故不赘述。

四、判断是否构成侵害姓名所蕴含商业利益的因素

未经权利人同意而以营利为目的使用他人姓名以及与他人姓名相似而易造成姓名混同的文字或符号等，均有可能构成对他人姓名所蕴含的商业利益的侵害，从而应承担相应的民事责任。在判断是否构成侵害姓名所蕴含的商业利益时，要着重考虑营利目的、违法行为、因果关系、主观恶意等因素。

（一）营利目的

正因为此种侵权行为所侵害的客体是姓名背后的商业利益，侵权人使用他人姓名的目的就在于非法利用被侵权人姓名之中所蕴含的商业价值为自己谋取经济利益，因此，营利目的构成侵权责任的必备要件。如果侵权人非法使用他人姓名不是以营利为目的，则不会构成对姓名所蕴含的商业利益的侵害，而只可能构成侵害姓名权、名誉权或隐私权，其侵权的直接结果也往往是造成他人的精神损害，而非财产损害。

（二）违法行为

侵害他人姓名所蕴含商业利益行为的本质特征在于未经姓名权人同意而非法使用他人姓名或与他人姓名容易造成混同的文字或符号。现实生活中，这种行为通常采用以下方式。

（1）直接使用他人姓名。例如 2003 年，随着“神舟五号”飞船的顺利升空，宇航员杨利伟也随之成为公众人物，一些商家或单位争相申请注册“杨利伟”商标，以谋取不正当利益。[①]

---

① 张雷：《辽沈大地掀“神五”和“杨利伟”商标抢注热潮》，http://news.qq.com/a/20060731/002011.htm，2012 年 3 月 28 日访问。

(2) 使用包含他人姓名的文字及符号。例如前文提到的,香港某公司申请将包含我国著名篮球明星姚明姓名的“姚明一代”作为商标,武汉某体育用品有限公司也将“姚明一代”商标用在其生产的服装、运动鞋等商品上并在网站宣传等商业活动中使用等。

(3) 使用与他人姓名读音完全相同或相似的其他文字。虽然有时是部分文字与他人姓名不同,如前述的“何伯泉”商标异议案中的“何伯泉”与“何伯权”;有时是全部文字都与他人姓名不同,如将与影视明星谢霆锋、刘德华、名字谐音的“泻停封”“流得滑”、分别注册为止泻药、涂改液、商标的行为等[①],但这些文字的读音与他人姓名都完全相同或相似。

(4) 使用他人姓名的拼音(罗马字母)。如广东省潮阳市某制衣企业将“ZHANGXUEYOU”(张学友)注册为商标,并在广告宣传中大肆使用。

(5) 使用国外公众人物的中文译名的部分或全部。如乔丹体育以美国著名运动员迈克尔·乔丹的中文译名中的“乔丹”作为商标注册并使用。

(6) 使用他人艺名、别名、昵称或其他与姓名相关联的文字及符号,如在商标注册或广告宣传等商业活动中使用“刀郎”(罗林)、“阿杜”(杜成义)、“小S”(徐熙娣)、芙蓉姐姐(史恒侠)、“YAO”(姚明)等,均有可能构成对他人姓名所蕴含商业利益的侵害,具体情况要充分考虑所使用的文字或符号与姓名权人的对应关系并结合其他因素进行综合判断。

(三) 因果关系

侵权行为与损害事实之间是否有因果关系是判断是否构成侵害姓名所蕴含商业利益的关键所在,而因果关系判断的标准就在于侵权人所使用的文字或符号是否足以使普通人将其与姓名权人之间产生合理联想并导致认识上的混同。只要从普通人的思维出发,足以将侵权人所使用的文字符号与姓名权人产生合理联想和认识上的混同,从而误以为侵权人所提供的商品或服务与姓名权人存在某种必然的联系,即可认定侵权行为与损害事实之间存在因果关系。

在对侵权人是否足以使普通人将其使用的文字符号与姓名权人之间产生合理联想以及认识上的混同进行判断之时,要充分考虑姓名权人的知名程度和影响范围。以前文讨论过的“何伯泉”异议商标案为例,何伯权是乐百氏(广

---

① 杨立新、林旭霞:《论人格标识商品化及其民法保护》,《福建师范大学学报》,2006 年第 1 期。

东)食品饮料有限公司的副董事长兼总经理,在其率领下“乐百氏”商标成为中国的驰名商标,从而何伯权先生在食品和饮料行业享有较高的知名度,同时其较高的知名度一般也仅限于食品和饮料行业。于此情形,如果其他企业在食品饮料类商品中使用以何伯权先生的名字或与其读音相同的文字作为商标,自然构成对何伯权姓名所蕴含商业利益的侵害;但如果其他企业在食品饮料以外的商品类别中使用以何伯权先生的名字或与其读音相同的文字作为商标,而且能提供比较合理的解释,则未必构成侵权。再如,某企业以“YAO”作为商标使用,如果单纯从这一罗马字母组合出发,很难判断该商标有侵权之虞。但如果该企业是一篮球生产企业,且企业在使用该商标时配合使用篮球运动员带球动作的图片,则很有可能使普通人将该商标与姚明以及“姚之队”之间产生合理的联系,从而涉嫌对姚明及“姚之队”相关权利的侵害。

(四) 主观恶意

行为人主观存在恶意是构成侵害他人姓名所蕴含商业利益的重要条件。所谓主观恶意,是指行为人在使用他人姓名或与姓名相关联的文字及符号之时,明知道该文字或符号与他人姓名相同或存在必然联系,且存在非法利用他人姓名所蕴含的财产权利以获取不当经济利益的故意。

然而,对于侵害姓名所蕴含商业利益的行为,除非侵权人自己承认外,行为人主观是否存在恶意只能通过客观的外部证据加以间接推断。在司法实践中,判断行为人是否在主观上存在恶意通常考虑以下因素:一是行为人使用他人姓名或与姓名相关联的文字及符号是否有合理理由。如果行为人申请将自己姓名变更为某名人姓名然后再将此名运用于商业经营,则其合理性当然会遭到质疑。这方面的典型案例是王跃文著作权、不正当竞争纠纷一案。湖南人王跃文系国家一级作家,其 1999 年创作的长篇小说《国画》作为其代表作在全国范围内享有较高的知名度;而河北人王跃文,原名王立山,2004 年改名为王跃文,并于其后经由华龄出版社出版长篇小说《国风》,封面标注作者为王跃文,与该书一同配发的《国风》大幅广告宣传彩页上用黑色字体写明“王跃文最新长篇小说”“《国画》之后看《国风》”。湖南王跃文遂以河北王跃文、华龄出版社为被告向法院提起诉讼,要求被告停止侵犯其著作权、不正当竞争等行为并赔偿经济损失。[①] 根据该案中被告王跃文系在原告王跃文出名后才改名为王跃文的事实以及《国风》一书宣传页上"《国画》之后看《国风》"等广告宣传文字,可以推断被告存在引起姓名混同的故意,因此构成对原告合法权益的侵害。二是受到侵害的姓名权人在特定范围内是否具备相当的社会知名度。三是行为人是否具有不合理利用的行为。例如,如果商标申请人注册了与他人姓名相同的商标之后即发出高价转让商标的广告,则可以判断其申请注册商标的行为并非出于合理使用商标的目的,而是为了假借他人知名度牟取利益。[②]

五、结语

姓名权人对本人姓名背后所蕴含的商业利益所享有的权利是一种源于人格权、与人格权紧密相关但又不同于人格权的财产性权利,此种权利与民事主体对其肖像、人格面貌、声音等因素中的商业利益所享有的财产性权利一样,应该从姓名权、肖像权等民事权利中抽离出来并结合在一起,作为一项专门的民事权利而加以特别的保护,通过立法规定为一项新型的民事权利——形象权。

以往的司法实践中所采取的将此种财产性权利纳入姓名权进行保护或者通过著作权予以保护的做法有所不妥。在现行法制对形象权尚无明确规定的情况下,法院审理相关案件时,如果可以适用《商标法》《反不正当竞争法》等具体法律法规的,则优先适用之对姓名所蕴含的商业利益予以保护;确无具体法律规范可适用时,可以适用民法基本原则。

在判断是否构成侵害姓名所蕴含的商业利益时,要以营利目的、违法行为、因果关系、主观恶意等因素为标准。以此标准来分析本文伊始所提到的乔丹与乔丹体育的侵权纠纷,笔者认为乔丹体育对乔丹姓名所蕴含的商业利益构成侵权。理由在于:第一,乔丹体育作为一家生产体育用品的营利性企业,其使用乔丹姓名作为注册商标以及公司名称都是为了在商业活动中获得经济利益,因此具有明显的营利目的。第二,乔丹体育在未经权利人同意的情况下

---

① 伍斐:《王跃文案的法律思考——兼谈知名形象的反不正当法保护》,《人民法院报》2005 年 3 月 29 日第 4 版。

② 陈静娴:《试论商标权与姓名权的冲突与解决:"张学友"商标异议案之思考》,北京行政学院学报 2002 年第 3 期.

在注册商标和公司名称中使用他人姓名的中文译名，且已在事实上造成姓名混同的结果。很多人听到乔丹状告乔丹体育之时，方才知道乔丹体育股份有限公司及其产品跟“篮球飞人”乔丹本人之间没有任何关系。因此，乔丹体育所注册的“乔丹”商标确实会令消费者产生联想，造成对公众的一种混淆。[①] 其实，乔丹体育本身对此种姓名混淆的实际情况也供认不讳，其在《首次公开发行股票招股说明书(申报稿)》中多次提示商标及商号风险，指出：“有部分消费者将发行人及其产品与迈克尔·乔丹联系起来从而产生误解或混淆，在此特提请投资者注意。”第三，在因果关系上，乔丹体育所辩称：中文“乔丹”不是Michael Jordan的姓名，只是英美普通姓氏“Jordan”的中文惯常翻译，且外国人的姓或名被翻译为“乔丹”的不胜枚举，NBA也不止一位篮球运动员被中国媒体翻译成“乔丹”。的确，中文“乔丹”两字与美国著名运动员乔丹并不具备严格的一一对应关系，仅依“乔丹”两字的使用显然不能断定乔丹体育的侵权。但是乔丹自20世纪80年代中期开始进入中国公众的视野，成为家喻户晓的体育明星。在1979—1993年“中国期刊全文数据库”中共有包含“乔丹”的文章15篇，其中2篇是关于“特乔丹水电站”和“乔丹诺”，均属包含乔丹字符但不同于乔丹的专有名称，另外13篇都是关于篮球明星迈克尔·乔丹的报道，而且很多文章标题是直呼其姓“乔丹”。最早的一篇是1985年发表于《当代体育》杂志的文章“业余球王乔丹”。显然，在当时的中国期刊中，作为一个人名提及“乔丹”就是指美国篮球运动员乔丹。[②] 可见，乔丹体育申请注册“乔丹”商标时乔丹已是美国乃至世界著名的篮球运动员，且“乔丹”两字已成为乔丹约定俗成、众所周知的中文姓名。尤其是，乔丹体育作为一家体育用品生产企业，将“乔丹”商标使用在与篮球运动紧密联系的球鞋、球衣等体育用品上，而且乔丹体育使用的公司LOGO以及其1999年申请的商标中还包括运动员手持篮球的图片，这一切足以使普通人将乔丹体育注册商标以及公司名称中所使用的“乔丹”与美国著名运动员乔丹产生合理联想以及认识上的混同。第四，乔丹体育原名福建省晋江市陈埭溪边日用品二厂，当其申请“乔丹”商标以及改名为“乔丹体育”之时，乔丹已是美国乃至世界著名的篮球运动员。同时，非常巧合的是，乔丹体育不仅注册了“乔丹”商标，还注册了“23”号以及“杰弗

---

① 《乔丹告“乔丹”，胜算几何？》，《上海法治报》2012年3月5日第B8版。

② 张伟君、许超：《迈克尔·乔丹起诉乔丹体育公司侵犯姓名权一案的法律评析》，《电子知识产权》2012年第3期。

里·乔丹”“马库斯·乔丹”的文字商标，而“23”号刚好是迈克尔·乔丹的球衣号码，“杰弗里·乔丹”和“马库斯·乔丹”与迈克尔·乔丹的两个儿子名字的音译中文完全一致。这些事实都无可辩驳地证明了乔丹体育具有侵害他人姓名背后的财产性权利以获取不当经济利益的主观恶意。

关于侵害姓名所蕴含商业利益的赔偿责任，我国《侵权责任法》第 20 条规定：“侵害他人人身权益造成财产损失的，按照被侵权人因此受到的损失赔偿；被侵权人的损失难以确定，侵权人因此获得利益的，按照其获得的利益赔偿；侵权人因此获得的利益难以确定，被侵权人和侵权人就赔偿数额协商不一致，向人民法院提起诉讼的，由人民法院根据实际情况确定赔偿数额。”对于侵害姓名所蕴含商业利益的行为，只要权利人能够证明行为人未经权利人许可而对他人姓名进行了商业化利用，即可认定其遭受了财产损失。

在具体确定侵害姓名所蕴含商业利益行为的赔偿数额时，通常有三种方法：一是参照姓名权人转让姓名使用权的一般费用标准来确定赔偿数额，即按照一般有偿使用姓名的费用标准在充分考虑被侵权人的知名度以及侵权行为的程度和范围等因素后进行综合算定；二是以侵权行为所获得的利润作为标准；三是以被侵权人所受到的损失作为标准，此处的损失主要是指姓名权中财产性利益的损失，但在侵权行为同时造成被侵权人精神利益损害时，也包括精神利益的损失。在司法实践中，上述第三种方法很难算定，可操作性不强。因此笔者认为，应将第一种方法与第二种方法结合起来，既要考虑姓名权的一般使用费用标准并兼顾被侵权人知名度的特殊性以及侵权行为的程度和范围等因素，也要充分考虑侵权人因侵权行为而获得的利润，由法官在对这些因素综合考察的基础上行使自由裁量权。对于那些尚未盈利或盈利较少的侵权人，也应根据具体案情，确定其适当赔偿的民事责任。

过错侵权责任下违法性地位之考察

——兼析我国侵权法领域的"违法性之争"

孙大伟*

摘　要：违法性是侵权法规则为民事主体设定的行为标准，在本质上反映法秩序对于损害事故的成本能否获得赔偿的选择性倾向。由于法律传统、司法体制与思维习惯等方面的差异，两大法系过错侵权责任在制度演进过程中形成显性与隐性两种不同的规则违反确认模式。在我国侵权法受到大陆法系私法理论与法律制度深刻影响且侵权立法未对违法性做出明确规定的情况下，应当通过司法途径构建"广义的、显性规则违反确认模式"。

关键词：违法性；侵权责任一般条款；注意义务；规则违反确认模式

一、前言：问题的提出

在我国侵权法理论中，有关于违法性的争论由来已久。围绕着违法性能否成为过错侵权责任的构成要件，不同的观点相互对立、激烈争论并形成三要件说与四要件说①并存的局面。2009 年颁布的《侵权责任法》也未能终止这一争论，理论界对于《侵权责任法》是否承认违法性的存在形成两派对立的观点。肯定意见认为，立法未明确规定并不代表对违法性在过错侵权责任体系中地

---

* 孙大伟，上海社会科学院法学所副研究员。本文为上海市哲学社会科学规划课题青年课题"大规模侵权案件的规制与应对模式研究"（项目编号：2011EFX002）的阶段性成果。

① 关于三要件说可参见王利明：《侵权行为归责原则研究》，中国政法大学出版社 1992 年版，第 398—399 页；孔祥俊、杨丽：《侵权责任构成要件研究》（上），《政法论坛》1993 年第 1 期；马俊驹、余延满：《民法原论》，法律出版社 1998 年版，第 1025 页。关于四要件说可参见佟柔：《民法原理》，法律出版社 1983 年版，第 223 页以下；杨立新：《侵权责任法》，法律出版社 2010 年版，第 68 页；张新宝：《侵权责任法》，中国人民大学出版社 2006 年版，第 32—33 页。

位的否定,《日本民法典》第709条也没有规定违法性,但无论理论还是实务都以违法性为侵权责任的构成要件;[①]否定意见则认为违法性理论是德国法的产物,"鉴于我国《侵权责任法》已经明显排斥这一概念,所以,照搬德国法的理论来解释中国的《侵权责任法》,未免有削足适履之嫌"。[②]

与此相对,违法性问题在我国的侵权法实践中也存在争议。一方面,我国的民事立法中从未对违法性进行过明确规定,《民法通则》第106条第2款及《侵权责任法》第6条第1款中均不存在与违法性有关的概念和规则,而参与《侵权责任法》立法的相关人士也认为过错侵权责任构成要件不包括违法性在内。[③] 另一方面,我国各级法院却在司法实践中明确认可违法性的存在:最高院在其颁布的司法解释中承认违法性在过错侵权责任中的独立地位,[④]司法解释甚至已通过区分"非法侵害"民事权益、"违反社会公共利益、社会公德侵害他人"等不同的类型[⑤]为违法性判断设立了明确的规范标准。相关司法解释的起草者则指出:"按照侵权法原理,侵权构成要件之一是行为具有违法性。"[⑥]而在我国侵权案件的实际审理中,各级法院也经常使用违法性概念对致害行为及其结果加以衡量,进而得出此类损害能否得到侵权法规制的相关判决。[⑦]

由此可见,过错侵权中的"违法性"概念及相关规则已经成为我国侵权法理论与实务无法回避的重要问题。此时,梳理有关违法性理论的观点、学说将有助于明确我国过错侵权责任构成体系并实现损害赔偿规则的有机统一;与

---

① 杨立新:《侵权责任法》,法律出版社2010年版,第68页。

② 王利明:《我国〈侵权责任法〉采纳了违法性要件吗?》,《中外法学》2012年第1期。

③ 侵权责任被认为应包括行为、过错、民事权益受到损害以及因果关系四个方面,违法性被排除在外。参见王胜明:《中华人民共和国侵权责任法解读》,中国法制出版社2010年版,第24—29页。

④ 最高人民法院《关于审理名誉权案件若干问题的解答》第7条规定:"是否构成侵害名誉权的责任,应当根据受害人确有名誉被损害的事实,行为人行为违法、违法行为与损害后果之间有因果关系、行为人主观上有过错来认定。"

⑤ 最高人民法院《关于确定民事侵权精神损害赔偿责任若干问题的解释》明确规定了"非法"概念以及与违法性判断相关的规则,如"违反社会公共利益、社会公德侵害他人隐私或者其他人格利益"(第1条),"非法使被监护人脱离监护"(第2条)。

⑥ 唐德华:《最高人民法院〈关于确定民事侵权精神损害赔偿责任若干问题的解释〉的理解与适用》,人民法院出版社2001年版,第9页。

⑦ 此类案件可参考《席春林等村民诉滑家当镇供种站购销种子损害赔偿纠纷案》,《中华人民共和国最高人民法院公报全集》,人民法院出版社1995年版,第198—199页;《贾桂花诉北京电影学院青年电影制片厂侵害肖像权案》,《中华人民共和国最高人民法院公报全集》,人民法院出版社1995年版,第355—358页;《王俊香等因其子在登山时突遇恶劣天气遇难诉登山队领队刘雪鹏未采取适当措施救助赔偿案》,《人民法院案例选》(2002年第3辑),人民法院出版社2003年版,第175页。

此同时，厘清违法性在我国侵权法实践中的定位及功能，也有助于协调立法与司法差异并在侵权案件的审判过程中确立具有一致性、确定性和有效性的过错侵权责任构成体系。本文将对过错侵权责任中违法性的产生过程进行历史性的考察，在此基础上探究如何协调我国立法与司法层面对违法性所进行的差异化处理，进而确立与我国法律传统和司法实践相一致的规则违反确认模式。

二、法规则变迁视角下的探究——区分显性与隐性的规则违反确认模式

近现代民法中的违法性概念最早由德国学者哈瑟提出，其关于罗马法中主观过错和客观过错的观点奠定了过错与不法相互区分的理论基础；[①]此后，德国法学家耶林在其《罗马私法中的责任要素》一书中提出“主观过错和客观不法”的表述，这使得违法性概念被最终确立起来。[②] 目前，各国侵权法理论界对于“违法性”概念及其相关制度存在两种截然不同的态度：肯定意见认为，违法性“在所有国家法律体系中成立责任时都扮演了重要角色，即如果行为具有违法性，则行为人就其不法行为所引起的损害承担责任”；[③]否定意见则认为，违法性“不过是修辞上的堆积和重复”，[④]其“随着侵权责任的范围逐渐扩张”而“日趋凋谢”，[⑤]甚至在过失客观化趋势下已出现与过失混同的趋势。[⑥]与此同时，各国侵权法实践对于违法性的态度反差也十分明显。在德国法中，违法性被通过三个“小的一般性条款”加以规定，[⑦]受此影响，大陆法系许多国

① 朱岩：《侵权责任法通论(上册)》，法律出版社 2011 年版，第 248—249 页。

② 耶林认为只有存在过错的不法才能够产生损害赔偿的义务，而一个客观不法仅仅产生返还原物的义务。王利明、周友军、高圣平：《中国侵权责任法教程》，人民法院出版社 2010 年版，第 226 页。

③ [奥]海尔穆特·库齐奥：《损害赔偿法的重新构建——欧洲经验与欧洲趋势》，《法学家》2009 年第 3 期。

④ 冯·巴尔教授认为：“在德国民法典第 823 条第 1 款‘因故意或过失不法侵害他人生命、身体、健康、自由、所有权或者其他权利者，对他人因此而产生的损害负赔偿义务’这样的表达下，‘不法性’概念不过是对条文中所罗列内容的再次总结而已，它并不具有责任法上的独立功能。”[德]克雷斯蒂安·冯·巴尔：《欧洲比较侵权行为法》(下册)，焦美华译，法律出版社 2001 年版，第 281—282 页。

⑤ 王利明、周友军、高圣平：《中国侵权责任法教程》，人民法院出版社 2010 年版，第 231 页。

⑥ 朱岩：《侵权责任法通论(上册)》，法律出版社 2011 年版，第 252 页。

⑦ 在《德国民法典》中，行为侵犯了绝对性法益(第 823 条第 1 款)，或者“违反以保护他人为目的的法律”(第 823 条第 2 款)，或者“以违反善良风俗的方式加损害于他人”(第 826 条)，即被认定具有违法性。

家和地区(如奥地利、荷兰、瑞士及我国台湾地区)都在其民法典中对违法性做出明确规定。与之相对,普通法系国家的过失侵权责任则以注意义务违反为前提,即在确立一个处在类似情形下正常人所应具有注意义务(Duty of care)的基础上,判断行为人是否违反该义务(Breach of the duty)。[①] 此外,作为大陆法系国家的法国也未在民法典中对违法性加以规定,法国民法通过能够根据所涉及领域不同而变化的、"极富弹性"的过错(faute)概念[②]对不得损害他人的"善良家父"义务的类型化和具体化,[③]进而实现对过错侵权责任的确立。那么,违法性概念与过错侵权责任之间是何种关系?为何在不同的法系乃至同一法系的不同国家间过错侵权责任构成会呈现出如此之大的差异?对此,笔者将通过侵权制度变迁的视角检视此一问题。

(一) 个案化的侵权诉讼形式削弱违法性产生的制度基础

侵权诉讼与其保护的实体性权利之间的关系是决定规则层面的违法性能否产生的重要因素。在侵权诉讼与实体性权利紧密结合的法律体系中(如罗马法和普通法),法秩序对行为合法与否的评价往往通过具体案件的裁判显示出来,因而无须通过对"违法性"的探究以实现受保护权益的界定,这也是现代侵权法中的违法性概念虽然脱胎于罗马法私犯中的侵辱(iniuria),但却不能将两者等量齐观的重要原因。

一方面,违法性概念在体系化水平和抽象化程度较低法律体系中无法产生。古罗马的侵权法以某种原初的方式与犯罪混合在一起:罗马法中的私犯是以具体的损害形式而展现出来的责任承担类型,主要包括盗窃(furto)、抢劫(rapina)、非法侵害(dammun iniuria datum)、侵辱[④]四种形式,因而并非基于某种自洽的逻辑内核发展起来的完善规则体系。在执法官通过具体案件的审理确立了以诉权为核心的损害赔偿关系中,法秩序对于损害事实的否定性评

---

① 此时侵权责任是以违反普通法或者制定法所规定的注意义务为基础的,其内容一般包括:(1)被告负有基于普通法或者制定法而产生的注意义务;(2)该项注意义务被违反;(3)原告受到损害;(4)行为与损害后果之间具有因果关系。参见 Markesinis and Deakin, *Tort Law*, Oxford University Press, 2003, p. 74。

② [法]雅克·盖斯旦、吉勒·古博:《法国民法总论》,陈鹏等译,法律出版社 2004 年版,第 715 页。

③ F. H. Lawson and B. S. Markesinis, *Tortious Liability for Unintentional Harm in the Common Law and Civil Law*, Cambridge University Press, p. 98.

④ 参见[意]彼得罗·彭梵得:《罗马法教科书》,中国政法大学出版社 1992 年版,第 402 页。

价几乎全部是通过诉讼或审判结果直接显示出来，[①]因而无须借助违法性进行间接调节。这一点也可以从法学家盖尤斯对于“侵辱”的说明中得到证实，他认为：“（侵辱）不仅发生在某人用拳头或棍子实行殴打或者进行鞭笞之时，也发生在某人受到辱骂、某人明知他人不欠自己任何东西却公开宣布该人是自己的债务人、某人书写谤文或者打油诗诽谤他人或者某人长期追逐一位家母或者少年等许多其他的情况之中。”[②]此种以个案形式展现出来的私犯规则，使立法者和法学家只能通过对具体案件的分析而非借助抽象的“违法性”概念将损害事实纳入侵权法的调整范围内。在此种倾向之下，即使随着罗马法的进一步发展而产生出来的准私犯，也不过是“为了加强维护社会秩序，对新发生的一些侵权行为继续加以制裁”[③]，其仍然呈现出分散化的、抽象化程度较低的特征。[④] 由此，罗马法并未在“侵辱”和“非法侵害”的基础上形成具有一般性的概念和规则体系，罗马法中也不存在独立且完整的抽象侵权概念和规则体系。在此种侵权法与刑法混合一体的原始法律体系中，“违法性”概念是无法产生的。

另一方面，以诉因为基础的侵权诉讼传统使得具有一般性侵权法概念体系变得并非必需。在深受罗马法影响的普通法系国家，[⑤]“侵权行为法并不是适用许多案件的关于损害赔偿的一般原则，而是各种相对孤立的规则的聚合”，[⑥]这种以“鸽笼体系”为特征的侵权诉讼形式使得“直到 20 世纪 30 年代之前，英国法院都不承认存在一种超越具体情势和关系的针对疏忽行为施加侵权法规制的一般性责任”，“疏忽行为的法律责任仅仅被明确地建立于一系列

---

① 产生于裁判官的罗马法中的权利没有自己的独立称谓，而是以诉权来加以标示也说明这一点，例如，“善意占有诉讼”“抵押担保诉讼”。[意]彼得罗·彭梵得：《罗马法教科书》，中国政法大学出版社 1992 年版，第 86 页。

② [古罗马]盖尤斯：《盖尤斯法学阶梯》，黄风译，中国政法大学出版社 2008 年版，第 204—205 页。

③ 周枏：《罗马法原论（下册）》，商务印书馆 2002 年版，第 843 页。

④ 准私犯包括审判员误判致错、投掷和倾倒责任、悬挂物件的责任以及船主和旅馆业主责任四种。对于为什么只有这四种情况属于准私犯的范畴，有学说以是否具有非法意图、替代性责任以及严格责任等观点进行解释，但都无法对准私犯的界定标准进行合理的解释。这也进一步说明罗马法中的私犯制度并不是具有完整逻辑内核进而发展起来的自洽规则体系。参见[英]巴里·尼古拉斯：《罗马法概论》，法律出版社 2004 年版，第 240—241 页。

⑤ 此种罗马法传统对于民法法系国家同样产生深远影响，以至于 19 世纪德国的潘德克吞法学家温德沙伊德在其著作中明确地列举了 12 种不同的侵害类型。李承亮：《侵权责任违法性要件及其类型化》，《清华法学》2010 年第 5 期。

⑥ 张新宝：《侵权行为法的一般条款》，《法学研究》2001 年第 4 期，第 43 页。

独立的且特定的领域进而缺乏统一性原则”。[①] 由此，普通法系国家的法官无法通过对抽象的侵权法规则进行逻辑推理的方式创设新型权利类型以保护受害人，其只能通过将新的损害情形纳入既存的侵权诉因中才能实现对损害的赔偿。在这种情况下，在普通法系国家的侵权理论中通过抽象化程度较低的过失(Negligence)概念对传统的侵权诉因加以整合，进而出现注意义务“将违法性、客观过失和保护性规范统一起来”[②]这种情况也就不足为怪了。

由此可见，在侵权法领域，当实体性权利仍然依赖于具体诉讼形式而存在时，作为侵权规则一般化、抽象化标志的过错与违法性概念会因欠缺相应的制度及实践基础而无法产生。

(二) 宽泛的侵权责任一般条款使过错和违法性融为一体

尽管罗马侵权法中实体性权利与诉讼形式并未有效地区分开来，但是个案化的侵权诉讼仍然在某种程度上孕育了侵权责任的一般化倾向：其私犯体系中的“侵辱”在更为宽泛的意义上被解释成某种“非法状态或者缺乏正当权利的情况”，而《阿奎利亚法》中的“非法侵害”也在发展中也出现了一般化、规则化倾向，这两项制度为“民法法系建立起关于民事侵权的一般理论”进行了制度和理论上的双重铺垫。[③]

17、18 世纪兴盛的自然法思想和工业革命为催生法典化背景下大陆法律国家的侵权责任一般条款奠定了基础。一方面，自然法学从 17 世纪开始逐步取代过分因循罗马法的中世纪注释法学，对罗马法各项规则进行归纳并提炼出其中蕴含的一般性概念和规则开始成为法学家所欲达成的主要目标。在“过失侵权领域，自然法学派的坚实基础来自于实体性规则与程序性规则在理论上的独立和相互区分。格老秀斯和普芬道夫有关过错侵权的理论致生实体意义上的过失观念”。[④] 这种对隐匿于之前数个世纪所积累的繁杂案例中的侵权法规则进行逐步整理归纳的过程，使基于抽象法律概念和规则的过错侵权责任体系被提炼出来并逐步具有了普遍性。另一方面，近代工商业的发展使

---

① Markesinis and Deakin, *Tort Law*, Oxford University Press, 2003, p. 75.

② [德]克雷斯蒂安・冯・巴尔：《欧洲比较侵权行为法》(上册)，张新宝译，法律出版社 2001 年版，第 359 页。

③ [英]巴里・尼古拉斯：《罗马法概论》，法律出版社 2004 年版，第 231—241 页。

④ F. H. Lawson and B. S. Markesinis, *Tortious Liability for Unintentional Harm in the Common Law and Civil Law*, Cambridge University Press, p. 37.

社会活动的频繁和复杂程度大幅提高，在增进社会物质生活条件并扩大个体活动的范围的同时，也使社会中的个人遭受到事故损害的概率迅速增加。此时，以具体的个案化侵权诉讼对损害事故加以规制的侵权救济方法愈来愈无法满足为人身及财产安全提供充足保障的客观需求。因而，"要想在所有情况下都能够提供足够的保护以应对侵权行为，损害赔偿责任就不应当建立在很可能并未穷尽列举的、单个特定的侵权行为之上，而应当一般性的作为所有侵权行为可能引起的后果"。[①] 在这两方面因素的共同促动下，大陆法系国家开始通过制定民法典来实现对罗马法侵权规则在理论和制度层面上的双重超越。

在18世纪末19世纪初的法典化运动中，颁布于1794年的《普鲁士一般邦法》、1804年的《法国民法典》和1811年的《奥地利一般民法典》都使用了体系化的抽象性规则对过错侵权责任加以规定。其中最具有代表性且对后世影响深远的《法国民法典》第1382条与1383条以一般条款的形式为过错侵权责任的成立确定了宽泛的衡量标准。此种抽象性规则使任何未能像一个细心的、谨慎的和顾及他人的人在同样外部环境下行为者均受到法律的否定，"'善良家父'甚至在法律不要求其在当时条件下如此作为的情况下如此作为"。[②] 基于对"善良家父"[③]这种较高行为标准的采纳，《法国民法典》为民事权益保护奠定了宽泛基础，因过错、懈怠或者疏忽大意行为而受到的损害都能够获得相应的赔偿。有鉴于此，在法国占主导地位的学说认为民法典第1382条中的过错(faute)既包括主观上的可非难性(imputable)，也包括行为人行为的违法性(illicite)，因而具有主观要素和客观要素的双重含义，[④]而法国学者在涉及过错和违法性概念时出现某种循环定义的现象也正源于此。[⑤]

法国民法在对罗马法实现超越的同时，仍然保留着传统罗马法中的"善良

① 李承亮：《侵权责任违法性要件及其类型化》，《清华法学》2010年第5期。

② [德]克雷斯蒂安·冯·巴尔：《欧洲比较侵权行为法》(上册)，张新宝译，法律出版社2001年版，第41页。

③ 在法国法中，人除了根据法律、规章从事积极作为的同时也有根据普通的注意义务而实施行为的义务，因而如果行为人违反了应作为的注意义务而选择消极面对的话，其应当就此承担过错侵权责任。这种较高的注意义务并不存在于将违法性作为侵权责任构成要件的其他大陆法系国家。

④ 程啸：《侵权法中"违法性"概念的产生原因》，《法律科学》2004年第1期。

⑤ 有法国学者认为过错就是未履行相关义务，而能够强迫被告履行义务的原告可以要求对其为法律所保护权利之损害进行赔偿，法律的禁止性规定之目的就是保护人民免受既定风险的损害。参见Francesco Parisi, *Liability for Negligence and Judicial Discretion*, University of California at Berkeley, 1992, p. 171。

家父”标准。这种宽泛的过错侵权责任一般条款使当事人在民事活动中依循行为标准的明确性被降低，因而为过错概念兼容可非难的心理状态及客观不法行为奠定了制度基础。可以说，一方面，法国侵权法中的过错概念包含“意志”“侵权行为”和“民事义务的违反”三项内容[①]的格局在某种意义上为侵权法规则自身的进一步抽象，进而生发出违法性概念提供了制度土壤；但另一方面，宽泛的过错侵权责任一般条款也使得法国法未能在区分过错与违法性两个不同概念的道路上再前进一步。

（三）违法性概念源自法律传统与法学理论的共同形塑

近代私法领域的重要原则之一就是“法无明文规定即自由”，这一原则意味着在法律所确立的禁止性和命令性规则之外民事主体具有广泛的自由和权利。以此原则为基础进行衡量，《法国民法典》中的宽泛一般条款会引发两种不同的结果：

首先，宽泛的一般条款所确立的较高行为标准降低了过错侵权责任的门槛，进而可能限制民事主体的行为自由。法国式的“一般条款”要求行为人在进行社会活动时应当时刻保持谨慎的态度并关注行为可能给他人造成的损害后果。但事实上，“让一个人一般性地注意身边所有事情和让每个人自己照管好自己的事情两相比较，后者更容易做到，也更符合效率原则”。[②] 由此，“在那些侵权行为法围绕着一条一般条款建立起来的法律制度中，任何没有明文禁止的行为都是法律许可的行为这一原则并不适用。实际上，这样的一般条款在实质上排除了罪行法定主义原理”。[③] 在此种意义上，如果不通过法院在适用侵权法的过程中加以必要的限制，宽泛的一般条款可能会导致社会主体在正常的民事活动中因畏惧“动辄得咎”而谨小慎微，这种压抑市民社会的自由度和创造力的倾向与私法制度所要确保的民事领域行动自由是难以协调一致的。

其次，宽泛一般条款自身的不确定性过错侵权责任的边界呈现模糊化趋势，因而使民事权益无法获得有效的保护宽泛的一般条款具有概括性和抽象

① 张民安：《现代法国侵权责任制度研究》，法律出版社2007年第2版，第169—186页。

② 许德风：《对第三人具有保护效力的合同与信赖责任——以咨询责任为中心》，《私法》（第8卷），北京大学出版社2004年版，第270页。

③ [德]克雷斯蒂安·冯·巴尔：《欧洲比较侵权行为法》（上册），张新宝译，法律出版社2001年版，第38页。

性的特征，这在某种程度上会使侵权法规则无法对现实中的民事行为与案件审理提供必要的指引和限定。亦即，“此种广泛性的侵权一般条款似乎至为简单方便”，但实际上，“我们不能够简单地认为，任何致使他人遭受损害的行为全部都是不法的”，因而“广泛性的损害赔偿规范的简单性是以下述必要性为代价的，即通过进一步的行为规范将那些被禁止的行为与那些被准许的行为相互区别开来”。[①] 正是基于此种原因，法国学者往往需要通过一般条款与特殊情况类型化的方式对过错侵权责任进一步加以深化。[②] 鉴于社会活动的复杂性和变动性，宽泛的一般条款可能会在具体的案件中使侵权法规则因自由操作空间过大而丧失规则的确定性。对此，《德国民法典》的立法者就认为：“将解决应当由立法解决的问题之职能交给法院，既不符合草案的本意，而且从德国人民对法官的职能之一般观点来看也是不能接受的。”[③]

正是基于以上考量，有学者认为，“对于一切种类的不法和过错致损行为而言，此种广泛性的侵权一般条款似乎至为简单方便”，但“因为我们不能够简单地认为，任何致使他人遭受损害的行为全部都是不法的”，而且“广泛性的损害赔偿规范的简单性是以下述必要性为代价的，即通过进一步的行为规范将那些被禁止的行为与那些被准许的行为相互区别开来”。[④] 由此，通过违法性概念在为民事活动确立明确标准的同时限制法官在侵权诉讼中的裁判空间成为德国民法典立法者的重要意图之一。

此外，违法性概念的产生也受到侵权法理论的直接推动。德国学者哈瑟最早提出有关于“主观过错和客观过错”的区分理论后，获得了包括蒂堡和维希特在内的著名民法学者的接受，到耶林在其《罗马私法中的责任要素》一书中提出“主观过错和客观不法”时，德国民法理论界已经接受了将过错与违法性相区分的理论并形成如下区分：主观过错是造成损害结果的行为人所具有的故意或过失的精神状态，客观不法则是指致害人的行为违反了法律规则且无相应阻却事由。由此，《德国民法典》在“保护行为自由”并“压缩裁判空间”

---

① [德]迪特尔·梅迪库斯：《德国债法分论》，杜景林、卢谌译，法律出版社 2007 年版，第 614 页。

② Savatier 在明确“不得损害他人”的一般条款之下，不构成侵权责任的情形包括不作为、抗辩事由、商业竞争、社会交往中应当容忍的轻微损害以及对原告享有的限度内自由权利。F. H. Lawson and B. S. Markesinis, *Tortious Liability for Unintentional Harm in the Common Law and Civil Law*, Cambridge University Press, p. 98.

③ [德]克雷斯蒂安·冯·巴尔：《欧洲比较侵权行为法》(上册)，张新宝译，法律出版社 2001 年版，第 21 页。

④ [德]迪特尔·梅迪库斯：《德国债法分论》，杜景林、卢谌译，法律出版社 2007 年版，第 614 页。

的理念指引下，通过确立“侵害法益”“违反保护他人法律”及“悖于善良风俗”这“三个小的一般条款”对违法性进行了明确的规定；此后，在借鉴刑事责任构成理论的基础上，德国理论界又将违法性进一步划分为包含“构成要件该当性”“违法性”及“有责性”在内的“三阶层结构”体系。①

（四）小结

诚如上述，过错侵权责任体系中违法性概念的形成与诉讼形式、规则的抽象化程度以及法律传统等因素密切相关：首先，诉讼形式与实体性权利之间的关系决定了具有抽象性的侵权法概念能否产生。在诉讼形式与实体性权利联系紧密的法律体系中（如罗马法的“程式诉讼”和普通法的“诉因制度”），通过具体案件的审理即可使民事主体获知法秩序对其行为合法与否的评价，因而无须通过对过错及违法性的探究来确定其与社会通行之行为规则合致与否。其次，侵权规则的抽象化程度决定了过错与违法性概念能否得到有效的区分。当立法者采纳“不得损害他人”这种较为宽泛的侵权责任一般条款时，对当事人在民事活动中需要依循的行为规则加以明确界定的必要性便大大降低，这也为形成过错概念兼具可非难性的心理状态与外部不法行为的宽泛内涵奠定了基础。最后，法律传统与法学理论对于违法性概念的产生也具有重要作用。

在各国的侵权法实践中，以贯彻私法领域“法无明文规定即自由”原则为目标、强调违法性在过错侵权责任体系中显著地位的做法构成“显性的规则违反确认模式”，即将违法性作为过错侵权责任确立的衡量标准之一，此种模式以德国为代表并被许多大陆法系国家所采纳。在采纳“显性的规则违反确认模式”的国家，法官应当依照制定法规则进行裁判，制定法通过将违法性界定为侵害权利、违反保护他人的法律以及悖于善良风俗三种类型为法官和民事主体提供裁判依据和行为标准。与之相对，虽未明确使用违法性概念，但却通过正常人所应遵循的注意义务为社会各领域提供行为规则的做法为普通法系国家和以法国为代表的部分大陆法系国家所采纳。此种模式将正当行为标准的认定委诸审理案件的法官，从而使民事领域复杂且多变的行为标准能够通过个案的方式得以确立。在这些国家，“遵循先例”的传统使法秩序所认可的

① 王泽鉴：《侵权责任法》（第1册），中国政法大学出版社2001年版，第87—88页。

行为标准能够通过法律法规、判例、陪审团决定等途径被确定下来,[①]因而不会产生如“宽泛的一般条款”般限制行为自由或者疏于权益保护的状态,因而在实际中会产生与“显性的规则违反确认模式”几乎相同的法律效果。此种通过个案认定为民事活动提供可遵循行为标准的方式可以被称作“隐性的规则违反确认模式”。从一般意义上来说,显性与隐性两种不同的规则违反确认模式并无优劣之分。各个国家之所以采用不同的模式更多地是基于其特定的法律传统、社会实践与司法体制等客观因素。对这两种模式进行区分的意义则在于:当我们试图选择并构建适合于本国的过错侵权责任体系时,应当基于本国特定的社会实践、法律传统与司法体制选取与之相适应的规则违反确认模式。

三、我国过错侵权责任中的违法性问题——以“注意义务违反”规则为参照

违法性概念反映出法秩序对可获赔偿之损害的取舍态度,而由于各国法律理论、思维习惯以及司法制度等的不同,侵权法所认可之行为规则的形成途径和方式呈现出明显的差异性,这使得对规则违反确认模式的分析需要参考更多的地方性和个殊化背景因素。具体到我国侵权法实践,由于《民法通则》第 106 条第 2 款以及《侵权责任法》第 6 条第 1 款均未明确规定违法性要件,也没有出现任何含有“违法”字样的条款,所以我国侵权法理论通说否认违法性的存在。[②] 但基于前文对显性与隐性的规则违反确认模式的区分可以明确,立法上的空白并不影响我国过错侵权责任对违反规则的行为进行否定性评价,此种具有客观性的判断“是对存在法益受侵害状态的描述”,其“划定行为自由空间、保障正当利益以及形塑权利的功能”[③]也无法仅因法律未明确规定便被否认。因此,本部分将对试图以注意义务违反为基础构建过错

---

① 美国侵权法重述第 285 节规定:“一个正常人的行为标准可以下列方式确定:(a)由一部有此规定的法律或行政法规所确立,或(b)由法庭从一部无此规定的法律或行政法规中采纳,或(c)由一项司法裁决所确立,或(d)如果没有此类法律、法规或裁决,由初审法院或陪审团根据案件的事实具体适用。”肯尼斯·S. 亚伯拉罕、阿尔伯特·C. 泰特选编:《侵权法重述——纲要》,许传玺、石宏等译,法律出版社 2006 年版,第 54 页。

② 王利明:《我国〈侵权责任法〉采纳了违法性要件吗?》,《中外法学》2012 年第 1 期。

③ 叶金强:《侵权构成中违法性要件的定位》,《法律科学》2007 年第 1 期。

侵权责任理论的逻辑前提加以考察，并对其在我国侵权法中的适用效果进行分析。

(一) "注意义务违反"规则的逻辑前提是否认违法性的存在

否认过错侵权责任中违法性存在的"三要件说"认为，我国民事法律中并未有关于违法性要件的明确规定，而且"在采纳违法行为概念的国家，迄今为止尚未找到一个科学的违法行为概念，并使之与过错相区别"。[①] 违法通常意味着行为人主观上具有故意或者至少是过失，因而违法性要件通常被过错要件所包括；此外，"增加违法性要件，将增加受害人的举证困难，对受害人救济施加了更多障碍"。[②] 这就意味着，作为对当事人主观状态进行评价的过错能够履行违法性在过失侵权认定中的大部分功能，因而使违法性概念被包含在过错要件中。"三要件说"对于违法性的否认使得过错成为除损害结果及因果关系外过错侵权责任的唯一判断标准。但问题是，即使在采纳"隐性的规则违反确认模式"的法国法中，作为与违法性功能相近的"违反民事义务"仍然被作为过错的构成要件而为理论和实务界所认同，亦即"当当事人在就建立在民法典第1382条基础上的程序进行辩论时，证明是交叉进行而无法分开的：时而是受害人要证明被告的行为违反了有关的民事义务，时而是由原告证明其表面上的非法行为的正当性，前者就是被告民事义务的违反，后者就是原告的正当理由"。[③] 由此可见，在过错吸收违法性的情况下，违反民事义务仍然是侵权责任确立过程中需要考虑的因素。这种以过错吸收违法性的做法却存在理论上的缺陷：过错在实质上成为包含法律所认可之行为标准的复合型概念，这与大陆法系的传统侵权法理论框架内过失所具有的对行为人包含认知要素与意志要素的主观状态进行评价的本质相去甚远。

有鉴于此，且随着我国过错侵权责任构成理论受到大陆法系责任构成"三阶层结构"理论与英美法系"过失侵权责任"理论的影响日益明显，有民法学者主张借鉴英美法系过失侵权责任中的注意义务违反规则对传统大陆法系国家过失侵权"三阶层结构"加以改造，将以往由违法性判断所承担的权益范围和

---

① 王利明、周友军、高圣平：《中国侵权责任法教程》，人民法院出版社2010年版，第228页。
② 王利明、周友军、高圣平：《中国侵权责任法教程》，人民法院出版社2010年版，第183页。
③ 张民安：《现代法国侵权责任制度研究》，法律出版社2007年第2版，第183页。

行为标准认定功能转由注意义务承担。[①] 在某种程度上,以注意义务理论统一过失与违法性概念顺应了过失客观化趋势:"义务违反体现为一种价值裁量下的判断,如果行为人积极追求此种义务违反,则构成故意;如果仅仅因未尽到相应的客观注意义务,则构成过失。"[②]由此,过错的内涵便被转化为"社会交往的违法性",进而"体现了针对行为人违反每个法律主体在社会交往中可期待的行为标准的惩罚后果",亦即"过错体现为确保一个社会角色的责任"。[③] 将过错定义为社会交往违法性的方式使传统侵权法中的故意、过失和违法性都被统一于注意义务的概念之内,此种以注意义务的确立及违反统摄违法性和有责性的模式构成过错侵权责任"二阶层结构说"。

从表面上看,以"义务违反"为核心建立的"二阶层结构说"似乎克服了大陆法系传统的"三阶层结构说"可能存在的如过失与违法性、作为与不作为、直接侵权与间接侵权等理论困境,但"二阶层结构说"只能维持过错侵权规则体系表面上的协调无碍,实际上这些貌似被解决的问题仍然保留在被引入的注意义务之中。原因在于,以注意义务统合过失与违法性的"二阶层结构说"要面对这样一个棘手问题,即此种义务内容的确定需要参考多重因素——"受保护利益的性质和价值、行为的危险性、可期待的行为人的专业知识、损失的可预见性、所涉各方之间的密切关系和依赖关系以及预防措施和其他替代方法的现实可能和费用,而当行为人年龄、精神病或身体残疾或极其特殊的情况无法期待行为执行该准则时,可予以适当调整"[④],如此宽泛的考量因素使得注意义务自身的确定性受到很大的影响。即使在普通法系国家,"对于注意义务的一体性框架之需求完全接受的法院而言,以多阶段判断公式形式出现的一般性过错概念也仅仅在语词上看是具有包容性的,但却缺乏司法上必要的融贯性。被广泛接受的注意义务是一项政策的观念已经导致对抽象实践推理的厌

① 有学者认为:"我国在未来的侵权法中,就过错责任的一般判断在理论上采用两阶层结构更为妥适,第一个阶层是构成要件阶层,在这个阶层应予判断的因素是侵害行为、损害以及侵害行为与损害之间的因果关系,这一阶层也适用于无过错(危险)责任。第二个阶层是有责性阶层,在这个阶层考虑的是责任能力和过错问题以及抗辩事由。"李昊:《交易安全义务论》,北京大学出版社 2008 年版,第 357—358 页。

② 朱岩:《侵权责任法通论(上册)》,法律出版社 2011 年版,第 272 页。

③ 朱岩:《侵权责任法通论(上册)》,法律出版社 2011 年版,第 252 页。

④ 朱虎:《过错侵权责任的基础》,《法学家》2011 年第 1 期。

弃——这种实践推理对于整固注意义务的一般性概念具有重要作用”。[①] 由此，如何克服因包含过多内容而导致注意义务自身的不确定便成为“二阶层结构说”亟须解决的问题。也就是说，在普通法过失侵权注意义务判断标准面临碎片化、个别化的情况下，试图废弃传统大陆法系侵权规则“三阶层结构”转而引入以注意义务为基础的“二阶层结构”的实际效果是值得怀疑的。

（二）我国过错侵权“规则违反确认模式”的构建

通过上文论述可以发现，我国侵权法中的规则违反确认模式不同于大陆法系和英美法系国家的既有模式。首先，我国无法采纳“显性的规则违反确认模式”，原因在于，我国《民法通则》与《侵权责任法》并未如《德国民法典》一样对违法性概念加以明确并以“三个小的一般条款”对构成违法性的不同情形分别进行概括性规定。其次，由于我国并不存在普通法系中的遵循先例等司法传统，[②]且严格依照制定法规则进行裁判仍然是我国司法制度的基本特征，因而在我国过错侵权责任中适用注意义务违反规则进而确立“隐性的规则违反确认模式”的效果也是个未知数。最后，在引入两种不同的规则违反确认模式无法奏效的情况下，如果将属于价值层面的注意义务直接替代过错侵权责任中的违法性判断，将会赋予法官过于宽泛的自由裁量权而导致侵权法的规范性、确定性和指引性受到严重损害。

有鉴于此，在成文法未明确规定违法性概念且无法轻易移植普通法相关制度的情况下，可以考虑在我国通过司法解释与法院裁判的方式实现对过错侵权责任中违法性的明确承认，并由此形成了与显性与隐性的规则违反确认模式不同的“第三条道路”。[③] 做出这一判断的原因如下。第一，侵权法未明确

---

① Ernest Weinrib, The Disintegration of Duty, M. Stuart Madden, Exploring Tort Law, Cambridge University Press, 2005, p. 145.

② 最高人民法院在2010年11月26日发布的《关于案例指导工作的规定》第7条规定：“最高人民法院发布的指导性案例，各级人民法院审判类似案例时应当参照。”此种“参照”能否被视为判例制度的发端有待于进一步观察，此类指导性案例的效力问题仍是我国案例指导制度尚未解决的核心难题。参见陈越峰：《公报案例对下级法院同类案件判决的客观影响》，《中国法学》2011年第5期，第176页。

③ 受法国法影响的许多国家，如意大利、西班牙、葡萄牙等，违法性概念也未被立法者采用，但这些国家实务仍常常使用违法性概念，且立法者与法学者论述侵权行为问题常常无法回避使用这一概念，这也为我国通过司法途径确立对违法性的明确承认提供了启示。黄海峰：《违法性、过错与侵权责任的成立》，载梁慧星主编：《民商法论丛》（总第17卷），金桥文化出版（香港）有限公司2000年版，第37页。

规定并不等于否定违法性在我国侵权法体系中的存在。我国《侵权责任法》虽未明确规定违法或不法的字眼，但却在第 2 条列举 18 项民事权益加以保护，这也表明我国侵权法实践是"沿着德国、日本和我国台湾地区之限定模式前进"，因而"并非任何人身和财产都是可赔偿的"。① 据此，《侵权责任法》第 2 条中规定"依照本法"字样，"其实已经包含了违法性的要求"，②只是这种违法性没有通过一种明确的方式表现出来。对此，胡长清先生认为："侵权行为之成立，是否以行为违法为必要，外国法律有明文规定者，有不然者。夫自学理言之，凡属权利，均有不可侵性，侵害权利，即属违法，法律纵不明定违法为侵权行为之要件，解释上盖属当然。"③第二，过错侵权责任中的违法性已经为我国司法实践明确认可。我国最高法院颁布的司法解释将违法性作为过错侵权责任的独立构成部分，④并且已开始区分"非法侵害"民事权益、"违反社会公共利益、社会公德侵害他人"等不同的类型作为违法性判断的规范性标准；⑤与此同时，我国各级法院在其所审判的侵权案件中早已开始适用违法性标准对当事人的行为进行考察。在此种意义上，"违法性之争的实质并不在于要不要违法性要件，而在于违法性要件到底应当由立法统一规定，还是应当交由法官根据具体情况灵活把握"。⑥

通过司法途径确立过错侵权责任中的违法性为我们提示出一种"广义的、显性规则违反确认模式"：在成文法未明确规定违法性概念的情况下，通过司法途径确立明确的过错侵权责任规则违反确认模式，进而形成一种与既有的规则均不相同的确认模式。实际上，与我国同样沿袭大陆法系传统的邻国日本，其过错侵权责任的演变过程便展现出采纳此种"广义的、显性规则违反确认模式"的可行性。《日本民法典》第 709 条并未对违法性概念加以明确规定，其民法典也未明确规定违法性概念。但日本侵权法理论与实务却在侵权法适用过程中将违法性判断纳入过错侵权责任，进而在实质上形成一种"广义的、显性规则违反确认模式"。《日本民法典》第 709 条规定："因故意或过失侵害

---

① 廖焕国：《侵权法上注意义务比较研究》，法律出版社 2008 年版，第 257 页。

② 杨立新：《侵权责任法》，法律出版社 2010 年版，第 68 页；也有观点认为，《侵权责任法》第 6 条第 1 款法采用法国模式，没有正面规定违法性要件，这只不过表明，我国立法机关将认定违法性的任务交给了司法机关。李承亮：《侵权责任违法性要件及其类型化》，《清华法学》2010 年第 5 期。

③ 胡长清：《中国民法债编总论》，商务印书馆 1946 年版，第 142 页。

④ 参见《最高人民法院关于审理名誉权案件若干问题的解答》第 7 条。

⑤ 参见《最高人民法院关于确定民事侵权精神损害赔偿责任若干问题的解释》第 1 条、第 2 条。

⑥ 李承亮：《侵权责任违法性要件及其类型化》，《清华法学》2010 年第 5 期。

他人权利时，负因此而产生损害的赔偿责任。”从字面解释来看，《日本民法典》并未明确地将违法性纳入其所确立的侵权责任构成体系；日本民法学界最初也持“权利侵害”说，不承认依据违法性判断对民法典以外的合法利益提供保护。[①] 但在1925年的“大学汤”案中，大审院通过司法判例的形式对《日本民法典》第709条中狭窄的“权利”范围进行了扩张，并认为侵害的对象不只是具体权利，也包括“我们法律观念上认为对其所受侵害有必要依据侵权行为法的规定给予救济的利益”；[②]此时，“侵权行为的规定形式不是必然只有一种”，相比于“不作出一般性的定义但仔细地列举出每种场合”或者“仅做出几个大纲性的规定”，日本民法采用的是“做出广泛抽象的规定而不做具体规定”。[③] 自“大学汤案”以后，日本侵权法理论与实务界便一直将违法性作为过错侵权责任构成的一部分，[④]形成此种模式的原因在于日本所具有的大陆法系成文法传统和推理习惯，为“德国民法的侵权行为诸规定赋予了正当化的根据”。[⑤] 事实上，依据违法性判断对权益加以保护也顺应了日本当时经济和社会发展的需要，亦即“由权利侵害变更到违法性”在“形式上是德国民法的规定”，而在实质上是一种“法律感情”。[⑥]

此种“日本模式”虽然与德国通过立法对违法性要件加以明确规定的显性模式有所不同，但通过在司法过程中采纳违法性判断同样可以确保侵权法在规则的确定性与权益保护的开放性之间达成一种相对的平衡。也就是说，虽然我国侵权法在形式上采纳了法国式的仅依行为人的过错作为权益保护要件的宽泛模式，但是却可以通过理论与实务的发展在实质上确立当事人受到损害的权利和利益只有在违法性得到确认的情况下才能受到保护的模式。

此时，可能会有质疑的观点认为，既然日本侵权法中的判例具有先例约束力，为何其没有采纳“隐性的规则违反确认模式”？本文对此再做一点说明。

---

① 在“桃中轩云右卫门唱片案”中，大审院认为：“浪花节是演奏者随时改变音阶和音曲‘瞬间创作’的，不能认定浪花节具有著作权，结果认定不存在第709条规定的权利侵害。”[日]圆谷峻：《判例形成的日本新侵权行为法》，赵莉译，法律出版社2008年版，第62页。

② 于敏：《日本侵权行为法》，法律出版社2006年第2版，第147页。

③ [日]圆谷峻：《判例形成的日本新侵权行为法》，赵莉译，法律出版社2008年版，第63页。

④ 在日本侵权法中提出有关违法性之通说的末川博教授认为：“被评价为违法的通常被认定为权利侵害这样的形态是比较普通的，另外，命令性的法规通过自身具有的评价性机能具有独自对违法的评价标准，而缺乏明确的法规的场合时可因违反公序良俗来评价违法。”[日]圆谷峻：《判例形成的日本新侵权行为法》，赵莉译，法律出版社2008年版，第65页。

⑤ [日]圆谷峻：《判例形成的日本新侵权行为法》，赵莉译，法律出版社2008年版，第66页。

⑥ [日]圆谷峻：《判例形成的日本新侵权行为法》，赵莉译，法律出版社2008年版，第66页。

"隐性的规则违反确认模式"往往与遵循先例的司法传统直接相关,判例体系构成法官在确立特定行为标准时的参照框架并对其施加适当约束。与之相对,日本现行法中的判例虽然具有一定的先例约束力,但构成其法律体系主干部分的成文法中却"不存在最高裁判所的判例约束下级裁判所之类的规定",由此"下级法院做出与上级法院先例不同的判决,在制度上也是可能的";①而且,通过判例确立的规则及制度创新并不会只停留在判例体系内,其最终往往会被纳入到后来制定的成文法规范中。② 如在日本不动产抵押担保领域,债权人在债务人不能支付债务时必须通过拍卖实现清偿的规定十分不便,因而产生将抵押不动产做替代物清债的暂定登记之习惯,法院据此作出以债权担保为目的的替代物偿还约定构成担保权,债权人可取得标的物所有权,但应清算超过债权的款额的判决。此后,这一制度在 1978 年以单行法的形式加以规定。这说明到目前为止,日本最高法院判决的拘束力只是"介于规范层面和事实层面之间",③其并未突破既有的大陆法系成文法传统及司法制度。换句话说,日本侵权法中具有先例约束力的判例并未形塑出与普通法系国家类似的判例法制度。这一制度特征构成了日本违法性模式得以形塑的基础,同时也为我国过错侵权的规则违反确认模式提供了重要参考:一方面,我国侵权法中虽未明确违法性的存在,但无论是在最高法院司法解释还是各级法院的审判中均已肯定违法性在过错侵权责任体系中的存在;另一方面,即使确立指导性案例制度,最高法院发布的指导性案例的"拘束力是内在的、事实上的作用,而不能直接作为裁判依据适用",④因而需要通过"判决思路的内容说服力"和"权威判决的形式说服力"⑤才能对下级法院的同类案件判决产生影响。以上两方面因素也为我国选择"广义的、显性规则违反确认模式"提供了司法层面的佐证。

四、结语

对于过错侵权责任中违法性的地位以及我国的模式选择问题,笔者认为,

---

① [日]后藤武秀:《判例在日本法律近代化中的作用》,《比较法研究》1997 年第 1 期。
② [日]后藤武秀:《判例在日本法律近代化中的作用》,《比较法研究》1997 年第 1 期。
③ 解亘:《日本的判例制度》,《华东政法大学学报》2009 年第 1 期。
④ 胡云腾等:《〈关于案例指导工作的规定〉的理解与适用》,《人民司法》2011 年第 3 期。
⑤ 陈越峰:《公报案例对下级法院同类案件判决的客观影响》,《中国法学》2011 年第 5 期。

过错与违法性存在本质上的区分，违法性反映的是法秩序对可以获得赔偿之损害的选择性倾向。在各国侵权法实践中，对于致害人违反规则的确认可以区分为显性与隐性两种模式，不同模式的形成与特定的法律传统、司法体制与思维习惯密切相关。有鉴于此，在我国民法承继大陆法系传统以及立法未明确规定违法性概念的现实情况下，可以考虑借鉴通过司法途径对违法性加以明确的日本经验，构建适合于我国语境的“广义的、显性规则违反确认模式”。

中世纪法学的扩用所有权学说

董 能*

摘 要：扩用所有权是中世纪法学家在评注罗马法文本的过程中构建的一种独特的物权学说。罗马法所有权制度无法适应中世纪独特经济和土地制度，因此法学家们尝试利用《国法大全》原文构建扩用所有权学说。在封建法和其他许多专门的土地制度中，物的形式所有权和它的使用权分离，两者分别构成独立的所有权。诸多在罗马法中不属于所有权范畴的物权状态都被划归扩用所有权之列，形成十分庞大的二元所有权体系。然而，嗣后的人文主义法学家认为这一学说背离了罗马法的本意，尝试建立新的、更为严谨的物权体系来取代这一中世纪遗产。在近现代，这一理论因为不符所有权应绝对、统一、排他的原则而逐渐衰落，并为现代民法典所废除。然而，这一理论在当代法的某些领域，其现实价值仍值得注意。

关键词：扩用所有权；罗马法；中世纪法学

扩用所有权(dominium utile)学说的提出及盛行，在欧洲中世纪市民法的发展历程中占极为重要的地位。它在表面上似乎完全推导自罗马法文本。在中世纪法学家们的观念中，诉讼(actio)和权利(ius)彼此间存在紧密的关系：既然在诉讼法中，为了保障所有主对物的权利，存在着直接的(actio directa)和扩用的(actio utilis)对物请求返还之诉之别，那么相应地在物权法领域也存在派生自这两种诉的直接所有权(dominium directum)和扩用所有权(dominium utile)之别，前者根据市民法(iure civili)或万民法成为物的所有主，后者根据

* 董能，上海社会科学院助理研究员。本文原刊于：《环球法律评论》，2015年第5期(总第37卷)。

万民法(iure gentium)成为物的所有主。[①] 如果要问哪些人被法学家们界定为扩用所有主,那么可以开列一份很长的名单,包括永佃权人、地上权人、账簿受让人(livellario)、封臣、用益权人[②]、长期承租人[③]等。换言之,凡是能够和土地、和具体的物建立长期、稳定的经济关系的人,不管这种关系是源自罗马法制度(例如地上权、永佃权),还是源自中世纪前期以来逐渐产生的习惯(例如账簿受让、请地、封建契约等),都享有扩用所有权,被称为扩用所有主(dominus utilis)。该学说在古典共同法盛期成为法学家的一致意见(opinio communis),尤其在意大利和德国。直至1812年《奥地利普通民法典》(*Allgemeines Bürgerliches Gesetzbuch*, ABGB)仍以专文规定两种所有权人的法律地位。[④]

然而,这一理论在16世纪的人文主义法学家那里遭到了极为严厉的质疑和抨击。这一世纪中欧洲最知名、最权威的法学家们纷纷投入这场论战。这种新与旧、人文主义法学与中世纪法学之间的对立、剧烈冲突但又不乏微妙联系和传承的关系,就使得扩用所有权理论成为展现两种截然不同的法学方法和视野的差异、交锋的舞台。

一、罗马法所有权概念

在优士丁尼编纂的《国法大全》中,并未出现明确的所有权定义,然而这并不妨碍现代学者从中提炼一些基本的罗马法所有权的原则。传统认为罗马法

---

① 参看:Rogerii Summa Codicis, liber III, "De rei vendicatione", in Biblioteca Juridica Medii Aevi. Scripta anecdota Glossatorum, Bononiae 1913, I:"直接之诉授予根据万民法或者自然法是所有主的人,根据万民法的有发现、先占、添附;根据市民法的有时效取得;如果只是根据自然法是所有主,而他人是市民法的或万民法的所有主,那么拥有扩用之诉……扩用之诉授予自然法的所有主,直接之诉授予万民法的所有主。扩用之诉授予不是所有主、但拥有 ius in rem 的人,诸如地上权人、永佃权人、承租贡赋地的人、士兵、未适婚人,这些人花费金钱已经购买了物,被称作扩用之诉是因为源自法律的解释,而不是源于言辞;被称为直接之诉是因为源于判决、源于法律的字面"。

② 然而,在中世纪共同法成熟时期,普遍认为用益权人与扩用所有权人之间存在着泾渭分明的差异。这一认识在人文主义法学时期,也得到了法学家们的一再确认和阐述。参看:Paolo Grossi, «Dominia»e«Servitutes»(Invenzioni sistematiche del diritto comune in tema di servitù), in Quaderno Fiorentino, 18(1989), pp. 331-394.

③ 关于长期承租(locatio ad longum tempus)契约在中世纪的变迁,参看:P. Grossi, Locatio ad longum tempus, locazione e rapporti reali di godimento nella problematica del diritto commune, Morano, 1963, Napoli。

④ Cfr. 1812 ABGB § 354; § 357.

模式的所有权,可以被定义为"统一的""抽象的""绝对的。"[①]统一,意谓只存在一种、而非多种的所有权类型。抽象,指所有权被理解为诸般权能的概括而非其总和,诸如使用财产的权能、获取收益的权能、支配物的权能、转让物的权能等。因此,所有权具有独特的概念和规范的自主性,其形式与其具体内容相脱离。抽象的所有权侧重的是作为主体的所有权人以及其各种权利,而非作为客体的财产。绝对,指某物专门地属于某人,任何他人都不得享有高于所有权人的、针对该物的权利。罗马法禁止多人同时成为同一物的所有权人。[②] 依法对物享有一定权利的非所有权人,诸如用益权人、佃户、地上权人等,并不拥有全部或部分的所有权,而只被当作他物权人看待。所有权和他物权的对立,构成古典罗马法物权体系的基本面貌。

在早期罗马法中,所有权仅被理解为一种简单的、基本的物和人之间的归属关系。在誓金之诉的程式和要式买卖程式中,一般都是以"我声称这件物是我的"(hanc rem meam esse aio)之类的词句开头[③]。在共和国后期诞生了专门用来指代奎里蒂法所有权的术语 dominium ex iure Quiritium。在更晚的时期又出现了 proprietas(所有权)、proprietarius(所有权人)等术语。这些词汇,直至优士丁尼时代,反映的都是罗马法学家对所有权概念的基本认识:作为主体的所有主对作为客体的物的充分的、排他的用益和处分。

在意大利学者保罗·格罗西的研究中,所有权并不仅仅构成罗马财产法律制度的支柱,而且还是罗马国家本身社会-政治制度的核心。所有权除了具有经济上的重大价值,同时也体现重大的伦理、政治意义。它反映的是"家父"(pater)在家庭内部和社会贸易中的自由和特权,对家父所有权的任何外来制约都应被限制到最小限度[④]。这种十分广泛强大的权力一直受到罗马国家的重视和保护,仅在古典法后期以及晚期古典法中才陆续承认地上权、永佃权等

① Laura Solidoro Maruotti, La tradizione romanistica nel diritto europeo, II, Giappichelli, 2003, Torino, p. 232.

② D. 13,6,5,15:"不得存在分属两人的所有权或占有"(et ait duorum quidem in solidum dominium vel possessionem esse non posse);Inst. Gai, 2,40:"要么被认为是所有主、要么不被认为是所有主。罗马人民也曾经使用过这种法:任何人要么被认为是根据奎里蒂法的所有主,要么不被认为是所有主"(nam aut dominus quisque est aut dominus non intellegitur. quo iure etiam populus Romanus olim utebatur: aut enim ex iure Quiritium unusquisque dominus erat aut non intellegebatur dominus)。

③ Matteo Marrone, Istituzioni di diritto romano, Palumbo, 1994, p. 303.

④ Paolo Grossi, Le situazioni reali nell'esperienza giuridica medievale, Cedam, 1968, Padova, p. 25.

他物权，但同时加以一定限制。在市民法中，根据“地表从属于土地”(superficies solo cedit)原则，地上权人并不被视为所承租的地表的所有权人。为了保护其利益，裁判官陆续授予其“地上权令状”(*interdictum de superficiebus*)①、对物之诉。后者属于须经“调查案件事实”(causa cognita)的裁判官之诉，由裁判官评价具体情势后决定是否授予。然而，获得这种诉权的地上权人尽管在实质上成为地上建筑的所有权人，但在形式上并非如此。真正的所有权人依法仍然是土地的所有主。因此这是一种有限的、以收益为其主要内容的他物权。永佃权出现于后期古典法，其轮廓迟至东罗马皇帝芝诺(476—484)时期才被厘清。芝诺宣布这种权利(ius emphyteuticum)不是买卖也不是租赁，而是“第三种类型”(C. 4,66,1)。在优士丁尼法中(C. 4,66,2,3,4)这是一种在他人之物上的用益物权，承租人须缴纳年租，且常常伴有改良土地的义务。在某些敕令中永佃权人甚至被称为“所有主”。但这些敕令年代上很晚，已经不足以反映古典罗马法的精神。

二、中世纪背景下的扩用所有权——两个关键问题

同罗马法所有权相比，扩用所有权显得相当不伦不类。它由一个原本用于程序法领域的形容词(utile)同所有权(dominium)结合而产生，直接兴起于中世纪法学家的论著，而非如罗马法所有权那样经历了漫长的历史变迁。它代表的是对罗马法所有权的制约、分裂乃至否认。人们或许会发问：这一新颖的、然则离经叛道的理论，为何会诞生于中世纪法学？法学家们为何宁愿隐晦地、曲折地从罗马法文本中寻章摘句来支撑整个理论构建，而非直截了当地宣布，在罗马法所有权之外，尚存在一种中世纪独有的所有权？

这两个问题确实触及了扩用所有权理论的本质，并深刻地反映现代人和中世纪欧洲人之间所有权概念的鸿沟。要回答第一个问题，首先应从中世纪特有的政治、社会、经济面貌中寻找答案。罗马帝国解体后，所有权制度失去了国家层面的承认和保障，“日耳曼所有权”观念渗透②，各地的地方习惯得以

---

① D. 43,18,1,2

② 所谓“日耳曼土地概念”即物的使用权与物的所有权之间的混同。如果同一件物可以被多人以不同的方式使用(uti)、收益(frui)，那么所有这些人对物都拥有同等性质的权利，甚至可以说，“日耳曼法中所有权和用益权没有实质区别”。参看：Meynial, Edouard, Notes sur la formation de la théorie du domaine divisé (domaine directe et domaine utile) du XIIe au XIVe siècle dans les romanistes. Etude de dogmatique juridique, in Mélanges Fitting, Montpellier, 1908, vol. II. Aalen-Frankfurt/Main (rist.) 1969, p. 412。

在充分自由、不受政治权力调整、压制的情况下自行发展。自从12世纪法学复兴以来，法学家面对的是中世纪前期延续下来的混乱、芜杂的物的归属状况：除了极为复杂、棘手的封建土地转让当中封主和封臣之间、封臣和后手受让封臣之间的关系以及封臣的物权的法律资格问题，还出现了大量形式千差万别、主要由习惯法调整的土地契约和转让形式，以至于很难归纳出统一于某一名称下的各种契约所具有的共同特征，因此也难以将罗马法中的术语、概念机械地套用到种种彼此歧异的物权状况上。形式上的所有权人在出让物之后，只满足于收取租金及其他根据契约所有主所应享有的劳役、服务，而受让人实际上耕作、管理、支配土地，并收取土地上所有的收益。

中世纪后期，封建关系支配着社会生活的方方面面。法国学者 Meynial 认为，所谓分割所有权理论，无非是披着罗马法理论外衣的古代日耳曼所有权观念的复活，在中世纪后期封建社会逐渐成熟、封臣获得越来越大的权力，乃至和封君分庭抗礼的背景下，获得了学理上的独立和技术的构建。这一趋势，在罗马帝国晚期法中就已现端倪，因为《学说汇纂》已经提到，永久承租土地的永佃权人“被视为土地所有主”(fundis patrimonialibus atque emphyteuticariis, cum fundorum sunt domini)[1]，因此可以解放奴隶，即使这样做显然会导致所有权的减少；长期承租地表的地上权人逐步被授予令状、事实抗辩(exceptio in factum)乃至扩用的对物之诉(actio in rem utilis)[2]。而随着封建社会的成形、巩固，通过对12世纪米兰法官奥伯特·德·奥尔托(Oberto de Orto)撰写的《采邑书》的注释，法学家们逐渐地开始用扩用所有权来描述封臣在被分封的土地上的权利。

应注意，罗马-蛮族时期，西欧蜕变为纯粹的农业社会，人们最为关心的是土地实际的使用、收益的状况，而不再是其形式上的权利归属。在罗马法中，物始终是被人的意志所支配的客体，但在中世纪法中却获得了强大的力量，物的经济内容取得了如此崇高的地位，以至于它本身就可以形成一种得到法律承认的所有权：这种所有权并不隶属于原始的、形式上的出让人的权利，而是通过受让人长期的收益活动，被赋予独立的地位。例如，在古典罗马法中只存在一种物的租赁契约，承租人仅获得针对出租人的债权，对于被租赁物并不享

---

① C. 11,62,12,1.

② Meynial, op. cit., p. 417.

有物权。[①] 但除了这种租赁契约，中世纪还发展出一种长期租赁契约，当土地承租人经过若干年的长期耕作后，人们认为通过长期的劳动，承租人和土地之间已经形成了某种密不可分的关系，必须承认他对于土地拥有某种比简单的租赁更强、更为紧密的权利[②]。这一贯穿整个罗马-蛮族时代的农业契约物权化现象，在法律层面上的后果便是"造成所有权和农业契约之间严格分界越来越显著地消失，造成种种物权状态错综复杂局面的加剧。全部的物权状态重压在物的形式所有权之上，几乎要夺走形式所有权的生命力，就仿佛附着在树干上的寄生植物：其宏观结果便是寄生植物反客为主，主干则丧失活力和价值，退居其次"。[③] 地籍册上正式登记的形式所有权陷入无数庞杂歧异的物权状态的包围之中，在诸如长期租赁和永佃这样的契约中，形式所有主收取的年租和土地的经济价值完全脱节，仅具有承认直接所有权的功能。这就完全违背了罗马法租赁的本质。相应地，实际管理土地的承租人/永佃权人具有越来越显著的物权性质的权利。例如，向其他人出租土地、为土地设立役权、以自己的名义提出新施工警告等。在这一格局下，罗马法中决不容混淆的所有权、占有、持有之别变得模糊不清。这一所有权体系不断解体、种种物权状态和所有权分庭抗礼的进程，从罗马帝国晚期开始，随后在日耳曼法的冲击下达到其高潮。如果说作为一种成熟的、完整的"日耳曼法所有权"缺乏历史依据的话，某种粗糙的、持久的日耳曼所有权观念的影响却是不容否认的。12 世纪法学复兴以来，人们重新挖掘罗马法文本，采用新的技术工具解释法律，但统治着法学家头脑的却依然是这种中世纪独有的所有权心理。因此，他们才会不断追问所有权是单数的(dominium)还是复数的(dominia)、有几种所有权、何谓广义的所有权等问题。扩用所有权的提出，与其说是技术上的选择，不如说是一种"深刻的心理意识"[④]。

---

① D. 19,2,39："租赁通常不改变所有权"(non solet locatio dominium mutare)。

② Giovanni Garsia, Tractatus de expensis et meliorationibus, cap. XIII, n. 1："分歧源自被广为接受的、古人们的划分，直至今日。这种划分区分长期充足和短期承租，在前者中应获得更有力的权利"(Controversia autem descendit ab illa antiquorum divisione receptissima ad haec usque nostra tempora, quae separavit conductorem ad longum tempus ab eo qui ad breve tempus conduxit, ut in illo fortius ius reperiatur)。

③ P. Grossi, Problematica strutturale dei contratti agrari nella esperienza giuridica dell'alto medioevo italiano, in Settimane di studio sull'alto medioevo. Spoleto: Centro studi sull'alto medioevo, 1965, p. 495.

④ P. Grossi, La proprietà e le proprietà nell'officina dello storico, in Il dominio e le cose, op. cit., pp. 637 - 643.

传统的罗马法所有权概念无法解释如此纷乱的土地占有状况。在中世纪这一深受习惯而非立法文本或法学学说支配的社会中，经过数世纪演变而形成、确立的土地习惯具有巨大的影响。在中世纪法学作品中，出于实务和理论构建的便利，存在将大量芜杂、难以归类的土地转让形式简化为少数名称统一的契约类型的倾向。前述罗马法已有记载的地上权、永佃权，连同请地、封建契约、长期租赁和书契受让被巴尔多一并归为转让扩用所有权，但保留直接所有权的契约形式。[①] 对法学家而言，扩用所有权这一构建因此成为相当便利的工具，得以避开现状同罗马法教义之间的抵触，且充分顺应中世纪现实。这一认识应成为回答上述第二个问题的前提，即中世纪法学为何依附于罗马法文本、曲折地构建这一所有权理论，而非直接宣布存在两种所有权，一种罗马法所有权、另一种被中世纪人所认识的所有权？

这是由中世纪法学的最基本的特征决定的。法学家们的所有学术活动均围绕优士丁尼《国法大全》展开，法学无异于解释学(interpretatio)，也就是对《国法大全》的文本进行注释、归纳、分类的过程。法学家们相信这部里程碑式的作品囊括了法学的一切方面，应像圣经一样被耐心注释、研读并适用于解决社会中实际的法律问题。这部著作事实上成为中世纪法学家们唯一的理论资源。在这种典型中世纪思想的引导下，法学家并不认为这部数百年前编纂的文献直接应用于13、14世纪的西欧有何不妥。他们完全尊重《国法大全》的字面，然而却是以中世纪的方式加以理解、注释。整个中世纪法学的根基建立在《国法大全》绝对权威之上，因此，抛开经典文献的明文，宣布罗马法所有权并不能代表中世纪现实。这是中世纪法学家所难以想象的，哪怕两种所有权概念、两种法律文明之间存在尖锐的、难以调和的冲突。在构造扩用所有权的过程中，法学家们其实正是面临着这样一种两难处境。为了调和文本和现实的对立，法学家们不得不从经典文本的缝隙之间寻找任何可以概括中世纪法律现实的术语，采用“解释”(interpretatio)这一极为灵活的体裁，[②]最大限度地利用罗马法的词句，达到构造罗马法中所没有的概念范畴的目的。换言之，“解释”的真正意图是架空文本的原意，改变、生造乃至歪曲罗马法的本意，使之服务于中世纪现实。这样，形式上经典文献的权威性得到维护，而实质上反映中

① Baldi Ubaldi perusini... In quartum et quintum Codicis libros, Venetiis, 1577, in titulum de iure emphyteutico, n. 1 ss.

② 关于中世纪法学解释的特征和功能，参看：P. Grossi, L'ordine giuridico, pp. 162 - 175。

世纪面貌的新法学也得以充分发展。在所有权领域,法学家的做法正是如此。在维护形式的所有权的尊严的同时,在其之外构造一种次要的、低级的但却具有独立理论地位的所有权,使得两者统一于更广义的所有权范畴下。这样,原先唯一的、绝对的罗马法所有权被贬为所有权概念下位的一个"种",尽管仍维持着相对于扩用所有权的优越地位。

三、截止《大注释》扩用所有权概念的演变

注释法学家们的切入点是诉权。他们认为,诉权和实体权利正如一块硬币的两面,彼此对应、不可分离。罗马法中的"扩用之诉"(actio utilis)是一种事实之诉(actio in factum),被认为是"由裁判官的活动和法学家引进的诉讼,通过修正既存的诉,来涵盖最初的程式并未涉及的法律状况和交易"。[①] 裁判官通过仿效法律明文规定的诉讼,发明新的诉来解决现实中存在但法律并未明确规定的案例。注释法学家们对此有很多论述,一般而言,他们认为"直接之诉"(actio directa)源于法律的字面;扩用之诉源于法的理由/精神或判决。[②] 要揭示法的理由/精神,则必然求助于法学家的解释。经过解释,法律的字面可以延伸至文本本身并未规定的各种案例。如果直接的请求返还之诉(reivendicatio)被授予真正的所有人、扩用的请求返还之诉被授予并非的真正所有主、但"扩用地"(utiliter)获得诉权的人,那么就可以得出结论,真正所有主享有直接所有权,而扩用所有主享有扩用所有权。这种从诉权到物权的跃迁,在注释法学家们看来是完全可以接受的。[③]

在荷兰学者 Feenstra 的研究中,他发现法学家们并非一蹴而就地使用"扩用所有权"一词。实际上在阿库修斯之前,法学家们在描述这一概念时,并未

---

① Cfr: Adolf Berger, Encyclopedic Dictionary of Roman Law, The American Philosophical Society, Philadelphia, 1953, p. 347, v. Actio utilis.

② 罗杰里奥:"当就法律的本意产生疑问时,有时人们会问,是否法律字面上虽寥寥数语,但本意不限于此,通过司法的解释,应当扩张至衡平理由得以适用的情形";阿佐(Azzone,活动时期 1190-ante 1233):"存在直接之诉,出于法律明示的意愿被授予……如此被称为直接之诉,是因为法律的字面指向法律意欲给予诉的人:这样,在这种应给予的诉中,法律的字面和判决并存:确实,那里缺乏字面,但法律的意志或判决默认地要求给予诉的,则授予扩用之诉。"

③ ad l. Agri civitatum, ff. Si ager vectigalis (D. 6,3,1), glo. In rem:"此处并未说他拥有所有权,但足以这么说。"

形成统一的术语。有时候永佃权人被称为“准所有主”(quasi dominus)[①],有时候永佃权人、地上权人、佃户等又被模糊不清地称为“某种程度的所有主”(quomodo domini)[②],有时则使用更为近似的 utiliter dominus 一词。无论如何,在比较了截止至阿库修斯《大注释》的大量文本后,Feenstra 认为是法学家 Pillius 在注释封建法的过程中第一次明确提出了 dominium utile。但这个结果是开放性的。意大利学者 Ennio Cortese 在其著作中也采纳了这一观点[③]。Feenstra 20 多年后就同一主题所作的另一篇论文,对此也并没有大的修正。[④]

Feenstra 注意到的这种语词上的混乱现象,生动地反映了早期注释法学家们从罗马法中寻找技术性语言,用来概括盛行于中世纪前期的一系列特殊物权状态的不断尝试。这些独特的物权状态,尽管多多少少都可以追溯到晚期罗马法,但它们主要仍是罗马-蛮族时代的自然主义的产物。如果说“准所有主”和“某种程度的所有主”在概念上仍十分暧昧不清的话,那么“扩用所有权”一词的提出就具有了不同的意味。它不再像前两种词汇那样,用一种近似的、约略的视角来观察这一制度,而是有意识地与扩用之诉嫁接,从而具有高度的技术性。

Grossi 的研究则强调伊尔内留斯的弟子、注释法学家布尔加留在描述不动产长期时效取得时使用的“所有权的效果”(effectus dominii)一词,认为这一偏重经济内容反映了扩用所有权的雏形及实质。[⑤] 注释法学家们语词上的模糊不清,暴露出他们对于严格意义上的所有权的冷漠。他们并不急于采用某个更为精确的技术词汇来概括形式所有权以外的种种占有的权利状态,而

---

① Feenstra, Les origines du dominium utile chez les glossateurs, op. cit., p. 231, n. 88.

② De verbis quibusdam legalibus-Excerpta Codicis Vaticani Reg. 435, cur. F. Patetta, in Bibliotheca juridica medii aevi-Scripta Anecdota Glossatorum, vol. II, Bononiae, 1892, n. 38:“问,地上权人、永佃权人、佃户是不是因为用益而成为用益权人,我们回答否,因为他们用益的是他人之物,但以某种方式被认为是所有主。如果确实他们丧失了占有,他们可以提起对物之诉,这种诉本不适用,除非以某种方式被认为是所有主的人。”

③ 参看前注 18。

④ R. Feesntra, Dominium utile est chimera: nouvelles réflexions sur le concept de propriété dans le droit savant (à propos d'un ouvrage recent), Tijdschrift voor Rechtsgeschiedenis, vol. 66(1998), pp. 381.

⑤ Grossi, Le situazioni reali, op. cit., pp. 190 - 191:“人们提出一项意义重大的、表面上令人惊奇的等式:‘扩用所有权或所有权的效果’(dominium utile sive effectus dominii);意即,扩用所有权就是所有权的效果,不多不少,人们致力于提示,‘扩用的’(utilis)就是‘有效果的’(efficax)的同义词……所有权的效果是各种程序工具的集合,甚而所有权的效果就是‘土地的利益’(utilitas fundi)本身。”

仅仅满足于近似地、约略地描述之。这是因为扩用所有权本身就是一个边界相当模糊、内容相当丰富的概念，对于法学家们来说，一方面，如何精确地下定义是一个棘手的难题；另一方面，他们也没有太大的兴趣去这么做。语词的选择和概念的确立在注释法学家那里是一个渐进的过程，早期的法学家们援引、调和各段优士丁尼罗马法文本来塑造适应中世纪物权状况的概念。以封建法为例，其鼻祖、米兰人奥伯特・德・奥尔托（Oberto dall'Orto，1100 ca.-1175）在12世纪中叶撰写《采邑书》时，尚未充分认识到扩用所有权在概念上的独立性，因此只是参考罗马法已有的概念，泛泛地称之为某种可以继承的永久用益权，①但后来的法学家追求用更为技术性的术语来赋予这种所有权以固定的形态，并廓清它与用益权之间明确的界限，因此他们再也无法忍受“用益权”这一粗疏的描述。②

概念上的统一进程并非线性的。除了“扩用所有权”一词，“准所有权”也常常被注释法学家们使用。13世纪初的阿佐认为，“扩用的（请求返还之诉）出于准所有权的理由被授予永佃权人、地上权人、长期租赁的赋税地承租人”③；此外，这个词也用来指出于诚信从非所有主处取得物，但还没有完成时效取得，因此尚未获得市民法所有权的人，也就是被授予普布利西安之诉（Actio publiciana）的权利人。因此，“准所有权人”的范畴相当广泛。它和扩用所有权人之间存在交集（永佃权人、地上权人、长期承租人），而又可以指代普布利西安之诉权利人这样一类还不是市民法所有权人但被裁判官法拟制地承认的权利人。不管是准所有权人还是扩用所有权人，都具有一个共同的特征：他们的权利相对于真正的所有权人，是欠缺的、不完整的，并非恰如其分的所有权，但由于法学家们的解释，被宽容地接纳进所有权人之列。但是，准所有权和扩用所有权之间的部分重合并非未曾遭到质疑。后来巴尔托鲁斯清楚无误

① “某种出于别人的善意而被授予的恩赏，被分封的不动物的所有权保留在出让人处，而该物的用益转让给受让人，并永久地属于其男性或女性后代，如果他们对于封地的权利被名正言顺地宣告，作为回报，封臣及其继承人应忠诚地服务所有主，或者尽其本分地履行明确指定的义务，或者商定的不确定的义务。”奥伯特这段著名的封地定义，在之后的几个世纪中被法学家们反复讨论、修正。

② 生活在萨伏依王朝治下的法学家克劳德・塞西尔（Claude de Seyssel，1458-1520）一针见血地指出了共同法初期的语词和共同法成熟时期的学说之间的龃龉：“显然，这是粗鄙的描述，而非优雅的定义”（“patet quod ista fuit rustica descriptio，non elegans diffinitio”，cfr. Claude de Seyssel，Speculum feudorum，Basileae，1566，pp. 68-69）。

③ Azzone，Summa，Venetiis，1610，in III. librum Codicis，rubr. 32，De rei vendicatione，n. 3：“datur autem utilis（rei vendicatio）ratione quasi dominii ut emphiteotae，superficiario，conductori vectigalium dummodo non ad modicum tepus conduxerit”.

地实现了两者间的分离。

四、中世纪共同法所有权体系的完善

第一，阿库修斯《大注释》显示，截至13世纪中叶的西方法学已经普遍接受了两种范畴的所有权的存在，即属于出让人、形式所有人的直接所有权以及属于受让人、实质所有人的扩用所有权。尽管法国奥尔良学派相信只存在唯一的所有权，但这并不影响扩用所有权成为通说。事实上，这一概念的提出和确立，很好地解决了中世纪社会独特的封建物权关系、土地转让关系和罗马法原理之间的龃龉，这也反映了中世纪法学对社会现实保持高度敏感、充分利用"解释"方法，灵活注解罗马法文本，使之能够适应社会现实的特征。一方面，出让人的直接所有权在形式上得到高度的尊重和强调，例如，封臣获得、使用、收益封地的同时，须向封君提供军事援助或为其服役；永佃权人负有改良土地的义务、须定期缴纳租金，在将扩用所有权转让给第三人时，须提前通知出让人；后者拥有先买权，即使不行使该权利，也有权从第三人支付的价金中抽取若干比例；相应地，受让人享有长期使用收益土地并将之传给后代继承的权利，在程序层面上，享有"扩用的对物之诉"(actio utilis in rem)，不但可以对抗不正当侵夺物的第三人，甚至也可以对抗直接所有主本人。

然而，《大注释》中仍存在许多不明确的地方，阿库修斯也意识到这一构建存在牵强之处。《大注释》没有对所有权下明确的定义，也没有清楚地界定直接所有权和扩用所有权之间的关系。这一工作将由评注法学家的集大成者、中世纪法学最杰出的人物巴尔托鲁斯最终完成。

这位法学家首次专门地、明确地给出了所有权的定义。在评注《学说汇纂》第41卷第2题《论占有的取得与丧失》(*De adquirenda vel amittenda possessione*)时作出了著名的所有权定义，不仅如此，他还探讨了所有权的分类、直接所有权与扩用所有权的关系，以及扩用所有权的再分类问题："我问：何谓所有权？它可以被极为广义地认为是所有无体权利，例如债权的所有权，例如用益权，参看上一条§. nihil commune. (D. 41,2,12,1)的注释……此处我不采用这种理解。《论占有的取得与丧失》这一题以及《法学阶梯》认为所有权在无体物中，首先提出物的分类，之后提及役权、用益权、使用权和居住权，它提出，所有权有的在有体物中、有的在无体物中。那么什么是所有权？你回答，就是完全地支配有体物的权利，除非法律禁止。”[①]

在这段论述中，巴尔托鲁斯流露出将所有的有体和无体权利都纳入“所有权”的意图，不但具体的、有实体的、可以为人所触摸的物可以成为所有权的客体，而且抽象的权利，诸如债权和用益权也可以被称为所有权。当某物上的所有权绝对、排他、不容其他所有权并存的时候，很容易让人认为，所有权即等于该有体物本身；但是巴尔托鲁斯彻底粉碎了这一观念，将所有权的观念扩大至无体物，这样，有体物的所有主固然可以被称为物的所有主，而债权人、抵押权人、用益权人等也可以被称为各自权利的所有主，种种模糊不清的物权状态都有可能被赋予所有权的名称和实质。如此庞大的无所不包的“所有权”体系，显然已经走得太远。因此巴尔托鲁斯很快将他的定义局限在有体物的范围内：“完全地支配有体物的权利，除非法律禁止”（ius de re corporali perfecte disponendi, nisi lex prohibeatur）。这条定义最令人感兴趣的是“完全地支配有体物的权利”，因为它看似完全符合罗马法精神，看似是一种从主观出发的权利，其着眼点是人利用、支配物的权能以及根据自己的意愿使用物的权力。副词“完全地”（perfecte）和动词“支配”（disponendi）的组合，表面上看有力地证实这一点。[②]

这条定义反映了巴尔托鲁斯为代表的中世纪法学家对所有权的理解：它是一种广泛的、充分的、体现在主体对物的随心所欲的支配之中的权力，只有法律的明确禁止才是它的边界。但是，这并不是这位法学家论述的全部。这条著名定义反映的只是法学家根据罗马法文本、人为构建的一种理想的所有权状态，并不符合中世纪法的历史真实。因此，他紧接他补充道：“我问，所有权有几种？据昨天在此间授课的那位德国法学家传述，某位奥尔良法学家声称，所有权只有一种。但所有权有两种，法律 *l. possessores* 可证。该法律说，永佃权人是所有主，然而，另一人也是所有主，也就是出让人，参看法律 *C. de iure emphyteutico*（C. 4,66）第一条和第二条。如果存在两个所有主、两种不同的所有权，是因为两者所拥有的不是同一种所有权。正如上文评注法律 l. si

① Bartolo da Sassoferrato, In primam ff. Novi partem, Venetiis 1585, ad l. Si quis vi § Differentia, ff. de acquirenda possessione, n. 4.

② 关于巴尔托鲁斯这条著名定义以及中世纪所有权定义的历程，参看：Piccinelli, Ferdinando, Studi e ricerche intorno alla definizione “Dominium est ius utendi et abutendi re sua quatenus iuris ratio patitur”, Firenze, 1886, rist. con una nota di lettura di L. Capogrossi Colognesi, Jovene, Napoli, 1980; Nicolini, Ugo, La proprietà, il principe e l'espropriazione per pubblica utilità. Studi sulla dottrina giuridica intermedia, Giuffrè, 1952, Milano, rist, pp. 29 - 57。

ut certo. §. si duobus vehiculum.(D. 13,6,5,15)所说的。”①

这段评注中,巴尔托鲁斯巧妙地层层递进,一步一步抛出双重所有权的理论。首先他转述某位奥尔良法学家的观点,即所有权是单一的、不可分割的,但旋即加以否定。巴尔托鲁斯引用这位“奥尔良法学家”的观点并非随意。事实上,奥尔良学派长久以来一直坚持罗马法文本的字面,强调所有权的唯一性和不可分割性,尽管这种强调或许并不那么绝对。巴尔托鲁斯提出的证据是 l. *possessores*(C. 11,62,12)这条法律。实际上,这条收录在优士丁尼《法典》中、由皇帝狄奥多西和瓦伦斯颁布于434年的论永佃土地的敕令,在时间上相当晚,属于所谓的“通俗罗马法”,它反映的是罗马帝国末期融合了希腊法之后,同古典法相比差异很大的法律面貌。巴尔托鲁斯在此充分利用了优士丁尼在编纂敕令时不统一、不协调的特征,并借助中世纪人视《国法大全》无所不包、绝对权威的观念,以这条法律作为扩用所有权理论的强有力证明。Paolo Grossi 甚至认为,“这是一项软弱的孤证,体例上单薄,内容上欠缺说服力,但足以构成牵连一座完全不同的大厦的纽带,可以说几乎是以一根细丝支撑整座大厦的分量”。②

两种所有权的区分并不仅限于此。巴尔托鲁斯在扩用所有权内部发现了进一步的区分:“我问,扩用所有权是单一的、还是复数的?我回答,复数的。一种和真正的所有权对立、抵触,这种扩用所有权通过长期时效被取得……另一种承认真正的直接所有权,这种权利被授予永佃权人、地上权人和类似的人。”③

这段文本内涵丰富,因为它阐明所有权的范畴,整理并汇总先前的学说,成为此后“意大利习惯”(mos Italicus)的通说。在巴尔托鲁斯的论述中,不但所有权(dominium)本身是复数的,而且所有权下位的扩用所有权也是复数的。以真正的所有权也就是直接所有权为参照对象,它又可以分为两类:一类与直接所有权对立,也就是长期时效取得所取得的所有权,它在早期注释法学家布尔加留那里被称为“所有权的效果”(effectus dominii),称之为与直接所有权对立,是因为当拥有正当原因和原权的占有人完成时效后,便成为奎里蒂法所有主,原来的所有主被迫丧失自己的权利;另一类承认直接所有权并依

① Bartolo da Sassoferrato, loc. ult. cit., n. 5.

② Grossi, Le situazioni reali, op. cit., p. 207.

③ Bartolo da Sassoferrato, loc. ult. cit., n. 6.

附于它,也就是中世纪前期所形成的各种土地转让关系:巴尔托鲁斯在此列举了其中最具有代表性的永佃权和地上权,并以"以及类似的人"(et similibus)来涵盖所有这一类的扩用所有权人。我们可以发现,长期时效取得所获得的权利的性质以及土地转让关系中长期受让人的地位,恰恰是从法学复兴之初起就一直为法学家所争论的最重大的课题。这两个课题,尽管彼此差异巨大,但都牵涉到一个关键的问题:它们究竟是否属于罗马法文本中的所有权?是否应该将它们接纳进根据经典文本的本来意义,只有真正的所有主(dominus)才享有的权利范畴之中?巴尔托鲁斯给出的答案是肯定的:永佃权人、地上权人以及类似的封臣等权利人,都被吸收进"扩用所有权"的大网,并进而被认为是所有主,尽管他们拥有的并非在形式上更强、更为优越的直接所有权,但是他们毕竟被接纳进所有权的范畴,或者反过来说,为了保护诸如永佃权人、封臣这样的权利人,所有权被大大扩张,以致扩大到各种在今天看来仅拥有他物权的人身上。这样,所有权和其他次级物权之间的屏障被打破,所有权的封闭性被完全稀释。因此,巴尔托鲁斯的所有权定义必须结合他的所有权分类才能得到符合历史的、完整的理解:"完全地支配有体物的权利",与人对物的主观的利用和支配无关,相反暴露了中世纪统一的所有权观念分裂、解体的历史真相。"完全地"(perfecte)这个关键字眼,强调的恰恰是权力的自主性,而非绝对性。①

第二,沿着巴尔托鲁斯开辟的道路,他最杰出的弟子巴尔多(Baldo degli Ubaldi, 1327—1400)进一步阐述道:"但是有的人说扩用所有权是怪物,他们声称扩用所有权不是别的,正是和高级所有权分离的用益权,和永久的、可以转让的用益权并无区别。但是这些人不知所云,因为高级所有权是更为优越的所有权,它的发明源于万民法;扩用所有权实际上是低级的所有权,从属于直接所有权,例如封地和永佃地;或者与之对立,例如长期时效取得的所有权,因为长期时效取得源于实在法,而所有权源于万民法,同样地通过长期时效或最长时效取得的不是直接所有权,而是在其中产生了某种所有权的质素,称扩用所有权。"②③

将扩用所有权比作"怪物"(chymera)并非巴尔多首创,事实上这个比喻是

---

① P. Grossi, Le situazioni reali, op. cit., pp. 155 - 156.

② Baldo, In feudorum usus commentaria, Augustae Taurinorum, 1578, Proem., n. 24.

③ 关于这段文本所涉及的万民法所有权的概念,参看:U. Nicolini, La proprietà, il principe e l'espropriazione per pubblica utilità, op. cit., pp. 3 - 28。

教会法学家霍斯腾斯(Hostiensis, 1200—1271)提出的[①],而霍斯腾斯说这是他的老师 Jacobus Balduini 的观点[②](Feenstra 暗示此人和奥尔良学派之间可能存在师承渊源[③],因此和巴尔托鲁斯攻击奥尔良学派所有权单一论一样,巴尔多此处批判"怪物"论也并非无的放矢)。但巴尔多无情驳斥了这种观点。扩用所有权不是用益权,即使两者在内容上完全相似,也就是说,两者都体现于对物的使用和收益,但在实质上,彼此仍存在不可逾越的鸿沟。扩用所有权属于所有权(dominium),是依附于物的权利,触及物的实质;而用益权则否,它依附于人,外在于所有权,因此是脆弱的、不稳定的,且终将复归所有权。巴尔多随后重复了他的老师划分的两种扩用所有权的分类。值得注意的是,在分析通过长期时效取得所获得的权利的性质时,巴尔多认为该权利即"某种所有权的质素"(quaedam qualitas dominii),显然,这种"质素"(qualitas)应被理解为具有纯粹经济特征的使用和收益,其本身就足以形成次级的、但地位无疑的所有权。

巴尔多的另一段文本,充分显露他对所有权的理解。这段文本是对优士丁尼《法典》有关嫁资所有权[④]的法律的评注:"所有权是多重的,即我们可以从其他持有人那里请求返还物的请求返还的所有权;支配权,即我们根据自己的意志,支配并转让的权利;充分的占有;以及此处所说的收益的所有权,因为夫和妻都无分别地使用物,于是妻的所有权并没有被吸收,而是通过收益和所有权的利益而残留了部分。"[⑤]

这段文本探讨的是一条颇为棘手的法律:一方面,妻子出于自然的理由,是嫁资原始的、天然的所有主;另一方面,夫在婚姻存续期间,出于法律的创制而成为嫁资的所有主。这样,在中世纪法学家的观念中,出于自然法和市民法

---

① 参看:Andrea d'Isernia, In usus feudorum commentaria, Neapolis, 1571, De capit. Corradi, n. 10.

② 安德烈·达·伊塞尔尼亚(Andra d'Isernia, 1230—1316)在转述霍斯腾斯观点时,错误地称后者的老师是教会法学家、教皇英诺森四世。

③ R. Feenstra, Dominium utile est chimaera: Nouvelles réflexions sur le concept de propriété dans le droit savant (à propos d'un ouvrage récent), in Tijdschrift Voor Rechtsgeschiedenis, LXVI, 1998, p. 398.

④ C. 5,12,30:"在可动的或不可动的或可以自行运动的嫁资财产中,如果查实,则不管有没有经过估价,妻在离婚后所主张的财产拥有所有请求返还的特权,先前的夫的债权人,不得以更为有力的原因,就嫁资物向妻主张实现抵押,因为这些财产一开始就是妻的,妻自然地保留其所有权。确实只是出于法律的创制,嫁资才看似并入夫的财产,因此事物的真相被掩盖了或者被混杂了。"

⑤ Baldo, In quartum et quintum Codicis libros commentaria, Venetiis 1577, ad. l. In rebus, C. de jure dotium (C. 5,12,30), n. 5.

的双重理由，在同一份嫁资上，同时产生了夫和妻两名所有主。应如何解明夫妻二人各自所有权的性质？巴尔多设计的方案无疑是天才的：他把统一的所有权分解为不同的内容，不是整体地、全面地，而是部分地、局部地看待所有权。所有权是“多重的”(quadruplex)，不仅在于其范畴而且也在于其内容：请求返还、支配、占有，乃至纯粹经济性的收益都可以构成所有权，并因此而被承认对于物具有所有权性质的权利。所有权不是别的，正是这些部分的、片面的权能拼凑形成的整体。“妻的所有权并没有被吸收，而是通过收益和所有权的利益而残留了部分”，通过使用和收益这一纯粹的经济活动，妻仍得以保存一部分的所有权，这一部分游离于严格的法律规定之外，仅仅因其事实使用的性质而自动地被法学家纳入“所有权”的框架中。在论据中，巴尔多特意强调了所有权的“收益”(fruitionem)和“利益”(utilitatem)。显然，他关注的焦点在于对物实际的使用并从中获得收益的状态，而非形式上的所有权的名义，而“利益”(utilitas)一词的形容词形式(utilis)，恰恰被中世纪人用来命名扩用所有权一词。如果说扩用之诉中的 utilis 一词仍带有较强的技术含义的话，那么此处的 utilis 反映的是纯粹的经济含义，只要某种占有状态能带来长期的、稳定的经济效益，那么它就完全可以被承认为一种独立的所有权。

五、16 世纪人文主义者的批判与再认识

对于欧洲法学而言，16 世纪是一个转折的世纪，被称为“十字路口”(il quadrivio cinquecentesco)[①]。这一时期的人文主义法学家们毫不犹豫地对中世纪法学以及学说提出猛烈的抨击，巴尔托鲁斯及巴尔托鲁斯主义者的学说及写作风格被斥为鄙陋、粗野，整个中世纪法学被认为一无是处，应彻底加以摈弃。

法学家让・弗(Jean Feu, 1477—1549)一针见血地指出中世纪法学的一处重大漏洞：“(巴尔托鲁斯)不凭法律、毫无理由，也没有任何法律基础。我努力查找他所引用的、最新的法律，但是在《学说汇纂》中我没有找到任何区分所有权的法律，也没有任何条文提及扩用所有权，由于不存在任何提及这点的法

---

① P. Grossi, La categoria del dominio utile e gli homines novi del quadrivio cinquencentesco, in Il dominio e le cose, op. cit., pp. 209 - 242.

律,我并不怎么关心他的观点,因为法律家们的观点应按照所引述的法律被理解。"[①]

另一位人文主义者马克·安托万·缪雷(Marc Antoine Muret, 1526—1585)则更为激进地直斥这一理论为"梦呓"(somnia)、遮蔽(obscurando)、污染(contaminando)。[②]

16世纪法国最伟大的法学家之一雅克·居亚斯(Jacques Cujas, 1552—1590)同样激烈反对扩用所有权。在其名作《论封建法》(*De feudis libri quinque*)中,他斩钉截铁地说:"封臣根据永久的或临时的权利,只享有封建土地的用益权,所有权属于根据封地权出让土地的所有主:我们引用奥伯特在卷三的说法,称用益权,注释家们称之为扩用所有权,因此,封臣们对于被分封的物,享有的不是直接的而是扩用的请求返还之诉……然而,理性并不能引导出扩用所有权,更正确的是皇帝康拉德的判决……并不存在什么扩用所有权。"[③]

但是,即使颠覆了这一人造概念,法学家们仍不得不面临新的难题。应如何描述永佃权人、地上权人、封臣等权利人的状态?法学家们给出了丰富的答案。法国人弗朗索瓦·杜阿朗(François Douaren, 1509—1559)提出:"阿库修斯主义者一般将所有权区分为直接和扩用:这两个词是他们发明的,但在古典法学家那里没有任何地方提及。但是我们如此理解:它是他们借助词语的创新,想要表达、传授的术语,应知,有的权利有时候接近所有权,例如永佃权,这种权利被授予扩用的对物之诉,正如直接的对物之诉赋予真正的所有主……我认为,如果正当地理解所有权的话,那么高级所有权就是所有权,因为古典法学家们常常不加区分地使用这些术语。"[④]

杜阿朗承认阿库修斯主义者们发明的扩用所有权学说在权威文本中从未被提及,但他的态度相较让·弗更为宽容。为了描述诸如永佃权这样的权利,

---

① Repetitio in l. Contractus, ff. de regulis iuris, in Repetitionum seu commentariorum in varia iurisconsultorum responsa volumen sextum, Lugduni 1553, n. 138.

② Marc Antoine Muret, Epistolarum [volumina duo], in M. Antoinii Mureti ...... Oratines, epistolae et praefationes, T. II, Roboreti, 1727, vol. II, epist. LII).

③ Jacques Cujas, De feudis libri quinque, liber primus, col. 1065, in Jacobi Cujacii Opera, t. II, Venetiis, 1758.

④ Francisci Duarenni Iureconsulti, Disputationum anniversariarum liber primus, cap. XVII, De dominio quod directum, et utile, vulgo dicitur, p. 263, in Omnia quae quidem hactenus edita fuerunt opera, t. II, Lugduni, 1578.

他提出“近所有权”(dominio proximum)的概念,与之结合的是扩用的请求返还之诉。在温和地否认了直接-扩用所有权的分野之后,杜阿朗引进了高级所有权-近所有权的新分类,试图在罗马法字面和当时的社会现实之间实现平衡。

杜阿朗的学生、人文主义法学体系流派的代表人物雨果·多诺(Hugues Doneau, 1527—1591)承袭老师的观点,同样提出“近所有权”。多诺的创举在于,将永佃权、地上权、抵押和质押权等都列入“所有权的减少”的范畴之中,这样,他从真正的所有权人的权利是否完整的角度出发来看待永佃权、地上权、封地权等权利,后者不是被理解为与形式所有权对立的、脱离的次级所有权,而是被视为前者的减少。多诺并不是从历史的角度,而是从严格的逻辑构建角度批判扩用所有权这一概念。他写道:“当永佃权被设立、且被正确地请求之后,下一步,我们应认识被设立的权利的条件:也就是说,被转让给永佃权人的是什么权利,而所有主丧失了什么权利。永佃权体现于利益和义务。利益即永佃权人所接受的,以及在永佃土地上所拥有的。义务即对应地应支付给所有主的东西。永佃权人接受多少,所有主就按照所有权法丧失多少。然而,他应向所有主提供多少,所有主就抛弃多少,除了他所拥有的对抗其他占有人的权利。永佃权人所接受的,是接近所有主的权利。确实,他支付应该支付的租金有多长时间,那么他的永佃权就能保持多长时间的完整,他就能像所有主那样,几乎遍及所有权的各个部分,根据所有主的权利,使用凡是在土地上的每个部分,正如他可以在赋税地上所设立的,正如一切所有主可以在他自己的物上所行使的权利。我们认为,如果出于设立赋税的原因,一切应予保障的救济和所有的东西都属于他的话,那么显然就是源自所有权的各个部分。确实永佃权人拥有一切东西:拥有物的权利、应受保障的保持完整的权利、使用收益的权利,正如可以随心所欲地使用的唯一权利一样;之后还有转让的权利:这些是我们上文说过的所有权的所有部分。”①

多诺所谓的“近所有权”内容十分广泛,包括拥有物、收益物、在物上设立役权等,甚至可以转让,只要遵守相应的法律规定。权利的来源是承租人所支付的租金,因此在表面上永佃权人获得类似所有主的权利。这一论述和中世

① Hugonis Donelli ... Commentariorum iuris civilis Libri vigintiocto, Hanoviae, 1612, lib. IX, cap. XIV. Ius emphyteuticum constitutum quale: seu quid ad emphyteutam transferat, quid domino adimat, p. 465.

纪法学家们的认识并无不同。但是多诺的结论则截然不同。他观察的视角的出发点是真正的所有主，也就是说，多诺的近所有权，被理解为出让人权利的减少，因此它包含在真正所有权人的权利之中，并不构成独立的形态。多诺有意识地避免滑入扩用所有权的概念；相反，他断然予以否认："……应当承认，他（永佃权人）的权利是近所有权，是某种土地的准所有权。我认为注释者们在称之为扩用所有权的时候，所指的正是该权利。这种所有权因为扩用之诉而得名。这个词很不恰当，而且也不为法的权威所知。"①

十分明显，多诺完全不接受扩用所有权这一中世纪传统。他所采取的策略是站在真正所有主的立场、重新构建一整套物权体系。② 他希望不但从语词上，也从概念上抛弃旧有的概念。然而，我们注意到，即使多诺竭力尝试用新的术语来取代中世纪遗产，但他笔下的永佃权人和巴尔托鲁斯的论述似乎并无不同：其权力的来源在于租金，并建立在对形式所有主的更为优越的地位的承认基础之上。换言之，多诺使用的语词虽然不同，但所描述的物权关系仍和中世纪并无二致。

同时代另一位大师、德国人乌尔里希·扎西乌斯（Ulrich Zasius，1461—1535）采取的是另一条路径。扎西乌斯被论者形容为"一个转折时期的人物，处于动荡、纷乱的十字路口的一道分水岭"③，他选择的策略，在表面上割断了同中世纪理论的联系，但实际上仍旧与之保持着相当暧昧、耐人寻味的关系。面对居亚斯、杜阿朗、多诺等人处理过的同样的现实问题，他提出"所有权的等级"（gradus in dominio）：

"我们就占有所说过的，也通行于所有权，因为多人不能整体地成为一件物的所有主。同一件物上同时、同性质地整体存在两个所有主是违背自然的，因为物是我的，不是你的……但是如果在所有权中存在等级，如果某种所有权比另一种更普遍，那么这条原理就不适用。因为伯爵就是他整个领地上的所有主，在伯爵领地内没有任何个人拥有他的物的所有权。皇帝是世界的所有主……然而，世上存在许多特殊的所有权。在永佃权人、封臣中也是如此：他们拥有扩用的所有权，即 das minder eygenthumb，而永佃权人或封臣的主人

---

① Hugonis Donelli... Commentarii de iure civili，op. cit.，lib. IX，cap. XIV，n. XXX.

② 多诺在论述永佃权和地上权时，不断重申它们是在他人土地上（in praedio alieno）设立的、和所支付的租金对应的、减损他人权利的权利。

③ P. Grossi，"Gradus in dominio"（Zasius e la teorica del dominio diviso），in Quaderni fiorentini per la storia del pensiero giuridico moderno，14(1985)，p. 373.

享有直接所有权。”①

“一物二主”在罗马法文本中被严格禁止，这是所有中世纪学者的共识。然而形式所有主和实际所有主分离的扩用所有权学说，看似与之背道而驰。事实上，这也是中世纪法学家们一直尝试提供合理解释的地方。扎西乌斯创造了新颖的“所有权的等级”概念。他所引用的论据，具有极为鲜明的封建社会权力层层重叠、层层依附的特征。在这种体系中，始于人与人之间的效忠、依附关系，继之被固定为财产性关系，因此超越了人法，进入物法的领域。领主的封建权力高于封臣，足以涵盖后者，相应地，领主在物上的权利就等级而言，也就高于后者，并涵盖后者。两者虽然并存于一物之上，但它们在等级上有高下之别，因此足以被认为并行不悖。他的这一颇为大胆的“所有权等级”说，和当时德国境内封建采邑犬牙交错、种种权利关系纷乱难解的现状相当吻合，将各种物权状态简化为形式的、唯一的出让人的所有权和其他实际的、复数的、次级的受让人的所有权之间的等级关系。在上述扎西乌斯的拉丁文片段中，还夹杂着显然出自当时实务界的德文词汇 das minder eygenthumb（较小的、较次的所有权），充分证明他对现实的高度关注以及这一理论在实务界的盛行。法庭长久的习惯迫使这位法学家不得不通过“等级”来正面解决理论与现实的龃龉。由此，人文主义的革命性观念同中世纪传统和社会现状之间达成了暧昧的妥协。

六、扩用所有权理论的衰落

16 世纪晚期一些人文主义法学家已经开始积极地根据理性要求重构罗马法，并尝试摆脱中世纪框架，按照罗马法的精神建立所有权体系。在强调所有权的唯一性和优越性、强调所有权诸般权能统一而非分离的新体系中，扩用所有权必然遭到排挤、压制。然而在旧制度下，封建体制方兴未艾，沿袭自中世纪的各种土地制度依然盛行，扩用所有权不仅在理论上，而且在实务中保持着巨大的价值。被誉为“法国民法典之父”的波蒂埃就很清楚地说明当时普遍存

① In primam Digestorum sive Pandectarum partem Paratitla, ad l. Possideri. §. Ex contrario, n. 5, in Udalrici Zasii Operum omnium... tomus primus, Lugduni, 1550.

在的两种所有权的并立[①]。

1804年颁布的《法国民法典》奠定了现代所有权的价值观，并几乎宣判了扩用所有权的死刑。其第544条"所有权是对于物的绝对的无限制的使用、收益及处分的权利，但法令所禁止使用的不在此限"直接承袭自巴尔托鲁斯的定义，但却完全剔除了中世纪色彩，最大限度地尊重所有权的绝对性。法典否认所有权的形式和实质可以分属不同的人，强调所有权不可分割[②]。自中世纪以来分裂的所有权，重新统一到实际管理、经营财产的人身上。

数年后颁布的《奥地利普通民法典》(ABGB)在欧陆复辟的特殊历史时期，仍继续承认两种所有权的并存[③]("根据直接所有权人和扩用所有权人之间存在的不同关系，其所有权被分割的物，称封建财产、可继承租赁以及永佃权")。该世纪的第三部重要法典《1865年意大利民法典》则重申法国民法典的所有权原则[④]，排斥对所有权进行的任何分割。这样，作为中世纪残余以及旧制度象征的扩用所有权，在立法和实务层面被普遍地废除。但其余绪似乎仍波及21世纪。[⑤]

如果说在古典罗马法和现代所有权观念中，"所有权"意味着人对于物的相当广泛的支配和处分权、人借助物实现自身意志的无限扩张的话，那么"扩用"则意味着物对于人的意志的完全压制，人必须依赖物的用途(utilitas)、效益(commoditas)才能维持自身的生存，因此不得不格外推崇物的优越性，以至于承认这些用途、效益在法律上具有所有权的资格。在中世纪法学家的头脑中，所有权并非如同近现代法学那样被理解为统一、完整、不可分割的实体，而是同其他各种次级的、片面的物权状态混杂在一道，因此也就丧失了其在理论

---

① Pothier, Traité du droit de domaine de propriété, in Pothier, Oeuvres... contenant les traités du droit francais, Bruxelles, 1829, t. V, p. 210:"在封建的或租税的财产方面，人们区分两类所有权：直接所有权和扩用所有权……在财产方面，扩用所有权被称为权利的所有权。享有扩用所有权的人被称为所有权人，或扩用领主；享有直接所有权的人，被简单地称为领主。后者是其领主权利的所有权人，但他并不是财产恰如其分的所有权人，而是扩用领主。"

② Premier projet de Cambacérès du Code Civil, liv. II, tit. II, §. I, art. 3, II:"直接所有权不应同扩用所有权分离"(Le domaine direct ne peut pas être séparé du domaine utile)。

③ §. 357.

④ Art. 436:"所有权是以最绝对的方式收益、支配物的权利，只要其使用不被法律或法规所禁止。"

⑤ 苏格兰于2000年制定废除封建土地制度法案，内中宣布："土地扩用所有权应在指定日期不再作为封建财产存在，而应立即转变为所有权……"参看：2000 asp 5. Section 2(1). Cfr. K. G. C. Reid, Vassals no more. Feudalism and post-feudalismo in Scotland, in European Review of Private Law 2003, p. 282ff。

上的独立性和高高在上的地位。相应地，种种在他人的物上行使的长期、稳固的物权状态，升格为某种尽管在等级上次要、且本身颇为脆弱，可能因为偶然的因素而丧失（诸如一定时间内不缴纳约定的租金、违反封建义务、次级封臣继续转封给第三人等），但在范畴上却被囊括进所有权这张大网的一系列“所有权”。也就是说，单一的所有权（dominium）分化、瓦解、扩充至复数的所有权（dominia），物权状态的经济内容取代法律构建，成为所有权的实质。现代民法就政治角度而言不能容忍扩用所有权所依附的封建制度，就经济角度而言不能容忍权力的解体和碎片化，这就导致了这一理论最终的没落、衰亡。

七、结语

然而，人们也在讨论，在当代社会，是否仍应当无限推崇所有权绝对、排他、不可分割的原则？是否可以局部地、在某些法律部门重新引进扩用所有权制度？临时性地、出于特殊目的地分离物的使用权和使用权，是否具有法律实践的价值？有学者指出，作为物权法方面曾经的“共同法”（Ius Commune），封建法一度统一欧洲。因此，重新引进封建制度下盛行的双重所有权的概念，统一欧洲各地多样的所有权形态，似乎有助于构建更为紧密的欧洲法；[①]在诸如能源市场这样的领域，欧洲也正在尝试剥离能源的所有权和使用权。欧洲委员会敦促其成员国分离能源的生产供应和能源的运输转移。曾经为各成员国所独占的管道、线路等基础设施，可以为任何供应商所使用，而这显然并不导致所有权的变更。这样，基础设施的形式所有权和使用权确实发生了分离，分属不同主体，而这样做的目的则是建立稳定的内部市场。[②] 扩用所有权在当代法中的价值这一课题是开放性的，社会的发展也为我们提供了跳出陈见，重新审视、思考这一中世纪制度的契机。

---

① Dirk Heirbaut, “Feudal Law: the Real Ius Commune of Property in Europe”, or: “Should We Reintroduce Duplex Dominium?”, European Review of Private Law “2003” 11, Issue 3, pp. 301 – 320.

② Directive 2003/54/EC of the European Parliament and of the Council, 26 June 2003. Cfr. Sjef Van Erp, Security interests: A secure start for the developmente of European property law, in Sicherungsrechte an Immobilien in Europa, von Monika Hinteregger (Herausgeber), Tomislav Boric (Herausgeber), 2009, p. 32.

论基于互联网的动产担保物权电子登记制度

——我国应收账款质押登记公示系统建设中的经验、问题及其法律应对

陈历幸*

摘　要：从物权法理论的角度看，当前我国应收账款质押登记公示系统建设中存在一些问题，其关键原因在于：与我国《物权法》所规定的物权登记制度相比，央行有关文件将登记启动模式由双方申请主义改为单方申请主义、将登记审查模式由实质审查改为形式审查、将登记内容的编制方式由物的编成改为人的编成、将登记期间由自动延续制改为自动终止制和通知终止制的法制变革。这事实上给《物权法》在物权登记制度上的基本立场造成了一个明显的例外，使传统大陆法系物权登记法制所秉持的合意登记制改变为美国《统一商法典》第九编所秉持的通知登记制。这种改变与我国的应收账款质押登记公示系统系基于互联网而建成的事实存在直接的关联。为逐渐调和以致最终消除关于应收账款质押登记公示系统及以之为基础而形成的动产融资统一登记公示系统的位阶较低的相关规则与以我国《物权法》为核心的位阶较高的相关法律规范之间紧张关系，在我国当前法制的基础上平稳过渡，一方面，未来我国应当从逐步制定统一的动产登记法着手，通过消除当前各种动产登记制度的矛盾，以期从根本上解决当前应收账款质押登记公示系统建设中的问题；另一方面，有关法制变革应当既要与我国《物权法》上关于动产权利的规定

* 陈历幸：上海社会科学院法学研究所副研究员。本文于 2016 年获中国法学会“第十一届中国法学青年论坛主题征文活动”三等奖。本文曾刊登于顾肖荣主编：《深化金融体制改革研究》(黑龙江人民出版社 2016 年版)，作为该书第三章第二节的第二部分。考虑到近两年内应收账款质押登记的相关实践又有若干新的发展，《应收账款质押登记办法》亦已于 2017 年修订，现相应地对原文作少量改动，改动的内容不影响原文的观点、结构和论证思路。特此说明。

相适应,又要结合互联网特性分步进行若干制度创新,从而逐步完善我国动产担保物权登记制度。

关键词: 互联网;动产担保物权登记;应收账款质押登记公示系统

一、应收账款质押登记公示系统的发展:互联网上的物权电子登记系统

应收账款质押登记公示系统是由中国人民银行征信中心建立并维护的、服务于应收账款质押登记与查询的、全国集中统一的互联网电子登记和查询系统。该系统由全国集中统一的数据库、互联网和电脑终端组成。其中,登记信息存储在全国集中统一的数据库中,登记信息录入由当事人通过可访问互联网的电脑终端进行。应收账款质押登记公示系统的主要功能是为系统用户提供应收账款融资信息的登记与查询服务。用户在系统中成功登记后,系统为登记生成唯一的登记号,作为质权设立的标志,并给用户提供图片格式的登记确认书;同时明确记录登记时间,标志登记的质权人有优先的受偿权,其优先顺位按对同一担保物的登记时间先后为准。系统用户通过互联网在线登记和维护质押登记信息,包括初始登记、变更登记、异议登记和终止登记等。应收账款质押登记公示系统通过互联网向社会提供登记信息的查询服务,对于查询结果,系统可根据查询人的"确认"要求生成图片格式的查询报告确认书。

从法律依据的角度看,应收账款质押登记公示系统是中国人民银行征信中心在我国《物权法》的授权下(该法第 228 条第 1 款规定"以应收账款出质的,当事人应当订立书面合同。质权自信贷征信机构办理出质登记时设立",理论界与实务界均一致认为,中国人民银行征信中心即为该条规定的"信贷征信机构"),经中国人民银行批准建设的为广大金融机构和其他交易方提供应收账款融资登记服务的电子登记和查询系统。中国人民银行(简称央行)于 2007 年 9 月 30 日(即我国《物权法》实施的前一日)以"中国人民银行令〔2007〕第 4 号"的形式颁布了《应收账款质押登记办法》(简称《2007 年办法》),为该系统运行确立了部门规章层面的法律依据,中国人民银行征信中心也颁布了《中国人民银行征信中心应收账款质押登记操作规则》(2007 年 10 月 1 日发布,2009 年 8 月 10 日修订,简称《2007 年规则》)以资配套。2015 年 1 月 21 日,为

了适应应收账款融资业务的发展,更好地提供应收账款融资登记服务,央行对外公布了《应收账款质押登记办法(修订征求意见稿)》,向社会公开征求意见,其中涉及拟修订的内容包括增加应收账款转让登记的规定、修改完善应收账款的定义、取消登记协议上传要求、修改登记机构撤销异议登记的规定以及修改若干登记事项等。[①] 两年多后,央行于2017年10月25日发布了修订后的《应收账款质押登记管理办法》(中国人民银行令〔2017〕第3号,简称《2017年办法》),自2017年12月1日起施行。《2017年办法》主要从增加应收账款"转让登记"的规定、完善应收账款定义、调整登记期限并修改若干登记事项(如调整了异议登记通知时限、完善出质人身份信息数据项、列明迟延注销登记的责任、将仲裁裁决作为撤销登记依据、增加登记费用条款)等方面对《2007年办法》进行了修订。[②]

在实际操作中,截至2011年年底,应收账款质押登记公示系统记载的应收账款类型已达20余种,包括贸易类的应收账款、公路收费权、动产和不动产的租赁收益、出口退税等,特别是该系统上已发生了应收账款质押担保企业债发行的业务,由此彰显出该系统还有利于我国债券市场的发展;[③]截至2013年9月底,全国共有近6 800家机构注册为该系统登记用户,累计登记量突破95万笔,查询量接近150万笔,有16万家机构和个体工商户通过应收账款质押或转让获得融资,累计融资金额达到32万亿元。从2016年的统计数据看,出质人为中小微企业的业务登记量约占系统总登记量的83%,有13万家中小微企业通过应收账款质押或转让获得融资,融资额约占该系统登记融资总额一半。[④]

为了拓宽服务领域,中国人民银行征信中心借鉴应收账款质押登记公示系统的成功经验,在应收账款质押登记系统平台基础上,建立了融资租赁登记公示系统。融资租赁登记公示系统于2009年7月20日上线运行。中国人民

① 高翔:《应收账款融资迎新规 央行拟修订应收账款质押登记办法》,《经济日报》2015年1月21日。央行于2015年1月21日向社会公开征求意见的《应收账款质押登记办法(修订征求意见稿)》,见http://finance.sina.com.cn/money/bank/bank_yhfg/20150121/101821351481.shtml,2016年3月2日访问。

② 《〈应收账款质押登记办法〉(2017年修订)修订说明》,http://www.pbccrc.org.cn/zxzx/zhengcfg/201711/faf2b379d9194b1385a0874449234507.shtml,2018年8月14日访问。

③ 曾春:《应收账款质押作保 中小企业融资路宽》,《每日经济新闻》2009年12月10日。

④ 《应收账款质押登记公示系统上线6周年》,http://www.pbccrc.org.cn/zxzx/zxdt/201401/f598b768bb7242aab8353944df0ee6c5.shtml,2016年3月2日访问。

银行征信中心亦于同日发布了《中国人民银行征信中心融资租赁登记规则》，对相关登记活动进行规范。截至 2010 年 7 月 19 日，该系统累计接受登记 10 662 笔，查询 2 850 笔，提供查询证明 153 个，其中：承租人为中小企业的登记有 3 000 笔，约占总登记量的 1/3；依据初始登记中选填的租金金额，可估算承租人为中小企业的租金金额累计约为 244 亿元人民币，约占所有融资租赁合同累计金额的 55%；全国共有 17 个省份和市的 67 家租赁公司（包括金融租赁公司、中外合资租赁公司和内资试点租赁公司）注册为该系统登记用户，这些登记用户占到全国各类租赁公司总数的 40%，而该系统的其他用户包括商业银行、信托公司和财务公司等。该系统在登记中涉及的租赁财产也较为多样，主要包括工程机械设备、医疗设备、印刷设备、纺织生产设备以及汽车和船舶运输工具等。①

自 2012 年起，经批准，中国人民银行征信中心将应收账款质押和融资租赁两项登记服务委托给下设专业服务机构"中征动产融资登记服务有限责任公司"（简称"中登公司"）提供。2013 年 1 月 14 日，经过近一年的改造升级，应收账款质押登记公示系统和融资租赁登记公示系统正式整合到由中国人民银行征信中心和中登公司共建的"中登网"（网址为 www.zhongdengwang.com）内的"中征动产权属统一登记公示平台"（简称 RMP，初名"中征动产融资（权属）统一登记平台"）上，以实现应收账款质押和融资租赁的统一登记、查询等服务，并对系统现有功能进行完善和优化。中国人民银行征信中心计划以应收账款质押登记系统和融资租赁登记系统为基础，逐步把各类用于支持融资的动产权属信息置于其中，进一步提高交易效率和透明度，最大限度地为动产金融的发展提供服务，RMP 的建立即为实现该计划的关键性举措。2013 年，RMP 一期新增了 4 类登记业务，包括所有权保留、租购、留置权以及其他动产融资登记。2014 年，中国人民银行征信中心开展了 RMP 二期建设工作，并制定了《中国人民银行征信中心中征动产融资统一登记平台操作规则》（2014 年 6 月 30 日发布并实施，简称《2014 年规则》），以取代《2007 年规则》和《中国人民银行征信中心融资租赁登记规则》。至 2016 年，RMP 二期建设工作已顺利完成，RMP 包含的动产融资业务登记类别达到了 10 个，分别为应收账款质押登记、应收账款转让登记、租赁登记、所有权保留登记、租购登记、留置权登记、

---

① 沈则瑾：《融资租赁登记公示系统平稳运行逾一年》，《广州日报》2010 年 8 月 23 日。

保证金质押登记、存货/仓单质押登记、动产信托登记、其他动产融资登记。[①]另据悉，中登公司还准备开办农村土地经营承包权、林权和农业设施抵押登记。[②] 目前，中登网已改由中国人民银行征信中心与下属子公司中征（天津）动产融资登记服务有限责任公司共同建设[③]，RMP 也已更名为"中国人民银行征信中心动产融资统一登记公示系统"，可以通过中国人民银行征信中心网站（网址为 www. pbccrc. org. cn）或者中登网（网址改为 www. zhongdengwang. org. cn）进入该系统。截至 2018 年 6 月，该系统上的登记类别仍限于以上 10 个，其中融资租赁登记数最多，达 32 555 笔；其次为应收账款转让登记，达 15 726 笔；再其次为应收账款质押登记，达 14 743 笔；其余 5 个登记类别的登记数均不超过 1 000 笔（未见租购登记数和其他动产融资登记数）。[④]

二、应收账款质押登记公示系统建设中存在的问题：基于互联网特性的分析

应当说，作为我国首个基于互联网的动产担保物权电子登记系统，应收账款质押登记公示系统在十多年的实践中取得了令人瞩目的成绩。它一方面为质权人公示其质权提供了平台，使具备了这种公示手段的质权获得物权法上的效力；另一方面为利害关系人提供了查询应收账款之上质押信息的便利渠道，有利于规避交易风险。作为重要的金融基础设施，应收账款质押登记公示系统的建立和运行，堪称一种社会管理方式的创新，其大大推动了应收账款质押融资业务的发展，缓解了企业特别是中小微企业因缺乏担保物导致的融资难问题，拓宽了融资渠道，也丰富了金融机构的业务品种，有利于改善金融结构。

实务界一般认为，当前我国应收账款质押登记公示系统建设中存在的问题主要表现为债权人特别是银行对于以应收账款设定的质押审核相当严格，

---

① 《中征动产融资统一登记平台登记业务简介》，http://file. zhongdengwang. com/rs/system/jianjie/intro. html，2016 年 3 月 2 日访问。

② 崔津渡：《以应收账款服务平台促动产融资发展》，《中国征信》2014 年第 4 期。

③ 《中国人民银行征信中心动产融资统一登记公示系统登记指引》，https://www. zhongdengwang. org. cn/zhongdeng/djzy/201509/9fadd2a03621465b823fa57b5b74efd0. shtml，2018 年 8 月 14 日访问。

④ 《动产融资统一登记公示系统 2018 年 6 月数据》，https://www. zhongdengwang. org. cn/zhongdeng/ssdj/column_common3. shtmll，2018 年 8 月 14 日访问。

对应收账款的种类、金额、期限、出质人的资信情况等都要作严格的审查，从而导致应收账款质押登记公示系统所登记的应收账款质押数量以及标的总额较少。然而，笔者认为，如果仅从便利于实务的角度指出我国应收账款质押登记公示系统自身的某些不足(其实未必一无是处，如该系统对登记信息的审查被认为过于宽松，但这实际上可以充分节约当事人乃至整个社会的信息传递成本)，而不是从物权法理论的角度以动产物权登记制度为视角加以分析，则所提出的改进设想相应地也就只是零星的、局部的，难以从根本上(即从物权法的一般性制度层面上)解决有关问题。事实上，理论界近年来的若干研究成果已触及这一问题，但这些研究成果尚未明确地从互联网的特性出发对应收账款质押登记公示系统展开分析，而作为我国首个基于互联网的动产担保物权电子登记系统，其所依托的互联网本身的特性，显然有必要给予特别的关注。有鉴于此，笔者拟基于互联网的特性，从物权法上的物权公示效力等基本理论问题出发，分析应收账款质押登记公示系统在实践上的成功与不足，进而反思的我国有关物权法理论的缺陷，通过理论上的修正与澄清，来解决应收账款质押登记公示系统(含由该系统发展而来的“中征动产权属统一登记公示平台”以及“中国人民银行征信中心动产融资统一登记公示系统”，以下不再一一注明)在十多年的实践中出现的一些问题，并尝试初步勾勒我国法上的动产担保物权登记制度乃至整个物权登记制度的发展方向。

笔者认为，从物权法理论的角度看，当前我国应收账款质押登记公示系统建设中存在的问题，其关键原因在于：《2007年办法》《2007年规则》《2014年规则》《2017年办法》等央行文件将传统大陆法系物权登记法制所秉持且由我国《物权法》在我国法上正式确立的合意登记制改变为美国《统一商法典》第九编所秉持的通知登记(notice filing)制。[①] 依美国《统一商法典》第九编的相关规定，债权人有权提交担保声明书(financing statement)，须含债务人和债权人的姓名或名称及住所、担保的债权额、担保物的合理描述等信息(所谓“骨架型”信息即简单而关键的信息)；双方均有权各自提交更正担保声明书(amendment of financing statement)，对此前己方或对方提交的担保声明书上的内容做出修改。此种通知登记制的立法例与合意登记制存在重大差别。通过如下四方面的分析可知，《2007年办法》《2017年办法》等央行文件所采用者确

① 美国《统一商法典》因不断修订而存在多个文本，笔者于本文中使用的文本为美国统一州法委员会：《美国〈统一商法典〉及其正式评述》，高圣平译，中国人民大学出版社2006年版。

为通知登记制，而这种改变与我国应收账款质押登记公示系统系基于互联网而建成的事实存在直接的关联。换言之，我国应收账款质押登记公示系统的特点以及此种特点与以我国《物权法》为核心的相关法律规范之间存在的不协调，需立足于互联网的特性展开分析，方能够得到较为全面和准确的阐释。

(一) 登记启动模式：由双方申请主义改为单方申请主义

《2007 年办法》第 7 条规定："应收账款质押登记由质权人办理"；"质权人也可以委托他人办理登记。委托他人办理登记的，适用本办法关于质权人办理登记的规定。"(《2017 年办法》第 8 条与此相同)这显然仅要求质权人(债权人)或其委托的人单方办理应收账款质押登记而未要求出质人与其共同办理。当然，《2007 年办法》第 8 条亦规定："质权人办理质押登记前应与出质人签订协议。协议应载明如下内容：(一)质权人与出质人已签订质押合同；(二)由质权人办理质押登记。"(《2017 年办法》第 8 条与此相同)《2007 年办法》第 16 条则规定："质权人办理展期、变更登记的，应当提交与出质人就展期、变更事项达成的协议。"(《2017 年办法》第 16 条与此相同)依上述规定，似乎可以认为，质权人单方办理应收账款质押登记系经过出质人同意。然而，质权人与出质人之间的协议毕竟只具有在合同双方当事人之间的(对人的)效力，与质押登记所具备的针对不特定第三人的(对世的)公示效力在性质上有很大差别。另外，《2007 年办法》第 19 条规定："出质人或其他利害关系人认为登记内容错误的，可以要求质权人变更登记或注销登记。质权人不同意变更或注销的，出质人或其他利害关系人可以办理异议登记"；"办理异议登记的出质人或其他利害关系人可以自行注销异议登记。"(《2017 年办法》第 19 条与此相同)上述规定显然与美国《统一商法典》第九编上关于债务人和债权人双方均有权各自提交更正担保声明书的规定相近，亦属于登记启动模式中单方申请主义的表现形式。笔者认为，央行有关文件将应收账款质押登记的启动模式改为单方申请主义，是与互联网的特殊性质分不开的——通过互联网所办理的登记不可能如同在现实的登记办理场所那样由双方当事人同时到场并做出设定质权的一致意思表示，而只能由有关当事人分别通过互联网做出各自的意思表示。

(二) 登记审查模式：由实质审查主义改为形式审查主义

《2007 年办法》第 10 条第 1 款规定："登记内容包括质权人和出质人的基本信息、应收账款的描述、登记期限。质权人应将本办法第八条规定的协议作为登记附件提交登记公示系统。”(《2017年办法》第10条第1款与此相同。)《2007年规则》第13条进而对“应收账款的描述”做出如下界定:“应收账款的描述,既可以是概括性描述,也可以是具体描述,但应达到识别出质的应收账款的程度。”(《2014年规则》第15条第2款与此大致相同)依上述规定,登记机关审查的内容仅限于“质权人和出质人的基本信息、应收账款的描述、登记期限”三项,内容相当有限,可以被认为仅系属于“骨架型”信息,显然,登记机关不可能仅凭这些信息进行实质审查,可能进行的只是形式审查。有甚至学者认为,“中国人民银行征信中心对登记资料不进行任何审查,连形式审查都谈不上,很明显违背了《物权法》的相关规定”。[①] 事实上,中国人民银行征信中心于2016年4月27日发布的《中国人民银行征信中心关于动产融资统一登记系统登记效力的声明》第二点亦明确指出:“根据法律规定,征信中心作为动产担保物权登记机构不对登记内容涉及的交易真实性进行审查。发起登记的当事人对登记内容的真实性、完整性和合法性负责。”[②]笔者认为,央行有关文件将应收账款质押登记的审查模式改为形式审查主义,也是与互联网的特殊性质分不开的——当事人通过互联网上传的有关信息不可能是文件的原本,因此,也很难期待登记机关费时费力地一一审查各类副本(如质权协议照片的电子文档)或抄件(如应收账款的描述和登记期限)与原件的吻合程度,合理的选择便是精简其所审查的信息数量并要求登记机关形式审查。

(三)登记内容的编制方式:由物的编成改为人的编成

在物权登记法制上,登记内容的编制方式有所谓人的编成与物的编成之分,前者是指登记内容依担保人的识别数据编排索引,后者则指依担保物的识别数据编排索引。[③] 尽管央行有关文件并未对应收账款质押登记中登记内容的编制方式做出明确规定,但《2007年办法》第26条规定:“出质人为单位的,查询人以出质人完整、准确的法定注册名称进行查询”;“出质人为个人的,查询人以出质人的身份证件号码进行查询。”据此可知,既然查询人是以出质人

---

① 高圣平:《应收账款质押登记系统的构建及其评价》,《暨南学报(哲学社会科学版)》2009年第1期。

② 《中国人民银行征信中心关于动产融资统一登记系统登记效力的声明》,https://www.zhongdengwang.org.cn/zhongdeng/tzgg/201604/dbe35c291f954f1ba92d0a5ede6a75b1.shtml,2018年8月14日访问。

③ 谢在全:《动产担保制度之最近发展》,载王兆鹏、甘添贵等编:《跨世纪法学新思维——法学丛刊创刊五十周年》,法学丛刊杂志社2006年版。

的姓名或名称进行查询，则登记内容的编制方式显然不是物的编成，而是人的编成。《2017年办法》第24条规定："查询人可通过资金融入方名称、留置权人名称、受托人名称、登记证明编号、租赁财产唯一标识码等检索标准在登记平台查询有关登记信息。"这里所列举检索标准中的最后两项虽然指向财产而非当事人，但考虑到动产登记后能够做成相关"登记证明"者并不普遍，"租赁财产唯一标识码"又仅限于租赁（特别是融资租赁）登记的某些情况，应当说，《2017年办法》在登记内容的编制方式上主要采用的仍然是人的编成而不是物的编成。笔者认为，央行有关文件将应收账款质押登记的登记内容的编制方式改为人的编成，也与互联网的特殊性质密切关联——互联网上的信息查询方式，以输入关键词进行查询的方式最为便捷，出质财产本身性质不同、名称各异，很难形成统一的关键词，期待所有出质财产均拥有各自的编号或代码也非短期内可以实现，而出质人和质权人的姓名或名称是固有的，并且，自然人的证件编号及单位的代码的设置也已较为普遍。《2007年办法》第10条第2款规定："出质人或质权人为单位的，应填写单位的法定注册名称、注册地址、法定代表人或负责人姓名、组织机构代码或金融机构代码、工商注册码等"；第10条第3款规定："出质人或质权人为个人的，应填写有效身份证件号码、有效身份证件载明的地址等信息"；第15条规定："质权人办理登记时所填写的出质人法定注册名称或有效身份证件号码变更的，质权人应当在变更之日起4个月内办理变更登记。未办理变更登记的，质押登记失效。"（《2017年办法》第10条第2款、第10条第3款、第15条与此基本相同。）这些规定基本确保了出质人和质权人的姓名或名称在应收账款质押登记系统中的唯一性。因此，以之作为关键词加以查询，便是十分自然的选择。

（四）登记期间：由自动延续制改为自动终止制和通知终止制

《2007年办法》第12条规定："质权人自行确定登记期限，登记期限以年计算，最长不得超过5年。登记期限届满，质押登记失效"；第13条第2款规定："质权人可以多次展期，每次展期期限不得超过5年。"依上述规定，应收账款质押登记存在由质权人自行确定的固定的登记期间（最长不得超过5年），期间届满，登记效力即自动终止。这显然与传统大陆法系物权登记法制上一经登记则登记效力自动延续，直至双方当事人同意登记效力终止时为止的立场存在很大差别，而与美国《统一商法典》第九编上登记有效期限原则上为5年，展期后延长5年，期限届满后登记失效的规定相类似。虽然《2017年办法》第

12 条和第 13 条第 2 款已将上述规定修改为:“质权人应根据主债权履行期限合理确定登记期限。登记期限最短 6 个月,超过 6 个月的,按年计算,最长不超过 30 年”;“质权人可以多次展期,展期期限按年计算,每次不得超过 30 年。”从时间段的长度上看,其与美国《统一商法典》第九编的吻合程度有所降低,但由质权人自行确定的固定的登记期限,期限届满未展期,登记效力即告终止的基本立场并未于 2017 年后发生变化。我国司法实务中亦有相关案例,可说明裁判者采取同样立场。[①] 当然,如果完全在登记期限上采用自动终止制,而使质权人单方享有自行确定登记期限的权利,亦可能存在对出质人保护不周的情形。因此,在采用自动终止制的同时,美国《统一商法典》第九编也规定,债务已清偿后,债权人有通知终止登记有效期限的义务。若债权人不履行此项义务,且于债务人通知后 20 日内,仍不履行此项义务的,除应负损害赔偿责任外,债务人有权通知终止。此种《2007 年办法》所没有的制度设计也被称为通知终止制,而《2017 年办法》第 17 条第 2 款“质权人迟延办理注销登记,给他人造成损害的,应当承担相应的法律责任”的规定其实已经在一定程度上参考了通知终止制的做法,尽管这一规定仅涉及债权人的赔偿责任,而未明确债务人注销登记的权利。不过,即使仅从《2007 年办法》和《2017 年办法》的条文上看,也已经可以确认其在登记期限上采用了自动终止制且部分引入了通知终止制的做法。笔者认为,央行有关文件将应收账款质押登记的登记期间改为自动终止制,虽然与互联网的特殊性质并无直接关联,但通知终止制所秉持的双方当事人各自有权在特定条件下终止登记期限的做法同样与互联网的特殊性质密切关联,其理由与前文对登记启动模式的论述相同,于此不赘。

(五) 小结:登记法制变革视角下的应收账款质权物权法效力问题

正是这种将作为担保物权的应收账款质权的登记启动模式由双方申请主义改为单方申请主义、将其登记审查模式由实质审查改为形式审查、将其登记

---

① 《山西省怀仁县人民法院民事判决书》,(2014)怀民初字第 00392 号,http://www.court.gov.cn/zgcpwsw/bj/bjsdszjrmfy/bjshrqrmfy/ms/201402/t20140228_408342.htm,2016 年 3 月 2 日访问。在该案中,原告某银行与被告热力公司签订了一份质押合同,约定被告将供暖费收费权质押给原告作为债权的担保,并在中国人民银行征信中心登记系统办理的登记。后因被告未如期偿还欠款,原告诉至法院,提出被告偿还借款、对质押的应收账款享有优先受偿权等请求。经法院审查发现,原告登记的应收账款质押已到期,且未展期。法院认为,因为应收账款的质权以出质登记为生效要件,而原告在质权届满后未办理展期登记,所以不支持原告关于对供暖费收费权享有优先受偿权的诉讼请求。

内容的编制方式由物的编成方式改为人的编成方式、将其登记期间由自动延续制改为自动终止制和通知终止制的与互联网特性密切相关的法制变革，事实上给我国《物权法》在物权登记制度上的基本立场造成了一个明显的例外。

依我国民法学界通说所主张及我国《物权法》确立的物权法定原则，物权依据法律（狭义的法律即立法机关制定的法律）才能设立，央行有关文件所持立场与我国《物权法》相抵触，则依据其设立的应收账款质权是否具备物权法上的效力，即存在疑问。例如，最高人民法院就曾于“辽宁五峰农业科技股份有限公司、兴业银行股份有限公司沈阳分行金融借款合同纠纷案”[（2017）最高法民申 5014 号]的“裁判要点”中指出：“《应收账款质押登记办法》第十二条规定：‘质权人自行确定登记期限，登记期限以年计算，最长不得超过 5 年。登记期限届满，质押登记失效。’依照物权法定原则，设立物权和消灭物权只能由法律规定，《应收账款质押登记办法》作为部门规章性质，不能规定‘应收账款质权的消灭期限’，因此《应收账款质押登记办法》第十二条的规定不具有消灭应收账款质权的效力。”[①]在《2017 年办法》第 12 条中，《2007 年办法》第 12 条“登记期限届满，质押登记失效”的表述已被删去，其实也可以在一定程度上看作央行对最高人民法院上述立场的回应（虽然央行的修订说明中没有解释这一删改的原因）。又如，在审理某一应收账款质押纠纷案件时，作为一审法院的武汉市中级人民法院和作为二审法院的湖北省高级人民法院均认为，以应收账款出质的权利质权必须以用作质押登记的基础合同关系真实、合法、有效为前提，如果基础合同关系无效，应收账款质押登记当然无效。[②] 依照此种裁判立场，应收账款质押登记的效力须取决于用作质押登记的基础合同关系。我国《物权法》第 228 条中虽然只规定了“订立书面合同”和“办理出质登记”两个要件，但即使这两个要件均得到满足，如果没有（或不能证明）基础合同关系，则质权也不能成立。这也是对于经过应收账款质押登记公示系统登记而设定的应收账款质权是否具备物权法上的效力提出的挑战。正是由于应收账

---

① 《中国人民银行〈应收账款质押登记办法〉第十二条的规定不具有消灭应收账款质权的效力》，http://www. pkulaw. com/payz/cc530e480d4624212ae1ac448717c9303460d4aa68afd249bdfb. html，2018 年 8 月 14 日访问。

② 该案一审判决：武汉市中级人民法院（2015）鄂武汉中民商初字第 00140 号；二审判决：湖北省高级人民法院（2016）鄂民终 28 号。转引自刘亚妮：《从一则司法案例看应收账款质押效力的认定》，《中国征信》2016 年第 10 期。该文还引用了一些同样持此种立场的裁判文书，如上海市第一中级人民法院（2014）沪一中民六（商）终字第 301 号民事判决书、江苏省苏州市中级人民法院（2014）苏中商初字第 0042 号民事判决书等。

款质权的法律依据不尽坚实明确，才造成了债权人特别是商业银行对于以应收账款设定的质押审核过于严格，以致应收账款质押登记公示系统未获充分运用的现象。当然，即使不考虑与国家立法机关所制定的法律的抵触，央行有关文件在规则层面上也失之简陋，在学理层面则有诸多争议。详言之，即使可以无视我国《物权法》第 228 条第 1 款对应收账款质押所采取的登记生效主义立场，而将应收账款勉强解释为属于我国《物权法》第 24 条所规定的“船舶、航空器和机动车等”中的“等”字所涵括的范围之内，从而认为应收账款质押的登记效力当属登记对抗主义，但我国《物权法》第 24 条中所谓“未经登记，不得对抗善意第三人”中的“对抗”“善意”“第三人”应分别作各种解释，依不同物权法学说得出的结论即有较大差异，实践中不同的行政机关和司法机关对之亦有各自的理解，[①]而在央行有关文件中找不到对此的充分解说——事实上亦难以由央行予以解说，因为物权登记的效力只能由立法机关制定的法律加以规定。

总之，依应收账款质押登记公示系统登记而设立的质权的物权法上的效力不甚明确，使债权人接受应收账款作为质押物的意愿也比较弱，其根本原因主要在于我国动产担保物权登记系统的现实与相关法律规范之间紧张关系。尽管仅就法律位阶而言，需要修改的（或者说目前不应当适用的）应该是央行的有关文件，并且，在司法实践中裁判者也确实对央行的有关文件持有保留态度，但实事求是地说，我国应收账款质押登记公示系统的制度构建的基本取向符合改善金融发展环境的宗旨，且契合发达市场经济国家近年来的担保法律发展趋势。我国相关法制变革的目标应当是，在参考应收账款质押登记公示系统相关制度构建及其实践经验的基础上，对央行的有关文件所确立的应收账款质权登记规则（乃至一般意义上的动产担保物权登记规则）加以完善，并通过逐步修订法律的方式分步重构我国的动产担保物权登记制度。

三、法律应对的基本进路和具体举措：以结合互联网特性对我国动产担保物权登记制度分步重构为视角

尽管当前已有部分研究者提出了在我国法上建立统一的动产担保物权登

① 龙俊：《中国物权法上的登记对抗主义》，《法学研究》2012 年第 5 期；郭志京：《也论中国物权法上的登记对抗主义》，《比较法研究》2014 年第 3 期。

记制度的设想，但总体上看理论界与实务界对此尚未形成共识。[①] 比较有代表性的动产担保物权登记制度的方案有两种。一是按物权的种类将物权登记系统划分为基本物权登记系统和担保利益备案系统。基本物权登记系统以所有权/产权、用益物权为登记对象；担保物权登记系统以不动产和动产的担保物权为登记对象；而对于基本物权登记系统，再按财产的种类划分为不动产基本物权登记系统和动产基本物权登记系统，这三者均为相对独立的子登记系统。[②] 二是不触及现行法上的不动产物权登记制度，也不要求建立以动产所有权为登记对象的登记制度，仅就动产担保物权建立统一登记制，由工商行政管理机关或公证机关（特别是前者）对各种动产担保物权进行统一登记。[③] 对于这两种方案，笔者的看法是，前者的优长在于揭示了在动权担保物权登记制度变革的背景下不动产物权登记制度做出相应调整的可能性，缺陷在于过分理想化，从短期看因过于剧烈地改动当前的物权登记制度而无法被实务部门接受，从长期看又人为割裂了动产担保物权登记与不动产担保物权登记的关联性，以及所有权-用益物权登记和担保物权登记的关联性；后者的优长在于比较具有近期的现实可操作性，缺陷在于对应收账款质押登记公示系统的迅猛发展之势估计不足，从而没有将中国人民银行征信中心及其下属或合作机构列为统一登记机关的备选者，并且同样未能充分顾及动产担保物权登记与不动产担保物权登记的关联性。笔者认为，为了在我国当前的相关法律制度的基础上平稳过渡，以期逐渐调和以致最终消除动产担保物权登记系统的现实与相关法律规范之间紧张关系，一方面，未来我国应当从逐步制定统一的动产登记法着手，通过消除当前各种动产登记制度的矛盾，以期从根本上（即从物权法的一般制度层面上）解决当前应收账款质押登记公示系统建设中的问题；另一方面，有关法制变革应当既要与我国《物权法》上关于动产权利的法律规定相适应（至少不能存在无法通过法律解释加以调和的抵触），又要结合互联

① 吴晓灵：《建立统一的公示制度　推动动产融资创新》，《金融时报》2013 年 8 月 10 日；周伟军、刘良毕：《我国统一动产担保物权登记制度探索》，《海南金融》2012 年第 1 期；汪路、金剑锋：《构建动产权属统一登记公示制度》，《中国金融》2014 年第 2 期；吴晓灵：《建立统一的动产登记制度尚未形成共识》，《企业改革与管理》2013 年第 7 期。

② 中国人民银行研究局课题组：《扩大动产担保范围　加速物权登记立法》，《中国证券报》2006 年 1 月 18 日。

③ 高圣平：《动产担保交易制度比较研究》，中国人民大学出版社 2008 年版，第 299—302 页；王琳：《张红力：建立全国统一动产登记制度　确保融资租赁公司合法权益》，《第一财经日报》2015 年 3 月 5 日。

网特性分步进行若干制度创新，从而逐步完善我国动产担保物权登记制度。笔者的大致设想是分三步以达致这一目标：第一步由国务院制定关于动产担保物权登记的行政法规即可进行；第二步须由国家立法机关制定专门的动产担保物权登记法律（可暂不修订我国《物权法》）；第三步则须由国家立法机关对我国《物权法》进行修订且同时制定统一适用于动产物权和不动产物权的登记法律，方能够完成。具体地说，有关内容主要包括以下几方面。

（一）在主体方面，应逐步建立单一的动产担保物权登记机构并明确其登记范围

按照我国《担保法》的规定以及该法实施后有关行政机关的实践，在动产（含权利）上设定的担保物权，其登记机构是分散的。据中国人民银行研究局在 2004 年至 2005 年“中国信贷人权利的法律保护”研究课题中的调查，当时全国的抵押担保登记分散在 15 个部门进行：其中，动产抵押担保登记部门共有 9 个；权证、金融票据等一般不进行担保登记；应收账款没有登记机关（这是 2005 年时的情况，我国《物权法》生效后应收账款质押在央行登记）。而另一项研究显示，2005 年时国内至少存在 16 个以上的动产担保登记部门，分别是工商行政管理局、公证处、房屋管理局、土地管理局、林业局、矿业管理部门、教育局、车辆管理部门、农用车辆管理部门、船舶管理部门、飞机管理部门、证券登记结算公司、商标权管理部门、专利权管理部门、著作权管理部门等，在一些地方还包括产权交易中心、渔业管理部门等。[①] 动产担保物权的登记机构不统一，或者没有登记机构，可能出现动产的重复担保或者因不能登记而无法设定担保的问题。在 2004 年 12 月“中国信贷人权利的法律保护”问卷调查中，98%的受访信贷人赞同建立统一的动产担保登记系统。[②] 尽管自我国《物权法》生效以来，央行依该法第 228 条第 1 款所设立的应收账款质押登记公示系统一直力图拓宽在该系统登记的动产范围且取得了不少成绩，但《2007 年办法》和《2017 年办法》毕竟只是由央行制定的，其法律位阶仅属部门规章，当存在与之冲突的位阶较高或位阶相同的法律文件时，其效力即受影响。

以公路收费权质押登记为例，《2007 年办法》第 4 条第 2 款第 4 项规定“公路、桥梁、隧道、渡口等不动产收费权”（《2017 年办法》第 2 条第 2 款第 3 项将

---

① 唐旭、邱海洋：《完善动产担保物权制度优化金融生态》，《中国金融》2005 年第 16 期。

② 唐旭、刘萍：《完善担保法律制度的几点建议》，《银行家》2006 年第 8 期。

其修改为“能源、交通运输、水利、环境保护、市政工程等基础设施和公用事业项目收益权”，内涵基本未变）属于应收账款的范围之内。据此，公路收费权质押亦应适用《2007 年办法》而在央行的应收账款质押登记公示系统上进行登记。然而，早在 1999 年，国务院《关于收费公路项目贷款担保问题的批复》（国函〔1999〕28 号）就明确规定，公路收费权质押的登记部门为地市级以上交通主管部门，这就与《应收账款质押登记办法》的规定存在冲突。《2007 年办法》和《2017 年办法》由央行制定，法律效力上似应低于国务院批复，后者理应优先于《2007 年办法》第 4 条及《2017 年办法》第 2 条得到适用。并且，从针对性、专业性角度考虑，交通主管部门似乎更适合承担公路收费权质押的登记职责（尽管从长远发展的角度看应得出相反的结论）。

再以学生公寓收费权质押为例，在 2002 年《关于进一步解决学生公寓等高等学校后勤服务设施建设资金问题的若干意见》（银发〔2002〕220 号）中，央行曾要求，“商业银行要积极开展学生公寓收费权质押贷款业务，应与借款人签订书面质押合同。质押合同必须经省级教育行政部门审批和统一登记，自登记之日起生效”。此时的学生公寓收费权质押登记部门，为省级教育行政部门。然而，按照《2007 年办法》第 4 条第 2 款第 2 项，出租不动产所产生的债权却应属应收账款之列而由中国人民银行征信中心作为登记机构（在《2017 年办法》中，“出租动产或不动产等”的表述出现于第 2 条第 2 款第 1 项，仍属应收账款之列）。由于这两个文件均由央行发布，似乎可以径行认为较早的银发〔2002〕220 号文件中的有关规定已被较晚的《2007 年办法》第 4 条取代。不过，这里仍然存在类似公路收费权质押中的登记机构选择上的合理性评价问题。

进一步以电费收益权质押为例。2000 年 3 月《农村电网建设与改造工程电费收益权质押贷款管理办法》（计基础〔2000〕198 号）第 9 条规定，“各省（自治区、直辖市）计委（计经委）为电费收益权质押登记部门”；但《2007 年办法》第 4 条第 2 款第 1 项将“销售产生的债权，包括销售货物，供应水、电、气、暖，知识产权的许可使用等”归属于应收账款之列（《2017 年办法》第 2 条第 2 款第 1 项与之基本相同），电费收益权质押自应在央行的应收账款质押登记公示系统上进行登记。国家计委制定的文件，其法律位阶与央行制定的文件相同，虽然国家计委已不复存在，但其机构职能多由国家发改委承袭，上述规定间的冲突，依我国《立法法》的规定尚须由国家发改委和央行的共同上级部门即国务院解决。

从民法原理上看，公路收费权与学生公寓收费权本质上均属不动产收益权，而不动产上的权利（无论是物权还是债权），通常应准用关于不动产的法律规定而非关于权利的法律规定。然而，央行有关文件均将公路收费权与学生公寓收费权认定为质押的对象，并未顾及我国法上并无不动产质权，且学理上的通说亦不承认不动产质权的状况。况且，具体到权利质权制度，通说认为不动产物权不得为权利质权的标的，[①]而应收账款质押恰为权利质权之一种。进言之，这实际上已涉及不动产物权登记制度与动产物权登记制度的协调问题，从长远的角度看，这甚至指向我国不动产物权与动产物权统一登记的必要性与可行性问题，根本无法在现有的法制架构下获得解决。至于电费收益权，固然可以在学理上认为属于权利质押的对象，但权利质押究竟能够在何种程度上适用关于动产质押的法律规定，学理上仍然存在较多的争议。

考虑到物权公示的持续性与便捷性的要求，将各种动产担保物权的登记交由单一机构统一进行，较之于依担保物性质及当事人身份而分别规定不同的登记机构应是一种更为适当的选择。在域外法上，美国《统一商法典》第九编采用的各种“担保利益”（security interest）原则上在担保人所在地州务卿（the secretary of state）处进行登记的所谓集中登记（central filing）制，[②]就属于这种典型的立法例。如前所述，我国实践中动产担保物权所涉及的担保物范围已扩展至各种权利以致包括动产、不动产、权利在内的财产集合体，而根据大陆法系国家的民法传统，对于不动产物权，法律通常定有专门的登记机构负责全部登记事项。我国《物权法》上的相关规定也体现了这种立场（虽然实践中统一不动产登记机构的过程在我国《物权法》通过后仍经历了相当长的时间）。为确保担保权人能够向相关不动产上的其他权利人主张其权利，还需要至少在法律制度的设计上基于互联网的特征（如不动产登记亦可在互联网上进行且出现与互联网特征相符的法制选择）实现各登记机构对于各种物权登记信息的共享并确立相应的联动机制。

综上，笔者认为，在动产担保物权登记主体方面，应于我国法上逐步建立

① 梁慧星、陈华彬：《物权法》，法律出版社1997年版，第364页；谢在全：《民法物权论》（下册），中国政法大学出版社1999年版，第803页。

② 美国《统一商法典》第九编最初的设计是提供三种可选择的方案，即取决于各州是意图建立集中登记制（通常由州务卿登记），还是地方登记制（通常由郡县办公室登记），抑或两者皆可的制度。但日后美国《统一商法典》的修订过程中，该法典的起草者转而以集中登记制为原则，同时保留了与不动产相关的担保物的地方登记以及运输事业的特殊登记规定。

单一的动产担保物权登记机构并明确其职责范围。第一步，将目前的近 20 家动产担保物权登记部门缩减至两家：在有体动产上设立的担保物权，应在工商行政管理部门（依 2018 年中共中央印发的《深化党和国家机构改革方案》进行改革后则为市场监督管理部门，以下不再一一注明）登记；在无体财产（包括票据）上设立的担保物权以及在有体动产与无体财产所组成的集合财产上设立的担保物权，应在央行所属的动产融资统一登记公示系统进行登记。第二步，将工商行政管理部门下设的有体动产登记机构并入动产融资统一登记公示系统，同时将后者从央行分离，确立为唯一的动产担保物权登记部门。第三步，在统一的不动产物权登记机构设立和顺利运行一段时间且相关法制较为成熟后，将动产担保物权登记部门完全并入，组建统一的物权登记机构。

（二）在客体方面，应逐步拓展可登记的担保物的范围

应当指出，与我国《担保法》相比，我国《物权法》在动产担保的担保物范围方面已有相当程度的扩展。仅以动产抵押为例，我国《担保法》第 34 条第 1 款规定："下列财产可以抵押：（一）抵押人所有的房屋和其他地上定着物；（二）抵押人所有的机器、交通运输工具和其他财产；（三）抵押人依法有权处分的国有的土地使用权、房屋和其他地上定着物；（四）抵押人依法有权处分的国有的机器、交通运输工具和其他财产；（五）抵押人依法承包并经发包方同意抵押的荒山、荒沟、荒丘、荒滩等荒地的土地使用权；（六）依法可以抵押的其他财产。"其中的第 2 项、第 4 项所明确列举的动产担保物仅有机器、交通运输工具两类。我国《物权法》第 180 条规定："债务人或者第三人有权处分的下列财产可以抵押：（一）建筑物和其他土地附着物；（二）建设用地使用权；（三）以招标、拍卖、公开协商等方式取得的荒地等土地承包经营权；（四）生产设备、原材料、半成品、产品；（五）正在建造的建筑物、船舶、航空器；（六）交通运输工具；（七）法律、行政法规未禁止抵押的其他财产。"其中的第 4 项、第 6 项所明确列举的动产担保物有生产设备、原材料、半成品、产品、交通运输工具五类，且"生产设备"的外延显然大于"机器"。我国《物权法》实施后，相关机构在实践中更进行了不少拓宽担保物范围的尝试。例如，成都为扶植中小企业出台了多项扶持政策，探索形成了中小企业"统贷统还"模式、软件企业"资金池"模式、工业集中发展区"整体授信"模式和高新技术企业"信用贷款"模式等 8 种融资模式，而通过“产业链”融资担保，订单也可以进行贷款融资。① 又如，广州市财政部门探索开展中小企业集合中期票据、中小企业集合债、中小企业集合信托产品等业务，帮助中小企业降低企业融资成本，广州市融资担保中心大力支持广州市中小企业局与光大银行一起推进广州市中小企业集合中期票据发行工作，该方案由中债信用增进投资股份有限公司提供担保，由市融资担保中心为其提供再担保。② 这些依托企业的客户资源和经营关系所进行的金融创新，围绕订单、存货、特别债权凭证等多种担保物组合而设定担保物权，拓展了我国动产担保物的范围，活跃了市场的资金融通。但是这些实践中拓展动产担保物范围的举措在我国并没有明确的法律依据。在司法实务中，对于对特定业务（如股权收益权、“出口退税”等）是否属于应收账款以及是否应办理应收账款质押登记的诸多纠纷，有关裁判者也已试图拓展应收账款的内涵与外延。例如，广东省佛山市禅城区人民法院在(2014)佛城法民三初字第1618号民事判决书中，即对“出口退税”是否属于应收账款进行了界定，认定其属于应收账款；③广东省珠海市中级人民法院在(2014)珠中法民二终字第130号民事判决书中，则对转让股权的收益进行了界定，认定其属于应收账款。④ 不过，这些案例仅属个案，是否代表我国司法机关的普遍立场，还有待进一步观察。

在域外，大陆法系的某些国家和地区的民事单行法，如日本的《企业担保法》《财团抵押法》等，也已经试图在民法典的既定框架之外扩展传统大陆法系物权法所规定的担保物范围；而美国《统一商法典》第九编将一定的财产如原料、半制成品或制成品之库存，或集合这些财产而组成的企业财产集合体，均纳入担保物范围。就我国而言，由于社会及制度方面的原因（如上文所述担保物权的登记制度上的限制），以处于流动中的企业财产集合体为标的而设定的担保物权，暂时无法在法律上得到确立。比较妥当的方法是，先争取修订有关的行政规章乃至制定新的行政法规，同时通过对于现行法律（狭义的法律即立法机关制定的法律）上某些概念进行扩张解释，以应对实践中担保物范围不断

① 《订单也可担保贷款　中小企业融资不再难》，《成都商报》2010年4月24日。

② 《广州市创新融资担保资金运作模式　帮助中小企业应对国际金融危机》，http://www.gdczt.gov.cn/adminfo/infonews/gzinfonews/201004/t20100415_20337.htm，2016年3月2日访问。

③ 《广东省佛山市禅城区人民法院民事判决书》，(2014)佛城法民三初字第1618号，http://www.court.gov.cn/zgcpwsw/gd/gdsfsszjrmfy/fssscqrmfy/ms/201410/t20141029_3701682.htm，2016年3月2日访问。

④ 《广东省珠海市中级人民法院民事判决书》，(2014)珠中法民二终字第130号，http://www.court.gov.cn/zgcpwsw/gd/gdszhszjrmfy/ms/201407/t20140707_1983926.htm，2016年3月2日访问。

拓宽的状况。我国法上关于应收账款的规定，就可以作为一个适合的切入点。

在美国《统一商法典》第九编中，“账款”（account，与会计学上的应收账款概念大体相当）系指对金钱之债的请求支付的权利，虽然美国《统一商法典》第九编也列举了若干种例外。[①] 也就是说，美国法是采用抽象地规定一般性债权可以作为担保物的立法技术来实现对实践中已出现或将要出现的各类担保物的涵盖。在英国法上，虽然没有制定法上的定义，但学理上一般认为应收账款是指通过提供一定的货物、服务或设施而获得的要求现在或将来为一定金额的款项支付的权利，分为账本债务与一般债务两种。[②] 这也是一个与美国《统一商法典》类似的抽象表述。参考英美法上的经验，可以考虑一方面修改《2017 年办法》第 2 条第 1 款[③]，提高应收账款定义的抽象程度，另一方面修改《2017 年办法》第 2 条第 2 款[④]，尽可能多地列举出我国实践中已被证明较为成熟的、风险较少、适合通过互联网进行登记的担保物类别如出口退税、股权收益权等；同时，由于《2017 年办法》属于行政规章，而我国《物权法》第 223 条和第 180 条对其所列举的标的物以外的其他担保物的要求是“法律、行政法规”规定可以出质的其他财产权利和“法律、行政法规”未禁止抵押的其他财产，有必要将未来修改后的《2017 年办法》由国务院发布实施（单行或作为国务院制定关于动产担保物权登记的行政法规的一部分均可），以对接我国《物权法》上的有关要求。

总之，在动产担保物权登记客体方面，应于我国法上逐步拓展可登记的动产担保物的范围。在具体操作步骤上，笔者所主张的方式如下。第一步，通过拓宽应收账款的内涵以动产担保物的范围等，新增的动产担保物均应允许在动产融资统一登记公示系统上进行登记。第二步，将动产担保物的范围抽象表述为“不动产以外的任何具有移转性之财产，包括所有现在的或以后获得的、有体的或无体的、单个的或集合的、数量固定的或浮动的财产”。第三步，将该表述中的“不动产以外的”这一限定词删除。

---

① 宰丝雨：《美国动产担保交易制度与判例：基于美国〈统一商法典〉第九编动产担保法》，法律出版社 2015 年版，第 26—27 页。

② R. M. Goode, *Legal Problems of Credit and Security*, 2nd. Ed. Sweet & Maxwell, 1988, p106. 转引自许明月：《英美担保法要论》，重庆出版社 1998 年版，第 225 页。

③ 《2017 年办法》第 2 条第 1 款对《2007 年办法》第 4 条第 1 款所做的修改主要是在“要求义务人付款的权利”增加了“依法享有的其他付款请求权”，并于“不包括”的范围中增加了“法律、行政法规禁止转让的付款请求权”。这一修改对于应收账款定义的抽象程度并无提升。

④ 《2017 年办法》第 2 条第 2 款对《2007 年办法》第 4 条第 2 款所做的修改虽然也在一定程度上增加了担保物类别，但尚未充分列举出我国实践中已被证明较为成熟的、风险较少的担保物类别。

(三)在内容方面,应逐步建立能够在不同种类的动产担保物权上统一适用的、简易明晰的顺位规则

我国《担保法》第54条、我国《物权法》第199条及相关法律所确立的担保物权顺位规则与多数大陆法系国家和地区的基本立场相似,系以登记或占有时间之先后作为决定担保物权顺位的主要判断依据的"时间在先权利在先"规则(我国《担保法》第54条第2项中尚有"该抵押物……未登记的,按照合同生效时间的先后顺序清偿"这一与多数大陆法系国家和地区的基本立场不一致而易引发当事人恶意串通篡改合同生效时间的规定,我国《物权法》第199条第3项则有"抵押权未登记的,按照债权比例清偿"的规定,应认为其已将我国《担保法》第54条第2项中的上述规定取代);如果相关担保物权既未登记又未经权利人占有,则依《最高人民法院关于适用〈中华人民共和国担保法〉若干问题的解释》(2000年9月29日最高人民法院审判委员会第1 133次会议通过,简称《担保法司法解释》)第76条之规定作为顺位平等的担保物权"债权比例受偿"(抵押权不以权利人占有抵押物为成立要件,且我国法一般不以登记作为动产抵押权的成立要件,故《担保法司法解释》第76条的规定可以认为是相关担保物权既未登记又未经权利人占有时的顺位规则,而类推适用于抵押权以外的其他不以登记和占有为要件的担保物权于同一担保物上发生并存的情形)。然而,我国《担保法》和我国《物权法》并未对不同种类的担保物权于同一担保物上发生并存(又称"竞合")的情形设明文规定。司法实践中,根据《担保法司法解释》第79条之规定,大体上是以留置权优先于抵押权、已登记的抵押权优先于质权的规则加以处理的。换言之,《担保法司法解释》上不同种类的担保物权规则,系以担保物权种类为标准而不考虑登记或占有时间。对此,美国《统一商法典》第九编的做法却有显著不同。美国《统一商法典》第九编从英美法上各个具体的担保物权形式中抽象出"担保利益"(security interest)这一上位概念,以统率所有传统、新兴及未来出现的担保形式,这样,美国《统一商法典》第九编对于担保物权顺位规则便不必区分相同种类的担保物权在同一担保物上发生并存和不同种类的担保物权在同一担保物上发生并存,而统一设置如下"担保利益"优先次序规则:以"完善"(perfection)时间为标准,不考虑担保形式。详言之,原则上,已"完善"的担保利益按照其完善的时间先后顺序确定其优先次序;已"完善"的担保利益优先于未"完善"的担保利益;未"完善"的担保利益间则按照其有效成立或者生效的时间顺序确定其优先次序。[①]

不过，美国《统一商法典》第九编所规定的“完善”方法共有四种（即有效成立时即为“完善”、依登记而“完善”、依控制而“完善”、依占有或者交付而“完善”，如果再加上部分受特定法规、规章和公约调整的财产上的“完善”这一适用特别规定的情形则为五种），彼此间关系较为复杂，由此设置的具体担保利益优先次序规则也相对烦琐。[②] 联合国国际贸易法委员会（UNCITRAL）起草的《担保交易法之立法指南》（*Legislative Guide on Secured Transactions*）草案[③]系以“备案”（filing，与大陆法系物权法上“登记”的内涵大体相同）和占有（控制）作为“担保权”（与大陆法系国家和地区物权法上“担保物权”的内涵大体相当）的公示方法，与大陆法系国家和地区的传统做法相近，更值得我国参考。UNCITRAL《担保交易法之立法指南》确立的顺位规则大致是：凡是以“备案”为公示方法的“担保权”，最先“备案”者最优先，但同时对“备案”设有犹豫期（grace period，或译宽限期）制度，如果后“备案”的“担保权”是在犹豫期内“备案”的，其顺位仍按“担保权”成立时间决定。凡是以占有为公示方法的“担保权”，则以占有担保物的时间先后决定顺位。分别采用“备案”与占有这两种不同的公示方法的“担保权”之间的顺位关系为：除特别类型的“担保权”（如在票据、仓单或投资凭证等有价证券上的“担保权”）应以占有担保物的时间先后决定顺位外，其他“担保权”无论采用何种公示方法，凡公示时间在前者，其顺位即在前，且不同的公示方法间可以相互转换，仅须两者时间连续，即无碍其原有顺位。

笔者认为，UNCITRAL《担保交易法之立法指南》上的顺位规则能够在不同种类的动产担保物权上统一适用，具备简易明晰的特点，且与我国现行法制背景相契合，同时，考虑到通过互联网进行登记时，登记时间先后，虽差别甚微，亦可由登记系统加以区分，此种顺位规则确实值得加以借鉴。笔者的具体

① 宰丝雨：《美国动产担保交易制度与判例：基于美国〈统一商法典〉第九编动产担保法》，法律出版社2015年版，第89—93页。

② 宰丝雨：《美国动产担保交易制度与判例：基于美国〈统一商法典〉第九编动产担保法》，法律出版社2015年版，第57—59页。

③ UNCITRAL《担保交易法之立法指南》有数个草案文本，笔者于本文中使用的草案文本为2010年7月15日的“最后草案”（Final Draft），http://www.uncitral.org/pdf/english/texts/secured-lg/e/Final.Draft/15.July.2010.clean.pdf，2016年3月2日访问。对该指南有关内容的分析，亦参见谢在全：《动产担保制度之最近发展》，王兆鹏、甘添贵等编：《跨世纪法学新思维——法学丛刊创刊五十周年》，法学丛刊杂志社2006年版。

设想是，在动产担保物权登记内容方面，我国法上应逐步建立与之类似的顺位规则。第一步，将顺位规则确立为：动产担保物权因以占有或登记为公示方法之不同，于具备公示方法后，取得优先权，并按公示先后定其优先次序，已公示的担保物权优先于未公示的担保物权，均未公示的担保物权处于同一顺位。但符合下列规则者除外：法定担保物权优于其他担保物权、价金担保物权优先于一般担保物权（参考美国《统一商法典》规定的存在消费品之上的价金担保利益的"超级优先权"即有效成立时即为"完善"这一例外规定）。第二步，将顺位规则确立为：担保利益的优先权顺位依有关担保物权的登记时间确定，先登记者优先受偿，但依不动产登记而法律效果不同者，应适用有关不动产登记的法律规定。第三步，将第二步确立的顺位规则中的但书删去。

需要指出的是，担保物权登记制度尽管可以作为一个子规范群加以特别考察，但其毕竟也是整个物权制度的有机组成部分。十余年之前，我国台湾地区学者谢在全就已经发现，"计算机系统不但让担保权人可经由 E-mail 备案，且即刻可就备案事实加以处理、编制索引及确认，进而经由设定之程控，减少申报人之输入错误。此外，更可避免人为的任意拒绝备案所造成优先次序难以确定之困扰。因之，计算机化系统具有提高记录保存及查询之效力，减少行政费用之优点。备案及查询费用低廉，以促成备案系统之最大利用，亦因此容易实现"。[①] 如今，人们应当可以更加清晰地认识到，互联网技术的使用，成为担保物权登记制度变革以及相关法律规则改进的强大动因。互联网背景下动产担保物权登记制度的变革不仅牵涉物权客体的界定、物权的设定和消灭、物权变动与基础合同关系间的关联等笔者于本文中已经触及但还没有深入讨论的其他子规范群，而且牵涉物的添附、孳息、担保物权的实行（实现）以及清算、破产程序中的物权行使等笔者于本文中尚未触及的其他子规范群；即使是在担保物权登记制度内部，互联网背景下动产担保物权登记制度的变革也切实关系到动产担保物权登记制度与不动产担保物权登记制度之间如何能够更好地协调、衔接乃至融合。笔者的以上设想仅仅是对我国法上的动产担保物权登记制度发展方向初步勾勒，就该问题的深入开掘以及就与之关系密切的其他问题的拓展分析，还有待未来的进一步努力。

---

① 谢在全：《动产担保制度之最近发展》，王兆鹏、甘添贵等编：《跨世纪法学新思维——法学丛刊创刊五十周年》，法学丛刊杂志社 2006 年版。这里所谓的"备案"，大体上可以视为"登记"的同义语。

扶持、教育、组织

——建设社会主义新农村的几点法律思考

夏晓龙*

摘　要： 扶持、教育进而组织将会是建设社会主义新农村的必由之路，采取法律的手段来处理和解决“三农问题”，建议制订《农村合作医疗法》《农村职业教育法》《农村合作组织法》和《农合法》。

关键词： 三农问题；扶持；教育；组织

中共中央在有关制定“十一五”规划的建议中有两个关键词：创新与和谐。同时，对于以前引人关注的“三农问题”，也代之以“新农村建设”的提法。联系到全国人大以立法形式废止《农业税条例》和今年“两会”期间代表和委员们的各种议案和提案，表明党和政府在新的战略高度关注和认识“三农问题”，并且有意识采取法律的手段来处理和解决“三农问题”。我个人认为，扶持、教育进而组织将会是建设社会主义新农村的必由之路。

一、扶持是建设社会主义新农村的必要前提

众所周知，中国的农业和9亿农民为了国家的工业化发展以及综合国力的提升做出了无可替代的奉献。同时，由于二元经济社会结构以及我国存在的人多地少、农业基础薄弱、农业人口庞大且受教育程度和组织化程度较低等因素，造成“三农问题”危机日深，成为我国经济社会发展和建设小康社会的瓶颈。因此，工业反哺农业，城市扶持农村，成为国人的共识。但是，简单地废除农业税（客观来讲，取消农业税在一定程度上会有助于大农业的发展）和减免

---

* 夏晓龙，上海社会科学院法学研究所助理研究员。本文原刊于九三学社中央社会服务部编《九三论坛　新农村建设与和谐社会论文集》2006年专集第256—257页。

一些农村人口的税费负担，不能从根本上解除农村的危机和困难。因此必须采取立法的手段对建设新农村进行充分必要的扶持。这种扶持不仅仅是简单的救灾扶贫或者一般意义上的增加农民收入，而是全面的扶持甚至投入，主要集中在新农村建设的规划、公共设施的投入和建设以及公共产品的提供和保障。具体讲就是，在已经进行的“电话”“电视”村村通、公路村村通等惠民措施的基础上，全面规划新农村的建设，对于农村的公共设施，特别是小城镇建设投入必要的扶持和启动资金。为此，对于新兴小城镇的规划和建设应该制定相应的法律法规，对建设资金的筹措、使用加以规定和指导，同时特别要对于农村以及小城镇的基础设施的投入和建设规定相应的国家扶持和鼓励的政策和具体措施。

另一方面，对于农村的公共产品的提供，主要是教育、医疗和养老等进行有效的保障。应该看到由于农村的公共产品的供给，特别是社会保障体系与我国经济社会发展的水平严重脱节，制约了农村的经济社会发展：由于受教育程度偏低，农村中的文盲人口比例居高不下；农村公共医疗制度的缺失，导致了小病不治，大病等死，因病致困、困病返穷的恶性循环；由于原有社队集体经济的退出，农村原有的养老保障难以为继。因此，在目前城市医疗体制改革尚未取得有效突破的情况下，制定《农村合作医疗法》，将会是十分必要和有益的尝试，国家、社会和个人三方参与的合作医疗体制，不仅能够解决农村缺医少药的困境，更能免除农民难以承受巨额医疗花费的后顾之忧，同时也需要相应的法律法规来解决农村的养老保障和公共救助的需求。

二、教育是建设社会主义新农村的必要基础

教育，对于一个国家、一个民族，乃至一个人的重要意义是不言而喻的。特别对于一个农村公民而言，意义更是非同寻常，接受教育也许是改变其命运的主要甚至唯一途径，因此必须保障农村人口平等地接受教育的权利。

关于义务教育阶段，应结合正在进行修订的《义务教育法》，落实农村人口在义务教育阶段的受教育的权利，城镇的公共教育资源必须平等地向进城务工或经商的农村人口的子弟开放。目前在北京、上海等地已经进行诸多有益的尝试，应该在此基础上加以总结并制定相应实施细则予以保障。在广大的农村地区，特别是老少边穷地区，国家应该制订出具体可行的实施计划，保证学校的建设和设置，有教师资格的师资配备和资金安排。一句话，要像当初解

决计划生育问题一样。农村义务教育问题应当成为各级政府考核的必要内容，享有一票否决权。庞大的农村人口的受教育的程度关系到我国人口整体素质的提高，是建设社会主义新农村必不可少的基础。

必须制定《农村职业教育法》，来彻底解决农村人口的就业和农村富余劳动力的转移问题。现在相当一部分的农村人口缺乏必要的谋生或劳动技能，他们甚至不会基本农业生产的技能，更谈不上农业科技知识或其他产业的劳动技能，因此只能靠出卖体力，从事极其初级的劳动；由于农村存在大量富余劳动力，需要向城镇和其他产业转移，但城镇和现代其他产业需要有一定的职业技能的劳动力，近年来在珠三角和长三角出现的民工短缺正是折射出这些问题，因此大量的职业技能学校应运而生，也取得不错的社会效益。所以，通过《农村职业教育法》的制定，可采取国家投资设立或出资采购职业教育培训，保证农村人口可以享受一次免费职业技能培训。因为许多培训机构均承诺包教包会，甚至承诺提供一些就业机会。相关费用的筹集和回收，可采用受培训者在就业后酌情返还或用人单位定向缴纳。当然，这一措施也可适用于城镇的低保和低收入人口。

三、组织是建设社会主义新农村成败的关键所在

在提供充分必要的扶持和普及义务和职业教育后，制约社会主义新农村建设成败的关键就是目前我国农村存在的组织化程度偏低的问题。我们应该承认，一方面，党的基层组织在广大农村发挥着不可或缺的作用，但随着集体经济的解体和市场经济的勃兴，党的基层组织存在着一定程度上队伍涣散、战斗力下降的问题；随着《村民自治组织法》的制定和实施，在实现村民自治和村务公开等方面取得了长足的进步，但是村民自治组织只是存在于相对狭小和封闭的地域，不能从根本上解决我国农业人口长期以来的组织化程度低下的痼疾，更谈不上解决农业人口在转型时期所面临的各种新的问题，以至于出现需要共和国总理出面为农民兄弟讨工钱的笑话。农村人口的正当权益得不到有效的保护，而且也缺乏行之有效的意见和诉求表达渠道和机制。另一方面，市场经济和信息社会也对农村、农业和农业人口提出了更高的组织化要求，因此，在建设社会主义新农村的过程中，建立、健全一系列相关的组织，提高新农村的组织化程度成为成败的关键。

一方面，农村目前的经营组织已经严重不适应市场经济的发展和现代化

产业运作的需求，特别是在我国农村普遍存在的一家一户式的粗放型小农经济模式，机械化程度低，科技含量少，已经无法适应激烈的市场竞争冲击，在与外国农产品和国内大农业的较量中完全处于劣势；当然，目前专家学者们所推荐和正在尝试的大公司→基地→农户的合作模式，在一定程度上解决了小农经济向大农业的过渡。但农产品收购和深加工过程的附加值实际上为这些大企业所占有（这实际上就是计划经济时代的工农剪刀差），无法解决农民的增收致富，农户的命运，完全听命于大公司的诚信和经营的成败。因此，必须根据农民兄弟在生产和经营活动中业已进行的尝试，制定《农村合作组织法》，对目前存在的一些农村合作社，诸如农户自由组合的西瓜协会之类，加以法律上的界定和肯定，给予必要的扶持和鼓励，承认其市场主体地位，使其参与市场竞争，从而实现从小农经济向中型农业的过渡，进而在可能的情况下实现农业的区域联合。

另一方面，我们不能不触及一个更为敏感而又无法回避的问题。农村和农业人口的利益频频受到侵害，农民的合理诉求无法有效地表达，同时一些关键问题的解决缺乏必要的协商解决机制，而农村的基层组织往往只能在有限地域处理和协商处理，而且没有有效的监督机制。因此，制定《农会法》，在法律许可的范围内，建立起类似于《工会法》所规定的集体协商制度，来处理和维护其整体的合法权益，进而完善和畅通农民、农村乃至农业的利益表达机制、真正使 9 亿农业人口融入我们的国家政治生活和经济社会活动，让他们充分享受国家主人的权利，承担起国家主人翁的职责。我们高兴地看到，进城务工的农民兄弟已经可以加入工会，并且可以在城里当选人民代表，我们也应该期待他们可以在农村组织并且建立地区性乃至全国性的合法组织，真正成为国家的主人和社会生活中平等的一员。

建设社会主义新农村的进程，任重道远，扶持和教育两项内容，相对来讲比较容易形成共识，也有较大的可能尽快加以实施，因此应该抓紧有利时机，尽早立法予以行动。对于建设社会主义新农村的组织问题，在经营组织方面取得成功也是应有可为。至于制定《农会法》，或许还会存在这样或那样的不同认识或顾虑，但寄希望于新的领导集体的政治勇气和治国魄力，我认为一切都有可能。因为我们有一个共同的目标：以创新的手段、不懈的努力和艰苦细致的工作来创建一个 13 亿人的和谐社会，进而实现中华民族的伟大复兴。

刑　法

论使用假币罪与相关犯罪的关系

——兼与陈兴良、张明楷两位教授商榷

杜文俊*

摘　要： 存假币行为本身，仅成立使用假币罪与盗窃罪的想象竞合，从一重处罚；存假币后取真币或者转账的，成立使用假币罪与盗窃罪，应当数罪并罚；存假币后刷卡消费的，成立使用假币罪与诈骗罪，亦应当数罪并罚。使用假币罪与诈骗罪存在竞合关系，同时成立时应从一重处罚；以对方是否知情界分出售假币罪与使用假币罪，会使二罪形成对立关系，而应认为凡是将假币作为真币置于具有流通可能性的场合，除成立“出售”假币罪外，均成立“使用”假币罪，故而二罪之间存在竞合关系（补充关系）；不应将购买假币罪限于为了出售而购买，不管出于什么目的购买假币，均不可否认购买假币罪的成立。

关键词： 使用假币罪；盗窃罪；诈骗罪；出售假币罪；购买假币罪

陈兴良教授在 2009 年第 6 期《中国审判》上发表了《在 ATM 机上存假币取真币的行为构成盗窃罪》一文，指出：“用假币到自动柜员机存款，其存入行为不是使用假币，而是利用假币而使被告人账户内记载存款，这是一种秘密窃取。只要在账户上记载了存款，盗窃罪即告既遂。此后的取真币行为，也是一种不可罚的事后行为。而那种认为存假币是使用假币，取真币是盗窃真币的见解，并没有注意到取真币是从本人的账户内取款，这一取款行为是具有依据的，对此不该评价为盗窃罪。这种取款的依据本身是存假币的结果，存入假币就完成了以假变真的行为，因而已经构成盗窃罪的既遂。否则，就会出现对行

---

* 杜文俊，上海社会科学院法学研究所副所长、研究员。本文系 2014 年度国家社会科学基金项目“财产犯罪基础理论、审判实践的本土文化考察”（项目批准号：14BFX153）的阶段性成果；本文亦受上海社会科学院刑事法学科创新工程资助。本文原刊于《法学》2015 年第 5 期。

为的重复评价。"[①]而张明楷教授在2012年第6期《政治与法律》上发表了《使用假币罪与相关犯罪的关系》一文，对上述观点进行了反驳："行为人将假币存入ATM机，只是从'形式上'使自己获得了债权，或者说，只是使行为人的信用卡或者存折上显示的存款数量增加，而不可能真正获得债权。换言之，行为人通过存假币使自己的信用卡或者存折上获得债权，如同伪造信用卡或者存折而获得债权。既然如此，就难以认为其后来取真币的行为是不可罚的事后行为。这是因为，存假币的行为同时侵害了两个法益：货币的公共信用与银行债权；取真币的行为没有侵害货币的公共信用，只是侵害了银行对现金的占有与所有。""退一步说，即使承认行为人取得银行债权的行为成立盗窃罪，该行为与利用债权取得真币的行为，实质上侵害的是一个法益，所以，宜将二者理解为包括的一罪的关系。但这种包括的一罪，并不意味着后者是不可罚的事后行为，因为真正侵害财产法益的是后者，而不是前者。另一方面，虽然不可能对非法获得债权与取真币的行为实行并罚，但不能因此否认使用假币行为的可罚性。""总之，认为向ATM机存假币取真币的行为仅构成盗窃罪的观点难以成立。这类案件事实上存在两个行为，客观上侵害了两个法益，行为人对两个法益侵害都有责任，故应当认为这类行为成立使用假币罪与盗窃罪，而且应当数罪并罚。"[②]

两位教授的主要分歧在于：一是在自动柜员机上存假币的行为是否属于"使用"假币而成立使用假币罪？二是对于存假币导致行为人账户上存款数字增加，能否认为行为人已经窃取了存款债权而成立盗窃罪？三是致使银行遭受财产损失的是存假币行为还是之后的取真币行为，取真币行为是否属于不可罚的事后行为，即，应评价的是存假币致使存款增加的行为，还是存假币之后的取真币行为？笔者认为，两位教授的观点均有一定的合理性，但仍有可商榷之处。此外，司法实践中，除存假币取真币的行为性质存在争议外，使用假币罪与盗窃罪、诈骗罪、出售假币罪、购买假币罪之间的关系，也争议颇多，因而值得一并加以探究。

一、存假币取真币的行为性质

关于存假币取真币行为的定性，在理论和实践中存在分歧。例如，王某在

---

① 陈兴良：《在ATM机上存假币取真币的行为构成盗窃罪》，《中国审判》2009年第6期。

② 张明楷：《使用假币罪与相关犯罪的关系》，《政治与法律》2012年第6期。

银行 ATM 机上将假币 5 000 元存入自己的借记卡，后又在另一 ATM 机上取出真币 5 000 元。对于王某的行为，存在信用卡诈骗罪、诈骗罪、盗窃罪及使用假币罪的定性分歧。[①] 由于诈骗罪的对象只能是具有意志决定和处分能力的自然人，机器不能被骗，[②]故而，在自动柜员机上存假币取真币的行为，不可能成立信用卡诈"骗"罪或诈"骗"罪。

关于在自动柜员机上存假币取真币，陈兴良教授所主张的核心观点在于：一是不成立使用假币罪；二是存假币的行为符合盗窃罪秘密窃取的特征因而成立盗窃罪；三是取真币的行为属于不可罚的事后行为，因而不应另行评价为盗窃罪。[③] 其否认成立使用假币罪的理由是："使用假币罪的'使用'，并不是一般意义上的将假币当作真币使用。因为如果泛泛地将其定义为将假币当作真币使用，存款要求是真币，你把假币拿到银行里去存款，确实就是将假币当作真币使用。但使用假币罪的'使用'是指将假币当作真币用于流通。""如果是用假币在自动售货机上购物，当然是一种使用。但将假币拿到银行存款，该存款行为类似于委托保管行为。西田典之教授明确地指出：委托保管的行为，因为其款项并未进入流通，因而并不构成本罪。"[④]

陈兴良教授的意思是，将假币当作真币使用，例如将假币拿到银行里去存款，该存款行为类似于委托银行保管的行为，尚不属于"使用"假币，只有将假币当作真币用于流通，例如用假币在自动售货机上购物，才属于"使用"假币。殊不知，用假币在自动售货机上使用，接受假币的只是自动售货机的供货者，而将假币存入自动柜员机，接受假币的除了银行外，还可能是其他不特定的多数储户。从对使用假币罪所保护的法益，即货币的公共信用的侵害严重性看，前者并不高于后者，肯定前者却否定后者成立使用假币罪，恐怕没有道理。固然，假币作为"封金"(密封的现金)而委托保管时，由于保管人无权动用所保管的假币，假币进入流通的可能性很小，不应被评价为"使用"假币，正如为了显示自己的实力而将假币作为"亮相金"使用，不被认为是使用假币一样。[⑤] 但

---

① 夏伟、周禅：《在 ATM 机上存假币取真币行为之定性》，《人民法院报》2010 年 1 月 14 日。

② [日]西田典之：《刑法各论》(第 6 版)，弘文堂 2012 年版，第 192—193 页；[日]前田雅英：《刑法各论讲义》(第 5 版)，东京大学出版会 2011 年版，第 359 页。

③ 陈兴良：《在 ATM 机上存假币取真币的行为构成盗窃罪》，《中国审判》2009 年第 6 期。

④ 陈兴良：《在 ATM 机上存假币取真币的行为构成盗窃罪》，《中国审判》2009 年第 6 期。

⑤ 参见[日]前田雅英：《刑法各论讲义》(第 5 版)，东京大学出版会 2011 年版，第 490 页。

是，不仅在金额保管的场合，[①]而且银行存款作为一种消费寄托，将储户存入的金钱置于流通更是银行的功能之所在。故而，不应否认这些情形下假币有被置于流通的高度可能性。再则，随着现代金融业的发展，不管在银行柜台存假币，还是在自动柜员机上存假币，在将假币置于流通这一点上，没有本质的不同。因此，不管存假币取真币的行为最终如何定罪，在自动柜员机上存假币的行为本身都完全符合"使用"假币罪的构成要件。

陈兴良教授肯定盗窃罪成立的理由是："当一个假币持有者到银行用假币存款，银行工作人员因自己认识能力有限，利用验钞机来识别，结果验钞机也未能识别，因而收下假币。在这种情况下，对于假币持有者来说，应当定诈骗罪而非盗窃罪：被骗的不是机器而是人。那么，为什么在这种情况下不定盗窃罪呢？因为这时不具备盗窃罪所要求的秘密窃取的特征。而在自动柜员机上存假币取真币，这是一种财物所有人不在现场的犯罪，因而具有盗窃罪的秘密性特征。"[②]笔者认为，上述观点有两点值得商榷：一是将在银行柜台和自动柜员机存假币的行为分别评价为诈骗罪和盗窃罪，均只是评价了存假币的行为致使银行遭受财产损失而构成财产犯罪的事实，而没有评价存假币的行为本身对于货币的公共信用的侵害而成立使用假币罪。二是不是根据盗窃罪的构成要件，而是根据所谓秘密窃取这一盗窃罪的所谓本质特征认定盗窃罪，存在明显疑问。假如行为人在银行营业大厅当着银行值班经理的面大摇大摆地存假币取真币，是否就不构成盗窃罪了呢？如后所述，评价为盗窃罪的理由，既不是所谓的秘密窃取，也不是所谓取真币侵害了银行现金的占有，而是存假币的行为本身使得银行对储户账户进行了错误记账，从而使银行遭受了财产损失。

陈兴良教授认为取真币属于不可罚的事后行为的理由是："用假币到银行存款的，应当区分为两种情况：一是用假币到银行柜台存款，银行工作人员误以为真币而存入被告人的账户，其行为可构成诈骗罪。关于此后取出真币的行为，是实现对犯罪所得赃物的实际占有，属于不可罚的事后行为。因为在银行工作人员收下假币，在被告人的账户上记载存款之际，其诈骗罪已经既遂，取真币的行为不能另外定罪。二是用假币到自动柜员机存款，这是一种秘密

① 封金保管与金额保管的区别在于，前者不能动用所保管的金钱，后者可以使用所保管的金钱，只要到时归还同种等额的货币即可。

② 陈兴良：《在 ATM 机上存假币取真币的行为构成盗窃罪》，《中国审判》2009 年第 6 期。

窃取。只要在账户上记载了存款,盗窃罪即告既遂。此后的取真币行为,也是一种不可罚的事后行为。而那种认为存假币是使用假币,取真币是盗窃真币的见解,并没有注意到取真币是从本人的账户内取款,这一取款行为是具有依据的,对此不该评价为盗窃罪。这种取款的依据本身是存假币的结果,存入假币就完成了以假变真的行为,因而已经构成盗窃罪的既遂。否则,就会出现对行为的重复评价。"例如,"采用计算机操作的方法将银行他人账户上的 50 万元存款转入本人的账户,然后,再将 50 万存款到柜台上取出。在这种情况下,能否认为存在两个行为,一个是盗窃行为,一个是诈骗行为,非法占有了两笔钱,共计 100 万元呢?显然不能。在上述情况下,转款行为是盗窃,50 万元存款转入本人账户,就已经构成盗窃既遂。此后的取款行为,只不过将盗窃的财物予以实际占有而已,不另外构成其他犯罪。"①

张明楷教授对陈兴良教授的上述观点进行了反驳:"行为人将假币存入 ATM 机,只是从'形式上'使自己获得了债权,或者说,只是使行为人的信用卡或者存折上显示的存款数量增加,而不可能真正获得债权。换言之,行为人通过存假币使自己的信用卡或者存折上获得债权,如同伪造信用卡或者存折而获得债权。既然如此,就难以认为其后来取真币的行为是不可罚的事后行为。这是因为,存假币的行为同时侵害了两个法益:货币的公共信用与银行债权;取真币的行为没有侵害货币的公共信用,只是侵害了银行对现金的占有与所有。""退一步说,即使承认行为人取得银行债权的行为成立盗窃罪,该行为与利用债权取得真币的行为,实质上侵害的是一个法益,所以,宜将二者理解为包括的一罪的关系。但这种包括的一罪,并不意味着后者是不可罚的事后行为,因为真正侵害财产法益的是后者,而不是前者。另一方面,虽然不可能对非法获得债权与取真币的行为实行并罚,但不能因此否认使用假币行为的可罚性。""总之,认为向 ATM 机存假币取真币的行为仅构成盗窃罪的观点难以成立。这类案件事实上存在两个行为,客观上侵害了两个法益,行为人对两个法益侵害都有责任,故应当认为这类行为成立使用假币罪与盗窃罪,而且应当数罪并罚。"②

笔者以为,张明楷教授的上述观点也有值得商榷之处:一是认为"行为人通过存假币使自己的信用卡或者存折上获得债权,如同伪造信用卡或者存折

① 陈兴良:《在 ATM 机上存假币取真币的行为构成盗窃罪》,《中国审判》2009 年第 6 期。
② 张明楷:《使用假币罪与相关犯罪的关系》,《政治与法律》2012 年第 6 期。

而获得债权。”可是，存假币的行为会使得银行对储户账户上存款数字进行实际的变更，而伪造信用卡或者存折的行为并不必然导致银行账户中存款数字的变动，也就是说，只要还未使用伪造的信用卡或者存折，银行就不会遭受财产损失。二是认为存假币的行为不可能取得真正债权，只有取真币的行为才使得银行遭受财产损失(现金的损失)。如果这种观点成立的话，那么假定行为人为了还债而直接将假币存入他人的银行账户，或者将假币存入自己的账户后不是取现而是转账清偿债务，不知张教授是否还认为行为人没有获得真正的债权、银行尚未遭受财产损失呢？三是对于存假币取真币主张成立使用假币罪与盗窃罪并且数罪并罚，根据这样的定罪思维与逻辑，对存入假币后不取现而是转账的也会认为成立使用假币罪与盗窃罪两罪。换句话说，“并罚论”会导致存假币取真币的构成两罪，而直接将假币存入自己的信用卡账户以清偿先前透支所形成的债务，以及直接将假币存入他人的账户以清偿债务的，因为只有一个行为而仅能以一罪定罪处罚。这似乎不公平。因为后面两种行为在使银行遭受财产损失这点上与存假币取真币没有什么不同。四是如果认为使用非法手段使自己银行账户存款数字增加的，“只是从‘形式上’使自己获得了债权”，则在司法实践中难免出现按此思维定罪的案件：行为人导致侵入银行电脑系统盗划他人存款后取现的，可能成立两个盗窃罪；行为人使用敲诈勒索或者欺骗手段，让他人向行为人指定的账户上汇款后取现的，除成立敲诈勒索罪或者诈骗罪之外，还另外成立因取现导致银行现金损失的盗窃罪。夸张一点说，这种观点甚至会导致敲诈勒索行为人、诈骗人、受贿人(行贿人直接将贿赂款打入受贿人账户)只要尚未取现，就还只是成立犯罪未遂这种极不合理的结论。

其实，张明楷教授也是承认债权债务类财产性利益可以成为盗窃罪的对象的，[①]但由于张教授把银行存款仅仅看作一种银行债权，而与存款所对应的银行占有下的现金严格分开，[②]才导致张教授认为存入假币只是从“形式上”取得了银行债权，这时银行并未遭受财产损失，只有在取出真币时才使银行遭受了损失而成立针对银行现金的盗窃罪。应该说，将存款仅仅看作一种债权而与存款对应的现金截然分开，这种观点已经不合时宜。因为如今银行自动柜员机遍布城市的大街小巷，存款人随时随地都可以转账和取现，而且网上银行

---

① 张明楷：《刑法学》(第 4 版)，法律出版社 2011 年版，第 841 页。
② 张明楷：《刑法学》(第 4 版)，法律出版社 2011 年版，第 876 页。

服务也日趋便捷，可以随时随地查询和转账，加之，一般的商店都有 POS 机而便于消费者随时刷卡消费。这就使得将现金存入银行与将现金放入自家保险柜里，在对金钱支配的效果上没有本质不同。即便认为存款在民法意义上表现为一种债权，也不可否认拥有存款与拥有现金没有什么差别。质言之，存款债权与存款对应的现金是一体的，不应生硬地将存款债权与存款对应的现金分离，而认为存款债权归存款人，而存款对应的现金归银行，而应认为，“存款人不仅在事实上和法律上占有着存款债权，而且事实上及法律上与银行共同占有着存款现金”。①

国外刑法理论，如日本，之所以区分存款债权与存款对应的现金，是因为理论通说关于何谓财物采用的是“有体物说”，同时又严格区分财物与财产性利益，并认为财产性利益不是盗窃罪的对象。② 而我国刑法关于财产犯罪的对象并没有严格区别财物与财产性利益。进言之，在我国即便承认财产性利益是财产犯罪的对象，也不会导致盗窃罪处罚范围漫无边际（因为成立盗窃罪的基本类型有数额较大的要求）。

就存假币而言，虽然银行因为陷入“认识错误”而在行为人账户上错误地进行了记账，但不能说，行为人只是“形式上”获得了债权而没有真正获得债权。因为，一是行为人对这种存款债权事实上可以随时随地支配，与取得现金无异。事实上，若行为人直接存假币还信用卡透支款，或者存假币清偿他人的债务（如采用无卡存款的形式直接往他人账号中存入假币），不可否认这种情况下，行为人就是直接享用了存假币的利益。二是就盗窃动产而言，行为人不过是侵害了他人财产的占有而可能享受事实上的占有、使用、收益、处分利益，在民法上并不能取得所有权（被害人并不丧失所有权），但没有人会认为，盗窃行为人只是“形式上”取得了财产权益。所以，笔者同意陈兴良教授如下观点：将假币存入银行账户，就已经取得存款之类的利益，盗窃行为就已经既遂，之后的取现行为，不过是不可罚的事后行为（准确地讲是共罚的事后行为），不应另行评价。

张明楷教授之所以否认存假币的行为本身构成盗窃罪，是因为存在如下疑虑：“倘若甲以非法占有目的，利用技术手段，将乙享有的银行存款（债权）转

① 陈洪兵：《中国语境下存款占有及错误汇款的刑法分析》，《当代法学》2013 年第 5 期。

② ［日］大谷实：《刑法各论讲义》（新版第 4 版），成文堂 2013 年版，第 186—187 页；［日］山口厚：《刑法各论》（第 2 版），有斐阁 2010 年版，第 172—173 页。

移到自己的信用卡或者存折上，可以肯定盗窃了财产性利益。因为这一行为完全符合盗窃的特征。但通过存入假币获取银行债权，是否符合‘将他人占有的财物转移给自己或者第三者占有’的特征还存在疑问。”“疑问不在于银行债权是不是财物，而在于行为人所获得的银行债权，是否属于银行事先已经占有的债权。因为盗窃的对象，只能是他人占有的财物或者财产性利益，单纯使他人产生债务的行为，并不符合盗窃的特征。”例如，“张某伪造一张欠条，内容为李某欠张某10万元现金。对此，显然不能认为张某的行为构成盗窃罪……同样，行为人伪造银行存单、变造银行存折使自己的银行债权增加的行为，也不可能成立盗窃罪。”“既然如此，行为人通过存假币获得银行债权的行为，也不符合将银行已经占有的债权转移给自己或者第三者占有的特征。诚然，略有不同的是，行为人单纯伪造存单时，银行账目上并不能显示行为人享有债权，而行为人将假币存入ATM机时，银行账目上会显示行为人享有债权。但是，两者的相同点在于，都不存在‘转移’债权的事实。”“换言之，两者都只是单纯建立了新的占有，而没有破坏被害人（银行）原来的占有，因为被害人（银行）原本就不存在对债权的占有。”①

张教授否认存假币行为成立针对存款债权的盗窃罪的核心理由是，盗窃罪是一种转移占有的财产犯罪，属于夺取罪，必须存在破坏占有和建立占有两个环节；存假币的行为因为使得自己的存款债权增加，而可谓建立了占有，但由于存款债权难言是银行原先所占有，进而也就不存在打破占有、转移占有的问题。笔者认为，这种理由不能成立。诚然，盗窃可谓“以非暴力的和平手段，破坏他人对持有物的持有支配关系，使其无法行使对所有物或者持有物的支配权与监督权，并进而建立一个新的持有支配关系，而使自己或者第三人成为该物的持有人，取得该物的支配管领力”②。但是，存假币的行为并不缺少“转移占有”的事实。

存款这种形式，好比银行为每一个储户开设一个保险箱，然后按照存款额放入每位储户的保险箱中，虽然银行可以处分储户账户上的财产，但不可否认，银行储户对于自己账户上的存款拥有随时随地处分的权限。存假币的行为直接导致银行将自己的财产计入行为人的账户上，相当于银行将自己的金融资产放入了储户的保险箱中。事实上也不难想象，银行在统计自己固有的

---

① 张明楷：《使用假币罪与相关犯罪的关系》，《政治与法律》2012年第6期。

② 林山田：《刑法各罪论》（上册）（修订五版），北京大学出版社2012年版，第214页。

资产数额时不会将储户的存款计算进去。因为储户账户上的“钱”是属于储户的,而不属于银行。质言之,存假币的行为使得银行在行为人账户上进行错误记账,直接导致了银行相应数额的财产损失。这在行为人以假币清偿自己信用卡透支款或者清偿他人的债务,使得银行因此遭受相应的财产损失的案件中表现得尤为明显。不可否认,在行为人存假币直接导致自己账户上的存款数字增加而又未取现或转账时,银行还来得及挽回财产损失,但这已经属于事后追还所盗财物避免损失的情形,丝毫不影响先前存假币的行为已经造成银行财产损失和构成盗窃罪的事实。正如,刑法理论一般认为,在他人浴室里发现戒指而藏匿在浴室里某个位置,虽然戒指尚位于被害人独立支配的空间内,而不能排除事后因发现隐匿位置而挽回损失的可能性,但这并不妨碍行为已经成立盗窃罪的既遂。[①]

还需值得探讨的是,张教授认为,“行为人在银行柜台欺骗银行职员,将假币存入银行骗取银行债权的,也同时触犯了使用假币罪与诈骗罪”。[②] 可是,诈骗罪与盗窃罪同属于转移占有的夺取罪,若认为在自动柜员机上存假币因不存在财产占有的转移而不成立盗窃罪,那么,在银行柜台存假币也同样没有财产占有的转移,又何以成立诈骗罪呢?显然有前后论证不一致之嫌。总之,存假币意味着银行将自己的财产转移到储户的账户中,并不缺少成立夺取罪的财产占有转移要件,故应成立针对存款的盗窃罪。

综上,存假币取真币可以分为存假币与取真币两个行为。前者属于使假币置于流通的“使用”假币的行为,侵害了货币的公共信用,成立使用假币罪;同时,因为银行(自动柜员机是银行的一部分)误以为存入的是真币,而在行为人账户中进行了增加存款数额的记载,导致银行遭受了相应的财产损失,侵害了银行对金融资产的占有及所有权,相当于盗划了他人存款而另外成立盗窃罪。但由于只有一个行为,只能成立使用假币罪与盗窃罪的想象竞合犯。之后取出真币、转账或者刷卡消费的行为,是兑现所盗取的金融资产的行为,应成立盗窃罪。这样,可以将存假币的行为看作手段,而之后的取现、转账或者刷卡消费可以看作目的行为。手段行为既侵害了货币的公共信用,又侵害了银行的金融资产权,而目的行为仅侵害了银行的金融资产权。当将存假币的行为仅仅评价为对货币的公共信用的侵害时,则与之后的取现、转账、刷卡消

① 周光权:《刑法各论》(第2版),中国人民大学出版社2011年版,第100页。
② 张明楷:《使用假币罪与相关犯罪的关系》,《政治与法律》2012年第6期。

费行为所侵害的法益就不存在重叠。因而,存假币之后取现、转账、刷卡消费的,既成立使用假币罪,又成立盗窃罪。由于存在不同的行为,侵害了不同的法益,应当数罪并罚。

具体而言,关于在银行自动柜员机上存假币取真币,可分别情形进行处理:(1)如果存假币(包括直接偿还自己信用卡透支和存入别人的账户以清偿债务)后不取现、转账和刷卡消费,则成立使用假币罪与盗窃罪的想象竞合,应从一重处罚;(2)存假币后在银行自动柜员机上全部取现或者转账的,成立使用假币罪与盗窃罪,应当数罪并罚;(3)存假币后在银行柜台全部取现、转账,以及在特约商户刷卡消费全部金额的,成立使用假币罪与诈骗罪,应当数罪并罚;(4)若存入假币后仅部分取现、转账或者刷卡消费,则应比较是按照想象竞合处罚重还是数罪并罚处罚重,进行选择处理。

二、使用假币罪与诈骗罪的竞合

使用假币罪是指将假币置于流通的犯罪行为,如前所述,"使用"的对象为非自然人时,可能成立盗窃罪(如在自动柜员机上存假币),当面对自然人使用而对方不知情时,可能成立诈骗罪,因而,使用假币罪与诈骗罪可能发生竞合。

例如,张某开了一家超市,通过互联网购得面额 20 元、50 元、100 元的假币共计 5 万元。2008 年 9—11 月间,当顾客消费结账时,张某以钱缺角、破旧、看似假币等理由,诱骗顾客拿出面额 20 元、50 元、100 元的人民币付款,并在其他销售人员的配合下,采取障眼法趁顾客不注意时将事先准备好的假币与顾客的真币调换,最后又以种种借口将假币退还顾客。张某在 23 日内用假币换取真币 1.7 万元。对于张某行为的定性,存在三种意见:第一种意见认为成立诈骗罪;第二种意见认为成立盗窃罪;第三种意见认为同时触犯购买假币罪与使用假币罪,根据相关司法解释,对张某的行为仅以购买假币罪论处。对于本案,张明楷教授认为:"由于张某的诈骗行为与使用假币的行为的主要部分是重合的,即应评价为一个行为,因此,对张某的诈骗行为与使用假币的行为不应当数罪并罚。按照相关司法解释对犯罪数额的规定,对张某的行为宜以诈骗罪论处。"①

笔者认为,首先,张某购买 5 万元假币的行为,应当评价为购买假币罪。

---

① 张明楷:《使用假币罪与相关犯罪的关系》,《政治与法律》2012 年第 6 期。

张明楷教授提出，为了自己使用而购买假币的，不宜评价为购买假币罪，应认定为持有、使用假币罪。[①] 按照张教授的观点，本案中张某为了自己使用而购买了 5 万元假币，仅使用了 1.7 万元，应认定为持有、使用假币罪（总金额为 5 万元）。如后所述，笔者认为，将购买假币罪限定于为了出售而购买并没有必要，只会使问题人为地复杂化。不管是为了出售还是自己使用，能够查明购买数额的，直接以查明的数额认定为购买假币罪。

其次，张某调换假币的行为成立使用假币罪与诈骗罪，属于想象竞合。理由是，本案中所谓障眼法，无非是在顾客付真币结账时，趁机将真币调换成假币。由于顾客交付真币是用于结账，不存在因欺骗而交付以及违反意志转移财物，因而这时还不成立诈骗罪。但将真币调换成假币后将假币退还给顾客时，既属于将假币置于流通使用的假币行为，也属于欺骗的手段。因为谎称顾客支付的是假币而退还给顾客时，使顾客误以为自己刚才支付的是假币而仍然欠超市的货款，不得已另外拿出真币支付货款。顾客在事实上已经付清货款的情况下（所以前面调换假币的行为不宜评价为诈骗罪），因张某等以退还假币的方式，使被害人误以为货款尚未结清，而继续支付货款，正如债权人在债务清偿后采用欺骗手段使债务人误以为债务尚未清偿而继续还债一样，属于因受欺骗而陷入处分财产的认识错误，进而交付财产，成立诈骗罪。

另外，张明楷教授认为："将假币置于他人口袋或者扔在路上的行为，虽然也是间接置于流通的行为，但刑法并没有将这种行为规定为犯罪。换言之，暗中将假币置于他人口袋或者将假币扔在路上的行为，并非因为不可能侵害货币的公共信用而不构成使用假币罪，而是因为不符合'使用'的特征而不成立使用假币罪。"[②]应该说，本案中被害人接受假币与行为人将假币暗中放入被害人口袋，以及行为人将假币置于人来人往的路上，在将假币作为真币进入流通的可能性这点上并没有本质的差异。如果认为后两者不成立"使用"假币罪，则本案中的行为也不应成立使用假币罪。否则就是前后矛盾。

综上，笔者认为，本案中的行为可以分为几个行为：第一个行为是购买假币，成立购买假币罪，犯罪金额为 5 万元；第二个行为是收取真币后趁机调换成假币，不成立诈骗罪，因为顾客本来就应支付货款；第三个行为是将调换后的假币退还给顾客，属于使假币作为真币置于流通的行为，成立使用假币罪，

---

① 张明楷：《使用假币罪与相关犯罪的关系》，《政治与法律》2012 年第 6 期。

② 张明楷：《使用假币罪与相关犯罪的关系》，《政治与法律》2012 年第 6 期。

犯罪金额为 1.7 万元;第四个行为是谎称货款尚未付清而要求顾客以真币再次支付货款,属于欺骗行为,成立诈骗罪,犯罪金额是 1.7 万元。由于第三个行为与第四个行为的手段部分存在重合,故成立使用假币罪与诈骗罪的想象竞合犯。由于购买假币罪侵害的法益是货币的公共信用,诈骗罪侵害的法益是顾客的财产权,加之存在单独的购买行为和诈骗行为,故最终应以购买假币罪(犯罪金额为 5 万元)与诈骗罪(犯罪金额为 1.7 万元)数罪并罚。

三、使用假币罪与出售假币罪的关系

陈兴良教授认为:"出售假币是指将伪造的货币以低于票面额的价格卖出,而用假币换真币是指同等票面额真假货币交换。并且,出售假币以购买者明知是假币为前提,而以假币换真币,则对方并不知道是假币。"[①]张明楷教授指出:"从对方的心理状态来看,使用假币时,对方并不明知是假币;而出售假币时,对方一般明知是假币。从使用的含义来看,在金融机构用假币兑换另一种真货币,是将假币直接置于流通的行为,故属于使用假币;基于同样的理由,使用假币与他人进行黑市交易以通常价格兑换另一种货币的,也应认为是使用假币。"[②]

可见,认为出售假币罪与使用假币罪的区别在于对方是否知情,基本上是国内刑法理论的通说。但是,这种观点不仅会导致使用假币罪与出售假币罪构成要件间形成对立关系,当对方是否知情难以查明时只能宣告无罪,而且可能导致处罚空隙,如在对方明知的情况下赠与假币的情形,无法定罪。刑法分则关于出售,有销售、贩卖、买卖、拐卖、倒卖等各种表述,共通点在于将对象作为商品进行交换。在对方知情的情况下,一般是以数量多的假币换取数量少的真币,但也不能排除等额甚至低于真币的数量进行交换。例如,甲欠乙 30 万元,多年赖账不还,乙被逼无奈,只得答应甲以 25 万元假币抵偿全部债务。不可否认,这种情形的实质也是出售假币。此其一。

其二,国外刑法中通常将使用假币罪与交付假币罪并列规定,两者的区别在于对方是否知情。例如,日本刑法第 148 条第 2 项将使用假币与交付假币并列规定,两者的区别在于对方是否知情,在将假币交给并不知情的对方去购

① 陈兴良:《在 ATM 机上存假币取真币的行为构成盗窃罪》,《中国审判》2009 年第 6 期。
② 张明楷:《使用假币罪与相关犯罪的关系》,《政治与法律》2012 年第 6 期。

物的，理论上一般认为成立使用假币罪的间接正犯，或者直接认定为“使用”假币。[①] 我国刑法规定的是“出售”，而不是交付。很显然“出售”的外延要小于“交付”。在这种情况下，如果还将出售假币罪与使用假币罪的区别限定于对方是否知情，就会使得在对方知情却又无法评价为出售假币时，如告知实情后赠与假币，只能宣告无罪。但是，这些情形对于货币的公共信用的侵害程度并不轻于其他使用假币的情形。质言之，在同时规定了使用假币罪与交付假币罪的国家，可以将两者的区别界定为是否知情，即使用假币限于对方不知情的情形，不会形成处罚空隙；而我国“出售”假币的外延窄于“交付”假币，若还坚持使用假币罪与出售假币罪的区别在于对方是否知情，就会形成处罚空隙。

其三，在我国，持有假币罪与使用假币罪适用同样的法定刑，而暗中将假币放入他人口袋，以及将假币置于人来人往的路上的行为的法益侵害性甚至比持有假币情形的法益侵害性还要严重，故没有理由否认这些行为也属于“使用”假币。否则，就会导致在荒僻的小巷捡拾假币后藏在身上的成立持有假币罪，而捡拾假币后马上抛向更加繁华的街道而很快被别人拾取的，反而无罪的不合理结论。诚然，“使用”作为普通用语外延较窄，但将其作为规范用语进行理解，扩张其范围，进而视为将假币作为真币置于具有流通可能性的一切情形，并没有超出刑法用语的可能含义和公民的预测可能性，因而并不违反罪刑法定原则。

综上，将假币作为真币置于具有流通可能性的一切情形，[②]除对方知情且能够评价为“出售”假币以外，均可认定为“使用”假币而成立使用假币罪；出售假币罪与使用假币罪并非对立关系，而是存在补充关系的法条竞合，在不能查明对方是否知情时，可以使用假币罪定罪处罚。

四、使用假币罪与购买假币罪的关系

张明楷教授认为，“将为了自己使用而购买的行为，认定为购买假币罪，会造成法定刑适用的不协调……因此，只有为了出售而购买假币的行为，才成立购买假币罪。既然如此，对于为了自己使用而购买假币的，就不应认定为购买

---

① [日]佐久间修：《刑法各论》(第2版)，成文堂2012年版，第313页。

② “亮相金”和“封金”保管的情形，不具有作为真币进行流通的可能性，不能评价为出售和使用假币。

假币罪。”[①]

笔者认为上述观点值得商榷。首先,假币作为一种违禁品,假币犯罪在某种意义上讲其危害性甚至重于枪支犯罪,而刑法对于买卖枪支适用同样的法定刑。其次,固然“甲购买了面值1万元的货币还没有使用,乙拾得面值1万元的货币后在商场使用。就对货币的公共信用的侵害而言,后者明显重于前者”[②],但完全可以通过立案和量刑的数额标准进行调节,也就是说,完全可以做到对于购买1万元假币与捡拾1万元假币后使用的判处不同的刑罚。而且,购买假币的数量通常都会远远大于使用的数量,所以事实上不会出现购买假币与使用假币判处同样刑罚的可能。再次,使用假币罪与持有假币罪并列规定且适用同样的法定刑,说明使用假币罪与持有假币罪具有补充的性质,在能够查明所使用的假币属于自己伪造、购买的假币时,就没有使用假币罪成立的余地。也就是说,使用假币罪与持有假币罪一样,其适用仅限于例外的情形。再其次,即便认为出售假币与购买假币在处罚上应该有所区别,也是可以通过具体量刑数额标准进行调节的。最后,无论出于什么目的而购买假币的,以购买假币罪一罪定罪处罚,比以持有、使用假币罪进行评价更为简便。如前述超市结账调换假币案,张某购买了5万元假币,不管之后实际使用了多少,有偿还是无偿交付多少,也不管对方是否知情,直接认定为购买假币罪(金额为5万元),简便易行。

总之,不应将购买假币罪限于与出售相关联的行为,不宜认为对于为了自己使用而购买假币的不成立购买假币罪,而成立持有、使用假币罪;不管出于什么目的购买假币,均不可否认购买假币罪的成立,至于是否另外成立出售假币罪,则另当别论;如果认为对于购买假币罪的刑罚应与出售假币罪、使用假币罪有所区别,完全可以通过量刑上的数额标准进行调节,大可不必对购买假币的目的进行限制解释,否则,无异于向行为人指明避重就轻逃避刑罚的方向(辩称系为了自己使用而购买)。

---

① 张明楷:《使用假币罪与相关犯罪的关系》,《政治与法律》2012年第6期。

② 张明楷:《使用假币罪与相关犯罪的关系》,《政治与法律》2012年第6期。

网络内容管理义务与网络服务提供者刑事责任

涂龙科*

摘　要： 网络内容管理义务是网络服务提供者的网络安全管理义务的形式之一。网络服务提供者没有对网络内容进行主动审查、监控的义务，但应履行事后被动的报告、删除义务。依据网络服务提供者提供的内容为标准加以分类，区分不同的网络服务提供者的网络内容管理义务与刑事责任。以“直接控制说”对不同的网络服务提供者的内容管理义务及刑事责任的有无进行判断，从而合理限定刑事责任的追究范围，避免刑事责任主体的不确定性和扩大化。

关键词： 网络服务提供者；内容管理义务；刑事责任

当前，网络违法犯罪非常猖獗，暴恐、色情信息屡禁不止，网络赌博、诈骗常见多发，个人信息保护形同虚设。面对网络违法犯罪发案多、危害广、成本低、查处难的现状，从具有技术优势和控制地位的网络服务提供者着手，以遏制网络犯罪、保障网络安全、规范网络秩序，成为各国普遍的刑事政策选择。由于刑事处罚的理论根据阐述不充分、责任边界划分不清晰、认定标准不明确，各国在追究网络服务提供者刑事责任时总伴随着理论上的争论不休与裁判中的犹豫不决。在国内，快播案、深度链接案等重大影响性案件引爆全社会的高度聚焦、万众瞩目，公诉机关庭前表现的左支右绌、审判机关判决阐述的语焉不详、学术界理论解释的众说纷纭和普通民众对刑法介入的冷嘲热讽，构成了当前我国网络服务提供者刑事责任追究的现实图景。司法的尴尬反映了理论自身建构的贫乏及其对实践观照的严重不足，影响网络秩序治理立法目

* 涂龙科，上海社会科学院法学研究所研究员、美国俄克拉荷马城市大学法学院访问学者、法学博士。本文受上海社会科学院“刑事法学”创新工程资助。

的和网络安全国家战略的实现，甚至从根本上侵蚀刑事司法的权威，妨碍法治现代化建设全局。

我国颁行的《刑法修正案（九）》创制了新的网络服务提供者[①]刑事责任模式，网络服务提供者不履行网络安全管理义务“致使违法信息大量传播的”等危害结果的，将面临刑事制裁。网络安全管理义务涉及范围较广，以防止违法信息的网上传播为目标的网络内容管理义务是其中之一。目前国内刑法学界对网络服务提供者（而非单纯的网络内容生成者）的内容管理义务及其刑事责任的研究尚不充分，如内容管理义务是否需要合理限定？是所有还只是特定的网络服务提供者具有内容管理义务并相应担负刑责？不同网络服务提供者承担刑事责任的条件有何区别？有加以深入分析的必要。

一、刑事责任前提：网络内容管理义务的范围

网络服务提供者的网络内容管理义务，依照违法信息的出现时间可以分为三类：一是对网络内容的预先审查义务；二是网络内容的实时监控义务；三是违法信息在网络空间出现之后的报告、删除等义务。网络服务提供者是否对第三方在自己提供的网络平台生成的内容具有管理义务，是网络服务提供者应否就“违法信息大量传播”的后果承担刑事责任的前提。国外对此历来争议纷纭，且至今未息。肯定论认为：首先，出现违法、侵权信息的风险是互联网服务的天然副产品，因此企业负责的原则要求网络服务商将这种风险所产生的损失作为一种商业运营成本网络化。这将迫使互联网服务商阻止违法信息的出现，并将这种风险所产生的成本在互联网用户群体中分摊。[②] 其次，互联网服务商对存储、制造以及传输违法信息的装置具有所有权，服务商首先，对所有权的控制足以使其对违法信息在网络中的出现、传播负有责任。[③] 否定的观点则认为：首先，互联网服务上并不对其用户的行为负责。互联网服务并不必然导致违法犯罪行为的出现。其次，扩展互联网服务商的责任可能会

---

① 我国刑法没有明确网络服务提供者内涵和种类，但是考察我国刑法立法规定，自己在网络上生成、上传内容的网络内容提供者的刑事责任追究另有途径，不归属于网络服务提供者。在本文中，除特别说明之外，网络服务提供者不包括网络内容提供者。

② ALFRED C. YEN (2000). Internet Service Provider Liability for Subscriber Copyright Infringement, Enterprise Liability, and the First Amendment. *The Georgetown Law Journal*, 88, 4.

③ ALFRED C. YEN, p. 38—45.

使其有强有力的动机，即使在违法信息并不成立的情况下，也会通过从互联网上删除用户资料来保护其经济利益；再次，这种无差别的审查制度与宪法有关言论自由的规定相矛盾。[①] 最后，需要大量的人力来审查上传到互联网的海量文件和信息，附加此义务将会使对互联网的访问瘫痪。[②] 尽管争议热烈而持久，但考虑到公民言论自由、互联网技术发展与被害人权利保护三者的平衡，通常认为，网络服务提供者应当在合理的范围内承担网络内容管理义务。

如何划定网络服务提供者的网络内容管理义务的合理范围？国外的法律实践大多否定网络服务提供者对他人在网络上发表的内容的预先审查和实时监控义务。2011 年，欧盟法院在具有广泛影响的 Scarlet v. SABAM[③] 一案中，断定网络服务提供者没有过滤、监控网络上非法内容的一般性义务，并明确主管部门不得要求网络服务提供者必须植入信息内容的过滤系统。其理由是：在设定网络服务提供者的义务时，必须兼顾公民个人的基本权利的保护与 ISP 的运营商经营自由的保护的平衡。要求网络服务提供者植入网络内容过滤系统一方面会严重侵犯 ISP 的经营自由；另一方面从成本效益的角度过分复杂和昂贵。[④] 欧盟法院据此否定了网络服务提供者的内容审查义务。在美国，立法没有特别明确网络服务提供者是否具有一般性的审查、监控义务，通常认为，国会的立法意图是显而易见的，ISP 没有义务监控第三方发表在其网页上的内容。[⑤] 在专门性立法领域，《数字千年版权法》设立的"搜寻侵权信息及通知服务提供者的责任由版权人承担"原则，排除了网络服务提供者的监控义务。[⑥] 对于已经出现的非法内容，网络服务提供者是否具有报告、删除等管理义务呢？一般认为，除非法律有特别规定，ISP 没有一般性的管理义务。

---

① ALFRED C. YEN, p. 33 - 37.

② Lawrence G. Walters (2012). Shooting the Messenger: An Analysis of Theories of Criminal Liability Used Against Adult-Themed Online Service Providers. *Stanford Law and Policy Review*, 171,10.

③ Scarlet Extended SA v Société belge des auteurs compositeurs et éditeurs SCRL(EU: Case C-70/10 Celex No. 610CC0070).

④ JUDGMENT OF THE COURT (Third Chamber), 24 November 2011, In Case C - 70/10.

⑤ See Stoner v. eBay, Inc., No. 30566, 2000 WL 1705637, at * 3 (Cal. Sup. Ct., Nov. 1, 2000) ("[M] any of these products may be contraband, and however many it might be possible for defendant to identify as such, Congress intended to remove any legal obligation of interactive computer service providers to attempt to identify or monitor the sale of such products."); 141 Cong. Rec. H8468 - 69 (daily ed. Aug. 4, 1995) (statement of Rep. Cox).

⑥ See Robert A. Gorman & Jane C. Ginsburg (2006). *Copyright*: *Cases and Materials* (7th ed.), Foundation Press.

在既有的先例中，如 Zeran v. America Online, Inc[1]、Doe v. MySpace[2] 等经典案例，网络服务提供者一律援引 230 条款[3]主张责任豁免。该条款是《通讯规范法》(CDA)对那些为第三方生成的或者“用户生成”的内容提供访问的服务商的免责条款，从而在实质上否定了网络服务提供者的内容管理义务。但是，在法律有特别规定的场合，如涉及知识产权侵权时，经权利人的有效通知，网络服务提供者应当履行管理义务。例如，英国颁布的引发关注与争议的《数字经济法案》中，如用户侵权而被要求提供特定时间段侵权名单，且初始法律义务要求网络服务提供者提供的，网络服务提供者应当向版权所有者提供侵权名单报告。在必要时，应当对一些或者所有相关的用户采取限制访问的技术措施，防止或者减少通过互联网侵犯版权的行为。[4]

国内在《刑法修正案(九)》的草拟、审议过程中，对网络服务提供者的内容管理义务也有质疑，主要理由是：网络服务提供者内容管理义务很难界定；网络服务提供者没有足够时间、充足的力量辨别有关信息是否违法；附件审查义务可能会阻碍网络科学技术的发展。[5] 从实体法考察，全国人大常委会 2013 年颁布的《关于加强网络信息保护的决定》第 5 条规定，网络服务提供者应当加强对其用户发布的信息的管理，发现法律、法规禁止发布或者传输的信息的，应当立即停止传输该信息，采取消除等处置措施，保存有关记录，并向有关主管部门报告。国内主流观点援引该条款否定了网络服务提供者的内容审查义务。理由是，从事互联网服务的单位承担该义务的前提是“发现”，但显然并未赋予其必须主动“发现”违法行为和有害信息的义务，而是指在有人告知或有证据证明其确知相关违法行为和有害信息存在的情形下，其应承担相应义务。[6] 网络服务提供者对其第三方上传、传输的信息，一般不承担事先主动审查、监控的法定义务，只承担事后被动删除、报告等法定义务。但是对该问题的认识也不是铁板一块。有法院就主张，相对于著作权人，网络服务提供者更有能力控制和减少侵权行为的发生，从权利和义务、能力和责任相一致出发，将对网络用户的传输内容进行严格审查的义务归于服务提供者，更

① Zeran v. America Online, Inc., 129 F. 3d 327(4th Cir. 1997).

② Doe v. MySpace, Inc., 528 F. 3d 413(5th Cir. 2008).

③ 47 U. S. C. § 230

④ Digital Economy Act 2010.

⑤ 周光权：《网络服务商的刑事责任范围》，《中国法律评论》2015 年第 2 期。

⑥ 浙江省丽水市中级人民法院(2011)浙丽民终字第 40 号民事判决书。

为公平。[①]

笔者认为,设定网络服务提供者的预先审查和实时监控义务并不妥当,必然导致网络服务提供者的负担过重,阻碍网络服务提供者的经营自由,束缚其发展空间。现代社会发展日新月异,新鲜事物层出不穷,法律义务也必然常有变迁更新。"违法信息"的范围过于宽泛,包括种类众多、涉及广泛的违反行政法律、法规及侵犯他人民事权利的所有违反法律、法规的信息在内,将致使网络服务提供者背负着过重的法律义务负担,步履维艰。法律义务的变动不居,将使网络服务提供者无所适从。更有甚者,头悬刑事制裁的达摩克利斯之剑,使网络服务提供者有惶惶不可终日之感,必将极大地制约网络技术、网络服务产业的健康发展。因此,网络服务提供者不宜承担事前的审查、事中的监控义务,而只有事后的报告、删除等义务。并且,网络服务提供者的报告、删除义务是被动义务,没有对网络内容进行主动审查、监控的义务。该义务是附加于网络服务提供者身上的一般性义务,即在法律没有特别规定的领域,网络服务提供者不需要承担特别的管理义务。

明确网络服务提供者的网络管理义务的范围,是界定网络服务提供者刑事责任的前提。如根据《刑法修正案(九)》的规定,追究刑事责任网络服务提供者的条件之一是"经监管部门责令采取改正措施而仍不改正"。那么,监管部门是否可以向网络服务商提出类似"下次不得再出现违法信息""请做出网络违法信息的即时监控,一经出现马上删除"等抽象的改正措施呢?本文持否定观点。理由在于:此类抽象的改正措施实质上是要求网络服务提供者随时监控网络内容,实际上将原本不属于网络服务提供者的审查、监控义务转移到网络服务商身上,在没有法律依据的情况下,新增网络服务商的法律义务。监管部门只能要求网络服务提供者删除其网站已经出现的暴力恐怖信息或者色情图片等违法信息。"改正要求"的范围应当立足于以下两点:其一,改正措施必须是具体的、有针对性地要求删除或阻止某种违法信息。其二,是针对现实的、已经客观存在的违法信息,而不得是将来的、可能出现的违法信息。网络服务提供者不因为没有执行、完成监管部门的此类改正要求而承担刑事责任。

① 广东省高级人民法院(2006)粤高法民三终字355号民事判决书。

二、刑事责任基础：基于网络服务分类的网络内容管理义务设定

网络服务，从广义的角度，包括构成并保障网络得以正常运行的所有服务类型。网络服务的内容广泛、种类多样，利用公用电信基础设施将业务节点与因特网骨干网相连接，提供互联网接入的基础性硬件服务的，如中国电信、中国移动等；为网络终端用户提供宽带安装、网络检修等服务的，如市场上网络技术公司；利用WEB高速缓存重定向技术的网络缓存提供者。平台提供者，是设立网络空间供内容提供者发布信息的网络服务商，常见的如提供BBS、微博等网络空间的经营者。在平台自己发布信息的情况下，平台提供者同时也是内容提供者。此外，还包括向用户提供网络缴费、充值等服务；提供能从事传播、接收、展示等一种或者多种活动的软件提供者等。

在网络信息系统中，网络服务提供者提供的服务不同，各网络服务提供者在网络系统中的地位、对信息的控制能力、阻止违法犯罪行为的可能性等都有差异。提供的网络服务内容不同，提供者可能面临的法律义务与法律制裁不同。例如，单纯的网络内容提供者，就不可能为网络储存数据的丢失承担责任；网络硬件接入提供者，一般无须为网络空间中出现的违法信息承担责任。因此，不能千篇一律，而以提供服务内容的不同为依据进行分类，并相应规定服务提供者各自的刑事责任，是世界各国的通行做法。如美国的《数字千年版权法》（简称"DMCA"）将网络服务商分为：（1）提供暂时传播服务；[①]（2）提供系统缓存服务；[②]（3）根据用户指示在系统或网络中存储信息；[③]（4）提供信息搜索服务，[④]并在《通讯规范法》中界定了信息内容提供者的含义，并相应规定了各自的法律责任及其构成。[⑤] 德国的《电讯媒体法》区分了服务提供者的功能，将网络服务商分为内容提供者、访问提供者、缓存提供者以及托管提供者，[⑥]并就不同的网络服务商建立了一套分级的责任体系。提供的网络服务内

---

① Digital Millennium Copyright Act, 20,512(a).

② Digital Millennium Copyright Act, 20,512(b).

③ Digital Millennium Copyright Act, 20,512(c).

④ Digital Millennium Copyright Act, 20,512(d).

⑤ 47 U.S.C. §230(f).(3)(2006).

⑥ Dr. Dieter Dörr & Steffen Janich(2011). The Criminal Responsibility of Internet Service Providers in Germany. *Mississippi Law Journal*, 80,1247-1261.

容不同，提供者的法定义务不同，面临的法律制裁类型有所差异。在法律设置了刑事责任的场合，不同服务的提供者的法定义务及不履行而构成犯罪的成立条件不同。

从我国的刑法立法实践来看，立法者并不倾向于采用服务内容分类的方式来区别不同网络服务提供者的网络内容管理义务及相应的刑事责任范围和入罪条件。《刑法修正案（九）》就网络服务提供者不履行法定义务的行为设立了专门的刑事罚则，开启了网络服务提供者刑事责任的新模式。《刑法修正案（九）》有关网络服务提供者不履行安全管理义务行为的立法，在兜底条款之外列举了“致使违法信息大量传播的”等 3 种具体情形。实际上，该 3 种情形的法定义务来源并不一致，涉及的网络服务提供者也不相同。如“致使违法信息大量传播的”，通常情况下由平台提供者不履行网站或信息互动交流平台的内容管理义务导致，刑事责任的辐射范围不应当涉及提供互联网硬件介入服务的经营者、缓存服务提供者等。“致使用户信息泄露，造成严重后果的”，一般由提供信息存储的网络服务提供者承担刑事责任，而与其他服务提供者无关。“致使刑事案件证据灭失，情节严重的”，其责任主体只能是提供数据储存，并具有证据保存义务的网络服务提供者。但事实上，网络的顺利运行依赖于各个组成部分的正常运转。任何网络服务提供者的行为离不开其他服务提供者的技术、设备支持。如“致使违法信息大量传播的”的场合，毫无疑问首先是平台提供者的责任。但在客观上，没有网络接入服务、访问软件服务的支持，行为人也无法实施、完成其违法犯罪行为。在环环相扣的网络服务供应链上，对网络服务提供者的刑事责任追究不能毫无节制的延伸。此时，要面临的问题是：(1)哪一类的网络服务提供者是刑事责任的适格主体？刑事责任追究至哪一层级为界？(2)不同的网络服务提供者，其法定义务与构成犯罪的条件是否完全相同？在刑法层面，我国立法没有对网络服务提供者进行明确的分类，也没有界定不同网络服务提供者的特定法律义务和相应刑事责任，相应导致的后果是刑事责任的追究范围不确定、责任主体不明确。出于立法技术的原因，立法上可以把提供各类网络服务的服务商统称为“网络服务提供者”，但在司法解释适用时，确不宜含糊而不加区别将刑事责任加诸不同的网络服务提供者，而应当基于其提供的服务内容判断其刑事责任。网络服务分类的目的在于，通过明确不同网络服务提供者提供服务的区别，从而界定特定的网络服务提供者在违法信息得以传播或者能够及时删除、控制中可以发挥的作用和所处的地位。这是判断网络服务提供者网络内容管理义务及刑事责任有无之前提。

三、刑事责任之判断标准：直接控制说

在网络服务分类的基础上，接下来的问题是：理论上应当采何路径与标准来界定不同的网络服务提供者的内容管理义务以及随后的刑事责任之有无？对此，理论上大致有两种走向。其一，依托传统的共犯理论，通过限制共犯理论的辐射范围，实现防止网络服务提供者刑事责任追究扩大化之目的。追究网络服务提供者的共犯责任，是大陆法系及英美法系国家共同的通行做法。从国外来看，时至今日，美国仍然是依据共犯理论来追究网络服务提供者的帮助犯责任。著名的 BuffNET 案①开启了对网络服务提供者追责之门，其依据在于其为第三方犯罪行为提供了电子方法或者机会，从而"促进"或者"帮助、协助"了非法活动。检察官可以引用《美国法典》第 18 篇的内容来指控网站运营商的刑事活动。② 我国的网络服务提供者的刑事责任模式在《刑法修正案(九)》出台之前与美国类似。实践中采用司法解释的方式，明确网络服务提供者对网络犯罪提供帮助的共犯责任。如 2004 年"两高"(最高人民法院、最高人民检察院)《关于办理利用互联网、移动通讯终端、声讯台制作、复制、出版、贩卖、传播淫秽电子信息刑事案件具体应用法律若干问题的解释》第 7 条以及 2010 年"两高"《关于办理利用互联网、移动通讯终端、声讯台制作、复制、出版、贩卖、传播淫秽电子信息刑事案件具体应用法律若干问题的解释(二)》第 6 条，对涉及网络服务提供者的互联网接入、服务器托管、网络存储空间、通讯传输通道等犯罪帮助行为予以刑事处罚。《刑法修正案(九)》将散见于诸多司法解释中的同类规定通过立法统一法律化，提升规范层级。同时，在立法上将法益保护前置，实现了帮助行为正犯化。该立法实质上并没有脱离既有的刑法理论框架，并没有赋予网络服务提供者新的法律义务。但事实上，我国传统的共犯理论用以惩治网络服务提供者日显捉襟见肘，其局限性在于既无法为网络服务提供者行为的刑法规制提供正当性理论根据，也不能合理限制打击范围。就此，国内的理论走向发生分歧。有学者引入德、日的中立帮助行为

---

① PEOPLE of the State of New York v. Buffnet. 272 A. D. 2d 982. 708 N. Y. S. 2d 227, 2000 N. Y. Slip Op. 04475.

② Shahrzad T. Radbod, p. 613.

理论,试图限制网络服务提供者的刑事责任范围。在国内,陈洪兵副教授在参考日本和我国台湾地区案例的基础上,较早地引入中立帮助行为理论的分析工具,主张对于网络服务提供者,如属于中立行为的帮助,没有制造不被法所容许的危险,不宜作为帮助犯处罚。[①]《刑法修正案(九)》通过前后,周光权教授、车浩教授等依据该理论反思用刑罚手段惩治提供网络技术支持行为的合理性,认为对于外观上合法的日常生活行为,不能仅仅因为行为人在个别情况下多少知道他人可能会利用其行为实施犯罪,就对其进行处罚。过分扩大帮助犯的范围,对于维护法的安定性,对于法治秩序的形成可能得不偿失[②]。总体上,传统共犯理论框架内衍生出来的中立帮助行为理论其立场在于约束、限制对网络服务提供者的刑法介入、干预。

实际上,中立帮助行为理论在限制、界定网络服务提供者的刑事责任上的缺陷较为明显:一是中立帮助行为理论对可罚的中立行为的界定观点众多、争议较大,且各观点提出的标准本身非常含糊,其可操作性值得怀疑。二是在网络空间中,中立帮助行为理论无法区分不同的网络服务提供者,难以和服务分类的刑事责任体系对接,无法实现限制刑事责任追究范围的目的。总而言之,无论是传统的共犯理论还是中立帮助行为理论,在网络服务提供者的刑事责任课题上的解释力有限。

二是引入其他的学说依据来解释分析网络服务提供者刑事责任。《刑法修正案(九)》通过之后,有关网络服务提供者刑事责任的理论根据的探讨,涌现出如保证人说、[③]监督过失说[④]等各种观点,林林总总、莫衷一是。网络服务提供者经主管部门的通知之后,仍拒不履行管理义务,其主观心态显然不属过失。监督过失说的观点有失妥当。相比较之下,保证人学说能较好地解决网络服务提供者的刑事责任追究及限制的问题。特别是《刑法修正案(九)》增设了网络服务提供者拒不履行网络安全管理义务的刑事责任之后,合理运用保证人学说的解释力来说明网络服务提供者的刑事责任尤为必要。按照保证人学说的观点,行为人是否具有作为的义务,关键要看行为人是否具有保证人之

---

① 陈洪兵:《网络中立行为的可罚性探究——以 P2P 服务提供商的行为评价为中心》,《东北大学学报:社会科学版》2009 年第 3 期。

② 周光权:《网络服务商的刑事责任范围》,《中国法律评论》2015 年第 2 期。

③ 按照保证人学说,帮助实施网络犯罪活动罪和拒不履行网络安全管理义务罪都可以理解为不作为帮助犯。

④ 陆旭:《网络服务提供者的刑事责任及展开》,《法治研究》2015 年第 6 期。

地位,只有具有保证人地位之人在能够尽保证义务之时却怠于履行,从而发生危害结果的场合,才会出现与作为等置的问题。[①] 保证人学说的明显优势在于对行为人是否具有保证人地位及能否履行特定的保证义务,可与网络服务提供者在管理、控制网络信息中的地位和作用相匹配、衔接,从而达到在网络服务分类的基础上,合理界定不同网络服务提供者的刑事责任范围。也即基于网络服务提供者接触控制信息的客观能力,界定其监控、移除违法信息义务的有无与大小,决定不作为犯罪的成立与否。[②] 因此,笔者认为,衡量特定的网络服务提供者对网络违法犯罪的管理义务及刑事责任的有无,其标准在于该服务提供者对违法犯罪信息是否处于直接的控制地位。该标准包括以下几层含义,第一,网络服务提供者对违法犯罪信息具有控制力,可以决定特定的违法犯罪信息能否通过一定的渠道、在一定的范围内得以传播。服务提供者对无法影响、控制的违法犯罪信息,不具有安全管理义务。第二,网络服务提供者对违法犯罪信息的控制地位是直接的。"直接"一词可从两方面来理解:一是网络服务提供者虽对违法犯罪信息具有一定的控制能力,但该控制能力如不是直接,而需要借助或逾越其他网络服务提供者的,应当否定前者在刑法上的管理义务和刑事责任。二是在信息传播、扩散的链条上,网络服务提供者只对直接的第一环节、第一层次违法信息负责。直接控制标准的目的在于限制刑事责任的追究范围,防止沿袭因果链条进行刑事责任的扩大甚至无限追究。第三,只要在涉及社会重大公共利益的情况下,方可突破直接控制标准的限制。可突破直接控制说限制的情形必须是法定的,有明确的立法依据。

四、刑事责任判断之展开

对于客观的"违法信息大量传播"的危害结果,在刑事责任的承担上,不能对所有的网络服务提供者一概而论,而应当依据其提供服务的类型具体分析、区别对待。对于在网络空间自己生成内容的,无论是在他们自己的电脑上还是其他人的服务器上,均无一例外地要承担责任。并且根据一般规则,内容提供者应承担完全责任。无论他是否有复制权和使用权都与此无关。[③] 世界各

---

① 宫厚军:《"保证人说"之演变及其启示》,《法商研究》2007 年第 4 期。

② 杨彩霞:《网络不作为犯罪新论》,《求索》2007 年第 2 期。

③ Koch, CR 1997,193(197); Spindler, NJW 1997,3193(3196); Pelz, ZUM 98,530(532).

国于此的处罚规则基本相同，其区别在于有的国家将内容提供者作为网络服务提供者之一予以处罚，有的则独立在网络服务提供者之外单独制定刑事罚则。在内容提供者之外，其他服务提供者基于内容管理义务的刑事责任差异较大。

（一）网络平台提供者的刑事责任

网络平台提供者的刑事责任不同于内容提供者的完全的、无例外的刑事责任。平台提供者的刑事责任是有限制的、有条件的刑事责任。平台服务提供者不为他人生成的内容承担刑事责任，但是，在经有效通知后，不履行后续义务，才依法附加刑事责任。但是，在特定条件下，平台提供者可能因为介入网络内容的生成而发生身份转换，并由此承担内容提供者的刑事责任。

网络平台提供者民事、刑事责任豁免的前提是网络违法信息由第三方上传，而非由平台提供者自己生成。内容是否属于第三方上传，从而网络平台提供者获得豁免？实践中逐渐倾向于采取严格解释、限缩范围的立场。我国的司法实践一般认为，网络服务提供者对他人上传信息的编辑、修改或者改变其接收对象的行为的，应当视为内容提供者，并承担相应的法律责任。① 德国等国家对此采取了基本相同的立场。对于网络服务提供者介入网络内容生成的，美国采取更为严格的方式限制网络服务提供者豁免权的适用。在著名的Roommates. com② 一案中，法庭排除了230条款的适用，原因在于用户在访问该网站之前，要求完成一份调查问卷，其中包括用户的性别、性取向和其他个人信息。法庭认为在该案中，该网站实际上充当了信息内容提供者的角色。③因此，网络服务提供者介入内容生成的行为，可能导致提供者身份与内容管理义务的转化。在此类情形下，网站平台的提供者应当以网络内容的发布、提供者的身份，承担相应的刑事责任。

网络平台不直接提供信息内容，而提供违法信息链接的行为是否应当承担内容提供者的刑事责任？在德国，有关该问题的争议较大。一般情况下，链接只是被认为是外部内容的访问中介。但是也要考虑个案差异。如明确表示同意链接指向的内容，可以将他人提供的外部内容认定为平台自己提供的内

① 浙江省丽水市中级人民法院（2011）浙丽民终字第40号。

② Roommates. com，LLC，521 F. 3d 1157，1161(9th Cir. 2008) (en banc).

③ Roommates. com，LLC，521 F. 3d 1164(9th Cir. 2008) (en banc).

容。同时,在认定时,应当考虑链接指向内容和数据的数量,如平台普遍、大量的引用他人数据或者文件的情况下,不能被视为是将他人内容作为平台自己提供的内容。设置链接的人将(外部)内容接受为自己内容的,会因帮助行为受惩罚。但是,如果在被引用的页面还有更进一步的链接,刑事责任不应当延伸到第二层次的链接。[①] 可见,德国在平台服务提供者身份转换上持较为宽松的立场。本文认同第二层次及其以上链接的,由于服务提供者不再处于直接控制地位,不应当追究平台提供者的内容生成责任。但是,对平台提供者介入内容生成时,已经不再是单纯的引导用户访问的行为,而是一种实质的传播行为,[②]法律适用标准过于宽松不利于违法信息的有效控制。更重要的是,在平台提供者介入内容生成的情况下,平台提供者具有完全的自主权、控制权,可以不受约束地选择提供或者不提供相关链接。并且,这种选择不会给平台提供者添加任何额外的经营成本。从利益平衡的角度,由平台提供者担此责任并无不妥。因此,对于提供第一层次链接的行为,平台提供既然提供了访问中介,就应当有合理的注意义务,对被访问的内容应当有认识,并承担相应的刑事责任。

(二) 软件接入提供者的刑事责任

软件接入提供者是指使得能从事传播、接收、展示、转寄、缓存、搜索一种或者多种活动的软件提供者。[③] 目前实践中广受关注的快播软件一案,是讨论本问题的适例。检察机关指控,快播软件是基于流媒体播放技术,通过向国际互联网发布免费的QVOD媒体服务器安装程序和快播播放器软件的方式,为网络用户提供网络视频的发布、搜索、下载、播放服务。检察院认为快播及其直接负责的主管人员在明知QVOD媒体服务器安装程序及快播播放器被网络用户用于淫秽视频的情况下,仍予以放任,导致大量淫秽视频在网上传播。[④]在该案中,检察院的指控思路是,快播公司及其直接负责的主管人员构成传播淫秽物品牟利罪的帮助犯。[⑤] 有学者质疑刑法惩罚快播公司此类外表看起来

---

① Flechsig & Gabel, CR 1998, 351(356); Lhnig, JR 1997, 496(498); Park, GA 2001, 23(32); Gehrke, ZUM 2001, 34(39); Spindler, MMR 2002, 495(503); SIEBER, supra note 14, at pt. 308. ContraLackner & Kahl, pt. 7b.

② 于志刚:《虚拟空间中的刑法理论》,中国方正出版社2003年9月版,第185页。

③ 47 U.S.C. §230(f).(4)(2006).

④ 高健:《海淀法院受理快播公司涉黄案》,《北京日报》2015年2月11日。

⑤ 也有学者认为,按照最高人民法院司法解释的规定,在此情况下成立传播淫秽物品牟利罪的正犯,即“共犯正犯化”。

是中立无害的，但客观上又有帮助作用的行为的必要性和合理性，并主张对中立帮助行为的处罚应谨慎，尽可能限制其入刑的范围。[①]

本文主题内要讨论的问题是，在《刑法修正案（九）》框架内，如快播一类的访问软件提供者是否应当就违法信息的大量传播承担网络服务提供者的刑事责任？笔者持否定意见。理由在于，在网络服务体系中，访问软件与网络平台的作用和地位并不相同。访问软件一经发表，提供者对于用户的使用行为、使用方式完全失去了支配权。用户对软件的使用独立于软件的提供者。软件提供者对用户的使用行为不承担刑事责任。但是，网络平台则不一样，网络平台一直处于平台提供者的控制、支配之下，平台提供者对平台的内容有特定的管理义务。因此，在条件满足的情况下，平台提供者要承担相应的刑事责任。实际上，访问软件提供者的地位与角色与网络硬件接入提供者相似，在客观上都作为违法信息得以传播的条件之一。只有对违法犯罪信息具有直接控制地位，而非所有提供信息传播条件的网络服务提供者都应当纳入刑法惩罚的范围。否则的话，所有与网络服务相关的，甚至包括电脑的生产者、销售者都可能受到刑事处罚。这显然是荒谬的。

（三）网络硬件接入、缓存等其他网络服务提供者的刑事责任

通常情况下，网络硬件接入、缓存服务的提供者不会因为用户使用其接入、缓存服务的行为负刑责。但是，硬件接入、缓存服务提供者刑事豁免也不是绝对的。如德国《电讯媒体法》第 8 段第 1 款第二句规定，如果服务提供者故意与他所服务的用户合作实施非法活动的，特权（刑事责任豁免）则不再适用。这种合作，不一定非得是提供者和用户之间的，可以是提供者之间，作为共同犯罪人。[②] 我国也有类似条款。2004 年“两高”《关于办理利用互联网、移动通讯中断、声讯台制作、复制、出版、贩卖、传播淫秽电子信息刑事案件具体应用法律若干问题的解释》第 7 条规定：“明知他人实施制作、复制、出版、贩卖、传播淫秽电子信息犯罪，为其提供互联网接入、服务器托管、网络存储空间、通讯传输通道、费用结算等帮助的，以共同犯罪论处。”应当注意的是，上述的“明知”是具体的、有针对性地明知，不能是抽象的“明知”，即接入服务提供

① 车浩：《谁应为互联网时代的中立行为买单？》，《中国法律评论》2015 年第 1 期。

② Theodor Lenckner et al., § 184 pt. 58, in Adolph Schonke & Horst Schroder, Kommentar Zum Strafgesetzbuch [Comment on the Penal Code] (2006).

者有与他人共同(合作)实施犯罪的意图。众所周知,网络空间中违法信息的存在是不可避免的,接入、缓存服务提供者不可能不知道网络接入服务在客观上必然会导致违法信息传播,如果“明知”是抽象的而不要求是具体的,则任何网络接入、缓存服务就必然构成犯罪。这显然不是我们所希望的。

在《刑法修正案(九)》的语境下,网络硬件接入、缓存服务提供者不履行网络监管部门的指令,拒不改正致使违法信息大量传播的,应当负刑事责任。但应当注意的是,由于网络接入服务的特殊性,接入服务涉及面比平台服务要广,社会影响大,利益相关方多,对于监管部门的指令,应当严格限制。笔者认为,只有在涉及国家安全、公共安全等严重犯罪信息的传播危险时,监管部门才能指令要求硬件接入服务提供者采取措施,并且在形式上,应当以法律的明确规定为限。

我国《刑法》中从业禁止的适用程序

陈庆安*

摘　要：从业禁止的适用程序目前尚无明确的法律依据，影响了从业禁止的适用效果。从业禁止虽然与禁止令存在部分相似之处，但两者的差异远大于共性，因此应当有独立的适用程序。为保证从业禁止公正准确地适用，应当有多元化的启动参与主体，建议引入社会调查制度。从业禁止的宣告时间和执行主体，应当根据适用对象是自然人还是单位而灵活掌握，并结合适用内容区别对待，同时应当建立相应的复权制度。为了平衡自由和秩序，还应当赋予适用对象相应的上诉和申诉权利。

关键词：从业禁止；适用程序；启动主体；宣告时间；执行主体；救济程序

随着我国经济的市场化向纵深发展，社会职业的分工进一步细化，利用职业便利和从业资格实施犯罪的现象呈现高发趋势。对于此类犯罪，仅仅依靠我国原有的刑事处罚不能达到有效的惩罚和预防功能。为此，我国《刑法》第37条之一第1款规定："因利用职业便利实施犯罪，或者实施违背职业要求的特定义务的犯罪被判处刑罚的，人民法院可以根据情况和预防再犯罪的需要，禁止其自刑罚执行完毕之日或者假释之日起从事相关职业，期限为3年至5年。"①《刑法修正案（九）》新增的这一规定具有十分重要的意义，是一项技术含量和经济效益都极高的立法，既实现了刑罚的报应功能，又体现了刑罚的特殊预防功能。但是，作为《刑法修正案（九）》浓墨重彩推出的一项法律规定，学术界迄今为止的研究还是仅仅聚焦于从业禁止实体方面的问题，而鲜有涉及从业禁止的适用程序。笔者在"中国学术期刊网"搜索以"从业禁止"为研究主体

*　陈庆安，上海社会科学院法学研究所研究员，法学博士。

①　参见《刑法修正案（九）》，2015年8月29日全国人大常委会通过。

公开发表的学术论文中，截至 2017 年 9 月共计 31 篇，其研究重心均围绕从业禁止规定所作的实体法上的解读，尚无关于适用程序的研究。有关从业禁止的适用原则、适用主体、适用对象等具体程序等没有得到明确，适用程序的启动、决定、执行及变更等无法可依、无章可循，各地司法机关无所适从，从业禁止的法律效果和社会效果未能得以充分发挥。因此，研究从业禁止的适用程序具有紧迫性和必要性。

一、从业禁止应当有独立的适用程序

2015 年 8 月通过的《刑法修正案（九）》规定了从业禁止；2011 年 2 月通过的《刑法修正案（八）》规定了禁止令。从业禁止和禁止令，两者立法时间前后相继、名称相近、性质相似，内容部分混同。2011 年最高法院、最高检察院、公安部、司法部联合颁布了《关于对判处管制、宣告缓刑的犯罪分子适用禁止令有关问题的规定（试行）》（简称《禁止令适用规定》），使得禁止令的适用有法可依。近年来，各地司法机关在适用禁止令的过程中，积累了一定的经验。在从业禁止的适用目前还无法可依的情况下，司法机关有照搬禁止令适用程序的倾向。笔者认为，从业禁止和禁止令，差异远大于共性，从业禁止应当有独立的适用程序。

（一）从业禁止与禁止令的共通性

从业禁止与禁止令在名称、性质、决定主体等方面确实存在诸多相似，在内容方面也有一定的重合度。在一定程度上，禁止令的内容可以涵盖从业禁止的内容。禁止令的内容是禁止“从事特定活动，进入特定区域、场所，接触特定的人”。《禁止令适用规定》第 3 条将“从事特定活动”解释为“个人为进行违法犯罪活动而设立公司、企业、事业单位或者在设立公司、企业、事业单位后以实施犯罪为主要活动的，禁止设立公司、企业、事业单位”；“实施证券犯罪、贷款犯罪、票据犯罪、信用卡犯罪等金融犯罪的，禁止从事证券交易、申领贷款、使用票据或者申领、使用信用卡等金融活动”；“利用从事特定生产经营活动实施犯罪的，禁止从事相关生产经营活动”及“其他确有必要禁止从事的活动”等项目。该内容可以涵盖从业禁止所要求的禁止“从事相关职业”。例如，游艺场所的经营者，违规设立暗房放置赌博设备构成犯罪的，人民法院既可以在判决中对被告人适用缓刑、附加适用在缓刑考验期内禁止“经营游艺场所”的禁止令;也可以在判决中对被告人适用在刑罚执行完毕后3—5年内禁止“经营游艺场所”的从业禁止。这时,禁止令和从业禁止的适用内容就基本上是一致的,从业禁止可以适用禁止令的相关规定。同时,在从业禁止的执行阶段,判断适用对象是否违反规定从事了特定职业,也可以参照禁止令的适用程序。

(二) 从业禁止有别于禁止令的特殊性

无论在宏观还是微观层面,从业禁止和禁止令之间的差异远大于共性。

首先,两者适用的对象不一。禁止令适用于被判处主刑为管制或刑罚执行方式为缓刑的犯罪人,而从业禁止则适用于刑罚已经执行完毕或者被决定假释的犯罪人。前者的适用对象是正在被执行刑罚的服刑罪犯,其主要的目的是如何进行改造和教育。后者的适用对象是已经服刑完毕且有刑事前科的公民,其主要目的是防止其利用职业便利再次实施犯罪。适用目的的差异,导致了两者的价值取向不同。禁止令更倾向于通过限制权利来进行惩罚,从业禁止则倾向于通过限制权利来进行预防。所以禁止令更侧重于监督和限权,从业禁止则力求在权利限制和权利保障之间寻求平衡。

《禁止令适用规定》的全部13条规定,并没有涉及对禁止令适用必要性的评估、禁止令的刑罚消灭制度等侧重适用对象权利保护的相关内容。但这种价值取向在从业禁止的适用程序中则不宜照搬。从业禁止的适用对象是虽有刑事前科,但刑罚已经执行完毕的社会公民。公众、特别是执法人员切不可戴着有色眼镜肆意侵害社会公民的权利。从业禁止的适用应且仅应出于对再犯可能性的预防,不宜超越必要限度。为保障社会正常公民的合法权益,对适用从业禁止的必要性评估程序、从业禁止执行过程中的复权程序等保障性和救济性的权利,就存在道义上的合理性和存在的必要性。

其次,两者适用节点相异。禁止令的适用期间明确在“管制执行期间”或“缓刑考验期内”,而从业禁止则自“刑罚执行完毕”或“假释”之日起执行期限才真正开始。简言之,禁止令附属于主刑执行期间,而从业禁止是主刑执行完毕后独立生效的。两者的执行期间基本不可能发生重合,是两种截然不同的程序,所处的刑事诉讼节点、被适用人的身份等都已经发生重大变化,不能简单地套用禁止令的适用程序来解决从业禁止的适用。

最后,执行期限长度不一。禁止令的期限一般与其所依附的管制刑或缓刑考验期密切相关。《禁止令适用规定》明确规定:禁止令的适用期限应短于或等于管制、缓刑期限。[①] 管制的期限通常为“三个月以上二年以下”,[②]缓刑的期限通常为“二个月以上五年以下”。[③] 由此我们可以发现,禁止令的执行期限通常在“二个月至五年之间”且会随着管制刑刑期的缩短而缩短。[④] 在司法实践中,缓刑适用于被判处 3 年以下有期徒刑的犯罪分子,绝大部分判决会采取主刑与缓刑期限相同的量刑,如“判处一年以下有期徒刑,缓刑一年”。并且,被适用缓刑的犯罪分子通常“犯罪情节较轻”,根据罪责刑相适应的原则,其被判的刑罚一般也比较轻缓,相应地,被判的缓刑考验期也普遍偏短。这样,大部分禁止令的适用期限在 3 年以下,如果考虑到刑罚执行过程中的减刑,适用期限还可能更短;而从业禁止的期限是法定的“三年至五年”。[⑤] 从业禁止的期限往往长于禁止令的期限,从而两者在执行难度上存在差异。比如,即使两者适用内容相同,均为“禁止从事相关职业”,执行期限如果仅在一年以内甚至数月,监督力度则可以保持在较强的程度,被适用人也不容易违反;但如果执行期限为 3 年甚至 5 年之久,则执行机关对被执行人进行长期动态监督的难度将直线上升,被适用人也可能出于时间的原因而在思想上渐渐放松,违反从业禁止的可能性也大大增加。因此,从业禁止不能一味照搬禁止令的适用程序,从业禁止需要更加完善而独立的适用程序。

(三) 从业禁止缺乏程序依据的负面影响

从业禁止缺乏程序依据,必将导致负面影响。

对于经常利用职业便利实施犯罪,或者实施违背职业要求的特定义务的犯罪人而言,从业禁止犹如握在司法人员手中的一把神兵利器,适用得当,必将起到有效的威慑和预防功能。但是再先进的武器,没有使用说明书,也很难发挥作用,从业禁止适用程序的缺位,使得司法机关在考虑适用时顾虑重重。即使判决适用,在执行环节也是无所适从。以性侵或者猥亵未成年人案为例,根据有关学者的统计,在 2016 年公开报道的 433 起性侵儿童案件中,易于接触未成年人职业的从业者作案占比高,包含教师、校车司机、学校厨师、幼儿园

① 《关于对判处管制、宣告缓刑的犯罪分子适用禁止令有关问题的规定(试行)》第 6 条第 1 款、第 2 款。
② 《刑法》第 38 条第 1 款。
③ 《刑法》第 73 条第 1 款、第 2 款。
④ 《关于对判处管制、宣告缓刑的犯罪分子适用禁止令有关问题的规定(试行)》第 13 条。
⑤ 《中华人民共和国刑法》第 37 条之一。

工作人员、保安等，全年有198起，占总数的45.73%。[①] 上述犯罪分子利用较为熟悉的职业领域进行犯罪，已经逐渐成为性侵或者猥亵未成年人的一个不可忽视的常见现象，而且此类犯罪分子出于心理或者生理的特殊原因，自控能力较差，再犯率较高，[②]仅靠刑罚和教育很难预防再犯，因此有效阻断犯罪人和潜在被害人的接触是预防再犯的有效办法。在《刑法修正案(九)》生效之后，这一类犯罪人是比较适合适用从业禁止的人群。但司法实践中，上述案件适用从业禁止的比例还是比较低的。笔者为此访问了部分案件的承办人后发现，从业禁止适用程序缺失，不知道如何适用，担心适用过程中出现程序性错误，常常是没有适用从业禁止的主要原因。从适用从业禁止的有限案例来看，司法机关在判决之后如何执行也还在研究摸索。上海市闵行区法院办理的上海市第一起适用从业禁止的案件[(2016)沪0112刑初2328号]就很有代表性。[③] 该案是上海市首例性侵类从业禁止案件，判决中适用从业禁止可以起到预防叶某再次利用教师职业进行犯罪的作用，也体现了对未成年人的刑法保

---

① 何勇海：《保护未成年人要用好"从业禁止"》，《法制日报》2017年1月24日。

② 相关研究认为，不正常的性心理和性行为的产生是因为在成年以前(尤其是童年)的整个生活中，由非性交的行为或者不是以异性交媾感觉信息为主要因素而诱导产生性高潮的体验，在中枢神经系统留下深刻痕迹，在日后遭遇挫折，或者遭遇某些病理过程而破坏了正常记忆再现或体验回归的有序机制；上述非性交的变异性高潮体验反复再现、体验的回归、变异行为的复出，从而表现为性变态。由于性变态有中枢神经系统的印迹基础，或同时伴有体验回归或记忆的有序过程破坏的病理改变，所以临床治疗十分困难。而且这类犯罪，通过刑罚震慑和思想教育很难预防再犯。上述观点可参见：劳伦·B.阿洛伊、约翰·H.雷斯金德、玛格丽特·J.玛诺斯：《变态心理学》，汤震宇、邱鹤飞、杨茜译，上海社会科学院出版社2005年版，第555页；周正猷：《性变态病因学研究》，《中国行为医学科学》2001年第1期；钟友彬：《性变态的病理心理本质和发病机制》，《中国心理卫生杂志》1991年第3期。正因为刑罚和教育对于此类犯罪矫正的无能为力，世界不少国家开始考虑通过化学方法减弱性变态者的性冲动或抑制其犯罪的冲动，这就是"化学阉割"。化学阉割1973年始于丹麦，现在在瑞典、加拿大、瑞士、德国和美国的部分州实行。韩国国会2010年6月29日举行全体会议，会议通过了"对于以儿童为对象进行性犯罪者，为了防止重犯或习惯犯罪的预防和治疗法案"。上述观点参见：刘旭刚、邱莎莎、徐杏元：《性变态犯罪人犯罪原因及其矫治对策》，《中国性科学》2013年第6期。

③ 叶某为上海某公立中学的教师，趁其违规在家中为学生补课之机，故意安排被害人星某至卧室独自看书，待其他学生补课结束全部离开后，叶某继续以补课为由独自留下星某补习。晚9时30分许补课结束，叶某在星某整理完书包准备离开时，上前强行抱住星某，采用言语威胁方式，通过强吻、摸胸等方式对星某进行猥亵。其间，星某进行反抗未果，事后叶某威胁星某不允许告诉家人。身心受到折磨的星某回到家后立即将此事告诉母亲王女士。王女士在联系叶某要求解释被拒绝后报警。警方通过侦查将叶某抓捕归案。闵行区人民检察院向闵行区人民法院对犯罪嫌疑人叶某依法提起公诉，并建议对其从业禁止。2016年11月30日，犯罪嫌疑人叶某因强制猥亵罪，被依法判处有期徒刑2年6个月，并自刑罚执行完毕之日起3年内禁止从事教育及相关工作。这是上海市首例适用从业禁止的案例。

护。但就从业禁止的执行，闵行区人民法院接下来是计划和相关部门会商，共同研究执行问题。类似从业禁止案例也在多地先后出现，如湖北汉川的汪某利用其教师身份和教学活动强制猥亵案[(2017)鄂0984刑初260号][①]、山东青岛刘某利用幼儿园保安身份猥亵6岁女童案[(2017)鲁0211刑初470号][②]等。上述案件都是所在省份第一起对被告人适用从业禁止。在案件的相关新闻报道中，对案件情况和适用从业禁止等方面浓墨重彩，对从业禁止如何做出，接下来将如何执行却只字未提。其原因在于，从业禁止适用程序无法可依，法院在判决之后，对于如何执行程序仍在研究摸索。从业禁止的执行要在刑罚执行完毕之后才开始，而上述案件目前都还在刑罚执行阶段。从业禁止尚未开始，从业禁止如何执行的问题还没有迫在眉睫，法院还有时间可以等待适用细则的出台。但是留给法院等待的时间并不会很长，因为部分案件的刑期很短，再减去审前羁押的时间，刑罚执行很快就会结束，从业禁止的执行很快就会开始。这就给我们对从业禁止适用程序的理论研究和相关部门的立法规划提出了更加急迫的要求。

当前，从业禁止适用程序亟须在以下几个方面完善。

第一，从业禁止的刑事诉讼程序亟须明确。目前从业禁止没有法律、专门的司法解释可以作为适用的程序依据，导致操作比较随意且存在不统一。对法院来说，要么因为没有法律依据，不知道该如何适用，为了防止出现适用错误而干脆不用，从而导致从业禁止的立法规定被虚置；要么因为没有明确的限制而导致自由裁量权过宽，产生适用上的恣意和过大的差异，使公众对适用的公正性产生怀疑，从而影响从业禁止的立法效果和司法权威。

第二，从业禁止作为一种剥夺权利的刑法规定，法律和司法解释没有明确赋予适用对象相应的救济渠道，因而不利于从业禁止适用对象的权利保障。

---

① 汪某系某小学教师，2015—2017年3月间，利用其教师身份和教学活动，在教学场所多次猥亵女生。后经被害人家属向公安机关报案，汪某被抓捕归案。2017年9月1日，汉川市人民法院对汪某判处有期徒刑7年6个月，并禁止其在刑罚执行完毕之日起5年内从事教育及相关工作。这是湖北省首例对性侵未成年人案件作出的从业禁止判决。

② 刘某系青岛市黄岛区联防队派驻某小区幼儿园的保安。2016年12月一天下午，刘某将6岁女孩圆圆(化名)带至保安值班室内，对她实施猥亵。圆圆的家人报警后，被告人刘某在联防队员带领下到案并向警方如实供述了其犯罪事实，刘某被当地警方刑事拘留。2017年5月12日，青岛市黄岛区人民法院经审理认为，被告人刘某可认定为负有特殊职责的人员，其对幼女实施猥亵，系实施违背职业要求的特定义务的犯罪，依法应予从重处罚，从严惩处，并应当适用从业禁止，并据此对被告人在判处刑罚的同时宣告了禁止其3年内从事与未成年人相关的联防保安工作。这是山东首例适用从业禁止的案例。

有惩罚就应当有救济，没有救济，惩罚就会有滥用的危险。从业禁止的适用对象如果有异议，则应当赋予其上诉、申诉权利。如果上诉、申诉等救济权利缺失，将会导致适用程序的自我纠错能力丧失，错误适用、不当适用的风险将会提升，从业禁止预防再犯的法律效果的实现将大打折扣，甚至陷入无法重返社会的困境。这显然不符合刑法保障公民权益的要求，刑法应当同时兼具社会保护机能和权利保障机能，两者同等重要，不能偏废。

第三，缺乏适用从业禁止的必要性论证程序。适用从业禁止应当以避免适用对象利用职业便利实施犯罪或者实施违背特定职业义务的犯罪为必要前提。当用不用或者不当用而用，都会增加适用对象再社会化的难度。从业禁止的适用可能会褫夺适用对象赖以生存的经济来源，因此应当设立必要性论证程序，以确保从业禁止的恰当使用。

第四，缺乏从业禁止的复权制度。从业禁止的适用期限为3—5年，而且是在刑罚执行完毕或者假释之日起开始起算执行期限，目的是预防适用对象利用相关职业再次犯罪。目前，从业禁止还没有建立没有相应的减刑或刑罚消灭制度。如果适用对象基于主观或者客观原因，再犯可能性已经消失，而剩余刑期仍然较长，则再继续执行就可能影响适用对象生产、生活甚至生存的情况发生，因此有必要建立相应的复权制度。

二、从业禁止的启动和决定程序

（一）从业禁止的启动应由多元主体参与

根据《刑法》第31条之一规定，从业禁止的决定主体应当为法院。但是，该条款并未明确从业禁止的程序启动主体。对一项针对“刑罚执行完毕”或“假释之后”的处分措施，法院在量刑过程中，需要根据被告的犯罪情况与职业情况的关联性以及再犯可能性进行裁量，因而法院当然应该具有从业禁止程序启动的权能。但是，从业禁止的程序启动不应仅限于法院这一单一主体。第一，良好的司法裁量程序是保证实体正义的需要，多元化的启动主体可在一定程度上避免法官的裁量失误和恣意。第二，被告的犯罪情况与职业情况的关联性有时在案卷中体现得不够明显，相反在侦查、审查起诉阶段却比较容易发觉。第三，被害人、相关主管部门、行业协会由于对适用对象的执业情况更加了解，也可以提出更准确的意见。

为了保证从业禁止的适用更加准确，应当建立多元化的启动主体模式，在刑事诉讼中由多方参与决定。具体的构想包括：第一，可以赋予侦查机关建议权。公安、职务犯罪的侦查部门在移送审查起诉时，根据犯罪嫌疑人的实际情况，如果认为有必要适用从业禁止，可在《提请起诉意见书》中载明，也可以在案卷中单独出具“工作情况”，建议法院适用从业禁止。第二，可以赋予检察机关建议权。检察机关作为公诉机关，在审查起诉阶段根据前一诉讼环节的情况，或者经审查认为犯罪嫌疑人如果继续从业将有再犯可能性，有必要适用从业禁止的，应当在《量刑建议书》中载明适用根据及意见。第三，可以赋予被害人及其诉讼代理人申请权。作为被害方，被害人及其诉讼代理人对适用对象从业情况及行业状况往往有着更深的了解，有发现和提出适用对象具有从业禁止必要性的发言权。最高法院、最高检察院、公安部、国安部、司法部发布的《关于规范量刑程序若干问题的意见》中明确了被害方具有发表量刑意见的权利，被害人及其诉讼代理人可以在量刑辩论阶段将适用从业禁止的意见作为量刑意见提出。并且，从业禁止作为一项具有犯罪预防功能的措施，被害人、诉讼代理人如果认为应当对被告人适用从业禁止的，应当从案件立案侦查阶段开始就有权利提出适用申请。第四，可以赋予被告人所从事职业的主管部门和行业协会提出禁业申请的权利。主管部门和行业协会熟知本行业情况，对从业禁止适用的必要性和可行性有准确的理解，赋予其提出禁业申请的权利，对净化行业也能起到积极作用，有着司法和社会的双重价值。

（二）引入社会调查制度作为裁量参考依据

从业禁止是对刑罚的补充，运用得当可以起到预防犯罪的作用，运用失当则会为犯罪人回归社会增加障碍，故法官在决定适用时需慎之又慎。为此建议，将社会调查制度引入从业禁止的决定程序中，为适用决定提供科学的参考依据。社会调查制度在我国刑事诉讼中已有运用，而且效果良好。2009 年最高法院、最高检察院、公安部、司法部联合出台的《关于在全国试行社区矫正工作的意见》中指出：“法院要依法充分适用非监禁刑罚和非监禁刑罚执行措施，对依法可能使用非监禁刑罚的被告人，在审理中可以委托司法行政机关进行审前社会调查，对拟判监外执行的被告人开展调查评估，在调查基础上提出是否适宜纳入社区矫正的建议，为法院适用非监禁刑罚提供参考依据。”在审查批捕阶段，有社会危险性评估程序对逮捕必要性进行量化评估，作为人民检察院判断犯罪嫌疑人社会危险性大小，决定逮捕与否的重要依据。在办理未成年人案件的过程中，有较为体系化的“未成年人刑事案件社会调查”，对未成年人人身危险性进行系统评估，供法院在量刑时予以参考。再犯可能性是从业禁止适用的基础。针对从业禁止的社会调查应当围绕适用对象的再犯可能性展开。

社会调查报告的制作主体，通常是承办案件的司法人员，有时也可以委托被告人的律师。但由于以上两类主体与案件审理结果存在着密切关系，难以保持高度中立的立场，调查结果的客观公正性也容易受到诟病。为此建议，可以将社会调查工作委托于中立第三方机构，如司法所，以保证调查结果的专业性和公正性。

在调查内容方面，应重点围绕适用对象是否具有利用职业便利再次实施犯罪的可能性进行，针对适用对象实施犯罪的各种主、客观因素，以及从业的相关因素进行材料收集和分析。具体内容包括：前科情况；从业情况；犯罪后的行为表现，这主要包括在犯罪后是否自首、立功、坦白交待、积极赔偿被害人或退回赃物，积极避免、减少犯罪所造成的损失，已经取得被害人的谅解等；[①]以及在社区的表现及社会交往情况等。

报告的类型，实践中有两种：一种是形成分析报告作为参考，内容相对客观，一般不出具倾向性意见，主要由法官视情况进行裁量；另一种是评级报告，将适用对象的社会危险性分为不同的等级，法官在不同等级对应的范围内进行裁量。笔者倾向于后者，评级系统将数据进行量化并由专业机构给出评级结果，在限制法官过度自由裁量的同时，也便于司法实践应用。比如，可以将适用对象的再犯危险性程度分为蓝色、黄色和红色，分别对应低、中和高三个等级，相应设计“从业禁止适用必要性评估表”，根据对象的人身危险性和职业与犯罪关联性等因素来设计分值，总分为百分制，得分在 0—59 分的，评级为蓝色；得分在 60—75 分的，评级为黄色：得分在 76—100 分的，评级为红色，不同的评分等级对应相应的建议处理程度（见表 1）。

表 1　从业禁止适用必要性评估表

风险等级	蓝色	黄色	红色
评分	0—59 分	60—75 分	76—100 分
社会危险性	低	中	高

① 莫洪宪、邓小俊：《试论社会调查制度在检察机关办理未成年人刑事案件中的运用》，《青少年犯罪问题》2010 年第 1 期。

续表

风险等级	蓝色	黄色	红色
建议处理程度	不需要适用从业禁止	有必要适用从业禁止，建议期限为 3 年至 3 年 6 个月	有必要适用从业禁止，建议期限为 3 年 6 个月至 5 年

三、从业禁止的宣告、执行和变更程序

（一）宣告时间应原则性与灵活性相结合

《刑法》中从业禁止的条款只载明“禁止其自刑罚执行完毕之日或者假释之日起从事相关职业”，只明确了执行从业禁止的开始时间，并没有明确宣告时间。那么，从业禁止应当在判决时和刑罚一起宣告，[①]还是应当在刑罚执行完毕或者假释开始之时再单独宣告？这在从业禁止的立法起草阶段，就存在争议。[②] 笔者认为，从业禁止的宣告，应当根据适用对象是单位还是自然人而有所区别。

适用对象如果是单位，则应当和刑事判决同时宣告。第一，结合我国《刑法》法律条文的设置和适用从业禁止的目的来看，从业禁止应当是一种非刑罚措施、是一种保安处分。在我国，大多数情况下，保安处分的裁决、宣告都是与刑罚的判处同时进行的。第二，我国对单位犯罪采用了对单位适用罚金和对直接责任人适用刑罚的双罚制，而就单位本身而言只有罚金刑的适用。实践中，个别单位可能因为不能一次性完成罚金的缴纳而拖延时日。但整体而言，罚金刑的执行一般时间比较短暂，从宣判宣告到执行完毕不会有太长的时间。在这个短暂的时间内，单位内部发生的变化不太容易进行评估。法院在刑事判决做出后的短暂期限内，合议庭再次集中，重新评估单位的再犯可能性，既增加了合议庭的工作负担，也使整个宣告程序冗长复杂。在目前法院案多人少、人员流动性加大、工作压力不断增加的情况下，分别宣告不具有现实可能性。因此，对单位适用从业禁止的宣告时间，原则上应与刑事判决同时进行。

① 叶良芳、应家赟：《论有前科者从业禁止及其适用》，《华北水利水电大学学报（社会科学版）》2015 年第 4 期。

② 赵秉志：《关于〈刑法修正案（九）（草案）〉的修改意见》，《刑法论丛》2014 年第 4 期。

适用对象如果是自然人，原则上仍然应当与刑事判决同时宣告。但对被判处较长时间的刑罚，或者刑罚执行期间可能在10年以上的，则可以考虑在刑罚执行完毕之后再进行宣告。这是因为，一方面，自然人在经过长时期的监狱服刑之后，其心理状态、思想认识以及身体状况都可能会发生比较大的变化，利用职业便利实施犯罪的可能性可能已经消除。另一方面，社会的就业情况也可能会已经发生了巨大变化，此时如果仍然坚持10余年前的从业禁止决定，可能会与立法的预期效果背道而驰。因此，对于宣告刑在10年以上有期徒刑的适用对象，需要附加从业禁止措施的，可以在刑罚执行完毕后，通过全面评估，补充进行社会调查，再视情况决定是否适用从业禁止。

（二）根据适用对象和适用内容确定执行主体

从业禁止的执行主体目前还没有相关的法律和司法解释加以明确。科学合理地确定从业禁止的执行主体，应当结合从业禁止的适用对象来进行分析。我国《刑法》第37条尚未明确从业禁止的适用对象。笔者认为，自然人利用职业便利实施犯罪，则为从业禁止当然的适用对象。同时，随着我国市场经济的不断发展，以单位为主体利用职业便利实施犯罪的现象不断增加，而目前对单位仅仅处以罚金的刑罚效果并不理想，因此单位也应当被纳入从业禁止的适用对象。[①]

自然人与单位的执业依据和执业方式有着明显差异，其利用职业便利实施犯罪或者实施违背职业要求的特定义务的犯罪的方式也各不相同。从业禁止的执行主体相应地也应当进行区分。如前所述，从业禁止在性质上是一种保安处分。在国外，保安处分通常由以下三种执行主体：社区矫正机关、决定机关和警察机构。[②] 在我国，针对自然人的禁止令、社区矫正等措施是由司法局管理的社区矫正机构来负责执行的。笔者认为对自然人从业禁止的执行主体原则上可参照禁止令而由社区矫正机构承担，但同时也要结合被禁止从业的内容考量。如果由政府相关职能部门执行更为合理准确的话，可以由政府相关职能部门执行。

从业禁止原则上应当由社区矫正机关执行的理由如下：第一，我国早在2003年起开始试点社区矫正工作，历经十数年的发展完善，现在已经成为一项

---

① 陈庆安：《对单位适用从业禁止问题研究》，《法学》2017年第4期。

② 陈文昊：《职业禁止制度的实证与教义图景》，《四川警察学院学报》2016年第2期。

较为成熟的刑罚执行制度。《禁止令适用规定》第 9 条也明确规定禁止令的执行主体为司法行政机关指导管理的社区矫正机构，这对从业禁止的执行有着重要的参考作用。第二，从业禁止措施的立法本意与社区矫正方式相呼应。增设从业禁止制度，意在通过对犯罪人再犯的条件进行限制，达到预防再次犯罪的效果，具有保安处分的性质。社区矫正制度的重要理论基础是恢复性司法理念，旨在日常生活场景中督促和帮助被矫正人矫治犯罪行为及心理，使其在改过自新的同时更快更好地适应社会，回归正常生活，预防再次犯罪。在这方面，从业禁止和社区矫正的功能较为契合。第三，社区矫正机构具备执行从业禁止的必备条件。从业禁止的执行和监督主体应当具备一定的考察能力和监督能力。而且从业禁止执行时间跨度往往较长，被执行人数量可能较多，一些职业也具有专业性和隐蔽性，甚至在家中就可以重操旧业，难以察觉，这就对执行主体和监督主体提出了较高的要求。社区矫正机构作为专门的非监禁类刑罚等措施执行方式的执行机关，有着专群结合、社会力量参与和专门财政保障的特点，人力、财力、设施更加完备，考察、矫治、预防经验丰富，能够较好地承担起从业禁止的执行工作。

从业禁止也可以由政府相关职能部门执行的理由在于，有些职业的主管部门职能特定，无论是从权力配置还是从义务承担上来看，都更为适宜。比如前述上海市闵行区人民法院在做出从业禁止的判决之后，即与该被告人取得教师资格的原户籍省教育厅取得联系，通报案件相关信息。该省教育厅根据相关法律规定，注销了被告人的教师资格。之后，闵行区人民法院又与闵行区公安局、教育局、文广局、体育局职能部门联系，尝试建立了“限制涉性侵害违法犯罪人员从业机制”，将限制适用对象从业禁止的内容进行通报，使上述机关单位在招录从业人员、审核资质的时候，能够有效地把被限制从业的适用对象排除在外。

针对单位适用的从业禁止，所禁止的是单位的生产经营行为，原则上宜由各地的市场监督管理局负责执行，检察院负责监督。单位不同于自然人，单位的成立、经营、消灭都是紧紧围绕着其市场经营行为进行的，对单位适用从业禁止的目的是禁止单位的市场经营行为，而对单位的市场经营行为进行监督本来就是由市场监督管理局负责执行的。市场监督管理局的执行，无论是专业知识还是人力配备上都比较权威专业，更有说服力。针对单位的从业禁止，适用主体还应当结合适用内容进行考虑。比如，出版社如果因为出版、传播淫秽物品牟利构成犯罪被适用从业禁止的，则宜由相应的各级新闻出版广电管理机关具体负责执行。因为对出版业适用从业禁止的内容是禁止其在一定时期内从事出版活动,而我国出版社的出版活动都是由各级国家新闻出版管理机关负责管理和监督的。

(三) 建立相应的从业禁止复权制度

从业禁止的立法本意是出于预防之目的,用以抑制适用对象的再犯可能。宣告期限的设定是出于预测,无法达到十分精准,且随着被适用人主观及社会客观条件的变化,从业禁止的必要性也会随之改变。当被适用人不再具备再犯可能性,而从业禁止期限仍未结束,继续适用将会给适用对象带来生活、从业、社会地位等方面的负面影响。为了贯彻恢复性司法理念,应当配套构建从业禁止的复权制度。复权制度在刑法理论上有广义和狭义之分。所谓广义的复权制度包括前科消灭制度,而狭义的复权制度则仅仅是指资格刑的刑罚消灭制度。[①] 本文采用狭义的概念,即对适用从业禁止措施的当事人,当满足法定条件后,解除对其的权利限制,重新允许其从事相关职业的一项制度。我国的从业禁止复权制度应从以方面进行构建:

第一,复权的时间条件和实质条件。域外对复权的时间条件有两种立法模式,即比例模式和固定模式。比例模式即为复权制度的适用必须在从业禁止期限经过一定总期限的百分比,如规定已经过适用对象从业禁止总刑期的一半或者 1/3 以上,以便从业禁止复权制度的灵活适用。固定模式要求从业禁止期限应达到固定最低执行年限才可以适用复权制度,如规定期间必须满 3 年才可以提出复权申请。基于我国将职业资格刑的刑期限定在 3—5 年,适用比例模式更便于实践操作,而固定模式则更适应长期甚至终身的职业资格刑。对于复权的实质条件,域外立法也有多种方式。例如,法国复权制度的实质条件设定为当事人的主观恶劣程度;加拿大复权制度的实质条件是必须经过规定的时间;意大利不仅规定时间条件和主观条件,还要求当事人履行部分民事责任。结合我国减刑、假释制度的实质条件,可以将我国复权制度的实质条件设定为:经改造,适用对象确已改过自新,不再具有利用该职业进行犯罪的再犯可能性。其中,“确已改过自新”是指适用对象通过认真改造已经认识到自己利用该职业实施犯罪是严重错误的,并明确表示重新做人,绝不再犯;“不再具有利用该职业进行犯罪的再犯可能性”是指适用对象在改造过程中,再次利

---

① 刘德法、王冠:《论刑法中的复权制度》,《河南师范大学学报(哲学社会科学版)》2003 年第 6 期。

用该职业进行犯罪的可能性已显著降低，刑罚惩罚和预防的功能已基本实现，继续对其适用从业禁止资格刑可能失去意义。

第二，复权的程序。复权制度的提出主体、决定主体和决定程序的合理确定是复权程序构建的关键。根据我国司法实践，从业禁止的执行机关应当具有提出复权申请的权力，即自然人的复权申请可以由社区矫正机构依职权提出，单位的复权申请可以由市场监督管理部门依职权提出。执行机构对适用对象的主观恶性、人身危险性以及适用效果等情况更为了解，能够胜任提出主体之职责。同时，适用对象本人也可依法向做出原判决法院提出复权申请。适用对象作为复权制度利益的归属者，有权就自己的刑期消灭提出申请，这也有利于其主动加速改过自新，争取早日回归自己擅长的职业领域为社会做出贡献。人民法院在接到复权申请后，应当由专人负责审理，该类审理原则上应采用书面形式，对于符合实质条件且已经过规定期限的，裁定予以复权；对于不符合复权时间条件或实质条件的，裁定驳回申请。

第三，复权的撤销。从业禁止复权制度将产生资格刑提前消灭的后果，这种刑罚消灭是即时的，而不似拘役、有期徒刑等刑罚所具有的缓刑制度，是一种具有一定考察期的暂缓执行制度。因而，没有经过考察期而直接消灭就对实践中从业禁止的复权制度提出了更高的要求，需要相应的程序对被适用人予以警示和约束。这方面可以参考意大利复权制度中的“撤销制度”。《意大利刑法典》第 180 条规定：适用对象在复权以后，如果发现复权的程序或者实体不符合我国刑法的相关规定，或者是适用对象在复权以后又实施故意犯罪或者其他严重违法行为的，法院可以宣告撤销复权。[①] 如此，可以保障复权制度适用的容错率，也不致过度纵容。

四、从业禁止的救济程序

从业禁止的适用对象是否拥有救济途径？对于这一问题，《刑法修正案（九）》同样没有明确。有观点认为，由于从业禁止并不涉及罪与非罪及罪轻罪重的问题，因此不应该设置上诉和申诉的救济渠道。[②] 但任何一项具有权利剥

---

① 张伟珂：《域外刑事复权制度立法比较研究》，《法治研究》2014 年第 7 期。

② 叶良芳、应家赟：《论有前科者从业禁止及其适用》，《华北水利水电大学学报（社会科学版）》2015 年第 4 期。

夺性质的公权力措施的实施,都应该赋予适用对象相应的救济权,这是适用公权力时必须坚持的一个基本原则。只有赋予适用对象相应的救济权和救济途径,才能有效制约公权力的行使,公权力的行使才会更加谨慎、更加客观公正。

(一)应允许就从业禁止单独提起上诉或抗诉

刑事裁判文书与被告人的实体权利密切相关。审判法院综合评价犯罪行为的社会危害性、犯罪人的人身危险性等因素而做出的从业禁止,是裁判文书的重要组成部分。如前所述,从业禁止在性质上属于限制职业资格的保安措施而非新的刑罚种类,但包含其内容的刑事裁判文书一旦生效,便对适用对象的执业自由产生了约束。在法院宣判后,适用对象对裁判中对其适用的从业禁止条款有异议的,应有权在上诉理由中列明,或者有权针对从业禁止条款单独提出上诉。诉请内容可以是请求撤销从业禁止或缩短从业禁止的刑期。相应地,如果适用对象在刑罚执行完毕或假释后可能重操旧业且具有明显再犯可能性,一审法院的裁判文书中未适用从业禁止措施,或者虽适用了从业禁止措施,但期限明显不合理的,人民检察院也可以就此提起抗诉,请求二审法院增加从业禁止措施或变更从业禁止期限。

单独就从业禁止措施提起上诉或抗诉的,实践中将会产生一个疑惑,该上诉或抗诉是否会影响一审判决的生效?笔者认为,单独对判决中的从业禁止条款提出异议,虽然看似不影响主刑及附加刑,但刑事判决书所载内容是一个不可分割的整体,不能断章取义,更不宜部分执行。同时,根据刑事诉讼阶段性理论,审判、执行环节是前后相继的两个阶段,具有时间的先后性和程序上的明显差异,不应随意混同。如果上级法院对判决书中的从业禁止条款进行单独上诉审查,而其余部分经过法定期限生效,将可能出现判决的主刑已执行完毕,但针对从业禁止条款的二审裁判还未生效。此时,从业禁止条款的生效期限将具有不确定性,从而既影响司法庄严,也不符合立法逻辑。因此,如果诉讼参与人就从业禁止条款单独提起上诉或抗诉的,一审判决将全部不生效,二审也应进行全面审查。另外,从业禁止虽然不属于刑罚,但仍然是一种剥夺性的痛苦,为了消除适用对象及其法定代理人、辩护人和近亲属因为担心加重处罚而不敢提出上诉的顾虑,敢于依法上诉,充分行使宪法和法律赋予的上诉权;也为了倒逼一审法院的审判人员加强责任心,努力提高审判工作质量;同时也为了促使检察院认真履行职责,提高检察机关的公诉和抗诉水平,从业禁止的上诉,仍然应当坚持上诉不加刑原则。

(二) 应当建立从业禁止的申诉程序

《刑法》第 37 条之一第 2 款规定,对违反刑法从业禁止的,由公安机关给予处罚,情节严重的,依照拒不执行判决、裁定罪处罚。故,对于违反刑法从业禁止情节轻微的,由公安机关给予警告,罚款,没收违法所得、没收非法财物,责令停产停业,暂扣或者吊销许可证、暂扣或者吊销执照,行政拘留等处罚。以上行政处罚应结合违反从业禁止的次数、程度、故意还是过失、违反的原因及理由等综合考虑做出。[①] 在责任追究过程中,如果被处罚人认为从业禁止的执行机构存在程序或实体上的违法违规时,应当享有申诉权。因此,应当构建从业禁止措施的申诉程序,为被处罚人提供二次的程序性救济。申诉主体既可以是被处罚人本人,也可以是其法定代理人、近亲属、辩护律师。申诉方式原则上应书面提出、以口头提出为补充,申诉应当说明理由并提供执行机关违法违规的线索。受理机关在接到申诉后应当及时进行审查,如果行为人存在以下情形的,可以不认为其违反了从业禁止的规定而不改变处罚的法律后果:违反从业禁止情节轻微的;违反从业禁止后,真诚悔过,且未造成严重后果的;违反从业禁止是受人指使或强迫的;处罚程序存在违法的;其他可以申诉的情形;等等。

五、结语

刑事司法权利的行使,必须有实体依据和程序约束;刑事处罚的做出,也应当赋予被处罚人救济渠道。《刑法修正案(九)》中的从业禁止措施,是我国刑事立法的一项重要制度创新,是保安处分措施与我国刑事实体法相融合的又一次重要尝试,对我国职业相关犯罪的预防和惩治体系起到了很好的补充和完善的作用。但由于该项立法规定出台时间尚短,实践中案例数量还比较少,对于从业禁止的程序法问题关注甚少,容易造成从业禁止的适用程序无法统一。因此,为了使从业禁止发挥其应有的作用,更好地预防利用职业再次犯罪,既需要我们在理论上进一步研究从业禁止适用程序的相关问题,也需要司法机关在实践中发挥主观能动性,通过富有创新精神的司法活动,构筑和完善从业禁止的适用程序,进一步解决好从业禁止在理论上和实践中存在的问题,使其日趋完善、更好地发挥作用。

---

① 卢建平、孙本雄:《刑法职业禁止令的性质及司法适用探析》,《法学杂志》2016 年第 2 期。

区别职务便利与工作便利之必要性辨析

尹　琳*

摘　要：在现行刑法中，“利用职务便利”是贪污罪、受贿罪等职务犯罪成立的客观方面必备要件之一。但是，司法认定经常会把“利用职务便利”与“利用工作便利”混为一谈。从本质看，“工作便利”的内涵与外延，比“职务便利”大，这是刑法将“利用职务便利”作为职务犯罪成立客观方面要件的原因。贪污罪的“职务便利”侧重于直接管理与支配，而受贿罪的“职务便利”更侧重于对事项的决定与处置的管理性。如果国家工作人员在工作过程中侵占公有财物或收受他人的财物，就侵犯其职务行为的廉洁性或不可收买性，导致国民对其职务的公正性丧失信任，应当成立职务犯罪。因此，“职务便利”与“工作便利”区别的根本意义在于区别罪与非罪、此罪与彼罪。“利用职务便利”获取财物构成贪污罪、受贿罪等职务犯罪，而“利用工作便利”获取财物构成的是财产类犯罪。

关键词：职务便利；工作便利；区别；受贿罪；贪污罪

在我国现行刑法中，规定以“利用职务上的便利”或“利用职务便利”为构成要件的罪名有14个之多。“利用职务上的便利”，更是贪污罪、受贿罪等职务犯罪成立的客观方面必备要件之一。另一方面，虽然刑法并未设有“利用工作便利条件”的相关规定，但在司法实务认定中，对于一个行为，到底属于“利用职务便利”还是属于“利用工作便利”，经常会成为困扰司法实务人员的疑难问题。然而，单就职务犯罪的判例来看，法院认定“利用工作便利条件”存在的

---

* 尹琳，上海社会科学院法学研究所副研究员，法学博士。本文的资料收集及写作得益于上海社会科学院法学研究所2012级硕士研究生武成的大力帮助，在此表示感谢。本文原刊于《政治与法律》2015年第12期。

情况几乎没有。[①] 因此,研究“利用职务便利”与“利用工作便利条件”的区别必要性,可以帮助司法实务合理界定“利用职务上的便利”,准确认定此类犯罪,更好地打击职务犯罪。

一、“利用职务上的便利”的内涵

(一) 职务与工作的概念界定

“职务”一词最早出现在行政法学和行政法领域。行政法意义上的“职务”,是指某主体在一定机关或者事业单位中所实施的国家和社会管理的行政权责,这也就是行政职务。[②]《现代汉语词典》将其解释为“职权规定应当承担的工作”。从该解释可以看出,“职务”不仅包含“工作”,还包含“职权”;“职权”可以说是“工作”所对应的特定权力的外化。因此,职务是一项工作,不能与“职权”画等号;亦即不能把“利用职务上的便利”仅仅解释为“利用职权便利”。[③] 有学者认为所谓职务,是指公务员处于其地位应当作为公务处理的一切事务,其范围虽然大多由法令规定,但由于法令不可能完全列举公务员的事务,故公务员为了完成其任务而基于公务员的立场所实施的行为,也属于职务。[④] 关于“工作”的概念,《现代汉语词典》对其有三个解释,即“从事体力或脑力劳动;职业;业务,任务”。从上述解释可以看出,“工作”的含义不仅包括“职务”,也包括一般的业务。

因而,从日常生活的通常解释上来看,“工作”应该包含“职务”。“利用工作便利”,是指行为人与非法占有的财物之间并无职责上管理与支配的权限,仅仅是因为在工作中形成的机会或偶然情况接触到他人管理、经手的财物,或因工作关系熟悉周围环境等,对非法占有财物形成了便利条件。[⑤] 从该解释中

---

① 查阅中国法院文书网的结果,发现仅有一份判决书提到“利用工作便利”。法院认定,在 2008—2014 年,祝某某担任湖州市中心人民医院放射科主任期间,利用职务便利为他人谋取利益,非法收受现金贿赂,犯受贿罪;同时法院又认定,在 2007—2014 年,祝某某担任湖州市中心人民医院放射科主任期间,利用工作便利,为他人谋取利益,非法收受现金、消费卡等贿赂,犯非国家工作人员受贿罪。但是,判决对在同一时间段的同一人物做出两种不同的身份判断,其中原因令人不解。详见浙江省湖州市吴兴区人民法院(2015)湖吴刑初字第 263 号刑事判决书。

② 林岚:《论我国刑法中的“利用职务之便”》,西南政法大学硕士学位论文,2012。

③ 黄祥青:《“利用职务上便利”与“利用工作条件便利”之区别》,《人民法院报》2004 年 7 月 19 日。

④ 张明楷:《外国刑法纲要》(第二版),清华大学出版社 2007 年版,第 735 页。

⑤ 王佩芬:《“利用职务便利”与“利用工作便利”的区别》,《检察日报》2009 年 7 月 22 日。

也可以看出,“利用工作便利”的内涵十分宽泛。所以,可以得出这样的结论:“利用职务便利”是包含在“利用工作便利”之内的。此外,理论界有观点认为:“工作便利一词容易让人进行扩大解释,这样的结果往往是:凡是利用了工作关系所实施的行为,这些行为都被视为利用了职务便利。”[①]正因为“工作便利”的内涵与外延要比“职务便利”大,我国刑法为了更合理地适用职务犯罪的罪名,没有使用“利用工作便利”,而是将“利用职务便利”作为此类犯罪成立的客观方面要件。

(二)“利用职务上的便利”的理论探讨

我国现行刑法中,总共有14个罪名直接以“利用职务上的便利”或“利用职务便利”作为犯罪构成的要件,而刑法并没有直接规定“利用工作便利”为犯罪构成的要件。因而,为了探明职务便利与工作便利区别的必要性存在与否,需要对刑法中规定“利用职务便利”的罪名进行分析。本文着重针对贪污罪和受贿罪进行分析。

1.《刑法》第382条贪污罪的内容分析

《刑法》第382条规定:“国家工作人员利用职务上的便利,侵吞、窃取、骗取或者以其他手段非法占有公共财物的,是贪污罪。”根据最高人民检察院1999年9月16日《关于人民检察院直接受理立案侦查案件标准的规定(试行)》(简称《立案规定》),在贪污罪中,“利用职务上的便利”是指利用职务上主管、管理、经手公共财物的权力及方便条件。

与此同时,理论界对于贪污罪中“利用职务上的便利”存在着诸多不同的观点。比如,有学者持与上述立案规定的解释相同的观点。然而,也有观点认为“利用职务上的便利”,是指利用职务上主管、管理、经营、经手公共财物的权力及方便条件。[②] 该观点对“利用职务上的便利”的解释,比司法解释更为宽泛,认为利用“经营”的便利也认为是一种手段。还有观点主张,所谓“利用职务上的便利”,是指利用自己职务范围内主管、经营、管理公共财物的职权所形成的便利条件。[③] 此种观点不将“经手”公共财物的便利当作利用职务之便,认为职务便利与从事公务的身份密切相关,其根本属性在于管理性。而经手的

① 王俊平、李山河:《受贿罪研究》,人民法院出版社2004年版,第55页。
② 张明楷:《刑法学》(第4版),法律出版社2011年版,第1046页。
③ 刘宪权:《刑法学》(第2版),上海人民出版社2008年版,第832页。

便利不具有管理性质，营业员虽有经手公款的便利，也不能构成贪污罪，所以经手公共财物的便利不属于职务便利。[①] 还有观点认为，贪污罪中的利用职务之便是指直接利用本人职务上的权力，包括两种情况：一种是利用本人主管、经管财物的职务的便利条件；另一种是担任其他职务的国家工作人员因其执行公务而临时经手、管理公共财物。[②]

综合上述司法解释和理论界的观点，贪污罪中作为犯罪成立的客观方面的“利用职务上的便利”，不外乎“主管、管理、经营、经手”这几种形式。笔者认为，以上这几种形式都应该作为职务上的便利条件。因为职务是单位给予的一种职权性工作，在这种职权下，会进行持续反复的工作，故这种职务应该具有一定的稳定性。在这样的条件下，持续反复的“经营”“经手”都应该认为具有相应的管理性，应认定为职务上的便利。

2.《刑法》第385条受贿罪的内容分析

《刑法》第385条规定：“国家工作人员利用职务上的便利，索取他人财物的，或者非法收受他人财物，为他人谋取利益的，是受贿罪。”根据最高人民检察院《立案规定》，在受贿罪中，“利用职务上的便利”是指利用本人职务范围内的权力，即自己职务上主管、负责或者承办某项公共事务的职权及其所形成的便利条件。2003年11月13日，最高人民法院《全国法院审理经济犯罪案件工作座谈会纪要》(简称《纪要》)中规定，“利用职务上的便利”，既包括利用本人职务上主管、负责、承办某项公共事务的职权，也包括利用职务上有隶属、制约关系的其他国家工作人员的职权。担任单位领导职务的国家工作人员通过不属自己主管的下级部门的国家工作人员的职务为他人谋取利益的，应当认定为“利用职务上的便利”为他人谋取利益。相比较来看，最高人民检察院《立案规定》强调了“利用本人职务范围内的权力”，而不包括本人职权可以制约他人所形成的便利条件，过分限制直接受贿的成立范围。[③] 而最高人民法院《纪要》，并没有对“利用职务上的便利”进行直接的解释，而是直接列举一些“利用职务上的便利”的具体情形。

理论界对于受贿罪中“利用职务上的便利”也有不同的看法。有学者认为，只要国家工作人员所索取或者收受的财物与其职务行为有关，就可认定为

① 刘宪权：《刑法学》(第2版)，上海人民出版社2008年版，第832页。
② 王作富：《刑法分则实务研究(下)》，中国方正出版社2010年版，第1674页。
③ 孙国祥：《受贿罪“利用职务上的便利”新论》，《法学论坛》2011年第6期。

利用了职务上的便利，因为索取或者收受与职务行为有关的财物，就意味着对方必须为国家工作人员的职务行为付出财产上的代价，侵犯职务行为的不可收买性。[①] 也有学者提出，利用职务上的便利，是指利用本人现有职务范围的权力，即利用本人因现有职务而主管、负责或者承办某种公共事务所形成的便利条件。[②] 该学者还提出，“利用职务上的便利”应涵盖以下 7 种情况：利用本人直接主管、经办和参与某种具体公共事务的职权；利用本人的一般职务权限；利用滥用职权所产生的便利条件；利用自己分管、主管的下属国家工作人员的职权；利用不属自己分管的下级部门国家工作人员职权；利用自己居于上级领导机关的地位而形成的对下级部门的制约力；利用自己居于监管地位所形成的对被监管对象(非国家工作人员)的制约力。[③] 还有学者认为，受贿罪因为是用手中的权力为他人谋利而收取他人财物，其利用的职务便利，只能是利用对某一事项有审批、控制、支配、安排等权的职务便利，偏重于对事项的决定和处置的管理性。[④]

3. 贪污罪与受贿罪“利用职务上的便利”的区别

通过前文的论述可以得知，受贿罪中的“利用职务上的便利”不同于与贪污罪中的“利用职务上的便利”，贪污罪侧重于直接的管理与支配，而受贿罪除直接主管、经办或参与以外还包括间接的管理或者制约。笔者认为，受贿罪中“利用职务上的便利”含义更为宽泛，在刑法法条中使用“利用职务上的便利”这种语言进行表述，有可能造成狭义理解，不甚合理。比如，有些国家的刑法典就没有直接规定“利用职务上的便利”，“而是规定‘公务员就职务’或‘公务员对其职务’要求、期约或收受利益”。[⑤] 因而，虽然贪污罪与受贿罪的客观方面都有“利用职务上的便利”，但是这两罪中的“利用职务上的便利”的内涵不同，主要区别表现在以下几个方面：

第一，贪污罪与受贿罪“利用职务上的便利”所实施的行为不同。贪污罪中的行为是非法占有公共财物，而受贿罪中的行为则是索取他人财物或者非法收受他人财物。

第二，贪污罪与受贿罪“利用职务上的便利”所侵害的法益不同。贪污罪

---

① 张明楷.《刑法学》(第 4 版)，法律出版社 2011 年版，第 1071 页。

② 孙国祥：《刑法学》，科学出版社 2008 年版，第 655—656 页。

③ 孙国祥：《受贿罪“利用职务上的便利”新论》，《法学论坛》2011 年第 6 期。

④ 刘宪权.《刑法学》(第 2 版)，上海人民出版社 2008 年版，第 852 页。

⑤ 张明楷：《刑法学》(第 4 版)，法律出版社 2011 年版，第 1071 页。

行为所指向的是公共财物，而受贿罪行为指向的却并不是财物，而是为他人谋取的不正当利益。因此，贪污罪所侵害的法益是职务行为的廉洁性，而受贿罪所侵害的法益是职务行为的不可收买性。

第三，贪污罪与受贿罪“利用职务上的便利”的表现形态不同。贪污罪中“利用职务上的便利”包括主管、管理、经营、经手，其侧重于直接管理与支配，而受贿罪中“利用职务上的便利”更侧重于对事项的决定和处置的管理性，因而，受贿罪还包括间接的管理和制约。

二、有关“利用职务上的便利”的比较法考察

(一) 德国

《德国刑法典》在第三十章是有关于职务犯罪的规定。其中第331条接受利益罪规定，公务员或对公务负有特别义务的人员，针对履行其职务行为而为自己或他人索要、让他人允诺或收受他人利益的；第332条索贿罪规定，公务员或对公务负有特别义务的人员，以已经实施或者将要实施的、因而违反或将要违反其职务义务的职务行为作为回报。①

由上可以看到，德国刑法典中违反职务义务、履行职务行为是职务犯罪中不可或缺的犯罪构成要件要素。

(二) 法国

《法国新刑法典》中关于违反廉洁义务的犯罪，对于职务行为有如下的阐述：(1)完成或放弃完成属于其职务、任务或委托权限范围的行为或者可由其职务、任务或委托权限提供方便之行为；(2)滥用其实际影响或设定的影响，以图指使他人从权利机关或公共行政部门取得有别于人的礼遇、工作职位、市场或其他任何有利于己之决定。②

由上可以看出，法国对于职务犯罪中是否利用了职务之便有较为明确的法律规定，只要是职务、任务、委托权限范围内，或可以借由职务、任务、委托权限提供方便的就应当认为是利用了职务之便，滥用或者利用职务的影响力谋取利益也应当属于利用职务便利的范畴。

---

① 《德国刑法典》，许久生、庄敬华译，中国方正出版社2004年版，第167页。
② 《法国新刑法典》，罗洁珍译，中国法制出版社2005年版，152页。

(三) 日本

1.《日本刑法典》的相关规定解释

日本刑法对于受贿有相关的规定：公务员就职务上的事项，收受、要求或者约定贿赂的；公务员就其职务上的事项，接受请托，使请托人向第三者提供贿赂，或者要求、约定向第三者提供贿赂的。[①]

日本认定职务便利一般以该职务行为与犯罪行为之间是否具有对价关系而成立，在此意义上来说，职务犯罪的核心要件即职务行为与该犯罪行为的对价关系，如果能够肯定这种对价关系，则意味着将职务行为置于犯罪行为的影响之下，从而对职务的公正性产生危险。日本刑法认为，首先，职务并不限于法令直接规定的事务，职务不仅包含自身正当的职务，而且包含了不正当的职务；其次，内部的事务分工对于职务行为的判断并不重要；再次，根据日本判例与学说，除了公务员的本来的职务行为外，与职务有密切关联的行为也是职务行为(即准职务行为)；最后，职务行为不仅包括现在的职务行为，而且包括过去的职务行为与将来的职务行为。

关于贿赂罪的保护法益，日本判例一般采取信任保护说即"公务员职务的公正性及其社会普遍的信任"的立场，多数学说也持同样的观点。贿赂罪的本质在于公务的不可收买性。公务员因为收取贿赂导致人们对公务的公正性失去信任，必须处罚。[②] 从这种立场看，贿赂与职务行为处于对价关系是贿赂罪的基本成立要件，所以不论公务员的职务行为是否缺乏公正，都要认为是犯罪。在原则上，如果侵害了职务行为的公正性，就需要加重处罚。

2. 职务行为的关联性问题

在贿赂罪中，斡旋受贿罪作为例外，公务员仅在有关自己的"职务"行为中获得不正当利益时才成立。因此，确定职务行为的范围是一个重要的问题。日本的判例、通说认为，职务行为只要属于该公务员一般的职务权限范围的事务即可。还有两种类型与职务密切关联行为也被称为准职务行为：其一，并非自己本来的职务，但属于习惯上负责的职务，或者属于由自己的职务所派生出来的职务；其二，利用自己职务的事实上的影响力。[③] 这些行为在严格意义上不属于职务行为，但是与职务行为有密切的关系。而这些行为是否具有关

---

① 《日本刑法典(第 2 版)》，张明楷译，法律出版社 2006 年版，第 73 页。

② [日]山口厚：《从基本判例学习刑法各论》，成文堂 2010 年版，第 312 页。

③ [日]西田典之：《日本刑法各论》(第 3 版)，刘明祥、王昭武译，中国人民大学出版社 2007 年版，第 385 页。

联性还存在争议。

这其中最具有争议的行为是，利用在履行职务之际所遇到机会的行为，或者利用在职务上所获得知识的行为。日本的判例对此持两种观点："第一，不承认存在职务关联性。市政府建设部开发科职员，对来访的公司有关人员介绍市政府建成的工业用地，因为没有该公司所期待的土地，接受委托私下寻找卖主，并帮忙斡旋买入别的土地的行为，不算是与职务有密切关系。第二，承认存在职务关联性。战灾复兴院派驻到地方建筑事务所的工作人员，负责发行建筑材料需求的分配证明，推荐业者向特定店铺购买板状玻璃的行为，被视为与履行职务有密切关系的行为。国立大学音乐系教授斡旋自己教育指导的学生购买小提琴的行为，应肯定其职务密切关联性。"①笔者认为，依据日本判例的观点，上述利用在履行职务之际所遇到的机会，或者利用在职务上所获得的知识的行为是否应视为与职务有密切关联性，最根本的判断标准应该是行为和职务具有直接关联性。

三、"利用职务上的便利"的判例分析

(一) 关于贪污罪

周某某贪污案。② 周某某担任保安队队长，负责监督、管理四个小区日常保安工作和收费情况，并将小区保安人员收取的停车费汇总后上缴至某物业公司指定的银行账户。周某某在担任保安队队长期间，利用前述职务上的便利，采用隐瞒实际的停车费收入、伪造虚假数据报表等方式，将保安人员汇总上缴到其处的部分停车费予以侵吞。最终法院认为周某某受国有公司委托管理、经营国有财产，利用职务上的便利，侵吞国有财产其行为已构成贪污罪。

本案中，周某某是否利用职务上的便利，还是利用工作便利，是影响贪污罪成立的关键问题。前文已述贪污罪中"利用职务上的便利"应包括利用职务上主管、管理、经营、经手公共财物的权力及方便条件。本案中，周某某主要职责之一是审核、汇总保安人员收取的停车费后上缴公司，因而，他的行为是利用"经手"国有财产的方便条件侵吞国有财产，故符合贪污罪中利用职务上的

① [日]盐见淳：《贿赂罪的职务关联性》，西田典之等编：《刑法的争点》，Jurist 增刊，有斐阁 2007 年版，第 261 页。

② 参见上海市徐汇区人民法院(2012)徐刑初字 1093 号刑事判决书。

便利这一要件。

(二) 关于受贿罪

1. 方某受贿案。[①] 方某担任慈溪市园林管理处副主任,分管绿化建设及绿化养护等工作,对绿化建设、养护等工程的方案、招投标、竣工验收等方面具有一定的决定权。方某在任职期间,利用职务之便,为绿化建设及养护施工单位提供方便。本案中,方某作为专业部门的工作人员,具有相关行业的技术,表面上为相关单位提供劳务以获得报酬,而实际上只是提供了少量服务来掩盖收受财物的事实。

本案中的核心问题,就是如何正确区分正当的劳务报酬与非法受贿的界限。为此,最高人民法院在该指导案例中提出应综合考虑以下几个方面内容:(1)国家工作人员是利用职务便利为他人谋取利益收受财物还是利用个人技术换取报酬;(2)是否确实提供了有关服务;(3)接受的财物是否与提供的服务等值。[②]

明确了正当的劳务报酬与非法受贿的判断标准,对于国有企业工程师利用自身掌握的技术在业余时间去帮助民营企业解决问题,也就可以进行很好的解释。国有企业工程师的行为是利用技术去解决民营企业技术上的问题,民营企业并没有通过国有企业工程师谋取其他不正当的利益,而且提供的服务也是等值的。而本案中的方某则不同,虽然表面上看给相关单位提供了相关技术上的帮助,但是事实上实际上只是提供了少量服务来掩盖收受财物的事实,为的还是谋取不正当的利益。

2. 戴某受贿案。[③] 戴某在担任国家工作人员期间,利用为有关中小企业提供政策法规咨询、提供创业指导、管理咨询、联系、组织专业服务机构为中小企业提供融资服务、协助做好各专项资金申报的咨询、辅导、初审工作等职务便利,多次收受相关企业和人员给予的钱款、购物卡等。最终法院认为,戴某身为国家工作人员,利用职务之便,非法收受他人财物,为他人谋取利益,其行为已构成受贿罪。

---

① 最高人民法院刑事审判第一至五庭:《中国刑事审判指导案例 6)》,法律出版社 2012 年版,第 195—198 页。

② 最高人民法院刑事审判第一至五庭:《中国刑事审判指导案例 6)》,法律出版社 2012 年版,第 198 页。

③ 参见:上海市徐汇区人民法院(2014)徐刑初字第 1203 号刑事判决书。

本案中戴某的行为是属于利用职务上的便利，还是利用熟悉政策而提供帮助，这直接影响到受贿罪的成立与否。在前述方某受贿案中，已经提及最高人民法院关于正确区分正当的劳务报酬与非法受贿的界限的判断标准。本案和上述案件有一定的相似之处，涉案的国家工作人员都是具有相关行业技术、熟悉相关知识的人员。从戴某任职的上海市中小企业发展服务中心的工作性质来看，它是协助落实国家和本市有关中小企业发展的法律法规和方针政策，协助推进中小企业服务体系和诚信体系建设，协调和组织中小企业跨行业、跨区域活动等的部门。因而，这本来就是扶持推广中小企业发展的部门，所以戴某在相关企业申报中小企业发展专项资金给予帮助，应该属于他的工作内容。判决指出戴某在相关企业申报过程及初审工作中给予帮助，但却没有明确说明戴某所提供的帮助内容是什么，也没有明确解释戴某为初审工作提供了什么帮助，这种帮助是否利用了戴某本人的职务。比如，戴某有审批初审材料的决定权，如果他否定，那么申报单位就无法进行下一关的申报，但是判决并未指出这一点，可以认为戴某本身并不具备这种决定权。另外，判决指出戴某在某公司申报国家发展专项资金时，为申报工作提供政策上的帮助，这也是戴某的工作内容，并非戴某利用职务上的便利。因此，单凭判决所指出的"戴某在相关企业申报过程及初审工作中给予帮助"或者"提供政策上的帮助"等行为，就认定戴某的行为是"利用职务上的便利"，颇为勉强。其实，如果说戴某的行为属于他的工作内容更为妥当。从这个意义上说，没有明确解释戴某所提供的帮助内容，是判决中的漏洞。

笔者认为，戴某在进行政策咨询、辅导及申报帮助和初审工作中给予帮助，收受财物，这种行为已经侵犯国家工作人员职务行为的不可收买性，导致人们对国家工作人员职务的公正性丧失信任，应该认定为受贿罪。国家工作人员利用工作便利为他人谋取利益，并收受他人财物，本质上符合钱权交易的特征，应当属于受贿，在此过程中行为人出于某种考虑也会向行贿方提供个人技术服务的活动，这在原则上不能对定罪产生影响。① 综合来看，本案中戴某提供的服务和收受的财物，也不宜认定为价值相当，因为如果没有戴某国家工作人员的身份影响，相关单位是不会提供数额如此大的财物的。此外，该案在判决书中提及，戴某所在中心规定"在专项资金申报项目初审过程中，不得对

① 最高人民法院刑事审判第一至五庭：《中国刑事审判指导案例(6)》，法律出版社 2012 年版，第 198 页。

项目单位收取费用”。故本案将戴某的行为认定为受贿罪是妥当的。

四、“利用职务便利”与“利用工作便利”区别的必要性存在与否

(一) 关于侵害的法益

法益，是指根据宪法的基本原则，由法律所保护的、客观上可能受到侵害或者威胁的人的生活利益。[①] 刑法上的法益，类似于我国传统刑法理论中所说的犯罪客体，我国的犯罪客体是指犯罪所侵害的社会关系。因而，通过分析可以知道“利用职务便利”与“利用工作便利”所侵害法益的不同，这样可以更好地理解两者之间的区别。

“利用职务上的便利”是贪污罪、受贿罪等职务罪的犯罪成立的构成要件。贪污贿赂罪的法益是职务行为的廉洁性、不可收买性。因而，“利用职务上的便利”获取财物，所侵犯的法益最主要的是职务行为的廉洁性、不可收买性，其次也可能包括财产的所有权。相比较而言，“利用工作上的便利”获取财物，所侵犯的法益首先就是财产的所有权。因为“工作”本身是一个比较宽泛的概念，“工作”也不像“职务”有一定的特性。虽然两者都是利用某种手段，但是利用“职务”是利用工作中的一种职权，利用这种职权所侵犯的不仅仅是财产的所有权，更重要的职务行为本身。正因侵害法益的不同，“利用职务上的便利”获取财物所构成的犯罪是贪污罪、贿赂罪等职务犯罪，而只“利用工作便利条件”获取财物所构成的犯罪只能是一些财产犯罪。

(二) 关于刑事政策

从立法现状看，我国对于职务犯罪的立法及司法解释都带有扩大化的趋势。从当前的刑事政策看，党的十八大以来，我国对职务犯罪处于严打态势，司法机关对于职务犯罪中“利用职务便利”有定型化倾向。但是，司法机关不能将“利用工作便利”或属于“工作内容”的行为，一律认定为“利用职务上的便利”，否则将导致受贿罪扩大化的危险发生。

在严打职务犯罪的刑事政策之下，一些国家工作人员以提供劳务获得报酬的形式受贿成为一种典型的案件。在此类案件中，国家工作人员提供劳务

---

① 张明楷：《刑法学》(第 4 版)，法律出版社 2011 年版，第 67 页。

正当与否经常会成为争议的关键点。因而，关于国家工作人员是否有权利运用自己的相关专业知识提供劳务获得报酬，也是一个问题。就笔者来看，一部分国家工作人员是没有该权利的，这部分国家工作人员主要是国家机关工作人员。最高人民法院《纪要》指出："刑法中所称的国家机关工作人员，是指在国家机关中从事公务的人员，包括在各级国家权力机关、行政机关、司法机关和军事机关从事公务的人员。"因而，国家机关工作人员主要是指的《公务员法》上的公务员，而《公务员法》第 42 条规定："公务员因工作需要在机关外兼职，应当经有关机关批准，并不得领取兼职报酬。"

所以，笔者认为这部分国家工作人员（即国家机关工作人员）是没有权利提供劳务获得报酬的，如果他们因提供劳务获得了报酬，只要该劳务与他们的公职工作相关，即可认定为"利用职务上的便利"，而收受了贿赂。因为，他们没有提供劳务获得报酬的权利，故在这种情况下，"利用工作便利"和"利用职务便利"的含义可以是相同的。而除此之外的国家工作人员（比如事业单位科研人员、国有企业工程师等），应该可以有这样的权利，但前提是必须同时提供了与所收受报酬相当的劳务。对此类案件，在判断是否是非法收受贿赂还是正当劳务报酬问题上，就要根据前述最高人民法院在方某受贿案中的指导标准进行具体判断。

（三）小结

关于"利用职务便利"与"利用工作便利"是否有区别的必要性，笔者认为，从职务犯罪的角度看，没有区别的必要性。例如，作为国家事业单位的普通科研人员，临时受命管理国家社科院基金项目的资金，在管理该项目经费过程中，如果此人用假发票报销部分经费，那么他应该构成贪污罪，此时不需要区别他的行为是利用职务便利，还是利用工作便利。

但在职务犯罪与非职务犯罪的认定上，就存在区别的必要性。比如，国有企业仓库管理人员利用到财务室报账机会，偷窥并记住出纳开保险箱时输入的密码，趁没人将保险箱里的财物窃为己有，仓库管理人员涉嫌盗窃罪，此时就有必要区别仓库管理人员是利用职务便利还是利用工作便利。如前文所述，"利用工作便利"的范围是比"利用职务便利"更大的，也就是说一个行为要符合"利用职务便利"，必须先符合"利用工作便利"，然后该行为必须是基于工作身份上的职权所产生的，才能符合"利用职务便利"。

因而，"利用职务上的便利"与"利用工作便利条件"区别的根本意义在于区别罪与非罪、此罪与彼罪。"利用职务上的便利"获取财物所构成的犯罪是贪污罪、贿赂罪等职务犯罪,而只"利用工作便利条件"获取财物所构成的犯罪只能是一些财产犯罪。

抽象危险犯形态法定犯的出罪机制

——以生产销售假药罪和生产销售有毒有害食品罪为切入

杜小丽*

摘　要：抽象危险犯与法定犯对法益保护的双重前置，使得以抽象危险犯犯罪形态规定的法定犯的入罪更为便捷，而出罪通道不畅，从而在有效打击犯罪的同时却容易侵犯行为人权利。法定犯认定参考行政法规制定标准的相对性为抽象危险犯形态法定犯的出罪预留了解释空间。应在法教义学的框架内合理构建抽象危险犯类型法定犯的出罪机制以实现个案正义。从实体法方面，应提倡法益的合目的性考虑，在具体案件的司法认定中适用"但书"进行实质解释；从程序法方面，在加强有效辩护、灵活适用酌定不起诉等制度的同时，强调鉴定意见的规范适用。以刑事政策类理由直接出罪和由被告人承担犯罪不成立的证明责任不是妥适的出罪路径。

关键词：抽象危险犯；法定犯；生产销售有毒有害食品罪；生产销售假药罪；出罪机制

为更好地维护社会秩序，我国刑法规定的法定犯中有一部分采取了抽象危险犯的立法方式。相较于其他类型的犯罪，抽象危险犯的出罪通道更加狭窄；相对于自然犯，法定犯因其所保护的是更加抽象的集体法益，故而在入罪方面更加容易。抽象危险犯与法定犯均为对法益的前置保护，它们的强强联手，使得这一形态的犯罪在维护秩序方面作用显著，而在保护行为人的权利方面则屡屡触壁。因此，如何体系化的构建抽象危险犯类型的法定犯的出罪机制，在教义学的框架内实现每一起案件的个案正义，是一个需要解决的问题。

---

* 杜小丽，上海社会科学院法学研究所助理研究员。本文原刊于《政治与法律》2016年第12期。

一、典型案例及问题的提出

自《刑法修正案(八)》将生产销售假药罪、生产销售有毒有害食品罪修改为抽象危险犯以来,我国各级人民法院依此对药品食品领域刑事案件作出大量判决,对民生领域的刑法保障效果显著。与此同时,陆勇代购抗癌药案、毒豆芽系列案件的司法适用也受到了普遍关注与质疑。随着社会分工与合作的逐渐强化,不同部门法、不同领域的知识将产生更加细致深入的交叉适用,而刑事法学领域对自然科学技术标准的吸纳,对行政法制定的标准是否可以直接借鉴为判案依据,在实务中还存在不同的认识,以致出现了同案不同判的现象。这种现象尤其在经济犯罪和过失犯罪领域广泛存在,在学术研究中这个问题也还并非不证自明,尚未达成通说。食品药品犯罪在我国经济犯罪领域常见多发,生产销售假药罪和生产销售有毒有害食品罪作为抽象危险犯,入罪标准低,刑罚程度高;同时,食品药品又与民生息息相关,因此在这个领域,刑法、行政法、秩序、权利、自然科学、道德感知等各种范畴的碰撞尤其激烈。当个体国民在法律与规则之下却陷入伦理困境的时候,是我们需要检视法律规定和司法运作是否正当的时候。本文拟以近年来生产销售假药、有毒有害食品类犯罪的典型案例为切入,探究相对妥当的解决方案,以求贯通理论与实务对类似问题的认知。

(一) 基本案情

1. 陆勇生产销售假药案(简称:陆勇案)

2002 年,陆勇被查出患有慢粒性白血病,需要长期服用抗癌药品。中国国内对症治疗白血病的正规抗癌药品“格列卫”系列系瑞士进口,每盒需人民币 23 500 元,陆勇曾服用该药品。2004 年 9 月,陆勇通过他人从日本购买由印度生产的同类药品,价格每盒约为人民币 4 000 元,服用效果与瑞士进口的“格列卫”相同,经对比检测结果显示,两者药性相似度 99.9%。之后,陆勇开始直接从印度购买抗癌药物,并通过 QQ 群等方式向病友推荐。随着病友间的传播,从印度购买该抗癌药品的国内白血病患者逐渐增多,药品价格逐渐降低,直至每盒为人民币 200 余元。因为汇款程序复杂,许多人都请陆勇帮助购买印度抗癌药品。尽管众多白血病患者经陆勇帮助代购行为病情得以控制并好转,但按照我国法律,这些抗癌药只要未取得中国进口药品的销售许可,应被认定为“假药”，并会触犯我国《刑法》第141条规定的生产销售假药罪。2013年11月，陆勇被警方带走，2014年7月21日，湖南省沅江市检察院以妨害信用卡管理罪和销售假药罪，将陆勇公诉至沅江市法院。陆勇案经报道受到社会的普遍关注，尤其是那些曾请求陆勇代购“假药”的白血病患者联名写信希望释放陆勇，甚至组建了“救助陆勇全国安心联盟群”。陆勇代购药品的行为形式上符合销售假药罪的犯罪构成要件。2015年1月30日，检察院提出撤回起诉申请，法院裁定同意撤回起诉。2015年2月26日，湖南省沅江市检察院作出了对陆勇不起诉的决定。[①] 2万元与200元的差价催生出的陆勇案并非个案，此前已有将代购此类药物行为被认定为销售假药罪的案例。而由于我国医保制度、药品许可制度等方面的不健全，我国很多药品尤其是抗肿瘤类药品还将继续面临类似问题。陆勇案虽被撤诉，但行政许可制度与患者购买平价药品的需求之间产生的此类案件还将不断出现。

2. 生产销售毒豆芽类生产销售有毒有害食品罪（简称：毒豆芽案）

自20世纪80年代开始，我国芽农在豆芽制发过程中使用“无根剂”“速长王”等植物生长调节剂，其主要成分是6-苄基腺嘌呤和4-氯苯氧乙酸钠以及赤霉素，用于提高发芽率、调节豆芽根茎生长，这种做法曾一度被广泛认可并推广，但这种情况在2011年相关食品安全标准修订后发生了变化。根据卫生部发布的食品安全国家标准《食品添加剂使用标准（GB2760-2011）》，6-苄基腺嘌呤和4-氯苯氧乙酸钠被作为植物生长调节剂被调整出GB2760-2011；之后，质检总局发布了《关于食品添加剂对羟基苯甲酸丙酯等33种产品监管的公告》（2011年第156号公告），禁止食品添加剂企业生产6-苄基腺嘌呤和4-氯苯氧乙酸钠，同时禁止食品企业使用。在这种情况下，各地执法机关开始按照公告要求进行清理，多名芽农被认定构成生产、销售有毒有害食品罪。这一情况很快引起了广泛关注。中国豆制品专业委员会秘书长吴月芳为此上书国务院和最高法院，希望引起中央领导关注，请求法院慎重处理。国内食品科学专家也从食品科学角度对豆芽生长机理进行分析，认为使用6-苄基腺嘌呤和4-氯苯氧乙酸钠不会造成食品安全问题，强调不能因为食品安全标准的变化对已经采用了近30年的食品工艺予以全面否定。在舆论媒体的关注下，最

① 时方：《生产销售假药罪法益侵害的规范解释——主次法益价值冲突时的实质判断》，《政治与法律》2015年第5期；阮占江：《检察机关详解陆勇案撤案缘由：不是销售行为》，搜狐网，http://news.sohu.com/20150228/n409216909.shtml，2016年9月11日访问；百度文库：《陆勇案》，http://wenku.baidu.com/view/20c1637ebed5b9f3f80f1c5c.html，2016年9月10日访问。

高法院于2014年表态“正在调研、收集汇总情况后提出初步处理建议”。此后，各地法院对此类案件大都从轻处理。2015年2月6日，中国人民大学刑事科学法律研究中心举办了“无根豆芽案件法律问题研讨会”，认为无根豆芽不是“毒豆芽”，使用6-苄基腺嘌呤和4-氯苯氧乙酸钠不构成犯罪。在2015年全国两会上，全国人大代表、重庆市人民检察院检察长余敏提交了一份建议，称毒豆芽案件有争议，亟须明确其法律适用。2015年5月9日，最高人民法院刑二庭负责人谈到自己对“无根豆芽”案的观点称，此类案件不适用《刑法》第144条按生产销售有毒有害食品罪处理，各地法院不宜援引《解释》第20条的规定，直接将6-苄基腺嘌呤等物质认定为有毒有害的非食品原料，不能在“有关部门公告禁止使用的物质”和“有毒、有害物质”之间简单地画等号。① 此后，各地频繁出现对毒豆芽案件当事人的保释或撤诉，2015年6月16日，辽宁省葫芦岛市连山区人民法院做出全国首例毒豆芽案无罪判决。在毒豆芽案争议这数年间，已经有数千名芽农被判罪量刑。②

（二）观点梳理与问题澄清

在生产销售假药罪、生产销售有毒有害食品罪等罪名的司法认定中，是否可以直接援引相关法律、行政法规、相关部门出台的各种规定中假药、有毒有害食品的认定标准，各方分歧明显，一方持肯定观点，一方持否定观点。肯定理由主要包括：生产销售假药罪和生产销售有毒有害食品罪是法定犯，刑法是二次法和保障法，司法认定应依托于行政法的规定；生产销售假药罪和有毒有害食品罪是抽象危险犯，不需要司法独立判断是否造成实际的法益侵害或法益侵害危险，只要有生产销售假药、有毒有害食品的行为，即侵害了相关领域的经济秩序；如果一味要求判断生产销售假药、生产销售有毒有害食品行为及其危害结果之间的因果关系，诉讼程序中的刑事证明将非常困难，不利于打击犯罪；现阶段我国食品药品领域犯罪多发，遵循宽严相济的刑事政策，宜从严打击。否定理由主要包括：行政法的价值取向是侧重效率，刑事法的价值取向是侧重公正，刑事司法的认定不宜直接援引行政法的认定标准；刑法不仅要保护秩序，而且要保障行为人的权利与自由，在药品食品犯罪认定过程中应

---

① 黄芳：《“毒豆芽”案首现无罪判决，争议数年已有数千芽农获刑》，澎湃网，http://www.thepaper.cn/newsDetail_forward_1357530_1，2016年9月23日访问。

② 对毒豆芽案的梳理和具体介绍，参见澎湃网专题：《争议“毒豆芽”》，http://www.thepaper.cn/newsDetail_forward_26186。

考虑行为人的动机与是否侵害了人身权等个人法益；刑法虽是保障法，但有自身的独特价值，应进行独立判断；刑事司法不应过于强调刑法的一般预防功能，不能将犯罪人工具化。

大致来看，入罪观点侧重形式解释，出罪观点侧重实质解释。但仔细分析，相关论证均显粗疏而不够深入，碎片化明显而体系化不足。笔者认为，双方所争论的要点其实可以归纳总结为以下两个理论问题：第一，行政犯的司法认定中是否需要参照行政法的制定标准及其依附程度；第二，在行为形式上已经符合犯罪构成的前提下，是否有体系化的出罪机制用以维系个案公正。

二、法定犯的司法认定原则上应参考行政法规制定的标准

法定犯的前提之一是具有行政不法内涵，行政不法的标准和表现由国家规定即法律、行政法规等进行规定。如果相关法律、行政法规提供了具体的违法性认定标准，这些具体标准对刑事违法性的认定具有当然的重要的参考价值。如果不予参照而独立判断，将使得大量法定犯的认定缺乏直接规定，对司法机关无异于作茧自缚，不利于有效地打击犯罪。当然，在适用行政规定的具体标准进行违法性判断时仍然应当坚持从形式和实质两方面予以判断，只有在形式上不矛盾且在实质上具有同一性时，行政法的违法性认定标准才可以作为认定法定犯犯罪构成的参考。

(一) 法定犯的认定应参考行政法规制定的标准

法定犯的出现源于国家为实现行政管理和社会控制目的而设置的命令或禁止性规范，法定犯的成立应以违反行政法规为前提。法定犯的行政从属性是一个客观存在的法律现象，也是其应有之意。我国刑法所规定的大多数法定犯都是以违反相关行政法的规定为前提的。刑事司法认定中参考行政法规制定的相关标准，其优越性和必要性主要体现在以下几个方面。

第一，不同于自然犯，法定犯由于其构成要件类型化程度低，因而，其构成要件具有需补充性、规范性特征，评价性内涵更加丰富，必然与政治、管理、政策、目的产生一定的牵连。自然犯的构成要件类型多是规定于刑法分则中具体的、形象化的“模型”。法定犯构成要件作为开放的或者说需要补充的构成要件，它们需要法官在司法认定中补充构成要件及构成要件要素。而相较于法官而言，行政部门具有专门的技能和知识。譬如，要检验“何为有毒，何为有

害，何为假药”，只能由专门机构进行，法官是不可能根据法律素养、内心确信或常识常理常情“悟”出来的。如果缺乏专门机关制定的标准和具体的认定，很可能相关的司法认定也会成为无源之水，无本之木。

第二，如果在法定犯的具体认定中，不参考相关标准而对每一起具体的案件单独判断的话，往往会变得不明确和恣意。在法定犯的司法认定中，借助于行政法制定的相关标准，法定犯的刑事责任在刑事证据认定上极其简单，因为是否违背了相关标准通常十分清楚明了，不存在证据上的认定难题。确定的规则与操作的简便不仅能带来司法的高效，同时也在一定程度上限制了司法裁量权的行使，这在一定程度上，尤其是在法治发展的初级阶段，反而避免了司法擅断与司法专横。

第三，在司法认定中参考相关行政标准，有助于节约犯罪治理成本，提高司法效率。任何社会治理的手段都是需要成本的，而刑事治理手段的成本无疑是最高的。刑事司法过程中也不得不进行一定的成本和效率考量。

第四，法定犯的行政从属性能保障刑事治理的适时性。刑法需要保持一定的稳定性，而相对的稳定性又导致其调控力很难及时适应不断变化的法律关系。行政法的灵活性可以增强刑法的调控能力，使其适应社会发展的需要。正是行政法的灵活性和刑法的稳定性，行政法与刑法之间才存在着一定的共生关系。

（二）法定犯的司法认定对行政法规制定标准的参考并非绝对

在法律规范体系中，刑法规范既具有二次性，同时又具有独立性。刑法规范的概念、构成、功能、价值都独立于其他法律规范，自成体系。[①] 一方面罪刑法定原则要求以刑法作为认定刑事不法的标准，坚持刑法的相对独立性契合罪刑法定的基本内涵；另一方面，司法实践中国家规定的立法主体多元，附属刑法缺乏统一的监督和制约机制，导致附属刑法具有一定的随意性，并会形成与刑法规范的不协调乃至冲突。保持刑法独立性的判断，具有“预防地方保护主义、预防部门保护主义和保障对保障社会主义法制统一原则”的合理性。[②] 因此，在法定犯的司法认定中，在原则上参考行政标准的前提下，也应对两者

---

① ［日］木村亀二：《刑法学词典（上）》，顾肖荣等译，上海翻译出版公司 1991 年版，第 5 页。

② 王恩海：《论我国刑法中的“违反国家规定”——兼论刑法条文的宪政意义》，《犯罪研究》2010 年第 4 期。

的联系予以适当的隔离,行政法规制定的具体标准不宜直接转化为个案中刑法规范的认定依据,应保持刑法的独立性。主要理由在于以下几点。

第一,特定具体管理法规与刑法的规范目的是不同的,行政法与刑法的价值定位不同。行政法更加侧重效率,兼顾公正;而刑法侧重公正,兼顾效率。当维护秩序的需要与保障人权的需要产生冲突时,刑法应尽量依从后者。甚至有些行政规定的意义根本与风险的思考无关,[①]如有些行政法规是完全基于美学、财政或其他因素作为考量对象的。[②] 行政管理法的目的与刑法的目的存在明显区别。行政法上的责任,也明显不同于刑事责任。[③] 相应地,行政责任的认定与法定犯之刑事责任的认定,也应该按照两种责任成立要素予以区别对待。亦即,法定犯的认定依据仍然应以是否满足该罪名之构成要件全部要素得以判断,从而让法官在犯罪的认定过程中占据主导地位,而不会使得犯罪认定过程中法官的自由裁判权附属于行政机关的行政裁量权。

第二,当今的刑法理念主张"刑法是犯罪人的大宪章",不能将行为人作为工具,一味强调一般预防功能,这在一定意义上,会过度限制国民的行动自由而影响社会的发展活力。刑法调整对象的确立,其法律根据是实现国家目的,途径是根据理性的要求建立和维护法秩序。[④] 虽然直接参照行政标准更为简便高效,在刑事证明上更为便捷,但无论如何,刑事程序的简便易行也不能成为追究行为人刑事责任的正当根据。

第三,行政标准因其灵活性也存在一定的风险性,"各活动规范可能从创设之始就有失误,也可能由于科技进步而显得陈旧落伍,或可能在具体个案中不适用。"[⑤]一般化的规范标准只适用于"典型的"案件,因此,在具体司法认定中,需要特别关注的还有那些"不典型"案件。

第四,全部参照行政标准,将在一定程度上使得审判权陷落。原本犯罪的认定,应依刑法规定和刑法理论独立判断,法官独立的审判权限不得屈从于行政机关的标准认定。应反对直接将行政标准不加审查地作为刑事司法认定的依据,法院具有最终的司法裁判权,对行政标准必须加以审查后采用。行政标准相对来说形式简单,执行机关自由裁量权较大,由此易给权力寻租敞开便利

---

① 黄荣坚:《基础刑法学》(上),中国人民大学出版社 2009 年版,第 196 页。

② 蔡仙:《反思交通肇事罪认定中的结果责任》,《政治与法律》2016 年第 11 期。

③ 张明楷:《交通肇事的刑事责任认定》,《人民检察》2008 年第 2 期。

④ [德]安塞尔姆·里特尔·冯·费尔巴哈:《德国刑法教科书》,中国方正出版社 2010 年版,第 33 页。

⑤ 林东茂:《刑法综览》(修订 5 版),中国人民大学出版社 2009 年版,第 136 页。

之门，也容易导致篡改犯罪构成要件、证明标准和证明逻辑，混淆行政法上的责任与刑事责任。

第五，行政法因其管理法的属性，与政治具有亲缘性，更侧重社会控制，法定犯的认定如果完全依托于行政标准，将更容易导致中国司法传统中青睐的运动式司法，这对现代法治的建设毫无益处。

（三）关于生产销售有毒有害食品罪和生产销售假药罪中“有毒有害”和“假药”的认定

法定犯对行政法原则上的依附性可以解决大部分法定犯的司法认定问题。同时，相对的行政依附性理论也给严格依照行政标准认定将导致实质意义上的不公正的不典型案件预留了出罪空间，本文所援引的陆勇案和毒豆芽案即为适例。

在生产销售有毒有害食品罪和生产销售假药罪的司法认定中，最为关键的问题是何为“有毒有害”，何为“假药”。

关于“假药”的认定，我国《刑法》第 141 条第 2 款规定：“本款所称假药，是指依照《中华人民共和国药品管理法》（简称《药品管理法》）的规定属于假药或按假药处理的药品、非药品。”可见，刑法对于假药的认定只做了形式上的规定，并没有进行具体的解释，刑法将假药认定的权力交给了全国人大常委会制定的一般性法律，需要查找相关低位阶法律法规的内容进行具体认定。根据《药品管理法》第 48 条规定，假药包括：药品所含成分与国家药品标准规定的成分不符的；以非药品冒充药品或者以他种药品冒充此种药品的。以及按照假药论处的几种情形：国务院药品监督管理部门规定禁止使用的；依照本法必须批准而未经批准生产、进口，或者依照本法必须检验而未经检验即销售的；变质的；被污染的；使用依照本法必须取得批准文号而未取得批准文号的原料药生产的；所标明的适应症或者功能主治超出规定范围的。据此可知，假药包括药品本身成分不具备真实功效以及“视为假药”这两种认定标准。即除了药品本身事实上劣质无效，如变质、被污染等，余下部分是出于药品管理部门特定行政监管的需要而进行形式认定的拟制假药，其中最典型的就是以是否经过批准或取得批准文号来认定药品真假的情形。

关于“有毒有害”的认定，最高人民法院、最高人民检察院《关于办理危害食品安全刑事案件适用法律若干问题的解释》（简称《食品犯罪解释》），该解释自 2013 年 5 月 4 日开始实施，其中与“有毒有害”认定相关的条文是第 20 条，下列物质应当认定为"有毒、有害的非食品原料"："(一)法律、法规禁止在食品生产经营活动中添加、使用的物质；(二)国务院有关部门公布的《食品中可能违法添加的非食用物质名单》《保健食品中可能非法添加的物质名单》上的物质；(三)国务院有关部门公告禁止使用的农药、兽药以及其他有毒、有害物质；(四)其他危害人体健康的物质。"根据卫生部发布的食品安全国家标准《食品添加剂使用标准(GB2760－2011)》，6－苄基腺嘌呤和4－氯苯氧乙酸钠被作为植物生长调节剂被调整出GB2760－2011；而后，质检总局发布了《关于食品添加剂对羟基苯甲酸丙酯等33种产品监管的公告》(2011年第156号公告)，禁止食品添加剂企业生产6－苄基腺嘌呤和4－氯苯氧乙酸钠，同时禁止食品企业使用。

通过对相关行政规范的考察可见，从形式上看，陆勇案和毒豆芽案是符合生产销售假药罪和生产销售有毒有害食品罪的犯罪构成的。但是，纯粹按照形式规定予以定罪处刑将可能导致实质上的有失公允。陆勇代购抗癌药的行为不仅无损于公众生命健康法益，反而于很多患者有益；毒豆芽案经过科学鉴定，其使用的化学物质对身体并没有实质上的毒害作用。豆芽是一种常见食品，中国的芽农有近30万，[①]分散于经济发展程度差异甚大、行政监管能力不同的各个地方，"毒豆芽案"应该不会就此绝迹；而因为我国药品管理制度的客观缺陷及强制仿制药等制度的缺失，代购药品的案件恐怕并不会就此不再发生。在这种情况下，一律认定构成相关犯罪明显不是妥当之举，也不符合公民朴素的法感情和法期待。食品安全和药品安全并不是"一抓就灵"；面对质疑，对公民权利和自由的保障也不是"一放即可"。食品和药品的监管是我国社会管理中一个非常有代表性的缩影。随着各种问题的不断突现，其他领域的行政管理和刑事治理也将面临同样的问题。在这种情况下，对于这一类形式上违反法律规定，但并不具有实质违法性的案件，将仅存在秩序违反而未侵害具体法益的行为通过法学理论和实质解释实现出罪，可以有效恢复刑法的正当性基础。因此，探讨此类案件合乎规则的出罪机制便成为刑法学者和刑事司法人员不得不思考的一个问题。

① 黄芳：《"毒豆芽"案首现无罪判决，争议数年已有数千芽农获刑》，澎湃网 http://www.thepaper.cn/newsDetail_forward_1357530_1，2016年9月23日访问。

三、抽象危险犯类型的法定犯的出罪路径

如何在教义学的框架内实现该类案件的出罪？笔者认为，基于刑事一体化的考虑，可以以刑事实体法和刑事程序法两个维度为进路。

（一）刑事实体法面向

1. 宜进行法益的合目的性考虑

刑法本身是一门规范的理论，现代刑法学由犯罪和刑罚两个核心概念衍生出一整套规范的概念体系，提供了认定和解释犯罪的框架和路径，其中许多理论是相对成熟被称为具有教义学内容的理论。回归犯罪构成，在规范层面解释犯罪应当为第一要义。刑法教义学预设法律规范具有先验的合理性，并在此前提之下展开对法律规范的解释，刑法教义学的使命就是以一种合乎形式理性的过程追求一个合乎实质理性的结果。① 在教义学分析路径中，法益作为实质违法性判断的基准，应当受到理性的分析和检视，即应以具体条文的保护法益为指导对相关构成要件要素进行合目的性解释，以期达成合理的解释结论。作为实质解释的概念指标，法益对于解释的结论具有决定作用，对于解释的妥当性与否具有重要意义，可检验案件处理的可靠性与正当性。

经济秩序是指政府对市场主体在特定市场中行为准则的规制，它是刑法保护的市场利益和秩序，属于集体法益。集体法益以"制度保护"及"对制度的信赖保护"为基调，内容主要包括公共安全、经济制度、环境整体等。② 现代刑法除了保护个人法益，还要保护集体法益，这体现了刑法的秩序建构功能和安全塑造功能，并维护国民对该制度体系的信赖。在此基础上，集体法益在现代刑法的发展中获得了独立于个人法益的地位，由古典刑法向现代刑法的演变是不可阻挡的法治潮流。③

但"面对现代刑法中抽象危险犯的解释，法益理论遇到如下两个问题：其一，法益是不是一个可以无限延展的实体，从对侵害法益的实害犯的处罚扩展到对法益构成威胁的危险犯的处罚，以及今日的对法益构成模糊危险的抽象

① 邹兵建：《中国刑法教义学的当代图景》，《法律科学》2015 年第 6 期。
② 吕英杰：《风险刑法下的法益保护》，《吉林大学社会科学学报》2013 年第 4 期。
③ 马春晓：《使用他人许可证经营烟草的法教义学分析——以集体法益的分析为近路》，《政治与法律》2016 年第 9 期。

危险犯进行处罚，是否就可以由此为抽象危险犯的处罚寻求到正当化的根据。其二，对于抽象危险犯所侵犯的法益内容的解释过于抽象和模糊，很难像以往一样对一般法益概念作出明确的表述，导致对法益的轮廓范围在认定上存在困难，说服力明显不足”。[①] 生产销售有毒有害食品罪和生产销售假药罪的犯罪构成就采取了抽象危险犯的犯罪类型，以突出对于相关秩序法益的保护。集体法益本身就是对个人法益的前置保护，而抽象危险犯又是对集体法益的前置保护。所以，在入罪时存在着双重前置，这极易过分扩大刑法的处罚范围，形成刑法对其他法律的越界。因此，其更应经得起正当性的检验。

“集体法益本质上是抽象法益。对于个人法益的犯罪行为，行为对于行为客体（事实状态）与法益侵害具有直接关系，因此，不需要另行评价。而对于集体法益的侵害，行为虽然对行为客体的侵害，并不代表集体法益受到实际侵害，其仅仅意味着可能对集体法益造成危险，至于是否对集体法益造成实际危险，则需要进一步评价。”[②]换言之，针对集体法益所设置的抽象危险犯，其正当性检验应当遵循法益侵害具体化原则的评价。集体法益本身具有抽象性，而为保护集体法益而设置的抽象危险犯则容易变得更不确定。对于抽象危险犯，“危险拟制说”曾认为，它是通过立法阶段的类型性的价值判断，满足其构成要件的行为已经包含了类型化得抽象的危险，这是法律上拟制了抽象危险的存在，并不需要考虑某个行为现实地会对法益产生何种程度的危险。依据这种观点，即便是在实际实施的具体行为对法益完全没有危险的情况下，依然应肯定犯罪的成立。[③] 司法实务中确实存在此种理解，如贵州某县人民法院对一起毒豆芽案的判决书如此说理：“行为人只要在生产、销售的食品中掺入法律、法规禁止在食品生产经营活动中添加、使用的物质，以及国务院有关部门公告禁止使用的农药、兽药以及其他有毒、有害物质，即构成生产、销售有毒、有害食品罪，至于添加的非食品原料是否具有毒害作用、是否造成危害后果属量刑情节，不影响罪名成立。”[④]但这种学说及做法正在遭受有力的批判，个别案件中的具体行为，其法益侵害性应该是实际的、能够被证明的，可以通过被

① 舒洪水、张晶：《法益在现代刑法中的困境与发展——以德日的立法动态为视角》，《政治与法律》2009 年第 7 期。

② 黄国瑞：《法益论之解构》，《辅仁法学》2014 年第 48 期。

③ ［日］关哲夫：《现代社会中法益论的课题》，王充译，赵秉志主编：《刑法论丛》（第 12 卷），法律出版社 2007 年版，第 341—342 页。

④ 黄芳：《203 份“毒豆芽”案判决解析：法律适用混乱，存在重大疑点》，澎湃网，http://www.thepaper.cn/newsDetail_forward_1311776_1，2016 年 10 月 4 日访问。

危险行为所影响或者改变的对象呈现出来或者被具体化。①

如生产销售有毒有害食品罪和生产销售假药罪，我国刑法以行为犯的方式规定其基本犯罪构成的既遂形态，不考虑数额、数量、情节等其他因素。这通常没有问题，因为在食品中掺入了有毒有害的非食品物质以及生产销售假药的行为，一般情况下必然会侵犯公众身体健康及相关领域的秩序，这也符合立法阶段类型化的价值判断。但同时也还客观存在在如下特殊情况，即我国行政法拟制的某些假药，如：未经许可而进口的真实有效药品，本身并无毒副作用，甚至对患者具有经济上和健康上双重的益处；我国行政法规定出于管理目的而不允许添加的物质从科学鉴定上来判定并非有毒有害，在计量内食用并不会造成人身伤害。这种行为本身确实违反了行政许可，但却并没有侵害具体的个人法益，也并无此种侵害危险。根据当前刑法规定，这种情形同样应当成立犯罪，然而这种结论的正当性显然将受到法益侵害具体化原则的拷问。根据刑法教义学对违法性的实质判断，即便一个行为该当构成要件，但是刑法条文所预定的法益侵害并没有发生或者法益侵害显著轻微，由于缺乏实质的危害，司法上便不宜将其认定为犯罪，作为刑罚处罚的对象。②

"犯罪的本质是法益侵害，法益具有罪与非罪的界分功能。但随着科技的发展和社会风险的增加，现代刑法向法益概念稀薄化和法益保护提前化方向扩张。法益概念因为包含了抽象化和模糊化的集体法益而稀释其自身的客观性和明确性，其是否仍然能够发挥罪与非罪界分的立法作用开始变得令人怀疑。"③但按照比例原则，刑法应遵从其从属性原则和最后手段原则，通过比例原则对行为的行政不法与刑事不法内涵进行有效地界分。经济犯罪具有行政不法和刑事不法的双重违法性，但是这两种不法是有区别的。刑法法益与其他法益的关系，在某种意义上也就是刑法与其他法的关系。④ 行政法本身是管理法，侧重于行为的程序违法性，而刑法本身是犯罪法，侧重于行为的实质危害性。行为的程序违法性不简单等同于行为具有实质侵害性。对于生产销售有毒有害食品罪和生产销售假药罪，如果仅仅关注行政法规定的秩序违反，而没有充分讨论行为的实质危害性，刑法便入罪处理，则刑法必然挤压了行政法

① 王永茜：《论集体法益的刑法保护》，《环球法律评论》2013 年第 4 期。
② 张明楷：《自然犯与法定犯一体化立法体例下的实质解释》，《法商研究》2013 年第 4 期。
③ 马春晓：《使用他人许可证经营烟草的法教义学分析——以集体法益的分析为近路》，《政治与法律》2016 年第 9 期。
④ 张明楷：《法益初论》，中国政法大学出版社 2000 年版，第 164 页

的调整空间，使得行政不法和刑事不法的分界线变得更为模糊。同为法益的保护手段，“国家如果采用了其他社会政策就能够甚至更为有效地保护一种确定的法益，但是却抓住了锋利的刑法之剑，那么这种做法就违反了禁止超过必要限度的原则”，[①]此时，刑法对于秩序的保护就显得过度了。单纯违反行政法目的秩序或行政命令的行为，如果缺乏刑法意义上的实质法益侵害，就没有刑罚必要性可言。[②]

2. “但书”在个案中的具体适用应得到提倡

自醉酒驾驶入罪以来，我国《刑法》总则第 13 条规定的“但书”是否可以作为出罪根据即成为刑法学者热烈讨论的话题。对此，笔者认为，在我国目前的法治环境下宜做出肯定回答。

“我国刑法典第 13 条‘但书’系当前各国刑事立法例中极少数叙明刑法谦抑性之条款”的体现[③]。但书“是对刑法分则诸多具体犯罪构成的数量要件的概括、抽象的规定，从而明确地把定量因素引进犯罪的一般概念之中。这种将定性因素和定量因素结合起来的犯罪概念的最直接效果就是缩小了刑法的打击面”。[④] 其重要功能就是贯彻刑法之谦抑性予以积极出罪。如果说罪刑法定原则通过明确刑法规范、缩小犯罪圈而达到第一层出罪功能的话，“但书”则是通过一定程度的社会危害性的阙如来实现第二层出罪的保障功能。[⑤] 具体可以从实务运作与理论基础两个方面来展开。

一方面，司法实务是推进法治进步的重要阵地，司法工作人员普遍选择的做法在一定程度上自然有其合理之处。而就司法实践的操作现状来看，法院直接依据“但书”作为法律依据做出无罪判决属于较为普遍的现象，而且从出罪率上来说，相对于全国极低的刑事无罪判决率来说，以“情节显著轻微危害不大”为出罪理由的概率是很高的。在生产销售有毒有害食品罪和生产销售假药罪的司法适用中，对“但书”也是多次援引。如湖南省沅江市检察院做出的“对陆勇不起诉决定书”的依据之一即为“情节显著轻微，危害不大”；辽宁省葫芦岛市连山区法院做出的全国首例毒豆芽案无罪判决的判决书更是明确表示：“三种物质的

---

① [德]克劳斯·罗克辛：《德国刑法总论(第 1 卷)：犯罪原理的基础构造》，王世洲译，法律出版社 2005 年版，第 122—123 页。

② 时方：《生产销售假药罪法益侵害的规范解释——主次法益价值冲突时的实质判断》，《政治与法律》2015 年第 5 期。

③ 刘艳红：《目的二阶层体系与“但书”出罪功能的自洽性》，《法学评论》2012 年第 6 期。

④ 刘艳红、周佑勇：《行政刑法的一般理论》，北京大学出版社 2008 年版，第 127 页。

⑤ 储槐植：《刑事一体化要论》，北京大学出版社 2007 年版，第 106—109 页。

安全性尚不清楚，故二被告人行为应属情节显著轻微危害不大，不认为是犯罪。故对公诉机关指控二被告人的罪名，本院不予采纳。”同时，合理适用“但书”出罪的做法也得到了相关司法解释的确认，如最高人民法院、最高人民检察院2014年12月1日发布实施的《关于办理危害药品安全刑事案件适用法律若干问题的解释》（简称《药品犯罪解释》）第11条规定：销售少量根据民间传统配方私自加工的药品，或者销售少量未经批准进口的国外、境外药品，没有造成他人伤害后果或者延误诊治，情节显著轻微危害不大的，不认为是犯罪。

另一方面，从理论基础来看，目前，“但书”能否在具体犯罪认定的过程中适用，主要是在“是否违背罪刑法定原则”的范畴内展开。综合来看，否定论者的主要观点是认为“但书”是社会危害性原则的共生体，具有判断标准的模糊性和非规范性，容易导致司法擅断。而肯定观点则主要认为“但书”与罪刑法定原则在保障人权的价值目标上是相同的，如果司法机关本着先形式判断继而实质判断的路径，则有利于限制犯罪圈，是罪刑法定原则的应有之意。仔细揣摩，双方观点可谓各有标准，难言对错。

这里所涉及的是一个理论选择的问题。当对一个具体法律问题的解决有相对立的两种学术观点可供选择的前提下，如何做出判断。这并不是一个无中生有的问题；相反，在我国的法治现实中倒更是一种经常性存在。例如，在嫖宿幼女罪尚未废除之前，对此罪名的适用，各地法院依据林林总总的学理解释，作出了各种轻轻重重的不同判决。[①] 其实过多的理论解读，反而是在给司法实务者根据需要做自己意图做出的判断背书，有时亦非法治之幸。所以首先需要明确的是，在应用具体的理论智识解释法律问题时，需要考虑的一个重要因素是一个国家的司法现状，学者应该在符合基本理论的基础上，做出相对务实并利于法治进步的解释。

目前我国刑事司法的一个明显特点就是入罪和从重从严定罪倾向。“观念上的‘刑法工具主义’‘刑法万能’主义传统，价值目标上对秩序稳定的过度追求”导致司法实践中司法人员勇于入罪而害怕出罪。[②] 基于积极入罪思维的影响，我国司法机关在具体案件的解释上往往存在双重标准，即在入罪时进行过度的实质解释，而在出罪时则只进行形式解释。而“但书”的存在和目前所

---

① 叶良芳：《立法论视角下嫖宿幼女罪存废之分析——评〈中华人民共和国刑法修正案（九）〉第43点》，《政治与法律》2016年第3期。

② 吴富丽：《刑法谦抑实现论纲》，中国人民公安大学出版社2011年版，第176页。

应该发挥的作用，应该是给司法机关一种警示，提示司法机关在出罪时不要只做形式解释，还要做实质解释。“但书”实际上为司法机关设置了一个判断构成要件实质的可罚违法性的义务。因此，当前应强调的是“但书”限制入罪的功能，尽量给其松绑，这是面对刑事司法之现实问题的应然之举。

当时移势易，随着我国法治进程的推进，对“但书”的适用是否应受到限制以至于是否还应继续应用于具体个案的判断，那是以后将要进行的解释，或许很可能会在教义学限定下做出另一番完全不同的解答。

（二）刑事程序法面向

传统观点认为，犯罪构成体系是认定犯罪的唯一标准。然而在司法适用中，犯罪构成之外的规范性要素、刑事政策甚至是刑事程序都会对犯罪的实体认定产生制约、干扰甚或改变。可以说，犯罪构成是兼具实体法和程序法双重属性的范畴。这种刑事一体化要求在犯罪认定中融入程序性要素以契合定罪过程的开放性与实践性要求。

刑事程序具有弥补刑事实体法不足并“创制”刑事实体法的功能。[①] 由于刑事实体规范的模糊性、滞后性及个别规定的实质不正义性无法自我消解，此时，借助于程序制度的设计、程序规则的创制，经由法官之能动司法，例如法律解释、法律发现、法律推理等，可以适当弥补其漏洞，明确其含义，更新其内容。这样，既克服了刑事实体法律自身的局限性，又在一定程度上补充甚至重塑了相关实体规范。[②] 要将程序要素融入犯罪构成体系，在犯罪认定中，必须重视程序运作对犯罪构成体系的矫正和补阙作用。四要件体系作为认定犯罪的基本规格性、典型性的类型，毕竟只是针对犯罪嫌疑事实所勾勒的理想化的推论性的犯罪还原图景，其面向的对象则是普遍性的、一般意义上的事实，不可能涵括所有的犯罪现象。在将其作为大前提来对构成事实作演绎推理时，可通过法官的自由裁量权对某项证据的证据能力等程序规则间接改变实体规范，以诉讼程序的修正机制来克服犯罪构成适用于个案时可能产生的实质不公正。在诉讼活动中，通过功利或实用取向的价值判断及典型案例的实质性解释，确立处理类似例外情形的实体或诉讼规则，并将之规范化，进而经由法定

① 姚莉主编：《刑事诉讼法学》，北京大学出版社 2006 年第 1 版，第 46 页。

② 王晓辉：《论刑事程序对四要件犯罪构成体系的隐性修正与重整——以“犯罪认定一体化”与“相对化”为视角的考察》，2014 年第 3 期。

程序上升为抗御犯罪指控的一般性规定，以此从丰富多彩的现实生活中开掘开放性的超法规的犯罪阻却事由的存在空间，从而可以克服四要件体系形式性有余而对实质合理性与个别合理化关注不够的弊端。[①]

在抽象危险犯类型的法定犯的刑事诉讼过程中，除了合理适用酌定不起诉制度、强化有效辩护制度等，应予以特别关注的是鉴定意见的规范适用。

以食品安全犯罪为例，由于通常不具备丰富的食品科学知识，食品安全犯罪案件多涉及一些并不常见的化学物质，因此法官对涉案物质是否危害人体健康很难直接辨别，如果没有鉴定意见等作为辅助的话，判断根据实际上就变成了法官的常识和经验。因此，在认定"有毒有害的非食品原料"时，尤其是要考虑如何将食品科学中的知识全面、准确地移植并嵌到刑法学中来。如针对"毒豆芽是否有毒有害"，各地法院在适用法律时就出现了不同理解，处理方式不一，判决依据"五花八门"。[②] 在"无根豆芽案件"的判决中，很多地区的法官在作出"有毒、有害非食品原料"的认定时并没有要求控方必须提供鉴定意见，在没有科学依据的情况下即作出了有罪判决。

由于法律对食品只能采用定性而非定量的概念，在遇到一些特殊原料时更需要慎重对待，是否为食品原料应当从食品科学和法律两个层面来理解。在食品科学层面上，非食品原料不能用于食品生产过程并不是绝对的，即便是传统意义上公认的非食品原料也有可能被用于食品生产过程；随着科学发展和认识深入，传统食品原料也可能被发现有毒、有害，从而不得继续作为食品原料。在法律层面上，食品原料与非食品原料之间的性质转换可以通过修改食品安全标准的方式来实现。食品安全监管工作从性质上来说属于风险管理，《食品安全法》在总则中确定了"食品安全工作实行预防为主、风险管理、全程控制、社会共治，建立科学、严格的监管制度"。在食品科学中，"有毒、有害"不是一个绝对概念，判断某种物质是否有毒、有害，关键在于使用量和残留量两项重要指标，是一个由量变到质变的过程。而且食品科学对某种物质是否"有毒、有害"的认识是一个发展的过程，应以食品科学技术的发展和最新研究成果为依据。因此，在审理食品犯罪案件判定有毒有害时，应当以食品科学知识为根据，注意定性和定量相结合。

---

① 宗建文：《程序运作中的犯罪构成——外国刑法中的适用解释》，《法制与社会发展》1995 年第 6 期。

② 黄芳：《203 份"毒豆芽"案判决解析：法律适用混乱，存在重大疑点》，澎湃网，http://www.thepaper.cn/newsDetail_forward_1311776_1，2016 年 10 月 4 日访问。

关于认定标准，存在行为人的主观标准、鉴定意见的客观标准和普通民众的一般标准三种观点。若以行为人的主观标准，不仅证明难度过高，而且因为涉及行为人主观心理状态，现有技术水平也无法准确探知。而普通民众的一般标准，有时只能是"看上去很美"的观点。一方面普通民众缺乏食品科学专业知识；另一方面在当前普通民众要求食品"绝对安全""对食品风险宁信其有"的心理状态下，片面甚至偏执的食品安全意识容易造成选择性判断，对司法公正裁判造成干扰。因此，应当坚持以鉴定意见为依据的客观标准，这种认定标准能够在最大的限度内避免直接将违反标准等同于有毒有害。从法律依据来看，这也为《食品犯罪解释》所确认。其第 21 条规定"足以造成严重食物中毒事故或者其他严重食源性疾病""有毒、有害非食品原料"难以确定的，司法机关可以根据检验报告并结合专家意见等相关材料进行认定。必要时，人民法院可以依法通知有关专家出庭作出说明。《药品犯罪解释》第 14 条也规定：是否属于《刑法》第 141 条、第 142 条规定的"假药""劣药"难以确定的，司法机关可以根据地市级以上药品监督管理部门出具的认定意见等相关材料进行认定。必要时，可以委托省级以上药品监督管理部门设置或者确定的药品检验机构进行检验。

（三）值得反思的出罪路径

因此类案件的特殊性，不仅刑法学理论界在积极为其出罪寻找路径，实务界也在探究更能解决问题的务实路径，比如前文所述对"但书"的积极适用便是很有价值的突破。但与此同时，也有一些并不合教义学要求的措施，最多见的是直接寻找政策性的理由为最终的出罪结论提供支撑；而学术界所提供的理论依据中，也有可资商榷的方案，最为典型的则是反证理论的倡导。

1. 不宜直接适用刑事政策予以出罪

面对案件形式与实质之间的冲突，司法实践通过选择超规范层面的刑事司法政策来纾解规范层面难以解释的矛盾，其本质是通过刑事司法政策调整刑法条文的适用困境，以此保障刑法罪责刑相适应原则的实现。这是将刑事政策的课题引入刑法教义学的领域，进而解决教义学的解释结论与个案实质正义冲突的难题。[①] 这种灵活适用政策性理由出罪的方式既广泛出现在毒豆

---

① ［德］克劳斯·罗克辛：《德国刑法总论（第 1 卷）：犯罪原理的基础构造》，王世洲译，法律出版社 2005 年版，第 122—123 页。

芽类案中,也体现在假药案中。例如,湖南省沅江市检察院针对陆勇案做出的《对陆勇不起诉的释法说明书》中即有如下表述:如果认定陆勇的行为构成犯罪,则"与司法为民的价值相悖","与司法的人文关怀相悖","与转变刑事司法理念的要求相悖","不符合党的十八届四中全会的要求"。[①]

这种追求实现个案正义的基本立场值得推崇与借鉴,但是否动辄动用超规范超法规的事由出罪,则值得商榷。刑事政策包含的内容过于灵活,既可能用于出罪,也有入罪的可能。在刑法教义学之外通过刑事政策另设出罪的路径,不符合现代刑法理论关于刑法与刑事政策关系的基本定位,并最终可能导致法官的恣意。刑事政策作为一种价值判断,在刑法体系中的功能发挥应当受到刑法教义学的有效限制,这才是罪刑法定原则的题中应有之义。换言之,在刑法教义学中作用的发挥应当以一定的教义学原理为中介,而不是生硬地直接采用刑事政策进行解释。[②]

过度强调刑事政策司法化会进一步加剧政策主导司法的传统。在中国,司法对政策的依赖是一个特殊的历史传统和司法情结。司法实践中所奉行的三个效果的统一,即法律效果、社会效果和政治效果的统一,在某种程度上,仍然是这种政策主导司法传统的延续。避免运动式司法,不仅应体现在从严的入罪上,也同样应体现在从宽的出罪上。不能因为达成了民众喜闻乐见的结果而越走越远。刑事政策对刑法适用具有宏观的指导意义,但不能直接指导刑法的解释与适用,更不能以刑事政策之名,架空刑法法规,违背基本的刑法教义学原理。刑事政策必须受法治原则的制约,在司法层面必须尊重刑法法规的权威性和至上性。在我国,本来就或明或暗地存在着政策主导司法的传统,理论上对刑事政策司法化的稍加鼓动,司法实践中就会走得更远,"毒豆芽"等事件再次证明刑事政策过度介入司法存在巨大的法治风险。不同于法治发达国家已经可以积极适用刑事政策以达致个案公正,在司法层面坚守"刑法是刑事政策不可逾越的鸿沟",这在现阶段正处于法治初创阶段的我国仍然具有重要意义。

2. 反证理论在我国的刑事证明体系中并不妥当

随着类似案件的常见多发,理论界有观点提出应借鉴英美法系中的证明

---

① 百度文库:《陆勇案》,http://wenku.baidu.com/view/20c1637ebed5b9f3f80f1c5c.html,2016 年 9 月 10 日访问。

② 陈兴良:《刑法教义学与刑事政策的关系:从李斯特鸿沟到罗克辛贯通》,《中外法学》2013 年第 5 期。

理论，允许在抽象危险犯的场合，为平衡实体法上某些积极辩护事由可能给被告人带来的利益并基于诉讼经济，由被告方反证犯罪不成立。[①] 但此制度在我国实体法框架下并不具有妥当性。

首先，英美法系的辩方承担证明责任说自身面临正当性的质疑。公诉事实具有稳定性和明确性。英美法系的犯罪成立要件和积极辩护事由两分法缺乏可行性，犯罪成立要件与积极辩护事由相互交织难以分清，这一点连普通法学者都诟病不已，正在进行不断的修正。[②] 将有关罪责的一切事实都纳入公诉事实的范畴，表明刑事诉讼去私法化的程度更彻底，更契合刑事案件的自身特色。[③] 在英美法系，犯罪成立条件和辩护事由的分野划定了控辩双方的攻防阵地，使得刑事诉讼保留了强烈的私法色彩。但与私权纠纷牵涉许多的规则和例外不同，刑事诉讼争议的问题只有一个：承担刑事责任的各项事实是否充足，这个问题本身完全是实体性的，更具有公诉事实的特征。犯罪成立的积极条件与消极条件，不是原则和例外的关系，而是决定被告人刑事责任的一整套规则的组成部分，[④]因此原则上应由公诉机关承担证明责任。

其次，大陆法系由控方承担所有犯罪成立与否的证明责任的证明制度更具有合理性。随着刑事责任的特殊性逐渐被认识，刑事诉讼的去私法化更加彻底，并在实体法罪责理论和程序法无罪推定原则的基础上自发形成特色。刑事程序并不着眼于纠纷解决，而是着眼于国家是否能公正地剥夺个人自由等基本权利。[⑤] 由控方承担更多证明负担的分配思路更能契合刑事诉讼的价值目标：国家除非能以最严格的标准指控犯罪，否则公民的自由不受侵犯。作为公认的刑事司法准则，无罪推定原则要求控方对公诉事实承担证明责

---

① 汪海燕、范培根：《论刑事证明标准的层次性——从证明责任角度的思考》，《政法论坛》2001 年第 5 期；赖早兴：《刑事证明责任分配与犯罪构成要件》，《刑法论丛》第 35 卷，法律出版社 2013 年版，第 206 页；许乐：《“幽灵抗辩”与我国刑事证明责任分配制度之完善》，《西北大学学报（哲学社会科学版）》2013 年第 4 期。

② Barbara D. Underwood, “The Thumb on the Scales of Justice: Burdens of Persuasion in Criminal Cases”, *Yale L. J.* Vol. 86, 1977, p. 1299.

③ George P. Fletcher, “Criminal Theory in the Twentieth Century”, *Theoretical Inq.* L. 2001, p. 265(2001).

④ George P. Fletcher, “Two Kinds of Legal Rules: A Comparative Study of Burden of Persuasion in Criminal Cases,” *YaleL. J.* Vol. 77. 1968. p. 880.

⑤ George P. Fletcher, “Two Kinds of Legal Rules: A Comparative Study of Burden of Persuasion in Criminal Cases,” *Yale L. J.* Vol 77, 1968, p. 880.

任。[①] 大陆法系的职权主义模式在实务运作中虽然存在侧重于有罪、罪重证明的证据收集,忽视无罪、罪轻证据的收集等缺陷,但大多是理念和操作问题。其对刑事证明责任的分配方案仍然无疑最忠实地执行了无罪推定原则。不允许控方将不构成犯罪的证明责任推给被告方,这是法治国家在人权保障和法益保护的冲突间应该做出的有担当的选择。

最后,在我国让被告人反证犯罪不成立可能与现行法律存在冲突。我国《刑事诉讼法》第49条规定,公诉案件中被告人有罪的举证责任由人民检察院承担,自诉案件中被告人有罪的举证责任由自诉人承担。我国《刑事诉讼法》第57条、第58条规定,人民检察院应当对证据收集的合法性承担证明责任。犯罪成立与否自然关乎实体罪责,在没有明确法律规定的情况下,更没有理由让被告人承担证明责任。

因此,在我国的现行法规定之内,只能由公诉机关承担犯罪是否成立的证明责任。但被告人对犯罪不成立存在争点时,应承担主张责任,争点存在的判断标准应当尽可能在程序上予以明确。相应地,审判人员只要认为可能对是否成立犯罪"存在疑问",即认为争点存在,就应当对其展开法庭调查,由控方对其不存在承担证明责任。[②] 这样,既可保护被告人权益,又能关照诉讼经济。

四、结语

食品药品管理秩序既是经济领域的一类重要秩序,也直接关乎民生与行为人权益。某种意义上,打击食品药品安全犯罪保护的是一种"安全感",这是出于民众对食品药品安全的"焦虑感",政府为回应这种焦虑,满足民众的"安全感"而做出的选择。《刑法修正案(八)》实施以来此类案件审理情况的发展脉络,非常细致深入地反映了刑事司法对相关领域保障的进程与现状,这也是我国社会治理的一个非常典型的缩影,此间折射出的药品食品管理制度的不足值得省思。"陆勇们"是否能继续为患者代购国外低价药品,运动式执法司法中已经被判决有罪的近千芽农将面临如何处遇,其后续遗留的将是一系列不得不面对的法治问题。

导致该类案件出入罪争议的根源在于我国刑法以抽象危险犯的犯罪构成

① [日]川出敏裕:《無罪の推定》,《法学教室》2003年第1期。
② 张薇薇:《排除犯罪性事由的证明责任研究》,《政治与法律》2014年第8期。

类型来保障食品药品领域经济秩序这一集体法益，这种双重前置的法益保护模式，促使刑法具有了过度扩张之品性，从而将部分不具有法益实质侵害或侵害危险的秩序违反行为也一并纳入了刑法的处罚范围。而刑事不法与行政不法的界分不清导致该部分秩序违反行为的出罪渠道不畅，进而造成了对于该类行为在司法适用中的分歧：根据刑法的形式规定应该入罪，但同时又认为社会危害性小或者不具备社会危害性，入罪处理不当。[①] 这并不是食品药品领域特有的问题，随着我国刑法的不断修正完善，这将是一个更具普遍性的问题。

以抽象危险犯保障国家秩序类集体法益，是传统刑法向现代刑法前进的必然路径。但在我国特有的法治环境下，这个进程和程度如何掌握，如何在秩序保护与人权保障间权衡与平衡，这是立法者和司法者需要慎重对待的。也许在打击犯罪、加强社会控制的进程中，刑法并不宜走得过快过远，刑事立法应经常停下来，等一等它的灵魂：对具体法益的考虑与保护；而刑事司法则应以严明公正的司法判案，警醒容易失缰的权力幻想，展示一种平衡与规劝的力量。

---

① 马春晓：《使用他人许可证经营烟草的法教义学分析——以集体法益的分析为近路》，《政治与法律》2016 年第 9 期。

论虚开发票犯罪的刑事立法误区

——建议取消《刑法》第205条与205条之一

王佩芬*

摘　要：虚开增值税专用发票罪自设置以来，对于其构成要件的理解认定、罪与非罪、此罪与彼罪、一罪与数罪等方面，一直存在理论上的分歧与司法适用上的疑难。这些疑难与分歧，无法通过刑法解释的方法予以解决，也无法通过立法技术层面予以补足完善。产生问题的根本原因在于，在刑事立法增设罪名的考察环节，对于增设该罪的必要性、合理性的论证，存在观念上的混淆与立法上的误区，是因重复性设置罪名而导致的虚妄冲突，不设置虚开发票犯罪并不会造成刑法惩治上的空白与漏洞。因此建议取消"虚开增值税专用发票罪"与"虚开发票罪"。

关键词：虚开增值税专用发票罪；虚开发票罪；增设新罪；立法技术；立法原则；立法逻辑；立法误区

虚开发票犯罪，是指我国《刑法》第205条"虚开增值税专用发票、骗取出口退税、抵扣税款发票罪"与第205条之一"虚开发票罪"。

第205条规定的"虚开增值税专用发票、骗取出口退税、抵扣税款发票罪"，是在1994年我国实行税制改革并开始实施增值税"以票控税"制度的背景下，为了惩治随之而来泛滥猖獗的利用虚开、伪造或非法买卖增值税发票以偷逃、骗取国家税款或牟取非法利益的行为，全国人大常委会1995年通过单行刑法而增设的新罪名。但自这一罪名设置以来，围绕着虚开增值税专用发

---

* 王佩芬，华东政法大学2012级博士研究生，上海社会科学院法学研究所助理研究员。本文为上海社会科学院院课题"虚开增值税发票犯罪疑难问题研究"、上海地方高校大文科"学术新人"项目、"学术之星"项目阶段性科研成果。本文原刊于《政治与法律》2014年第12期。

票罪[①]在刑法理论上所产生的分歧争议，一直未曾停歇，至今仍异见纷呈；而在实践中则表现为适用疑难与司法不一的现象。一个已实施了 20 年的罪名，却在最为基本的问题上尤其是要件构成方面仍然存在重大分歧，这在刑法其他罪名中实属罕见，显然有悖罪刑法定原则，亟待理论上的探究与解决。

一、虚开发票犯罪的刑事立法回顾

我国 1979 年《刑法》中并无虚开发票犯罪的规定。1979 年《刑法》对于发票犯罪的惩治，主要是通过“偷税罪”惩治利用发票偷逃税款的行为，通过“伪造有价票证罪”和“投机倒把罪”来惩治伪造发票和非法买卖发票的行为，但在票证物资实行严格管控的计划经济时代，此类犯罪并不多见。

随着我国实行改革开放、经济体制由计划经济逐步向市场经济转变的进程中，尤其是 1994 年我国进行税制改革，开始实施“以发票作为抵扣凭证”的增值税制度后，增值税发票[②]的功能就从传统的用于记载商品购销收付凭证的功能，兼具了可以直接作为增值税进项税额抵扣应缴税款的功能，而正是这种特殊的抵扣功能，使得这一张薄薄的发票“比人民币还值钱”，刺激着不法分子不惜为之铤而走险，以身试法。

前所未有的泛滥猖獗的发票犯罪尤其是增值税发票犯罪，给我国的税收与社会经济秩序造成了严重危害。1994 年 1 月，在增值税专用发票面市后仅 10 余天，伪造的增值税专用发票就已摆在了国家税务总局领导的办公桌上。1994 年，全国仅增值税就流失 61.17 亿元。[③] 现实的压力也带来司法适用上的困惑。1994 年 6 月 3 日，最高人民法院和最高人民检察院联合发布《关于办理伪造、倒卖、盗窃发票刑事案件适用法律的规定》，对伪造、倒卖、盗窃发票等多种行为的法律适用再度进行明确，打击发票犯罪的现实迫切性由此可见一斑。

---

① 《刑法》第 205 条规定的罪名为“虚开增值税专用发票、用于骗取出口退税、抵扣税款发票罪”，罪名全称在表述时冗长拗口，因此本文中以“虚开增值税专用发票罪”进行讨论，同时包含了“虚开骗取出口退税、抵扣税款发票罪”的情形。

② 在我国增值税制度中，除增值税专用发票具有抵扣进项税额的功能外，其他几种同样具有抵扣功能的发票，包括海关出具的完税凭证进口增值税专用缴款书、交通运输专用发票、废旧物资收购专用发票以及农副产品收购专用发票，通常称之为四小票。增值税发票则包括增值税专用发票与四小票。

③ 王祺元：《增值税专用发票十年回眸》，《中国税务》2004 年第 7 期，第 4 页。

面对难以遏制的发票犯罪现状，尤其是针对错综复杂的发票犯罪形式，1995年10月，全国人大常委会通过《关于惩治虚开、伪造和非法出售增值税专用发票的决定》，通过单行刑法补充增设了发票犯罪共12个罪名，包括虚开、伪造、出售伪造、非法购买、非法出售增值税专用发票罪，虚开、非法制造、出售非法制造、非法出售用于骗取出口退税、抵扣税款发票罪，非法出售发票罪等，从严从重进行惩治增值税发票犯罪。1997年《刑法》修正时，上述罪名被稍加修改后全部纳入现行刑法。

《刑法》第205条规定的"虚开增值税专用发票、用于骗取出口退税、抵扣税款发票罪"，便是发票犯罪中新增的核心罪名之一：一方面，"开具"作为发票实现其功能的必经行为之一，"虚开"是伪造、非法买卖和最终实现其逃税、骗税或走私、骗取贷款、贪污等种种不法目的的必经手段；而对于作为构成要件的虚开，全方位囊括了"为自己虚开、为他人虚开、让他人为自己虚开、介绍他人虚开"的情形，却无对虚开罪过、虚开意图、虚开结果的分类或约束规定。另一方面，虚开是发票犯罪中刑罚设置最重的一个罪名，即对于"以虚开骗取国家税款，数额特别巨大，情节特别严重，给国家利益造成特别重大损失的，处无期徒刑或死刑"；据统计，截至2004年年底，全国因伪造、盗窃、虚开增值税专用发票被处以死刑的有195人，已执行死刑70人①。可见，对于发票犯罪的惩治，立法者试图对此罪"委以重任"，即通过"虚开"这一环节进行源头式的控制与打击。

随后，在经济犯罪应当轻缓化、应逐步废除经济犯罪死刑适用的呼吁声中，2011年《刑法修正案（八）》删除了《刑法》第205条第2款，取消了虚开增值税专用发票罪的死刑适用，但同时又增设了第205条之一"虚开发票罪"与第210条之一"持有伪造的发票罪"，进一步严密打击发票犯罪的法网。

二、虚开增值税专用发票罪引发的适用疑难与理论争议

1995年通过单行刑法增设的发票犯罪尤其是虚开增值税专用发票罪，为行政部门和司法机关依法惩治猖獗的增值税发票犯罪提供了明确的法律依据，严厉打击了一批疯狂通过增值税发票非法牟取暴利的行为。

但是，在司法实务过程中，对于实践中出现的一些未造成或不可能造成国

① 王祺元：《增值税专用发票死亡档案》，《中国税务》2004年第7期，第20页。

家税款流失的特殊情形，是否应当认定为虚开增值税专用发票罪，在法律适用上产生了严重分歧。例如，对于某些商业企业为了完成销售指标或销售排名，在不存在真实交易的情况下，通过两方或多方之间“对开、环开”金额相等或相近的增值税专用发票的行为；某些发生了真实交易的小规模纳税人，因无法向购货方提供可以用于抵扣税款的增值税专用发票而由其他一般纳税人“代开并如实缴纳税款”的行为。1996 年 6 月，上海市高级人民法院就杨浦区法院受理的一起代他人实开增值税专用发票并已全额纳税的案例请示最高人民法院(沪高法 1996 第 40 号)，由此展开了对虚开增值税专用发票罪与非罪的争议与探讨。

此外，对于利用虚开的增值税专用发票偷逃税款、骗取出口退税、骗取贷款、走私或进行职务侵占、贪污等行为，应当认定为此罪还是彼罪的问题；对于伪造并虚开、非法购买、非法出售并虚开，以及伪造、非法买卖与虚开增值税专用发票并存的行为，应当认定为一罪还是数罪的问题；存在真实交易被动取得销货方虚开的增值税专用发票是否构成虚开共犯的问题，虚开犯罪数额应当如何认定；等等，都成为在虚开增值税专用发票罪认定过程中无法回避的现实问题。

而对于虚开疑难问题的官方解答与适用标准，却是异见纷呈、司法不一，对此理论界也是见仁见智，分歧严重。具体问题表现为：

(一) 司法适用上的标准不一、结果不一

1. 司法部门之间对入罪标准把握上的不一致

例如，对于上海市高级法院请示“如实代开”罪与非罪的问题，最高法院在对上海高级法院的答复(法函 1996 第 98 号)为：应依照《全国人大常委会关于惩治虚开、伪造和非法出售增值税专用发票的决定》第 1 条规定处罚。随后，1996 年 10 月最高法院出台《关于适用〈全国人大常委会关于惩治虚开、伪造和非法出售增值税专用发票的决定〉的若干问题的解释》，将“进行了实际经营活动，但让他人为自己代开增值税专用发票”的情形解释为“虚开”。之后，最高法院研究室在《关于对无骗税或偷税故意、没有造成国家税款损失的虚开增值税专用发票行为如何定性问题的批复》中，再次明确“行为人虚开增值税专用发票，不论有无骗税或偷税故意、是否实际造成国家税收的实际损失，构成犯罪的，均应依照刑法第 205 条的规定定罪处罚”。

但是，将未造成也不可能造成损害后果的虚开行为处以重刑打击，显然缺

乏最根本的刑事处罚依据，有违刑法谦抑的基本精神。因而，上海市高级法院刑庭、上海市检察院公诉处在《刑事法律适用问题解答》(2002 年 4 月)指出："虚开增值税专用发票是整顿市场经济秩序中应予以重点打击的犯罪。这一犯罪的基本特征是，行为人明知自己的虚开或者非法抵扣行为会造成国家税款的流失，仍然实施虚开或者非法抵扣的行为。不具备这一主客观事实特征，不能认定本罪。"

2. 行政部门与司法部门之间对入罪标准认定上的不一致

虚开增值税专用发票罪作为法定犯，税务部门在行政执法中对于虚开行为的认定标准、入罪标准应当同司法部门保持一致，以保障行政执法与刑事司法的有效衔接。但是，对于这两个最基本的罪与非罪的标准，税务部门却与司法部门之间却存在较大分歧。有的情形税务部门认为构成虚开，司法部门却不认同；有的司法部门认为构成虚开，税务部门却意见相左；税务部门在税收实际查处工作中，仍是依据逃税罪的标准移送司法部门，而不是依据只要涉嫌虚开行为便移送的标准。2014 年 7 月在《国家税务总局关于纳税人对外开具增值税专用发票有关问题的公告》(2014 第 39 号)中，规定纳税人对外开具增值税专用发票同时符合三种情形的，则"不属于虚开增值税专用发票，受票方可抵扣进项税额"，从而将挂靠公司之间、子母公司之间等代开发票的行为明确化。

3. 行政部门对于同一问题的处理意见前后不一

例如，对于纳税人取得虚开的增值税专用发票如何处理的问题，国家税务总局在 1995 年、1997 年与 2000 年、2007 年分别发布了 5 个通知。(1)在国税发〔1995〕第 192 号《国家税务总局关于加强增值税征收管理若干问题的通知》中，规定"对纳税人取得虚开代开的增值税专用发票，不得作为增值税合法的抵扣凭证抵扣进项税款"。(2)在国税发〔1997〕134 号《国家税务总局关于纳税人取得虚开的增值税专用发票处理问题的通知》中，则规定为："应当按偷税、骗取出口退税处理，依照〈税收征收管理法〉及有关规定追缴税款，处以偷税、骗税税额 5 倍以下的罚款"。(3)国税发〔2000〕182 号《国家税务总局关于〈国家税务总局关于纳税人取得虚开的增值税专用发票处理问题的通知〉的补充通知》，进一步明确："购货方从销售方取得第三方开具的专用发票，无论购货方(受票方)与销售方是否进行了实际的交易，增值税专用发票所注明的数量、金额与实际交易是否相符，购货方向税务机关申请抵扣进项税款或者出口退税的，对其均应按偷税或者骗取出口退税处理"。(4)紧接着，国税总局意识到上述规定对善意受票人显属不公,又在国税发〔2000〕187号《国家税务总局关于纳税人善意取得虚开的增值税专用发票处理问题的通知》中,对善意受票人"不以偷税或者骗取出口退税论处。但因按有关规定不予抵扣进项税款或者不予出口退税;购货方已经抵扣的进项税款或者获得的出口退税,应依法追缴"。(5)2007年国税函〔2007〕1240号《国家税务总局关于纳税人善意取得虚开增值税专用发票已抵扣税款加收滞纳金问题的批复》,明确善意受票人被依法追缴税款的,不属于未按规定期限缴纳税款的行为,不适用加收滞纳金的规定。

4. 适用标准不一导致的同案不同判问题

行政执法、刑事司法解释与适用性意见的标准不一,也必然会产生同案不同判的司法不一现象。例如,对于同样是利用虚开增值税专用发票的手段偷逃税款、骗取出口退税的行为,有的法院是以"虚开增值税专用发票罪"定罪处罚,有的则以"逃税罪""骗取出口退税罪"定罪处罚;对于同样是利用虚开增值税专用发票虚增交易骗取银行贷款的行为,上海周正毅案是以"虚开增值税专用发票罪"定罪处罚,[①]而四川刘汉刘维案则是以"骗取贷款罪"定罪处罚。[②]

(二) 刑法理论上的激烈争议与严重分歧

面对司法实务中的诸多疑难,理论界对于虚开增值税专用发票罪构成要件的解析、罪与非罪、此罪与彼罪、一数与数罪的区分等都存在严重分歧,问题几乎涵盖刑法理论的各个方面,也几乎牵涉到发票犯罪所能相关到的各个罪名。

例如,对于虚开增值税专用发票罪的性质认定,几种观点至今仍各持己见:

1. 目的犯说

认为虚开增值税专用发票罪应为目的犯,其理由为:(1)虚开增值税专用发票罪是放在"危害税收征管罪"罪名之下,该罪的发生必然对税收征管发生实际危害,因此应要求行为人主观上有偷逃税款的目的。[③] (2)虽然刑法上没有明确规定该罪的目的要件,但是根据主客观相统一原则,有偷逃税款的故意

① 《周正毅一审被判处有期徒刑16年》,《上海证券报》2007年12月1日。
② 《刘汉原罪:虚开增值税专用发票骗取国开行等46亿元贷款》,《第一财经日报》2014年2月27日。
③ 岳彩林:《虚开增值税专用发票犯罪行为的认定及法律适用》,《法律适用》2004年第6期。

应当作为该罪成立的非法定必要条件。对于实践中主观上不具有偷逃税款的目的,客观上也未造成国家税款流失的"对开、环开""如实代开"行为,不具有刑法上实定的、设立虚开增值税专用发票罪意义上的社会危害性,将其认定为虚开增值税专用发票罪,有违主客观相统一原则,扩大了打击的范围。因此,应通过限制解释将该罪确认为目的犯(非法定目的犯)。① (3)如果认定此罪在主观上不需要偷逃税款故意,那么将行为人由于工作失误或者被骗而错开虚开增值税专用发票的行为也作为犯罪处理,就严重违反了刑法的公正和谦抑原则。

2. 行为犯说

即认为只要实施虚开增值税专用发票的行为,不论数额大小均构成犯罪。理由是:(1)从文义上解读《刑法》第205条,并没有主观上需要"以偷逃国家税款为目的",只要存在虚开增值税专用发票的行为,即使是虚开一份发票、一分钱,无论是否给国家造成税款流失,都构成虚开增值税专用发票罪。② (2)虚开发票数额不是构成本罪的必备要件,但对于虚开数额较小,危害不大,不宜构成犯罪。③ 最高检察院、公安部《关于经济犯罪案件追诉标准的规定》(〔2001〕11号)将追诉标准规定为"虚开税款数额在一万元以上或者致使国家税款被骗数额在5 000以上",只是提高了虚开犯罪的入罪标准。(3)只要实施了虚开行为即构成犯罪,并不以造成国家税款的被骗或流失为必要。④

3. 结果犯说

虚开增值税专用发票罪为结果犯,以虚开行为实际造成国家的税款损失并达到法定数额才构成犯罪。此罪在主观方面最主要表现为以偷逃国家税款为目的,但并不局限于这一主观故意,也包括为达到其他非法目的而造成国家税款流失的虚开。

4. 抽象危险犯说

对于虚开增值税专用发票罪属于抽象危险犯,又存在两种歧见:一种观点认为,本罪"属于抽象的危险犯",在判断是否构成虚开时必须以是否具有骗取国家税款的可能性为依据;⑤另一种则认为,虚开犯罪构成抽象危险犯,不需

---

① 陈兴良:《目的犯的法理探究》,《法学研究)2004年第3期。

② 张忠斌:《虚开增值税专用发票罪争议问题思辨》,《河北法学》2004年第6期,第80页。

③ 周洪波:《税收犯罪疑难问题司法对策》,吉林人民出版社2001年版,第229页。

④ 于伟伟:《如何认定虚开增值税专用发票罪》,《山东审判》2002年第4期。

⑤ 张明楷:《刑法学》,法律出版社2003年版,第646页。

要判断主观上是否具有骗取国家税款的目的与意图，也不需要损害结果的出现，即不需要出现所谓的具体的危险结果。[①]

5. 具体危险犯说

虚开增值税专用发票罪应作为具体危险犯严格适用，以排除对非逃骗税的虚开行为适用该罪，即在虚开增值税专用发票罪的构成要件中增加"造成国家税款流失的危险"作为客观要件，根据行为当时的具体情况判断是否具有造成国家税款流失的危险，如果没有造成危险，则不适用该罪。[②]

再如，以虚开增值税发票罪与逃税罪的关系为例，又存在以下几种观点分歧：(1)牵连犯说。认为行为人利用虚开的增值税专用发票进行偷逃税款，是手段与目的的牵连关系，应依照牵连犯的处罚原则，从一重罪论处；[③](2)数罪并罚说。认为行为人分别出于虚开增值税专用发票与偷税的故意，而实施了两个不同的行为，因此应当认定为虚开增值税专用发票罪与偷税犯罪数罪并罚；[④](3)法条竞合说。认为行为人虚开增值税专用发票与偷税犯罪属于法条竞合，虚开增值税专用发票行为与偷税行为之间属交叉关系，应按特别法、实害法、重法处理；[⑤](4)吸收犯说。认为行为人虚开增值税专用发票与偷税犯罪属于吸收犯，虚开增值税专用发票的行为被偷税罪吸收，以偷税罪论处；[⑥](5)加重行为说。认为虚开增值税专用发票本身就构成犯罪，再利用虚开的增值税专用发票骗取国家税款，属于加重行为。[⑦]

贝卡利亚说："法律的精神需要探询，再没有比这更危险的公理了。"[⑧]有学者由此认为法律的精神不能探询，否则便有违罪刑法定。这其实是一种误读。贝氏之所以认为探询法律精神是一件危险的事情，是针对立法缺陷而言。如果对于刑事立法上的不足与缺陷所导致的歧义丛生，仍坚持只要通过探询立法原意就可以解决并适用，这才是有违罪刑法定原则，"等于放弃了堤坝，让位给汹涌的歧见"，因而是危险的。

所以，贝氏在接下来的一章讨论中开篇便提出："如果说对法律解释是一

① 杜文俊：《发票犯罪若干问题辨析》，《政治与法律》2013 年第 6 期。
② 刘荣：《中美税收犯罪比较研究》，法律出版社 2014 年 1 月版，第 201 页。
③ 刘家琛主编：《新刑法条文释义》(上)，人民法院出版社 2002 年版，第 936 页。
④ 刘宪权、阮传胜：《关于虚开增值税专用发票几个争议问题的分析》，《法学》1999 年第 6 期。
⑤ 刘宪权、阮传胜：《关于虚开增值税专用发票几个争议问题的分析》，《法学》1999 年第 6 期。
⑥ 旮新房、毕奎明：《试析虚开增值税专用发票罪》，《人民检察》1997 年第 3 期。
⑦ 赵秉志主编：《中国特别刑法研究》，中国人民公安大学出版社 1997 年版，第 504 页。
⑧ [意]贝卡利亚：《论犯罪与刑罚》，黄风译，中国法制出版社 2005 年版，第 16 页。

个弊端的话，显然，使人不得不进行解释的法律含混性本身是另一个弊端。”不能以法律缺陷难以避免为借口，将存在立法缺陷作为一种理所当然，习而不察，这才是一件更可怕的事情。

三、虚开发票犯罪之刑事立法分析

上述对于虚开增值税发票罪疑难问题的探讨，基本上都是从刑法注释学的角度，运用各种法律解释方法对法条进行阐释，以期解决立法上先天不足所造成的矛盾。但一系列错综复杂的疑难与争议，显然并不是单纯通过法律解释方法所能解决的问题，而是需要转换到刑事立法层面寻找产生问题的根源。

（一）刑事立法技术上存在的不足

1. 不符合罪名确定的简明概括原则

罪名是对罪状的高度概括与抽象，以反映法条所描述的犯罪行为的本质特征。罪名的确定，在以具体的犯罪条文为依据，符合立法原意的同时，也要遵循准确明确、抽象概括、简洁易记，以避免冗长繁杂的原则。

《刑法》第205条将罪名设置为选择性罪名，以增值税发票的类型分设为虚开增值税专用发票罪、虚开用于骗取出口退税发票罪、虚开用于抵扣税款发票罪三个罪名，冗长拗口，极不合理。应当说，选择性罪名是指罪状描述了数种犯罪行为或数种犯罪对象，或者描述的犯罪行为和对象都是数种。但是，如果数行为或数对象之间存在种属关系，则应当对其进行概括，而不能简单按照罪状的描述进行罗列。究其本质，本罪名中三种发票都是由增值税制度所规定的，都具有抵扣税款的特殊功能，所不同的只是适用范围与税率的不同，而对于虚开的惩治与打击，与其适用范围与税率并不相关。因此，如果将罪名确定为“虚开增值税发票罪”，则相对简洁准确，易于表述。

2. 不符合构成要件明确性原则

使刑法规范真正成为定罪量刑的标准，是刑法规范明确性原则的基本要求。刑法规范的明确性原则，其核心是“要求对犯罪的描述必须明确，使人能准确地划分罪与非罪的界限”，即立法者必须用明确的语言描述各种具体的犯罪构成。所以，这一原则亦被称为“构成要件明确性原则”，或“构成要件典型性原则”。[①] 可以说,这一原则是罪刑法定原则的核心内容。

从技术层面看,“明确性原则”要求立法者在规定犯罪构成时,必须清楚地说明犯罪行为的客观特征和犯罪的“法律客体”。一般来说,不论是使用纯粹自然描述性概念(如“故意杀人”)规定的界限非常明确的犯罪构成,还是因使用规范评价性概念(如“非法侵占”)而具有一定弹性的犯罪构成。只要在实践中,法官可以根据刑法的规定划清一罪与他罪的界限,该规定就可以说“符合明确性原则的要求”。[②]

而《刑法》第205条规定的虚开增值税专用发票罪,在法条中缺乏对构成要件具体的表述,尽管第3款规定了“虚开是指为他人虚开、为自己虚开、让他人为自己虚开、介绍他人虚开行为之一的”,但是从行为指向的角度对虚开行为进行分类,以“虚开是指……虚开、……虚开”的形式,属于逻辑上的“同义反复”,并不能作为认定虚开的标准。另外,法条未明确虚开犯罪的意图、罪过、结果,而这几个方面究竟是暗含于法条之中,还是如抽象危险犯观点所说,根本就不问其意图、罪过、结果?要件的不明确是导致该罪在行为认定中产生分歧的主要原因。

虚开增值税专用发票罪是否可以不问意图、罪过、结果,而以抽象危险犯认定处罚?显然是不可行的。之所以存在观点分歧,就是基于不能将一些不可能造成任何危害后果的虚开行为犯罪化的共识,而不问虚开的意图、罪过、结果的观点,让无辜者无故承担牢狱之灾,与法的精神背道而驰。并且,该观点持有者也出现自相矛盾的说法,即一方面认为“认定本罪不需要判断主观上的目的与意图,也不需要损害结果的出现,也不需要出现所谓的具体犯罪的危险结果”,但同时又认为“虚开增值税专用发票作为抽象危险犯,若有证据表明虚开行为不可能导致骗税、抵扣税款、逃税等致使国家税收遭受损失的结果,则由于没有侵害法益的任何危险,当然没有必要作为犯罪处罚”。[③] 这种前后自相矛盾的说法显然是不正确的。

认为应当按现有立法规定严格适用的行为犯说也存在不合理之处。除了与抽象危险犯说同样会打击到无犯罪后果的虚开行为之外,单从最高检察院

① [意]杜里奥．帕多瓦尼:《意大利刑法学原理》,陈忠林译评,中国人民大学出版社2004年版,第26页。

② [意]杜里奥．帕多瓦尼:《意大利刑法学原理》,陈忠林译评,中国人民大学出版社2004年版,第27页。

③ 杜文俊:《发票犯罪若干问题辨析》,《政治与法律》2013年第6期。

与公安部规定的虚开增值税专用发票罪的追诉标准(〔2001〕11 号)来看,就存在相当大的问题。此规定将"虚开税款数额 1 万元以上或者致使国家税款被骗数额 5 000 以上"作为入罪标准,但对于已经造成国家税款流失结果的逃税罪却以"5 万元并达到应纳税额 10%以上"作为入罪标准,刑罚轻重倒置,极不合理。

3. 不符合刑事立法平等保护原则

刑事立法的平等保护原则,是指相同的主体、或相同的情形在刑法上应得到相同或至少是相似的评价和处罚。这种平等至少包含两个层次:第一层次,针对相同的人和相同的情形,刑法应当给予平等的保护或者类似的惩罚,这是一种比较的平等,禁止差别待遇;第二层次,"相同的人和相同的情形"的划分标准应当是公平和合理的,只有这样,才能保证第一层次平等的实现。可见,立法中对于人、物、事件的分类标准是否平等、合理至关重要。①

在我国当前的刑事立法中,对于主体上的平等保护规定得较为完善,例如刑法上对于未成年人、孕妇、累犯等特殊主体的差别对待,就是刑事立法实质平等而非形式平等的体现,也是刑事立法科学、合理的基本要求。但对于相同性质的行为或相同情形的平等保护,则在立法上存在欠缺,例如我国刑法中对于公有财产与私有财产、公有制经济和非公有制经济的保护,无论从罪名设置还是刑罚的轻重上,都存在保护力度不一的现象。这对于我国已经从计划经济体制转变为市场经济体制、宪法已将私有经济与公有制经济同等保护,且宪法明文规定保护私有财产权的社会时代背景来说,这种刑事上的区别保护显然是不科学的。

虚开增值税专用发票罪的设立,也是将通过虚开发票的手段达到非法目的的行为,与通过其他手段方式达到相同的非法目的的行为在罪名上区别开来并加重处罚。从本质上来说,无论是通过隐匿账簿、少计或不计收入等手段偷逃税款,还是通过虚开增值税发票、虚开普通发票偷逃同数额的税款,无论偷逃的是营业税、所得税,还是偷逃的是增值税,其在行为性质与社会危害性上并无区别。而刑法对虚开增值税专用发票、虚开发票分设罪名并加重处罚,显然有违刑事立法的平等保护原则。

4. 不符合罪刑相均衡原则

刑事立法中的罪刑相均衡原则,不仅包括一罪中的罪刑相适应、重罪重

① 袁爱华、刘溪:《论刑事立法的平等》,《昆明冶金高等专科学校学报》2007 年第 6 期。

判、轻罪轻判，也包括罪与罪之间的刑罚设置相协调，即对社会危害性和人身危险性大的犯罪，在刑罚设置上要重于社会危害性和无人身危险性的犯罪，对于已造成实际危害后果的犯罪，刑罚要重于同质行为但尚未造成危害后果的犯罪。

但虚开增值税专用发票罪的设置，不区分故意、过失，不问意图、结果，其刑罚设置远重于逃税罪、骗取出口退税罪、骗取贷款罪等任何一种虚开发票所造成的实害犯的刑罚，显然有违罪刑相均衡原则。

另外，逃税罪与虚开增值税专用发票罪的竞合，也使得《刑法修正案（七）》对逃税罪的轻缓化被虚置。2009年《刑法修正案（七）》对于逃税罪作了较大幅度的修改，除了将入罪标准由原来的“偷逃税额1万元且占应纳税额10%以上”，改为“偷逃税额5万元且占应纳税额的10%以上”，还增加了“有第一款行为，经税务机关依法下达追缴通知后，补缴应纳税款，缴纳滞纳金，已受行政处罚的，不予追究刑事责任”，这与虚开增值税专用发票罪的入罪标准“虚开税款数额1万或致使国家税款被骗取5 000元以上，处3年以下有期徒刑或拘役、并处2万元以上20万元以下罚金”相比较，其不均衡、不协调、不公正显而易见。

（二）通过要件补足以完善立法缺陷的可行性分析

对于虚开发票犯罪性质认定上的疑难问题，如果按前述理论界的各种观点，在构成要件方面加以补足和完善，是否就可以解决虚开增值税发票罪的理论争议与适用疑难？

1. 具体危险犯要件补足之可行性分析

根据具体危险犯的观点，在构成要件中增加“造成国家税款流失的危险”作为客观要件，因为不仅仅要惩治虚开犯罪的结果，而且应将虚开“造成国家税款流失的可能性”也纳入惩治。这种要件补足表面看似合理可行，但实质上仍存在以下错误：

（1）作为危险犯的虚开增值税专用发票罪，是否应当区分故意与过失？我国现行《刑法》中规定的危险犯，如第114条与第115条对于放火、决水、爆炸、投放危险物质、危害公共安全罪的规定，第116—118条与第119条中对于破坏交通工具罪、破坏交通设施罪、破坏电力设备、破坏易燃易爆设备罪等，首先是区分同一行为的故意与过失，进行不同的刑罚设置，然后再区分实害犯与危险犯，作不同的刑罚设置。

(2) 将虚开增值税发票的行为规定为危险犯的必要性与合理性？即使虚开也按危险犯区分故意过失并分设实害犯与危险犯，但仍然存在一个根本问题，即将虚开增值税专用发票认定为危险犯的依据是什么。我国刑法中现有危险犯的设定，都是以存在严重危害公共安全，危害不特定多数人的生命健康或同时造成巨大财产损失的潜在危险为标准，虚开作为单纯的经济犯罪，并不涉及生命健康权，设置为危险犯的必要性何在？合理性何在？

也许有观点认为从重打击虚开行为是出于严格发票管理的需要。在此应当追问发票管理的目的是什么，能不能以发票管理需要为由而将未造成损害后果的行为入罪并施以重刑。对此，200 多年前贝卡利亚在《论犯罪与刑罚》中就有过振聋发聩的质问："为什么在我们这个年代，无辜者竟然有这样的结局？是因为在一些人的眼里，当前刑事制度的强力和权威的观念似乎比公正的观念更重要"。①

2. 目的犯、结果犯补足要件之可行性分析

如果在法条中增加"以偷逃国家税款为目的"的目的要件，或是增加"造成国家税款流失"的结果要件，是否可以解决种种理论分歧与适用疑难的问题？

如果将虚开增值税专用发票罪补足为结果犯或目的犯，表面上确实消除了理论分歧，解决了适用疑难，但深入思考之下，仍存在以下未能解决的矛盾：

(1) 如果将本罪补足为结果犯，而虚开行为因犯罪结果而又分别构成逃税罪、骗取出口退税罪等，又会存在虚开增值税专用发票罪与逃税罪、骗取出口退税罪等的竞合，那么就存在一个问题，将虚开行为单独设立罪名的意义何在？如果说是由于虚开增值税专用发票作为犯罪手段的特殊性，那么需要追问的是，利用虚开的增值税发票偷逃税款，与采取涂改账目、虚增成本、不列或少列收入等手段偷逃相同数额的税款，两者的社会危害性或者说两者所保护的法益是否存在差异？如果说是对增值税制度的特别保护，那么，采取虚开增值税专用发票偷逃增值税税款，所造成的危害后果或者主观恶性是否就必然大于其他偷逃营业税、所得税等相同数额税款的行为？

(2) 如果将本罪补足为目的犯，同样会存在本罪与逃税罪、骗取出口退税罪、伪造增值税专用发票并虚开、非法买卖增值税专用发票并虚开的牵连或竞合。而如果适用牵连犯或法条竞合犯的"从一重处断"原则，则由于虚开增值税专用发票刑罚设置最重，最后仍是由虚开增值税专用发票罪定罪处罚。

---

① [意]贝卡利亚：《论犯罪与刑罚》，黄风译，中国法制出版社 2005 年版，第 22 页。

(3) 对于将本罪补足为目的犯或结果犯而造成的与其他相关罪名的竞合与牵连,最后都归结为适用"虚开增值税专用发票罪"的话,则会造成一罪独大、适用泛滥的现象。这一趋势从近年来上海检察机关查处的涉税犯罪案件中便可看出。①

(4) 对于补足结果要件或目的要件后,虚开行为仍然是适用"虚开增值税专用发票罪",但这其中还存在一个更为关键的问题:量刑倒置、轻罪重判。例如,如果一行为人销售销项税额为 4 万元的商品后,采用应开具而不开具增值税发票、不列收入的手段偷逃全部税款,其行为会因未达到"逃税罪"的入罪标准而不认定为犯罪。相反,另外一行为人发生同税额销售后,将 4 万元的销项税额虚开为 3.5 万元并实际缴纳,却会被以"虚开增值税专用发票罪"处以 3 年以下有期徒刑或拘役。两者的社会危害性与所适用的刑罚两相比较,其合理性何在?

四、虚开发票犯罪在刑事立法上的误区

可以肯定地说,我国刑法中还没有哪一个条文像虚开增值税专用发票罪这样,会在最为基本的要件构成上出现如此分歧严重、理解不一的观点,又难以从立法技术上加以补足和完善。从《刑法》第 205 条来看,这一条文用最简单的表述方法将虚开增值税发票的所有行为入罪,意欲从源头上来打击和惩治利用增值税发票牟取非法利益的行为,其立法意图也并不难以理解。为何会导致理论与实践上的扞格不通?造成这种问题的原因何在?

从上述讨论来看,即使通过构成要件补足,仍难以解决虚开发票犯罪与相关犯罪产生的竞合、牵连矛盾与量刑不均衡问题。这些问题不仅仅是立法技术上的问题,而是更为深层次的立法基础与立法理念上的问题。正是由于立法观念上的误区,导致了立法实体在公正性、科学性、合理性方面的偏差。

误区一:将打击犯罪必要性、行为入罪必要性与增设罪名必要性相混淆

增设新罪,首要考虑的问题就是是否存在增设的必要性,所探讨的行为应不应当入罪,现有刑法是否已有规定,未规定能否通过修改现有罪名来完善。但这些问题却很容易被忽视、被混淆。以虚开增值税专用发票罪的增设为例,

---

① 以上海检察机关 2010—2012 年起诉的涉税犯罪案件为例,3 年案件总数为 3 573 件,仅虚开增值税专用发票罪一罪达 2 459 件,比例高达 69%。

现实中虚开增值税专用发票案件的泛滥高发，造成国家税款的严重流失，就得出了必须专设罪名从严打击的结论。

罪与刑的设置是由其行为性质决定的，而不是由犯罪形式的新旧或者犯罪高发的现实压力决定的。实行新的税制，出现一种新的虚开增值税专用发票的行为，但这只是一种新的犯罪形式而非实质上的新型犯罪，它与之前虚开其他发票偷逃营业税、所得税的行为在性质上相同，且刑法已将这种行为入罪，并不存在惩治的空白，也就没有增设专罪的必要性。不能将应将行为入罪的必要性与单设罪名的必要性相混淆。

而虚开增值税专用发票罪在增设时，就将出现新的犯罪形式与出现惩治空白的新犯罪类型相混淆，将打击高发犯罪的现实需要与增设新罪的需要相混淆，将行为应当入罪的必要性与该行为应当单设罪名的必要性相混淆。

误区二：将罪名设置细密求全与罪名设置科学合理相混淆

"法网恢恢，疏而不漏"，法网需疏密得当，并非越细密越科学。发票犯罪的增设是在我国处于社会转型与经济体制改革的大背景下，面临新税制实施后发票管理上的严重不足以及泛滥猖獗的新型犯罪的现实压力，而做出从重从密从严的立法取向：罪名设置密集求全，将伪造、非法买卖、虚开、非法取得、持有等所有环节的行为入罪，法定刑远重于原有的税收犯罪，包括虚开犯罪甚至被设置极刑。尤其是"虚开增值税专用发票罪"的增设，将"虚开"这一发票使用中的必经行为单独设罪，导致本罪与以虚开为手段、为目的的罪名竞合、牵连，重复设罪造成本罪与逃税罪、骗取出口退税罪、走私罪、骗取贷款罪、伪造与非法买卖增值税专用发票罪等法条的重叠与交叉过多的现象，人为制造了虚妄的冲突。

误区三：将刑罚设置轻重与打击效果的关系相混淆

刑罚的轻重是由犯罪行为的社会危害性决定的，而不是由现实中犯罪是否泛滥高发，是否制定了从严打击的刑事政策决定的。不能将虚开增值税专用发票犯罪行为的高发、泛滥，作为增设专罪、重罪进行打击的理由。贝卡利亚论证说，刑罚的目的不是要"摧残和折磨，消除业已犯下的罪行"，而"仅仅在于防止犯罪的再侵害，并规诫他人不要重蹈覆辙"，因此"超过法律限度的刑罚就不再是一种正义的刑罚"。[①] 但时至今日，信奉"乱世用重典"，认为越是重刑打击，惩治效果就越好的仍然大有人在。在增值税抵扣制度不完善的情况下，

① [意]贝卡利亚：《论犯罪与刑罚》，黄风译，中国法制出版社 2005 年版，第 52、13 页。

虚开增值税专用发票罪设置重刑包括死刑来惩治虚开发票犯罪，也是“刑法万能”的观念所致。

误区四：将刑事预防、行政预防与制度预防相混淆

“预防犯罪比惩罚犯罪更高明，这乃是一切优秀立法的主要目的”。刑事立法与刑事惩罚具有预防犯罪的功能，但不能夸大放大这一功能而忽略行政预防与制度预防的功能。从虚开发票犯罪的几个高发期可以看出，第一个高发期出现在增值税制度实施之初，增值税抵扣制度尚不完善，虚开增值税专用发票犯罪轻易就能得手；第二个高发期在实现“金税工程”之后，增值税专用发票管控严格，虚开转向了虚开四小票的犯罪。可见精密的发票管理制度，是减少虚开犯罪的最有效手段之一。另外，刑法作为“第二次法”，刑事手段作为解决社会问题的最后手段，首先要发挥行政预防的作用，而不能将刑事预防作为最常规的预防手段。

误区五：因一时之需而牺牲刑事立法稳定性的误区

法律的稳定性价值是不可低估的，稳定性不足不仅会损害法律的权威，还直接妨碍立法目的的实现。[①] 刑事立法作为解决社会问题的最后手段，不能朝令夕改，其稳定性尤为重要。但立法的稳定性和社会不断处于发展变化之中，是一对现实的矛盾。社会的发展变化是无法改变的，因此，只有在刑事立法时，力求能充分概括和把握犯罪的本质，合理界分犯罪类型与准确全面设置罪名，使其能寓万变于不变之中，从而保证刑事立法的相对稳定性。

因此，刑事立法具有相对独立性。以法定犯为例，虽然刑法作为二次法，以行政法为前提，但法定犯的刑法规范并不能受制于行政法，不能因为行政法内容的变化而必须随之修改刑法。开始实施新的增值税制度，就增设“虚开增值税专用发票罪”，但如果又进行税制改革，不再实行“以票控税”的方式征纳增值税或者取消增值税制度，刑法就又必须随之修改或取消相应的罪名，显然不符合刑事立法的稳定性原则。

误区六：只顾局部逻辑补足而罔顾整体体系协调的误区

《刑法修正案（八）》增设第 205 条之一“虚开发票罪”，是从逻辑补足的角度，意识到第 205 条将虚开的增值税专用发票的行为设定为犯罪，虚开普通发票的行为也应当认定为犯罪。从发票犯罪的内部体系来看，增设“虚开发票罪”符合刑事平等保护的原则；但从整体罪名体系看，虚开增值税专用发票罪

---

① 郎胜：《刑事立法应兼顾稳定性与适应性》，《法制日报》2007 年 9 月 17 日。

存在的种种问题，也同样是虚开发票罪存在的问题。只顾局部的一致而罔顾整体的协调，也是虚开发票犯罪刑事立法的误区之一。

五、取消虚开发票犯罪的可行性论证

"法院面对着一部他们不能通过执行懵懵懂懂的立法者意图来加以适用的法律。英国人终于在1954年找到了对付这一困境的唯一办法：直截了当地废除这一发生问题的条文。而我们仍在为无解之谜寻找答案。"①

富勒在讨论一个存在立法缺陷的条文时所给出的建议，同样也适用于如今我们所讨论的问题。基于以上对虚开发票犯罪的刑事立法分析，可以看出，"虚开增值税专用发票罪"的增设在立法的必要性、合理性方面存在的根本性问题，虚开发票犯罪所产生的分歧与疑难，是因重复设罪而人为造成的虚妄的冲突。因此笔者建议取消《刑法》第205条与第205条之一。

在刑事立法中，取消一个罪名，其难度要比增设一个罪名大得多。取消罪名之所以如此之难，最大的顾虑还在于唯恐出现惩治的漏洞，唯恐发出不再重点打击或不打击的信号，从而轻纵犯罪。因此，我们也需要在此对于取消虚开发票犯罪的可行性加以论证：

第一，取消两罪后不存在刑事惩治上的空白与漏洞。如前所述，虚开增值税专用发票罪与虚开发票罪，是将一个不规范使用发票的必经行为——"虚开"行为入罪，必然会造成虚开发票犯罪与虚开的目的罪名或结果罪名相竞合，与相关的发票犯罪的罪名相牵连，属于重复设罪，因此取消两罪之后并不存在惩治上的空白与漏洞。

以《刑法》第205条第3款"为自己虚开、为他人虚开、让他人为自己虚开、介绍他人虚开"的分类为例：

对于"为自己虚开"的情形，以其虚开目的罪名或结果罪名入罪，即如果用于偷逃税款或骗取出口退税的，则以"逃税罪""骗取出口退税罪"定罪处罚；如果用于骗取贷款或走私、贪污的，则以"骗取贷款罪""走私罪""贪污罪"定罪处罚，等等。

对于"让他人为自己虚开"的情形，如果虚开方"他人"是以向不特定的对象虚开发票牟取非法利益的，其行为实质为非法出售发票的行为，而要求虚开的受票方则是非法购买发票的行为；如果双方之间不存在非法买卖的问题，则

① [美]富勒：《法律的道德性》，郑戈译，商务印书馆2005年11月版，第105页。

以受票方的目的名或结果罪名入罪，虚开方“他人”构成共犯。

对于“为他人虚开”“介绍他人虚开”的情形，则考察其具体情况，是否构成非法出售发票罪，或者构成虚开行为目的罪名或结果罪名的共犯。

第二，取消后不影响对虚开发票行为的打击力度。取消虚开犯罪的两个罪名，绝对不是说虚开增值税专用发票的行为与虚开发票的行为不构成犯罪，而是虚开发票的行为在两个罪名设置之前就已经入罪，取消两罪并不影响对虚开犯罪的打击。明确这一观念，司法机关就不会陷入因取消罪名而放松对虚开行为打击的误区。

在多年的司法实践中，行政部门与司法机关也非是完全严格按照“只要虚开便移送、起诉”的标准，而完全按照这一标准操作也是不现实的。相反，在虚开发票犯罪罪名取消之后，无论税务机关还是司法机关，无论是对于虚开增值税专用发票还是普通发票，不再存在移送标准与入罪标准不一致的问题，更便于虚开发票犯罪的查处与打击。

第三，取消罪名后，从根源上消除了理论分歧与适用疑难，也理顺了刑事立法的罪名体系，符合刑事立法科学、合理、协调、公正的要求。

第四，无独有偶，匈牙利在实施增值税制度后也设置了“虚开增值税专用发票罪”，但同样是因为在理论上和适用中产生了诸多问题，2013 年刑法修改时，取消了“虚开增值税专用发票罪”，而通过“预算资金诈骗罪”来进行惩治。①

六、社会转型期增设新罪的借鉴与思考

增设新罪应当持积极而谨慎的态度。正如日本刑法学家西原春夫先生所说：“刑法的结果是程度如此严重的‘必要的恶’，我们就不得不经常推敲存在的合理性和正当性。”②

我国改革开放 30 多年，恰好是我国刑事立法从无到有、从传统到现代、从粗略到细致的发展过程。自 1979 年第一部刑法典的颁布确立 130 个罪名，1981 年起 23 个单行刑法补充新增罪名 133 个，到 1997 年新刑法修改时确立为 413 个罪名，再到 1998 年关于惩治骗购外汇犯罪单行刑法以及之后频繁出

---

① 2014 年 11 月 28 日在上海社会科学院法学研究所主办的“中国—欧盟经济刑法国际研讨会”的发言中，匈牙利佩奇大学法学院伊斯特万 · 拉斯洛(GAL Istvan Laszlo)博士、匈牙利司法部刑事法律问题部部长委员会委员 Barna Miskolczi 博士介绍了匈牙利的虚开发票犯罪的立法情况。谨致谢意！

② [日]西原春夫：《刑法的根基与哲学》，顾肖荣等译，法律出版社 2004 年版，第 4 页。

台的8个刑法修正案又增设40个新罪名。转型期社会的迅猛变化,给刑事立法带来必须不断补充修改的挑战与压力。在当前《刑法修正案(九)》呼之欲出的背景下,针对刑事立法修改补充的数量之多、次数之频繁及其产生的罪名膨胀、立法扩张的现象,如何考察增设新罪的必要性、合理性、协调性、体系性,就是一个非常重要的问题。

发票犯罪刑事立法之时,仍处于我国现代刑罚理念确立之前,在社会转型与税制改革大背景下面临着税制管理严重不足与发票犯罪泛滥猖獗的现实压力,立法观念上也尚未摆脱传统的重刑主义与刑法万能的思想,因此刑事立法理念、刑事立法原则、刑事立法技术上都难免有所欠缺。

但随着罪刑法定原则、平等原则与罪刑相适应原则在我国刑法中的确立以及现代刑法理念的深入人心,刑法的价值理念也得以重新定位,刑法的规定是否符合基本立法原则也需要重新考量。

每增设一个新罪,实际上都是一个经过全面调查、细致思索、理性权衡和审慎选择的复杂过程,对于增设新罪应当慎之又慎。对于现实中出现的新型高发犯罪问题,应当进行如下考量:能够通过现有罪名惩治的,是明确适用的问题,不是增设新罪的问题;能够通过修改现有罪名惩治的,是完善法条的问题,不是增设新罪的问题;对于高发的新形式犯罪,是加强打击和严格执法的问题,不是增设新罪的问题;对于是因为未准确理解法条而导致的问题,是刑法解释的问题,不是增设新罪的问题,要防止增设新罪、叠床架屋所带来的烦恼,有害无益。

因此,在刑法增设新罪时,必须铭记这样的警示:"只有在作为保护该种法益的方法除了创制刑事法制、诉诸刑罚手段之外,别无选择的情况之下,才能说可以进行刑罚化。犯罪化仅具有必要性是不够的,还应当立足于刑法的补充性、不完整性、宽容性即谦抑主义精神的正当根据。"①对于刑事立法的完善,不应当局限于通过逻辑补足来织密法网,更应当进行整体化的体系性考察,以现代刑法的罪刑法定、谦抑主义、人道主义等理念指导立法,追求刑事立法的连续稳定、科学完备。

我国古代《周易》中有"易有三义"之说,即"简易、变易、不易"。化繁于简,以简驭繁,以追求稳定性而垂范久远。适用于此,可以说是刑事立法想要达到的理想标准与最高境界。

---

① [日]大谷实:《刑事政策学》,黎宏译,法律出版社2000年版。

诉讼法、司法制度、犯罪学

跨行政区划检察组织体系研究

陈海锋*

摘　要：跨行政区划检察组织要在全国建立，应当坚持于法有据，注重顶层设计下的制度协调，厘清终极目标与凭借路径的关系。在此基础上，跨行政区划检察组织体系的核心要素方面，法律定位可以从当前的地方检察院逐步过渡到专门检察院。管理上由中央直属是必然趋势，人员任免与经费保障上都应当如此，但应妥当安排最高人民检察院在整个跨行政区划检察组织体系中的地位，以保障各级跨行政区划检察院既能依法独立行使检察权，又不至于加剧当前的司法行政化问题。布局上以公正优先、兼顾效率为原则，强调各级跨行政区划检察院设置上的因地制宜、适时而动，在坚持多层级构建的基础上，采用典型设置与特殊管辖相结合的方式更为合适。

关键词：跨行政区划检察院；限制框架；法律定位；管理体制；布局设点

全国首批试点的跨行政区划检察院成立已逾两年。经过对内设机构的调整或整合，案件管辖范围的不断完善，跨行政区划检察院办理了一批具有代表性、反响较好的案件，总结形成了案件办理、工作机制等方面的有益经验，[①]为全国推广提供了较好的基础。不过，由于试点单位数量的有限性、层级的单一性，未来要在全国进行跨行政区划检察改革，考虑的问题显然要更为复杂，如跨行政区划检察院的法律定位、管理体制与布局设点等组织问题，这些都是当

---

*　陈海锋，上海社会科学院法学研究所副研究员，法学博士。本文系最高人民检察院 2016 年重点课题"跨行政区划检察院设立模式研究"（课题号 GJ2016B01）和上海社会科学院课题"跨行政区划检察院全国推进研究"的阶段性研究成果。本文原刊于《华东政法大学学报》2017 年第 2 期，获得 2017 年度全国检察理论研究优秀成果二等奖。

① 周斌：《承办一批重大敏感案公信力提升》，《法制日报》2016 年 8 月 19 日第 3 版。

前的试点改革难以涵盖也没有探讨的问题。面对即将全国推行的形势，对上述问题的探讨研究显得尤为迫切。

一、跨行政区划检察改革的限制性框架

跨行政区划检察改革是党的十八大以来推行的诸多司法改革的一项重要内容，其统摄于当下的法律，受限于改革的具体设计，更要与其他改革措施配套。为此，探讨跨行政区划检察院的组织问题，必须厘清这一大背景。

（一）改革的于法有据

改革不是革命，合法性一直是司法改革无法回避的问题，①无论是早期改革时的条件不充分、状况不理想，②还是当下改革中的攻坚克难。③ 值得一提的是，本次自上而下的改革过程中，中央特别重视改革措施的“于法有据”。④作为司法改革重要组成部分的跨行政区划检察改革自然也不能例外。

于法有据意味着重大改革必须与当下的既有法制相一致，不能突破，特别是重要的基本法律。跨行政区划检察改革主要涉及《宪法》《地方各级人民代表大会和地方各级人民政府组织法》《人民检察院组织法》和《刑事诉讼法》。《宪法》是根本大法，也是其他法律的制定依据，自然也成为一切改革的基础；其他三部法律是各自领域的基本法律，显然也不能任意违反。不过，对法律的遵守应考虑法律本身的稳定性问题；作为一项将持续较长时间的改革措施，跨行政区划检察改革也应对未来相关法律的修改作出适当的预估。当前，《人民检察院组织法》已经列入全国人大的立法修订计划，修改中肯定会考虑跨行政区划检察改革的兼容问题；《宪法》修订的困难性是众所周知的，仅仅因跨行政区划检察改革的需要而修订的可能性几乎没有；另外两部法律分别于2015年（《地方各级人民代表大会和地方各级人民政府组织法》）和2012年（《刑事诉讼法》）作出修订，短期就上述问题立即进行修订的可能性也较小。考虑跨行

---

① 甘藏春：《怎样保证改革的合法性》，《法学研究》1991年第6期。

② 谢佑平、万毅：《法律权威与司法创新：中国司法改革的合法性危机》，《法制与社会发展》2003年第1期。

③ 陈卫东：《合法性、民主性与受制性：司法改革应当关注的三个“关键词”》，《法学杂志》2014年第10期。

④ 郭信峰、林建杨：《推进深化改革中央强调“于法有据”》，http://news.xinhuanet.com/politics/2014-03/02/c_119567364.htm，2016年8月26日访问。

政区划检察改革本身的突破性和合法性问题，有必要严格遵守《宪法》，不得违反《刑事诉讼法》和《地方各级人民代表大会和地方各级人民政府组织法》，特别是其中的禁止性规定，同时应当与《人民检察院组织法》的修订相结合。当然，在确有必要的情况下，修法与改革同步进行也是可以的，合法性就不成问题。

（二）改革的制度协调

本次司法改革的重要特征是自上而下式的，中央不仅统一组织、领导司法改革，还作出统一安排；毕竟司法改革是一个系统工程，涉及国家司法的基本制度，需要顶层设计、总体规划。① 为此，跨行政区划检察改革作为司法改革的重要一环，应当遵循中央对司法改革的顶层设计，从而共同致力于改革目标的实现。

根据党的十八届三中全会、四中全会的文件，跨行政区划检察院是作为“确保依法独立公正行使审判权检察权”的重要措施，后者还包括“省以下地方法院、检察院人财物统一管理”；这一措施也是“构建普通类型案件由行政区划检察院办理，特殊类型案件由跨行政区划检察院办理的诉讼格局”的一部分。② 因而，跨行政区划检察院组织的构建方案就应当考虑两个方面：一是跨行政区划检察院将与行政区划检察院共同构成新型的诉讼格局，因而它应是体系性的，点线面都存在的，而不是单一的、独立的；二是跨行政区划检察院制度是与司法管理省级统筹共同保障检察权的依法独立公正行使，而司法管理省级统筹给依法独立行使司法权造成的影响，应当在构建跨行政区划检察组织体系时认真考虑，避免两套体系的叠床架屋。

（三）改革的路径凭借

司法体制改革的目标是要建设公正高效权威的社会主义司法制度，“努力让人民群众在每一个司法案件中都感受到公平正义”，而通过建立跨行政区划检察院、构建行政区划检察院与跨行政区划检察院并存的诉讼格局，借以确保检察权的独立行使，这是当前实现司法改革目标的措施之一。有必要厘清两者的关系，从而确定跨行政区划检察院在未来发展中的定位。

---

① 姜伟：《司法改革必须自上而下》，《中国司法》2012 年第 11 期。

② 最高人民检察院《关于深化检察改革的意见（2013—2017 年工作计划）》的重点任务之一。

党的十八届三中全会、四中全会明确将人财物的省级统管和探索建立新的司法管辖制度作为保证国家法律统一正确实施的手段，两者是并列关系，并没有位次和顺序上的优先问题；至于未来是要在省级人财物统筹的基础上上升到全国统筹还是在全国普遍形成司法辖区与行政区划的分离制度，上述文件并没有明确。不过，党的十八届四中全会及此后深改组第七次会议明确要求“构建普通案件在行政区划法院审理、特殊案件在跨行政区划法院审理的诉讼格局”，部分否决了要建立司法辖区与行政区划的完全分离的制度，只是形成部分的、适度的分离，最终两者并存的新型诉讼格局。由此，跨行政区划检察院的终极未来仍处于不确定的状态。

中央文件并没有明确跨行政区划检察院的未来，这可能与这些文件只是确立近期改革方向有关，但对长期的改革方向显然应作更深入的思考，检察规律是其中无法回避的硬道理。笔者认为，全国性的人财物统管应当成为省级统管后的发展趋势，也是对司法权所具有的主权性、中央性的回归与体现；无论是从联邦制国家看，还是从单一制国家看，中央对司法机关人财物的控制都是必要的；即使在国外检察机关被作为行政体系的一部分，检察机关的中央属性仍然是非常强的，不同于一般的行政机关基本受制于地方。[①] 一旦我国检察院的人财物由中央统管，虽然居于地方的各级检察院仍然免不了要受到地方的掣肘，但随着有关制度与习惯的形成，地方干预办案的能力、手段和机会将被极大削弱，司法环境也将随之有极大的改善，此时，检察院是否跨区域并没有实质意义；而且随着全国统筹，甚至是在当前省级统筹的情况下，各地也在利用既有的法律规定，设置跨行政区划的司法机关，[②]从而未来也必然会逐步淡化司法机关辖区与行政区划上的一致性。在这一过程中，全国人大、最高人民检察院也应当考虑根据案件量、地域幅度、人口因素等对全国各级检察院，包括省级检察院（简称“省院”，对于直辖市的，则一般称为“市院”）进行适当的调整、迁移、整合等，最终形成一统的中国检察体系。

当然，全国一统的检察机关也只是我国实现改革目标的一种途径，而且是一项相对较为远期的方式；在当前改革过程中，跨行政区划检察院作为一种途径应当予以合理的筹划，使其既能确保当前司法改革目标的实现，又不至于成

① 陈海锋：《检察机关设立的域外考察》，上海市社会科学界联合会编：《新常态与大战略》，上海人民出版社 2015 年版，第 300—309 页。

② 吴志刚：《我国司法区划调整问题研究》，《北方法学》2014 年第 3 期。

为未来进一步改革的绊脚石。

二、跨行政区划检察院的法律定位

跨行政区划检察院在改造既有铁路运输检察(简称铁检)机关基础之上设立,相当于“借壳”出生,其法律身份并没有明确的规定。如果说当下试点跨行政区划检察院的法律定位并非关键,毕竟是在个别地区的试验,但在全国推广的过程中,显然有必要明确其身份,为其运作提供法律保障。

(一) 法律定位的可能空间

根据《宪法》规定,我国当前的检察体系由最高人民检察院(以下简称“最高检察院”)、地方各级人民检察院和军事检察院等专门检察院组成;建立在铁检机关基础上的跨行政区划检察院,可能是其中的任何一类。

跨行政区划检察院具有地方检察院的现实基础。根据人民代表大会制度,地方各级检察院的检察官及主要领导都是由同级人大任免,财政供给都由同级政府保障,检察院的司法辖区与政府的行政区划是完全一致的。铁检机关自转交地方后,其隶属于地方省院,无论是分院还是基层院都处于省院“派出院”的地位;[①]同处一省的基层院与分院仍保留上下级领导关系,与分院处于不同省份的基层院业务上接受原铁检分院的领导,事务上由所在地省院领导。铁检机关人财物基本上与省院一样,处于省级人大任免、省级政府保障的地位。铁检机关基本上只管辖涉铁案件,近年部分铁检机关也不断接受所在地省院通过规范性文件或指定管辖的形式转交的其他案件,如行政案件、环境资源案件、知识产权案件等。[②] 从产生与任免的机构、管理体制及管辖范围上看,作为跨行政区划检察院改造基础的铁检机关在一定程度上也属于地方检察体系的一部分。

跨行政区划检察院具备专门检察院的相应特质。专门人民检察院是指在我国特定组织系统设置的检察机关,其有专属管辖权,保护特定的社会关系;

---

① 谭波:《宪政视角下的中国专门检察制度改革》,《青海社会科学》2010 年第 1 期。

② 张红中:《陕西铁路检察机关将跨区划管辖行政和环境资源案件》,《西安晚报》2016 年 1 月 16 日第 3 版;宋世明、高千、刘元华:《12 位人大代表政协委员昨天走进企业视察知识产权检察保护》, http://www.js.jcy.gov.cn/yaowen/201604/t2787615.shtml, 2016 年 9 月 16 日访问。

一般认为专门检察机关包括军事检察机关、铁路运输检察机关。[①] 首次明确专门检察院范围的是1979年《人民检察院组织法》，其规定专门检察院包括“军事检察院、铁路运输检察院、水上运输检察院、其他专门检察院”；[②]1983年该法修订时将专门人民检察院包括的类型予以删除，同时将原文中的“中华人民共和国设立最高人民检察院、地方各级人民检察院和专门人民检察院”修改为“中华人民共和国设立最高人民检察院、地方各级人民检察院和军事检察院等专门人民检察院”。[③] 至此，铁检机关是否属于专门的检察机关，就成了学界的一个争议。不过，从铁检机关与军事检察院的类似性看，其设置在铁路运输系统，主要管辖特殊案件，相对自成体系，成为专门检察系统的一支得到了不少认可；[④]即使铁检机关从隶属铁路企业转交到了地方，但其业务关系、管辖范围并没有较大的变化。铁检机关仍然具有专门性的特点并没有发生实质改变。[⑤]

跨行政区划检察院具有作为高检院组成部分的现实需求。根据《人民检察院组织法》的规定，当前最高检察院并没有设立派出机构的权力。学者建议将跨行政区划检察院作为直属于最高检察院的独立组织体系，[⑥]或作为最高检察院的派出机构，类似于当前巡回法庭与最高人民法院的关系。[⑦] 考虑到《人民检察院组织法》正在修订，这种建议是值得考虑的。一方面，建立直属于最高检察院的各级跨行政区划检察院，最大限度上摆脱了地方对检察院办案的干预，符合该项改革的目的；[⑧]另一方面，这一方案能较快得到法律确认与支持，相对较为可行。由此，跨行政区划检察院作为最高检察院的组成部分“不失为在现行法律框架下的一条较为可行的路径”。

（二）法律定位的不可能形态

跨行政区划检察院的地位因没有法律明确规定，从而为其定位提供了可

① 江平：《中国司法大辞典》，吉林人民出版社1991年版，第26页；《中华法学大辞典》编委会编：《中华法学大辞典：简明本》，中国检察出版社2003年版，第895页。

② 1979年《人民检察院组织法》第2条。

③ 1983年《人民检察院组织法》第2条。

④ 刘勇：《我国铁路运输检察机关的专门性特征》，《人民检察》2008年第17期。

⑤ 刘光辉、程周彪：《铁路检察机关专门性的五个表征》，《人民检察》2014年第8期。

⑥ 唐立、叶宁：《跨行政区划检察院刑事案件管辖的合理模式——从实践探索看改革前景》，《西南政法大学学报》2015年第6期。

⑦ 金鑫：《跨行政区划司法机关设置的改革：缘起、经验与实现》，《武汉大学学报（哲学社会科学版）》2015年第5期。

⑧ 薛江武：《省以上设立跨行政区划检察院的若干思考》，《人民检察》2016年第8期。

能的空间。不过，这一空间仍然是有限的。笔者认为，从当前的法律看，跨行政区划检察院作为最高检察院的直属机构或派出机构是非常困难的。

从直属于最高检察院的角度看，跨行政区划检察组织体系因独立于地方而受到学者的推崇；不过，这种“检察一体”虽符合世界各国检察组织的基本特点，但追求检察独立同样也是重要发展趋势。[①] 在检察行政事务上的检察一体，并非上级对下级的无所不管、无所不包，如人事权上的相对独立；[②]至于检察业务，即使上级对下级一般享有指令权、职务转移权及官员代换权，但仍然受到合理的规制，以确保检察官的依法独立行使权力。[③] 如日本，检察厅上下级之间存在严密的指挥监督权，体现为上级的指挥和监督权、事务调取权和转移权、对下级的职务代理权等，但各个检察官是作为独立的官厅享有行使检察权的权限的，不是作为上级的助手；检察官中的总检察长、副总检察长、检察长由内阁任免，天皇认证；一般的检察官则由法务部长任免。[④] 如果跨行政区划检察院直属于最高检察院，形式上实现了两者真正的“一体”，实质上违背了检察一体的基本内核：在保障检察权能合理运作的前提下，应厘定和划分上下级领导关系的范围。[⑤] 如此规定，不仅在中国没有先例，[⑥]与检察院的分级办案相冲突，也可能因这种直属问题而加剧当前检察院存在的行政化问题，使得依法独立行使检察权更为困难。第二次世界大战后日本形成的以防御外部干预的集权法院体制也是一个教训。由于全部司法权归属于最高法院及法定的下级法院，最高法院获得最高司法行政权，完全独立于中央和地方政府，造成扭曲的上下级法院关系和强势的最高法院、弱势的普通法官现象。[⑦] 如果我国建成直属于最高检察院的跨行政区划检察体系，基于本已存在的领导关系，则最高检察院通过控制下级检察院的人事、财政等手段，司法行政化可能只会更甚。

---

① 邵晖：《检察一体的历史与现实》，《国家检察官学院学报》2013 年第 1 期。

② 邹绯箭、邵晖：《“检察一体”与中国上下级检察院组织关系构建》，《中国刑事法杂志》2013 年第 8 期。

③ 陈卫东、李训虎：《检察一体与检察官独立》，《法学研究》2006 年第 1 期。

④ 刘兰秋：《日本检察制度简介（下）》，《国家检察官学院学报》2006 年第 6 期。

⑤ 邹绯箭、邵晖：《“检察一体”与中国上下级检察院组织关系构建》，《中国刑事法杂志》2013 年第 8 期。

⑥ 虽然中国在 20 世纪 50 年代曾有过短暂的检察体系垂直管理的经历，不过，无论是从源头的苏联还是从我国具体的检察历史，无论是从制度还是理论，垂直管理主要是指中央对地方检察机关的人事权，而不是组织上真正合体。参见田夫：《依法独立行使检察权制度的宪法涵义——兼论重建检察机关垂直领导制》，《法制与社会发展》2015 年第 2 期。

⑦ 杨宁：《跨行政区划司法管辖制度与法院内部行政管理权的膨大——以日本的金字塔型法院结构为鉴》，《清华法律评论》2015 年第 2 期。

从派出机构的角度看，最高检察院目前不能派出自己的机构，跨行政区划检察院就不可能成为其派出机构。《人民检察院组织法》修改时可以考虑规定最高检察院设立派出机构的权力，但这将会产生新的问题。从《人民检察院组织法》相关规定看，派出机构的人员任免由设立的检察院提请本级人大常委会进行；无论是设立派出检察院还是派出检察室，派出机构都是代表设立机关履行职务的，其不是一个独立的检察机关，也不是一级检察机关。如此，作为最高检察院派出机构的跨行政区划检察院，其仍然只是直接代表最高检察院行使权力，既没能解决涉及检察权中的级别管辖问题，还存在对最高检察院定位的混淆、加剧司法行政化等问题。

与派出机构相类似，采用最高人民法院的巡回法庭模式也解决不了跨行政区划检察院的定位问题。当前最高人民法院的巡回法庭是代表最高人民法院行使审判权，对于便利案件当事人的诉讼、减轻最高人民法院的办案压力、加强对下级法院的监督指导、有效进行法治宣传等方面都有非常积极的意义。[①] 不过，巡回法庭也不是独立的一级法院，仍然受到设立机关的限制；由此，建立检察机关的巡回机构，其实质仍是代表该设立检察机关，与派出机构处于相同的地位。

(三) 法律定位的可行路径

虽然跨行政区划检察院定位为最高检察院的直属院或派出院并不合适，但定位为地方检察院或专门检察院并没有明显违反法律；当然，跨行政区划检察院具体在改革实践中定位为什么，还要结合当前该项改革的大背景。考虑到当下司法管理省级统筹的进展情况、《人民检察院组织法》正在修订的现实，笔者认为，在全国推广跨行政区划检察院，可以暂时定位为地方检察院的一员，但从远期看，定位为专门人民检察院更为合适。

1. 短期视角：作为地方检察院的跨行政区划检察院

跨行政区划检察院即将在全国推广，从当前试点情况看，仍然按照试点模式进行推广是必要的过渡，可以作为地方检察院的一部分。

首先，这是中央对当前改革的既定政策。本次司法改革本着循序渐进的原则，考虑我国长期司法管理地方化的现实和当前完全中央统一管理的困难，提出了省级统管的阶段性思路，要求目前阶段逐步实现“地方各级人民法院、

---

① 胡云腾：《为什么要设立巡回法庭?》,《求是》2015 年第 12 期。

人民检察院和专门人民法院、人民检察院的经费由省级财政统筹”的任务。①跨行政区划检察院目前是在铁检机关基础上略加改造形成，而后者目前都直接受各地省院领导，通过省院接受省级人大监督、向人大负责，其人员的任免也是由省级人大进行；无论铁检机关属于地方检察院还是专门检察院，目前的改革设计就是省级统管。以铁检机关改造的跨行政区划检察院继承这一管理模式，可以成为地方检察体系的一部分。

其次，这是由我国各地检察机关的经费保障状况决定的。在本次改革前，我国各级司法机关的经费基本上是由相应级别的政府保障，其中人员经费、日常运行公用经费和基础设施建设经费基本上是同级财政保障，办案业务经费和装备经费由中央、省级和同级财政分区域按责任负担，②由此，我国当前的司法财政呈现出地方性、差异性和外部性等特点。③ 要建立司法经费的省级统管，自然会减少各地的差异；尽管中央要求改革要保障办公、办案及人员收入的经费不低于现有水平，但因各地差异实在较大，不可能短时间做到同步。④为了保证改革的顺利推进，笔者在调研中已经发现一些地方采取折中的方式，即在省级统管经费的同时，也不干预当地政府主动给予一定经费，从而不至于一些司法经费保障较好的地方受到省级统筹的消极影响。如此，致力于司法管理的省级统筹都难以在短时间内完全脱离省级以下地方，更不用说跨行政区划检察院直接隶属于中央后存在的保障难题。财政上仍然保留地方性，是我国跨行政区划检察改革当下的必要妥协。

最后，作为试点的跨行政区划检察院也是地方检察体系的一部分。2014年底，在上海市人民检察院上海铁路运输分院⑤、北京市人民检察院北京铁路运输分院的基础上分别先后成立了两家跨行政区划检察院——上海市人民检察院第三分院（简称“上海三分院”）和北京市人民检察院第四分院。从管理体制上看，作为改造的基础，这两家铁路运输检察院在2012年从铁道部所属企

---

① 孟建柱：《深化司法体制改革》，《人民日报》2013年11月25日第6版。

② 2009年7月23日中共中央办公厅、国务院办公厅《关于加强政法经费保障工作的意见》（厅字〔2009〕32号）。

③ 左卫民：《中国基层法院财政制度实证研究》，《中国法学》2015年第1期。

④ 笔者至西部某省调研发现，部分地市政府给予包括当地司法机关人员在内的公务人员以福利分房，而同省的其他地区还存在基本司法经费保障不足的问题；当前的司法经费省级统管，又不能降低保障力度，对该省的影响是显然的。

⑤ 本文以下部分都简称为“上海铁检分院”。同时考虑到其有多个下辖院，文中一般对铁检机关的基层院统称为铁检基层院。

业划归所在直辖市，业务与人财物管理都由所在地直辖市院领导。试点院与原铁检机关保留一套人马、两块牌子，管理上也基本一致。从纵向方面看，上海三分院的新增案件不再涉及外省市的铁检基层院，而对处于本市的基层行政区划检察院增加了部分案件的业务指导，从而在本市内基本形成隶属于省院的跨行政区划检察组织体系。从地位看，目前试点中的跨行政区划检察院是作为地方检察院中的一级，相当于地市级检察院；其由直辖市人大产生，对其负责，受其监督。作为地方一员的试点跨行政区划检察院在当前的框架下获得组织、财物、人员等多方面的支持，也在一定程度上摆脱了省级以下地方的干预；经过近两年的实践，不仅从机构设置、机制理顺与管辖明确等方面取得进展，更在办案上取得扎实的效果，为未来的改革提供了较好的借鉴。负有为全国改革提供可复制、可推广经验的试点检察院，其取得的有益经验应当得到复制、推广。

2. 远期视角：作为专门检察院的跨行政区划检察院

作为司法去地方化的一项重要制度设计，跨行政区划检察院的远期定位不应只是地方检察院的一部分，作为专门检察院更具优势。

首先，未来的跨行政区划检察院必然要在一定程度上脱离地方检察体系。国家单设跨行政区划检察院，就是希望能与普通的地方检察院有所不同，单独管辖具有特殊性的案件，从而能避免普通行政区划检察院可能受到的地方干预办案问题。当前的跨行政区划检察院是处于省院统管之下的，也能在一定程度上去除司法地方化问题，但并没有解决省级地方对司法的干预问题，因此，建立防止省级地方干预办案的跨行政区划检察院成为必要。此时的跨行政区划检察院显然不能走老路，应当不再由地方人大产生、由地方负责人财物的保障，从而与地方分离。

其次，跨行政区划检察院作为专门检察院有独特的便利。我国当前的法律明确规定有专门人民检察院这一类型，其组织架构可以由法律单独规定；虽然我国目前还没有对专门检察院进行规范的法律，但在日益强调法治的中国，对包括军事检察院等专门检察院进行立法规范既有必要，亦甚可行。跨行政区划检察院可以借此便利一同立法规定，也可以绕开包括宪法、组织法、诉讼法等相关内容的法律障碍；特别是考虑到宪法修改的困难、三部诉讼法刚修改不久的现实，而关于跨行政区划检察院要在全国合法、全面及较为彻底的改革，显然不可能久等。至于对专门检察院的界定，当前并没有形成较为一致的共识，更没有法律明确规定；而从当前《人民检察院组织法》中对涉及专门检察院的规定及其演变来看，专门检察院的范围界定显然可以作适当的延伸，跨行政区划检察院成为专门检察院没有直接的障碍。

最后，定位为其他类型的检察院没有直接的依据。在中央文件中提出了跨行政区划检察院办理"特殊案件"，是否可以由此将跨行政区划检察院定位为特殊检察院？笔者认为这个定位在法律上还没有任何依据，在我国当前的法律中也没有任何类似提法。中央文件中的这个"特殊"只是对跨行政区划检察院"与众不同"的笼统界定，体现了其具有的独特一面，并非表明中央要给跨行政区划检察院直接界定为"特殊"检察院。在现有法律规定基本能满足需求的情况下，单独设置一种新类型检察组织的必要性也不大。

三、跨行政区划检察院的管理体制

铁检机关的人事分离管理体制已经影响其自身的发展，而作为改造的基础，在全国推广的跨行政区划检察院，虽然可以在一定程度上沿袭铁检机关的管理体制，但对于其中的问题应当尽快解决，毕竟跨行政区划检察院与铁检机关承担的改革任务与重要性无法等同视之。无论是基于隶属地方还是隶属中央的体制，跨行政区划检察院作为一个相对独立的体系，其人财物的管理应当能满足其功能的需要。

（一）隶属关系

短期内的跨行政区划检察院属于地方检察院体系的一员，自然隶属所在地方，笔者也不反对最高检察院加强对其的特别管理，如同作为改造基础的铁路运输检察院，最高检察院铁路运输检察厅就是专门对其进行业务管理的部门。作为远期改革的方向，作为专门检察院的跨行政区划检察院具备自己的独立体系；尽管笔者并不赞同跨行政区划检察院作为最高检察院的组成部分，但应当直属于中央。

首先，依托于铁路运输检察系统的跨行政区划检察院受到了原有管理体制的限制，有必要划归中央隶属。虽然因业务管理上的跨区域性，铁检机关在一定程度上还有去地方化的优势，甚至能限制包括省级地方的干预；不过，当前铁检机关人事分离造成的业务发展受限、经费保障不足和法律监督难题等都在不同程度上干扰了铁检事业的发展。[①] 如果说当前的业务受限，对我国检察事业的作用相对较小、影响较小，这种体制本身的弊端产生的负面影响也较小，但考虑到跨行政区划检察院承担的司法去地方化及构建新型诉讼格局的重任，应当早日进行相关顶层设计，避免这种人事分离的体制继续"感染"新改革，保障跨行政区划检察事业的顺利发展。

其次，跨行政区划检察院直属中央符合司法去地方化的改革目标，有利于提高司法公信力。"随着社会主义市场经济深入发展和行政诉讼出现，跨行政区划乃至跨境案件越来越多，涉案金额越来越大，导致法院所在地有关部门和领导越来越关注案件处理，甚至利用职权和关系插手案件处理，造成相关诉讼出现'主客场'现象"，这是习近平在《关于〈中共中央关于全面推进依法治国若干重大问题的决定〉的说明》中对当前司法不公的形象描述。党的十八届四中全会明确提出"探索设立跨行政区划的人民法院和人民检察院"也是基于这样的背景。试点中跨行政区划检察院可以出于管理的需要隶属于地方，但在全国建立跨行政区划检察组织体系后，其无论隶属于哪一级地方，都将无法排除所属地方的干预，是不彻底的去地方化，甚至有悖改革的初衷。

最后，跨行政区划检察院的去地方化符合检察事业的发展规律，也是检察改革选择"短痛"的需要。我国当前的司法体系都是由地方保障的，由此也形成了司法地方化的顽疾。随着司法管理省级统筹改革的展开，检察机关的管理向上集中成为趋势。虽然我国还没有完整的由中央直属的检察机关，也没有这方面的经验积累，甚至还存在各地发展不平衡导致的保障困难、任免程序烦琐等问题，但被寄予厚望的跨行政区划检察院直接隶属于中央，可以一劳永逸地解决地方干预的问题，也可以建立一套管理顺畅、保障有力、精干高效的跨行政区划检察组织体系，符合司法权依法独立行使的需要，为真正实现司法公正提供保障。直接隶属中央，可能带来的中央相关管理机关的庞大、对下级情况的不了解及日益强化的官僚体制，但这些困难本身是发展中必然遇到的，也完全可以在发展中解决。

（二）人员任免

人民代表大会制度是我国的根本政治制度。据此，一切国家机关都由相应级别的人民代表大会产生，对其负责，受其监督。作为国家机关重要组成部

---

① 徐向春：《铁路运输检察体制改革》，《国家检察官学院学报》2015 年第 2 期。

分的检察机关也不例外。

1. 隶属地方的任免模式

按照当前上海的试点模式，上海三分院的检察长、副检察长与检委会委员都是由市院检察长提名，由市人大常委会任免；一般的检察官则由三分院向市检察官遴选委员会提交候选名单，经其对专业能力审查后，由市人大常委会任免。

全国推广的跨行政区划检察院如果仍然是地方检察体系的一部分，结合当前正在进行的检察人员分类管理、员额制改革，继续沿用当前的任免模式具有一定的合理性。首先，试点的跨行政区划检察院采用这种管理模式基本上是成功的，并没有出现问题；随着相关改革的推进和制度之间的磨合协调，应当会更好。其次，作为地方检察院的一员，跨行政区划检察院虽管辖多个行政区域，但又不再由各级地方自己产生，而是由省级人大产生，可以避免跨行政区划检察院受制于省级以下地方。再次，当前的省级地方可以承受这样的改革。即使在省级以下地方设立独立的跨行政区划检察体系，其总的机构数量、人员数量等都不会太多；而且随着我国各项改革的推进，检察官数量变动更小，人员任免的任务不会太大。最后，这与当前的司法改革方向是契合的。当前正在进行的作为司法去地方化的重要制度就是司法管理的省级统筹，将跨行政区划检察院也作为司法管理省级统筹的一部分，也能减少改革的阻力，符合改革渐进性的要求。

不过，当前的铁检管理模式仍然存在模糊之处，特别是由省院直管分院与基层院。当前一些地区新设的“分院”，一般都称为省院的派出院。[①] 从《人民检察院组织法》角度看，省院的确能设立派出院，但其也只是代表设立的机关，不应是一个独立的检察院层级；如此，这个分院的层级问题是值得商榷的。该法只规定了分院人员任免的权限，但对于省院设立的基层院并没有规定。即使如此，铁检机关的人员任免模式是否能完全适用该法既没有明确，也没有定论。从《宪法》《地方各级人民代表大会和地方各级人民政府组织法》看，该法虽然明确了各级人大对同级检察院及其人员的任命权力，但对于设立在地方且与所在地方同级的跨行政区划检察院的设立、任免问题并没有提及。有必

① 如2003年成立的河南省人民检察院济源分院、海南省人民检察院第二分院。参见济源分院“本院概况”，http://www.jiyuan.jcy.gov.cn/sitegroup/ayfzw/html/402892e4494f37c901494f750333004c/0db58957f27e4fed9134333e79f61507.html，2016年9月18日访问；海南省人民检察院第二分院简介，http://www.hi.jcy.gov.cn/M002/view2/200268/00520001，2016年10月28日访问。

要通过有关法律或解释的形式,解决跨行政区划检察院的设立与人员任免问题。

2. 隶属中央的任免模式

全国统一的跨行政区划检察院,层级较多,涉及面更广,由此造成的影响也较大,应当与隶属地方时有所不同。

从境外检察人员任免模式看,并没有完全的中央统管模式。主要西方国家的检察机关都没有独立的组织体系,而是隶属于司法行政机关,与我国有较大的差异。与我国具有较多相似之处的是俄罗斯,其联邦检察机关是下级检察长服从上级检察长和俄罗斯联邦总检察长的集中统一体系,它包括联邦总检察院、各主体检察院以及各市和区的检察院。联邦总检察院的检察长是联邦委员会根据总统的提名任免,副检察长都是由检察长提名、联邦委员会任免;总检察长直接任免总检察院其他担任主要职务的人员、各联邦主体检察院的副检察长及市区检察院的检察长;各联邦主体检察院检察长由总检察长根据程序与联邦主体协商后提名、联邦总统任命,总统根据联邦主体检察院检察长提议罢免;联邦各主体检察院检察长可以任免除其副职外的本院其他人员;各市区检察院检察长由总检察长任命和罢免,其自身可以任免本院不担任检察长职务的工作人员。[①] 由此可见,俄罗斯联邦总检察院检察长基本控制了整个检察体系。这种体系下总检察院检察长"几乎"处于集权位置,对我国长期存在的司法行政化问题非常不利。在具有相同文化的我国台湾地区,虽然其检察署隶属于"法务部",但其"法务部长"的任免权力相对较小。"法务部"设有检察官人事审议委员会,对高等法院以下各级法院及其分院检察署的主任检察官、检察官的任免进行审查处理;该委员会 17 人,由"法务部部长"指派 4 人、检察总长及其指派的代表 3 人、全体检察官选举代表 9 人共同组成。检察官人事审议委员会作出的决议,由"法务部部长"核定。对检察长的选任,由检察官人事审议委员会提出 2 倍人选,"法务部部长"选定。这种方案,既可以保障主管部门有一定的控制权,又由相关的专业团队进行审查,较为科学合理。

根据我国政体,建立直属于中央的跨行政区划检察院,其人员任免毫无疑问应该都由全国人大及其常委会进行。当然,由于人员众多,可能会存在管理上的困难;不过,随着司法改革的推进与完善,正如省级统管一样,检察官的变化应该不会太大。跨行政区划检察院在全国推进的初期,也可以考虑省级以

---

① 《俄罗斯联邦检察院法》,黄道秀译,《国家检察官学院学报》2015 年第 4、5 期。

下的跨行政区划检察院由全国人大授权省级人大任免、全国人大备案审查的方式进行，未来根据任免的情况再决定是否上收该权力。

提名人选是任免制度的关键，毕竟全国人大很难对提请任免的人选进行全面的审查。笔者建议，考虑到最高检察院对基层的不熟悉，可以依托各省的检察官遴选委员会，由其负责向最高检察院提供省级及以下检察院检察官的提名名单；为防止由此可能产生的地方干预，必须确保遴选委员会的独立，①完善当前的部分地区遴选委员会的组成，由最高检察院指派部分代表（占 1/4），省级以下检察官自行推选部分代表（占 1/2，人员来源应当分散于不少于一半的检察院），法学学者、律师（共占 1/4）等共同组成。当然，最高检察院也可以自己成立检察官遴选委员会负责检察官的遴选，由自己指派代表与各省级遴选委员会的部分代表共同组成，保障组成人员的广泛性、专业性和对候选人员的熟悉。遴选委员会审查后提供候选名单，供最高检察院检察长决定提名名单。

检察一体下的各级检察院领导职务的提名则是核心。基于上下级的领导关系和宪法规定的人事关系，考虑到中央直属下同级地方党委不再领导跨行政区划检察院，笔者建议在保障检察权依法独立行使的同时，适当强化上下级院领导关系中的人事权，即上级检察长可以提名下级院的检察长、副检察长和检察委员会委员，并由最高检察院检察长决定提名全国人大任免。如此，既保留并强化了当前上下级的领导关系，同时又尽量保证各级领导提名的民主、科学。

建立完整的中央直属跨行政区划检察院，当前《人民检察院组织法》并没有明确的规定，而《全国人民代表大会组织法》也只是对最高检察院相关人员的任免作出规定，应当不包括作为其下辖的跨行政区划检察院。有必要对相关法律进行适当修改，或者直接制定专门法律，以为跨行政区划检察院的产生与人员任免提供明确的法律支撑。

（三）经费管理

“就人类天性之一般情况而言，对某人的生活有控制权，等于对其意志有控制权。”②长期以来，地方检察机关在人财物上完全依赖地方，地方也通过这

---

① 陈海锋：《错案责任追究的主体研究》，《法学》2016 年第 2 期。

② [美]汉密尔顿等：《联邦党人文集》，程逢如等译，商务印书馆 1980 年版，第 396 页。

种依赖不断强化对检察机关的控制，形成当前的诉讼“主客场”现象；当前正在进行的司法管理的省级统筹正是注意到地方检察机关的软肋，从而将检察机关与地方脱钩以在一定程度上去地方化。跨行政区划检察院可能要经历隶属地方与中央的两阶段，经费管理也会有所不同。

1. 隶属地方的经费管理

当前不少地方正在进行司法财物的省级统管，如广东、江苏等地，市、县检察院作为省级政府财政部门一级预算单位，向省级财政部门直接编报预算，预算资金通过国库集中支付系统直接拨付。[①] 作为地方检察体系一员的跨行政区划检察院，在一省之内的数量不会太多；结合当前正在进行的司法管理省级统筹与铁检机关的管理体制，跨行政区划检察院也可以按照行政区划检察院的省级财政统筹进行管理，不需大动干戈。

不过，当前的司法管理省级统筹也有争议。按照《宪法》的规定，我国检察机关上下级之间是领导关系，而这种领导关系主要体现为前述的人事权和业务权[②]两方面。显然，财物方面的省院统一领导并非是宪法规定的。当前的这种省级统管改革，如人财物管理权与司法业务管理权结合在一起，在排除市、县两级地方干扰司法的同时，司法管理的行政化难免要加剧，上级院对下级院的不当干预和以权谋私的现象就难以避免。[③] 为此，有学者认为省统管应当是由省人大具体确定各级院的财政预算，财政款项向目标院直接支付；[④]有学者建议省级党委、人大、政府行使人财物的决定权，省级司法机关行使人财物的管理权。[⑤]

学者的方案都明确了一个基本原则，即不能将这种省级统管变成省级司法机关的直接领导，特别是人财物方面的全面领导。从上文提及的部分地区试点方案看，如果真能将各级检察机关都作为一个独立的省级预算单位，自然能有力避免省级院对下级院的干预；不过，至少从铁检机关看，其财政预算都是由省院统一管理，并非作为一个独立的省级预算单位，其预算的执行也受到省院的监督管理。有必要在全国推广时考虑到这种管理方式的弊端，切实将

---

① 邓新建：《广东公布司法体制改革试点方案》，《法制日报》2014 年 11 月 28 日第 1 版；苏政法、任松筠：《确保依法独立公正行使审判权检察权》，《新华日报》2015 年 4 月 10 日第 2 版。

② 业务权主要是指下级人民检察院在办理重大案件时，要接受上级人民检察院的指示和领导。许安标、刘松山：《中华人民共和国宪法通释》，http://www.npc.gov.cn/npc/flsyywd/xianfa/2010-04/14/content_1567085.htm，2016 年 6 月 1 日访问。

③ 谢鹏程：《司法行政事务省级统管路径研究》，《人民检察》2014 年第 8 期。

④ 贺卫方：《司法区划的构思》，《中国法律评论》2014 年第 1 期。

⑤ 谢鹏程：《司法行政事务省级统管路径研究》，《人民检察》2014 年第 8 期。

省级统管规范为省级财政的统一支出，这应当是基础。对于预算的制订与执行，考虑到各级院情况的差异，有必要由各级院自行进行；但考虑到省院对下级院的熟悉，省级院可以监督。省级人大应当是各级院财政预决算的决定者，这是由我国的政体决定的。

2. 隶属中央的经费管理

跨行政区划检察院从隶属地方到隶属中央应当是一个必然的趋势，而这种隶属除了人员任免上受到中央的节制外，可能更为关键的是经费管理上的中央主导。与省级统筹相似，对司法行政化的担忧也是存在的；不仅如此，由于中国幅员辽阔，中央对地方直接控制的效果、能力与保障的公平性都值得关注。

境外国家的司法经费管理模式可以提供一定的参考。根据俄罗斯的相关法律，在俄罗斯集中统一的检察制度下，经费完全由中央财政保障，且总检察院检察长在经费安排上具有相当的独立性，从而体现了其在联邦检察体系中的领导地位。[①] 不过，这种形式未必适合中国，特别是中俄最高检察院在检察体系内的地位差异巨大。同样作为具有独立体系的日本法院，其经费制度采独立编制、统一保障模式。全国法院经费预算由最高法院负责编制，在与国家财政部门协商平衡后，纳入国家财政总预算，统一由国会审议批准；最高法院按照国会批准的经费预算计划，对全国法院经费进行具体分配和管理。[②] 日本这种由最高司法机关控制的措施导致了其司法内部的独立问题，在我国构建独立的中央控制组织体系中值得警惕；[③]不过，作为保障司法机关外部独立的一种方式，也值得借鉴。

基于前文关于隶属于地方下的经费管理制度的探讨及境外的实践，笔者认为，在跨行政区划检察院隶属中央后，有以下几点需要明确：一是直属于中央的跨行政区划检察院，其经费应当主要由中央财政保障，由全国人大审议通过。当然，考虑到中国的地域差距，笔者赞同当前地方给予跨行政区划检察院一定的经费保障；这种保障以相对较为固定的经费较好，避免机动经费申请时受到地方的牵扯，从而体现地方差异，如地区津贴。二是最高检察院不应主导跨行政区划检察院的经费管理，包括经费预算与执行；无论是最高检察院还是省级的跨行政区划检察院，其对下级检察院的经费应当主要限于监督；各级预

---

① 《俄罗斯联邦检察院法》，黄道秀译，《国家检察官学院学报》2015 年第 4、5 期。

② 陈春梅：《日本法院经费模式：集中编制统一保障》，《人民法院报》2016 年 4 月 1 日第 8 版。

③ 杨宁：《跨行政区划司法管辖制度与法院内部行政管理权的膨大——以日本的金字塔型法院结构为鉴》，《清华法律评论》2015 年第 2 期。

算及执行都由各级院自行完成，但上级院可以提出修改意见，并最终汇总到最高检察院，由其向全国人大提交审议，并督促政府部门落实。三是考虑到跨行政区划检察院的全国差异以及数量较多、较为复杂等原因，可以考虑设立一个跨部门的经费审议小组，以为全国人大审议提供意见；这个小组应当包括最高检察院及部分下级跨行政区划检察院的代表、财政部门人员、人大财经委代表等，具有对财政经费管理熟悉、对检察机关熟悉等要求；这个小组可以由最高检察院牵头成立，也可以设立在人大财政经济委员会下。

四、跨行政区划检察院的布局设点

跨行政区划检察院布点越多，意味着管辖覆盖面越广，由此可能需要更多的机构与人员；反之，虽然机构与人员可以减少，但去除司法地方化的功能将难以实现。作为与行政区划检察院并存的体系，跨行政区划检察组织体系的构建需要兼顾司法公正与机构设置上的精简高效等多重目标。

（一）布局的影响因素

中央对当前跨行政区划检察院的设立原则是精简高效，而且是在当前铁检机关基础上改造形成。限于当前铁检机关的数量、层级、管理体制、组织资源等诸多原因，跨行政区划检察院的布局显然又不能完全依靠铁检机关。跨行政区划检察院布局受到案件数量、管辖地域等多方面的影响，不同于行政区划检察院，很多影响因素本身也具有不确定性，如何在不确定的影响因素中把握跨行政区划检察院的布局，成为这项改革能否成功的重要制约因素。

作为布局的体现，对跨行政区划司法机关管辖区域的设置，目前存在一些误区。如有学者认为，设立管辖区的指导原则应包括司法辖区大于行政区划、方便群众诉讼；①也有学者直言我国跨行政区划法院的设置价值应“以便民为要务”，“以司法效率为目标”。② 一般的司法辖区设置需要考虑如下因素，如地

---

① 李凤军：《跨行政区划设立司法管辖区的模式探索——以四川省和川南地区为例》，《湖北民族学院学报（哲学社会科学版）》2015 年第 1 期。

② 虽然作者是在探讨跨行政区划法院的设置，不过考虑到当前跨行政区划检察院与法院基本的一一对应，笔者也将其纳入本文研究的范围。具体参见杜如益：《德国跨行政区划法院的特色与成因分析——兼论其对中国跨行政区划法院的启示》，《清华法律评论》2015 年第 2 期；广东省人民检察院政治部地方工作处课题组：《跨行政区划人民检察院设立工作研究》，《中国检察官》2016 年第 9 期。

域面积、人口数量与分布、经济发展程度、交通与通信条件、法院级别与管辖事项性质、经费来源、历史传统与法律文化影响、司法性质管理模式、同级其他政府机构的结构等。① 不过,跨行政区划检察院并非普通行政区划检察院,对其布局的关注因素应当有特殊性。

首先,跨行政区划检察院的布局应当公正优先,兼顾诉讼便利。司法活动中的“主客场”现象损害了司法公平,严重侵蚀了我国的司法权威;跨行政区划检察改革的目的主要是破解当前的司法地方化问题,特别是在当前司法管理省级统筹推行存在一定困难情况下,该项改革将承担更大的责任。作为解决纠纷的场所,包括跨行政区划检察院在内的司法机关设置或其辖区的划定,应当考虑诉讼当事人的便利性。在民事当事人之间,如果司法解决的成本高于纠纷的标的,或通过其他非诉讼途径更易获得解决,诉讼解决的方式将会被弃置;即使刑事当事人无法选择纠纷解决的方式,但无论是当事人还是国家机关,不便利的诉讼既可能导致“私了”的发生,也会增加整个国家的司法资源投入;更重要的是,不便利的诉讼可能无法及时打击犯罪,还会降低预防犯罪的效果,甚至会诱发犯罪。不过,对便利性的考虑不能影响公正性本身,而后者正是跨行政区划司法机关设立的核心因素;相较于便利性,普通行政区划内的司法机关更有便利,跨行政区划司法机关正是在一定程度上牺牲或放弃这项价值而成全公正性的。

其次,跨行政区划检察院的布局应因地制宜。当前的铁检机关总数不少,但如果设置三级独立的跨行政区划检察院,考虑到除直辖市外的大部分省份可能都至少需要建立 2 个左右的基层院,还可能要在全国设立若干省级院,则仍然存在需要新设机构的情况。当前铁检机关的分布是以铁路为基础的,与可能受到地方影响的特殊案件并没有必然的关系,需要根据管辖的案件种类、数量及地域范围等进行必要的重新布点,一部分可能要迁址,如在靠近边境的铁检机关,丹东、图们等;一部分可能要新设,如在海南省。不仅如此,考虑到国家对改革的成本控制需要,必要时也可以考虑将林区、垦区等一些具有专门性质的检察机关纳入改革的范畴,统筹现有检察资源;也可以将部分行政区划检察院纳入改革的考虑,包括将部分特殊案件的一审仍置于基层行政区划检察院,而将二审纳入跨行政区划检察院管辖。在一些人口稀少、特殊案件数量

---

① 章晶:《美国司法辖区与性质区划之关系——兼论中国跨行政区划法院改革》,《清华法律评论》2015 年第 2 期。

较少的地方，也可以考虑通过省级院指定的方式，实现部分行政区划检察院交叉管辖区的方式，减少或避免行政区划检察院受到地方的干预。

最后，跨行政区划检察院的布局应适时而动。不同于行政区划内检察院，只要在同级人大下设定即可，案件数量与地域都无需过多考虑；跨行政区划检察院是因案而设、因地而设，既要考虑与管辖案件数量的多少，还要考虑管辖范围的大小。如果说管辖的范围总体可以固定，局部也可以微调，具有一定的明确性，但不同地区管辖的案件种类及由此的案件数量都会有较大的差异，这就需要通过科学统计与预测，根据案件数量及时调整。毕竟跨行政区划检察院的布局主要考虑的是公正性，在布点确定的情况下，应当优化布局上的其他考虑，如便利性等，以实现司法多方面的价值。不仅如此，随着司法管理省级统筹的推进与司法公信力的提升，易受地方影响案件的数量、形态和种类都会有所变化，当事人的法治意识、选择纠纷解决的途径等都会在不同程度上影响跨行政区划检察院的实际管辖，自然对其布局也会产生影响。

(二) 基层院设置的探讨

跨行政区划检察院有必要形成与行政区划检察院相区别的多级体系。首先，职能的多样性决定了跨行政区划检察院的多层级。跨行政区划检察院不仅要监督相应法院办理的民事、行政案件，还要起诉特殊案件、自侦部分特殊案件和监督特殊案件的侦查等；而且鉴于普通行政区划检察院可能受到多级地方的干预，这些职能只能由多层级的跨行政区划检察院承担。其次，案件的差异性需要由不同级别的跨行政区划检察院办理。重大案件对地方影响大，容易受到地方的影响，但相对轻微的案件也会在一定区域内受到影响，而且因本身受到的关注少而可能更容易受司法人员滥用权力之害。最后，四级两审终审的司法制度要求建立多级跨行政区划检察院。没有两级以上的跨行政区划检察院，则特殊案件非常容易重回地方检察院的管辖范畴，去除司法地方化的效果就难以保障。

地方跨行政区划检察院需要设置多个层级，但并非要求建立与行政区划检察院一致的独立三级体系。跨行政区划的最基层检察院设置在哪个层级，或说是否需要如同行政区划检察院一样，设置区县级跨行政区划检察院，最为关键；在此基础上，其他各级跨行政区划检察院自然应作为其上级院而有存在的必要。

从上海三分院的情况看，由于其本身属于地市级院，并不处于检察组织中的最底层;虽然作为改造基础的上海铁检分院可以跨省管理江苏省、浙江省和安徽省的铁检基层院,但作为跨行政区划检察院的上海三分院并不管辖外省市的案件。为推进改革与扩大影响,上海三分院的跨行政区划改革探索只能另辟蹊径。[①] 一方面通过上海铁检院管辖部分特殊案件,如行政诉讼监督、轨道交通等,直接实现作为基层院的功能,另一方面将上海行政区划内各区县检察院管辖的部分特殊案件,如知识产权、食品药品安全与环境资源保护等刑事案件的二审置于自己的管辖下,间接实现基层院的功能。如此,上海三分院的跨行政区划改革探索在基层力量有限的情况下,充分利用基层行政区划检察院,从而大大扩展了跨行政区划改革的效果。

全国构建跨行政区划检察组织体系,是要建立独立的基层检察院、完全依靠基层行政区划检察院,还是参考上海的混合模式?

完全独立的三级跨行政区划检察院存在设置难题。根据当前铁检机关的存在现状,大部分地市都没有铁检基层院,最多的省份也不会多于3个基层院,[②]因此,如果跨行政区划检察组织体系按照独立的三级设置,则至少每个省级地方都需要设立若干个基层院。不同于作为改造基础的铁检机关,其当时主要是根据铁路管理需要设立,基层跨行政区划检察院则主要根据案件数量、公众诉讼便利等方面考虑进行设计;如果说案件数量目前仍根据划归跨行政区划检察院的案件种类来确定,但基于诉讼便利对管辖区域的划定则较为确定,如此,设置的基层院太少显然不符合要求。即使作为面积相对较小的直辖市上海,相对于此前的犯罪地管辖为主,当前集中到一个基层院管辖,相关办案机关因此增加的负担是肯定的。上海市人民检察院逐步将案件指定到基层院,[③]这个进程本身也在一定程度上体现了区县办案机关的利益博弈与对改革趋势的缓慢接受。若在其他地域更为广阔的省区只设立一个基层院,如新疆、西藏,只会变相剥夺公众利用跨行政区划检察院进行诉讼救济的可能,与该项改革初衷并不完全相符。设立多个基层院,一方面数量本身是个难题,即使按

---

① 上海市人民检察院的《关于明确市检察三分院(铁检分院)案件管辖相关问题的批复》《关于上海铁路运输检察院民事行政检察监督案件受理范围的规定》和上海市人民检察院相关部门联合下发的《关于明确三分院公诉部门办理跨行政区划刑事案件若干问题的意见》。

② 我国当前的铁检机关共有18个分院和59个基层院,部分分院下辖多个基层院,如湖南省有长沙、怀化和衡阳3个铁检基层院,其都下辖于广东省人民检察院广州铁路运输分院。

③ 2015年9月底,上海市检察院检委会下发了《关于明确市检察三分院(铁检分院)案件管辖相关问题的批复》,明确规定对上海海关、航空、水运系统的一般职务犯罪案件,将逐步指定由铁检上海院管辖。

照当前部分省区有3个铁检基层院的标准来设立，在新疆、西藏等地仍显得数量不足；另一方面即使中央有决心、地方也确实需要，普遍设立3个左右的基层院也可能存在必要性问题，即在一些地区是否有足够多的案件需要办理；毕竟当前试点检察院确定的案件，在其他省区可能并不存在或较少，如海事案件的监督一些地区就没有，知识产权案件各地的差异也是较大；[①]未来可能会加大管辖的力度，更多易受地方影响的案件纳入管辖，但无论是案件数量还是机构设置的数量都有很大的不确定性。

普遍依靠基层行政区划检察院不尽合理。首先，完全依靠当前的基层行政区划检察院，与中央的既定方针存在不小的差距。中央针对跨行政区划检察改革的设计是以铁检机关为基础的，并希望构建两套体系并存的诉讼格局，对行政区划检察院的改造或依靠并没有规划。其次，基层行政区划检察院无力独立承担这一使命。作为司法地方化问题的主要承受者，基层行政区划检察院的权威已然受到侵蚀，再将其作为跨行政区划检察改革的主要承担者，一方面可能会影响公众对司法改革决心的质疑，毕竟仍然是原先的一套人马，怎能承担完全不同的职能；另一方面在当前司法地方化仍然较为严重的情况下，仅通过地市级跨行政区划检察院的法律监督来制约基层行政区划检察院存在的地方化问题，必然导致其案件量较大，甚至会影响司法改革的效果。最后，不利于推进铁检机关的改革。2012年划归地方后，铁检机关继续面临着由于案件较少造成的业务量不足、人事管理与业务管理分离、检察队伍建设滞后等问题。[②] 此次跨行政区划检察改革应当是铁检机关迎来发展的新机遇，通过包括案件管辖、管理体制等方面符合检察规律的谋划，从而彻底解决铁检机关改革不彻底的问题。

笔者认为，上海地区进行的跨行政区划检察改革中，出于跨省的困难与基层院较少等原因，将铁检基层院与行政区划内的基层检察院混合作为纵深推进改革的一种模式是较为合理、可行的。也即，如从省内的具体地区来看，有的地区可以改造设立或在必要时新设区县级的跨行政区划检察院，有的地区

---

① 如2015年上海法院知识产权刑事案件判决生效222件395人，而广东一省审结的知识产权刑事一审案件就有6 621件。参见周洪：《上海高院通报2015年上海法院知识产权司法保护情况》，http://news.ifeng.com/a/20160422/48549090_0.shtml，2016年11月11日访问；《广东法院知识产权司法保护状况（2015）》，http://www.cnipr.com/sfsj/zscqfy/201604/t20160426_196519.htm，2016年11月11日访问。

② 徐向春：《铁路运输检察体制改革》，《国家检察官学院学报》2015年第2期。

则没有必要建立,完全依靠原来行政区划内的基层检察院,并把这些检察院特殊案件的二审纳入地市级跨行政区划检察院管辖;也可以是在省内某几个地区新设或改造设立跨行政区划检察院,专门管辖该地区的部分特殊案件,同时将其它一些特殊案件仍置于行政区划内基层检察院管辖,而是二审移到地市级跨行政区划检察院。首先,将行政区划内的区县检察院纳入跨行政区划检察改革,能够一定程度保证司法去地方化,实现司法公正。虽然部分一审案件仍然是在行政区划内的基层检察院,但由于二审归于跨行政区划检察院;在跨行政区划检察院与地方脱离,而案件考核仍然存在的情况下,一审的行政区划内检察院也会考虑到二审可能的改判,会尽量在一审中保持公平公正,以免二审改判情况下的难堪。更为重要的是,相对于较少的基层跨行政区划检察院,将行政区划检察院也纳入,可以扩大跨行政区划检察改革的效果。其次,尽量少地单独设置基层跨行政区划检察院符合改革经济性的要求。少设立基层跨行政区划检察院,将减少一线司法人员与物质配备,而这是改革最大的投入;在当前改革坚持精简高效原则下,已有铁检机关的,自然只要略加改造即可,但在大部分地区没有铁检机关的情况下,通过行政区划检察院办理部分一审特殊案件,二审纳入跨行政区划检察院管辖,可以在一定程度上减少纯粹单独设立上的改革成本,减少改革阻力。最后,这种改革符合诉讼便利性要求。相对于普通案件,特殊案件的数量较少;随着司法改革的推进,司法管理省级统筹的开展、司法人员依法独立行使权力保障的落实,特殊案件的数量将会有逐渐减少的趋势。在这种情况下,基层跨行政区划检察院无论是在改革的初始阶段还是在发展阶段,其都不可能与普通检察机关一样进行普遍性的设置;在我国幅员辽阔的情况下,由此导致的公众诉讼不便是显而易见的。通过改变特殊案件二审的管辖,将行政区划内基层检察院作为一审的主要组成部分,将极大扭转跨行政区划检察改革中的不利因素,确保兼顾司法公正与效率。

(三) 多层级的布局

中国当前的普通检察院是根据行政区划设立的,最基层的检察院建立在各个区县,从而在中国形成最为全面、最为广泛的基层检察网点;与此同时,当前的铁检机关并未实现全面覆盖,设置较多的省份也不过 3 个铁检基层院;而海南省没有单独的基层院,其只是由设在广东的肇庆铁路运输检察院管辖。考虑诉讼便利、地域空间等方面因素,多层级的跨行政区划检察院可能会存在以下情况:

1. 典型的三级构建

与当前地方的行政区划检察院一致，跨行政区划检察院的典型布局应当包括以中央直属为体系，以铁检机关的管辖范围为蓝本，位于地方的完整三级。

（1）基层院的构建。以当前的基层铁检机关为基础，以林区、垦区等专门的检察机关为补充，在全国各省级区域内普遍设立基层跨行政区划检察院。数量上，应当主要考虑各省的地域问题，原则上基层院每省应控制在3个左右，而直辖市应当不超过2个，如重庆可以考虑2个，而上海则1个即可；至于案件数量可能对基层院数量的影响，这个主要可以通过适当增加编制数来解决而不应增加机构数，以避免机构过多带来的行政辅助人员、硬件设施等方面的大量增加。具体地点上，应在各省内交通非常便利、经济发展较好、相关案件较多的城市，以最大限度地保障诉讼便利需要；每个基层院并非只能管辖省内的区域，必要时也可以将一些省际交界的地方划入更为便利的基层院。在改造基础上，以铁检机关等专门检察机关为基础，在没有或数量不足而又确有建立必要的省份，可以适当调整地方的行政区划检察院，以组建新的基层院；新组建的基层院应当与原来的检察机关脱离关系。具体名称上，可以所在的区县为名，但具体名称上不加区县，从而在级别上一目了然。

（2）地市级院的构建。以当前的铁检分院为基础进行适当整合，基本做到地市级院下辖3个左右的省份；以地域为主要考虑，同时结合案件数量等因素，原则上在全国形成10个左右的地市级跨行政区划检察院。具体地点的选择同基层院一致。作为基础的铁检分院数量较多，可以在改造时进行必要的撤并，根据案件情况分流至需要的分院或基层院、省级院，也可以根据当前所在地实际，由当地检察机关接收，基本实现编制的平衡。具体名称上，可以所在的市为名，但具体名称上不加市，以方便了解其级别。

（3）省级院的构建。目前没有这一层级的铁检机关或其他专门检察机关的，[①]只能单独设立。目前存在大区模式与中心城市模式的争论。[②] 最高人民法院正在京津冀积极推动设立跨行政区划人民法院。[③] 京津冀范围相对较小，而且北京作为中心城市也较为明显，如此设置既符合大区模式，也不违反中心

① 军事检察体系有相对于省级的检察院，但考虑到其特殊性，文中研究均不涉及。

② 薛江武：《省以上设立跨行政区划检察院的若干思考》，《人民检察》2016年第8期。

③ 王亦君：《最高法：推进京津冀设立跨行政区划法院》，《中国青年报》2016年2月19日第4版。

城市模式;不过,虽然中心城市的确定存在困难,笔者仍然主张不采用大区模式,毕竟这种设置基本上是依据旧的传统分区,与跨行政区划检察院设置背景中的各地经济发展差异、诉讼便利考虑等都没有太大关系。考虑到最高人民法院早在2000年就合并了主要负责涉铁案件审理的"交通运输审判庭",而当前最高检察院还存在铁路运输检察厅,在铁检机关改造成为趋势的情况下,铁路运输检察厅的指导作用将难以单独存在,改革势在必行。鉴于地市级跨行政区划检察院只有10个左右,而且需要省级院直接参与诉讼的案件应当相对较少,可以将铁路运输检察厅分离出来,成为独立的省级院。当然,省级跨行政区划法院可能因民事、行政案件量较大而设立多个,考虑到与其对应的需要,省级跨行政区划检察院可以通过设立派出机构、巡回机构予以应对。名称上,可以最高检察院的"某某"分院命名,具体则以所在省级区域为名。

2. *布局的特殊考虑*

典型的跨行政区划检察院布局只是较为理想的方案,但短期内普遍设立有较大的难处,包括普遍设立基层院的不确定性与成本问题、层级的多样性等,省级院的建立与当前司法管理省级统筹等问题。为此,跨行政区划检察院即将在全国推行时,有必要对其布局进行一些特殊的考虑,以便于改革在一些地区的顺利推进。

(1)非典型的布局。在建立直属于中央的组织体系时,如果不设立独立的区县级跨行政区划检察院,将基层跨行政区划检察院置于地市层级,管辖跨行政区划中级法院审理的一审案件和由行政区划内基层检察院办理的特殊案件的上诉或抗诉。如此,因大部分案件的一审仍旧在行政区划内的基层检察院,跨行政区划检察院管辖的二审刑事案件可能就会适当增加;不仅如此,只保留地市级院和省级院,则仅仅以当前的铁检机关数量作为改造基础就已绰绰有余,由此,考虑到诉讼便利的需要,可以考虑适当多设相关检察院。笔者建议每个省级地方可以设置不超过2个分院,分院管辖也可以跨省级地方,典型的如,新疆和内蒙古不仅自身可以单独设立1—2个分院,也可以考虑便利的需要,将一些边远地区划归其他临近的地市级院管辖,由此,全国可以设立40个左右的地市级院。多设地市级院主要考虑案件量与管辖区域的大小。省级院仍可以根据前述的方案设立,但考虑到分院本身已经较多,目前可以考虑多增人员和多设巡回办案机构的方式进行,避免改革的大动干戈而又未必符合实际;未来可以根据实践中案件的受理情况、地理位置等因素,确有必要的,设置若干个省级院。

如果只建立隶属于地方省院的跨行政区划检察院体系，则只需建立两级甚至只保留当前的地市级院；省级院本来就没有现成的基础，也无须设立。此时，如只保留地市级院，则其布局同上述方案差不多，只是原则上地市级院管辖不跨省，以免在跨行政区划检察院隶属地方的情况下，不同省份之间存在的交叉管理问题。如仍设立两级院，基层院可以参考典型布局下的设置，以不跨省管辖为原则；此时的地市级院原则上每省 1 个，设置在本省的经济、交通等中心地区。

(2) 非典型管辖。通过非典型管辖也可以在一定程度上解决因改革成本造成的跨行政区划检察院布局不全的问题。一是指定管辖。当前的指定管辖既包括个案指定，也大量存在类案指定；由于跨行政区划检察院无法同行政区划检察院一样普遍设立，但通过相邻地区的交叉指定，将部分可能受到检察院所在地方影响的类案指定到其他行政区划检察院办理，这是符合指定管辖精神的。考虑到这类案件是交叉指定，至少应通过省级院颁布规范性文件的形式一次性完成，可以起到应有的去地方化的作用；而且是交叉指定，也不至于造成个别地方的案件量太大，由此增加的地方司法经费增长，也应当是可以接受的。可能受到省级地方干扰的案件，可以个别通过最高检察院指定管辖实现。二是当事人的选择管辖。出于司法公正的需要，跨行政区划检察院的便利性不足是显而易见的。当事人选择诉讼作为纠纷的解决方式，公正与便利等价值都是其考虑的因素；在不影响司法公共利益的情况下，即使有关法律要求由跨行政区划检察院管辖或应由其他行政区划检察院管辖，但如当事人认为按照一般的管辖规定，由当地的行政区划检察院管辖并不会造成司法不公，反而更为便利。此时，行政区划检察院管辖应当是合适的，也可以有效弥补跨行政区划检察院的不足。

五、结语

上述跨行政区划检察组织体系的构建，都是基于这样一个假设，即由于法律障碍、操作困难及现实中的多重难题，[①]当前正在全国推行的司法管理省级统筹将是一个非常缓慢的过程，省级以下的检察机关与所在地方的脱离将是逐渐

① 左卫民：《省统管法院人财物：剖析与前瞻》，《法学评论》2016 年第 3 期；王广辉：《司法机关人财物"省级统管"改革的法律反思》，《法商研究》2016 年第 5 期。

推进的;如此,省级以下的检察院仍将在不同程度上受到所在地方的影响。笔者认为,长期以来地方各级检察院与地方形成了较为密切的关系,甚至是利益共同体;现在的改革,如果不是与地方的完全分离,这种关系肯定割不断;即使在改革设计上要求完全分离,这种关系在现实中也不可能在一夜间完全断裂。

当然,检察院的人财物管理与地方完全剥离至少在法律上是完全可能的,只要中央能下决心尽快解决影响当前司法公信力不高的突出问题,通过跨越式的措施并忍受可能的改革阵痛,由此跨行政区划检察院在全国的构建方案也将与前述内容有较大的区别。从法律定位看,跨行政区划检察院只能一次性定位为专门检察院。完全分离下,省级下的普通检察院将不再受到所在地方的干预,跨行政区划检察院将主要解决省级地方的干预问题,由此,其显然不能再隶属于地方,成为地方检察院的一部分。根据前述我国当前检察院的类型,跨行政区划检察院就只能定位为专门检察院的一部分。结合前述的法律定位,跨行政区划检察院也是直接直属于中央,由全国人大对相关人员予以任免,由中央保障司法经费。

在布局上,由于跨行政区划检察院主要是针对省级地方的干预,笔者建议只设立与地市级检察院同级的跨行政区划检察院作为最基层,其上设置跨越省级行政区划的检察院,与省院同级,地方不再设立与区县检察院同级的跨行政区划检察院。笔者认为,由于司法管理省级统筹下检察院与地方的完全脱离,跨行政区划检察院管辖的自侦案件应当主要集中于省级干部、省管干部或相当级别人员的犯罪,级别较高,根据检察院分级管辖的要求,区县级跨行政区划检察院也没有管辖的权力;即使一般的刑事案件,易受到省级地方干预的案件大多也是与上述干部或与其相当级别的干部相关,同样级别较高,影响较大。从相对应的中级法院看,考虑到同样的省级司法统管,民事案件上,跨行政区划法院也只需审理可能受到省级地方影响的案件,或跨越省级地方的重大案件,这与民事诉讼中的中级法院的一审管辖是相应的。[①] 行政案件上,自然主要是涉及省级政府及其部门的案件,这与行政诉讼中级法院管辖的案件也是基本一致的。[②] 当然,上述部分案件可能会提到跨行政区划的高级法院管辖,但不可能属于基层法院管辖,基层跨行政区划检察院无须存在。由此形成的布局与非典型布局下的两级格局一致。

---

① 《民事诉讼法》第 18 条。

② 《行政诉讼法》第 15 条。

上海司法改革试点工作情况的调研报告

彭　辉*

摘　要：2014年9月1日，随着中央深改领导小组审议通过《关于深化司法体制和社会体制改革的意见及贯彻实施分工方案》《关于司法体制改革试点若干问题的框架意见》和《上海市司法改革试点工作方案》，新一轮中国司法体制改革首批试点中作为唯一直辖市的上海司法改革拉开了序幕。本研究拟对以往三年以来上海地区法院、检察院的司法改革进行整体评估。调查发现，上海作为这一轮司法改革的先行先试地区，审慎采取"建构与试错相结合"的方案，借助于鼓励分批次改革试点，探索寻找某一改革方案获得成功的可能条件。改革三年以来，上海"货真价实"地贯彻中央改革意图，打破以往限于"两高"机制性修补所存在的障碍，已取得一系列的阶段性成果。毫无疑问，作为司法改革首批试点的突出脚注，"上海样本"具有十分重要的代表和示范意义，它作为改革"尖兵"一举一动所引起的效应、累积的经验和出现的难题，值得盘点和总结。

关键词：上海；司法改革；法院；检察院；评估

党的十五大报告指出："推进司法改革，从制度上保证司法机关依法独立公正行使审判权和检察权"，司法改革逐渐成为公众视野的聚焦点。2012年11月，党的十八大提出"全面推进依法治国"。2013年11月，十八届三中全会通过了《中共中央关于全面深化改革若干重大问题的决定》强调要"深化司法体制改革，加快建设公正高效权威的社会主义司法制度"。2014年10月，党的十八届四中全会通过了《中共中央关于全面推进依法治国若干重大问题的决定》，旗帜鲜明地提出了一系列对依法治国具有重要意义的改革举措。可以

---

* 彭辉，上海社会科学院法学研究所副研究员。本文系上海市法学会重大课题"上海司法改革成效评估的实证研究"的阶段性研究成果。本文原刊于《东方法学》2018年第4期。

说，作为实现国家治理体系和治理能力现代化的助推力，司法改革在当前深化改革背景下的重要性已不言而喻。并且从2014年起，司法改革的总体规划和具体方案也在陆续出台。2014年6月，《上海市司法改革试点工作方案》实施[①]；7月，上海在全国率先正式拉开改革大幕，开展司法体制改革试点；2015年4月，改革试点在全市法院全面推开。在这一背景下，适时对上海司法改革整体情况进行全面、中立、科学的评估具有重大意义。为此，本课题组组建跨学科、跨部门、跨单位的专业评估小组，对本市司法改革的形势、任务及重点开展独立、客观的第三方评估工作。

一、上海法院系统司法改革评估研究

（一）评估对象与范围

根据《上海司法改革推进情况满意度评价指标体系》内容设计要求，本次评估主要对司法权力运行机制改革B1、人员分类管理改革B2、司法公信力建设B3 3项二级指标；让审理者裁判C1、由裁判者负责C2、司法权监督制约机制C3、司法廉洁监督机制C4、人员分类管理制度C5、法官助理体制机制C6、法官选拔任用制度C7、法官晋升机制C8、法官职业保障制度C9、法官日常考核机制C10、高素质法官培养机制C11、司法公正建设C12、司法效率建设C13、司法透明度建设C14、司法便民建设C15、司法民主建设C16、司法形象建设C17、司法能力建设C18 18项三级指标；制定独任法官、合议庭审判规则及审判人员权力清单D1、规范案件分配、裁判文书签发等审判规则D2、建立专业法官会议制度D3、完善审判委员会工作机制D4等55项四级指标进行评估。

（二）评估指标体系

经过4轮评估组“设计—修改”指标体系过程，以及3轮专家论证指标体系过程，最终形成《上海司法改革推进情况满意度评价指标体系》。本评估指

① 2014年6月6日召开的中央全面深化改革领导小组第二次会议审议通过的《关于深化司法体制和社会体制改革的意见及贯彻实施分工方案》，在明确深化司法体制改革的目标、原则的基础上，进一步制定了各项改革任务的路线图和时间表。中央全面深化改革领导小组第三次会议审议通过的《关于司法体制改革试点若干问题的框架意见》和《上海市司法改革试点工作方案》，对若干重点难点问题确定了政策导向。根据中央关于重大改革事项先行试点的要求，上海等6省市先行试点，为全面推进司法改革积累经验。其中，上海司法体制改革的试点方案最先出台，其担负的任务尤为繁重，相关改革方案备受瞩目。

标体系设计的要点是：

1. 指标体系特点

(1) 科学性。指标体系综合运用统计学、社会学、法学等多学科理论，按照科学程式，经反复论证、数易其稿，最终形成目前的版本，符合科学性和司法工作实际。(2)系统性。司法改革推进情况满意度评价指标体系采用了复合指标，是客观指标和主观指标的有机统一，能够客观反映司法工作和外部评价；指标体系所采集的评价数据，既有司法系统内部资料，又有律师群体的评价与判断，符合评估系统性要求。(3)可操作性。从理论研究角度而言，能够反映上海司法改革的指标很多、体系庞大，从评估实践角度而言，指标体系所选择的司法改革指标要符合司法改革的工作实际，要能够运用可行的方法对相关数据进行测评。因此，指标体系舍去了不符合司法改革工作实际及难以测量的指标，符合评估可操作性要求。

2. 指标体系构成

本研究以科学性、系统性、可操作性和可比性为原则，构建上海司法改革满意度评估指标体系（见图1）。上海司法改革推进情况满意度评价指标体系

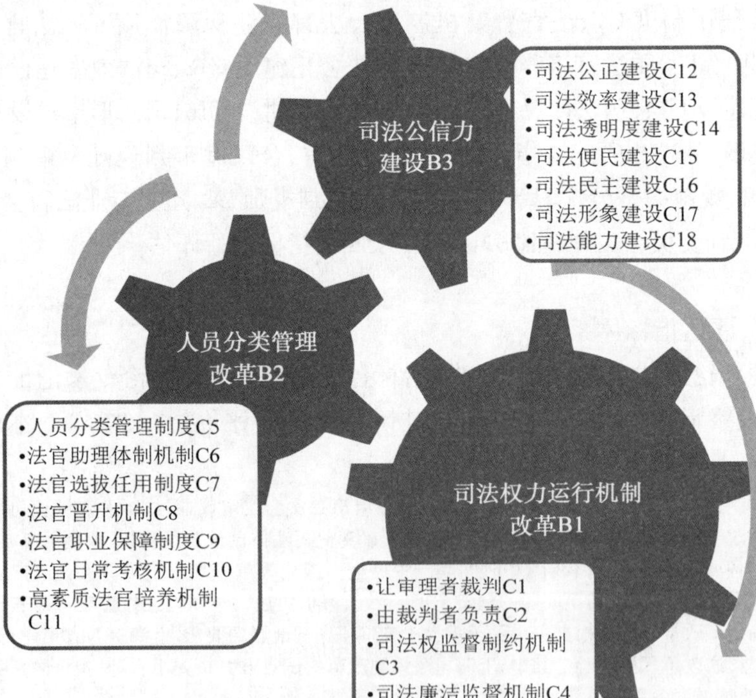

图1 上海司法改革满意度评估指标体系图

由 1 个一级指标、3 个二级指标、18 项三级指标、55 项四级指标构成。具体二级指标为司法权力运行机制改革 B1、人员分类管理改革 B2、司法公信力建设 B3;具体三级指标为让审理者裁判 C1、由裁判者负责 C2、司法权监督制约机制 C3、司法廉洁监督机制 C4、人员分类管理制度 C5、法官助理体制机制 C6、法官选拔任用制度 C7、法官晋升机制 C8、法官职业保障制度 C9、法官日常考核机制 C10、高素质法官培养机制 C11、司法公正建设 C12、司法效率建设 C13、司法透明度建设 C14、司法便民建设 C15、司法民主建设 C16、司法形象建设 C17、司法能力建设 C18。

3. 指标说明

第一,司法权力运行机制改革。司法管理体制是对如何管理司法活动及相关事务的体制设计,司法权力运行机制是对司法权配置、运行及其相互关系的制度性安排。完善司法管理体制和司法权力运行机制是坚持和完善中国特色社会主义司法制度的必然要求。司法制度是我国政治制度和法律制度的重要组成部分,体现了中国特色社会主义制度的优越性。随着经济社会的快速发展和人民群众司法需求的日益增长,我国司法体制仍然存在一些不适应、不协调的问题,需要不断改革完善。司法管理体制和司法权力运行机制是司法制度的重要内容;完善司法管理体制和司法权力运行机制是推进国家治理体系和治理能力现代化的客观要求。司法制度是国家治理体系的组成部分,司法机关定分止争能力是国家治理能力的重要体现。完善司法管理体制和司法权力运行机制,有利于更好地发挥司法制度在整个国家治理中的功能,促进国家治理体系和治理能力现代化;完善司法管理体制和司法权力运行机制是维护社会公平正义的迫切需要。形成科学合理的司法管理体制和规范高效的司法权力运行机制,有利于保障司法机关依法独立公正行使职权,充分发挥司法的权利救济、定分止争、制约公权、维护社会公平正义等基本功能,让人民群众在每一个司法案件中感受到公平正义。

第二,人员分类管理。根据试点方案,上海实行法官“员额制”,完善司法人员分类管理制度。具体是将司法机关工作人员分成三类:法官;法官助理等司法辅助人员;行政管理人员。三类人员占队伍总数的比例分别为 33%、52%和 15%,这样就确保了 85%的司法人力资源直接投入办案工作。实行司法人员分类管理的基础,是建立法官员额制,提高法官任职条件,解决目前法官队伍大、门槛低的问题,提高队伍素质,提升公正司法能力。当前,司法机关有一批法官从事的是行政、后勤等岗位工作,没有参加办案。今后,这些人要么选择去办案,要么放弃法官身份。建立司法人员“员额制”,一方面提高了法官的任职门槛,促进队伍的专业化、职业化；另一方面，则是要让司法辅助人员、行政管理人员围着法官转，全体司法机关工作人员围着办案转。与此同时，实行法官单独职务序列管理。改革后，法官主要从法官助理中择优选任。上级法院的法官主要从下级法院中择优遴选。尤其令人瞩目的是，法官也可以从优秀的律师、法律学者等专业人才中公开选拔或调任。四级法官至三级按期晋升，二级、一级择优选升，每晋升一级一般不少于4年。按照权责利相统一的原则，在提高法官的入职门槛、严格办案责任的同时，也要健全法官的职业保障制度。当前，基层一线的法官办案任务重，晋升渠道窄，工资待遇不高，流失情况不同程度存在。在实行员额制的同时，合理提升法官的待遇，与一般公务员、司法辅助人员有所差别，可以让他们获得尊荣感，过上较为体面的生活，安心办好每一个案件。

第三，司法公信力。这是一个蕴含着信用和信任双重维度的概念，其核心是司法对社会公众的信用与社会公众对司法的信任。即从权利行使角度，司法公信力是司法机关通过其职权获得使国家司法权力在整个社会生活中建立起来的一种公共信用，也就是司法机关据以赢得社会公众信任和信赖的资格和能力。而从大众心理角度，司法公信力是社会组织、民众对司法行为的一种主观评价或价值判断，它是司法行为所产生的信誉和形象在社会组织和民众中所形成的一种心理反应。具体来说，司法公信力表现在社会公众对以司法权力为中心的一系列司法活动以及实施人员的信任和尊重，主要表现在：(1)社会公众对司法权力处理某些社会纠纷的制度设计的信用和尊重。它主要表现为社会公众对司法权力享有处置某些社会纠纷的权力正当性的认可，也表现在对司法权力处断某些社会纠纷的结果的尊重。(2)社会公众对代表国家行使司法权力的司法机关的信任和尊重。这种信任和尊重既表现为社会公众对司法机关处断某些社会纠纷职能的肯定，也表现为对司法机关及其工作人员的职务行为的过程和结果的信任和尊重。(3)社会公众对司法裁判人员的信任和尊重。对司法裁判人员的信任和尊重又可以细分为对司法裁判人员法律素质的信任和尊重、对司法裁判人员道德素养的信任和尊重。对司法裁判人员法律素养的信任和尊重，指社会公众对司法裁判人员解决纠纷的法律知识和能力的尊重；对司法裁判人员道德素养的信任和尊重，指社会公众对司法裁判人员解决问题的道德能力和道德水准的确信，相信他们在解决问题、审理纠纷过程中能够做到公平、公正、公开。

4. 指标确定权重

《上海司法改革推进情况满意度评价指标体系》采用层次分析法确定二级

指标、三级指标和四级指标，以及两类受访者群体（法官及律师）之间的权重关系。本课题主要征询了上海市法院系统、复旦大学、上海交通大学、华东政法大学、上海社会科学院法学研究所等单位专家意见。最终获得的指标权重结果：(1)二级指标权重：司法权力运行机制改革 B1 为 31.63%，人员分类管理改革 B2 为 28.85%，司法公信力建设 B3 为 39.52%。(2)三级指标权重：让审理者裁判 C1 为 26.43%，由裁判者负责 C2 为 29.41%，司法权监督制约机制 C3 为 23.25%，司法廉洁监督机制 C4 为 20.91%，人员分类管理制度 C5 为 14.36%，法官助理体制机制 C6 为 18.31%，法官选拔任用制度 C7 为 17.54%，法官晋升机制 C8 为 14.57%，法官职业保障制度 C9 为 12.23%，法官日常考核机制 C10 为 11.65%，高素质法官培养机制 C11 为 11.34%，司法公正建设 C12 为 19.67%，司法效率建设 C13 为 16.29%，司法透明度建设 C14 为 17.18%，司法便民建设 C15 为 11.35%，司法民主建设 C16 为 10.97%，司法形象建设 C17 为 9.55%，司法能力建设 C18 为 14.99%。(3)两类社会群体的权重：法官为 64.05%，律师为 35.95%。

(三) 调查对象的选择

司法改革是一个动态的、多维的、复杂的系统工程，对改革的认知也必然是多元的，对此本课题着重调查法官和律师两大群体：

1. 法官

广大法官是司法改革的参与者、见证者，他们直接参与了司法改革的各项工作，对司法改革的真实状况、内在规律和潜在问题有较为深刻的认识和体验，对上海司法改革能够做出较为专业的自我评价。这类群体对司法改革的问题和解决的措施也有不同的认识和想法，收集和归纳这些信息对改进司法改革工作无疑具有积极意义。此外，法官不但对司法改革的实际状况和问题有切身的认识，而且对司法改革的“方向和路径”有自己的需求。改革设计者应当了解和掌握这种需要，使司法改革更加符合司法规律。基于这一理由，法官是本次调查的基本对象。这类群体评价的不足在于，当评估与自身工作相关的事项时，可能难以摆脱“自我评价”的局限；同时，每个个体的感受和体验是零散的、感性的，所得出的判断也存在表象性和片面性的局限。

2. 律师

律师是借助法律专业知识为社会提供法律服务的专业人士。工作性质决定了他们必须与司法机构频繁接触，处理各种法律纠纷和争议。在职业行为规范许可的范围内，律师思想独立、行动独立、责任独立，其具体执行的业务活动不能受到某个组织甚至某个政治组织的左右，不受政府立场的左右，不受某个时期政策的影响，也不受政治利益的影响。可以说，律师群体既是法律产品的提供者，又是法律产品的特殊消费者（相对于权力机关和公安司法机关而言），与司法改革有着天然的联系，自然对司法改革状态有较为深刻的体验。近年来，上海律师工作成绩显著，为全市的改革发展稳定做出了积极贡献，截至 2016 年 9 月底，本市律所总数 1 453 个；律师总数 19 950 人；合伙所 939 个；专职律师 19 248 人；个人所 387 个；兼职律师 702 人；外地分所 126 个。整体来看，无论是律所和律师的数量，还是律师服务的领域，上海律师业的发展水平都仅次于北京，居全国前列。不过，整天在各种问题、纠纷、矛盾中摸爬滚打的律师群体容易放大司法改革中存在的问题，对司法改革的发展有比一般社会群体更高的期许，所以衡量司法改革的标准也可能更高。

总之，不同群体对上海司法改革状况的感知各有其特点和局限，我们努力通过不同视角的解读和整合分析，以期体现司法工作与司法评价的统一，回避学界对“指标数据来源单一性”的质疑，通过这两类群体对上海司法改革的主观评价和判断（满意度、认同度等），获得多维的、较为接近实际情况的综合判断。

（四）评估实施过程

根据《上海司法改革推进情况满意度评价指标体系》的实施要求和司法改革工作特点，本次第三方评估的实施过程为：

1. 进行民意调查，收集主观评价数据

本次评估通过科学的调查与统计方法，运用问卷调查方式，收集法官和律师两类群体对上海司法改革的意见和态度倾向等民意调查主观评价数据。2016 年 3 月底，围绕《上海司法改革推进情况满意度评价指标体系》内容，评估组设计“上海司法改革推进情况满意度评价”课题调查问卷；3—4 月，对法官及律师两类群体进行问卷调查，并于 4 月底回收问卷。市民问卷调查主要采用多阶抽样的概率抽样方法，结合使用配额抽样，按高院：中级法院：基层法院＝1：2：4 的比例抽取，即抽取 1 个高院、2 个中级法院、4 个基层法院，共发放 800 份，有效回收 713 份，有效回收率 89.1%；律师主要采用简单随机抽样方法，在律协网站、律师事务所发放问卷 500 份，有效回收 412 份，有效回收率 82.4%。

2. 进行工作测评，收集客观评价数据

2016 年 4 月底，围绕《上海司法改革推进情况满意度评价指标体系》内容，评估组收集汇总 2014 年以来相关工作材料，分析与上海司法改革相关的工作数据，并进行实地走访及数据检验，验证工作统计材料客观性、准确性，分析有关司法改革的工作数据，形成上海司法改革工作测评客观评价数据库。

二、上海司法改革评估工作基本内容

（一）上海司法改革满意度指数

1. 样本分布状况

本研究运用SPSS统计软件对各类型受访群体进行描述性分析，样本数据来源与分布特征（见表1、表2）。

表1　上海司法改革推进情况满意度调查样本构成(法官)

类别	基本指标	频数	百分比(%)	类别	基本指标	频数	百分比(%)
性别	男	375	52.6	法律职务	法官	285	40.0
	女	338	47.4		司法辅助人员	301	42.2
年龄	90后	73	10.2		司法行政人员	127	17.8
	80后	334	46.8	是否入额	是	209	29.3
	70后	164	23.0		否	504	70.7
	60后	94	13.2	亲属律师职业	是	13	1.8
	50后	48	6.7		否	700	98.2
工作年限	1—5年	619	86.9	所在区域	黄浦	222	31.1
	6—10年	31	4.3		徐汇	3	0.4
	11—15年	34	2		长宁	101	14.2
	16—20年	15	2.1		静安	4	0.6
	21—25年	11	1.5		普陀	91	12.8
	26—30年	8	1.1		虹口	1	0.1
	30年以上	15	2		宝山	1	0.1
最高学历	硕士	310	43.5		浦东	40	5.6
	博士	37	5.2		一中院	73	10.2
	本科	354	49.6		三分院/铁分院	81	11.4
	专科及以下	12	1.7		高院	96	13.5

表 2　上海司法改革推进情况满意度调查样本构成(律师)

类别	基本指标	频数	百分比(%)	类别	基本指标	频数	百分比(%)
性别	男	269	65.3	最熟悉区域机构	静安	24	5.8
	女	140	34.0		普陀	19	4.6
年龄	90后	20	4.9		虹口	16	3.9
	80后	175	42.5		杨浦	19	4.6
	70后	140	34.0		闵行	27	6.6
	60后	46	11.2		宝山	6	1.5
	50后	28	6.8		青浦	6	1.5
最高学历	大学专科及以下	9	2.2		松江	13	3.2
	大学本科	266	64.6		嘉定	13	3.2
	硕士研究生	129	31.3		奉贤	9	2.2
	博士研究生	8	1.9		金山	5	1.2
年收入	20万以下	240	58.3		浦东	129	31.3
	20—50年	127	30.8		崇明	3	0.7
	51—100万	26	6.3		一中院	22	5.3
	100万以上	19	4.6		二分院	13	3.2
最熟悉区域机构	黄埔	31	7.5		三分院	3	0.7
	徐汇	28	6.8		高院	1	0.2
	长宁	28	61				

2. 指标得分计算

调查问卷中量表中的设计除了个人背景外的其他问题均采用李克特(Likert Scale)式5点量表法,5点量表符合人们判断问题的方式,可以表示温和意见与强烈意见之间的区别。为了数据单位一致性,我们把指标值的范围进行平均区间划分,给每一个区间相应分数,分值越高代表上海司法改革满意度水平越高。具体而言,指标选取"非常满意"选项为"5分",选取"比较满意"选项为"4分",选取"一般"选项为"3分",选取"不太满意"选项为"2分",选取"非常不满意"为"1分"。各项问题的满意度分值由各满意度等级所对应的反馈者比例与该满意度等级对应的分值之间的乘积的加总计算。以“法官等级晋升采用按期晋升和择优选升相结合的方式”为例，有33.8%的法官对探索建立符合职业特点的法官晋升机制非常满意，45.3%的法官较为满意，15.7%的法官认为一般，1.0%的法官不太满意，0.6%的法官非常不满意，3.6%的法官表示说不清。则可以计算出法官对探索建立符合职业特点的法官晋升机制的总体满意值为81.78分（33.8×1+45.3×0.8+15.7×0.6+1×0.4+0.6×0.2+3.6×0.5=81.78分）。具体指标得分见表3。

表3　上海司法改革推进情况满意度评价

<table>
<tr><th>一级指标</th><th>二级指标</th><th>三级指标</th><th>四级指标</th><th>综合权重</th><th>指标得分(法官)</th><th>指标得分(律师)</th></tr>
<tr><td rowspan="8">司法改革推进度A</td><td rowspan="8">司法权力运行机制改革B1（0.316 3）</td><td rowspan="4">让审理者裁判C1（0.264 3）</td><td>制定独任法官、合议庭审判规则及审判人员权力清单D1(0.324 1)</td><td>0.027 1</td><td>82.81</td><td>84.46</td></tr>
<tr><td>规范案件分配、裁判文书签发等审判规则D2（0.189 3）</td><td>0.015 8</td><td>82.03</td><td>83.58</td></tr>
<tr><td>建立专业法官会议制度D3(0.212 5)</td><td>0.017 8</td><td>82.26</td><td>80.8</td></tr>
<tr><td>完善审判委员会工作机制D4(0.274 1)</td><td>0.022 9</td><td>81.85</td><td>79.65</td></tr>
<tr><td rowspan="2">由裁判者负责C2（0.294 1）</td><td>制定司法人员责任清单，在职责范围内对办案质量终身负责D5(0.557 9)</td><td>0.048 6</td><td>80.2</td><td>85.25</td></tr>
<tr><td>在司法工作中，因主观过错依法承担违法责任D6（0.442 1）</td><td>0.041 1</td><td>80.79</td><td>83.03</td></tr>
<tr><td rowspan="2">司法权监督制约机制C3（0.232 5）</td><td>制定关于院、庭长行使审判管理权、审判监督权的职责规定D7(0.584 1)</td><td>0.041 2</td><td>81.44</td><td>81.75</td></tr>
<tr><td>规范院、庭长行使管理权、监督权的职责和方式D8（0.415 8）</td><td>0.030 6</td><td>81.48</td><td>81.22</td></tr>
</table>

续表

一级指标	二级指标	三级指标	四级指标	综合权重	指标得分(法官)	指标得分(律师)
		司法廉洁监督机制 C4(0.209 1)	建立案件廉政回访制度和廉政风险环节监督提示系统 D9(0.580 4)	0.038 4	79.01	84.26
			健全完善“法官任职回避制度”和“一方退出”机制 D10(0.419 6)	0.027 8	76.94	70.44
	人员分类管理改革 B2(0.288 5)	人员分类管理制度 C5(0.143 6)	人员分类管理采用公开透明、公平公正、考核考试、差额择优原则 D11(0.553 8)	0.025 2	82.2	83.08
			人员分类管理的程序性步骤公开透明 D12(0.446 2)	0.020 3	81.51	82.28
		法官助理体制机制 C6(0.183 1)	制定法官助理的职责、选拔、任命等制度规定 D13(1)	0.051 9	79.98	80.71
		法官选拔任用制度 C7(0.175 4)	制定法官的准入门槛和选拔条件 D14(0.450 2)	0.025 0	82.4	83.52
			高、中院的法官从基层法院择优遴选 D15(0.304 0)	0.016 9	80.89	84.7
			从优秀律师、法律学者中公开选拔法官 D16(0.245 8)	0.013 6	75.06	83.77
		法官晋升机制 C8(0.145 7)	法官等级晋升采用按期晋升和择优选升相结合的方式 D17(1)	0.036 1	81.78	82.39
		法官职业保障制度 C9(0.122 3)	推动建立与法官单独职务序列配套的薪酬制度 D18(1)	0.037 7	82.67	83.41
		法官日常考核机制 C10(0.116 5)	制定法官岗位考核管理办法 D19(1)	0.035 8	80.3	80.76

续表

一级指标	二级指标	三级指标	四级指标	综合权重	指标得分(法官)	指标得分(律师)
		高素质法官培养机制 C11(0.113 4)	对改革后三类人员实行分类分层培训 D20(1)	0.035 9	81.69	82.13
	司法公信力建设 B3(0.395 2)	司法公正建设 C12 (0.196 7)	当事人权利得到保障 D21(0.383 4)	0.029 5	79.23	75
			法官公正办案 D22(0.315 7)	0.024 5	79.29	73.12
			判决结果合法公正 D23(0.300 9)	0.023 4	78.89	72.75
		司法效率建设 C13 (0.162 9)	案件及时受理 D24(0.260 5)	0.016 8	79.47	73.64
			案件信息及时送达 D25(0.211 9)	0.013 6	78.99	79.33
			案件审理进度较快 D26(0.230 3)	0.014 5	78.58	70.46
			案件执行及时 D27(0.297 3)	0.019 1	77.29	64.38
		司法透明度建设 C14 (0.171 8)	公众旁听 D28(0.281 4)	0.018 1	80.49	76.76
			“12368”服务平台 D29(0.390 3)	0.025 1	78.86	74.05
			查询案件进度 D30(0.328 3)	0.021 1	79.5	72.62
		司法便民建设 C15 (0.113 5)	诉讼引导 D31(0.564 7)	0.025 3	79.55	77.05
			休息场地 D32(0.435 3)	0.019 2	79.46	75.97
		司法民主建设 C16 (0.109 7)	陪审员充分发挥作用 D33(0.437 4)	0.019 2	75.6	68.55
			积极回应群众信访 D34(0.562 6)	0.024 4	76.37	68.73
		司法能力建设 C18 (0.245 4)	庭审驾驭能力 D35(0.401 5)	0.038 5	77.79	76.08
			证据认定能力 D36(0.357 5)	0.034 7	77.8	74.71
			诉讼调解能力 D37(0.200 7)	0.023 3	77.57	73.8

3. 司法改革满意度指数

评价指标的计算公式如下：

$$A=\sum_{i=1}^{37}W_iD_i$$

式中：A——表示上海司法体制改革满意度总指数；W_i——表示第 i 个指标的组合权重；D_i——表示第 i 个指标的分数。

根据调查资料，按照上述公式计算可得出各级指标评价结果，再进一步对综合指数进行分级，可以确定上海司法改革满意度水平。本研究将上海司法改革水平分为5个等级，即司法改革满意度水平高，司法改革满意度水平较高，司法改革满意度水平一般，司法改革满意度水平较低，司法改革满意度水平很低（见表4），以此可以确定上海司法改革满意度目前所达到的水平等级。

表4　　上海司法改革满意度水平等级

司法改革满意度水平级别	司法改革满意度水平数范围	司法改革满意度水平
Ⅰ	$80<A\leqq 100$	司法改革满意度水平高
Ⅱ	$60<A\leqq 80$	司法改革满意度水平较高
Ⅲ	$40<A\leqq 60$	司法改革满意度水平一般
Ⅳ	$20<A\leqq 40$	司法改革满意度水平较低
Ⅴ	$0<A\leqq 20$	司法改革满意度水平很低

经计算，得到上海司法改革满意度指数A＝79.508 0。由此可以看出，上海市司法改革满意度水平属于较高层次。

（二）各指标得分数据统计与分析

1. 不同群体对司改各指标评价比较

本次上海司法改革按照中央的部署，结合本市司法机关工作实际，全面、系统、深入地开展司改工作，其整体脉络、主要措施、最新进展、工作亮点、取得的显著成效与不足以及未来的工作规划及时向社会公布，增强了司法宣传的效果。在深化司法改革的同时，更多地倾听了广大律师群体的意见和呼声，更好地争取广大律师的理解和支持，为推进司改营造良好的舆论环境。因此，本次调研中两大群体对司改达成了几乎一致的判断和认知。

尽管两大群体的评价满意度基本一致，但具体到各个指标而言，两大群体评价还是有所差距的。法官比律师群体对司改满意度评价高的指标有以下一些：完善审判委员会工作机制(D4)，规范院、庭长行使管理权、监督权的职责和方式(D8)，健全完善"法官任职回避制度"和"一方退出"机制(D10)，当事人权利得到保障(D21)，法官公正办案(D22)，判决结果合法公正(D23)，案件及时受理(D24)，案件审理进度较快(D26)，案件执行及时(D27)，公众旁听(D28)，"12368"服务平台(D29)，查询案件进度(D30)，诉讼引导(D31)，休息场地(D32)，陪审员充分发挥作用(D33)，积极回应群众信访(D34)，庭审驾驭能力(D35)，证据认定能力(D36)，诉讼调解能力(D37)。

其中，二级指标司法权力运行机制改革 B1 中，法官对司法权力运行机制改革满意度评价比律师群体高的有 3 项，占 B1 全部 10 项指标的 30%，司法权力运行是司法功能实现的具体过程，是整个司法工作的核心，是对如何管理司法活动及相关事务的体制设计，更是对司法权配置、运行及其相互关系的制度性安排，其主要内容涉及让审理者裁判、由裁判者负责、司法权监督制约机制、司法廉洁监督机制等内容。为此，本项改革一方面赋予法官极大的权力，同时也承担相应的义务，主动接受党的监督、人大的监督、社团的监督、舆论的监督、公民个人的监督，因此法官群体对本项改革的满意度评价相对较低。

人员分类管理改革 B2 中，法官对人员分类管理改革满意度评价的 10 项指标全部低于律师。人员分类管理改革就是要突出法官在司法办案工作中的主体地位，把法院工作人员分为法官、司法辅助人员、行政管理人员三类，分别占队伍总数 33%、52%、15%的员额比例。逐步推行严格的分类管理制度，建立以法官为核心的人员分类管理体系，不断优化人员结构，促进队伍的专业化、职业化发展是司改的"牛鼻子"工程。按照改革设计，改革后的法官员额不能超过一定的比例，一些法院要消化近 20%—30%的比例，如何转岗、分流、淘汰便成为必须直面的问题，对未来没有预期、走向不明，遇到质疑乃至阻力也就在所难免。因此，调查中法官对人员分类管理改革的评价相对较低。

司法公信力建设 B3 中，法官对司法公信力建设满意度评价比律师群体高的有 16 项，占 B3 全部 17 项指标的 94.1%；司法公信力是指社会公众在对人民法院、人民法官的业务实施过程或业务实施结果经过长期的观察与体验后形成的对人民法院、人民法官的信任度以及人民法院、人民法官在接受社会公众的考察与检验的过程中所获得的社会说服力与感召力。就此而言，法官是一个有荣耀的职业：社会尊重是法官最简单也是最根本的荣耀；群众认可是最体现法官社会价值的荣耀；自我实现则是最体现法官自我价值的荣耀。因此，法官较为注重职业认同、自我实现、社会尊重，因此对司法公信力建设满意度评价的得分相对较高。

2. 从法官角度分析

第一，得分排名前10指标分析。经统计，四级指标满意度评价得分排行前10分别为：制定独任法官、合议庭审判规则及审判人员权力清单（D1，82.81分）＞推动建立与法官单独职务序列配套的薪酬制度（D18，82.67分）＞制定法官的准入门槛和选拔条件（D14，82.4分）＞建立专业法官会议制度（D3，82.3分）＞人员分类管理采用公开透明、公平公正、考核考试、差额择优原则（D11，82.2分）＞规范案件分配、裁判文书签发等审判规则（D2，82.03分）＞完善审判委员会工作机制（D4，81.85分）＞法官等级晋升采用按期晋升和择优选升相结合的方式（D17，81.78分）＞对改革后三类人员实行分类分层培训（D20，81.69分）＞人员分类管理的程序性步骤公开透明（D12，81.51分）。

第二，得分排名得分后10指标分析。四级指标满意度评价得分排行后10分别为："12368"服务平台（D29，78.86分）＞案件审理进度较快（D26，78.58分）＞证据认定能力（D36，77.8分）＞庭审驾驭能力（D35，77.79分）＞诉讼调解能力（D37，77.57分）＞案件执行及时（D27，77.29分）＞健全完善"法官任职回避制度"和"一方退出"机制（D10，76.94分）＞积极回应群众信访（D34，76.37分）＞陪审员充分发挥作用（D33，75.6分）＞从优秀律师、法律学者中公开选拔法官（D16，75.06分）。

3. 从律师角度分析

第一，得分排名前10指标分析。经统计，四级指标满意度评价得分排行前10分别为：制定独任法官、合议庭审判规则及审判人员权力清单D1（D1，84.46分）＞制定司法人员责任清单，在职责范围内对办案质量终身负责（D5，85.25分）＞高、中院法官从基层法院择优遴选（D15，84.7分）＞建立案件廉政回访制度和廉政风险环节监督提示系统（D9，84.26分）＞从优秀律师、法律学者中公开选拔法官（D16，83.77分）＞规范案件分配、裁判文书签发等审判规则（D2，83.58分）＞制定法官的准入门槛和选拔条件（D14，83.52分）＞推动建立与法官单独职务序列配套的薪酬制度（D18，83.41分）＞人员分类管理采用公开透明、公平公正、考核考试、差额择优原则（D11，83.08分）＞在司法工作中，因主观过错依法承担违法责任（D6，83.03分）。

第二，得分排名后10指标分析。经统计，四级指标满意度评价得分排行后10分别为：诉讼调解能力（D37，73.8分）＞案件及时受理（D24，73.64分）

＞法官公正办案(D22,73.12分)＞判决结果合法公正(D23,72.75分)＞查询案件进度(D30,72.62分)＞案件审理进度较快(D26,70.46分)＞健全完善“法官任职回避制度”和“一方退出”机制(D10,70.44分)＞积极回应群众信访(D34,68.73分)＞陪审员充分发挥作用(D33,68.55分)＞案件执行及时(D27,64.38分)。

(三)主要指标联列表分析

1. 指标“司法改革关注度”分析

第一,从性别角度而言,男性受访者(83.81分)对司改的关注度要高于女性(82.52分),这或许与目前本市司法机构的人员组成构成密切相关,一般而言,男性在司法机构掌握实权的数量和比例要高于女性,因而男性对司改的关注度要高于女性。

第二,从年龄角度而言,呈现“两头高、中间低”的趋势,即年轻法官与快退休法官对司改的关注度要高于中年群体,其顺序依次为:90后(84.67分)＞80后(83.68分)＞70后(83.00分)＞50后(82.91分)＞60后(80.85分)。青年法官由于职业发展需要,对于能否入额非常关注,毕竟一来是自我能力的证明;二来上海消费水准高,通过司法改革来增加法官收入是维持职业荣耀的重要保障。对于临近退休的法官群体能否通过入额来增加退休后收入是一个关注的焦点,同时如果能够顺利入额也是对一辈子与法律打交道的法官的充分肯定,体现了职业荣耀。中年法官对于司法改革的动力和期望相对不足,毕竟如果通过入额来获得一定收入的增加要付出相应的投入代价,这对于中年群体的法官群体而言是一个不能承受之重,因而关注度较低。

第三,从学历角度而言,硕士学历群体关注度最高,具体数据如下:硕士研究生(85.10分)＞博士研究生(83.24分)＞本科(81.75分)＞专科及以下(76.67分)。原因在于,硕士群体是司法机关的新进力量,现在通过司法考试和公务员考试而进入法院系统的一般准入门槛就是硕士学历门槛,这就决定了拥有硕士学历的青年法官们对司法改革关注度最高,在很大程度上决定了今后职业规划和职业发展;而博士群体一般而言在法院系统的人数不是太多;本科、专科及以下这两类群体一般而言都是“老人”,在法院系统经历丰富,历经多次改革,对改革的敏感程度有所降低,同时这两类群体都快临近退休,对于能否入额的关注度不是太高。

第四,从职务角度而言,法官的关注度最高,具体数据如下:法官(84.77

分)＞司法辅助人员(82.57 分)＞司法行政人员(81.19 分)。原因在于法官、司法辅助人员、司法行政人员三类群体的关注度都较高,均在 80 分以上。但三类群体的关注度又有所差异,具体而言,法官关注度最高,因为这类群体已经入额成功,正因为关注了才有入额行动,因而可以说,只要入额了,几乎都关注了,只有极个别资深法官干部铁定入额,因而对司法改革的关注度不高,其余系统人员几乎人人关注;司法辅助人员群体目前暂时还没有入额,司法辅助人员主要指执行员、法官助理、书记员、司法警察,这类群体将来有可能入额,因而对司法改革的关注度也较高;司法行政人员的关注度相对较低,由于即使成功入额,并不意味可以轻松,面对年复一年的案件积压工作,对入额司法人员的身心也是一个沉重的负担,如果没有通过司法考试,或者说即使通过司法考试但不愿意承担过大的工作压力,从事司法行政人员工作也是一个不错的选择。

第五,从是否入额角度而言,已入额的高于未入额,具体数据如下:已入额(85.84 分)＞未入额(82.10 分)。原因在于已入额受访群体要高于未入额群体,一些不符合入额条件的受访者可能会对司法改革不予以关注,因而拉低了未入额群体的评价满意度。

2. 指标"最关注司法改革领域"分析

总体而言,受访者对于司法改革关注度领域高低顺序依次为:酬薪＞人员分类＞司法责任＞司改效果＞省级以下人财物统管＞其他。

从人员分类角度而言,具体而言:(1) 以性别为区分度,男(25.33%)对人员分类关注度高于女性(23.08%);(2) 以年龄为区分度,中年受访群体对人员分类关注度最高,具体数据分布如下:70 后(28.05%)＞60 后(26.60%)＞80 后(23.65%)＞90 后(20.55%)＞50 后(16.67%);(3) 以司法工作年限为区分度,中青年受访者对人员分类的关注度越高,具体数据分布如下:21—30 年(31.58%)＞11—20 年(31.03%)＞10 年以下(24.15%)＞31 年以上(6.67%);(4) 以学历为区分度,硕士研究生群体对人员分类的关注度最高,具体数据分布如下:硕士研究生(25.16%)＞专科及以下(25.00%)＞博士研究生(24.32%)＞本科(23.45%);(5) 以职务为区分度,司法行政人员对人员分类的关注度最高,具体数据分布如下:司法行政人员(29.92%)＞司法辅助人员(25.25%)＞法官(20.70%);(6) 以是否入额为区分度,未入额群体对人员分类管理的关注度要远远高于已入额群体,具体数据分布如下:未入额(28.57%)＞已入额(13.88%)。

从省级以下人财物统管角度而言，受访者对此关注度不是太高，是否统管与受访者的切身利益并无直接关联，因而受访者普遍对此关注度与其他改革内容而言并不是太高。具体而言，(1) 以性别为区分度，男(6.67%)对省级以下人财物统管关注度高于女性(6.21%)；(2) 以年龄为区分度，越年轻受访者对省级以下人财物统管的关注度最高，具体数据分布如下：90后(8.22%)＞80后(6.89%)＞50后(6.25%)＞70后(5.49%)＞60后(5.32%)；(3) 以司法工作年限为区分度，工作时间越短受访者对省级以下人财物统管的关注度最高，具体数据分布如下：10年以下(6.92%)＞21—30年(5.26%)＞31年以上(0.00%)＞11—20年(0.00%)；(4) 以学历为区分度，学历程度越低群体对省级以下人财物统管的关注度最高，具体数据分布如下：专科及以下(8.33%)＞硕士研究生(7.42%)＞本科(5.93%)＞博士研究生(2.70%)；(5) 以职务为区分度，司法行政人员群体对省级以下人财物统管的关注度最高，具体数据分布如下：司法行政人员(7.87%)＞司法辅助人员(6.31%)＞法官(5.96%)；(6) 以是否入额为区分度，未入额群体对省级以下人财物统管的关注度高于已入额群体，具体数据分布如下：未入额(7.94%)＞已入额(2.87%)。

3. 指标“司法改革的总体满意度评价”分析

司法改革必须坚持以提高司法公信力为根本尺度，当好司法公正的排头兵。要做到公正司法，公正地办理好每一起案件，以司法公正、效率赢得人民群众的满意和信任，让人民群众有司法改革的获得感，切实提升司法公信力。根据前文分析，尽管本市司法改革的整体满意度较高，但各个群体对司法改革的满意度还是有所差异的，根据分析可知：(1) 从性别角度而言，男性对司法改革满意度要高于女性；从年龄角度而言，年龄越大者，对司法改革的满意度越高，具体数据分布为：50后＞60后＞70后＞90后＞80后；(2) 从工作年限来看，工作年限越长者对司法改革的满意度最高，具体数据分布为：工作年限31年以上＞工作年限10年以下＞工作年限21—30年＞工作年限11—20年；(2) 从学历角度而言，学历越低者对司法改革的满意度越高，具体数据分布为：专科及以下＞本科＞硕士研究生＞博士研究生；(4) 从人员分类角度而言，法官最为既得利益群体(收入增长最多群体)，其对司法改革的满意度最高，具体数据分布为：法官＞司法行政人员＞司法辅助人员；(5) 从是否入额角度而言，已入额群体对司法改革的满意度要高于未入额群体。

4. 指标“改革前后，您工作内容、要求、标准、难度是否有变化”分析

在整体看到司法改革对其中各个参与者的改变的同时，我们也要注意各

个不同群体对司法改革变化的感受度是有差异的。根据调查显示,(1) 从性别角度而言,男性(63.17分)对“改革前后,工作内容、要求、标准、难度有变化的评价”高于女性(58.46分);(2) 从年龄角度来看,年龄越大者对“改革前后,工作内容、要求、标准、难度有变化的评价”最高,具体数据分布为:50后(63.96分)>80后(61.62分)>60后(60.74分)>70后(60.43分)>90后(57.26分);(3) 从司法工作年限角度而言,从事司法工作年限越长者,对“改革前后,工作内容、要求、标准、难度有变化的评价”最高,具体数据分布为:31年以上(63.33分)>10年以下(61.28分)>11—20年(57.59分)>21—30年(52.63分);(4) 从学历角度而言,学历越低者对“改革前后,工作内容、要求、标准、难度有变化的评价”最高,具体数据分布为:专科及以下(63.33分)>硕士研究生(61.77分)>本科(60.65分)>博士研究生(55.95分);(5) 从职务角度而言,从事审判一线工作的法官对“改革前后,工作内容、要求、标准、难度有变化的评价”最高,具体数据分布为:法官(62.21分)>司法行政人员(61.34分)>司法辅助人员(59.57分);(6) 从是否入额角度而言,已入额群体(63.64分)对“改革前后,工作内容、要求、标准、难度有变化的评价”高于未入额群体(59.82分)。

5. 指标“辞职想法”分析

近年来,上海法官辞职数量有所增加,其中原因很多,主要是长期以来我国把法官按照公务员来管理,行政职级晋升机会少,很多优秀法官在待遇上得不到提升,而一些律师或者公司的法务部门待遇优厚,这可能一定程度引起法官辞职。但是,我们还应该看到,随着依法治国的推进,全国对律师、法律顾问的需求明显增加,为司法人员离职后提供更多职位,这也是法官辞职的原因之一。正在进行的司法改革对法院进入员额内的法官收入水平,按高于普通公务员43%的比例安排,并向一线办案法官倾斜。此外,上海还将分步实施法官延迟领取养老金政策。继续试行基层女法官延迟5年至60周岁领取养老金。不担任领导职务的二级高级法官延迟至62周岁,一级高级法官延迟至63周岁领取养老金,待纳入员额管理的法官选升展开后再行实施。这些举措加大了法官职业的含金量和吸引力。根据调查显示,各类群体对于辞职并不抱有过多的想法,各类群体的辞职意愿得分几乎均在50分以下,说明受访者对于司法改革充满了信心,具体数据分布为:(1) 从性别角度而言,男女辞职意愿相当,男性为50.08分,女性为50.92分;(2) 从司法工作年限角度而言,越年轻群体的辞职意愿最为强烈,越年长者的辞职意愿最低,具体为:10年以下

(50.86分)＞11—20年(47.58分)＞21—30年(46.84分)＞31年以上(40.67分)；(3) 从学历角度而言，学历较低者的辞职意愿最为强烈，学历较高者的辞职意愿并不太强烈，具体为：本科(53.52分)＞专科及以下(50.56分)＞硕士研究生(50.08分)＞博士研究生(47.5分)。

调查进一步发现，想要离开的原因各种各样，所占比从大到小顺序依次为：薪酬过低(34.0%)[①]＞职业前景不佳(21.2%)＞工作压力大(19.6%)＞没有职业尊荣感(14.3%)＞领导干预案件审理(0.5%)＞用人选人不公平(4.5%)＞司法环境差(5.9%)。从职业前景来看，10年以下法官有较为强烈的离职想法，这类法官主要是未入额法官和法官助理。

(四) 司改制度满意度与制度落实情况评价比较

任何一项政策的制定均是欲通过政策的实施，以达成一定的目标。目标乃是政策的基本构成要素，政策概念的基本要素，在于其必有一个目标、目的或宗旨。而实现政策目标的唯一途径，便是政策执行。如果把政策运行视为一个由政策制定—政策执行—政策控制与评估等环节组成的动态过程，则政策执行便是这一动态链中的中介环节，只有通过政策执行这一中介，政策目标才能最终实现。故而，政策目标是政策执行的出发点与落脚点。基于此，我们认为政策考察实施维度的核心在于政策目标和实现目标的方法。没有一个据以判断实施的目标，实施就无所谓成功或失败。实施成功的正确标准是忠实于已确定的政策目标程度，即政策目标达成度。我们通过受访者对司法制度的满意度评价与制度落实情况评价进行比较分析，试图找出司法改革制度落实的基本状况。

表5　司改制度满意度与制度落实情况评价比较

四级指标(若干)	制度满意度评价	制度落实情况评价
制定独任法官、合议庭审判规则及审判人员权力清单 D1	82.81	71.12
规范案件分配、裁判文书签发等审判规则 D2	82.03	73.57
建立专业法官会议制度 D3	82.26	72.58

① 由于法官检察官进入门槛、职业要求、办案责任等因素均与普通公务员不同，尽管通过司法改革增加了待遇，但是与上海高额的房价及律师、公司法务群体的收入相比，司法官的待遇依旧偏低，有提高的空间。

续表

四级指标(若干)	制度满意度评价	制度落实情况评价
完善审判委员会工作机制 D4	81.85	73.83
制定司法人员责任清单,在职责范围内对办案质量终身负责 D5	80.2	71.85
制定关于院、庭长行使审判管理权、审判监督权的职责规定 D7	81.44	72.7
规范院、庭长行使管理权、监督权的职责和方式 D8	81.48	72.67
健全完善"法官任职回避制度"和"一方退出"机制 D10	79.01	76.94
人员分类管理采用公开透明、公平公正、考核考试、差额择优原则 D11	82.2	73.11
人员分类管理的程序性步骤公开透明 D12	81.51	73.63
制定法官助理的职责、选拔、任命等制度规定 D13	79.98	73.29
制定法官的准入门槛和选拔条件 D14	82.4	74.77
高、中院的法官从基层法院择优遴选 D15	80.89	73.55
从优秀律师、法律学者中公开选拔法官 D16	75.06	68.65
法官等级晋升采用按期晋升和择优选升相结合的方式 D17	81.78	72.32
推动建立与法官单独职务序列配套的薪酬制度 D18	82.67	64.45
制定法官岗位考核管理办法 D19	80.3	71.93
对改革后三类人员实行分类分层培训 D20	81.69	72.29

从表 5 可见,司改制度满意度与制度落实情况较好,但其中有三个点值得关注:第一个点是"从优秀律师、法律学者中公开选拔法官 D16",制度满意度与制度落实情况均不是太高;第二个点是"推动建立与法官单独职务序列配套的薪酬制度 D18",制度满意度较高,但制度落实情况不佳;第三个点是"健全完善'法官任职回避制度'和'一方退出'机制 D10",制度满意度不是太高,但制度落实情况最佳。

(五) 回归分析

在模型 1 中,将司法权力运行机制、审理者裁判、司法责任制、法官廉洁监督制约、人员分类管理、法官助理、法官选拔任用机制、法官晋升机制、法官职业保障、法官日常考核、法官培养机制、人财物统管、司法公信力建设、司法公正、司法效率、司法透明建设、司法便民建设、司法民主建设、司法能力建设 19 个维度的解释变量纳入模型;模型 2 将模型 1 中没有通过显著性检验的变量予以剔除;在模型 3 中,加入了控制变量,包括受访者的性别、年龄、司法工作年限、学历、职务、是否入额、亲属律师职业、所在系统、所在区域、上海司改关注度、关注领域、司改变化、辞职想法；在模型 4 中，将模型 3 中没有通过显著性检验的变量予以剔除，从而得出对应的优化模型。具体回归结果见表 6。模型 1 至模型 4 都比较好地通过了异方差、方程显著性等基本计量经济学检验。进一步分析表 6，可以得出如下基本结论：

表 6　　计量模型的回归结果

指标	模型 1	模型 2	模型 3	模型 4
司法权力运行机制 D1	0.070 (1.337)	0.079* (1.805)	0.032 (0.653)	
审理者裁判 D2	−0.002 (−0.038)		0.025 (0.485)	
司法责任制 D3	0.015 (0.278)		−0.032 (−0.634)	
法官廉洁监督制约 D4	−0.005 (−0.251)		0.002 (0.086)	
人员分类管理 D5	0.219*** (3.985)	0.235*** (4.956)	0.196*** (3.698)	0.248*** (5.652)
法官助理 D6	0.084 (1.295)		0.087 (1.433)	
法官选拔任用机制 D7	−0.098 (−1.308)		−0.063 (−0.896)	
法官晋升机制 D8	−0.032 (−0.488)		0.011 (0.178)	
法官职业保障 D9	−0.009 (−0.154)		−0.046 (−0.813)	
法官日常考核 D10	0.006 (0.087)		−0.031 (−0.504)	
法官培养机制 D11	0.076 (1.243)		0.073 (1.273)	0.080* (1.726)
人财物统管 D12	0.077 (1.457)	0.094** (2.037)	0.063 (1.260)	
司法公信力建设 D13	0.140*** (2.970)	0.152*** (3.543)	0.086* (1.929)	0.126*** (3.206)
司法公正 D14	0.018 (0.288)		0.038 (0.646)	

续表

指标	模型1	模型2	模型3	模型4
司法效率 D15	0.018 (0.267)		0.010 (0.154)	
司法透明建设 D16	−0.004 (−0.052)		0.017 (0.261)	
司法便民建设 D17	−0.118* (−1.911)	−0.120** (−2.216)	−0.117** (−2.022)	−0.097* (−1.924)
司法民主建设 D18	0.146** (2.476)	0.164*** (3.295)	0.093* (1.680)	0.112** (2.400)
司法能力建设 D19	0.007 (0.124)		0.009 (0.182)	
性别			0.127* (1.731)	
年龄			0.023 (0.512)	
司法工作年限			0.013* (1.935)	0.011* (1.856)
学历			−0.005 (−0.118)	
职务			−0.001 (−0.015)	
是否入额			0.127 (1.095)	
亲属律师职业			−0.007 (−0.027)	
所在系统			0.031 (0.369)	
所在区域			0.004 (0.760)	
上海司改关注度			0.100** (2.165)	0.105** (2.378)
关注领域			0.074*** (3.219)	0.077*** (3.604)
司改变化			0.220*** (7.920)	0.224*** (8.384)
辞职想法			−0.086*** (−2.772)	−0.075*** (−2.592)

注：表中括号内数值为该回归系数的t统计值；***、**、*分别表示该系数在1%、5%、10%的水平上显著。

(1) 在四个模型中,“人员分类管理 D5”“司法公信力建设 D13”“司法便民建设 D17”“司法民主建设 D18”4 项指标均通过了显著性检验,占总数的 21.1%。这说明,受访者对这些因素的认识是目前影响本市司法改革满意度的重要因素,“人员分类管理 D5”“司法公信力建设 D13”和“司法民主建设 D18”三个因素与本市司法改革满意度呈现显著正相关关系,“司法便民建设 D17”因素与本市司法改革满意度呈现显著负相关关系。截至 2016 年 7 月 27 日,2016 年新收超过 2 万件基层法院排名前 10 的法院中,上海地区法院占据 3 席位,分别是第 1 位的上海浦东新区法院新收 78 472 件,旧存 11 657 件,总收案 90 129 件;第 6 位的上海市闵行区法院新收 33 006 件,旧存 6 041 件,总收案 39 047 件;第 10 位的上海市徐汇区法院新收 31 618 件,旧存 4 489 件,总收案 36 107 件。不少法官的工作状态是“5+2”“白+黑”,案多人少的矛盾引发了一系列严重问题,主要表现为:法官的精力牵扯过多,知识难以更新;片面追求高结案率、高调解率,案件的质量无法保障;大量的案件涌进法院,法院付出的司法成本日益沉重;长时间负荷工作,法官的身心健康受到损害。从这个角度而言,“司法便民建设 D17”因素与本市司法改革满意度呈现显著负相关关系。

(2) 指标“司法权力运行机制 D1”和“人财物统管 D12”在模型 2 中通过了显著性检验,但加入受访者个性特征变量后的模型 3 和模型 4 中均未通过显著性检验。这表明,“司法权力运行机制 D1”和“人财物统管 D12”是影响上海市司法改革的重要因素,但不同背景受访者对“司法权力运行机制 D1”和“人财物统管 D12”的重视程度存在不同认识。

(3) 在四个模型中,“司法权力运行机制 D1”“审理者裁判 D2”“司法责任制 D3”“法官廉洁监督制约 D4”“法官助理 D6”“法官选拔任用机制 D7”“法官晋升机制 D8”“法官职业保障 D9”“法官日常考核 D10”“法官培养机制 D11”“人财物统管 D12”“司法公正 D14”“司法效率 D15”“司法透明建设 D16”“司法能力建设 D19”等 15 指标均没有通过显著性检验,占总数的 78.9%。这充分说明,这些因素尽管是本市司法体制改革的重要内容,但由于这些指标主要依靠体制内自上而下的刚性约束机制加以推进,也不可能从一开始就面面俱到、兼顾各方,这在一定程度上限制了每一位改革主体(包括改革对象)的积极性,阻碍了司法改革工作深入而可持续的展开。

(4) 从个性特征来看,“司法工作年限”“上海司改关注度”“关注领域”“司改变化”“辞职想法”五个变量均显著。这表明个性特征是影响本市司法改革的重要因素。具体来看,“受访者司法工作年限越长”“受访者对上海司改关注度越高”“受访者关注领域越聚焦”“受访者认为司改变化越大”的群体对司法改革满意度越高,受访者辞职想法越强烈者对司法改革满意度越低。“性别”“年龄”“学历”“职务”“是否入额”“亲属律师职业”“所在系统”“所在区域”8个变量均不显著。这表明来自不同性别、不同年龄、不同学历、不同职务、是否入额、亲属是否从事律师职业、不同系统、不同区域的受访者对本市司法改革的认识没有显著差异,表现较一致性的统计学特征。

三、上海法院系统司法改革存在的主要问题

司法改革是冲破利益羁绊的系统推进,其摒弃了以往的零敲碎打,不再是司法运行机制的修修补补,而是在调整利益格局基础上的根本制度改革,不仅有增量的创新,也有存量的改进,具有很重要的价值。但是,任何深层次的变革都需要系统的配套制度与有效的贯彻落实,方可解决“徒法不足以自行”问题。我们认为,上海市司法改革在实施中,还存在以下问题:

(一)“员额制”比例设置的科学性、合理性有待完善

“上海方案”提出了司法职业三类人员构成方案:法官、司法辅助人员、行政管理人员三类人员占队伍总数的比例分别为33%、52%和15%。关于“员额制”的比例问题,我们认为应该具体问题具体分体,不同地区有不同的司法状况,过于统一的人员定额会束缚当地司法工作的开展。同时,法官人员定额应该在考虑法院每年的案件总量,还有法官一年审案定额的标准的基础上做出来。“上海方案”的定额比例需要在充分的论证基础上形成,并且法院应该留有一定的机动法官名额;同时要注重法官的继续教育和学习充电,保证法官审判的质量。

(二)安置“员额制”分流出的司法工作人员难度不小

法院在进行分类管理的同时将会有一部分不符合要求的法官分流、退出,这关乎司法干部管理体制的变革,如何协调司法活动机制改革和人员机制调整是此次司法改革要面临的一大难题。同时,如何确立一套完备的选任法官的标准也是“上海方案”应该考虑的问题。法官是社会分工的产物,是社会精英的组成部分,假如区分法官助理与法官的主要标准设定为工作年限的话,那

么同样工作年限的法官如何进行筛选？明确一套法官选任标准将会在此次司法改革过程中减少很大的阻力。如何界定未入额法官的身份，是审判人员还是辅助人员，是否是未入额的法官就“一刀切”地转任为法官助理。这些问题均尚无定论。

人员分类管理后，法院的工作人员分为法官、审判辅助人员和司法行政人员三类，审判辅助人员包括法官助理、书记员、司法技术人员、司法警察等。在这几类人员中，未入额法官似乎都不靠边。就未入额的审判员而言，他们的平均年龄较大，大多为具有多年审判工作经验的资深法官，将此类资深法官降格转任为法官助理，为年轻的员额法官做审判辅助工作，既不恰当也难以调动其工作积极性。更重要的是，这些资深法官中有相当一部分是审判工作的领军人物，比如办案能手、办案标兵甚至审判专家、劳动模范，在审判工作中弃用他们损失更大的是司法事业。同样，“员额制”中法官数量的减少，可能会使一些长期从事审判工作的法官调往行政管理人员或其他业务岗位，从而使之前由于历史因素造成的“闲置人员”受到威胁，如何安置这些人员？大批通过司法考试和公务员考试的法官，如今又要经历职业生涯的又一次分流，如何妥善处理这些运行机制的调整带来的变革？伴随“精英化”而来的将是审理案件的法官审理案件的质量提高，而数量将必然减少，在经济发展迅猛，经济案件和刑事案件比以往任何时期都要多的情况下，如何解决“员额制”带来的“案多人少”的矛盾？如何找出一条突围之路？将是“上海方案”目前亟须解决的难题。

（三）法官助理幸福感有待进一步提高

调研发现，很多法官助理对自己的职业前景所持态度不是很乐观，法官助理至少需要5年才能够成为员额制的法官，但是5年只是基本的条件，如果没有空缺的名额，那么只能继续等待，甚至可能一辈子都无法入额成为法官。薪资待遇方面，法官助理往往兼具助理审判员与书记员的身份，有的时候还需要同时完成两名以上法官分配的任务，工作需要花费更多的时间和精力，但是从现在的薪资标准来看，法官助理的报酬远低于法官，即使从事多年法官助理工作，在薪资报酬方面也并没有明显的提高，而且与单纯从事记录、整理工作的文员书记员相比也没有太大的优势。但是从招录来看，两者走的是不同的途径，法官助理的招录需要经过严格的统招统考，而文员书记员是每个法院单独招录；进入法院的门槛要求也是不一样的，法官助理的前提条件是通过司法考试，有的法院甚至要求硕士研究生学历，而后者对是否通过司法考试没有要求，基本只要求通过速录考核即可。

（四）书记员队伍履职稳定性欠缺，流动性过高

当所有改革的目光都聚焦在法官改革之上时，法官的助手即书记员（专指法院所招的编外辅助文员，不包括担任书记员工作的法官助理和转为公务员的原聘任制书记员）的改革不能被忽视。书记员，以法院系统辅助文员身份进入法院，他们与市、区（县）人才服务中心指定派遣机构签订劳动合同，接受派遣至各法院审判辅助性岗位工作。他们在岗工作期间由法院负责日常管理和使用，但他们不具有公务员身份，不享受法院正式在编人员的有关待遇，除自身工作所需的专业培训外，一般不参加法院在编人员专业培训，不配发与法院正式在编干警相同标识的制服和装备。有些基层法院一线书记员常年加班超负荷工作，同时书记员的单独薪酬制，使其收入与法院正式公务员收入相差较大，书记员与法院录用公务员同岗不同酬的现象也较为普遍。然而，令书记员内心更加受伤的是显而易见与本市职工月平均工资的比较结果。2015 年上海市职工月平均工资为 5 939 元，年平均工资为 71 269 元，比上年增长 8.9%。据课题组向某基层法院工作 4 年的书记员了解，2015 年其月均工资到手仅 3 000 元。近年来，市高院一直关注书记员薪酬的问题，故不断予以提高。刚颁布的《2016 年上海市法院系统辅助文员招聘考试政策问答》对法院系统辅助文员即本文所指书记员的薪酬福利待遇做出如下解释，试用期满考核合格后平均月收入在 5 000 元左右，以上标准包含个人应缴纳的“五险一金”和所得税，比 2015 年的 3 800 元已经高出不少。然而，法院书记员的薪酬收入仍不及本市职工平均数。这导致书记员群体的不稳定，书记员从法院流失已经成为很多法院的现象。另外，书记员职业上升空间局限，书记员的晋升通道分四个等级，每升一级，都要满足年限要求，所以晋升过程是缓慢的阶梯制；案多人少压力突出，有的庭室一名书记员要辅助一名以上的法官，法官、法官助理、书记员之间的工作界限和分工还需进一步明确；身心压力不容忽视。近两年，法院不断地加大招揽书记员的规模。2015 年上海法院系统招收 190 名辅助文员，而 2016 年发布的招收公告则招收 312 名辅助文员，比上年增加了 64.21%，法院招收规模不断的扩大从侧面印证了书记员队伍不稳定的现状。

（五）司法责任制与法律监督的平衡点亟待厘清

司法责任制是“上海方案”的一大亮点，一定程度上实现了案件审理和判

决的合一,但是司法责任制要求法官对审理的案件从头到尾进行审理,并作出判决,这会不会削弱司法监督,滋生司法腐败?这也是司法改革者要考虑的问题。司法责任应当坚持社会合理性,寻找社会自我防卫和个人权利发展的结合点;坚持责任的谦抑性,在可能和允许的范围内实施落实改革责任;坚持责任的比例性原则,过分强调责任和过分给予权力带来的后果是一样的,应注意两者的平衡。对此,应进一步理顺审判权、审判管理权和审判监督权之间的关系。推进司法权力运行机制改革,落实司法责任制,取消了提请行政领导审核把关,减少了审委会讨论的案件数量等,司法权力运行机制中的"行政化"问题得以解决,依法独立公正行使审判权、"让审理者裁判、由裁判者负责"得以真正落实。但是,司法权的"独立"行使不等于不要"监督","去行政化"不等于"去审判管理",缺乏对审判权独立行使的监督制约可能会带来审判质效下滑,甚至会产生新的司法不公、司法腐败等问题。因此,在深化司法体制改革中,一方面要坚持"让审理者裁判、由裁判者负责"的原则,将司法责任制落到实处;另一方面要加强对司法权的管理和监督,建立和完善对司法权的法律监督、社会监督、舆论监督、内部监督机制,确保司法权依法独立公正行使,促进司法公正。

(六)"人财物"实现"省级统管"的可操作性有待进一步增强

"省级统管"到"全国统管"还有多远距离?"人财物"实现"省级统管"是"上海方案"的最大亮点,解决了制约司法能力的深层次问题。相对于以前的司法改革,这一改革措施具有里程碑式的意义。但是仔细分析其可操作性,还有需要完善的地方。首先,关于人事权,省级统管是指市级人大常委会任命法院还是任命所有具有审判职责的人员?在如此繁重的任命任务前,市级人大常委会如何做到实质意义上的而不是形式层面的人事任命?同时,"人财物"都由"省级统管"会不会造成市高院权力过大,而又缺乏上级和同级监督,进而使司法的地方化现象更加严重,建构一种完善的人权和事权亟须考虑;另外,"省级统管"并没有还原司法的全国性,如何实现向"中央统管"的渐次推进也是"上海方案"需要进一步完善之处。

(七)司法改革一些制度执行力存在弱化现象

"空传"一词,在古代汉语中,是指声音通过空气向外传播,也隐喻为声音随着传播距离而效果减弱直至无声。在今天语言中,是指在虚拟空间中电子文件通过互联网从一方传到另一方，也隐喻为远距离地获取和使用文件原本形态。对此，我们有必要进一步揭示其背后潜在的更为深层次的症结，如果不挖掘出这一背后的羁绊，则在上面进行的再多分析和阐释也恐怕难以深入加强和改进司法改革工作。那么这一羁绊是什么呢？究竟是什么样的力量牵制了该政策的真正落实和贯彻呢？经调查，“从优秀律师、法律学者中公开选拔法官 D16”指标的制度满意度与制度落实情况均不是太高；“推动建立与法官单独职务序列配套的薪酬制度 D18”指标的制度满意度较高，但制度落实情况不佳；“健全完善‘法官任职回避制度’和‘一方退出’机制 D10”指标的制度满意度不是太高，但制度落实情况最佳。

（八）部分法官的综合素养还不能完全适应形势和任务的需要

对此必须加快建立高素质法官队伍的培养机制，为公正司法提供队伍保障。党和人民对公正司法的要求，需要法官具有相应的实践经历和社会阅历，具有良好的法律专业素养和司法职业操守。司法改革后法官的权力更大，责任更大，对法官的素质要求将更高。但在现有的法官队伍中，一些法官的素质及能力与其承担的法律赋予的司法职责和日益繁重的司法任务还有一定差距。特别是入额法官中，有部分年轻助理审判员，从事司法经历较短、办案经验不足，亟待提升。因此，加快健全高素质法官队伍的培养机制，加强对法官的教育培训和实践锻炼，是一项重要而紧迫的任务。需要我们进一步健全和完善法官的选拔、遴选和交流机制，健全和完善以培养法官的政治素质、法律素质、专业素质、职业操守等为重点的法官教育培养机制，努力提升法官依法履职的能力和水平。

（九）部分指标得分与本市司法改革满意度呈现显著负相关关系

譬如，司法便民建设就是要根据人民群众的需求和审判工作的实际需要，做到有案必立、有诉必理，切实保障当事人诉权，其中一个很大的举措就是积极推进立案登记工作，对人民法院依法应该受理的案件，及时予以受理。然而这就造成了法院“案多人少”的矛盾。法院的行政编制是多年以前核定的，主要参考了当地经济发展水平、人口数量等，核定后很少变动。即便近些年由于经济因素造成辖区人口大幅增加或减少，也鲜有变动。这就使得案件数量大增的法院明显地感受到了办案力量不足，则“案多人少”就浮出了水面。不少法官的工作状态是“5＋2”“白＋黑”，案多人少的矛盾引发了一系列严重问题，法官的身心健康受到损害。从这个角度而言,"司法便民建设 D17"因素与上海市司法改革满意度呈现显著负相关关系。

(十) 法官人身权益保障有待进一步健全

法院在强调加强自身建设的同时,也在加强对法官权益的保护,但侵害法官权益情况仍频频出现。法官的权益保护保障制度仍未建立,现有制度仍然没有得到落实,法官权益保护情况不容乐观。通过调查和调阅案例,侵害法官人身权益事件主要包括:(1) 对法官精神的侵害。受访者表示,曾经遭当事人言语辱骂的超过 88%,骚扰、威胁 40%,跟踪 27%。(2) 人格、名誉的侵害。侮辱、诽谤 73%,发布不实信息 63%,贬低法官名誉 63%,还存在向纪检部门不实举报情况。(3) 对法官身体的侵害。推搡、围堵 52%,伤害、杀害 20%。(4) 对法官住宅、隐私的侵害。非法获取、公布联系方式、住址等私密信息 30%,侵入住宅 10%。(5) 对法庭秩序的损害(同时侵害法官公权力和私权利)。哄闹、冲击法庭 65%,携带危险物品进入法庭的 20%。(6) 妨碍法官执行公务(法院外调查、保全、执行等)。干扰、阻碍法官执行公务近 50%。⑦对法官财产和人身权益的侵害。

(十一) 打破了的司法地方化与地方政府治理的关系有待继续理顺

对于司法地方保护主义的遏制,除了应继续朝地方司法机关在财政、人事上减少对同级权力系统依赖性的方向寻求改革突破之路外,还需要在现有体制格局之下,设法促进地方党委、政府认识到不只是关注短期利益,而是需着眼于区域的综合竞争力,为地方司法机关提供依法独立行使审判权和检察权的良好环境。

(十二) 基于 33%员额的存数定量测算出区域内员额的差别配置

"四五"改革纲要提出了员额管理应结合"经济社会发展状况、人口数量、案件数量等基础数据"。接下来的员额配置难点在于,上海地区 33%员额不是一个恒定比例,上下级和同级法院、检察院之间应逐步打破编制造成的藩篱,根据实际状况的"承受工作量"更为合理地配置员额。简单地说,就是根据不同法院、检察院的案件数量、案件类型、繁简分流、难易程度、交通状况、队伍结构、业务素质、保障条件等因素敲定办案实际的承受工作量,而不是司法统计数据,进行员额配比的大样本定量分析。

（十三）法官、检察官助理定位于法无据和队伍稳定性应引起重视

前期上海试点中相当比例的法官、检察官助理无法跟踪全案，只是为数名法官、检察官提供“片断”事务辅助，乃至兼任书记员之职，导致他们相对缺乏办案大局观，自身的水平提高不快。同时，法官、检察官助理试点“于法无据”，法定职责的经常交叉造成未形成对自己职责的独立认识，又难以按量取酬而只能无差别同酬，加上绩效评估和职级晋升不太科学，导致法官、检察官助理的不确定性和职业倦怠感逐步增强。

（十四）认真应对员额分流之后的骨干流失和让“沉淀人员”平稳过渡

上海司法人员在体制外另择高薪法律职业的替代性较强，试点以来流失的办案中坚力量环比明显增多，且情况还在加剧。同时，而上海首次从律师和学者选任法官未实际达到预设目标，除了薪酬倒挂，客观上缺乏前期的职业同质化训练也导致了“畏难”。另外，员额制分流后，不少年龄较大、资格较老而学历又较低法官降为法官、检察官助理，同时还有沉淀到行政岗位的“闲置人员”，需要建立起平稳过渡机制，尽力降低他们的负面情绪可能会对改革带来的冲击。

（十五）遴选委员会功能局限及遴选委员会的构成和运作机制有待优化

相对检察机关而言，法院之间审级之间独立性显著，因此法官遴选交由上级法院会产生审级异化，而交给权力机构或司法行政部门，又可能难以实现审判独立。所以，设立相对独立、多方参与乃至以竞争方式组成的第三方委员会，专司荐任法官，已逐步为越来越多的国家所接受。① 不过，上海司法改革试点成立的遴选委员会的最大短板在于，在功能上只涉及初任员额的遴选和惩戒，缺少作为司法机构长远规划的智库和进行司法预算第三方评估等更多角色的担当；而在构成上则基本以顶层设计部门的代表或专家为主，缺少更多下级法院、检察院和非法律代表的参与；此外，员额改革之初遴选的差额竞争又略显保守，随着员额遴选的常态化需要加强力度。

---

① 1992年，波兰成立司法委员会；1997年，匈牙利成立国家司法会议，葡萄牙成立最高司法委员会；1999年，丹麦设立司法委员会；2000年，比利时设立最高司法会议；2002年，挪威设法官任命委员会，荷兰设司法委员会，俄罗斯设立法官资格委员会；2004年，巴西设司法委员会；2005年，英国也设立了法官任命委员会；等等。参见何帆：《法官遴选委员会的五个关键词》，《法制资讯》2014年第8期。

（十六）放权后的司法责任制尚未配之以司法运行荷载的既定约束条件

诚然，上海试点的司法改革并未把司法责任停留于抽象化表面，而是充分考虑到了司法本身就具有的“可错性”，比如，审级和再审制度的设立本身就为了纠错。因此，上海前期的阶段性改革所设定的责任承担规则要点在于，除非违法或犯罪导致错案才予以追究，基于正常的理性不足和认知偏差导致的错误，绝大多数实行“责任豁免”，只列入绩效考核。但是，放权后的司法责任制除了要理顺错综复杂的独任法官/独立检察官、合议庭/主任检察官办案团队、审委会/检委会等之间的权限划分和责任范围，还应以司法运行既定的荷载为切入点，配套构建起比较立体化的司法过错责任追究的相应制度和机制。

（十七）改革发展应与法治跟进相结合而不能因“违法改革”遭诟病

新一轮司法改革提出了“重大改革于法有据”的原则，它要求改革过程中：需修法的先修法，先立再改；需解释法律来解决的，先释后改；需废止法律的坚决废止，先废后改；对确需突破现行法律的改革试点，而先行取得“立法授权”。客观而言，“货真价实”贯彻中央改革意图的上海试点，在改革的法治边界上极为审慎，基本上没有招致僭越立法权和挑战法律权威的批评，相当程度上避免了“违法改革”问题。但是，下一阶段司法改革到底如何在寻找框架内的合法性与改革的试水性之间最大公约数，并能够得以继续在技术层面上体现出来，则仍是进入体制改革深水区面临的巨大挑战。

国际法

国家管辖范围外区域海洋生物多样性养护和可持续利用问题研究

金永明①

摘　要：国家管辖范围外区域海洋生物多样性养护和可持续利用问题，已成为国际社会关注的焦点。这一方面起因于相关国际条约的制度性缺失，另一方面起因于海洋生物多样性对国际社会的重要性。为制定海洋生物多样性养护和可持续利用新制度，国际社会面临建立在以公海自由原则基础上的公海制度和以人类共同继承财产原则基础上的国际海底区域制度的协调和平衡挑战。为消除《联合国海洋法公约》依事项性规范和船旗国管辖的弊端，在国家管辖范围外区域实施综合性管理、适用人类共同继承财产原则以强化国际机构职权的价值取向，无疑是海洋治理合适而有效的方法。这种思想和管理模式能否被新制定的执行协定所采纳，不仅直接关联海洋法规范性功能的实现和发展方向，而且涉及国家在公海自由使用的权利带来限制和影响。据此，国际社会对海洋生物多样性养护和可持续利用问题新执行协定的审议有利于丰富《联合国海洋法公约》的宗旨和内涵。

关键词：国家管辖范围外区域；海洋生物多样性；公海自由；人类共同继承财产

国家管辖范围外区域海洋生物多样性的养护和可持续利用问题，尤其是

---

① 金永明，上海社会科学院法学研究所研究员，中国海洋发展研究中心海洋战略研究室主任、特别研究员，中国海洋发展研究会海洋法治专业委员会副主任委员、秘书长。本文系国家社会科学基金重大项目："我国南海岛礁所涉重大现实问题及其对策研究"（16ZDA073）；中国海洋发展研究会重大项目："联合国海洋法公约若干制度评价与完善研究"（CAMAZDA201601）、中国海洋发展研究会和中国海洋发展研究中心重大项目："海洋法框架下的海洋开发利用制度研究"（CAMAZDA201701）的阶段性研究成果。本文主要内容载《社会科学》2018年第9期，全文转载于人大复印资料《国际法学》2019年第2期。

公海和国际海底区域内的海洋生物多样性包括基因资源的利用和分配等成为国际社会关注的焦点。具体表现形式是联合国大会于2015年6月19日通过了题为《根据〈联合国海洋法公约〉的规定就国家管辖范围外区域海洋生物多样性的养护和可持续利用问题拟订一份具有法律拘束力的国际文书》的决议(A/RES/69/292)。依据该决议成立的筹备委员会应在政府间会议前提交有关案文要点的建议,供联合国主持下的政府间会议审议。筹备委员会于2017年7月31日向联大提交了题为《海洋生物多样性养护和可持续利用的具有法律拘束力的国际文书建议草案》(A/AC.287/2017/PC.4/2),同时筹备委员会建议在联合国的主持下尽快决定召开政府间会议,充分考虑上述草案的各项要素并依其案文展开详细讨论。①

为此,2017年12月24日,联合国大会通过决议(A/RES/72/249),决定在2018年至2020年上半年召开四届会议,其中第一届会议于2018年9月4日至17日召开,并决定在此之前为讨论组织事项包括文书预稿的起草过程,于2018年4月16日至18日在纽约举行为期三天的组织会议。② 可见,该建议草案提出的在2018年9月启动政府间会议谈判已成为现实,而对案文建议的会议安排,计划到2020年上半年的第四次会议间形成最终协定文本并结束谈判也将可能实现。因此,涉及国家管辖范围外区域海洋生物多样性的养护和可持续利用问题的《联合国海洋法公约》将带来新的重大变化,这不仅关联各国的利益,而且涉及对《联合国海洋法公约》的原则和制度包括公海制度的公海自由原则、以人类共同继承财产原则为基础设立的国际海底区域制度等方面的影响,所以,有必要对其予以解析。

一、联合国审议海洋生物多样性养护和可持续利用问题的必要性

海洋生物多样性的养护和可持续利用是国际社会新出现的问题。其不仅

---

① 筹备委员会报告(中文版),参见 http://www.un.org/ga/search/view_doc.asp?symbol=A/AC.287/2017/PC.4/2&referer=english/&lang=c,2018年2月20日访问。筹备委员会报告(英文版),参见 http://www.un.org/ga/serach/view_doc.asp?symbol=A/AC.287/2017/PC.3/L.2,2018年2月20日访问。

② 参见 http://www.un.org/depts/los/biodiversity/Precom.htm,2018年2月20日访问。该组织会议已如期(2018年4月16日至18日)在纽约举行。参见 https://www.un.org/bbnj/content/webcast,2018年4月20日访问。

关联国际社会的生存和发展,而且对其起因、分布和环境影响等因技术的限制并不完全了解,即使在综合规范海洋事务的《联合国海洋法公约》中并未作出明确的规定,甚至在第三次联合国海洋法会议(1973—1982 年)期间也未予以讨论,所以是一个需要补充和完善的新领域。因为海洋生物多样性尤其是生态系统,不仅对于维持地球上的自然循环及生命是重要的,而且对于确保人类生存的环境和人类生活发挥着重要的作用,因而如何养护和可持续利用海洋生物多样性问题成为国际社会关注的课题。

那么,为什么国际社会多关注国家管辖范围外区域海洋生物多样性的养护和可持续利用问题,而少关注国家管辖范围内区域的海洋生物多样性的养护和可持续利用问题?

一般而言,生物多样性既存在共同性,也具有差异性。而《联合国海洋法公约》特点之一是依据各种不同的海域予以规范的,主要包括两种类型,即国家管辖范围内的海域(例如,领海、专属经济区和大陆架)和国家管辖范围外的海域(例如,公海、国际海底区域)。而国家管辖范围内的海域的管辖权主要依赖于沿海国,国家管辖范围外的海域的管辖权主要依赖于船旗国,但由于各国对公海资源的过度开发和利用,严重地损害了海洋的资源和环境,使得海洋的可持续利用带来危机,并损害海洋生物多样性的养护和可持续利用,进而危害人类社会的生存和发展,从而成为需要规范的新领域。

众所周知,规范海洋生物多样性的国际条约主要为《联合国海洋法公约》和《生物多样性公约》。

联合国环境发展会议于 1992 年 6 月 5 日通过的《生物多样性公约》在概念界定上,其第 2 条对“生物多样性”的概念规定为:是指所有来源的形形色色生物体,这些来源除其他外包括陆地、海洋和其他水生生态系统及其所构成的生态综合体,包括物种内部、物种之间和生态系统的多样性。即《生物多样性公约》内的“生物多样性”种类既包括陆地,也包括海洋,覆盖了地球上的所有生物多样性;而依据其第 22 条第 2 款的规定,缔约国在海洋环境方面实施本公约不得抵触各国在海洋法下的权利和义务。即在海洋环境保护方面海洋法具有优先适用的功能。

在适用范围上,《生物多样性公约》第 4 条规定,生物多样性组成部分位于该国管辖范围的地区内;在该国管辖或控制下开展的过程和活动,不论其影响发生在何处,此种过程和活动可位于该国管辖区内也可在国家管辖区外。从此管辖范围的条款内容可以看出,在该国管辖范围外区域内的生物多样性的保护也能纳入其管辖范围，但国家对其管辖范围外的区域进行特别的规制以保护任何国家管辖范围外区域的生物多样性的内容并未在《生物多样性公约》中作出明确的规定。而从《生物多样性公约》第1条规定的目标内容看，其目标不全是保护生物多样性，也重视对其组成部分的利用和利用遗传资源而产生的利益的公平分配。

同时，从《生物多样性公约》的“序言”内容可以看出，随着国际社会整体对保护地球意识的高涨，《生物多样性公约》无疑是历史上首次对生物多样性保护予以正面规制的条约。但事实上在《生物多样性公约》的通过阶段，国际社会还没有意识到对独立地保护国家管辖范围外海域的生物多样性的必要性，因而也缺失相应的具体措施和管理制度。

从《联合国海洋法公约》尤其是第12部分（海洋环境的保护和保全）的内容看，尽管其规范了对海洋环境的保护和保全的内容，但未出现“生物多样性”及“遗传资源”的用语，例如，《联合国海洋法公约》第194条第5款规定，按照本部分采取的措施，应包括为保护和保全稀有或脆弱的生态系统，以及衰竭、受威胁或有灭绝危险的物种和其他形式的海洋生物的生存环境，而有必要的措施。同时，在规范“专属经济区”的第5部分、“公海”的第7部分和“国际海底区域”的第11部分等，尽管存在海洋生物资源和环境的保护内容，以及与保全生物多样性密切相关的规定，但也不存在具体的保护措施。

此外，在“海洋科学研究”的第13部分，尽管其依不同的海域规范了在领海、专属经济区、大陆架、公海、国际海底区域进行海洋科学研究的规则，同时将海洋科学研究作为公海自由之一予以鼓励，体现了社会发展过程中增进海洋科学知识的重要性，但对于海洋科学研究的定义并未直接作出规定，所以从保全海洋生物多样性的角度看，何种类型的调查活动是《联合国海洋法公约》规定的海洋科学研究也并不明确。[①] 即在《联合国海洋法公约》的谈判及审议过程中，针对生物多样性保护问题的认识和科学依据还并未充分，更谈补上对其予以审议和讨论并作出相应的规范了。这体现了《联合国海洋法公约》的局限性。

可见，海洋生物多样性保护问题不仅是全人类的共同关切事项；[②]同时，其对人类社会的发展具有重要的作用，但国际社会的上述两个重要条约均未对

---

① 尽管《联合国海洋法公约》未直接定义海洋科学研究的概念，但从第246条第3款的内容可以反推出对海洋科学研究的内容。其是指为和平目的并为增进关于海洋环境的科学知识以谋全人类利益。

② 例如，《生物多样性公约》“序言”指出，缔约国确认生物多样性的保护是全人类的共同关切事项。

海洋生物多样性的养护和可持续利用作出明确的规定，所以对国家管辖范围外区域海洋生物多样性的养护和可持续利用问题制定新的具有法律拘束力的国际文书是十分必要的。

二、国际社会提起及审议海洋生物多样性养护和可持续利用问题概要

鉴于《生物多样性公约》和《联合国海洋法公约》对海洋生物多样性的养护和可持续利用问题存在制度上的缺陷，国际社会多认为对国家管辖范围外区域海洋生物多样性的养护和可持续利用问题的新制度应与上述两个条约相一致，并具有整合性(一致性)，特别应考虑它们审议和讨论此议题的发展进程、吸纳其成果。例如，2015 年 6 月通过的联大决议指出，国家管辖范围外区域海洋生物多样性的养护和可持续利用，特别是作为一个整体的全部海洋遗传资源的养护和可持续利用，包括惠益分配问题，以及包括海洋保护区在内的划区管理工具、环境影响评估、能力建设及海洋技术转让等措施，应不损害现有有关法律文书和框架以及相关的全球、区域和部门机构。为此，有必要重点论述《生物多样性公约》和《联合国海洋法公约》机构对此议题的审议进程。

(一) 海洋生物多样性养护和可持续利用问题的提起及发展

对海洋生物多样性养护和可持续利用问题的提起，可以追溯到在公海设立保护区的建议。即美国国家海洋大气局于 1991 年在夏威夷举行的保护海洋野生动物的国际会议上，美国学者(Sylvia Earle)提出，应在公海设立以保护海洋野生动物的海洋保护区，目的是控制国家管辖范围外海洋的污染和因无序开发对海洋带来的深刻威胁。[①] 设立保护区的上述建议于 1992 年在联合国环境发展会议上通过的《21 世纪议程》上有所涉及。换言之，在《21 世纪议程》的第 17 章(海洋及海洋生物资源的保护)多次言及“保护区”内容。具体内容为：第一，沿海国在自国管辖的海洋中应为维护生物多样性采取措施，并能对保护区进行设立和管理。第二，沿海国为提升收集和分析与影响海洋活动有关的情报，有必要制作沿岸海域保护区的概况。第三，沿海国为识别高阶生物

① K. M. Gjerde, “High Seas Marine Protected Areas”, *The International Journal of Marine and Coastal Law*, Vol. 16, No. 3(2001), pp. 515 - 516.

多样性的海洋生态系统，特别应通过指定保护区等以对海洋的利用采取必要的限制。但应指出的是，《21世纪议程》中的保护区范围仅限于在自国管辖范围内的海域的保护区，没有言及国家管辖范围外的海域的保护区。

国家管辖范围外海域海洋生物多样性的养护和可持续利用问题的发展，在2002年9月可持续发展世界峰会上通过的"实施计划"上得到验证。具体内容为：第一，应维持包括国家管辖范围内外的二种海域内的所有海洋脆弱性的生产能力和生物多样性；第二，强调了应依据于1995年在《生物多样性公约》第2次缔约国会议上通过的与海洋和沿岸生态系统的保全和可持续利用有关的"雅加达指令"所规定的工作计划实施的重要性；[①]第三，为促进对海洋的保存和管理，应依据《21世纪议程》第17章，到2012年底努力采用生态系统方法、废除有害的渔业惯例、并依据国际法及科学情报设立海洋保护区包括确立代表性的网络。[②] 可见，在上述"实施计划"中指出了在国家管辖范围内外海域维持生物多样性的重要性，并建议在公海设立海洋保护区的提案。这可谓是对海洋生物多样性养护和可持续利用问题的发展。

（二）国际机构审议海洋生物多样性养护和可持续利用问题概要

1. 在《生物多样性公约》缔约国会议上的审议情况

在《生物多样性公约》缔约国会议上，比较重要的内容为以下几次会议成果。[③]

（1）在1995年举行的第2次缔约国会议上通过的"雅加达指令"，即为保护海洋生物多样性，应鼓励把设立海洋保护区作为生态系统方法的一部分并要求缔约国采取全球应对措施。换言之，设立海洋保护区已成为保护海洋和沿岸生物多样性及可持续利用的有效方法。

（2）在1997年举行的第4次缔约国会议上，设立了海洋保护区特设技术专家组。其对国家管辖范围外海域的海洋保护区进行了讨论并达成以下三点共识。第一，多个生态系统存在于国家管辖范围以外的海域；第二，现今有效

---

① The Jakarta Mandate, A/51/312, Annex II, decision II/10, para. 12.

② See World Summit on Sustainable Development, Plan of Implementation, 4 September 2002, para. 32, A/CONF. 199/20, pp. 24 - 25.

③《生物多样性公约》第23条第1款规定，特此设立缔约国会议。缔约国会议第一次会议应由联合国环境规划署执行主任于本公约生效后一年内召开。其后，缔约国会议的常会应依照第一次会议所规定的时间定期举行。

保护广泛的生物多样性的海洋保护区并不存在，但相关海域的生物多样性正遭遇很大的威胁，所以在这些海域有必要设立海洋保护区；第三，对公海及国际海底区域的环境而言，有可适用的多个国际和区域文件，所以对于在公海的海洋保护区，应慎重地讨论其位置及方法，同时应与其他有关机构进行协商。①

(3) 在 2004 年举行的第 7 次缔约国会议上，就海洋保护区尤其是国家管辖范围外海域的海洋保护区内容作出了以下决定。② 第一，针对国家管辖范围外海域的生物多样性的危机明显增大，而在该区域的海洋保护区在目的、数量及对象方面极不充分；第二，符合国际法和依据科学情报包括设立海洋保护区（如在海山、热液喷出口、冷水海域珊瑚礁，以及其他脆弱生态系统等那样的区域），同意以改善国家管辖范围外海域生物多样性养护和可持续利用为目的的国际合作和紧急行动是必要的；第三，尽管海洋法对国家管辖范围以外海域的活动规范了法律框架，但要求事务局长与联合国秘书长和其他有关的国际和区域机构合作，对联合国大会的工作包括对已设立和有效管理国家管辖范围外的海洋保护区明确合适的机制提供帮助；第四，决定设立保护区特设工作组，任务是依据科学情报，为在国家管辖范围以外的海域设立海洋保护区进行合作提供方法。③ 2005 年 4 月，《生物多样性公约》缔约国会议事务局长为支持上述工作组的工作，提供了题为《在国家管辖范围外海域设立海洋保护区有关合作的选择性方法》的详细讨论要素。④

最后应该指出的是，2003 年在《生物多样性公约》的缔约国会议设立的科技助言辅助机构举行的第 8 次会议上，对于在公海内的海洋保护区问题，由于公海是以公海自由原则为基础的，所以如果仅适用《联合国海洋法公约》内规定的各种原则，那么在公海设立海洋保护区与现行的国际法是很难融合的；当然也有国家代表认为，在公海设立保护区应从为保护海洋秩序和海洋环境的积极并发展

---

① See UNEP/CBD/SBSTTA/8/9/Add. 1, 27 November 2002, p. 14.

② See Decision VII/5, Marine and Coastal biological diversity, Decisions adopted by the Conference of the Parties to the Convention on Biological Diversity at its Seventh Meeting, UNEP/CBD/COP/7/21, pp. 133 - 175.

③ See Decision VII/28, Protected Areas, Marine and Coastal biological diversity, Decisions adopted by the Conference of the Parties to the Convention on Biological Diversity at its Seventh Meeting, UNEP/CBD/COP/7/21, pp. 339 - 358.

④ See Options for Cooperation for the Establishment of Marine Protected Areas in Marine Areas beyond the Limits of National Jurisdiction, Noted by the Executive Secretary, UNEP/CBD/WG-PA/1/2, 20 April 2005.

的视角看，是应予以肯定的观点。即对于在公海设立海洋保护区问题，各国的意见并不一致，但不可否认的是，在国家管辖范围外海域不设立海洋保护区，则是无法实现《生物多样性公约》的宗旨和目的的，这是比较有力且基本的观点。①

2. 在《联合国海洋法公约》缔约国会议上的审议概要

《联合国海洋法公约》(以下简称《公约》)除规定“审查会议”(第155条)、“修正会议”(第312条)外，并未就缔约国会议作出规定，为此，在1999年通过联大决议GA/RES/54/33时，设立了《公约》的非正式协商缔约国会议，2000年以后每年举行此类缔约国会议，而针对与海洋生物多样性养护和可持续利用问题有关的内容如下：

(1) 在2003年举行的第4次会议上，就海洋保护区特别是在国家管辖范围外海域设立海洋保护区的问题进行了讨论。对于在公海设立保护区的法律问题，存在以下三种不同而对立的观点。第一，合法论，即意大利主张的在现行国际法的框架下，在公海设立保护区是合法的观点；第二，违法论，即挪威主张的在公海设立保护区与公海自由原则相抵触而违法的观点；第三，未定论，即在现阶段无法断定这种行为的合法或违法性，有必要对此问题进行重复讨论后再断定其性质的荷兰主张。②

(2) 在2004年以后举行的第5—8次(2004—2007年)会议上，对国家管辖范围外海域的海底包括生物多样性的保护和管理的可持续利用问题、渔业和可持续发展对渔业的贡献、生态系统的管理方法，以及海洋遗传资源等内容进行了讨论，确认了在公海设立保护区、保护国家管辖范围外海域的生物多样性的政策等应依据包括《公约》在内的国际法以及依据科学情报的重要性。

总之，在《公约》的缔约国会议上，尽管对于组成海洋生物多样性的一部分的遗传资源，因污染、气候变化、生息地的破坏、破坏性的渔业活动、海洋环境的物理性改变、对海洋资源的乱捕等，这些生物的脆弱性十分明显，所以对有必要紧急保护遗传资源达成了共识，但对于海洋遗传资源的保护，《公约》能适用到何种程度；对海洋遗传资源的科学调查活动，可否使用在公海的公海自由原则；在国际海底区域内的相应活动，如适用国际海底区域制度的话，则受国际海底管理局的管辖等问题，在国家间产生了不同的观点。不可否认，这些重

---

① See Recommendation VIII/3, Marine and coastal biodiversity: review, further elaboration and refinement of the programmer of work, 10 - 14 March 2003.

② [日]田中则夫：《国际海洋法的现代形成》，东信堂2015年版，第315页。

要而核心的内容，均是今后应明确的议题。①

3. 在联合国的审议概要

在联合国审议国家管辖范围外区域海洋生物多样性问题的方式是通过联合国大会、联大决议，以及联合国秘书长的《海洋与海洋法》的年度报告推进的。与该主题有关的内容，主要为：

(1) 2002 年 12 月的联大决议(GA/RES/57/141)。该决议指出，为阻止海洋生物多样性的丧失，各国应采取措施，并依据国际法以及科学情报于 2012 年底设立海洋保护区的代表性网络，采用生态系统管理方法，消除包括违法、无报告、无规制的破坏性渔业惯例；同时要求各国与相关国际组织合作，紧急探讨依科学情报整合和改善对海山、其他海洋地物中的海洋生物多样性具有危险的管理方法。

(2) 2004 年 11 月的联大决议(GA/RES/59/24)。该决议决定成立"研究国家管辖范围外海洋生物多样性的保护和可持续利用问题的不限名额非正式特设工作组"。其任务是对联合国各机构的有关国家管辖范围以外的海洋生物多样性的保护和可持续利用有关的过去、现在的活动进行调查，从科学、技术、经济、法律、环境和社会经济的角度加以讨论，在适当时为促进国际合作明确可供选择的方案和方法。同时，该决议要求联合国秘书长为支援"不限名额非正式特设工作组"(AD Hoc Open-ended Informal Working Group)就该问题提交报告书，为此，联合国秘书长于 2005 年 7 月 15 日提交了该非正式特设工作组应讨论的问题的综合报告。"不限名额非正式特设工作组"的设立不仅是联合国正式讨论国家管辖范围外海洋生物多样性保护问题的论坛，而且也是具体实施《生物多样性公约》和《公约》规范的原则和制度的延伸。

(3) 自 2006 年 2 月联合国非正式特设工作组举行首次会议以来，至 2015 年 1 月共举行了 9 次会议。② 在这些会议中，讨论的要点及达成的共识，主要为如下二个方面。第一，《公约》是规范海洋所有活动的法律框架性条约，国家管辖范围外海洋生物多样性的保护和可持续利用的任何活动应符合《公约》；同时，在探讨国家管辖范围外海洋生物多样性的保护和可持续利用问题时也应留意《生物多样性公约》的宗旨和目的。第二，国家管辖范围外海洋生物多

---

① [日]田中则夫：《国际海洋法的现代形成》，东信堂 2015 年版，第 315—317 页。

② See Marine biological diversity of areas beyond national jurisdiction legal and policy framework, paras. 8 - 23, pp. 2 - 7. See http://www.un.org/depts/los/biodiversityworkinggroup/webpage_legal_and_policy.pdf，2018 年 1 月 5 日访问。

样性的保护和可持续利用应基于最好可能利用的科学知识，运用生态系统及预防方法，以促进对海洋生物多样性的科学调查和研究。

(4) 按照2015年6月联大决议设立的筹备委员会(Preparatory Committee)应在2016年和2017年分别举行二次会议的要求，联合国秘书长分别于2016年3月28日至4月8日和8月26日至9月9日在联合国总部召开了筹备委员会的第一届和第二届会议；同时，根据联大于2016年12月23日作出的决议(A/RES/71/257)，联合国秘书长分别于2017年3月27日至4月7日和7月10日至21日，在联合国总部召开了筹备委员会的第三届会议和第四届会议。在筹备委员会上述四次会议上讨论的内容，主要为：第一，包括利益分配在内的海洋遗传资源问题；第二，包括海洋保护区在内的划区管理工具等的措施；第三，环境影响评估；第四，能力建设和海洋技术转让四个综合而整体性的问题。

如上所述，筹备委员会在2017年7月举行的第四次会议后向联合国大会提交了《海洋生物多样性养护和可持续利用的具有法律拘束力的国际文书建议草案》(A/AC. 287/2017/PC. 4/2)，以供联合国主持下的政府间会议讨论。在此应该指出的是，筹备委员会提交的建议草案只不过是供政府间会议讨论条文的要素，正式开始条约谈判等事项则由联大判断决定。鉴于针对海洋生物多样性养护和可持续利用新执行协定的内容在国家之间存在较大的分歧，有学者预测新执行协定的最终缔结需要10余年的时间；也有学者预测只要经历几年即可达成新执行协定，因为存在《第11部分执行协定》(1994年)和《跨界鱼类执行协定》(1995年)仅需数年时间即缔结协议的先例。①

三、海洋生物多样性养护和可持续利用新执行协定内容及焦点

(一) 海洋生物多样性养护和可持续利用新执行协定的主要内容

从联合国迄今审议和讨论国家管辖范围外区域海洋生物多样性的养护和

---

① [日]西本健太郎：《国家管辖范围外区域的海洋生物多样性的养护和可持续利用——新的国际制度的形成与国内的影响》，《法学家》2016年秋季号(第19期)，第8—9页。1994年《第11部分执行协定》是指《关于执行1982年12月10日〈联合国海洋法公约〉第11部分的协议》，而1995年《跨界鱼类执行协定》是指《1982年12月10日〈联合国海洋法公约〉有关养护和管理跨界鱼类种群和高度洄游鱼类种群的规定》。

可持续利用问题，尤其是依联大决议就根据《公约》的规定拟订一份具有法律拘束力的国际文书的案文草案要点的筹备委员会报告内容看，主要包括以下方面。

1. 新执行协定的地位和性质、原则和方法

第一，海洋生物多样性养护和可持续利用新执行协定的地位和性质。国际社会普遍认为，新执行协定应以《公约》为核心，尊重现行其他相关法律文书和框架以及相关全球、区域和部门机构的作用，包括通过增进合作和协调尤其是通过提供援助，使发展中国家，特别是处于不利地理位置的国家、最不发达国家、内陆发展中国家和小岛屿发展中国家以及非洲沿海国能够有效促进和参与国家管辖范围外区域生物多样性的养护和可持续利用，为此，需要一个全面的全球制度，以更好地处理国家管辖范围外区域海洋生物多样性的养护和可持续利用问题。换言之，新执行协定是对《公约》的细化、补充和完善，因为不仅《公约》没有直接规定相关内容，即使在已经存在的综合规范生物多样性的区域性条约中也不存在相关的制度，所以《公约》第 192 条规范的保护和保全海洋环境的义务在国家中并未得到切实的实施。同时，《公约》对于“环境”也未作出界定，仅在其第 1 条第 4 款规定了“污染”的概念，为此，《公约》在第 12 部分(海洋环境的保护和保全)的规定，多是防止来自船舶污染的内容。换言之，《公约》的海洋环境保护是以防止污染为重点的，因而无法保全具有环境价值的生物多样性资源。① 所以，国际社会新制定一份具有法律拘束力的国际文书以保护生物多样性就特别重要。

第二，海洋生物多样性养护和可持续利用新执行协定的适用范围和基本目标。在空间范围上，新执行协定规范的是国家管辖范围以外的区域，主要是在公海和国际海底区域内的生物资源和非生物资源的养护和可持续利用问题。在属事范围上，新执行协定规范的是作为一个整体处理海洋遗传基因资源包括惠益分享问题、划区管理工具包括海洋保护区等措施、环境影响评估以及能力建设和海洋技术转让问题。所以，制定新执行协定的目的是通过有效执行《公约》，确保国家管辖范围外区域海洋生物多样性的养护和可持续利用，同时，也应以符合《公约》的方式予以解释和适用，并与现有相关法律文书和框架以及相关全球、区域和部门机构相协调和补充完善为目标。即新执行协定

---

① [日]加加美康彦：《西北夏威夷群岛的海洋保护区系谱》，松井芳郎、富冈仁、坂元茂树等编：《21 世纪的国际法与海洋法的课题》，东信堂 2016 年版，第 309 页。

内容的解释和适用不应损害现有的文书、框架和机构，同时，对新执行协定以及其他区域性协议的非缔约方的法律地位不受影响。

第三，海洋生物多样性养护和可持续利用新执行协定的基本原则和方法。新执行协定内容应包括如下原则和方法。主要为：尊重《公约》所载之权利、义务和利益的平衡；兼顾《公约》有关条款所适当顾及的事项；尊重沿海国对其国家管辖范围内所有区域，包括对 200 海里内外的大陆架和专属经济区的权利和管辖权；尊重各国主权和领土完整；只为和平目的利用国家管辖范围外区域的海洋生物多样性；促进国家管辖范围外区域海洋生物多样性的养护和可持续利用；可持续发展；在所有各级开展国际合作与协调；相关利益攸关方的参与；生态系统方法、风险预防方法、统筹方法、基于科学的方法利用现有的最佳科学资料和知识包括传统知识；适应性管理；建设应对气候变化影响的能力；符合《公约》不将一种污染转变成另一种污染的义务、谁污染谁付费原则、公众参与、透明度和信息的可取得性；小岛屿发展中国家和最不发达国家的特别需要，包括避免直接或间接地将过度的养护行动负担转嫁给发展中国家，以及诚信原则。[①]

2. 新执行协定在具体内容上的共识和分歧

如上所述，新执行协定的协商内容主要包括如下四个方面，且对这些内容国际社会存在不同的认识和分歧。

第一，海洋遗传基因资源包括惠益分享问题。如何规范在公海和国际海底区域内的海洋遗传基因资源（Marine Genetic Resources）是生物多样性新执行协定讨论的重要内容之一。因对其的利用需要资金和技术，所以，事实上仅限于发达国家，而对如何规制海洋遗传基因资源的获取和利益分享则是发展中国家关注的焦点。对于国际海底区域（在《公约》中简称“区域”）内的资源而言，已存在人类共同继承财产的原则。即《公约》第 136 条规定，“区域”及其资源是人类的共同继承财产。所谓的“区域”，依据其第 1 条第 1 款的规定，是指国家管辖范围以外的海床和洋底及其底土；所谓的“资源”，依据其第 133 条第 1 款的规定，是指“区域”内在海床或其下原来位置的一切固体、液体或气体矿物资源，其中包括多金属结核。如果仅从“区域”内的“资源”是“矿物资源”的

① 参见《（联合国）大会关于根据〈联合国海洋法公约〉的规定就国家管辖范围以外区域海洋生物多样性的养护和可持续利用问题拟订一份具有法律拘束力的国际文书的第 69/292 号决议所设筹备委员会报告》内容，第 8—9 页。

内容看，无法利用人类共同继承财产原则规范存在于生物资源内的海洋遗传基因资源；但如果从“区域”本身的概念看，其规范的对象并未仅涉及矿物资源，也可规范“区域”内非生物资源的遗传基因资源；至于“区域”是否可以规范生物资源内的海洋遗传基因资源，则存在不同的观点，需要国际社会进一步审议包括在具体制度上予以明确。[①] 同时，对于海洋遗传基因资源的获取，一些发展中国家主张在新制定的执行协定中应增加对样品的获取以及确保对其跟踪的可能性和透明性的内容；而以美、日和欧盟为主的发达国家认为，海洋遗传基因资源的获取应遵守公海自由原则，对其的研究和开发活动不应有任何的限制。此外，海洋遗传基因资源的商业开发很难与海洋科学研究的调查活动区别，所以对获取海洋遗传基因资源的讨论也将影响大学或研究机构所实施的海洋科学研究调查活动。而在对海洋遗传基因资源利益分享上的最大分歧是，发展中国家强调财政上分享利益的必要性，主张应以现存的国际制度为参考制定新的国际制度；同时，认为应在新执行协定中包含保护与海洋遗传基因资源有关的知识产权内容，对此发达国家虽采取了反对的立场，但在对获取遗传基因资源的援助等方面，认为可以以非财政的利益分享方式对发展中国家进行帮助的观点。[②] 换言之，在对海洋遗传基因资源适用的原则和惠益分享上存在公海自由原则和人类共同继承财产原则之争。

第二，划区管理工具包括海洋保护区等措施。为保护海洋生物多样性，如果仅对个别的活动及资源予以规范，则有一定的局限性，所以，自 20 世纪 90 年代以来出现了在一定地理范围内的海域对有关活动进行综合管理的有力主张。[③] 其中必要而有效的方法是设立海洋保护区，以保护该区域内的生物多样性，并实现可持续利用目标。海洋保护区虽起源于在国家管辖范围内的海域，但现今出现了在公海和国际海底区域设立海洋保护区的呼声和要求。

尽管联大决议决定在新执行协定中应商定包括海洋保护区在内的划区管理工具的措施，但对于“海洋保护区”和“划区管理工具”的概念，在国际社会并不明确存在。即在国际法中，并不存在海洋保护区的统一性定义，但海洋保护

① [日]滨本正太郎：《国家管辖范围外海洋生物多样性：保护和利用》，柳井俊二、村濑信也编：《国际法的实践》，信山社 2015 年版，第 502—503 页。

② [日]西本健太郎：《国家管辖范围外区域的海洋生物多样性的养护和可持续利用——新的国际制度的形成与国内的影响》，《法学家》2016 年秋季号(第 19 期)，第 9—10 页。

③ [日]加加美康彦：《海洋保护区：位置本位的海洋管理》，栗林忠男、秋山昌广编：《海洋的国际秩序与海洋管理》，东信堂 2006 年，第 186—187 页。

区首先是包括海洋公园等部分海域在内的保护区的一种，并在国内所辖领域内加以设定。这种包含陆地和海洋区域的国立海洋公园发轫于美国。例如，于2000年5月26日美国发布的“行政命令”（第13158号）对“美国的海洋保护区”的定义为：为持续地保护海洋天然资源和文化资源的一部分或全部，由联邦、州、区域、部族及地区各法令指定的任何海洋环境区域。[①] 如果借用国际自然保护协会对“海洋保护区”的定义，是指为达到对包括生态系统服务和文化价值在内的自然长期保护目的，通过法律及其他有效手段，明确地规定认识、使用及管理的地理空间。[②]

对于“海洋保护区”和“划区管理工具”之间的关系，一般认为“海洋保护区”是指通过一定的措施并采取比其他海域更高保护水准的海域；而“划区管理工具”一般是指为进行管理而采取一定措施的海域。[③]

尽管国际社会对于设立海洋保护区的法律依据存在争议，但在国家管辖范围内以保护特定区域内的生物多样性的海洋保护区依然得到了发展，而在国家管辖范围外的海域设立特定的海洋保护区，则会在习惯国际法的公海自由原则和依据区域性的协议设立海洋保护区的义务之间发生对立和冲突，即区域性协定设立的海洋保护区无法拘束非缔约国的权利，这是无法回避的现象和事实，从而影响区域性海洋保护区协议的执行和效果。为此，在新制定的执行协定中应重视在公海及国际海底区域设立海洋保护区的程序，以及所采取的管理措施与其他已存在的协议及相关国际机构之间的关系。即在设立的程序上，应就提案的主体、科学委员会的设立、采取的措施，以及对象海域的监测等程序上的具体方法须进行审议和讨论；对于新执行协定与其他协议之间的关系，是采用“平行管理的方法”，还是“垂直管理的方法”，应再次予以讨论。换言之，为实现联大决议所指出的新执行协定应不损害已存在的条约及其他国际机构文书内容要求，如何协调各文书之间的内容以确保整体性是制定和审议新执行协定的难题之一。

第三，环境影响评估内容。《公约》第206条规定，各国如有合理根据认为在其管辖或控制下的计划中的活动可能对海洋环境造成重大污染或重大和有

---

① [日]田中则夫：《国际海洋法的现代形成》，东信堂2015年，第248—251页。

② See Nigel Dudley (ed.), *Guidelines for Applying Protected Area Management Categories*, IUCN, 2008, p. 8.

③ [日]西本健太郎：《国家管辖范围外区域的海洋生物多样性的养护和可持续利用——新的国际制度的形成与国内的影响》，《法学家》2016年秋季号（第19期），第10—11页。

害的变化，应在实际可行范围内，就这种活动对海洋环境的可能影响作出评估，并应依照第 205 条规定的方式提送这些评估报告的结果。① 而国家提交这种评估报告的义务，依据国际海洋法法庭海底争端分庭的咨询意见，在国家管辖范围外"区域"上的活动报告，已成为习惯国际法上的义务。② 但在《公约》和习惯国际法上，对必须实施环境影响评估的范围和内容并未作出具体规定，所以，细化国家管辖范围外区域的环境影响评估内容，应是制定新执行协定时所要讨论的内容。

第四，能力建设和海洋技术转让内容。《公约》第 14 部分规定了"海洋技术的发展和转让"内容，例如，其第 266 条第 2 款规定，各国应对在海洋科学和技术能力方面可能需要并要求技术援助的国家，特别是发展中国家，包括内陆国和地理不利国，促进在海洋资源的勘探、开发、养护和管理，海洋环境的保护和保全，海洋科学研究以及符合本公约的海洋环境内其他活动等方面海洋科学和技术能力的发展，以加速发展中国家的社会和经济发展。对于国际海底区域内的活动，在《公约》第 11 部分第 144 条规定"区域"内活动的资源开发者向管理局企业部和发展中国家转让技术的义务，但此技术转让义务因受到发达国家的反对，在 1994 年制定的《第 11 部分执行协定》中已经取消。

对于海洋技术转让问题，2003 年在联合国教科文组织政府间海洋学委员会通过的自发地促进海洋技术转让的《基准及指导方针》，以及国际海底管理局和"区域"合同者依据《公约》附件三(探矿、勘探和开发的基本条件)第 15 条缔结的在管理局和发展中国家实施的《要员训练》，将成为讨论新执行协定有关内容的重要参考资料。

不可否认，为实现新执行协定的目的，向发展中国家提供能力建设和海洋技术转让帮助是重要的内容，但过分而强制性地帮助能力建设和转让海洋技术无疑会增加国家管辖范围外区域活动者的附加负担，所以需要有协调和平衡的制度设计。同时，对于海洋遗传基因资源的衍生物以及电子化产品包括知识产权，也应纳入海洋技术转让范围，所以，提升发展中国家的能力建设和

① 《联合国海洋法公约》第 205 条规定，各国应发表依据第 204 条所取得的结果的报告，或每隔相当期间向主管国际组织提出这种报告，各该组织应将上述报告提供所有国家。第 204 条第 1 款规定，各国应在符合其他国家权利的情形下，在实际可行范围内，尽力直接或通过各主管国际组织，用公认的科学方法观察、测算、估计和分析海洋环境污染的危险或影响；第 2 款规定，各国特别应不断监视其所许可或从事的任何活动的影响，以便确定这些活动是否可能影响海洋环境。

② [日]西本健太郎：《国家管辖范围外区域的海洋生物多样性的养护和可持续利用——新的国际制度的形成与国内的影响》，《法学家》2016 年秋季号(第 19 期)，第 12 页。

转让海洋技术的对象范围是广泛的，对其的海洋技术范围的界定也应是新执行协定规范的内容。

(二) 海洋生物多样性养护和可持续利用新执行协定的争议焦点

尽管在国际社会尤其在联合国层面已就在《公约》框架内审议讨论国家管辖范围外区域海洋生物多样性的养护和可持续利用问题制定新执行协定达成了意向性的共识，这些共识在此后的政府间会议上进展如何，仍有待观察，但不可回避的焦点之一是新执行协定在适用原则上的分歧不易轻易消除，这是无法回避且不容争议的事实。

从新执行协定规范的范围看，如果依据《公约》对不同海域的规范，国家管辖范围以外的海域具体指超越国家管辖范围以内的海域(专属经济区和大陆架)，即公海和国际海底区域。如上所述，《公约》体系内的公海制度以公海自由原则为基础，国际海底区域制度以人类共同继承财产原则为基础。那么，新执行协定设立的制度应以什么原则为基础，又与这些原则如何协调和平衡?无疑是需要关注的重大问题。

1. 公海自由原则的确立及发展

长期以来，海洋自由思想是海洋秩序的基础。在古罗马时代，根据万民法，海洋对所有人开放，禁止私人占有及分割，即所谓的海洋自由原则。进入中世纪后，欧洲各国开始对沿岸海域主张领有权，从而出现了对抗自由用海的势力。大航海时代，作为海洋帝国的西班牙和葡萄牙将世界分为大陆和海洋两部分，并对其实施控制。被称为国际法之父的荷兰国际法学者雨果·格老秀斯(Hugo Grotius, 1583—1645)强烈反对对海洋的万人之物加以领有或控制，主张海洋自由原则，代表作为《海洋自由论》(*Mare Liberum*, 1609)。对此，英国的约翰·塞尔登(John Selden, 1584—1654)为使英国对海洋的控制正当化，提出了“领有海洋”的观点，代表作为《闭海论》(*Mare Clausum*, 1618)。而在大航海时代以后的国际社会中，一般将海洋分为国家权利可及的“狭窄的领海”、不属于任何人但可以自由利用的“宽广的公海”(公海自由原则)两部分。[①]

从海洋法的视角看，1945 年 9 月 28 日美国杜鲁门总统发布的《大陆架公告》(即《美国关于大陆架的底土和海床的自然资源的政策的第 2667 号总统公

① 金永明:《海洋问题时评(第一辑)》，中央编译出版社 2015 年版，第 3—4 页。

告》),直接推动了海洋法的发展。[①]《大陆架公告》指出,美国政府认为,处于公海下但毗连美国海岸的大陆架的底土和海床的自然资源属于美国,受美国的管辖和控制。此公告公布后,很多国家相继仿效,主张沿海国对其附近海域的管辖权,为此,联合国于1958年主持召开了第一次联合国海洋法会议,并缔结了包括《领海及毗连区法》、《公海公约》等在内的"日内瓦海洋法四公约"。

"日内瓦海洋法四公约"中的《大陆架公约》第1条和第2条关于大陆架的范围,以及沿海国为勘探和开采自然资源的目的,对大陆架行使主权权利的规定,不仅突破了领海以外即公海的二元论结构,而且打破了传统性的海洋自由绝对论的思想。[②] 这种现象在《公约》中得到进一步的发展,例如,其第87条第2款规定,所有国家在行使公海自由时,须适当顾及其他国家行使公海自由的利益,并适当顾及本公约所规定的同"区域"内活动有关的权利。换言之,公海自由原则经历了"自由放任"到"适当顾及"的阶段,可谓是对公海自由原则的限制。[③]

从《公约》制度看,对公海自由原则的限制,特别体现在专属经济区和国际海底区域制度的设立上。对于专属经济区制度,《公约》第56条赋予了沿海国对具体事项(如海洋科学研究、海洋环境的保护和保全等)的专属管辖权,所谓的事项性或功能性的管辖权,而对于这些事项性的管辖权由沿海国或船旗国予以行使,所谓的沿海国的专属性事项管辖权,但船旗国因受意愿、条件、能力、资金和技术及设备等方面的限制,《公约》所规范的目标并未能得到切实实现,包括呈现对渔业资源的过度捕捞、海洋环境的污染等情形,所以,在国际社会出现了综合管理海洋的趋势,所谓的海洋综合治理。

一般认为,海洋的综合治理包括规范、执行、意思决定过程、完备的制度等要素。其包括两个层面的含义。第一,在规制层面上,是指公海自由应服从于

---

① 美国总统的《大陆架公告》内容,参见北京大学法律系国际法教研室编:《海洋法资料汇编》,人民出版社1974年版,第386—387页。

② 例如,《公海公约》第1条规定,"公海"是指不包括在一国领海或内水内的全部海域;《领海与毗连区公约》第24条第1款规定,沿海国在毗连其领海的公海区域内,得行使下列事项所必要的管制。

③ 不可否认,公海自由原则从"自由放任"到"适当顾及"的发展,也受到国际法院判决的影响。例如,国际法院在1974年"渔业管辖案"判决中指出,随着渔业活动范围的增加,国际海洋法的发展结果是,曾经在公海对海洋生物资源的自由放任措施,被通过对他国权利及为万人需要保存而应采取适当措施义务的承认所替换。参见[日]坂元茂树:《区域渔业管理机构功能扩大对国际法发展的影响:从渔业规制到海洋管理》,柳井俊二、村濑信也编:《国际法的实践》,信山社2015年版,第459页。

国际社会共同利益的实现；第二，在执行层面上，为确保公海秩序应实施分权化的机制。① 换言之，针对公海自由原则的限制，在国际社会呈现了由事项性管辖向综合性管辖，并由不同机构包括国际、区域以及其他机构共同合作管理的发展趋势。即公海自由经历了自由放任（完全自由）、适当顾及综合管理的发展趋势。这种发展趋势应适用到海洋生物多样性养护和可持续利用问题的新执行协定之中，这也正是 2015 年 6 月 19 日联大通过决议时所指出的应在《公约》的框架下全面地探讨新的全球性制度以更好地处理国家管辖范围外区域海洋生物多样性养护和可持续利用问题，并不应损害现有有关法律文书和框架以及相关的全球、区域和部门机构之要义，这种观念应该得到国际社会的认可。

2. 人类共同继承财产原则的内涵

如上所述，在《公约》内确立了以人类共同继承财产为原则的国际海底区域制度。其内容，主要为：第一，国际海底区域及其资源的法律地位。例如，《公约》第 136 条规定，“区域”及其资源是人类共同继承财产，同时，人类共同继承财产原则成为不可减损之原则，例如，《公约》第 154 条规定，审查会议应确保继续维持人类共同继承财产之原则；第 311 条第 6 款规定，缔约国同意对第 136 条所载关于人类共同继承财产的基本原则不应有任何修正，并同意它们不应参加任何减损该原则的协议。第二，国际海底区域资源的平行开发制度。例如，《公约》第 153 条第 2 款规定，“区域”内活动由企业部进行，和由缔约国或国营企业，或在缔约国担保下的具有缔约国国籍或由这类国家或其国民有效控制的自然人或法人，或符合本部分和附件三规定的上述各方的任何组合，与管理局以协作方式进行。第三，设立了管理“区域”内活动的专职性机构。例如，《公约》第 156 条规定，兹设立国际海底管理局，按照本部分（即第 11 部分）执行职务；第 157 条第 1 款规定，管理局是缔约国按照本部分组织和控制“区域”内活动，特别是管理“区域”资源的组织。为行使管理局职能，依据第 158 条的规定，大会、理事会和秘书处是管理局的主要机关；而企业部是直接进行“区域”内活动以及从事运输、加工和销售从“区域”回收的矿物的管理局机关（第 170 条第 1 款）；同时，理事会可设立其机关如经济规划委员会、法律和技术委员会（第 163 条），以协助管理局的工作。第四，管理局的职能和功能。

---

① ［日］兼原敦子：《国家管辖范围外海洋生物多样性新协定：公海制度的发展视角》，《日本海洋政策学会会刊》第 6 期（2016 年 11 月），第 6—7 页。

主要包括以下方面：管理性功能，对“区域”内资源的一切权利属于全人类，由管理局代表全人类行使(第137条第2款)；分配性功能，管理局应通过任何适当的机构，在无歧视的基础上公平分配从“区域”内活动取得的财政及其他经济利益(第140条第2款)；规范性功能，管理局可对“区域”内的活动和保护海洋环境、生产政策等制定规则、规章和程序(第137条第2款，第145条，第151条)；职权性功能，管理局可对“区域”及其资源进行海洋科学研究并协调和传播研究和分析的结果(第143条第2款)，管理局应采取措施取得有关“区域”内活动的技术和科学知识，并促进和鼓励向发展中国家转让这种技术和科学知识(第144条第1款)等。

除《公约》本身规范国际海底区域制度外，在其组成部分的附件三、附件四也规定了探矿、勘探和开发的基本条件，以及企业部的章程。① 但其内容包括在技术转让和财政上的负担等，因有损于技术的研发和市场经济的原则，致使一些发达国家抵制加入《公约》并在其体系外缔结协议以开发“区域”内的资源，这样的举措不仅损害《公约》的普遍性，而且损抑人类共同继承财产原则目标的实现，所以，在联合国秘书长主持下，联合国于1990—1994年就《公约》体系中有关深海海底采矿所涉及的一些问题，共举行了两轮15次非正式磋商，并于1994年在联合国第48届会议续会上通过了《第11部分执行协定》。

《第11部分执行协定》主要对“区域”制度的实质性条款作了修改，内容包括九个方面：关于管理局机关设置问题，关于先驱投资者保护问题，关于决策方面的内容，关于审查制度方面的内容，关于技术转让方面的内容，关于生产政策方面的内容，关于经济援助方面的内容，关于合同财政条款方面的内容，关于财务委员会建议范围内容。《第11部分执行协定》在内容上的修改，不仅满足了发达国家在技术和财政等方面的关切，而且推进了《公约》的普遍化进程，特别是使建立在人类共同继承财产原则上的国际海底区域制度的实施成为可能。

在此应该指出的是，人类共同继承财产原则在国际海底区域制度的创设，经历了一个曲折的发展过程。它既是与共有物原则、公海自由原则斗争的产物，也是广大发展中国家努力的结果。② 但不可否认的是，人类共同继承财产

---

① 例如，《联合国海洋法公约》第318条规定，各附件为本公约的组成部分，除另有明文规定外，凡提到本公约或其一个部分也就包括提到与其有关的附件。

② 关于国际海底区域的法律地位及资源开发制度内容，参见金永明：《中国海洋法理论研究》，上海社会科学院出版社2014年版，第49—68页。

原则在《公约》中的确立反映了时代的发展趋势，一些发达国家尤其是美国接受此原则的主要依据是，为开发国际海底区域的矿物资源需要排除他国的参与，即为开发"区域"内资源需要取得排他性的权利，而这种排他性的权利在公海自由原则下是无法取得的，所以，为取得这种排他性权利需要建立与公海制度不同的新国际制度，从而认同了建立在人类共同继承财产原则为基础的国际海底区域制度。①

四、海洋生物多样性养护和可持续利用新执行协定展望

在海洋法的发展过程中，海洋科技的发展，使得国际社会开发海洋空间及资源的活动成为可能，而为使全人类尤其是发展中国家获得海洋利益，避免发达国家凭借其技术和资金优势独享成果，从而出现了修改大陆架范围、将人类共同继承财产运用于国际海底区域制度的呼声和要求，进而丰富和发展了海洋法体系。现今人类对海洋生物多样性的认知程度和相应的技术也获得了发展，所以如何规范其行为和活动，成为国际社会关注的热点议题。

结合联合国对海洋生物多样性养护和可持续利用问题新执行协定的审议过程，海洋法体系尤其是《公约》体系呈现如下发展趋势，主要包括以下方面：

第一，立法模式的发展性。在《公约》体系的发展过程中，不是对其自身加以修改和补充，而是通过制定"执行协定"的方式补充和完善海洋法体系，这可谓是立法模式的发展。从《维也纳条约法公约》第 30 条、第 59 条规定的内容看，后续条约如不违反先前条约的宗旨和目的，并就相互关系上在后续文本中加以说明或规定，则采用这种"执行协定"的模式以细化和修正先前条约的内容是可行的。例如，《第 11 部分执行协定》(1994 年)第 2 条第 1 款规定，本协定和第 11 部分的规定应作为单一文书来解释和适用；本协定和第 11 部分如有任何不一致的情况，应以本协定的规定为准。《跨界鱼类执行协定》(1995 年)第 4 条规定，本协定的任何规定不应妨碍《公约》所规定的国家权利、管辖权和义务；本协定应参照《公约》的内容并以符合《公约》的方式予以解释和适用。对于国家管辖范围外区域海洋生物多样性养护和可持续利用问题新执行协定的制定，也将采用此种模式。

当然，采用通过制定"执行协定"的方式，以补充、完善和发展《公约》体系

---

① [日]田中则夫：《国际海洋法的现代形成》，东信堂 2015 年版，第 19—26 页。

制度的做法，也是因难于利用《公约》第312条的“修正”程序和第313条的“简化程序”以修正《公约》而作出的合理选择和合适的方法。①

第二，立法思想的发展性。如上所述，因受到海洋意念、认识和技术等方面的局限性，《公约》和《生物多样性公约》并未就海洋生物多样性的养护和可持续利用问题作出明确的规定，而为养护和可持续利用国家管辖范围外区域海洋生物多样性资源，有必要在国际社会设立一项具有法律拘束力的文书，已经成为国际社会的共识。但就其在具体适用的原则和制度上，存在公海自由原则和人类共同继承财产原则之间的对立和分歧，在具体适用的制度上包括在遗传基因资源的获取、利益分享、环境影响评估、技术转让等方面因受认识和技术的限制，也存在不同的意见，所以，如何管理生物多样性资源包括设立新的国际机构或扩大和明确国际海底管理局的职责和功能将是政府间会议讨论的焦点。

从《公约》依事项性规范和船旗国专属管辖的弊端看，因国家特别是发展中国家在资金和技术及装备等上的局限性，无法消除因开发利用海洋空间及资源的不利影响，所以在新制定的执行协定中采用综合性管理海洋的理念并由国际机构管理海洋生物多样性资源是理想的选择，这就面临限制公海自由、适用人类共同继承财产原则所蕴含的思想的挑战，而这能否在政府间会议上得到认可并被采纳，将是今后我们持续关注的重要问题。因为海洋生物多样性资源的养护和可持续利用问题涉及对权利主体、资源属性、利益分配、环境保护和海洋科学研究等重要问题的规范和行动变革。

第三，多维合作的必要性。在《公约》体系中，规定了多种合作的模式和路径。在主体上，包括相关国家之间的合作（例如，《公约》第66条、第94条、第118条、第130条），所有国家之间的合作（例如，《公约》第100条、第108条、第117条和第303条），以及国家与国际组织之间的合作（例如，《公约》第41条第4—5款、第61条和第64—65条，以及第197条、第200—201条、第242—244条）三种方式。在内容上，涉及用于国际航行的海峡内的海道和分道通航制的指定，专属经济区内生物资源的养护和管理，海洋环境的保护和保全，海洋科学研究等方面的国家与国际组织之间的合作；所有国家在公海上制止海盗行

① 例如，《公约》第312条第2款规定，适用于修正会议的作出决定的程序应与适用于第三次联合国海洋法会议的相同，除非会议另有决定；会议应作出各种努力就任何修正案以协商一致方式达成协议，且除非为谋求协商一致已用尽一切努力，不应就其进行表决。《公约》第313条第2款规定，如果一个缔约国反对提出的修正案或反对以简化程序通过修正案的提案，该提案应视为未通过。

为，制止船舶违反国际公约在海上从事非法贩运麻醉药品和精神调理物质，以及养护公海生物资源采取措施、保护在海洋发现的考古和历史性文物等方面的合作；相关国家在专属经济区内的溯河产卵种群、公海内船旗国对船舶的管辖和控制以及对海难或航行事故的调查、公海内生物资源的养护和管理、内陆国出入海洋的权利和过境自由时避免过境运输迟延或其他技术性困难等方面的合作。

可见，在《公约》体系中存在多个层面和多个方面的合作内容和要求，这不仅是由海洋的综合性、特殊性和功能性决定的，也是联大决议（A/RES/69/292）决定在根据《公约》的规定就国家管辖范围外区域海洋生物多样性的养护和可持续利用问题拟订一份具有法律约束力的国际文书进程中，不应损害现有法律文书和框架以及相关的全球、区域和部门机构的本质性要求。即《公约》体系包括后续新的执行协定应遵守《公约》关于合作方面的要求。

第四，立法路径的可行性。从现今联合国主导的对海洋生物多样性的养护和可持续利用问题制定新执行协定的立法路径看，采纳了设立国际海底区域制度并制定《公约》的立法路径，即通过联大决议确立方向和原则，通过设立工作组和筹备委员会拟定文本草案，再供政府间会议讨论，以缔结新执行协定的路径。这应该是制定国际条约的基本方法，所以这种立法路径对于制定新的执行协定是可行的。但不可否认的是，在政府间会议上对一些具体问题的争议将是无法回避的，这需要国际社会尤其是大多数国家的共同努力和积极贡献。

总之，《公约》自 1982 年通过以来，在其发展和完善的过程中已积累了一定的经验和教训。如何将这些经验和教训融入新制定的执行协定中，对于消除其弊端，具体化《公约》的原则和制度，是国际社会面临的重大选择。即《公约》体系面临新的考验和发展机遇，这种考验和机遇特别体现在对公海自由原则的限制和以人类共同继承财产原则为基础扩大国际海底管理局的功能和范围的适用上，尤其是国际社会保护的海洋生物多样性利益与其他利益包括公海自由、人类共同继承财产原则以及渔业资源所保护的利益，处于一种什么样的关系，是超越，还是平行的关系等问题，是需要继续研讨的重大问题。[①] 但如

---

① Atsuko Kanehara, What Does a New International Legally Binding Instrument on Marine Biological Diversity of Areas beyond National Jurisdiction "under the UNCLOS" Mean?, *Sophia Law Review*, Vol. 59, No. 4, 2016, pp. 53 - 73.

想在近期通过海洋生物多样性养护和可持续利用问题新执行协定，则采用建立在人类共同继承财产原则基础上的国际海底区域制度，包括明确和扩大国际海底管理局的职能，则是一个比较容易被国际社会接受且具有成本效益比较高的路径抉择。国家管辖范围外区域海洋生物多样性养护和可持续利用问题新执行协定的未来如何，仍有待我们持续观察和关注。

论国际软法与国家"软实力"

王海峰*

摘　要：在"国际软法"的形成过程中，各国"软实力"的作用或影响不可低估，并主要表现为一国文化、价值观念、意识形态的感召力，国内非政府组织的影响力，以及一国对现有国际组织的利用能力。在当代"国际软法"的创设过程中，中国软实力还不具主导作用。作为一个崛起的"和平发展"的发展中大国，中国不仅要保障本国的相对收益，还应当担当起国际法的"造法"活动的倡导者和组织者的角色。

关键词：国家软实力；国际软法；文化；非政府组织；和平发展

一、国际软法的界定

在国内法的语境中，"硬法"是指那些需要依赖国家强制力保障实施的法律规范，而"软法"则指那些效力结构未必完整、无须依靠国家强制保障实施、但能够产生社会实效的法律规范。① 在国内法的语境中，几乎大部分国际法都不能被称为硬法，这是因为国际法的创立必须经过主权国家之间意志的合意的过程，可以说体现了一定程度上的普遍同意，且国际法的实施也有赖于各国各自独立的执行机制，有的时候还需要以国内法的形式加以转换。从这一角度出发，国际法又被一些学者称为"弱法"。但是，笔者认为，从国际社会法制化来说，国际法并不是一种缺乏实际意义的东西。如果国际共同体中没有一套共同的行为准则，正常的国际关系将不可能存在。国际法规定的一系列基

---

* 王海峰，上海社会科学院法学研究所研究员，经济学博士。本文原刊于《政治与法律》2007 年第 4 期。

① 罗豪才、宋功德：《认真对待软法——公域软法的一般理论及其中国实践》，《中国法学》2006 年第 2 期。

本原则对每个主权国家都具有法律拘束力，因此，主权国家的对外政策行为甚至一些看似属于国内政策的行为，也都要受到国际法的制约。

在国际法的语境中，国际软法与硬法是有别于国内法范畴内的软法与硬法的。在传统国际法的领域中，通常来说国际法的渊源主要有国际习惯法和国际条约。国际习惯法通过不断的实践，随着时间的推移逐渐获得公认；国际条约则是由政府签署，同意受条约的内容约束。因此，国际条约和国际习惯法都具有法律约束力，属于国际硬法的范畴。相对于国际硬法而言，国际软法是不具有法律拘束力的但被国际法主体，尤其是国际经济法主体所广泛遵循的行为准则，包括非条约义务（non-treaty obligations）、国际组织决议。例如，《巴塞尔协议》虽不具有国际法律约束力，但它是目前关于跨国银行管制的最重要法律文件。

目前国内尚无一个明确的关于国际软法与国际硬法的定义。在这里，笔者试图给两者作出界定。笔者认为，国际硬法是指由国际社会中的超级大国或大国集团，凭借其军事、经济等领域的强势地位，在国际社会创设、推行并保证其实施的某种法律制度；而国际软法则是指在国际社会中，各种主体在利益平衡的基础上，为了达到某种共同目标而形成的自愿遵守的共同行为准则。

二、国家软实力在国际软法形成过程中的表现形式

（一）软实力的内涵及表现形式

美国哈佛大学教授约瑟夫·奈（Joseph Nye）在其1990年出版的《注定领导世界：美国权力性质的变迁》一书，以及他于同年在《对外政策》杂志上发表的题为《软实力》一文中，最早明确地提出和论述了“软实力”（soft power）这个概念，并使之开始流行起来，成为“冷战”后使用频率极高的一个专用名词。

约瑟夫·奈指出，有很多种影响他人行为的方式，既可以通过威胁和奖励他人，也可以通过吸引他人来达到自己的目的。前者是运用“硬实力”，后者是施展“软实力”。在约瑟夫·奈看来，一个国家的文化普适性和它决定规范国际行为标准、规则和制度的能力是这个国家权力的核心资源，而一国无形的“软实力”的强弱程度，可以通过该国的内聚力、文化的全球范围内的普适度以

及在创设国际制度过程中的作用来测定。①

归纳起来说,约瑟夫·奈所说的软实力包含以下几种表现形式:第一,文化(culture)吸引力。这里的"文化"是指普世性文化(universalistic culture),也就是具有全球吸引力的文化。"文化"是一个内容很广的概念,宗教、语言、教育、生活方式、电影、电视、报纸、网络、饮食等都可以包括在文化的范畴之内。在约瑟夫·奈看来,美国在这方面具有很多软实力,美国文化是其软实力的重要源泉。

第二,意识形态(ideology)或政治价值观念(political values)的吸引力。约瑟夫·奈在论及软实力源泉的时候,常常把"理念"(ideas)、"政治价值观念"(political values)等概念和"意识形态"概念加以混用。值得注意的是,他在2004年出版的《软实力:在世界政治中获得成功的途径》中,使用了"政治价值观念"的提法。实际上,意识形态或政治价值观念是广义文化的重要组成部分,从一定程度上也可以把它们列入文化的范畴之中。

第三,塑造国际规则和决定政治议题的能力。约瑟夫·奈在《注定领导世界:美国权力性质的变迁》著作中明确指出,如果一个国家可以通过建立和主导国际规范(international norms)及国际制度(international institutions),从而左右世界政治的议事日程,那么它就可以影响他人的偏好和对本国国家利益的认识,从而具有软实力,或者具有"制度实力"(institutional power)。他在《软实力:在世界政治中获得成功的途径》著作中,使用了"塑造国际规则"的提法:"如果一个国家可以塑造(shape)国际规则(international rules),使之与自己的利益和价值观念相吻合,其行为就更可能在他人看来具有合法性。如果它可以使用和遵循那些能够引导和限制他国自愿行为的制度和规则的话,那么它就没有必要使用代价高昂的胡萝卜与大棒。"②

(二) 国家软实力与国际软法的形成

约瑟夫·奈在论述国家软实力时,提及了国家"塑造国际规则"的能力问题。值得法学研究者关注的是,约瑟夫·奈在表述"国际规则"这个概念时,使用的用语是"international rules""international norms""international

① Zhu Majie, "Role of Soft Power in International Relations", This paper was for the seminar on Cultural Factors in International Relations sponsored by Shanghai Institute for International Studies on December 5 - 6, 2002.

② 张小明:《约瑟夫·奈的"软权力"思想分析》,《美国研究》2005年第1期。

institutions”，而不是“international treaties”。笔者认为，约瑟夫·奈是一位政治学家，而不是法学家，因此，他在其著作和论文中并没有明确提出“国际软法”(international soft law)这一概念，而只是笼统地使用了“国际规则”的概念，但法学研究者可以从约瑟夫·奈的用词判断出他的真实意思，即他所指的“国际规则”是那些没有法律约束力但又具有一定法律效果的国际文件，也就是法学语境中的“国际软法”。可见，国家的软实力与国际软法是不无关系的。

笔者认为国际法制的创设过程也就是国家权力之间相互博弈与较量的一个过程。从博弈论来看，与“协作型博弈”和“劝说型博弈”相对应的是国际硬法。这些强制性国际制度的创制和维持，需要借助强国的力量，尤其是在“劝说型博弈”中，强国的作用较之在“协作型博弈”中更为明显。可以说，各国硬实力较量的结果导致国际硬法的诞生。既然国际硬法的创制和维持需要强国的介入，且它们具有强制约束力和实施力，说明这类规则反映的是国际社会的基本关系，而非事务性关系，其在国际法律制度中占据着中心位置，赖以建立的是比较稳定和可靠的国际法律秩序。例如，在国际经济领域，各国就贸易秩序和汇率制度等问题进行“协作型博弈”或“劝说型博弈”而产生的《关贸总协定》《世贸组织协定》和《国际货币基金协定》等，就构成了第二次世界大战后国际经济法律秩序的支柱。

另一方面，与“保证型博弈”或“协调型博弈”相对应的是国际软法。按照博弈论，在这两种博弈模式下形成的国际制度，其实施一般无须有集中化的实力机构(如正式的政府间组织)和第三方强制性力量的保证，通常只要依靠各方的自我约束和自我管制，辅之以非正式的和非集中化的机制即可。可以说，各国软实力的博弈主导了国际软法的形成。例如，跨政府组织网络中的国际经济软法多属各方“保证型博弈”或“协调型博弈”的结果，其形成之后，便有了相当程度的“自我实施”的功能。① 可见，国家软实力对于国际软法的形成具有主导性作用。下面，笔者试图就国际软法的形成过程中，国家软实力的具体表现形式作一阐述：

1. 一国文化、价值观念、意识形态的感召力

一国或国际集团可以凭借其软实力这种“隐性资源”，利用其文化、价值观念、意识形态等领域的影响力和吸引力，使得其他国家成为自己盟友和伙伴。当其文化、价值观念、意识形态或发展模式被越来越多的国家所学习或仿效

---

① 徐崇利：《跨政府组织网络与国际经济软法》，《环球法律评论》2006年第4期。

时,国际软法规则必将反映这种理念的变化趋势或方向,并逐渐演变成确定性的国际规范。

2. 一国国内非政府组织的影响力

国家软实力的强弱与该国国内非政府组织在国际社会的影响力和号召力有着直接的关系,而非政府组织往往是国际软法的制定者和倡导者。例如,美国一家坐落在纽约的劳工权利组织在1997年制定了SA8000标准(社会责任标准),旨在确保产品生产和服务符合劳工人权保护社会道德的认证标准。该标准通过对公司达标认证来推动公司劳工人权的发展,要求获得认证的公司拒绝进口那些没有达标的供应商的产品。SA8000标准完全是美国的非政府组织制定并推行的规则,是企业自愿的选择,没有国家强制力来保证其实施。然而,该标准已经在全球范围内被越来越多的公司所选择和自愿遵守,并影响到国际贸易领域内的某些国家的贸易利益。

3. 一国对现有国际组织的利用能力

在国际经济法领域,国际软法往往表现为一种国际标准。一般来说,国际标准是由国际标准化组织所制定的,而这些国际标准都是推荐性或是自愿的。例如,世界上最大的国际标准制定组织(ISO)制定的产品标准在国际市场上被广大消费者所认可。因此,争夺ISO标准的制定权便成为各国软实力的一种较量。ISO所制定的标准一般是以其技术委员会或分技术委员会的秘书处承担国的国内标准为基础产生的。所以,争取秘书处就是争取将本国标准国际化的最有效的途径。目前,德国、美国、日本等国家承担了多数ISO的秘书处工作,它们在利用ISO的工作机制,推广其本国的技术标准方面明显地领先于其他国家。

三、国际软法的构建与中国软实力

(一) 中国软实力提升的具体表现

经过数十年的改革开放和社会主义市场经济建设,中国的软实力有了长足的发展,主要表现为以下几个方面:

1. 国际机制的参与

近些年来,中国在参与多边国际机制方面取得重要成果,尤其在创设国际组织方面实现了重大突破。1991年11月中国成为APEC成员,此后在这个区域多边机制中影响不断扩大,与东盟的“10+1”机制启动以来,中国成为东亚区域一体化的重要推动者。此外,中国又主导创立了两个多边组织:一个是博鳌亚洲论坛。2001 年 2 月成立并决定其总部设在中国海南的博鳌镇。另一个是上海合作组织。2001 年 6 月成立,2003 年 9 月把秘书处定在北京。这两个多边机制成立以来运转良好,对一些国家产生了很强的辐射力和吸引力。

2. 中华文化的传播

中国软实力资源的最重要的组成部分是植根于中华民族的中国传统文化,它具有极其强大的生命力、凝聚力和兼容性。为了增强中华文化的辐射力,应对西方文化殖民主义和文化扩张主义的扩张与挑战,对抗“文化帝国主义”“文化霸权”的侵略,我们必须重视对外文化交流和宣传活动。

中国提倡文化多样性,加强民族之间的交流,得到了国际社会的广泛赞同。近年来中国与法国互办“文化年”,共同倡导文明间对话,这是大国软权力得到双赢的一个例证。在 2004 年 10 月举行的亚欧会议上,几十个与会国元首和政府首脑响应中、法两国的倡议,并向全世界发出呼吁:一方面要打击形形色色的恐怖主义和极端行为,另一方面要增进不同文化、宗教、民族和地域间的理解与交流。

3. 发展模式的影响

改革开放特别是 20 世纪 90 年代以来,中国经济保持了高速稳定的发展态势。从 1978—2002 年的 25 年间,平均每年的经济增长率达到 9.3%。诸多经济指标位居世界前列。中国的崛起,使中国的经济在多极化中占据了稳固的一席之地,加重了中国在国际战略棋盘中的分量。①

中国在国际范围内的影响力逐渐扩大,这不仅表现为“中国制造”的产品遍布全球,还表现在“中国制造”的发展模式和意识形态也在影响着其他国家。在自我定位方面,中国坚持将自身定位为发展中国家,积极倡导和支持南南合作,本着“平等互利、注重实效、长期合作、共同发展”的原则与发展中国家开展交往。英国著名思想库“伦敦外交政策中心”在 2004 年 5 月发表了乔舒亚·库珀·拉莫的一篇论文,题为《北京共识》,可以看作对中国和平崛起的一种诠释。他指出,20 多年来中国社会主义市场经济的发展模式不仅适合中国,也是追求经济增长和民生改善的发展中国家效仿的榜样。《北京共识》对美国一些人提出的以市场化、自由化为导向的所谓“华盛顿共识”构成挑战,后者主张向

① 刘瑜:《全球化视野下的软权力暨中国软权力探析》,《兰州学刊》2005 年第 3 期。

发展中国家推广美式民主和自由市场经济，从而实现发展。[①]

（二）融入国际法律秩序与中国的和平发展

中国改革开放、和平发展的过程，就是中国逐步融入国际社会、参与和遵从现行国际法律秩序的过程。中华人民共和国成立以后的很长一段时期内，在争取建立国际政治经济新秩序的斗争中，中国一直站在发展中国家一边，对现存的国际秩序持批评态度。改革开放之后，中国认识到在国际机制创设能力不足的情况下，应尽可能地服从那些并非自己制定的游戏规则，这有助于争取到对国家生存和发展有益的环境。[②] 近年来中国更加明确地表达了参与国际组织和国际机制的意愿，在“与国际接轨”方面已形成共识。在坚持原则立场的情况下，中国已不再单纯挑战既有的国际政治经济秩序，而是持积极参与的态度，中国加入国际多边条约的情况即可为例。

自中华人民共和国成立到1977年年底的28年中，总共参加的国际多边条约才不过31个，而从1978—2004年年底为止的26年间，中国缔结或参加的国际多边条约已多达236个，其中仅改革开放之初的10年间，即1978—1988年就签署、生效了122个。更加说明问题的，不仅仅是中国参加多边条约的数量剧增，还在于这些多边条约所涉国际领域的范围急剧扩展。1978年以后中国参加的多边条约，早已超出了此前仅局限于外交、人道主义法、海事、航运、少数联合国专门机构的章程等狭小范围，而是迅速扩展到国际社会的所有领域。这些多边条约是中国与国际社会接轨、把自己融入国际体制的法律凭据，记载着中国所承受的国际权利和义务，也标志着中国自1978年以后融入国际社会的速度、广度和深度。[③]

笔者认为，改革开放以来，为了综合国力的迅速提升和国民经济的快速腾飞，中国在融入国际法律秩序的进程中更加注重与国际硬法的接轨，如中国于1971年恢复在联合国的合法席位，于1980年恢复了在国际货币基金组织和世界银行的席位，此后，又经过长达15年的艰苦谈判，终于在2001年成为世界贸易组织的正式成员。在中国取得一定程度的国际地位和国际话语权的今天，中国不能仅仅满足于跟从或被动地接受既有国际秩序的现状，而应当以一

---

① 宋效峰：《试析中国和平崛起中的软权力因素》，《兰州学刊》2005年第3期。

② 王杰：《国际机制论》，新华出版社2002年版，第447—448页。

③ 饶戈平：《国际法律秩序与中国的和平发展》，《外交评论（外交学院学报）》2005年第6期。

个负责任的发展中大国的身份，对现有的国际秩序，尤其是国际经济秩序进行修正，使之朝着更有利于发展中国家的方向发展，朝向构建国际和谐社会的方向发展。为了达到这一目标，中国应积极提升各方面的软实力。注重在国际软法的“造法”过程中发挥作用，在维持国际社会稳定的同时，通过和平协商的方式、国际合作的方式、循序渐进的方式，去改进和完善现存的国际秩序。

（三）中国在创设国际软法过程中的“缺位”及建议

作为一个崛起的“和平发展”的发展中大国，中国不仅要保障本国的相对收益，还应当担当起国际法的“造法”活动的倡导者和组织者的角色。中国应当凭借其不断上升的软实力，扩充自己的盟友和伙伴，在国际软法的创设过程中，发挥主导性或决定性作用。目前，在国际经济新秩序的构建和形成过程中，尤其是在经济、贸易和文化交流领域的国际软法的创设过程中，中国软实力还不具主导作用。这主要表现为中国还没有一个在国际范围内具有影响力的非政府组织，中国的科技水平也没有主导国际标准的制定，中国的传统文化、意识形态、价值观念也仅在一定范围内具有影响力，还远不能在国际软法的创设过程中起到指导性作用。

为了在国际软法的创设过程发挥积极作用，中国必须全方位构筑和提升软实力。同时，在国际软法的创设过程中，至少做到以下几点。第一，加强跨政府组织网络的互动工作。我国中央政府下属的各经济管理职能部门，应积极与外国相对应的职能部门开展合作和建立工作联系，适时建议制定本领域内的操作规则或工作守则等。第二，大力发展行业协会等非政府组织机构。我国政府应当鼓励行业协会等非政府组织制定行业内的自律性规范，并使之在国际范围内推广。第三，积极参与一些非政府间国际组织的活动。由于某些非政府组织的成员既可以是国家机关也可以是一国内部的民间团体或个人成员，这些非政府组织已成为各国共同活动的一个平台，各国的政府代表和非政府代表可以从不同的角度就共同关心的问题进行探讨。如国际自然资源保护同盟，中国最初即是由中国环境科学学会以非政府组织的身份在1979年加入的，后于1996年10月以国家的名义加入该组织。在这类非政府组织召开的国际会议中，各国可以就某些具体问题达成一致赞同的意见。这些一致性意见是一种典型的国际软法，在长期的实践中有可能上升为一种国际习惯。[①]第四，主动承担起区域性组织的创立工作。中国目前是一个区域性大国，因此，中国应当承担起区域性组织的发起者和“造法”者的角色，在区域软法的创设过程中发挥软实力的作用，为区域政治稳定和经济的繁荣作出贡献。

① 黄世席：《非政府间国际组织的国际法主体资格探讨》，http://article.chinalawinfo.com，2007 年 1 月 19 日访问。

图书在版编目(CIP)数据

法学经纬 / 上海社会科学院法学研究所编. —上海：
上海社会科学院出版社，2019
ISBN 978-7-5520-2746-4

Ⅰ.①法…　Ⅱ.①上…　Ⅲ.①法学-文集　Ⅳ.①
D90-53

中国版本图书馆 CIP 数据核字(2019)第 086639 号

法学经纬

著　　者：上海社会科学院法学研究所
责任编辑：应韶荃
封面设计：梁业礼
出版发行：上海社会科学院出版社
　　　　　上海顺昌路 622 号　邮编 200025
　　　　　电话总机 021-63315900　销售热线 021-53063735
　　　　　http：//www.sassp.org.cn　E-mail：sassp@sass.org.cn
照　　排：南京前锦排版服务有限公司
印　　刷：上海颛辉印刷厂
开　　本：710×1010 毫米　1/16 开
印　　张：41.25
字　　数：692 千字
版　　次：2019 年 8 月第 1 版　　2019 年 8 月第 1 次印刷

ISBN 978-7-5520-2746-4/D·538　　定价：198.00 元